Der Firmentarifvertrag als Flexibilisierungsinstrument

SCHRIFTEN ZUM DEUTSCHEN UND EUROPÄISCHEN ARBEITS- UND SOZIALRECHT

Herausgegeben von Ulrich Preis

Band 10

PETER LANG

Frankfurt am Main · Berlin · Bern · Bruxelles · New York · Oxford · Wien

Oliver Reinartz

Der Firmentarifvertrag als Flexibilisierungsinstrument

Unter besonderer Berücksichtigung des sogenannten tariflichen Sozialplans

PETER LANG
Internationaler Verlag der Wissenschaften

Bibliografische Information der Deutschen Nationalbibliothek
Die Deutsche Nationalbibliothek verzeichnet diese Publikation in der Deutschen Nationalbibliografie; detaillierte bibliografische Daten sind im Internet über <http://www.d-nb.de> abrufbar.

Zugl.: Köln, Univ., Diss., 2007

Umschlagabbildung:
Siegel der rechtswissenschaftlichen Fakultät
der Universität zu Köln.
Abdruck mit freundlicher Genehmigung
der Universität zu Köln.

D 38
ISSN 1861-4582
ISBN 978-3-631-57055-5

www.peterlang.de

Meinen Eltern

Vorwort

„Arbeitsrecht in der Bewährung“ lautet der Titel der Festschrift für *Günter Schaub*, auf die diese Arbeit immer wieder Bezug nimmt. Seit dem Erscheinen der Festschrift im Jahr 1998 hat sich dieser Zustand nicht geändert. Die bekannten Mängel des bestehenden und gelebten Tarifvertragssystems der Bundesrepublik Deutschland existieren nach wie vor und lassen sich schlagwortartig mit den Begriffen fehlender Flexibilität und mangelnder Dezentralisierung umschreiben.

Seit einiger Zeit ist nunmehr der Firmentarifvertrag, insbesondere mit dem bereits durch einen Verbandstarifvertrag gebundenen Arbeitgeber, in den Mittelpunkt der Diskussion gerückt. Erstmals hat sich das *BAG* in seiner Entscheidung vom 10.12.2002 (Az. 1 AZR 96/02) hierzu geäußert. Seine zweite Entscheidung (Entscheidung vom 24.04.2007, Az. 1 AZR 252/06) in diesem Zusammenhang wird der Diskussion zwar faktisch ein Ende aufzwingen, das eigentliche Problem aber nicht beheben (können).

Ausgehend von der Prämisse, dass Flexibilität und Dezentralisierung sich aus der Sicht des Arbeitgebers/Unternehmers beurteilen, versucht diese Arbeit, die Probleme rund um die Vereinbarung eines Firmentarifvertrages und seinen möglichen Inhalt sowie die Grenzen des Arbeitskampfes um einen Firmentarifvertrag zu erfassen und einer ganzheitlichen Lösung zuzuführen. Insbesondere hat dabei der sogenannte „tarifliche Sozialplan“ Berücksichtigung gefunden, der entscheidenden Einfluss auf die Begriffe der Flexibilität und der Dezentralisierung hat.

Die Arbeit wurde im Sommersemester 2006 von der Rechtswissenschaftlichen Fakultät der Universität zu Köln als Dissertation angenommen. Anlässlich ihrer Veröffentlichung wurde die Arbeit aktualisiert und befindet sich derzeit auf dem Stand der Rechtsprechung und Wissenschaft von Juni 2007, wobei Beiträge seit Dezember 2006 nur noch in den Fußnoten berücksichtigt werden konnten.

Meiner Doktormutter, Frau Prof. Dr. Barbara Dauner-Lieb, bin ich zutiefst verbunden für die Chance, die sie mir mit dieser Arbeit gegeben hat, für die jederzeitige Ansprechbarkeit, ihre Hilfe und Unterstützung sowie für den gelieferten Ansporn. Nicht zuletzt danke ich ihr für die überaus schnelle Erstellung des Erstgutachtens.

Herrn Prof. Dr. Ulrich Preis danke ich für die zügige Erstellung des Zweitgutachtens und die Aufnahme in seine Schriftenreihe.

Tiefer Dank für die freundschaftliche Unterstützung, die jederzeitige Bereitschaft zur angeregten wissenschaftlichen Diskussion und die ertragene Unbill, während der gesamten Zeit, die ich mit der Dissertation verbracht habe, gebührt vor allen Herrn Norbert Parzinger, Herrn Dr. iur. Georg Roderburg und

Herrn Dr. iur. Jürgen Steyns. Sie haben zudem die beschwerliche Arbeit des Korrekturlesens auf sich genommen.
Wie mein Studium, wäre auch diese Arbeit nicht ohne die unbedingte Unterstützung und die vielen aufmunternden Worte meiner Familie, insbesondere meiner Eltern, zustande gekommen, die immer an mich geglaubt haben und denen ich nicht nur hiefür in ganz besonderer Weise Dank schulde.

Köln, im Juni 2007 Oliver Reinartz

Inhaltsübersicht

Inhaltsverzeichnis

1. Teil: Einleitung

A. Ausgangspunkt der Untersuchung: Die Krise des Flächentarifvertrages

Der Untersuchung wird ihr Anlass vorausgestellt: Das in der Bundesrepublik geltende und gelebte Tarifvertragssystem.

Dieses System der Tarifverträge wird insbesondere durch den Verbandstarifvertrag geprägt, der vorwiegend in der Gestalt des Flächentarifvertrages auftritt. Parteien des Verbandstarifvertrages sind die zuständige Gewerkschaft für die Arbeitnehmer und der jeweilige Arbeitgeberverband für die in ihm zusammengeschlossenen Arbeitgeber.[1] Der räumliche Geltungsbereich des Verbandstarifvertrages kann unterschiedlich ausgestaltet sein. Meist umfasst er ein ganzes Bundesland, aber auch regionale Tarifverträge oder bundesweite Tarifverträge können abgeschlossen werden.[2] In fachlicher Hinsicht umfassen die Flächentarifverträge meist einzelne, aber nicht selten auch gänzlich von einander unabhängige Branchen.[3]

Der Verbands- oder Flächentarifvertrag ist „ins Gerede geraten“[4]. Aus diesem Gerede ist eine drängende Diskussion geworden, die in der arbeitsrechtlichen Literatur seit langem,[5] und nun auch in der Politik geführt wird. Schon im Jahr 1986 ordnete der sog. Kronberger Kreis die Tarifautonomie als besondere Merkwürdigkeit unseres Rechtssystems ein.[6] Seine Forderung war es, Tarifverträge stets offen für eine abweichende Regelung durch Betriebsvereinbarung zu halten[7]. Im Jahr 1991 erklärte die Monopolkommission der Bundesregierung die Tarifautonomie für überholt. Aus ihrer Sicht sei allenfalls eine gemäßigte Form der Tarifautonomie gerechtfertigt.[8] Dennoch forderte sie lediglich, dass im TVG eine Verpflichtung der Tarifvertragsparteien aufgenommen werden sollte, nach der bei Lohntarifverträgen Bandbreiten zu ver-

---

1 Wiedemann-*Thüsing*, TVG, § 1, Rn. 62.

2 Wiedemann-*Thüsing*, TVG, § 1, Rn. 62.

3 Nachweise bei *Kittner*, FS Schaub, S. 389.

4 *Stein*, RdA 2000, 129, 129.

5 Vgl. u. a. *Becker*, AuA 2000, 18 ff.; *Buchner*, DB 2003, 1510 ff.; *Hanau*, RdA 1998, 65 ff.; *Hromadka*, NJW 2003, 1273 ff.; *Möschel*, BB 2003, 1951 ff.; *Stein*, RdA 2000, 129 ff.; *Winkler*, Sonderbeilage zu NZA 2000/24, 10 ff.; *Zöllner*, ZfA 1988, 265 ff.

6 *Wieland*, Firmentarifverträge, Rn. 32.

7 *Wieland*, Firmentarifverträge, Rn. 62.

8 Vgl. hierzu die Nachweise bei *Wieland*, Firmentarifverträge, Rn. 34.

einbaren gewesen wären (sog. Korridorlösungen).[9] Die endgültige Lohnfrage sollte zwischen den Betriebspartnern geklärt werden.

In der arbeitsrechtlichen Literatur ist die Mehrzahl der Stimmen zwar der Ansicht, das auf dem TVG beruhende System habe sich bewährt,[10] doch glaubt eine beträchtliche Anzahl Gegenstimmen, Mängel bei der Anpassungsfähigkeit dieses Systems ausgemacht zu haben.[11]

Das vermeintliche Problem des Tarifvertragssystems mit dem Flächentarifvertrag als prägendem Element lässt sich auf zwei Stichworte reduzieren: Flexibilität und Dezentralität bzw. deren Fehlen. Die wohl im Vordergrund stehende Forderung ist es, den Betriebsparteien – Betriebsrat und Arbeitgeber – im Krisenfall eine Möglichkeit an die Hand zu geben, schnell von den Vorgaben des Flächentarifvertrages für Lohn und Arbeitszeit abweichen zu können, um so zur Sanierung des Betriebs oder des Unternehmens beizutragen (Flexibilität). Daneben oder sogar dahinter steht die Forderung nach einer flexibler ausgestalteten Tarifpolitik insgesamt, also einer Tarifpolitik, die sich von den – notwendigerweise – groben Vorgaben des Flächentarifvertrages entfernt und stärker auf die Bedürfnisse der verschiedenen Branchen, Regionen, und der Einzelbetriebe/ -unternehmen eingeht (Dezentralisierung).[12] Tarifpolitisch handelt es sich bei der Forderung nach Flexibilisierung um eine kurzfristige Taktik, während die Forderung nach Dezentralisierung auf eine längerfristig angelegte Modifizierung der Tarifvertragsinhalte selbst abzielt. Beide haben das gleiche Ziel: Die Reduzierung von Kosten beim Arbeitgeber (zum Erhalt der Arbeitsplätze und des Betriebs/des Standortes).

Das Problem des Tarifvertragssystems liegt also in dem, was es ausmacht und lange Zeit als sein größter Vorteil angesehen wurde: Indem der Verbandstarifvertrag eine Vielzahl von Unternehmen unterschiedlicher Größe, unterschiedlicher Wirtschaftskraft, also Global Player wie kleine mittelständische Unternehmen, teilweise in unterschiedliche Regionen mit divergierenden wirtschaftlichen Rahmenbedingungen erfasst, u. U. auch nicht hinsichtlich der betroffenen Branchen differenziert (für die auch wieder andere wirtschaftliche

---

9 *Wieland*, Firmentarifverträge, Rn. 62.

10 Vgl. etwa *Lieb*, NZA 1994, 289, 289.

11 Der Sachverständigenrat für Wirtschaft, Jahresgutachten 2002, forderte insbesondere die Wiedergewinnung größerer Flexibilität, speziell in Form der Arbeitszeitflexibilität (Rn. 468), der Lohnflexibilität und der Beschäftigungsflexibilität. Lohnflexibilität sieht der Sachverständigenrat dabei als Aufgabe der Tarifpartner an (Rn. 462), verlangt aber auch gesetzliche Vorsorge(Rn. 467). Beschäftigungsflexibilität sei durch weniger stringente Gestaltung des Kündigungsschutzes zu erreichen (Rn. 469).

12 Vgl. zur Unterscheidung zwischen Flexibilisierung und Dezentralisierung Wiedemann-*Wiedemann*, TVG, 6. A, Einl., Rn. 85.

Voraussetzungen gelten), schafft er zwar ein System, das nicht auf die Bedürfnisse des einzelnen Unternehmens zugeschnitten ist, mit dem aber alle kalkulieren können, ohne befürchten zu müssen, gegenüber dem Konkurrenten durch schlechtere Tarifbedingungen in Nachteil zu geraten.
Angesichts der immer drängender werdenden Kritik, stellt sich die Frage, warum die Tarifvertragsparteien auf dem System des Flächentarifvertrags beharren. Für die Arbeitgebervertreter ist dies in ihrem Interesse an der Kartellisierung der Arbeitsbedingungen begründet. Diese Kartellisierung bringt eine ordnende Wirkung mit sich, die für die Unternehmen Rechts- und Planungssicherheit bedeutet.[13] Den Arbeitnehmern dagegen ermöglicht der umfassende Geltungsbereich des Flächentarifvertrages eine größere Kampfkraft.
Obwohl der Flächentarifvertrag weiterhin vorherrschendes Mittel zur Gestaltung der Arbeits- und Wirtschaftsbedingungen ist, wurden und werden tarifpolitisch und tarifrechtlich Lösungen diskutiert und gefunden, um der Forderung nach mehr Flexibilität und Dezentralisierung nachzukommen.

I. Lösungsansätze zur Flexibilisierung/Dezentralisierung des geltenden Tarifvertragssystems

Außerhalb der Tarifverträge haben sowohl die Verbände selbst als auch die eigentlich Betroffenen, die Betriebspartner, nach Lösungen gesucht und gefunden.
Die betriebliche Praxis wird gekennzeichnet durch eine Unzahl von Betriebsvereinbarungen, die materielle Arbeitsbedingungen betreffen und damit unter Verstoß gegen § 77 Abs. 3 BetrVG zustande kommen. Sie sind rechtswidrig, ermöglichen es einem Unternehmen oder Betrieb aber, sich kurzfristig aus einer wirtschaftlichen Bredouille zu befreien. Auch wenn die Tarifpartner in der Mehrzahl der Fälle solche Betriebsvereinbarungen ignoriert haben – ihre Mitglieder hätten wohl wenig Verständnis für ein Verhalten gehabt, das sie eventuell den Arbeitsplatz gekostet hätte –, hängt über diesen Betriebsvereinbarungen das Damoklesschwert einer Klage der Tarifpartner, wie sie das *BAG* durch die Burda-Entscheidung[14] möglich machte. Auch die Arbeitgeberverbände haben reagiert. Infolgedessen kam es zu Phänomenen wie der Verbandsmitgliedschaft ohne Tarifbindung oder der Neu- und Umgründung ohne

---

13 *Henssler*, ZfA 1998, 517, 518.
14 BAG, AP Nr. 89 zu Art. 9 GG.

Tarifbindung.[15] Freilich ist auch der Austritt aus dem Verband ein Weg, sich den starren Regelungen des Flächentarifvertrages zu entziehen.
Im Folgenden sollen zwei Wege veranschaulicht werden, mittels derer man dem Problem Herr werden könnte: Die Lösung innerhalb des geltenden Systems (de lege lata), oder eine Änderung des Gesetzes hin zu einem neuen System (de lege ferenda).

1. Die Lösung de lege ferenda

Die Vorschläge für eine Gesetzesänderung sind zahllos:[16] Gefordert werden etwa gesetzliche Öffnungsklauseln,[17] eine großzügigere Handhabung des Günstigkeitsprinzips, um im Rahmen des Günstigkeitsvergleichs auch Beschäftigungsaussichten berücksichtigen zu können,[18] die Einschränkung oder Abschaffung der Nachwirkung des § 4 Abs. 5 TVG, die Abschaffung der Allgemeinverbindlichkeitserklärung des § 5 TVG, die Übertragung von Kompetenzen der Tarifpartner auf die Betriebspartner (also letztlich die Abschaffung oder Modifizierung des § 77 Abs. 3 BetrVG), oder auch die Streichung des § 3 Abs. 3 TVG.[19] Keiner dieser Vorschläge ist bisher umgesetzt worden.

---

15 Nachweise bei *Kittner*, FS Schaub, S. 391.

16 Vgl. etwa *Dieterich*, RdA 2002, 1, 7 ff., *Hromadka*, DB 2003, 1510, 1514; *Löwisch*, NJW 1997, 905, 909 f.; *Möschel*, BB 2003, 1951 ff.; *Reuter*, ZfA 1995, 1, 66 ff.; *Wiedemann*, RdA 2003, 193, 193 f. Sowie aus der Politik: Gesetzesvorschlag der F.D.P. Bundestagsfraktion BT-Ds. 14/6548, wortgleich wiederholt in BT-Ds. 15/1225; Entwurf eines Gesetzes zur Flexibilisierung des Arbeitsrechts des Bundesrates v. 05.02.2003, BT-Ds. 15/406; „Gesetz zur Flexibilisierung des Arbeitsrechts“ vorgeschlagen vom Land Bayern am 22.11.2002, BT-Ds. 15/406; „Gesetz zum Abbau von Hemmnissen auf dem Arbeitsmarkt (AHA-G)“ des Landes Sachsen, BT-Ds. 158/03; „Entwurf eines Gesetzes zur Modernisierung des Arbeitsrechts (ArbRModG)“ der CDU/CSU Bundestagsfraktion, BT-Ds. 15/1182.
Freilich werden die verfassungsrechtlichen Bedenken einer Neuorientierung meist außer Acht gelassen (Dazu etwa *Dieterich*, RdA 2002, 1, 13 ff.; *Kittner*, FS Schaub, S. 416 ff.; *Möschel*, BB 2003, 1951, 1953 ff.; *Reuter*, ZfA 1995, 1, 66 ff.; *Schaub*, NZA 1998, 617, 617 nicht alle in gleichem Maß überzeugend).

17 *Hromadka*, DB 2003, 1510, 1514; *Möschel*, BB 2003, 1951, 1953 ff. Vgl. auch die Gesetzesvorschläge der F.D.P. Bundestagsfraktion BT-Ds. 14/2612, BT-Ds. 14/6548, BT-Ds. 15/1225; sowie den der CDU/CSU Bundestagsfraktion vom Juni 2003, BT-Ds. 15/1182.

18 So der Gesetzesvorschlag der F.D.P. Bundestagsfraktion BT-Ds. 14/6548, wortgleich wiederholt in BT-Ds. 15/1225.

19 Übersichten bei *Lieb*, NZA 1994, 289, 289 ff. und Wiedemann-*Wiedemann*, TVG, Einl., Rn. 55 ff.

2. Die Lösung de lege lata

Systemimmanent gibt es de lege lata zwei Wege, die Arbeitsbedingungen zu flexibilisieren, d.h. den Bedürfnissen des einzelnen Arbeitgebers anzupassen: Über den Firmentarifvertrag oder über den firmenbezogenen Verbandstarifvertrag. Auch eine Dezentralisierung des Flächentarifvertrages insgesamt ist möglich.[20]

a. Flächen- bzw. Verbandstarifvertrag

Im Hinblick auf eine Dezentralisierung des Flächen- bzw. Verbandstarifvertrages sind insbesondere die Reduzierung des personellen und fachlichen Geltungsbereichs mit den Mitteln des Branchen- und Regionaltarifvertrags zu nennen. Darüber hinaus können tarifliche Modulsysteme, Cafeteriasysteme, Optionsmodelle oder die Modelle der Zweistufigkeit Abhilfe bieten.

aa. Branchen- und Regionaltarifverträge

Dezentralisierung bzw. Betriebsnähe kann schon dadurch erreicht werden, dass die Verbandstarifverträge differenzierter ausgestaltet werden. Die Verbandstarifverträge verstärkt mit Blick auf die Art der erfassten Branche oder der erfassten Fläche zu vereinbaren, wird deshalb von gewichtigen Stimmen als probater und insbesondere systemimmanenter Ausweg aus dem wenig flexiblen Regelungswerk des Flächentarifvertrages gesehen.[21] Freilich ginge damit in gewissem Umfang die Kartellfunktion des Verbandstarifvertrages verloren, so dass ein solcher Wechsel – hin zu Branchen- und Regionaltarifverträgen – ein erhebliches tarifliches Umdenken erforderte.[22]

bb. Tarifliche Modulsysteme

Eine weitere Möglichkeit zur Dezentralisierung sind sog. tarifliche Modulsysteme. Sie basieren auf Verhandlungen, die noch während der Laufzeit des Verbandstarifvertrages zwischen den Betriebspartnern auf Unternehmens- oder Betriebsebene geführt werden. Die dort erzielten Ergebnisse werden dann von den Tarifpartnern bei der Vereinbarung eines neuen Verbandstarifvertrages im Rahmen sog. Module berücksichtigt.[23]

---

20 Unabhängig derer, die sich durch Rechtsprechungsänderungen bieten würden, wie etwa durch eine Anpassung des Günstigkeitsprinzips (so *Hromadka*, DB 2003, 1510, 1514), wobei damit nichts über deren Rechtmäßigkeit gesagt sein soll, vgl. dazu Wiedemann-*Wiedemann*, TVG, Einl., Rn. 63 ff.

21 *Buchner*, DB 1970, 2025, 2026; *Lieb*, NZA 1994, 289, 292.

22 So auch *Lieb*, NZA 1994, 289, 292.

23 *Wendeling-Schröder/Schubert*, NZA 2003, 772, 773.

cc. Cafeteriasysteme

Sehr weitgehend, da der Kartellwirkung des Verbandstarifvertrags schadend, sind sog. Cafeteriasysteme. Hier können sich die Betriebspartner aus verschiedenen Angeboten, die ihnen der Verbandstarifvertrag macht, das für ihren Betrieb bzw. ihr Unternehmen beste Modell aussuchen und anwenden.[24] Dabei gibt es im Tarifvertrag keine Mindestregelung.[25] Allerdings ist vor dem Hintergrund des weitgehenden Verzichts der Tarifpartner auf ihre Regelungskompetenz zugunsten der Betriebspartner die Zulässigkeit solcher Systeme zweifelhaft.[26]

dd. Optionsmodelle

Ähnlich, wenn nicht genau wie das Cafeteriasystem, stellen Optionsmodelle den Betriebspartnern gewisse Gestaltungs- und Handlungsmöglichkeiten zur Verfügung, unter denen sie für ihren Betrieb wählen können. Zulässigkeitsbedenken werden hier aus den gleichen Gründen wie beim Cafeteriasystem geltend gemacht, sollen aber dadurch aus dem Weg geräumt werden, dass der Tarifvertrag jedenfalls für den Fall eine Regelung trifft, dass die Betriebspartner keine der angebotenen Optionen wählen.[27]

ee. Modelle der Zweistufigkeit

Zuletzt sind die sog. Modelle der Zweistufigkeit anzusprechen. Wie der Name schon sagt, soll damit neben dem Verbandstarifvertrag, der die erste „Stufe“ bildet, eine zweite „Stufe“ etabliert werden, um eine betriebsnahe Vereinbarung zu treffen. Diese zweite Stufe wird im zugrundeliegenden Verbandstarifvertrag festgehalten und vorgesehen. Ziel dieses Modells ist es:

1. Der Gewerkschaft oder dem Betriebsrat einen stärkeren Einfluss auf die Gestaltung der Effektivlöhne zu sichern,
2. Entgelt und Entgelterhöhungen entsprechend der wirtschaftlichen Situation der Betrieb zu differenzieren und so eine ertragsabhängige Ausgestaltung des Entgeltes zu erreichen.[28]

---

24 In diese Richtung gehen auch die Forderungen von Gesamtmetall, zit. nach *Schaub*, NZA 1998, 617, 622. Der DGB tendiert in seinem Grundsatzprogramm von 1996 wohl auch in diese Richtung, allerdings will dieser den Tarifpartnern die letztliche Entscheidung vorbehalten: Grundsatzprogramm des DGB 1996, Nr. I 4.

25 *Wendeling-Schröder/Schubert*, NZA 2003, 772, 773.

26 *Kittner*, FS Schaub, S. 410 f.

27 *Kittner*, FS Schaub, S. 412 f.

28 *Wendeling-Schröder/Schubert*, NZA 2003, 772, 775.

Verhandlungspartner auf der betrieblichen Ebene können sein: Die Tarifpartner, die auf betrieblicher Ebene tätig werden, betriebliche Kommissionen, die mit Tarif- und Betriebspartnern besetzt sind, oder die Betriebspartner selbst. Bekannt geworden sind die Modelle spätestens seit dem Tarifabschluss von Pforzheim 2004.[29]

ff. Zwischenergebnis

Das Tarifvertragssystem von Grund auf ändern zu wollen, erscheint wegen der aufgeführten Verhandlungsalternativen nicht notwendig. Die Tarifpartner in ihren Möglichkeiten beschränken zu wollen, ist zwar mit Hinweis auf das Tarifvertragssystem als Wettbewerbs- und Investitionshindernis fast zur Mode geworden, es sollte jedoch nicht aus den Augen verloren werden, dass sich das geltende System dem Grunde nach bewährt hat. Die dargestellten Dezentralisierungsmethoden zeigen das Potenzial des Tarifvertragssystems, das freilich den tarifpolitischen Zielen und Motiven der Tarifvertragsparteien ausgeliefert, jedenfalls aber auf deren Bereitschaft, eine gemeinsame zukunftssichere Lösung zu finden, angewiesen ist.

b. Firmentarifvertrag

Neben oder alternativ zu einer dezentralen Gestaltungsform der Verbandstarifverträge können die Bedürfnisse der einzelnen Arbeitgeber auch in Firmentarifverträgen berücksichtigt werden. Diese werden zwischen Arbeitgeber und Gewerkschaft abgeschlossen.[30] Der Arbeitgeber kann sich auch von seinem Verband vertreten lassen.[31]
Der Begriff des „Firmen"-Tarifvertrages ist eigentlich ein handelsrechtlicher. Er wird auch als Unternehmenstarifvertrag, Werkstarifvertrag oder Haustarifvertrag bezeichnet.[32] Durch die Abkehr des Bundesarbeitsgerichts (*BAG*) von der Geprägetheorie wird nunmehr auch der Arbeitskampf um einen Tarifvertrag, bezogen auf einen einzelnen Betrieb, ermöglicht, so dass man die Formulierung „Betriebstarifvertrag" wohl in die Aufzählung mit aufnehmen muss.

---

29 S. hierzu die Ergebnisse dieses Tarifabschlusses abrufbar unter http://www.bw.igm.de/news. Vgl. auch Süddeutsche Zeitung vom 22./23.10.2005, S. 22, wonach bereits zehn Prozent der Metallbetriebe die Möglichkeiten der Abweichung vom Flächentarifvertrag nutzen. Dabei seien die Abweichungen auf betrieblicher Ebene immer nur zu Ungunsten der Arbeitnehmer.

30 Wiedemann-*Thüsing*, TVG, § 1, Rn. 61; *Zöllner/Loritz*, Arbeitsrecht, S. 370 f.

31 *Buchner*, DB 1970, 2025, 2027; *Heß*, DB 1975, 548, 548; Wiedemann-*Oetker*, TVG, § 2, Rn. 161.

32 *Wieland*, Firmentarifverträge, Rn. 4.

Einen Firmentarifvertrag abzuschließen heißt aber nicht notwendigerweise, auch einen flexiblen Tarifvertrag abzuschließen.[33] Gewährleistet ist lediglich, dass es sich um einen Tarifvertrag handelt, der an den Gegebenheiten und Besonderheiten des einzelnen Unternehmens ausgerichtet ist. Eine flexible Regelung etwa für den Härtefall wird erst durch Vereinbarung einer dahingehenden Klausel getroffen. Wie überall im kollektiven Arbeitsrecht ist die konkrete Vereinbarung von der Beurteilung der Tarifpartner abhängig.

Es sind zwei Konstellationen betreffend den Abschluss eines Firmentarifvertrages denkbar: Der Firmentarifvertrag mit einem nicht verbandsgebundenen Arbeitgeber und der Firmentarifvertrag mit einem Arbeitgeber, der Mitglied in einem Arbeitgeberverband ist.[34] Letzterer fällt regelmäßig bereits in den Geltungsbereich eines Verbandstarifvertrages, so dass wiederum zu unterscheiden ist.[35] Entweder sieht der Verbandstarifvertrages den Abschluss des Firmentarifvertrages vor oder lässt ihn zumindest zu – man spricht von einer Öffnungsklausel –, oder der Firmentarifvertrag wird ohne Rücksicht auf den Verbandstarifvertrag geschlossen. Entsprechend den Grundsätzen von Tarifkonkurrenz und –pluralität würde der Firmentarifvertrag den Verbandstarifvertrag verdrängen.[36]

Somit gilt, wie bereits für die Dezentralisierung durch den Abschluss von Regional- und Branchentarifverträgen, auch hier, dass der Firmentarifvertrag zwar eine Möglichkeit zur Dezentralisierung und Flexibilisierung darstellt, es aber vom Willen der Verhandlungspartner (ggf. auch Arbeitskampfgegner) abhängt, ob eine solche Regelung erreicht wird. Unter Umständen wird sich die Gewerkschaft mit der flexiblen Regelung nicht einverstanden erklären, stattdessen vielleicht sogar einen Firmentarifvertrag abschließen (oder erstreiken) wollen, der für den einzelnen Arbeitgeber inhaltlich ungünstiger ist als der ggf. gleichzeitig geltende Verbandstarifvertrag. Ist ein Großteil der Arbeitnehmer gewerkschaftlich organisiert, braucht es fast nur die Androhung eines Streiks, um den Unternehmer in die Knie zu zwingen.[37] Auf die Solidarität seiner Verbandskollegen, so er denn verbandsgebunden ist, kann er sich

---

33 *Stein*, RdA 2000, 129, 129.

34 *Buchner*, DB 1970, 2025, 2028.

35 Die Situation einer Mitgliedschaft ohne Tarifbindung soll im Rahmen dieser Bearbeitung aber außer Betracht bleiben, vgl. dazu etwa *Buchner*, NZA 1994, 2 ff.; *ders.*, NZA 1995, 761 ff.; *Glaubitz*, NZA 2003, 140 ff.

36 Dazu unten Fn. 729.

37 *Möschel*, BB 2003, 1951, 1952.

im Arbeitskampf um einen Firmentarifvertrag nicht verlassen.[38] Hier kommt zum Tragen, dass der Arbeitgeber auch Unternehmer ist und die Verbandskollegen seine Konkurrenten sind. Aus Sicht des Arbeitgebers ist es daher verständlich, dass im Vordergrund der Diskussion um eine flexiblere Gestaltung der Arbeits- und Wirtschaftsbedingungen die tarifvertragliche Öffnungsklausel für die Betriebspartner steht. Auf den Betriebsrat hat der Arbeitgeber mehr Einfluss.

c. Firmenbezogener Verbandstarifvertrag

Betriebsnahe Tarifpolitik lässt sich auch durch firmenbezogene Verbandstarifverträge erreichen.[39] Dieser wird zwischen einem Arbeitgeberverband in eigenem Namen mit einer Gewerkschaft abgeschlossen, ist in seinem sachlichen Geltungsbereich jedoch auf ein Unternehmen, einen Betrieb oder mehrere Betriebe beschränkt.[40] Als Ergänzung zu einer betriebsnahen Tarifpolitik kann der Arbeitgeberverband für einzelne seiner Mitglieder neben dem Verbandstarifvertrag Zusatzvereinbarungen abschließen. Auch hier besteht die Möglichkeit, eine Regelung durch firmenbezogenen Verbandstarifvertrag durch tarifvertragliche Öffnungsklausel vorzusehen oder ihn alleinstehend zu vereinbaren, d. h. ohne flankierende Regelung durch einen Tarifvertrag, der weitere Arbeitgeber erfasst.[41] Auch der firmenbezogene Verbandstarifvertrag geht dem Verbandstarifvertrag nach den Grundsätzen von Tarifkonkurrenz und –pluralität vor.[42]

Gegenüber dem Firmentarifvertrag hat der firmenbezogene Verbandstarifvertrag Vor- und Nachteile. Regelmäßig wird er als schwerfällig bezeichnet, weil der Verband Verhandlungspartner ist, es aber die Besonderheiten des jeweiligen Arbeitgebers zu berücksichtigen gilt. Eine optimale betriebsnahe Lösung ist u. U. schwer zu finden, da sich der Verband mit der Vereinbarung eines firmenbezogenen Verbandstarifvertrages auf einen Drahtseilakt begibt. Es gilt, gleichsam die Interessen des einzelnen Arbeitgebers wie auch die der üb-

---

38 *Beuthien*, BB 1975, 477, 479; *Hanau*, Der Arbeitgeber 1970, 404, 407; *v. Hoyningen-Huene*, ZfA 1980, 453, 461; *Krichel*, NZA 1986, 731, 734; *Lieb*, DB 1999, 2058, 2063; *Reuter*, NZA 2001, 1097, 1103; *Weiss*, Betriebsnahe Tarifverträge, S. 90 ff.

39 Auch unternehmensbezogener Verbandstarifvertrag genannt. Auf diese Bezeichnung wird hier verzichtet, da diese impliziert, allein das Unternehmen könne Regelungsgegenstand sein. Insbesondere vor dem Hintergrund der Abkehr des *BAG* von der unternehmensbezogenen Geprägetheorie, vgl. dazu 2. Teil B. III. 2. b., wäre dies jedoch missverständlich.

40 *Wieland*, Firmentarifverträge, Rn. 8.

41 *Buchner*, DB 1970, 2025, 2028.

42 S. dazu wiederum unten, Fn 729.

rigen Mitglieder zu berücksichtigen. Fühlen sich die im Verbandstarifvertrag verbleibenden Arbeitgeber durch den firmenbezogenen Verbandstarifvertrag benachteiligt, werden sie sich überlegen, ob die Verbandsmitgliedschaft tatsächlich noch Vorteile bietet. Immerhin ermöglicht eine Kombination von Verbands- und firmenbezogenem Verbandstarifvertrag eine differenzierte Tarifpolitik. Vorteile hat der firmenbezogene Verbandstarifvertrag dort, wo der Arbeitskampf droht. Der Verband ist nicht nur Verhandlungspartner, sondern auch Arbeitskampfgegner, so dass die Chancen des einzelnen Arbeitgebers im Arbeitskampf gegenüber denen im Arbeitskampf um einen Firmentarifvertrag besser sein dürften.[43]

Wie der Firmentarifvertrag hängt aber auch der firmenbezogene Verbandstarifvertrag vom (guten) Willen der Tarifpartner ab. Eine flexible oder dezentrale Lösung kann auch dieser nicht garantieren.

II. Konzepte betriebsnaher Tarifpolitik

Dieser Wille der Tarifvertragsparteien, die starre Regelung durch den Flächentarifvertrag aufzulockern, hat sich – neben den bereits dargestellten Modellen zur Auflockerung des Flächentarifvertrages selbst – besonders in verschiedenen Konzepten der sog. betriebsnahen Tarifpolitik widergespiegelt. Dabei ist zu beachten, dass die Diskussion um den Flächentarifvertrag und die Lösungsmöglichkeit, die der Firmentarifvertrag bietet, nicht neu ist, sich vielmehr seit Einführung des TVG wie ein roter Faden durch die Geschichte des Tarifvertragssystems zieht.

Es lassen sich vier historische Entwicklungsabschnitte ausmachen, bedingt durch die geltenden wirtschaftlichen Rahmenbedingungen im jeweiligen Zeitraum. Bereits von 1958 bis 1970 wurde darüber diskutiert, wie man eine stärkere Bindung des Tarifvertrags an die Bedürfnisse der einzelnen Unternehmen erreichen könnte. Zu einer tatsächlichen Umsetzung betriebsnaher Tarifpolitik kam es im Rahmen des Arbeitszeitabkommens von 1984/1985 sowie während der beschäftigungssichernden Tarifpolitik nach 1992. Der letzte Entwicklungsschritt betriebsnaher Tarifpolitik lässt sich im Jahr 1998 ausmachen und wurde von der IG Metall unter dem Slogan „Qualifizieren statt Entlassen" eingeführt.[44]

---

43 Vgl. zu letzteren unten, 4. Teil A. II. 2.

44 Programm der IG Metall, Bezirk Küste veröffentlicht 1998 unter dem Titel „Qualifizieren statt Entlassen".

1. Im Rückblick: Betriebsnahe Tarifpolitik 1958 – 1970

Bereits von 1958 bis 1970 wurde darüber diskutiert, wie man eine stärkere Bindung des Tarifvertrags an die Bedürfnisse der einzelnen Unternehmen erreichen könnte. Der Hintergrund war folgender: Obwohl man die beginnende Talfahrt der Wirtschaft der Bundesrepublik aufkommen sah, hatte das Wirtschaftswunder der Nachkriegsjahre dafür gesorgt, dass sich die tariflich vereinbarten Löhne und die tatsächlichen Effektivlöhne noch erheblich unterschieden. Die Arbeitgeber bezahlten übertariflich. Dies erregte den Unmut der Gewerkschaften. Denn die übertariflichen Löhne kamen nicht in den Genuss des § 4 Abs. 1 TVG, waren also tariflich nicht gesichert. Die Gewerkschaften machten die übertariflich gezahlten Löhne deshalb für die Organisationsmüdigkeit der Arbeitnehmer verantwortlich. Wenn die Arbeitgeber sowieso über dem Tariflohn zahlten, warum sich dann noch in einer Gewerkschaft für höhere Löhne einsetzen?[45] Hätten die Gewerkschaften aber gestreikt und eine Erhöhung der Löhne insgesamt gefordert, wäre zu befürchten gewesen, dass die übertariflichen Lohnbestandteile aufgesogen worden wären.[46] Deshalb sollten betriebsnahe Tarifverträge mit den Arbeitgebern abgeschlossen werden, die sich eine über dem Niveau des Flächentarifvertrags liegende Bezahlung leisten konnten. Dementsprechend wurden betriebsnahe Tarifverträge als „Verträge, die betrieblich gewachsene Lohn- und Arbeitsbedingungen so weit wie möglich in tarifvertragliche Normen mit Rechtsanspruch zu bringen suchen" definiert.[47] Unter betriebsnaher Tarifpolitik verstand man eine bewusste Ausnutzung der besonderen wirtschaftlichen Verhältnisse eines jeden Betriebes zur Verbesserung der Lohn- und Arbeitsbedingungen und zur Einbeziehung möglichst vieler Betriebsfunktionäre in die Gestaltung des Tarifvertrages.[48] Damit verfolgte man letztlich die Stärkung der gewerkschaftlichen Organisation insgesamt.[49]

Dies sollte insbesondere durch sog. Rahmentarifverträge auf regionaler Basis, die eine moderne Lohnbestimmung zum Inhalt haben sollten, erreicht werden. Zudem sollten die Tarifverträge insgesamt stärker auf bestimmte Branchen eingegrenzt werden.[50] Neben die bestehenden Regionaltarifverträge sollten betriebsnahe Tarifverträge treten, die die tatsächliche wirtschaftliche Lage des

---

45 *Buchner*, DB 1970, 2025, 2025.
46 *Wieland*, Firmentarifverträge, Rn. 20.
47 Salm, Der Gewerkschafter 1961, Heft 8, S. 1.
48 *Salm*, Der Gewerkschafter 1961, Heft 8, S. 1.
49 *Salm*, Der Gewerkschafter 1961, Heft 8, S. 1; *Suschet*, ZfA 2005, 581, 583.
50 *Salm*, Der Gewerkschafter 1961, Heft 11, S. 9.

jeweiligen Unternehmens berücksichtigen sollten.[51] Freilich erkannte man auch die Gefahr einer solchen betriebsnahen Tarifpolitik: Die vom Flächentarifvertrag ausgehende ordnende Wirkung, die er erreicht, indem er eine Vielzahl von Unternehmen an dieselben wirtschaftlichen Rahmenbedingungen bindet und so dafür sorgt, dass niemand gegenüber einem Konkurrenten einen Vorteil hat,[52] würde unterlaufen, wenn nicht sogar aufgelöst. Es wäre nicht mehr sicher, dass zwischen den Unternehmen weiter Wettbewerbsgleichheit herrschte.[53]

Trotz der anhaltenden Diskussion wurde diese betriebsnahe Tarifpolitik nie umgesetzt.[54] Eine Ausnahme bildete etwa das Reinhartshausener Abkommen vom 27./28.06.1964 zwischen der IG Metall und Gesamtmetall, mit dem eine Tarifauseinandersetzung zwischen der IG Metall und den Ford-Werken beendet wurde. Die bei Ford bestehenden spezifischen Lohn und Arbeitsbedingungen wurden in einer Zusatzvereinbarung zu den jeweils geltenden Tarifverträgen geregelt.[55] Die Tarifvertragsparteien verpflichteten sich auf Antrag

---

51 *Richardi*, JurA 1971, 141, 142 ff.

52 Dies ist ein Aspekt, auf den im Laufe dieser Bearbeitung immer wieder zurückzukommen sein wird und den man generell nicht aus den Augen verlieren darf: Die im Arbeitgeberverband zusammengeschlossenen Mitglieder gleichen sich zwar in ihrer Stellung als Arbeitgeber, sind aber vor allem Unternehmer (und erst zu diesem Zweck Arbeitgeber!) und damit Konkurrenten.

53 *Richardi*, JurA 1971, 141, 149. Vgl. auch *Buchner*, DB 1970, 2025, 2028, der befürchtet, dass die wirtschaftliche Leistungsfähigkeit für ein Unternehmen überschätzt werden und es deshalb zu einer Wettbewerbsverzerrung auf der Lohnseite kommen könnte.

54 Umfassend wurde die Forderung nach einer betriebsnahen Tarifpolitik erstmals in der Auseinandersetzung um die hessische Chemieindustrie im Frühjahr 1970 erhoben. Die IG Chemie-Papier-Keramik wollte einen Flächentarifvertrag abschließen, von diesem jedoch neun bedeutende Chemie-Unternehmen ausnehmen und mit ihnen Firmentarifverträge vereinbaren. Von diesen Firmentarifverträgen wären mehr als die Hälfte der Arbeitnehmer der chemischen Industrie Hessens erfasst gewesen. Inhalt dieser Firmentarifverträge sollte es sein, die Effektivverdienste tarifvertraglich abzusichern, sowie die Lohn- und Gehaltshöhe der tatsächlichen Lage der Unternehmen anzupassen. Die Arbeitgeberseite verweigerte sich dem Vorhaben aber erfolgreich. Letztlich wurde eine verbandstarifliche Regelung getroffen, in der lediglich Verhandlungen mit dem Ziel vereinbart wurden, übertarifliche Leistungen einzufangen. Vgl. hierzu stellvertretend *Buchner*, DB 1970, 2025, 2025; *Richardi*, JurA 1971, 141 ff.; *Wieland*, Firmentarifverträge, Rn. 29.

55 Abgedruckt in RdA 1964, 264 f. Nachweise bei *Wieland*, Firmentarifverträge, Rn. 28.

einer der Parteien, Verhandlungen über die Absicherung übertariflicher betrieblicher Leistungen zu führen.[56]

2. Das Arbeitszeitabkommen 1984/1985

Einen wirklichen Schritt hin zu dezentralen tariflichen Regelungen versprach das Arbeitszeitabkommen 1984/1985. Erstmals wurden die individuellen Arbeitszeiten von der Betriebsnutzungszeit abgekoppelt. Die Lage und Verteilung der Arbeitszeit stand damit für eine betriebsnahe Regelung durch die Betriebspartner offen.[57]

3. Beschäftigungskrise 1992 und betriebsnahe Tarifpolitik

Die bis heute andauernde Beschäftigungskrise, die sich im Jahre 1992 erstmals deutlich bemerkbar machte, sorgte für einen Wandel in der Bedeutung der Firmentarifverträge. Die wirtschaftlichen Probleme führten dazu, dass die Bedingungen des Verbandstarifvertrages nicht mehr erfüllt werden konnten, womit gleichzeitig die Diskussion um den Flächentarifvertrag ihren Ausgang nahm. Um den Unternehmen zu helfen, die in wirtschaftliche Schwierigkeiten geraten waren und die Arbeitsplätze der Beschäftigten zu sichern, schloss man Firmentarifverträge in Gestalt sog. Sanierungs- oder Konsolidierungstarifverträge ab.[58] Im Groben verzichteten die Arbeitgeber auf betriebsbedingte Kündigungen, im Gegenzug wurden entweder die Arbeitszeiten ohne Lohnausgleich verlängert oder Einschnitte bei den Löhnen vereinbart.

Wird so die eigene verbandstarifvertragliche Regelung auch verdrängt, kann dies vom Arbeitgeberverband u. U. sogar gewollt sein, wenn er im Verbandstarifvertrag ausdrücklich eine Öffnungsklausel für den Fall der wirtschaftlichen Notlage eines Mitgliedsunternehmens vereinbart hat. Freilich wird damit kein Anspruch der Arbeitgeberseite auf Abschuss eines solchen Vertrages begründet, sondern allenfalls ein Anspruch auf Verhandlung. Zudem stellt sich für solche Öffnungsklauseln die Frage, wann sich ein Unternehmen in einer „Notlage“ befindet. Ist es bereits insolvent, kommt Hilfe jedenfalls zu spät.

Beispiel für einen solchen Firmentarifvertrag ist der Ende 1993 zwischen der IG Metall und den VW Werken abgeschlossene Vertrag, der vorsah, die Ar-

---

[56] S. dazu *Buchner*, DB 1970, 2025, 2028: Die Verpflichtung ein Verhandlungsergebnis zu erzielen, ging damit aber nicht einher.

[57] BAG, AP Nr. 23 zu § 77 BetrVG 1972; *Ruoff*, Flexibilisierung, S. 89; Wiedemann-*Wiedemann*, TVG, 6. A, Einl., Rn. 85.

[58] Vgl. auch BAG, DB 2001, 1096 ff.; BAG, DB 2001, 1151, 1151 f.; *Buchner*, DB 2000, Beil. 9 zu Heft 48, 1, 3; *Suschet*, ZfA 2005, 581, 583.
Der Konsolidierungstarifvertrag unterscheidet sich vom Sanierungstarifvertrag nur dadurch, dass er auch vom Betriebsrat unterzeichnet wird.

beitszeit um 7,2 Stunden auf 28,8 Stunden (sog. Vier-Tage-Woche) zu verkürzen, um so 31.000 Arbeitsplätze zu erhalten. Die Arbeitnehmer behielten dabei im Großen und Ganzen ihr monatliches Lohnniveau, verzichteten allerdings auf tarifliche Sonderzuwendungen in Höhe von ca. 16 % brutto gegen die Zusicherung des Unternehmens, innerhalb der nächsten zwei Jahre keine betriebsbedingten Kündigungen auszusprechen.[59]
Zu erwähnen ist auch der mit der Philipp Holzmann AG getroffene Sanierungstarifvertrag. Dieser verpflichtete die Arbeitnehmer für 18 Monate zu fünf unbezahlten Überstunden pro Woche. Die eigentlich per Verbandstarifvertrag geltende 39-Stunden-Woche wurde zu einer 44-Stunden-Woche gemacht. Diese Mehrarbeit sollte den Arbeitnehmern gutgeschrieben und durch Freizeitausgleich abgegolten werden, sobald die Philipp Holzmann AG wieder bestimmte wirtschaftliche Voraussetzungen erfüllte.[60]

4. Aktuelle betriebsnahe Tarifpolitik („Qualifizieren statt entlassen")

Die momentane wirtschaftliche Rahmensituation hat sich im Vergleich zu 1992 kaum geändert. Ohne auf die Einzelheiten einzugehen, stecken die meisten Unternehmen in wirtschaftlicher Bedrängnis, für die viele den Standort Deutschland als Problem ausgemacht haben. Als Teil dieses „Problems" wird auch der starre und zentralistische Flächentarifvertrag gesehen. Um dem Standort Deutschland und seinen Nachteilen zu entfliehen, nutzen deshalb vielerorts Unternehmer die Möglichkeiten, die ihnen das Ausland bietet. Offensichtlich sind die bisherigen Bemühungen für eine dezentrale und flexible Tarifpolitik also nicht ausreichend gewesen. Dies erklärt sich auch daraus, dass sich für die Beurteilung der wirtschaftlichen Notwendigkeiten eines Unternehmens ein neues Element ergeben hat: Es genügt heutzutage nicht mehr, nur Gewinne zu verzeichnen; diese müssen auch so hoch sein, dass man vor dem Hintergrund wachsender internationaler Konkurrenz auch bestehen kann. Die Verlagerung der Produktionsstandorte und die Schließung inländischer Betriebe ist die Folge.

---

59 *Unterhinninghofen*, AiB 1994, 82 ff.; *Zachert*, ZTR 1995, 435, 436 f.

60 Vgl. *Rieble*, NZA 2000, 225, 226. Dass all dies nichts genutzt hat, steht freilich auf einem anderen Blatt. Weitere Beispiele für Sanierungs- und Konsolidierungstarifverträge u. a. Tarifvertrag zur Beschäftigungssicherung in der Bayerischen Metall- und Elektroindustrie vom 22.02.1999 (Ziff. I, 1, 3); Zusatztarifvertrag zum Manteltarifvertrag vom 18.12.1996 zwischen der IG Metall und dem Verband der Metallindustrie Baden-Württemberg, dazu LSG Baden-Württemberg, AiB 2002, 784 f., sowie die den Fällen BAG, DB 2001, 1096 ff.; BAG, DB 2001, 1151 f.; BAG, AP Nr. 24 zu § 611 BGB Arbeitszeit; BAG, AP Nr. 5 zu § 3 TVG Betriebsnormen zugrundeliegenden Tarifverträge.

Hiergegen richtet sich die neue betriebsnahe Tarifpolitik der IG Metall. Sie lässt sich treffend mit dem Slogan „Qualifizieren statt Entlassen" umschreiben[61] und hat durch den Streik beim AEG Werk Nürnberg einen neuen Grad an Bekanntheit erlangt. Sie verfolgt letztlich das selbe Ziel wie der Abschluss eines Sanierungstarifvertrages: Den Erhalt von Arbeitsplätzen. Mit dem Abschluss von Firmentarifverträgen (und firmenbezogenen Verbandstarifverträgen) wird auch das gleiche Mittel zu ihrer Umsetzung genutzt. Darin erschöpfen sich die Gemeinsamkeiten aber auch schon.
Inhalt dieser neuen betriebsnahen Tarifpolitik ist es nämlich nicht, in einem gegenseitigen Geben und Nehmen den Erhalt des Standortes und damit die gefährdeten Arbeitsplätze zu sichern. Es geht nur noch um die Regelung der Folgen einer Betriebsschließung auf die Arbeitsplätze. Ein hierauf gerichteter Tarifvertrag soll den Unternehmer durch immense, mit der Betriebsschließung einhergehende Kosten von der Verlagerung abhalten, jedenfalls aber den Arbeitnehmern eine komfortable Abfindung und den einfachen Einstieg in ein neues Beschäftigungsverhältnis ermöglichen. Kurzum, es geht um die Bindung der unternehmerischen Entscheidungsfreiheit.[62] Dies wird durch Regelungen realisiert, die denen eines Transfersozialplans gleichkommen. Eine Materie also, die durch die §§ 111 ff. BetrVG eigentlich unter die Zuständigkeit des Betriebsrates fällt. Die tarifvertragliche Regelung soll es ermöglichen, den Ordnungsrahmen der §§ 111 ff. BetrVG zu sprengen.[63] Im optimalen Fall wird die Bindung der unternehmerischen Entscheidungsfreiheit erreicht und der Unternehmer gibt seinen Plan zur Standortverlegung ins Ausland auf.[64] Die dahinterstehende Absicht der Gewerkschaft ist es, die stetig sinkende Mitgliederzahl aufzufangen und neue Anreize zum Verbandsbeitritt zu setzen.[65]
Diese betriebsnahe Tarifpolitik hat aber nicht nur von den inhaltlichen Regelungen her eine neue Qualität erreicht, die Gewerkschaften scheuen sich auch nicht, sie per Arbeitskampf durchzusetzen. In diesem Zusammenhang von einem in „der Praxis äußerst seltene[n] Aufruf einer Gewerkschaft zum Streik

---

61 So der Titel des entsprechenden Programms der IG Metall, Bezirk Küste. Dazu auch *Zabel*, AiB 1998, 615 ff.

62 Vgl. „Qualifizieren statt Entlassen", S. 11.

63 Vgl. „Qualifizieren statt Entlassen", S. 1, 2 f., 8; *Zabel*, AiB 1998, 615, 615 ff.

64 So auch die Einschätzung bei *Bauer/Krieger*, NZA 2004, 1019, 1020; *Nicolai*, SAE 2004, 240, 241; *Suschet*, ZfA 2005, 581, 611.

65 So auch FAZ vom 01.05.2007 „Gewerkschatfen wollen zurück in die Betriebe". Vgl. etwa zu den sinkenden Mitgliederzahlen der IG Metall, Die Zeit v. 19.01.2006, S. 24. Danach hatte die Gewerkschaft 1992 noch 3.394.282 Mitglieder. Diese Zahl ist nunmehr bei 2.425.000 angelangt. Dies entspricht einem Verlust von 28,56 %

für einen Firmentarifvertrag zur Standort- und Beschäftigungssicherung"[66] auszugehen, heißt schlicht, die Augen willig vor der Wirklichkeit zu verschließen. Die Realität lehrt das Gegenteil.[67] Insbesondere gehen die Gewerkschaften auch gegen solche Arbeitgeber vor, die durch Verbandstarifvertrag eigentlich schon tarifvertraglich erfasst sind.[68] Die Arbeitgeber stehen diesen Forderungen hilflos gegenüber. Die herrschenden ökonomischen Wettbewerbsverhältnisse machen es nahezu unmöglich, in einem Arbeitskampf zu bestehen.[69] Neben die gewerkschaftliche Inanspruchnahme tritt zusätzlich die Inanspruchnahme der Arbeitgeber durch den Betriebsrat, gerichtet auf den Abschluss eines Interessenausgleichs nach den §§ 111 ff. BetrVG. Dies geschieht allein, um den Arbeitgeber unter zusätzlichen Druck zu stellen, da der Abschluss des Interessenausgleichs, geschweige denn eines Sozialplans, nicht unbedingt beabsichtigt ist.[70]
Besondere Ausformungen dieser neuen betriebsnahen Tarifpolitik sind der tarifliche Sozialplan[71] und der Standortsicherungstarifvertrag.[72]

a. Der tarifliche Sozialplan

Wesentliche Inhalte eines beispielhaften tariflichen Sozialplans sind im Programm der IG Metall Bezirk Küste „Qualifizieren statt Entlassen" festgehal-

---

66 *Wolter*, RdA 2002, 218, 222.

67 Vgl. nur die in diesem Zusammenhang ergangenen Entscheidungen: BAG, NZA 2003, 734 ff.; LAG Schleswig-Holstein, NZA-RR 2000, 143 ff.; LAG Hamm, NZA-RR 2000, 535 ff.; LAG Schleswig-Holstein, SAE 2004, 227 ff.; LAG Niedersachsen, SAE 2004, 235 ff.; ArbG Lübeck, AiB 2002, 122 ff.; ArbG Bonn, NZA-RR 2002, 315 ff.; ArbG Kiel, AuR 2003, 192 ff.; ArbG Hameln, AiB 2004, 574 ff. sowie die weiteren Nachweise im Programm der IG Metall Küste „Qualifizieren statt Entlassen", S. 1 ff.

68 Der Firmentarifvertrag bzw. der firmentarifbezogene Verbandstarifvertrag dient der Ergänzung des Flächentarifvertrages, vgl. „Qualifizieren statt Entlassen", S. 1. Vgl. exemplarisch den Sachverhalt zu ArbG Frankfurt a. M. v. 15.03.2005, 5 Ca 4542/04 (juris).

69 *Rieble*, ZfA 2004, 1, 7. Vgl. zur Arbeitskampffähigkeit großer in Deutschland ansässiger Unternehmen auch die Darstellung bei *Döring*, DB 2001, 1430 ff.

70 *Nicolai*, SAE 2004, 240, 241. S. exemplarisch den Sachverhalt zu ArbG Frankfurt a. M. v. 15.03.2005, 5 Ca 4542/04 (juris).

71 Teilweise wurde auch von einem „Kündigungsschutz- und Qualifizierungstarifvertrag" gesprochen. Dies ist aber zumindest missverständlich, da Kündigungsschutz- und Qualifizierungsklauseln bereits allgemein verwandt werden und zumeist unproblematisch sind, während es hier um eine spezielle Form dieser Klauseln geht. Entsprechend den besonderen Problemen dieser Klauseln sollte man auch bei der Bezeichnung des Tarifvertrages unterscheiden.

72 Vgl. die Unterscheidung des ArbG Hameln, AiB 2004, 574, 576.

ten. Eine einheitliche Formulierung existiert nicht,[73] die wichtigsten Regelungen sollen hier aber exemplarisch aufgeführt werden:

1. Die Verschiebung einer geplanten Betriebsstilllegung.[74]
2 Qualifizierung und Outplacement-Aktivitäten sollen zu Lasten des Arbeitgebers vereinbart werden. Die Maßnahmen können im Regelfall bis zu sechs Monaten dauern. Die Geschäftsführung wird verpflichtet, diese auch während der laufenden Produktion durchzuführen.[75]
3. Einzelheiten über Lohngestaltung sollen in einem erzwingbaren Sozialplan zwischen Arbeitgeber und Betriebsrat abschließend vereinbart werden.[76]
4. Reduzierung der Arbeitszeit (hier 33 ½ Stunden Woche).[77]
5. Abschluss einer Beschäftigungsgarantie von bis zu fünf Jahren.[78]
6. Die jeweilige Arbeitsgruppe entscheidet über Arbeitszeitplanung und Arbeitszeitmodelle.[79]
7. Begründung eines Rechtes des Betriebsrates, Einstellungen und Investitionen einzufordern.[80]
8. Die Vereinbarung einer Mindestbeschäftigtenzahl bzw. die Begrenzung des Personalabbaus auf 20 Arbeitnehmer.[81]
9. Verpflichtung des Arbeitgebers zum Eintritt/Verbleib im Arbeitgeberverband.[82]
10. Erhöhung der Grundkündigungsfrist bei betriebsbedingten Kündigung auf drei Monate zum Quartalsende, plus Verlängerung dieser Frist um jeweils zwei Monate für jedes volles Jahr des Beschäftigungsverhältnisses.[83]
11. Betriebsbedingt entlassene Arbeitnehmer sollen einen Anspruch auf Qualifizierungsmaßnahmen für bis zu 24 Monate unter Fortzahlung

---

73 Beachte aber den Formulierungsvorschlag im Programm „Qualifizieren statt entlassen“, S. 14.

74 „Qualifizieren statt Entlassen“, S. 5, 8 für die Firma Weyburn-Bartel.

75 „Qualifizieren statt Entlassen“, S. 8 für die Firma Weyburn-Bartel.

76 „Qualifizieren statt Entlassen“, S. 8 für die Firma Weyburn-Bartel.

77 „Qualifizieren statt Entlassen“, S. 10 für die Firma Sauer-Sundstrand.

78 „Qualifizieren statt Entlassen“, S. 10 für die Firma Sauer-Sundstrand; *Oberberg/Schoof*, AiB 2002, 169, 169.

79 „Qualifizieren statt Entlassen“, S. 10 für die Firma Sauer-Sundstrand.

80 „Qualifizieren statt Entlassen“, S. 10 für die Firma Sauer-Sundstrand.

81 „Qualifizieren statt Entlassen“, S. 12 für die Firma InfoSystems GmbH.

82 „Qualifizieren statt Entlassen“, S. 11 f. für die Firma InfoSystems GmbH.

83 ArbG Frankfurt a. M. v. 15.03.2005, 5 Ca 4542/04 (juris).

der Vergütung erhalten; Auszubildende erhalten nach Abschluss der Ausbildung eine Anpassungsqualifikation.[84]

12. Betriebsbedingt entlassene Arbeitnehmer sollen Anspruch auf eine Abfindung in Höhe von bis zu zwei Monatsgehältern pro Beschäftigungsjahr zuzüglich Erhöhungsbetrag für Unterhaltspflichtige und für Schwerbehinderung/Gleichstellung erhalten.[85]
13. Einführung eines nicht näher bezifferten Härtefonds.[86]

Daneben sind noch weitere Regelungen denkbar: Etwa verschiedene Produktionslinien an einem Standort weiterzuführen,[87] Investitionszusagen,[88] Errichtung einer Beschäftigungs- und Qualifizierungsgesellschaft,[89] Erweiterung der Mitbestimmungsrechte des Betriebsrates in sozialen, personellen und wirtschaftlichen Angelegenheiten[90].

b. Der Standortsicherungstarifvertrag

Eine weitaus direktere Form der Bindung unternehmerischer Entscheidungsfreiheit ist der Standortsicherungstarifvertrag. Inhaltlich stimmt er weitgehend mit dem tariflichen Sozialplan überein, wird jedoch um eine wichtige Forderung erweitert: Den ausdrücklichen Verzicht auf die Schließung/Verlagerung des Standortes.[91] Was der tarifliche Sozialplan über die Hintertür der Folge-

---

84 „Qualifizieren statt Entlassen“, S. 8, 11, 12; ArbG Hameln, AiB 2004, 574, 575; ArbG Frankfurt a. M. v. 15.03.2005, 5 Ca 4542/04 (juris).

85 Vgl. den Fall des LAG Schleswig-Holstein, SAE 2004, 227 ff. für die Firma Heidelberger Druckmaschinen; ArbG Hameln, AiB 2004, 574, 575; ArbG Frankfurt a. M. v. 15.03.2005, 5 Ca 4542/04 (juris). Vgl. auch die Forderung der IG Metall gegenüber Infineon: Drei Monatsgehälter pro Beschäftigungsjahr, hierzu Süddeutsche Zeitung vom 22./23.10.2005, S. 25, sowie den Abschluss für AEG Nürnberg (1,8 Monatsgehälter), hierzu http://www.spiegel.de/Wirtschaft/0,1518,403651,00.html.

86 LAG Niedersachsen, SAE 2004, 235, 235; ArbG Hameln, AiB 2004, 574, 575.

87 *Zachert*, DB 2001, 1198, 1201.

88 *Zachert*, DB 2001, 1198, 1201.

89 „Qualifizieren statt Entlassen“, S. 12; so auch im für das AEG Werk Nürnberg vereinbarten tariflichen Sozialplan geschehen, vgl. hierzu http://www.spiegel.de/wirtschaft/0,1518,403571,00.html.

90 *Oberberg/Schoof*, AiB 2002, 169, 176 f.; auch *Zabel*, AiB 1997, 431, 431 f. der die Mitbestimmung auf Unternehmen mit weniger als 20 Arbeitnehmern ausdehnen will, so geschehen im Haustarifvertrag mit der Firma Crawford in Elmshorn, nachzulesen in „Qualifizieren statt Entlassen“, S. 4.

91 Allerdings ist eine solche Vereinbarung noch nicht Gegenstand gerichtlicher Überprüfung gewesen. Auch in dem regelmäßig als Beispiel dienenden Fall des LAG Hamm, NZA-RR 2000, 535 ff. wurde eine solche Klausel nicht konkret vereinbart – der Standorterhalt war lediglich Grundlage des Aufrufs zur Urabstimmung.

kosten einer Standortschließung versucht, geht der Standortsicherungstarifvertrag also direkt an.

5. Ergebnis

Die betriebsnahe Tarifpolitik hat, bedingt durch den Wandel der wirtschaftlichen Rahmendaten, an Bedeutung zugenommen. Gleichzeitig hat sich der Firmentarifvertrag als Mittel einer solchen Politik durchgesetzt – seine Bedeutung steigt. Wurde er zu Beginn der Beschäftigungskrise seitens der Arbeitgeber noch als Ausweg aus der unflexiblen und zentralistischen Regelung des Flächentarifvertrages gesehen, wird er von der Arbeitnehmerseite nunmehr genutzt, um neben dem Flächentarifvertrag eine Ordnung zu etablieren, die den Arbeitgeber daran hindert, sein Unternehmen zu verlagern oder gar zu schließen. Vom heilbringenden Gral hat sich der Firmentarifvertrag mittlerweile zur Büchse der Pandora entwickelt.[92]

---

92 Freilich aus Sicht des Unternehmers!

B. Gegenstand der Untersuchung: Der Firmentarifvertrag – geeignetes Mittel, die Krise des Flächentarifvertrages zu beenden?

Ist der Firmentarifvertrag[93] de lege lata das einzige Mittel, eine dezentrale und flexible Tarifordnung zu ermöglichen, wird er aber nunmehr genutzt, um den Arbeitgeber daran zu hindern, diese starre Ordnung zu verlassen, so ist es nicht übertrieben davon zu sprechen, dass sich die Krise des Flächentarifvertrages zur Krise des Firmentarifvertrages entwickelt hat.

Dies ist Anlass genug, dem Firmentarifvertrag genaues Augenmerk zu schenken. Aufgabenstellung dieser Arbeit soll es daher sein, herauszufinden, ob der Firmentarifvertrag tatsächlich eine Möglichkeit darstellt, ein dezentrales und flexibles Tarifvertragssystem zu gewährleisten. Abgestellt werden soll dabei allein auf den Fall, dass der Arbeitgeber bereits durch einen Verbandstarifvertrag tarifgebunden ist.[94]

Freilich darf dabei nicht aus den Augen verloren werden, dass die Frage der betriebsnahen Tarifpolitik eigentlich eine tarifpolitische ist. Sie zu beantworten, liegt allein in der Befugnis, aber auch der Verantwortung der Tarifpartner. Der Ausgangspunkt dieser Fragestellung ist denn auch ein tarifpolitischer: Nämlich die Annahme, dass Flexibilität in einer Kostensenkung für den Arbeitgeber (zum Erhalt der Arbeitsplätze und des Standortes) zum Ausdruck kommen muss. Trotzdem soll im Rahmen dieser Arbeit zunächst versucht werden, die weitergehenden tarifpolitischen Gegebenheiten außer Acht oder nur am Rande einfließen zu lassen. Ob der Firmentarifvertrag als Mittel zur Dezentralisierung und Flexibilisierung des Systems des Verbandstarifvertrags geeignet ist, zeigt sich nämlich nicht nur am vorhandenen oder nicht vorhandenen Willen der Tarifpartner, sondern auch daran, welche rechtlichen Gren-

---

93 Vom firmenbezogenen Verbandstarifvertrag abgesehen, der im Rahmen dieser Bearbeitung unberücksichtigt bleiben soll.

94 Hintergrund für dieser Einschränkung der Fragestellung ist folgender: Die Rechtsstellung des nicht verbandsangehörigen Arbeitgebers bietet vor dem Hintergrund betriebsnaher Tarifpolitik keine Probleme. Er ersetzt den Arbeitgeberverband als Tarifvertragspartei, so dass ein Firmentarifvertrag ohne weiteres vereinbart werden kann (§ 2 Abs. 1 TVG). Genauso, wie ein solcher Firmentarifvertrag vereinbart werden kann, muss er gegen den Verbandsaußenseiter auch erstreikt werden können, da sich dieser ansonsten dem Tarifvertragssystem entziehen könnte. Bedenken, wie sie in diesem Zusammenhang für den tarifgebundenen Arbeitgeber aufgeworfen werden, begegnet man hier selten. Eine Ausnahme ist die Frage, ob ein Einzelarbeitgeber erst dann tariffähig ist, wenn er „mächtig" genug ist. Dies soll aber auch im Rahmen dieser Bearbeitung untersucht werden. S. dazu unten, 2. Teil A. II. 5.

zen und Möglichkeiten er bietet bzw. ihm gesetzt sind.[95] Diese sollen hier vorwiegend ausgelotet werden. Sie entscheiden, sei es im Vereinbarungs- oder im Arbeitskampfstadium, ob der Firmentarifvertrag allein als Notanker[96] verwendet werden, oder ob er ein Mittel zur Bindung unternehmerischer Entscheidungsfreiheit und zum Verbleib in der starren Ordnung des Flächentarifvertrages sein kann.

Dieser Brisanz entspricht es, dass der Firmentarifvertrag verstärkt ins Blickfeld der Rechtsprechung rückt. Die Lösung solcher Probleme und Rechtsfragen, die jahrzehntelang hintangestellt werden konnten, wird nun um so dringender. Die Zahl der relevanten Rechtsstreitigkeiten steigt.[97] In einer ersten großen Entscheidung hat das *BAG* zu diesem Problemfeld Stellung bezogen und obiter den Arbeitskampf gegen den verbandsgebundenen Arbeitgeber um einen Firmentarifvertrag für zulässig erachtet.[98] Zuletzt hat das *BAG* auch die letzte Streitfrage in diesem Zusammenhang geklärt und die typischen Inhalte des sog. tariflichen Sozialplans für tariflich regelbar erklärt.[99]

Entsprechend den rechtlichen Problemen, die sich im Zusammenhang mit dem Firmentarifvertrag ergeben, wird im Folgenden zunächst auf das Vereinbarungsstadium eingegangen, hier konkret auf die grundsätzliche Befugnis des verbandsgebundenen Arbeitgebers, einen Firmentarifvertrag freiwillig abzuschließen,[100] sowie auf die Frage, welche die zuständige Gewerkschaft für einen solchen Vertragsschluss wäre[101]. Sodann werden die inhaltlichen Regelungen des tariflichen Sozialplans untersucht.[102] Im vorletzten Teil wird auf die Frage eingegangen, inwiefern der Firmentarifvertrag auch per Arbeitskampf durchgesetzt werden kann.[103] Der Schwerpunkt liegt hier auf dem verbandsgebundenen Arbeitgeber. Die gewonnenen Ergebnisse sollen in der Schlussbetrachtung sodann der Beantwortung der hier aufgeworfenen Grund-

---

95 So schon der grundlegende erste Aufsatz von *Buchner* zu diesem Thema: „Möglichkeiten und Grenzen betriebsnaher Tarifpolitik“ in DB 1970, 2025 ff.; 2074 ff.

96 Und damit zur Senkung von Kosten.

97 LAG Schleswig-Holstein, NZA-RR 2000, 143, 145 f.; LAG Schleswig-Holstein, SAE 2004, 227 ff.; LAG Niedersachsen, SAE 2004, 235 ff.; ArbG Kiel, AuR 2003, 192 ff.; ArbG Frankfurt a. M. v. 15.03.2005, 5 Ca 4542/04 (juris).

98 Entscheidung vom 10.12.2002, abgedruckt in NZA 2003, 734 ff.

99 BAG v. 24.04.2007, 1 AZR 252/06 bisher n.v. Siehe hierzu aber Pressemitteilung Nr. 27/07 abrufbar unter http://www.bundesarbeitsgericht.de. Zuvor schon BAG v. 06.12.2006, 4 AZR 798/05, bisher n.v. s. hierzu aber Pressemitteilung Nr. 76/06.

100 Dazu unter 2. Teil A.

101 Dazu unter 2. Teil B.

102 Dazu im 3. Teil.

103 Dazu im 4. Teil.

frage dienen, also der Frage nach der Möglichkeit, durch den Firmentarifvertrag ein dezentrales und flexibles Tarifvertragssystem zu gewährleisten.[104]

[104] Dazu im 5. Teil.

2. Teil: Der Firmentarifvertrag im Vereinbarungsstadium

Voraussetzungen für den Abschluss eines Firmentarifvertrages, wie allgemein für den Abschluss eines Tarifvertrages, sind Tariffähigkeit und Tarifzuständigkeit der beteiligten Tarifvertragsparteien. Beide Merkmale wurden zuletzt durch das *BAG* entweder noch einmal herausgestellt oder zum Inhalt einer neuen Rechtsprechung gemacht und verdienen somit besondere Aufmerksamkeit.

A. Tariffähigkeit

Tariffähig ist, wer Partei eines Tarifvertrages sein kann.[105] Durch Vereinbarung mit dem sozialen Gegenspieler können u. a. die Arbeitsbedingungen des Einzelarbeitsvertrages mit der Wirkung geregelt werden, dass sie für die tarifgebundenen Personen unmittelbar und unabdingbar wie Rechtsnormen gelten.[106]

Gem. § 2 Abs. 1 TVG können Tarifvertragsparteien sein: Die Gewerkschaften, einzelne Arbeitgeber und Vereinigungen von Arbeitgebern. § 2 Abs. 3 TVG erklärt die Spitzenorganisationen zu möglichen Tarifvertragsparteien.

I. Tariffähigkeit der Verbände

Die Vereinigungen von Arbeitgebern und Arbeitnehmern sind tariffähig, wenn sie alle Merkmale einer Koalition i.S.d. Art. 9 Abs. 3 S. 1 GG erfüllen und sie die ihr durch die Tarifautonomie zugewiesene Aufgabe auszufüllen vermögen.[107] Dementsprechend endet die Tariffähigkeit, wenn sie die Vorraussetzungen einer Koalition i.S.d. Art. 9 Abs. 3 GG nicht mehr vorweisen kann.[108] Dies kann u. a. dann der Fall sein, wenn die Koalition das geltende Tarif-, Schlichtungs- und Arbeitskampfrecht nicht mehr anerkennt oder wenn die Koalition keine demokratische Ordnung mehr hat.[109] Löst die Koalition

---

105 BAG, AP Nr. 1 zu § 2 TVG Tarifzuständigkeit; *Schaub*, Handbuch, § 199, Rn. 1.
106 BVerfGE 20, 312, 313.
107 Statt vieler: ErfK-*Franzen*, TVG, § 2, Rn. 3 –17.
108 ErfK-*Franzen*, TVG, § 2, Rn. 17; Wiedemann-*Oetker*, TVG, § 2, Rn. 34.
109 ErfK-*Franzen*, TVG, § 2, Rn. 17.

sich auf, tritt sie in das Liquidationsstadium ein. Als Vereinigung in der Liquidation ist der Verband nicht mehr tariffähig.[110]
Verliert ein Verband seine Tariffähigkeit, werden die von ihm geschlossenen Tarifverträge zwar ipso iure unwirksam;[111] zur Beendigung dieser Tarifverträge ist dennoch eine Kündigung, entweder außerordentlich oder ordentlich, zum nächstmöglichen Zeitpunkt notwendig. Gegebenenfalls kann diese Kündigung auch in der Verbandsauflösung liegen.[112] In der Folge kommt es dann zur Nachwirkung der Tarifvertragsnormen gem. § 4 Abs. 5 TVG analog.[113]
Auf fusionierende Tarifvertragsparteien findet das Umwandlungsgesetz entweder unmittelbare oder entsprechende Anwendung. Erfolgt die Fusion durch Auflösung einer Tarifvertragspartei, endet damit deren Tariffähigkeit und infolgedessen auch die von ihr abgeschlossenen Tarifverträge. Erfolgt die Fusion unter Ausschluss von Auflösung und Abwicklung, so gehen die Tarifverträge auf den fusionierten Verband über.[114]
Untergliederungen von Gewerkschaften und Arbeitgeberverbänden sind dann tariffähig, wenn sie eine körperschaftliche Verfassung haben, die Interessen der Mitglieder ihres räumlichen Bereichs selbstständig wahrnehmen, der Abschluss von Tarifverträgen nach der Satzung zu ihren Aufgaben gehört bzw. nicht nur der übergeordneten Ebene vorbehalten ist und sie über ein eigenes Vermögen verfügen.[115]

II. Tariffähigkeit des Einzelarbeitgebers

Sobald ein Arbeitgeber[116] die Einstellung von Arbeitnehmern nur beabsichtigt, ist er tariffähig.[117] Ein Firmentarifvertrag kann daher auch schon im Gründungsstadium einer Firma abgeschlossen werden. Anders als für die Tariffähigkeit der Verbände ist es für die Tariffähigkeit des Einzelarbeitgebers

---

110 ErfK-*Franzen*, TVG, § 2, Rn. 18.

111 BAG, AP Nr. 28 zu § 2 TVG; BAG, AP Nr. 4 zu § 3 TVG; *Löwisch/Rieble*, TVG, § 2, Rn. 178; *Richardi*, Kollektivgewalt, S. 219 f. A. A. *Däubler*, Tarifvertragsrecht, Rn. 60; *Hueck/Nipperdey*, Lehrbuch II/1, S. 474 f.; Wiedemann-*Oetker*, TVG, § 2, Rn. 38 ff.

112 BAG, AP Nr. 4 zu § 3 TVG.

113 BAG, AP Nr. 4 zu § 3 TVG; *Richardi*, Kollektivgewalt, S. 220; Wiedemann-*Oetker*, TVG, § 2, Rn. 43. Gegen den Eintritt der Nachwirkung bei Verbandsauflösung: *Buchner*, RdA 1997, 259, 265 f.

114 Vgl. zum Ganzen ErfK-*Franzen*, TVG, § 2, Rn. 19.

115 BAG, AP Nr. 25 zu § 11 ArbGG; BAG, AP Nr. 5 zu § 36 ZPO; ErfK-*Franzen*, TVG, § 2, Rn. 13.

116 Zum Arbeitgeberbegriff: Wiedemann-*Oetker*, TVG, § 2, Rn. 125 ff.

117 MünchArbR-*Löwisch/Rieble*, § 255, Rn. 43.

nicht Voraussetzung, dass er tarifwillig ist.[118] Seine Weigerung, einen Tarifvertrag abzuschließen, bleibt ohne Bedeutung.[119] Dies begründet sich daraus, dass der Gewerkschaft in jedem Fall ein möglicher Verhandlungspartner zur Verfügung stehen muss, so dass es dem Einzelarbeitgeber unmöglich sein muss, sich einer tariflichen Regelung der Arbeitsverhältnisse zu entziehen.

Die Tariffähigkeit des Einzelarbeitgebers endet, wenn dieser seine Arbeitgebereigenschaft verliert oder er selbst als Arbeitgeber ersatzlos wegfällt. Beides dürfte meist zusammenfallen, etwa bei einer Betriebsstilllegung.[120] Entscheidender Zeitpunkt für den Verlust der Tariffähigkeit ist die Auflösung des letzten verbliebenen Arbeitsverhältnisses.[121] Die Tariffähigkeit endet auch mit dem Tod des Arbeitgebers. Übernehmen die Erben den Betrieb, treten sie im Wege der Universalsukzession in den Tarifvertrag ein und erhalten die Stellung des Arbeitgebers.[122]

Wird der Unternehmer lediglich insolvent, geht die Arbeitgebereigenschaft nicht verloren, solange noch Arbeitnehmer beschäftigt werden. Die Arbeitgeberstellung wird gegenüber den Insolvenzschuldnern durch den Insolvenzverwalter wahrgenommen. Dabei tritt der Insolvenzverwalter völlig in die Stellung des Arbeitgebers ein: Er bleibt an den vereinbarten Haustarifvertrag gebunden, kann aber auch einen neuen Tarifvertrag mit der Gewerkschaft abschließen.[123]

Für die Tariffähigkeit ist die Rechtsform grundsätzlich ohne Bedeutung. Ob private oder juristische Person, jeweils des privaten oder öffentlichen Rechts, auf die Tariffähigkeit hat dies keinen Einfluss.[124] Allein für Personengesellschaften (GbR, OHG, KG, EWiV, Partnerschaftsgesellschaft) ist die Rechtslage umstritten. Dabei steht die grundsätzliche Möglichkeit, einen Tarifvertrag mit einer solchen Gesellschaft abzuschließen, nicht in Frage. Problematisch ist einzig, ob die Personengesellschaft selbst tariffähig ist und damit Partei des Tarifvertrages sein kann[125] oder ob erst die Gesellschafter in ihrer ge-

---

118 Die Tarifwilligkeit bildet eines der Merkmale zur Anerkennung als Koalition i.S.d. Art. 9 Abs. 3 GG.

119 Wiedemann-*Oetker*, TVG, § 2, Rn. 23.

120 Vgl. aber auch ErfK-*Franzen*, TVG, § 2, Rn. 26.

121 MünchArbR-*Löwisch/Rieble*, § 255, Rn. 45.

122 MünchArbR-*Löwisch/Rieble*, § 255, Rn. 47; Wiedemann-*Oetker*, TVG, § 2, Rn. 48.

123 MünchArbR-*Löwisch/Rieble*, § 255, Rn. 46.

124 *Schaub*, Handbuch, § 199, Rn. 3.

125 ErfK-*Franzen*, TVG, § 2, Rn. 23; *Löwisch/Rieble*, TVG, § 2, Rn. 146; Wiedemann-*Oetker*, TVG, § 2, Rn. 130.

samthänderischen Verbundenheit tariffähig sind[126]. Richtigerweise ist davon auszugehen, dass die Gesamthand Träger von Rechten und Pflichten und daher auch Partei des Arbeitvertrages sein kann. In der Konsequenz muss sie deshalb auch tariffähig, also Partei des Firmentarifvertrages sein können.[127] Zudem ist die Rechtsfähigkeit jedenfalls von OHG, KG, EWiV oder Partnerschaftsgesellschaft kodifiziert,[128] so dass dies jedenfalls für deren Tariffähigkeit spricht. Soweit die Rechtslage für die GbR bis vor kurzem noch umstritten war, ist sie durch Urteil des *BGH* vom 29.01.2001[129] nunmehr geklärt: Auch die GbR ist rechtsfähig.[130]

Die juristische Person verliert ihre Tariffähigkeit, genau wie die natürliche Person, mit der Auflösung des letzten verbliebenen Arbeitsverhältnisses. Die Tariffähigkeit endet folglich nicht mit dem Auflösungsbeschluss, sondern erst nach Abschluss der Liquidation.[131]

1. Tariffähigkeit im Konzern

Der Konzern ist der Zusammenschluss mehrerer Unternehmen unter der einheitlichen Leitung eines herrschenden Unternehmens (§ 18 AktG). Er ist als Gesamtheit der unter seiner Leitung zusammengefassten Unternehmen nicht tariffähig.[132] Die Konzernobergesellschaft ist nicht Arbeitgeber der bei den Untergesellschaften beschäftigten Arbeitnehmern.[133] Sie kann Haustarifverträge allein für die eigenen Beschäftigten abschließen. Eine andere Wertung ergibt sich nicht durch § 55 Abs. 4 BetrVG, der nicht die Tariffähigkeit des Konzerns, sondern nur einen konzerneinheitlichen Tarifvertrag voraussetzt.[134] Die von *Kempen/Zachert* vertretene Ansicht, der Konzern sei eine Vereinigung von Arbeitgebern,[135] ist schon deshalb abzulehnen, weil der Konzern als

---

126 So noch vor Anerkennung der Teilrechtsfähigkeit der (Außen-) GbR: MünchArbR-*Löwisch/Rieble*, § 255, Rn. 40, 44.

127 *Schaub*, Handbuch, § 199, Rn. 3; Wiedemann-*Oetker*, TVG, § 2, Rn. 130.

128 Vgl. § 124 HGB; §§ 161 Abs. 2, 124 HGB; Art. 1 Abs. 2 EWiV VO; § 7 Abs. 2 PartGG i.V.m. § 124 HGB.

129 BGHZ 146, 341 ff.

130 MünchKomm-*Ulmer*, Vor § 705, Rn. 11 m.w.N.

131 ErfK-*Franzen*, TVG, § 2, Rn. 26.

132 *Wackerbarth* in Lutter, Holding-Handbuch, § 9, Rn. 139; Wiedemann-*Oetker*, TVG, § 2, Rn. 141 ff. m.w.N. A. A. *Däubler*, Tarifvertragsrecht, Rn. 79; *Kempen/Zachert*, TVG, § 2, Rn. 98, die im Konzern einen Arbeitgeberverband mit der Befugnis zum Abschluss von Tarifverträgen für alle Konzerngesellschaften erblicken.

133 Anders allein *Däubler*, Mitbestimmung, S. 442 ff.; *ders.*, Tarifvertragsrecht, Rn. 79.

134 ErfK-*Franzen*, TVG, § 2, Rn. 24; *Wackerbarth* in Lutter, Holding-Handbuch, § 9, Rn. 139.

135 *Kempen/Zachert*, TVG, § 2, Rn. 98; *Stein*, Tarifvertragsrecht, Rn. 55.

wirtschaftliche Einheit keine im Außenverhältnis greifbare Verbandsform hat. Er nimmt auch nicht die Interessen seiner Mitglieder in ihrer Eigenschaft als Arbeitgeber wahr und ist desgleichen nicht frei gebildet worden. Jedenfalls an dem Selbstverständnis, Tarifpartner sein zu wollen, wird es fehlen.[136]

Letztlich ist aber festzuhalten, dass sich – auch wenn man den Konzern bzw. die Konzernobergesellschaft in Beziehung zu ihren Konzerntöchtern als tariffähig begreifen wollte – keine einheitliche Tarifbindung erreichen ließe. Dazu müssten die Arbeitsverhältnisse zwischen der Konzernobergesellschaft und den Arbeitnehmern abgeschlossen worden sein. Ansonsten könnte der Firmentarifvertrag nicht i.S.v. § 4 Abs. 1 TVG auf die Arbeitsverhältnisse einwirken.[137]

Der dahingehende Ansatz *Däublers*, der die Konzernobergesellschaft als zweiten Arbeitgeber neben den einzelnen Konzerngesellschaften verstehen will,[138] überzeugt nicht. Arbeitgeber ist nur derjenige, der im Arbeitsvertrag als solcher bezeichnet wird. Auf die Konzernobergesellschaft trifft dies im Verhältnis zu den Arbeitnehmern der Konzerntöchter nicht zu; sie als Arbeitgeber begreifen zu wollen, wäre eine Fiktion ohne juristische Grundlage.[139] Auch § 12 a Abs. 2 TVG lässt sich nicht für die Arbeitgebereigenschaft des Konzerns fruchtbar machen.[140] Gem. § 12 a Abs. 2 TVG gelten mehrere Personen, für die arbeitnehmerähnliche Personen tätig sind, als eine Person, wenn diese mehreren Personen nach der Art eines Konzerns zusammengefasst sind. Die Norm dient nach ihrem Entstehungszweck allein der Regelung von Rechtsverhältnissen arbeitnehmerähnlicher Personen und nicht dazu, die Tarifbindung eines regelmäßigen Arbeitsverhältnisses zu regeln.[141]

Besteht das Interesse, einen konzerneinheitlichen Tarifvertrag abzuschließen, muss dies auf anderem Wegen geschehen. So können alle Konzernunternehmen demselben Arbeitgeberverband beitreten, so dass sie dem von ihm abgeschlossenen (firmenbezogenen) Verbandstarifvertrag unterfallen.[142] Möglich ist es auch, dass die Konzernunternehmen einen mehrgliedrigen Tarifvertrag abschließen oder dass einheitliche Haustarifverträge vereinbart werden. Korrespondierend kann die Satzung des Konzerns die Verpflichtung vorsehen,

---

136 *Windbichler*, Arbeitsrecht im Konzern, S. 462 f.

137 Vgl. auch Wiedemann-*Oetker*, TVG, § 2, Rn. 142; *Windbichler*, Arbeitsrecht im Konzern, S. 464.

138 *Däubler*, Mitbestimmung, S. 442 ff.; *ders.*, Tarifvertragsrecht, Rn. 79.

139 Wiedemann-*Oetker*, TVG, § 2, Rn. 142.

140 MünchArbR-*Löwisch/Rieble*, § 255, Rn. 41; *Wackerbarth* in Lutter, Holding-Handbuch, § 9, Rn. 139.

141 BT-Ds. 7/2382; BT-Ds. 7/2025.

142 MünchArbR-*Löwisch/Rieble*, § 255, Rn. 42.

einheitliche Arbeitsbedingungen einzuhalten.[143] Die Konzernobergesellschaft kann sich zudem schuldrechtlich gegenüber der Gewerkschaft verpflichten, auf die Untergesellschaften einzuwirken, einen einheitlichen Tarifvertrag abzuschließen.[144]

2. Tariffähigkeit beim Betriebsübergang

Im Falle des Betriebsübergangs gehen die Arbeitsverhältnisse gem. § 613 a Abs. 1 S. 1 BGB auf den Rechtsnachfolger über. Die tarifvertraglichen Regelungen werden über § 613 a Abs. 1 S. 2 BGB Inhalt des Arbeitsverhältnisses und dürfen innerhalb einer Jahresfrist nicht geändert werden, es sei denn bei dem neuen Arbeitgeber gelten die Normen eines anderen Tarifvertrages, § 613 a Abs. 1 S. 3 BGB. Hier kommt es nicht darauf an, ob dieser Tarifvertrag für die Arbeitnehmer günstiger oder ungünstiger ist.[145] Die Tariffähigkeit des bisherigen Arbeitgebers endet mit dem Betriebsübergang. Allein mit dem Betriebserwerber können neue Firmentarifverträge abgeschlossen werden.[146]

3. Verlust der Tariffähigkeit durch den Beitritt zum Arbeitgeberverband?

Über die bereits dargestellten Möglichkeiten des Verlustes der Tariffähigkeit hinaus, stellt sich für den Einzelarbeitgeber die Frage, ob er auch dann noch tariffähig ist, wenn er einem Arbeitgeberverband beitritt. Freilich stellt sich diese Frage allein dann, wenn es sich um einen tarifwilligen Arbeitgeberverband handelt und der Arbeitgeber eine Vollmitgliedschaft und keine OT-Mitgliedschaft eingeht.

Diese These wurde bereits 1970 im Rahmen der Diskussion um eine betriebsnahe Tarifpolitik problematisiert. Ohne dass es zu einer nennenswerten Debatte gekommen wäre, sprach sich die herrschende Meinung für die Tariffähigkeit auch des verbandsangehörigen Arbeitsgebers aus.[147] Zuletzt hat jedoch namentlich *Matthes* diesen Ansatz erneut aufgegriffen.[148] Seinen Ausführun-

---

143 ErfK-*Schaub*, TVG, 5. A., § 2, Rn. 24.

144 MünchArbR-*Löwisch/Rieble*, § 255, Rn. 42. Skeptisch *Däubler*, Tarifvertragsrecht, Rn. 80.

145 *Schaub*, NZA 1998, 617, 620.

146 ErfK-*Franzen*, TVG, § 2, Rn. 26.

147 Vgl. etwa die Darstellung bei *Heß*, Betriebsnahe Tarifverträge, S. 19 f.
Ablehnend: *Gaul*, RdA 1966, 172, 175; *Nikisch*, Arbeitsrecht Bd. II, S. 241 f.
Zustimmend: *Gumpert*, BB 1958, 1316, 1317; *Hensche*, RdA 1971, 9, 10; *Hueck/Nipperdey*, Lehrbuch, Bd. II/1, S. 424; *dies.*, Grundriß, S. 228 f.; *Hueck/Nipperdey/Tophoven/Stahlhacke*, TVG, § 2, Rn. 8; *Lauschke*, AuR 1965, 102, 106.

148 *Matthes*, FS Schaub, S. 482.

gen wurde instanzgerichtlich[149] und von Teilen der Literatur[150] gefolgt; viele Autoren standen zumindest dem Ziel seiner Überlegungen, Verbandsmitglieder vor Arbeitskämpfen um Firmentarifverträge zu schützen, wohlwollend gegenüber.[151]

Das *BAG*[152] wie auch die Instanzrechtsprechung[153] haben sich jedoch in ständiger Rechtsprechung dahingehend entschieden, dass auch der verbandsangehörige Arbeitgeber[154] tariffähig ist. Zuletzt hat das *BAG* den Ansatz von *Matthes* in seinem Urteil vom 10.12.2002 verworfen und seine bisherige Rechtsprechung bestätigt.[155]

a. Der Ansatz von Matthes

Ausgangspunkt für *Matthes'* Überlegung ist die Krise des Flächentarifvertrages und die sich daraus ergebende Notwendigkeit betriebsnaher Regelungen. Aufgrund der Unzulässigkeit von Betriebsvereinbarungen, die gegen die Vorgaben des Tarifvertrages verstoßen (§ 77 Abs. 3 BetrVG), folgt auch *Matthes* dem Ansatz, dass sich der Firmentarifvertrag als Regelungsinstrument für betriebsnahe Regelungen geradezu anbietet.[156]

Dogmatisch begründet *Matthes* seine Ansicht mit dem entstehungsgeschichtlichen Hintergrund des § 2 Abs. 1 TVG als ausschlaggebender Norm. Der Einzelarbeitgeber werde durch § 2 Abs. 1 TVG nur deshalb für tariffähig er-

---

149 LAG Schleswig-Holstein, NZA-RR 2000, 143 ff.; LAG Schleswig-Holstein, AuR 2003, 192 ff.

150 *Heinze*, DB 1997, 2122, 2126; *Kleinke/Kley/Walter*, ZTR 2000, 500 f.; *Natzel*, SAE 2000, 117 ff.; *ders.*, SAE 2001, 48 ff. Dagegen aber *Heß*, Betriebsnahe Tarifverträge, S. 20; *Krauss*, DB 1995, 1562, 1564; *Söllner/Waltermann*, Arbeitsrecht, Rn.380; *Valentin*, Friedenspflicht, S. 75; *Wendeling-Schröder/Schubert*, NZA 2003, 772, 773; *Zabel*, AiB 1998, 615, 617; *Zöller/Loritz*, Arbeitsrecht, S. 383.

151 *Buchner*, DB 2001, Beilage 9 zu Heft 48, 1, 3 f.; *Jacobs*, ZTR 2001, 249, 249 ff.; *Lieb*, DB 1999, 2058, 2058 ff.

152 BAG, NZA 1997, 613, 618; BAG, DB 2001, 1096, 1097; BAG, ZTR 2001, 556, 55; BAGE 97, 263, 268.

153 LAG Düsseldorf, DB 1986, 324, 324; LAG Hamm, NZA 1985, 743, 744; LAG Niedersachsen, SAE 2004, 235, 239; ArbG Wesel, DB 1985, 2051, 2051.

154 Der Begriff des verbandsangehörigen Arbeitgebers wird hier in Anlehnung an *Matthes*, FS Schaub, 477 ff. benutzt. Eigentlich ist diese Bezeichnung missverständlich, da sowohl das OT-Mitglied als auch ein Arbeitgeber, der einem tarifunwilligen Verband beitritt, verbandsangehörig sind. Dementsprechend grenzt auch *Matthes*, FS Schaub, S. 482 zu diesen Konstellationen ab. Gemeint ist daher mit dem Begriff des verbandsangehörigen Arbeitgebers, der durch einen Verbandstarifvertrag gebundene Arbeitgeber.

155 Abgedruckt in NZA 2003, 743 ff.

156 *Matthes*, FS Schaub, S. 482.

klärt, weil garantiert werden sollte, dass der Gewerkschaft ständig ein Verhandlungspartner zur Verfügung steht.[157] Es sollte dem Einzelarbeitgeber unmöglich gemacht werden, sich dem Tarifvertragsschluss zur Gänze zu entziehen. Sei der Arbeitgeber Mitglied in einem Arbeitgeberverband, werde er bereits von einem Tarifvertrag erfasst; die Gewerkschaft habe einen Verhandlungspartner im Arbeitgeberverband gefunden, so dass nach *Matthes* Ansicht dem Zweck des § 2 Abs. 1 TVG bereits entsprochen und mittels einer teleologischer Reduktion dem Einzelarbeitgeber die Tariffähigkeit abzusprechen sei.[158] Der Notwendigkeit von betriebsnahen Regelungen für verbandsangehörige Arbeitgeber werde durch den möglichen Abschluss von firmenbezogenen Verbandstarifverträgen Genüge getan.[159]

b. Der „Arbeitgeber" i.S.d. § 2 Abs. 1 TVG

Die Tariffähigkeit des Einzelarbeitgebers ergibt sich aus § 2 Abs. 1 TVG. Dieser bestimmt:

„*Tarifvertragsparteien sind Gewerkschaften, einzelne Arbeitgeber sowie Vereinigungen von Arbeitgebern.*"

Ob auch der verbandsangehörige Arbeitgeber tariffähig ist, ist durch eine Auslegung des Begriffs „Arbeitgeber" i.S.d. § 2 Abs. 1 TVG zu bestimmen.

aa. Wortlaut

Der Wortlaut verleiht dem einzelnen Arbeitgeber die Tariffähigkeit, ohne diese von der Zugehörigkeit bzw. der Nichtzugehörigkeit zu einem Arbeitgeberverband abhängig zu machen. Das *BAG* bescheinigt dem Wortlaut der Norm dementsprechend Eindeutigkeit, eine Differenzierung nach der Verbandszugehörigkeit sehe das Gesetz gerade nicht vor.[160]

---

157 *Matthes*, FS Schaub, S. 482.

158 *Matthes*, FS Schaub, S. 482.

159 *Matthes*, FS Schaub, S. 483 f.

160 BAG, NZA 2003, 734, 737; *Bauer/Krieger*, NZA 2004, 1019, 1021; *Beuthien*, BB 1975, 477, 477; *Buchner*, DB 2001, Beilage 9 zu Heft 48, 1, 3; *ders.*, RdA 2003, 363, 363; *Gohritz*, Abschluß von Firmentarifverträgen, S. 25; *Matthes*, FS Schaub, S. 482; MünchArbR-*Löwisch/Rieble*, § 255, Rn. 36; *Reuter*, NZA 2001, 1097, 1098; *Richter*, ZTR 2004, 390, 390; *Stein*, RdA 2000, 129, 136; *Valentin*, Friedenspflicht, S. 75; *Waas*, ZTR 2000, 341, 342; Weiss, Betriebsnahe Tarifverträge, S. 101, Fn. 220; Wiedemann-*Oetker*, TVG, § 2, Rn. 149. I. E. auch die Instanzrechtsprechung vgl. LAG Düsseldorf, DB 1986, 324, 324; LAG Hamm, NZA 1985, 743, 744; LAG Niedersachsen, SAE 2004, 235, 239; ArbG Wesel, DB 1985, 2051, 2051.

Dem Wortlaut aber allein wegen des Fehlens eines Differenzierungskriteriums Eindeutigkeit zu bescheinigen, wäre verfehlt.[161] Eindeutig wäre die Formulierung doch nur dann, wenn keine Zweifel bestehen, eine Legaldefinition verwendet würde oder eine Untergliederung nicht mehr möglich wäre.[162] Dies trifft auf den verwendeten Begriff des Arbeitgebers aber nicht zu. „Arbeitgeber" ist doch zunächst nur derjenige, der eine andere Person aufgrund eines abhängigen Arbeitsverhältnisses beschäftigt.[163] Dieser allgemeinen Definition lässt sich nichts darüber entnehmen, ob auch der verbandsangehörige Arbeitgeber von § 2 Abs. 1 TVG umfasst sein soll.[164] Eine Auslegung des Arbeitgeberbegriffs des § 2 Abs. 1 TVG wäre nur dann nicht mehr möglich, wenn der Wortsinn durch den Zusatz „verbandsangehöriger" (Arbeitgeber) auf einen Mindestgehalt reduziert würde.[165] Mindestgehalt des Arbeitgeberbegriffs des § 2 Abs. 1 TVG ist aber keineswegs der verbandslose Arbeitgeber. Der Wortsinn lässt sich nicht hiefür fruchtbar machen. Solange der Gesetzeswortlaut also nicht weiter differenziert, bleibt der Wortlaut der Norm auslegungsfähig und auch –bedürftig. Dabei bildet der Wortlaut nur die Grenze der zulässigen Auslegung.[166]

Die Vorgehensweise von *Matthes*, der § 2 Abs. 1 TVG ohne Auslegung teleologisch reduzieren will, ist daher zumindest dogmatisch verfehlt.[167] Inhaltlich ergibt sich aus der Formulierung der Norm kein Hinweis darauf, wie der Arbeitgeberbegriff des § 2 Abs. 1 TVG zu verstehen ist. Sowohl eine Einschränkung auf den verbandsangehörigen Arbeitgeber als auch ein umfassender Arbeitgeberbegriff erscheinen möglich.[168]

---

161 So auch *Witt*, Firmentarifvertrag, S. 69.

162 Vgl. *Larenz*, Methodenlehre, S. 354.

163 Wiedemann-*Oetker*, TVG, § 2, Rn. 125.

164 Und damit wird dem Gesetzgeber entgegen *Richter*, ZTR 2004, 390, 390, Fn. 2 auch nicht das Unmögliche abverlangt. Zum einen ist es dem Gesetzgeber durchaus zuzumuten, dass er klarstellt, welche Bedeutung eine Norm haben soll und eine entsprechend deutlich Formulierung wählt; zum anderen steht es ihm frei, einen auslegungsfähigen Begriff zu wählen und die Auslegung durch die Motive des Gesetzes zu beeinflussen bzw. die Auslegung bewusst offen und damit der Rechtsprechung die Entscheidung zu überlassen.

165 Vgl. *Larenz*, Methodenlehre, S. 354.

166 *Larenz*, Methodenlehre, S. 324, 354.

167 Es handelt sich tatsächlich allein um eine dogmatische Frage. Die Vorgehensweise ist dieselbe, vgl. *Richter*, Erstreikbarkeit, S. 30

168 So auch *Witt*, Firmentarifvertrag, S. 68 f. A. A. *Päuser*, Firmenarbeitskampf, S. 25; *Richter*, ZTR 2004, 390, 390; *ders.*, Erstreikbarkeit, S. 27 ff.

bb. Systematik

Für die Tariffähigkeit auch des Einzelarbeitgebers wird in systematischer Hinsicht zunächst § 54 Abs. 3 Nr. 1 HandwO angeführt.[169] Diese Norm beschränkt die Tariffähigkeit der Handwerksinnungen ausdrücklich auf solche Fälle, in denen der Innungsverband nach § 82 S. 2 Nr. 3 HandwO keine einschlägigen Tarifverträge abgeschlossen hat,[170] und regelt damit ausdrücklich einen Fall der subsidiären Tariffähigkeit.[171] Hieraus kann begründet der Schluss gezogen werden, dass ohne eine vergleichbare Regelung in § 2 Abs. 1 TVG für diese Norm keine subsidiäre Tariffähigkeit des Einzelarbeitgebers gewollt war. Dies wird dadurch unterstützt, dass die Regelung des § 54 Abs. 3 Nr. 1 HandwO noch vor dem § 2 Abs. 1 TVG eingeführt wurde und es dem Gesetzgeber damit durchaus möglich gewesen wäre, die subsidiäre Tariffähigkeit – bei entsprechendem dahingehenden Willen – auch für den Einzelarbeitgeber einzuführen.[172] Letztlich ist aber zu berücksichtigen, dass die Regelungen der HandwO nur das tarifrechtliche (Sonder-) Verhältnis der Handwerksinnungen zu den ihnen übergeordneten Verbänden regeln. Insbesondere enthält § 54 Abs. 3 Nr. 1 HandwO nur eine Kompetenzabgrenzung zwischen konkurrierenden Verbänden auf Arbeitgeberseite; die Norm trifft keine Aussagen zum Verhältnis des einzelnen Arbeitgebers zu seinem Verband.[173] Der Regelung des § 54 Abs. 3 Nr. 1 HandwO kann daher, wenn überhaupt, nur bedingt für die Tariffähigkeit des verbandsgebundenen Arbeitgebers fruchtbar gemacht werden.

Auch § 3 Abs. 1 TVG wird für die Tariffähigkeit des verbandsangehörigen Arbeitgebers angeführt. Gem. § 3 Abs. 1 TVG sind zum einen die Mitglieder der Tarifvertragsparteien tarifgebunden, zum anderen der Arbeitgeber, der selbst Tarifvertragspartei ist. Auch diese Vorschrift lasse keine Beschränkung

---

169 BAG, NZA 2003, 734, 737; *Jacobs*, ZTR 2001, 249, 250; *Krebs*, SAE 2002, 218, 219; MünchArbR-*Löwisch/Rieble*, § 255, 36; *Rieble*, NZA 2000, 225, 229; *Rolfs/Clemens*, NZA 2004, 410, 411; *Stein*, RdA 2000, 129, 136 (Fn. 79).

170 Das Gesetz unterscheidet hierin zudem zwischen der bloßen Mitgliedschaft in einem Innungsverband und dem Fall, dass dieser Innungsverband einen Tarifvertrag abgeschlossen hat. Die Differenzierung zwischen dem bloßen Mitglied eines Arbeitgeberverbandes und dem durch einen von diesem Arbeitgeberverband abgeschlossenen Tarifvertrag erweist sich damit endgültig als richtig.

171 *Jacobs*, ZTR 2001, 249, 250.

172 § 54 Abs. 3 Nr. 1 HandwO und § 82 S. 2 Nr. 3 HandwO waren schon in der HandwO in der Fassung der ursprünglichen Bekanntmachung von 28.12.1965 enthalten. § 2 Abs. 1 TVG wurde durch das TVG in Fassung der Bekanntmachung von 25.08.1969 eingeführt.

173 Richtig *Witt*, Firmentarifvertrag, S. 70; *Richter*, ZTR 2004, 390, 390.

auf Verbandsaußenseiter erkennen.[174] Grundsätzlich ist dem zwar zuzustimmen, eine Einschränkung enthält § 3 Abs. 1 TVG tatsächlich nicht, doch ergänzt die Norm § 2 Abs. 1 TVG lediglich hinsichtlich der Gebundenheit an den Tarifvertrag. Eine entsprechende Auslegung oder teleologische Reduktion des § 2 Abs. 1 TVG hätte in Bezug auf § 3 Abs. 1 TVG zur Folge, dass auch dieser in seiner Wirkung auf Verbandsaußenseiter zu beschränken wäre. Für die Anerkennung der Tariffähigkeit des verbandsangehörigen Arbeitgebers lässt sich § 3 Abs. 1 TVG daher nicht heranziehen.

Gegen die Tariffähigkeit des Arbeitgebers nach Verbandsbeitritt wird aber versucht, § 87 Abs. 1 Es. BetrVG fruchtbar zu machen. Die Norm schließt ein zwingendes Mitbestimmungsrecht des Betriebsrates aus, soweit eine gesetzliche oder tarifliche Regelung besteht. Damit eine tarifliche Regelung das Mitbestimmungsrecht ausschließen kann, muss der Arbeitgeber tarifgebunden sein, der Tarifvertrag also für ihn Wirkung haben.[175] In diesem Zusammenhang wird vorgebracht, dass es systemwidrig wäre, die Bindung des Arbeitgebers an den Tarifvertrag für den Ausschluss des Mitbestimmungsrechtes genügen zu lassen, diese aber zu missachten, wenn der verbandszugehörige Arbeitgeber auf den Abschluss eines Firmentarifvertrages in Anspruch genommen werde.[176]

Dagegen müssen aber sogleich grundrechtliche Bedenken ins Feld geführt werden. Auf den § 87 Abs. 1 Es. BetrVG in der genannten Art abzustellen, hieße, Betriebsvereinbarung und Firmentarifvertrag gleichzustellen. Dies verbietet sich schon deshalb, weil der Firmentarifvertrag ein Mittel zur Verwirklichung der aus Art. 9 Abs. 3 GG resultierenden Tarifautonomie ist.[177] Die Betriebsvereinbarung genießt dagegen keinen vergleichbaren grundrechtlichen Schutz.[178] Dieses Ergebnis wird vom Sinn und Zweck des § 87 Abs. 1 BetrVG bestätigt. Der Ausschluss des Mitbestimmungsrechtes des Betriebsrates erfolgt vor dem Hintergrund, dass bei Eingreifen einer tariflichen oder gesetzlichen Regelung ein weitergehender Schutz der Arbeitnehmer durch Mit-

---

174 *Jacobs*, ZTR 2001, 249, 250.

175 BAG, AP Nr. 21 zu § 77 BetrVG; BAG, AP Nr. 6 zu § 87 BetrVG Auszahlung; ErfK-*Kania*, BetrVG, § 87, Rn. 15; *Fitting*, BetrVG, § 87, Rn. 42; HSWG-*Worzalla*, BetrVG, § 87, Rn. 55.

176 *Natzel*, SAE 2001, 43, 39.

177 Dazu noch sogleich, 2. Teil A. II. b. dd. (1) (a).

178 Sie ist insbesondere ncht durch Art. 9 Abs. 3 GG geschützt, s. Wiedemann-*Wank*, TVG, § 4, Rn. 547; *Witt*, Firmentarifvertrag, S: 149 ff. Vgl. aber auch die gegenteiligen Stimmen aufgeführt bei Witt, Firmentarifvertrag, S. 150 ff.

bestimmungsrechte nicht erforderlich ist.[179] Daraus könnte man zwar ableiten, dass bei bestehendem Verbandstarifvertrag ebenfalls kein weitergehendes Schutzbedürfnis der Arbeitnehmer besteht und sich insofern, wie bei § 87 Abs. 1 Es. BetrVG in Form der Betriebsvereinbarung, eine Regelung durch Firmentarifvertrag erübrigte bzw. verbiete. Dies ließe jedoch außer Acht, dass das Mitbestimmungsrecht durch § 87 Abs. 1 Es. BetrVG eben nicht generell ausgeschlossen wird, sondern nur „soweit" eine tarifliche oder gesetzliche Regelung nicht besteht. Die Regelung durch Betriebsvereinbarung wird also nur dort ausgeschlossen, wo der Tarifvertrag oder das Gesetz bereits eine Regelung treffen. Ähnliches muss daher – wollte man diesen Vergleich trotz der unterschiedlichen grundrechtlichen Wertung heranziehen – auch für Verbands- und Firmentarifvertrag gelten. Eine Ergänzung des Verbandstarifvertrages, dort wo dieser keine Regelung trifft, müsste zulässig sein. Damit ist das systematische Argument des § 87 Abs. 1 Es. BetrVG schon widerlegt, da diese Meinung darauf abstellt, dass bei bestehendem Verbandstarifvertrag generell die Möglichkeit, einen Firmentarifvertrag zu vereinbaren, ausscheidet.

Die mangelnde Vergleichbarkeit von Betriebsvereinbarung und Firmentarifvertrag wird nochmals durch den erweiterten Sinn und Zweck des § 87 Abs. 1 Es. BetrVG bestätigt: Dieser entfaltet sekundär einen Schutzbereich zugunsten der Tarifautonomie, indem das Mitbestimmungsrecht entfällt, wenn die Angelegenheit schon durch Tarifvertrag geregelt wurde.[180] Es lässt sich nicht erklären, wie sich aus einer Norm, die dem generellen Schutz der Tarifautonomie dient, ein Vorrang des einen Tarifvertrages vor dem anderen ergeben soll.

---

179 ErfK-*Kania*, BetrVG, § 87, Rn. 14; *Fitting*, BetrVG, § 87, Rn. 38; *v. Hoyningen-Huene/Meier-Krenz*, NZA 1987, 793, 796.

180 *V. Hoyningen-Huene/Meier-Krenz*, NZA 1987, 793, 796; *Lieb*, ZfA 1978, 179, 205; *Moll*, Tarifvorrang, S. 18 ff.; *Richardi*, BetrVG, § 87, Rn. 143; Wiedemann-*Wank*, TVG, § 4, Rn. 553; s. auch GK-*Wiese*, BetrVG, § 87, Rn. 55 zu weiteren Nachweisen. Dem wird zwar entgegengehalten, diese Deutung könne den Gesetzesvorbehalt des § 87 Abs. 1 Es. BetrVG nicht erklären (so BAG, AP Nr. 3 zu § 87 BetrVG 1972 Tarifvorrang; GK-*Wiese*, BetrVG, § 87, Rn. 55), doch beruht dies auf der Fehlvorstellung, eine Norm könne nur einem Zweck dienen (zutreffend *Wank*, RdA 1991, 129, 137). Der Gesetzesvorbehalt ergibt sich durch den hiermit ebenfalls verwirklichten Schutz der Arbeitnehmer. Nur weil Gesetzes- und Tarifvorrang zusammen im Eingangssatz genannt werden, kann daraus nicht der Schluss gezogen werden, beide müssten auch den gleichen Regelungszweck haben (Wiedemann-*Wank*, TVG, § 4, Rn. 552). Diente § 87 Abs. 1 nur dem Arbeitnehmerschutz, aber nicht der Tarifautonomie, ließe sich auch nicht erklären, warum durch betriebliche Mitbestimmung nicht auch günstigere Regelungen möglich sind, als sie der Tarifvertrag trifft (*Wank*, RdA 1991, 129, 137).

Im Ergebnis spricht die Systematik des Gesetzes daher allenfalls bedingt für eine Auslegung, die auch den verbandsangehörigen Arbeitgeber unter den Arbeitgeberbegriff des § 2 Abs. 1 TVG fasst.

cc. Historische Entwicklung

Die Tariffähigkeit des Einzelarbeitgebers war schon in der Weimarer Republik in § 1 Abs. 1 TVVO anerkannt.[181] Auch die bekannt gewordenen Gesetzesentwürfe zum Tarifvertragsgesetz sahen die Tariffähigkeit des Einzelarbeitgebers vor.[182] So entsprach der Entwurf I für ein Tarifvertragsgesetz hinsichtlich der Tariffähigkeit dem jetzt geltenden Gesetzeswortlaut. Aber auch im Entwurf II eines Tarifvertragsgesetzes von 1946 war nicht nur vorgesehen, dass Gewerkschaften und Arbeitgeberverbände tariffähig sein sollten (§ 1 Abs. 1 TVG), auch Arbeitgeber, die nicht dem vertragsschließenden Verband angehörten, sollten mit Zustimmung der Tarifvertragsparteien dem Tarifvertrag beitreten können (§ 1 Abs. 2 TVG). Zudem sollte der Präsident des Landesarbeitsamtes einen Arbeitgeber für tariffähig erklären können, wenn weder ein für ihn zuständiger Arbeitgeberverband vorhanden wäre noch sein Betrieb im Sinne des Abs. 2 einem bestehenden Tarifvertrag unterworfen werden könnte (§ 1 Abs. 3 TVG).[183]

Obwohl die Tariffähigkeit des Einzelarbeitgebers in allen Vorentwürfen zum TVG und im TVG selbst enthalten war, war sie aber doch nie unumstritten. Diskutiert wurde auch die Vorstellung eines Tarifvertragssystems, in dem die Tarifverträge allein durch dafür konzipierte Körperschaften ausgehandelt werden sollten. Dafür traten zunächst auch die Gewerkschaften ein und lehnten dementsprechend den Entwurf II ab.[184] Nachdem deshalb zunächst die Tariffähigkeit des Einzelarbeitgebers darauf beschränkt werden sollte, dass er einem bestehenden Tarifvertrag beitreten konnte und im übrigen für begründete Einzelfälle die Verleihung der Tariffähigkeit durch den Präsidenten des Landesarbeitsamtes vorgesehen war,[185] brachten die Gewerkschaftsvertreter

---

[181] *Dreschers*, Entwicklung des Rechts des Tarifvertrags, S. 175; *Hueck*, Tarifrecht, S. 29; Wiedemann-*Oetker*, TVG, § 2, Rn. 123.

[182] So der Lemgoer Entwurf oder der Vorentwurf für den später verabschiedeten Stuttgarter Entwurf in der amerikanischen Besatzungszone vom 14.03.1947, siehe dazu die Nachweise bei Wiedemann-*Oetker*, TVG, Geschichte, Rn. 22 ff., 26 ff.

[183] Abgedruckt u. a. bei *Richardi*, JurA 1971, 141, 154.

[184] *Dreschers*, Entwicklung des Rechts des Tarifvertrags, S. 175.

[185] *Nipperdey* soll während einer Besprechung am 29.11.1946 vertreten haben, dass damit dem nichtkoalierten Arbeitgeber genügend Rechnung getragen werde. Nachweise bei *Dreschers*, Entwicklung des Rechts des Tarifvertrags, S. 176; *Richardi*, JurA 1971, 141, 154.

hiergegen die Befürchtung vor, in Zukunft nicht die erforderliche Anzahl an Tarifvertragsgegnern zu erhalten.[186] Auch wenn sich im folgenden die nunmehr geltende Regelung des § 2 Abs. 1 TVG durchgesetzt hat, wurde alsbald durch den damaligen Ministerialdirektor *Herschel* klargestellt, dass man dabei nur an den Arbeitgeber gedacht habe, der aus irgendwelchen Gründen nicht Mitglied eines Arbeitgeberverbandes sei.[187] Dies ging auf eine Ankündigung des zuständigen Arbeitsdirektors *Storch* vor Abgeordneten des Wirtschaftsrates zurück, wonach eine Klarstellung nach Inkrafttreten des Gesetzes erfolgen würde.[188]

Hieraus wurde teilweise geschlossen, dass die Entstehungsgeschichte für die vorliegende Frage unergiebig sei, da der Gesetzgeber bei der Tariffähigkeit des einzelnen Arbeitgebers nur an den Außenseiterarbeitgeber gedacht habe.[189] Die Tariffähigkeit des verbandsangehörigen Arbeitgebers habe der Gesetzgeber – gelenkt durch das Leitbild des Flächentarifvertrages – genauso wenig im Sinn gehabt, wie er die zunehmende Bedeutung des Firmentarifvertrages habe erahnen können.[190] Jedenfalls lässt sich die Entstehungsgeschichte für eine teleologische Reduktion bzw. eine Auslegung, nach der ein verbandsangehöriger Arbeitgeber nicht tariffähig ist, nicht fruchtbar machen. *Matthes'* Argumentation gründet auf dem Gedanken, dass der Gesetzgeber die Tariffähigkeit des Einzelarbeitgebers nur anerkannt habe, um tariffreie Zonen zu verhindern.[191] Dies lässt sich aber nicht mit der Äußerungen *Herschels* oder *Storchs* begründen. Dafür wäre es zumindest notwendig gewesen, dass diese Hintergründe vom Wirtschaftsausschuss oder dem Parlament vorgebracht worden wären und nicht von Teilen der Exekutive.[192]

Die Entstehungsgeschichte der Norm lässt sich daher nicht für die Tarifunfähigkeit des verbandsangehörigen Arbeitgebers in Anspruch nehmen.

---

186 *Richardi*, JurA 1971, 141, 154; *Witt*, Firmentarifvertrag, S. 71 f.

187 *Herschel*, ArbBl. 1949, 22, 23; *ders.*, ZfA 1973, 183, 190.

188 Niedergelegt in Aktenotiz der Hauptabt. III/1870/48 vom 09.11.1948, abgedruckt bei Wiedemann-*Wiedemann*, TVG, Geschichte, Rn. 42, § 2, Rn. 123.

189 *Jacobs*, ZTR 2001, 249, 250.

190 *Jacobs*, ZTR 2001, 249, 250.

191 *Matthes*, FS Schaub, S. 482; LAG Schleswig-Holstein, NZA-RR 2000, 143, 145; *Jacobs*, ZTR 2001, 249, 250; *Kleinke/Kley/Walter*, ZTR 2000, 499, 501; *Natzel*, SAE 2001, 43, 48; *Zachert*, Sonderbeilage zu NZA 24/2000, 17, 22.

192 Dahingehende Zweifel auch bei *Richter*, ZTR 2004, 390, 390; *Witt*, Firmentarifvertrag, S. 72 f.

dd. Sinn und Zweck

Damit bleibt eine Entscheidung über die Auslegung des Arbeitgeberbegriffs i.S.d. § 2 Abs. 1 TVG dem Sinn und Zweck der Norm vorbehalten. Übereinstimmend wird der Sinn und Zweck des § 2 Abs. 1 TVG zunächst darin gesehen, auch Arbeitsverhältnisse solcher Arbeitnehmer durch einen Tarifvertrag zu erfassen, die bei einem nicht verbandsangehörigen Arbeitgeber beschäftigt sind. Dem Arbeitgeber soll die Möglichkeit genommen werden, sich durch das Fernbleiben aus einem Verband oder durch den Austritt aus einem solchen tarifunfähig zu machen.[193] Auch für den Fall, dass gar kein Arbeitgeberverband besteht, soll der Gewerkschaft ein Verhandlungspartner gesichert werden.[194]

(1) Keine Tariffähigkeit des Einzelarbeitgebers

Gegen die Tariffähigkeit des Einzelarbeitgebers führt *Matthes* an, dass die Notwendigkeit, der Gewerkschaft einen Verhandlungspartner zu sichern, dann nicht bestehe, wenn es sich um einen Arbeitgeber handele, der Mitglied eines tarifwilligen Arbeitgeberverbandes sei.[195] Die bei diesem Arbeitgeber bestehenden Arbeitsverhältnisse würden bereits durch den Verbandstarifvertrag erfasst.[196] Dem stehe auch nicht entgegen, dass damit das Ziel einer betriebsnahen Regelung dauerhaft verhindert werde. Dieses Ziel bleibe durch den Abschluss von firmenbezogenen Verbandstarifverträgen erreichbar.[197] Ohnehin sei firmenbezogenen Verbandstarifverträgen der Vorzug zu geben, da sie von den Koalitionen abgeschlossen würden und damit insbesondere der Arbeitgeberverband seiner Verantwortung für eine sinnvolle Ordnung des Arbeitslebens nachkommen könne. Im Gegensatz zum Einzelarbeitgeber könne allein der Arbeitgeberverband entscheiden, ob und inwieweit in firmenbezogenen Tarifverträgen auf besondere betriebliche Bedingungen Rücksicht genommen werden sollte und inwieweit firmenbezogene Tarifverträge zu einer

---

[193] BAG, NZA 2003, 734, 737; *Beuthien*, BB 1975, 477, 477; *Hensche*, RdA 1971, 9, 17; *Kissel*, Arbeitskampfrecht, § 26, Rn. 115 m.w.N. in Fn. 250; *Matthes*, FS Schaub, S. 482; *Reuter*, NZA 2001, 1097, 1097; *Rieble*, FS Stahlhacke, 459, 475; *Schaub*, Handbuch, § 199, Rn. 3; ähnlich auch Wiedemann-*Oetker*, TVG, § 2, Rn. 23.

[194] BVerfGE 20, 312, 318; BAG, SAE 1991, 314, 316.

[195] *Natzel*, SAE 2000, 109, 117; *ders.*, SAE 2001, 43, 39.

[196] Zustimmend: *Buchner*, DB 2001, Beilage 9 zu Heft 48, 1, 3; *Reuter*, NZA 2001, 1097, 1098 f.

[197] Zu allem *Matthes*, FS Schaub, S. 482. Zustimmend: *Kleinke/Kley/Walter*, ZTR 200, 499, 501. Dagegen aber *Deeken*, DB 1967, 464, 468, der dem einzelnen Arbeitgeber die alleinige Zuständigkeit für einen firmenbezogenen Tarifvertrag zuweist.

Wettbewerbsverzerrung unter den Verbandsmitgliedern führen könnten und damit eine Gefahr für die Verbandssolidarität darstellten.[198]

Fruchtbar gemacht wird auch die Aussage des *BVerfG*, wonach es zur Verwirklichung einer sinnvollen Ordnung der Arbeits- und Wirtschaftsbedingungen nötig ist, die Tariffähigkeit nur mächtigen Koalitionen zuzuerkennen, da Tarifverhandlungen ansonsten zu kollektivem Betteln führten.[199] Dieses Argument des kollektiven Bettelns müsse auf den Einzelarbeitgeber übertragen werden. Dies führe zwar nicht dazu, dass die Tariffähigkeit von der sozialen Mächtigkeit des Einzelarbeitgebers abhängig gemacht werden könne, da es ansonsten zu einer Tarifflucht dieser Arbeitgeber käme.[200] Der verbandsangehörige (sozial nicht mächtige) Arbeitgeber sei aber gerade Mitglied eines Arbeitgeberverbandes, so dass die Bedenken gegen das Erfordernis der sozialen Mächtigkeit bei diesem nicht durchschlügen und entsprechend den Aussagen des *BVerfG* diesem die Tariffähigkeit aberkannt werden müsste.[201]

(2) Tariffähigkeit auch des Einzelarbeitgebers

Dem wird entgegengehalten, dass sich der Zweck des § 2 Abs. 1 TVG nicht darin erschöpfe, der Gewerkschaft einen Verhandlungspartner bereitzustellen, sondern dass darüber hinaus die Tariffähigkeit des einzelnen Arbeitgebers zu dessen durch Art. 9 Abs. 3 GG geschützter Betätigungsfreiheit gehöre.[202] Diese würde eingeschränkt, verlöre der Arbeitgeber mit dem Verbandsbeitritt seine Tariffähigkeit. Ihm wäre es dann sogar unmöglich, freiwillige Tarifverträge über solche Gegenstände abzuschließen, die durch den Verbandstarifvertrag nicht geregelt werden.[203]

Für den notwendigen Schutz der Betätigungsfreiheit wird weiter angeführt, dass nur die umfassende Tariffähigkeit den Arbeitgeber in die Lage versetze, durch den eigenständigen Abschluss von Tarifverträgen tarifautonom tätig zu werden. Genauso wenig wie die Gewerkschaften das Recht hätten, für ihre Mitglieder Höchstarbeitsbedingungen zu vereinbaren (§ 4 Abs. 3 Var. 2 TVG), dürfe das der Arbeitgeberverband für seine Mitglieder im Flächenta-

---

198 *Matthes*, FS Schaub, S. 483.

199 *Matthes*, FS Schaub, S. 483 mit Bezug auf BVerfG, AP Nr. 31 zu § 2 TVG.

200 *Matthes*, FS Schaub, S. 482.

201 *Matthes*, FS Schaub, S. 482 f.

202 BAG, AP Nr. 1 zu § 1 TVG Verhandlungspflicht; BAG SAE 1991, 314, 316. So auch – ohne Art. 9 Abs. 3 GG einzubeziehen – *Deeken*, DB 1967, 464, 468; *Suschet*, ZfA 2005, 581, 585 f.

203 BAG, NZA 2003, 734, 737; LAG Niedersachsen, SAE 2004, 235, 239; *Buchner*, DB 2001, Beilage 9 zu Heft 48, 1, 4; *Lieb*, DB 1999, 2058, 2058; *Rieble*, NZA 2000, 225, 229 f.

rifvertrag tun. Es müsse dem Einzelarbeitgeber möglich bleiben, einen Tarifvertrag mit für ihn besseren Bedingungen zu vereinbaren. Der Arbeitgeberverband müsse vor sich selbst geschützt werden.[204]
Letztlich sei primärer Zweck des § 2 Abs. 1 TVG der Schutz der Gewerkschaft,[205] so dass aus deren Perspektive zu entscheiden sei, ob der Arbeitgeber die Tariffähigkeit bei Verbandsbeitritt verliere.[206] Überzeugende Argumente dafür, dass der genaue Zweck der Norm darin liege, den Einzelarbeitgeber nur irgendwie tarifvertraglich erreichbar zu machen, seien bisher aber nicht geliefert worden.[207] Vor dem Hintergrund des von § 2 Abs. 1 TVG grundsätzlich beabsichtigten Schutzes zugunsten der Gewerkschaft sei deshalb davon auszugehen, dass der Arbeitgeber stets als Tarifpartner zur Verfügung gestellt werden solle.

(3) Würdigung

Namentlich das *BAG* stimmt *Matthes* darin zu, dass dem ursprünglichen (subjektiv-historischen) Zweck des § 2 Abs. 1 TVG schon mit der Tariffähigkeit des Außenseiterarbeitgebers Genüge getan wäre. Es erweitert den Normzweck des § 2 Abs. 1 TVG aber in objektiv-teleologischer Hinsicht: Mit § 2 Abs. 1 TVG werde zudem das Ziel verfolgt, dem Einzelarbeitgeber die notwendige Betätigungsfreiheit zu garantieren.[208] Daraus ergebe sich die Tariffähigkeit auch des Einzelarbeitgebers.
Methodisch ist diese Vorgehensweise des *BAG* zulässig.[209] Es ist einzig nachzuweisen, dass dieser zusätzliche objektiv-teleologische Schutzzweck tatsächlich besteht und dass eine Reduzierung des Anwendungsbereiches der Norm diesem Schutzzweck entgegenstünde. Dies ist der Fall. Art. 9 Abs. 3 GG gesteht *dem Einzelnen* das Recht zur Gründung, zum Beitritt, zum Verbleib sowie zu jeder koalitionsspezifischen Tätigkeit innerhalb und außerhalb des Verbandes zu.[210]

---

204 *Jacobs*, ZTR 2001, 249, 251.

205 *Waas*, ZTR 2000, 341, 342; Wiedemann-*Oetker*, TVG, § 2, Rn. 124 m.w.N.

206 *Waas*, ZTR 2000, 341, 342.

207 *Waas*, ZTR 2000, 341, 342.

208 So auch *Rieble*, NZA 2000, 225, 230. Anders noch *Rieble*, SAE 1991, 316, 317: „Denn die Tariffähigkeit des ArbGeb besteht *nur im Interesse der Gewerkschaften*".

209 Hierzu *Larenz*, Methodenlehre, S. 332; *Larenz/Wolf*, Allgemeiner Teil, § 4, Rn. 44.

210 BVerfGE 55, 7, 21; Dreier-*Bauer*, GG, Art. 9, Rn. 81; ErfK-*Dieterich*, GG, Art. 9, Rn. 30; *Lieb*, DB 1999, 2058, 2059; *Richardi*, Kollektivgewalt, S. 77; Schmidt-Bleibtreu/Klein-*Kannengießer*, GG, Art. 9, Rn. 20; *Weiss*, Betriebsnahe Tarifverträge, S. 54.

Zur Verdeutlichung sei der Schutzbereich des Art. 9 Abs. 3 GG im Folgenden näher dargestellt:

(a) Grundsätzlich: Der Schutzbereich des Art. 9 Abs. 3 GG

Der Ausgangspunkt zur Bestimmung des Schutzbereichs liegt wie immer, wenn es darum geht, den Inhalt einer Norm zu bestimmen, im Wortlaut.[211] Diesem folgend schützt Art. 9 Abs. 3 S. 1 GG in sachlicher Hinsicht lediglich das Recht zur Bildung einer Koalition.[212] Der persönliche Schutzbereich ist dagegen für „jedermann" eröffnet. Damit handelt es sich bei Art. 9 Abs. 3 S. 1 GG – allein vom Wortlaut ausgehend – zunächst um ein Individualgrundrecht. Es wird die Freiheit des Einzelnen garantiert, eine Koalition zu bilden.[213] Das Grundrecht der Koalitionsfreiheit ist in personeller Hinsicht zudem vorbehaltlos („für jedermann und für alle Berufe") ausgestaltet. Mag es daher historisch gesehen dazu gedient haben, das Ungleichgewicht der Arbeitnehmer auf individualrechtlicher Ebene durch die Möglichkeit zur Bildung einer Gegenmacht auszugleichen,[214] steht es nichtsdestotrotz auch der Arbeitgeberseite in vollem Umfang zu.[215]
Damit ist das Interpretationspotential des Wortlautes erschöpft.[216] Dies kann aber insbesondere in sachlicher Hinsicht nicht befriedigen, da der Schutz des Art. 9 Abs. 3 S. 1 GG ansonsten unzureichend wäre. Bliebe dieser auf die Bildung der Koalition beschränkt, würde die Norm sich darauf beschränken, eine staatsfreie Sphäre zu installieren und dem Einzelnen ein status negativus zu gewähren. Dass dies nicht ausreichen kann, ergibt sich daraus, dass die Koalitionen gebildet werden sollen, um die Arbeits- und Wirtschaftsbedingungen zu wahren und zu fördern. Diese Aufgabe könnten die Koalitionen nicht bewältigen, wenn der sachliche Schutzbereich nicht über das bloße

---

211 Zur Bedeutung der Wortlautauslegung siehe *Larenz*, Methodenlehre, S. 320 ff.

212 *Weiss*, Betriebsnahe Tarifverträge, S. 52.

213 BVerfG, NZA 2007, 42, 44; Dreier-*Bauer*, GG, Art. 9, Rn. 81; *Lieb*, DB 1999, 2058, 2059; *Richardi*, Kollektivgewalt, S. 77; *Weiss*, Betriebsnahe Tarifverträge, S. 54.

214 *Hensche*, RdA 1971, 9, 12.

215 BVerfGE 18, 18, 25 f.; 84, 212, 224; BAGE (GS) 20, 175, 211; BAG, AP Nr. 5 zu Art. 9 GG; *Boldt*, RdA 1971, 257, 259; *Buchner*, DB 1970, 2074, 2076; *Jarass/Pieroth*, GG, Art. 9, Rn. 43; MünchArbR-*Löwisch/Rieble*, § 243, Rn. 9; Schmidt-Bleibtreu/Klein-*Kannengießer*, GG, Art. 9, Rn. 21; *Weiss*, Betriebsnahe Tarifverträge, S. 54 f.; a. A. hinsichtlich des Umfangs des Schutzes der Arbeitgeberseite *Arndt*, Festgabe für Kunze, S. 267; *Hensche*, RdA 1971, 9, 12 f.; *Lauschke*, AuR 1965, 102, 107; *Ramm*, RdA 1968, 412, 417.

216 *Wank*, Anm. zu BVerfG, AP Nr. 76 zu Art. 9 GG; *Weiss*, Betriebsnahe Tarifverträge, S. 52, 54 f.

Recht zur Bildung einer Koalition hinaus erweitert würde.[217] Auf individueller Ebene ist es daher zunächst notwendig, den Schutz der Koalitionsfreiheit nicht bei der Freiheit zu belassen, eine Koalition zu bilden, sondern ihn auf das Recht, diese Koalition auch wieder zu verlassen, zu erweitern.[218]

Um das Grundrecht der Koalitionsfreiheit effektiv auszugestalten, ist es weiter notwendig, den Schutz der vom Wortlaut her als Individualgrundrecht ausgestalten Norm in personeller Hinsicht auf die Koalitionen selbst zu erweitern.[219] Ob es sich infolgedessen bei Art. 9 Abs. 3 S. 1 GG um ein Doppelgrundrecht handelt[220] oder ob Vereinigungen erst in entsprechender Anwendung des Art. 19 Abs. 3 GG geschützt werden[221] kann an dieser Stelle dahingestellt bleiben. Sachlich erstreckt sich diese kollektive Koalitionsfreiheit, korrespondierend mit dem individuellen Recht zur Bildung einer Koalition, auf das Recht zur Bildung und zum Bestand der Koalition (sog. Bestandsschutz).[222] Die Koalition muss ebenso vor einem Angriff geschützt werden, wie der Vorgang der Bildung, da letztere ansonsten ihre Wirkung verlöre.[223] Diese Bestandsgarantie umfasst alle Tätigkeiten, die auf die Sicherung des Mitgliederbestandes bzw. seinen Ausbau abzielen.[224]

Damit nicht genug: Eine Koalition soll dem Schutz des Art. 9 Abs. 3 S. 1 GG unterstehen, wenn sie dem Ziel der Wahrung und Förderung der Arbeits- und Wirtschaftsbedingungen dient. Soll es den Koalitionen möglich sein, dieses Ziel zu verwirklichen, kann sich die Koalitionsfreiheit nicht auf den Bestandsschutz beschränken. Sie wäre ein Schwert ohne Klinge. Deshalb müssen auch die Betätigungen zur Wahrung und Förderung der Arbeits- und

---

217 *Lieb/Jacobs*, Arbeitsrecht, Rn. 426; *Weiss*, Betriebsnahe Tarifverträge, S. 55.

218 Sog. negative Koalitionsfreiheit: BVerfGE 55, 7, 21; 73, 261, 270; BVerfG, NZA 2007, 42, 44; BAGE (GS) 20, 175, 213 ff.; *Weiss*, Betriebsnahe Tarifverträge, S. 54.

219 Vgl. etwa BVerfGE 84, 212, 224; BVerfG, AP Nr. 76 zu Art. 9 GG mit Anm. *Wank*; BVerfG, NZA 2007, 42, 44.

220 BVerfGE 84, 212, 225; 92, 365, 393; BAG AP Nr. 5, 6, 10 zu Art. 9 GG; *Biedenkopf*, Grenzen der Tarifautonomie, S. 102 ff.; ErfK-*Dieterich*, GG, Art. 9, Rn. 38; *Preis*, Kollektivarbeitsrecht, § 83, II., 2.; Wiedemann-*Wiedemann*, TVG, Einl., Rn. 70, 72 m.w.N.

221 Bonner Kommentar-*Kemper*, GG, Art. 9, Rn. 222; Maunz/Dürig-*Scholz*, GG, Art. 9, Rn. 23; Sachs-*Höfling*, GG, Art. 9, Rn. 113; *Scholz*, Koalitionsfreiheit, S. 135; *Zöllner/Loritz*, Arbeitsrecht, S. 119 f.

222 BVerfG, AP Nr. 16 zu Art. 9 GG; *Konzen*, 50 Jahre BAG, S. 515, 521; *Weiss*, Betriebsnahe Tarifverträge, S. 55.

223 *Weiss*, Betriebsnahe Tarifverträge, S. 55.

224 *Lieb/Jacobs*, Arbeitsrecht, Rn. 429.

Wirtschaftsbedingungen geschützt sein.[225] Bis zu seinem Beschluss vom 26. Juni 1991 hat das Bundesverfassungsgericht (*BVerfG*) die Grenzen zulässiger koalitionsmäßiger Betätigung nach der Kernbereichslehre bestimmt.[226] Inhalt der Kernbereichslehre war – wohlbekannt und schon der Bezeichnung zu entnehmen – die Beschränkung des verfassungsrechtlichen Garantie zur koalitionsmäßigen Betätigung auf einen sog. „Kernbereich". Garantiert werden sollten nur solche Tätigkeiten, die Auslöser für die Gründung der Koalitionen waren und die für den Erhaltung und die Sicherung ihrer Existenz als unerlässlich betrachtet werden mussten.[227] Mit Aufgabe dieser Beschränkung des Schutzbereichs des Art. 9 Abs. 3 GG unterstellte das *BVerfG* fortan jegliches koalitionsspezifisches Verhalten dem Schutzbereich der Norm.[228] Zu beachten bleibt jedoch, dass dieses Recht den Koalitionen nicht um ihrer selbst Willen, sondern zugunsten ihrer Mitglieder zugestanden wird.[229]

Freilich ist der Begriff der spezifischen koalitionsmäßigen Betätigung undeutlich und ausfüllungsbedürftig. Im Einzelnen besteht hier Unsicherheit.[230] Dies braucht im vorliegenden Zusammenhang aber nicht zu interessieren. Da der Sinn und Zweck der Bildung der Koalition in der Wahrung und Förderung der Arbeits- und Wirtschaftsbedingungen liegt und dies durch die Gestaltung insbesondere der materiellen Arbeitsbedingungen (Arbeitslohn und –zeit) erreicht wird, umfasst der Betätigungsschutz jedenfalls den Tarifvertrag als Mittel der kollektiven Bestimmung der Arbeits- und Wirtschaftsbedingungen.[231] Im Tarifvertragsabschluss verwirklicht sich das eigentliche Ziel der von Art. 9

---

225 BVerfGE 18, 18, 26; BVerfG, NZA 2007, 42, 44; Bauer-*Dreier*, GG, Art. 9, Rn. 82; Bonner Kommentar-*Kemper*, GG, Art. 9, Rn. 200 ff.; *Buchner*, RdA 2003, 363, 366; *ders.*, ZfA 2004, 242, 243; *Konzen*, 50 Jahre BAG, S. 515, 521; *Teschner*, Firmentarifvertrag, S. 129 f.; *Weiss*, Betriebsnahe Tarifverträge, S. 56 f.

226 Erstmals Beschluss vom 18.11.1954: BVerfGE 4, 96, 106. Bestätigt in: BVerfGE 28, 295, 304 f.; 42, 133, 139; 50, 290, 368; 58, 233, 247.

227 BVerfGE 4, 96, 108; 38, 281, 305; 58, 233, 249.

228 BVerfGE 93, 352, 358; 94, 268, 283; 100, 214, 22; BVerfG, NZA 2007, 42, 44; ErfK-*Dieterich*, GG, Art. 9, Rn. 30; *Heß*, DB 1975, 548, 549; *Jarass/Pieroth*, GG, Art. 9, Rn. 38; Staudinger-*Richardi*, Vorbem. zu § 611 ff., Rn. 520; *Weiss*, Betriebsnahe Tarifverträge, S. 57; Wiedemann-*Wiedemann*, TVG, Einl., Rn. 70.

229 *Buchner*, RdA 2003, 363, 366; *Schleusener*, NZA 1998, 239, 242.

230 Bonner Kommentar-*Kemper*, GG, Art. 9, Rn. 199 m.w.N.

231 BVerfGE 44, 322, 340; 84, 212, 224; 92, 26, 38; 94, 268, 283; BVerfG, AP Nr. 76 zu Art. 9 GG; BVerfG, NZA 2007, 42, 44; BAGE (GS) 20, 175, 212; Bauer-*Dreier*, GG, Art. 9, Rn. 83; *Jarass/Pieroth*, GG, Art. 9, Rn. 39; Bonner Kommentar-*Kemper*, GG, Art. 9, Rn. 205 f.; *Lieb/Jacobs*, Arbeitsrecht, Rn. 437; *Thüsing/Ricken*, Jahrbuch des Arbeitsrechts, Bd. 42, S. 118; *Weiss*, Betriebsnahe Tarifverträge, S. 57 f.

Abs. 3 S. 1 GG geschützten Koalitionsfreiheit und damit auch die Interessen der Individualgrundrechtsträger.[232]
Die Betätigungsfreiheit kann aber nicht nur der Koalition an sich, sondern muss auch den Individuen zustehen.[233] Dies entspricht gefestigter Rechtsprechung des *BVerfG*. Dieses hat festgehalten, dass Art. 9 Abs. 3 S. 1 GG

„dem Einzelnen das Recht [gewährt], an der spezifischen Koalition in dem Bereich teilzunehmen, der für die Koalition verfassungsrechtlich geschützt ist“.[234]

Methodisch ergibt sich dies aus der eigentlichen Ausgestaltung des Art. 9 Abs. 3 S. 1 GG als Individualgrundrecht: Die kollektive Koalitionsfreiheit existiert nur zur effektiven Verwirklichung des Rechts des Einzelnen auf Bildung einer Koalition. Klarzustellen ist deshalb, dass die Betätigungsfreiheit des Einzelnen nicht auf der Betätigungsfreiheit der Koalition beruht, sondern dass gerade das Gegenteil der Fall ist.[235] Die Koalitionsfreiheit sichert der Koalition diejenigen Grundrechte, die ihren Mitgliedern aus dem Einzelgrundrecht zustehen.[236] Tatsächlich leitet sich dieses Ergebnis daraus ab, dass es sich bei der Koalition letztlich nur um die abstrakte Verkörperung des Zusammenschlusses der einzelnen Mitglieder handelt. Die Koalition an sich ist nicht handlungsfähig, es sei denn durch ihre Mitglieder. Dies zeigt sich insbesondere im Arbeitskampf: Nicht die Koalition streikt, sondern die einzelnen Arbeitnehmer; nicht die Koalition sperrt aus, sondern die einzelnen Arbeitgeber.
Die aufgezeigten Erweiterungen der Schutzbereiches des Art. 9 Abs. 3 S. 1 GG über seinen Wortlaut hinaus, dies soll hier noch einmal klargestellt werden, sind lediglich Komplementärgewährleistungen, die allein der effektiven

---

[232] *Weiss*, Betriebsnahe Tarifverträge, S. 58.

[233] Bauer-*Dreier*, GG, Art. 9, Rn. 81; Bonner Kommentar-*Kemper*, GG, Art. 9, Rn. 223; *Jarass/Pieroth*, GG, Art. 9, Rn. 36.

[234] BVerfGE 19, 303, 312. Vgl. auch BVerfGE 50, 290, 367; 51, 77, 87 f.; 55, 7, 21; 64, 208, 213; 92, 365, 393; BVerfG, AP Nr. 16 zu Art. 9 GG. Zwar hat das *BVerfG* dies in Bezug auf den einzelnen Arbeitnehmer festgestellt, wie bereits herausgearbeitet, steht das Grundrecht der Koalitionsfreiheit ohne Unterscheidung aber in gleichem Maße der Arbeitgeberseite zu.

[235] *Reuter*, RdA 2000, 101, 102; *Richardi*, Kollektivgewalt, S. 75; *Weiss*, Betriebsnahe Tarifverträge, S. 72 f.

[236] So richtig *Rüthers*, RdA 1968, 161, 175; *ders.*, JuS 1970, 607, 610; *Weiss*, Koalitionsfreiheit, S. 73; ähnlich *Reuter*, RdA 2000, 101, 102.

Verwirklichung des eigentlichen Grundrechts auf Bildung einer Koalition dienen.[237]

So kann die Betätigungsfreiheit nicht nur der Koalition an sich, sondern muss vielmehr auch den Individuen zustehen.[238] Dies entspricht gefestigter Rechtsprechung des *BVerfG*. Dieses hat festgehalten, dass Art. 9 Abs. 3 S. 1 GG

„dem Einzelnen das Recht [gewährt], an der spezifischen Koalition in dem Bereich teilzunehmen, der für die Koalition verfassungsrechtlich geschützt ist".[239]

Dogmatisch ergibt sich dies aus der eigentlichen Ausgestaltung des Art. 9 Abs. 3 S. 1 GG als Individualgrundrecht: Die kollektive Koalitionsfreiheit existiert nur zur effektiven Verwirklichung des Rechts des Einzelnen auf Bildung einer Koalition. Tatsächlich leitet sich dieses Ergebnis daraus ab, dass es sich bei der Koalition letztlich nur um die abstrakte Verkörperung des Zusammenschlusses der einzelnen Mitglieder handelt. Die Koalition an sich ist nicht handlungsfähig, es sei denn durch ihre Mitglieder. Dies zeigt sich insbesondere im Arbeitskampf: Nicht die Koalition streikt, sondern die einzelnen Arbeitnehmer; nicht die Koalition sperrt aus, sondern die einzelnen Arbeitgeber.

(b) Bezug auf die vorzunehmende Würdigung

Diese Ausführungen zugrunde gelegt, wird deutlich, dass der Einzelarbeitgeber in gleichem Maße, wie seine Koalition zur Ausübung koalitionsspezifischer Tätigkeiten im Stande sein muss. Dazu gehört insbesondere der Abschluss von (Firmen-) Tarifverträgen.[240] Es ist deshalb nur konsequent, diese Möglichkeit zur koalitionsspezifischen Tätigkeit so weit wie möglich auszugestalten und zu garantieren. Deshalb ist nicht nur die Tariffähigkeit der Koa-

---

237 *Heß*, Betriebsnahe Tarifverträge, S. 128; *Lieb*, JZ 1995, 1174, 1174; *ders.*, DB 1999, 2058, 2059; *Lieb/Jacobs*, Arbeitsrecht, Rn. 446; *Richardi*, Kollektivgewalt, S. 75. Dagegen aber *Päuser*, Firmenarbeitskampf, S. 88.

238 Bauer-*Dreier*, GG, Art. 9, Rn. 81; Bonner Kommentar-*Kemper*, GG, Art. 9, Rn. 223; *Jarass/Pieroth*, GG, Art. 9, Rn. 36.

239 BVerfGE 19, 303, 312. Vgl. auch BVerfGE 50, 290, 367; 51, 77, 87 f.; 55, 7, 21; 64, 208, 213; 92, 365, 393; BVerfG, AP Nr. 16 zu Art. 9 GG; BVerfG, NZA 2007, 42, 44.

240 BVerfGE 84, 212, 224; 92, 26, 38; 94, 268, 283; BAGE (GS) 20, 175, 212; Bauer-*Dreier*, GG, Art. 9, Rn. 83; Bonner Kommentar-*Kemper*, GG, Art. 9, Rn. 205 f.; *Jarass/Pieroth*, GG, Art. 9, Rn. 39; *Lieb/Jacobs*, Arbeitsrecht, Rn. 437; v. Münch-*Löwer*, GG, Art. 9, Rn. 80; *Weiss*, Betriebsnahe Tarifverträge, S. 57 f.

litionen, sondern auch die des Einzelarbeitgebers durch Art. 9 Abs. 3 GG geschützt und gehört folglich dem Kernbereich seiner Betätigungsfreiheit an.[241] Dem von *Matthes* propagierten Weg einer betriebsnahen Regelung über den firmenbezogenen Verbandstarifvertrag muss entgegengehalten werden, dass dieser eine betriebsnahe Regelung, wie sie etwa im Sanierungsfall nötig wäre, nicht garantiert. Der Einzelarbeitgeber wird sich u. U. mit kollidierenden Verbandsinteressen konfrontiert sehen.[242] Dies zeigt sich schon an der Vereinbarung von Verboten zum Abschluss eines kollidierenden Firmentarifvertrages[243] oder von Meistbegünstigungsklauseln[244] durch die Verbände. Zudem sind firmenbezogene Verbandstarifverträge vom Verfahren her komplizierter.[245] Zwar sieht *Matthes* diese Schwierigkeiten, er ordnet sie aber – aus seiner Sicht absolut konsequent, wenn auch insgesamt verfehlt, weil zum Schutz des Arbeitgebers (und zum Erhalt der Arbeitsplätze) nicht ausreichend – dem Ziel der dominierenden Stellung des Verbandes unter. Allein dieser könne dafür Sorge tragen, dass eine einheitliche Arbeits- und Wirtschaftsordnung geschaffen werde.[246] Auch im Arbeitskampf bringt der firmenbezogene Verbandstarifvertrag dem Einzelarbeitgeber keine Vorteile: Bestreikt wird wiederum nur das betroffene Unternehmen. Zwar kann der Verband Aussperrungsbeschlüsse fassen, diese Möglichkeit besteht aber auch, wenn das Verbandsmitglied um einen Firmentarifvertrag angegangen wird.[247]

(4) Ergebnis

Die Auslegung des § 2 Abs. 1 TVG kommt damit – insbesondere unter dem Aspekt des Sinn und Zwecks der Norm – zu dem Ergebnis, dass auch der an einen Verbandstarifvertrag gebundene Arbeitgeber unter den Begriff des Arbeitgebers nach § 2 Abs. 1 TVG fällt und tariffähig ist. Aus dem gleichen

---

241 BAG, AP Nr. 1 zu § 1 TVG Verhandlungspflicht; BAG, SAE 1991, 314, 316; BAG, NZA 2003, 734, 737; *Jacobs*, ZTR 2001, 249, 251; *Zachert*, Sonderbeilage zu NZA 24/2000, 17, 22. MünchArbR-*Löwisch/Rieble*, § 255, Rn. 35 und *Rieble*, NZA 2000, 225, 230 sehen die Tariffähigkeit als Teil der individuellen Privatautonomie von Art. 12 Abs. 1 GG geschützt.

242 *Lieb*, DB 1999, 2058, 2058; *Zachert*, Sonderbeilage zu NZA 24/2000, 17, 22.

243 Wahlweise in der Satzung des Arbeitgeberverbandes oder im Verbandstarifvertrag. Gegen letztere werden erhebliche Bedenken etwa von *Jacobs*, ZTR, 2001, 249, 251 und *Rieble*, NZA 2000, 225, 230 f. geltend gemacht.

244 Auch deren Wirksmakeit ist umstritten, vgl. einerseits *Rieble*, NZA 2000, 225, 231; *Söllner*, Sonderbeilage zu NZA Heft 24/2000, 33, 39; sowie andererseits *Waas*, ZTR 2000, 341, 346; *Witt*, Firmentarifvertrag, S. 307.

245 *Zachert*, Sonderbeilage zu NZA 24/2000, 17, 22.

246 *Matthes*, FS Schaub, S. 482 f.

247 *Lieb*, DB 1999, 2058, 2058.

Grund scheidet eine teleologische Reduktion der Norm aus,[248] so dass der Ansatz von *Matthes* letztlich abzulehnen ist.

c. Verstoß gegen Verfassungsrecht

Das Ergebnis der vorangegangenen Erwägungen muss aber mit der Verfassung in Einklang stehen.[249] Die Überprüfung anhand des Verfassungsrechtes kann allerdings nicht mehr im Rahmen einer verfassungskonformen Auslegung geschehen.[250] Diese würde dazu verpflichten, bei mehreren möglichen Auslegungsvarianten diejenige Variante zu wählen, die mit der Verfassung in Einklang steht.[251] Eine verfassungskonforme Auslegung ist aber nur dann durchführbar, wenn sich die zur Verfügung stehenden Auslegungsvarianten aus dem einfachen Gesetz ergeben.[252] Eine verfassungskonforme Auslegung entgegen dem Wortlaut und dem Sinn einer Norm ist unzulässig.[253] So liegt es hier: Zwar hat die Wortlautauslegung des § 2 Abs. 1 TVG kein eindeutiges Ergebnis zu Tage gefördert, ein solches ergab sich aber aus der teleologischen Auslegung: Danach ist die Tariffähigkeit auch des verbandsangehörigen Arbeitgebers vom Sinn und Zweck der Norm gefordert.[254] Die Überprüfung der Norm anhand der Verfassung kann daher nur noch ihre Rechtmäßigkeit bzw. ihre Verfassungswidrigkeit zur Folge haben.[255]

aa. Verstoß gegen Art. 9 Abs. 3 S. 1 GG

Ein Verstoß gegen Art. 9 Abs. 3 S. 1 GG wird im Hinblick auf § 2 Abs. 1 TVG in mehrerer Hinsicht vorgetragen.[256]

§ 2 Abs. 1 TVG ist jedoch ein Gesetz, so dass von Relevanz ist, ob nur die Möglichkeit des Eingriffs in den Schutzbereich besteht oder ob als weitere Möglichkeit auch die Ausgestaltung des Schutzbereichs des Art. 9 Abs. 3 GG durch ein Gesetz möglich ist. Als Konsequenz einer solchen Unterscheidung wären unterschiedliche Zulässigkeitskriterien denkbar. Freilich soll dies nicht

---

248 Vgl. zu dieser Vorgehensweise etwa *Gohritz*, Abschluß von Firmentarifverträgen, S. 25 ff.; *Richter*, Erstreikbarkeit, S. 34 ff.

249 *Larenz/Wolf*, Allgemeiner Teil, § 4, Rn. 49.

250 Vgl. zur grundsätzlichen Möglichkeit der verfassungskonformen Auslegung eines die Koalitionsfreiheit ausgestaltenden Gesetzes BVerfG, AP Nr. 4 zu § 116 AFG.

251 *Larenz*, Methodenlehre, S. 339; *Konzen*, SAE 1996, 216, 222; Sachs-*Sachs*, GG, Einf., Rn. 56.

252 *Konzen*, SAE 1996, 216, 222.

253 BVerfGE 8, 28, 34; *Larenz*, Methodenlehre, S. 339 f.; *Konzen*, SAE 1996, 216, 222.

254 Vgl. dazu jeweils oben, 2. Teil A. II. 3. b. aa. und 2. Teil A. II. 3. b. dd.

255 *Butzer*, RdA 1994, 375, 381.

256 Vgl. im Einzelnen unten, 2. Teil A. II. 3. c. aa. (4) (a).

bedeuten, dass ein Gesetz immer nur eine Form der Ausgestaltung des Grundrechts ist. Im Falle eines Gesetzes wäre vielmehr zu unterscheiden, ob dieses ein Eingriffs- oder ein Ausgestaltungsgesetz wäre.[257]

(1) Unterscheidung zwischen Ausgestaltung und Eingriff

Trotz gewichtiger Gegenstimmen[258] ist denn auch mit der h. M. von einer Unterteilung in Ausgestaltungsbefugnis und Eingriff auszugehen.[259] Dies ergibt sich vor dem Hintergrund des allzu knappen Wortlauts des Art. 9 Abs. 3 GG.[260] Hieraus sowohl die Beziehungen der Tarifvertragsparteien untereinander und ihre Befugnisse sowie mögliches Vorgehen auch im Arbeitskampf abzuleiten, erscheint nicht nur mehr als schwierig, vielmehr zeigt die tägliche richterrechtliche Praxis, dass gesetzliche Regelungen dringend notwendig wären. Freilich geht mit der Ausgestaltung eines Grundrechtes in gewissem Maße auch immer eine Einschränkung einher,[261] doch spricht dies nicht gegen eine Ausgestaltung, sondern vielmehr dafür, diesen Effekt bei den Grenzen einer Ausgestaltung zu berücksichtigen.[262]

Für eine Unterscheidung zwischen Ausgestaltung und Eingriff lässt sich auch die Rechtsprechung des *BVerfG* fruchtbar machen.[263] So hat das *BVerfG* im Aussperrungsbeschluss vom 26. Juni 1991 den Bereich des Tarifrechts für ausgestaltungsbedürftig gehalten:

„Das Grundrecht der Koalitionsfreiheit ist zwar vorbehaltlos gewährleistet. Damit ist aber nicht jede Einschränkung von vornherein ausgeschlossen. Sie kann durch Grundrechte Dritter und anderer mit Verfassungsrang ausgestatteter Rechte gerechtfertigt sein (vgl.

---

257 Vgl. auch die Unterscheidung bei Wiedemann-*Wiedemann*, TVG, Einl., Rn. 91 ff.

258 So unterscheidet etwa *Henssler*, ZfA 1998, 1, 11 f. nicht zwischen Ausgestaltung und Eingriff, sondern kommt so zu einem Schutz jeglichen koalitionsspezifischen Verhaltens. Vgl. zu weiteren der Unterscheidung entgegenstehenden Stellungnahmen *Witt*, Firmentarifvertrag, S. 93 ff.

259 *Butzer*, RdA 1994, 375, 379; *Dieterich*, RdA 2002, 1, 11; ErfK-*Dieterich*, GG, Art. 9, Rn. 79; *Konzen*, SAE 1996, 216 ff.; *Lieb/Jacobs*, Arbeitsrecht, Rn. 447; MünchArbR-*Löwisch/Rieble*, § 244, Rn. 37; Schmidt-Bleibtreu/Klein-*Kannengießer*, GG, Art. 9, Rn. 27; *Schwarze*, JuS 1994, 653, 658; *Wank*, Anm. zu AP Nr. 76 zu Art. 9 GG; *ders.*, JZ 1996, 629, 630; Wiedemann-*Wiedemann*, TVG, Einl., Rn. 91 ff.; *Witt*, Firmentarifvertrag, S. 88, 101 ff. Wohl auch *Scholz*, Koalitionsfreiheit, S. 258 ff., der aber unterstützend das Sozialstaatsprinzip heranzieht. Nunmehr deutlicher Maunz/Dürig-*Scholz*, GG, Art. 9, Rn. 167, 280.

260 *Witt*, Firmentarifvertrag, S. 102.

261 In diese Richtung auch *Henssler*, ZfA 1998, 1, 15 f.; *Wank*, Anm. zu BVerfG, AP Nr. 76 zu Art. 9 GG.

262 So auch *Witt*, Firmentarifvertrag, S. 102.

263 BVerfGE 50, 290, 368; 84, 212, 228.

etwa BVerfGE 28, S. 243, 260 ff.; 30, S. 173, 193; 57, S. 70, 98f.; st. Rspr.). Darüber hinaus bedarf die Koalitionsfreiheit der Ausgestaltung durch die Rechtsordnung, soweit das Verhältnis der Tarifvertragsparteien zueinander berührt wird, die beide den Schutz des Art. 9 Abs. 3 GG genießen.“[264]

Sodann formulierte das *BVerfG* zur Ausgestaltungsbedürftigkeit der Koalitionsfreiheit für den Bereich des Arbeitskampfes:

„Gerade wegen dieser Eigenart bedarf das Grundrecht der Koalitionsfreiheit der Ausgestaltung durch die Rechtsordnung (vgl. BVerfGE 84, 212 [228]). Zum einen erfordert der Umstand, dass beide Tarifvertragsparteien den Schutz von Art. 9 Abs. 3 GG prinzipiell gleichermaßen genießen, bei seiner Ausübung aber in scharfem Gegensatz zueinander stehen, koordinierte Regelungen, die gewährleisten, daß die aufeinander bezogenen Grundrechtspositionen trotz ihres Gegenstandes nebeneinander bestehen können. Zum anderen macht die Möglichkeit des Einsatzes von Kampfmitteln rechtliche Rahmenbedingungen erforderlich, die sichern, das Sinn und Zweck des Freiheitsrechts sowie seine Einbettung in die verfassungsrechtliche Ordnung gewahrt bleiben.“[265]

In seiner Entscheidung zum Flaggen-Zweitregister formulierte das *BVerfG* wie folgt:

„Die Koalitionsfreiheit ist ein vorbehaltlos gewährleistetes Grundrecht. Grundsätzlich können ihr daher nur zur Wahrung verfassungsrechtlich geschützter Güter Schranken gesetzt werden. Das schließt allerdings eine Ausgestaltungsbefugnis des Gesetzgebers nicht aus, soweit er Regelungen trifft, die erst die Voraussetzungen für eine Wahrnehmung des Freiheitsrechts bilden. Das gilt insbesondere dort, wo es um die Regelung der Beziehungen zwischen den Trägern widerstreitender Interessen geht (BVerfGE 88, S. 103, 115; vgl. BVerfGE 84, S. 212, 228).“[266]

Das *BVerfG* hat sich also für eine Unterscheidung zwischen Ausgestaltungsbefugnis hinsichtlich des Schutzbereiches des Art. 9 Abs. 3 GG und der daneben bestehenden Möglichkeit eines Eingriffs in diesen Schutzbereich ausgesprochen. Diese Unterscheidung ist auch für ein vorbehaltlos gewährleistetes Grundrecht nicht neu oder ungewöhnlich. Auch der vorbehaltlos gewährleistete Schutz der Ehe nach Art. 6 Abs. 1 GG bedarf, um das Grundrecht verwirklichen zu können, der Ausgestaltung durch den Gesetzgeber.[267]

---

264 BVerfGE 84, 212, 228.
265 BVerfGE 88, 103, 115.
266 BVerfG, AP Nr. 76 zu Art. 9 GG.
267 BVerfGE 31, 58, 69; ErfK-Dietrich, GG, Art. 6, Rn. 7; *Ipsen*, Staatsrecht II, Rn. 309.

(2) § 2 Abs. 1 TVG: Ausgestaltung oder Eingriff?

Ist dem *BVerfG* in seiner Unterscheidung zwischen Ausgestaltung und Eingriff zuzustimmen, stellt sich die Frage, wann eine Ausgestaltung des Grundrechtes bzw. wann ein Eingriff in das Grundrecht vorliegt und welcher dieser Fallgruppen § 2 Abs. 1 TVG zuzuordnen ist. Begrifflich dienen Ausgestaltungen zur Entfaltung oder Ordnung des Grundrechtes, während Eingriffe die von der Verfassung vorgegebene Freiheit verkürzen.[268] Freilich liegt letztlich auch in der Ausgestaltung bereits eine gewisse Beschränkung des Schutzbereichs der grundgesetzlichen Norm, worin auch die Schwierigkeit der Einordnung liegt.[269] Dogmatisch sind verschiedene Versuche zur Unterscheidung zwischen Ausgestaltung und Eingriff unternommen worden, die aber nur in geringem Umfang hilfreich sind:

Das *BVerfG* hat für die generelle Abgrenzung keine genauen Kriterien vorgegeben, hält eine Ausgestaltung aber dann für notwendig, wenn die Beziehungen zwischen Trägern widerstreitender Interessen zu regeln sind.[270] Trotz dieser wenig aussagekräftigen Einordnung[271] hat das *BVerfG* die Ausgestaltungsbedürftigkeit u. a. für den Bereich des Arbeitskampfes[272] wie für den Bereich des Tarifrechts bejaht.[273] § 2 Abs. 1 TVG ist letzterem zuzuordnen, so dass es sich hiernach um eine Ausgestaltungsnorm handeln würde.

Wiedemann geht davon aus, dass die Ausgestaltung der Tarifautonomie in sachlicher Hinsicht die kollektiven Beziehungen der Berufsverbände erfasse. Darunter seien die Organisation der Sozialpartner, das Verfahren zur vertraglichen Normsetzung und die Vorgaben für die Wirkungen der Kollektivverträge zu verstehen.[274] Dagegen griffen Eingriffsgesetze, also Eingriffe in der Form eines Gesetzes, entweder gezielt in grundrechtlich geschützte Tätigkeiten ein, oder – und dies sei das Hauptanwendungsfeld der Eingriffsgesetze – regelten die individuellen Arbeits- und Wirtschaftsbedingungen.[275] Folgt man

---

268 *Wank*, Anm. zu BVerfG, AP Nr. 76 zu Art. 9 GG; Wiedemann-*Wiedemann*, TVG, Einl., Rn. 91 f., 104.

269 So wohl auch *Dieterich*, RdA 2002, 1, 11; Wiedemann-*Wiedemann*, TVG, 6. A, Einl., Rn. 134; *Witt*, Firmentarifvertrag, S. 103.

270 BVerfGE 88, 103, 115; 84, 212, 228; BVerfG, AP Nr. 76 zu Art. 9 GG; BVerfG, AP Nr. 4 zu § 116 AFG.

271 So auch *Wank*, Anm. zu BVerfG, AP Nr. 76 zu Art. 9 GG.

272 Angemahnt auch von BVerfGE 88, 103, 115, in diese Richtung auch BVerfG, AP Nr. 4 zu § 116 AFG; *Gamillscheg*, Kollektives Arbeitsrecht Bd. I, S. 217; *Konzen*, SAE 1996, 216, 219; *Lieb*, JZ 1995, 1174, 1174.

273 BVerfGE 4, 96, 106, 108; 20, 312, 317; 50, 290, 368 f.; 58, 233, 248; 84, 212, 228.

274 Wiedemann-*Wiedemann*, TVG, Einl., Rn. 104.

275 Wiedemann-*Wiedemann*, TVG, Einl., Rn. 104. Ebenso *Wank*, Anm. zu BVerfG, AP Nr. 76 zu Art. 9 GG.

Wiedemann, der das Verfahren zur vertraglichen Normsetzung ausdrücklich dem Ausgestaltungsbereich zuordnet, handelt es sich bei § 2 Abs. 1 TVG um eine Ausgestaltungsnorm.
Zu einer ähnlichen Einordnung kommt *Butzer*, der eine Ausgestaltungsnorm immer dann annimmt, wenn Grund- und Rahmenbedingungen geschaffen werden sollten, die der optimalen Entfaltung des objektiv-rechtlichen Gehalts der Koalitionsbetätigungsfreiheit dienten und bei genereller Betrachtung die Grundrechtseffektivität förderten.[276] Dagegen lägen Eingriffsgesetze vor, wenn der Gesetzgeber Materien durchnormiere, die gewöhnlich in Tarifverträgen Eingang fänden. Auch *Butzer* ordnet das Tarifvertragsgesetz und damit § 2 Abs. 1 TVG ausdrücklich dem Ausgestaltungsbereich zu.[277]
Dieterich sieht im Ziel der Regelung das ausschlaggebende Kriterium zur Unterscheidung. So solle ein Gesetz durch das die Rechtsstellung der Koalitionen einschränken würde, nur dann als Ausgestaltung qualifiziert werden, wenn es die Funktionsfähigkeit des Systems herstellt oder verbessert.[278] Als Beispiel für ein solches Regelungsziel nennt *Dieterich* die kollektiven Beziehungen der Koalitionen, das Verfahren ihres Zusammenwirkens oder die Durchsetzbarkeit ihrer Vereinbarungen.[279] Allerdings unterscheidet *Dieterich* weitergehend auch zwischen Ausgestaltung und Umgestaltung. Dabei soll die Umgestaltung ein Unterfall der Ausgestaltung sein, für die es zusätzlich einer besonderen Begründung bedürfe, an der die Verhältnismäßigkeit einer solchen Umgestaltung zu prüfen sei.[280] Aber auch *Dieterich* ordnet das Verfahren des Zusammenwirkens der Koalitionen, für das § 2 Abs. 1 TVG mit der Regelung der Tariffähigkeit ein wichtiger Bestandteil ist, ausdrücklich dem Ausgestaltungsbereich zu.[281]
Witt dagegen nimmt eine Ausgestaltungsregelung immer dann an, wenn Art. 9 Abs. 3 GG für den von der Regelung betroffenen Bereich keine eigenständige und unmittelbare, d. h. ohne einfachgesetzlich wahrnehmbare, Freiheitsgewährleistung bereithalte. Im umgekehrten Fall, wenn also eine Freiheitsgewährleistung vorhanden sei, müsse eine einfachgesetzliche Regelung als Eingriff eingeordnet werden.[282] Regelmäßig werde jedoch eine solche Freiheitsgewährleistung vorhanden sein, so dass im Zweifel von einem Eingriff ausge-

---

276 *Butzer*, RdA 1994, 375, 380; *Konzen*, SAE 1996, 216, 219.
277 *Butzer*, RdA 1994, 375, 380; *Konzen*, SAE 1996, 216, 219.
278 ErfK-*Dieterich*, GG, Art. 9, Rn. 81.
279 *Dieterich*, RdA 2002, 1, 11 f.
280 *Dieterich*, RdA 2002, 1, 12. Für eine solche Unterscheidung auch *Butzer*, RdA 1994, 375, 381; *Konzen*, SAE 1996, 216, 220. Dagegen *Witt*, Firmentarifvertrag, S. 125 f.
281 *Dieterich*, RdA 2002, 1, 12.
282 *Witt*, Firmentarifvertrag, S. 105.

gangen werden müsse.[283] Gerade für den Fall der Voraussetzungen zum Abschluss eines Tarifvertrages geht aber auch *Witt* davon aus, dass Art. 9 Abs. 3 GG keine eigenständige oder unmittelbare Freiheitsgewährleistung bereithält. Auch mit dieser Meinung ist § 2 Abs. 1 TVG daher dem Ausgestaltungsbereich zuzuordnen.[284]

Die aufgeführten Meinungen[285] kommen unabhängig von der divergierenden abstrakten Einordnung zu dem Ergebnis, dass die Normen über das Zustandekommen eines Tarifvertrages dem Ausgestaltungsbereich zuzuordnen sind.[286] Eine generelle abstrakte Unterscheidungsformel zwischen Ausgestaltung und Eingriff braucht daher an dieser Stelle nicht hergeleitet werden. § 2 Abs. 1 TVG ist eine Ausgestaltungsnorm.

(3) Grenzen zulässiger Ausgestaltung

Durch die Möglichkeit zur Ausgestaltung eines Grundrechts ist es dem Gesetzgeber nicht länger verboten, den grundrechtlichen Schutzbereich anzutasten; er ist sogar gehalten, ihn zu konkretisieren bzw. einfachgesetzlich zu bestimmen. Da dies ohne eine gewisse Beschränkung des Schutzbereichs nicht möglich ist, stellt sich die Frage nach den Grenzen einer zulässigen Ausgestaltung. Hierzu fehlt bislang eine systematische und umfassende Aussage des *BVerfG*. Den einschlägigen Entscheidungen lassen sich bestenfalls fragmentarische Hinweise entnehmen.

Zunächst lehnt das *BVerfG* in seiner Entscheidung vom 14.11.1995 die Kernbereichslehre[287] nicht nur als Grenze eines Eingriffs ab, sondern auch als Grenze der Ausgestaltungsbefugnis:[288]

---

283 *Witt*, Firmentarifvertrag, S. 103.

284 *Witt*, Firmentarifvertrag, S. 104.

285 Zu weiteren Unterscheidungen s. *Witt*, Firmentarifvertrag, S. 88 ff. Auch die von ihm weitergehend dargestellten Meinungen kommen im Ergebnis dazu, dass das TVG dem Ausgestaltungsbereich zuzuordnen ist.

286 So auch Bonner Kommentar-*Kemper*, GG, Art. 9, Rn. 233 ff. m.w.N.; *Lieb*, JZ 1995, 1174, 1174; v. Münch-*Löwer*, GG, Art. 9, Rn. 61.

287 Inhalt der Kernbereichslehre war – wohlbekannt und schon der Bezeichnung zu entnehmen – die Beschränkung des verfassungsrechtlichen Garantie zur koalitionsmäßigen Betätigung auf einen sog. „Kernbereich". Garantiert werden sollten nur solche Tätigkeiten, die Auslöser für die Gründung der Koalitionen waren und die für den Erhaltung und die Sicherung ihrer Existenz als unerlässlich betrachtet werden mussten, vgl. BVerfGE 4, 96, 108; 38, 281, 305; 58, 233, 249. Mit der Aufgabe dieser Beschränkung des Schutzbereichs des Art. 9 Abs. 3 GG unterstellte das *BVerfG* fortan jegliches koalitionsspezifisches Verhalten dem Schutzbereich der Norm, s. dazu BVerfGE 93, 352, 358; 94, 268, 283.

288 So auch *Konzen*, SAE 1996, 216, 217; MünchArbR-*Löwisch/Rieble*, § 244, Rn. 50; *Wank*, JZ 1996, 629, 629.

„Ausgangspunkt der Kernbereichsformel ist die Überzeugung, daß das Grundgesetz die Betätigungsfreiheit der Koalitionen nicht schrankenlos gewährleistet, sondern eine Ausgestaltung durch den Gesetzgeber zulässt (BVerfGE 28, 295, 306; 57, 220, 245 f.). Mit der Kernbereichsformel umschreibt das Gericht die Grenze, die dabei zu beachten ist; sie wird überschritten, soweit einschränkende Regelungen zum Schutz anderer Rechtsgüter von der Sache her geboten sind (vgl. BVerfGE 57, 220, 246). Das BVerfG wollte damit den Schutzbereich des Art. 9 Abs. 3 GG aber nicht von vornherein auf den Bereich des Unerläßlichen beschränken. Das lassen die einschlägigen Entscheidungen beider Senate hinreichend deutlich erkennen. Denn sie verpflichten den Gesetzgeber auch dort, wo er – außerhalb des Kernbereichs – koalitionsmäßige Betätigungen ausgestaltend regelt, zu einer Rücksichtnahme auf die Koalitionen und ihre Mitglieder. Eine solche Bindung des Gesetzgebers läßt sich aber nur aus einem verfassungsrechtlich gewährleisteten Schutz der Koalitionsfreiheit rechtfertigen, der sachlich über den „Kernbereich" hinausgeht."[289]

In seiner Entscheidung zum Flaggen-Zweitregister bestimmt das Gericht:

„Die Ausgestaltung muss sich jedoch am Normziel von Art. 9 Abs. 3 GG orientieren und darf die Parität der Tarifpartner nicht verfälschen."[290]

Schließlich konkretisiert das *BVerfG* die Grenzen der Ausgestaltungsbefugnis in seiner Entscheidung vom 04.07.1995 folgendermaßen:

„Der Gestaltungsspielraum des Gesetzgebers findet seine Grenzen am objektiven Gehalt des Art. 9 Abs. 3 GG. Die Tarifautonomie muss als ein Bereich gewahrt bleiben, in dem die Tarifvertragsparteien ihre Angelegenheiten grundsätzlich selbstverantwortlich und ohne staatliche Einflussnahme regeln können (vgl. BVerfGE 50, S. 290, 376). Ihre Funktionsfähigkeit darf nicht gefährdet werden. Die Koalitionen müssen ihren verfassungsrechtlichen anerkannten Zweck, die Arbeits- und Wirtschaftsbedingungen ihrer Mitglieder zu wahren und zu fördern, insbesondere durch den Abschluss von Tarifverträgen erfüllen können."[291]

Unter dem objektiven Gehalt versteht das *BVerfG*, dass für die Tarifautonomie mehr als ein Bereich gewahrt bleiben soll, in dem die Tarifvertragsparteien ihre Angelegenheiten grundsätzlich selbstverantwortlich und ohne staatliche Einflussnahme regeln können.[292] Dabei dürfte wesentlich sein, dass das Grundrecht nicht auf Dauer ausgehöhlt wird.[293] Allein in einem „Kernbe-

---

289 BVerfGE 93, 352, 359.
290 BVerfG, AP Nr. 76 zu Art. 9 GG.
291 BVerfG, AP Nr. 4 zu § 116 AFG.
292 BVerfG, AP Nr. 4 zu § 116 AFG.
293 BVerfG, AP Nr. 4 zu § 116 AFG; Wiedemann-*Wiedemann*, TVG, 6. A, Einl., Rn. 135 a. E.

reich" ist die Koalitionsfreiheit nicht antastbar.[294] Diejenigen Tätigkeiten, für die die Koalitionen gegründet sind und die für die Erhaltung und Sicherung ihrer Existenz unerlässlich sind, dürfen nicht beeinträchtigen werden.[295]
Zudem muss die gesetzliche Regelung am Verhältnismäßigkeitsgrundsatz gemessen werden.[296] Zum Schutz des gefährdeten Grundrechts dürfen nur solche Normen geschaffen werden, die nicht gänzlich ungeeignet oder völlig unzulänglich sind.[297] Außerdem sind widerstreitende Grundrechte Dritter bzw. der Koalitionen selbst zu berücksichtigen. Beispiele sind etwa Leben und Gesundheit[298] oder der Eigentumsschutz.[299] Die Rechtfertigung eines Eingriffs grenzt sich von der zulässigen Ausgestaltung der Koalitionsfreiheit also dadurch ab, dass letztere schon zum Schutz eines jeden Rechtsguts erfolgen kann.[300]

Insgesamt soll dem Gesetzgeber im Bereich der Koalitionsfreiheit aber mehr als bei anderen Freiheitsrechten die Möglichkeit zu Modifikationen und Fortentwicklungen zukommen.[301] Freiheitsermöglichung und Freiheitsverkürzung folgen nicht denselben Regeln. Eine Regelung, die das Ausüben eines Grundrechtes erst ermöglicht, muss unter erleichterten Bedingungen möglich sein. Aus diesem Grund hat der Gesetzgeber einen weiten Spielraum für die Ausgestaltung.[302]

Damit stellt das *BVerfG* für den Ausgestaltungsbereich auf verschiedenste Kriterien ab. Besondere Kritik hat ihm jedoch eingebracht, dass im Rahmen einer Ausgestaltung auf die widerstreitenden Interessen Dritter bzw. den Ver-

---

294 BVerfG, AP Nr. 4 zu § 116 AFG; *Butzer*, RdA 1994, 375, 380; MünchArbR-*Löwisch/Rieble*, § 244, Rn. 54. *Konzen*, SAE 1996, 216, 219 spricht insoweit davon, dass der Gesetzgeber an den Wesensgehalt (Art. 19 Abs. 2 GG) gebunden sei.

295 BVerfGE 38, 281, 305; 58, 233, 249; *Witt*, Firmentarifvertrag, S. 115 f.

296 BVerfGE 92, 26, 43 f.; BVerfG, AP Nr. 4 zu § 116 AFG.

297 BVerfGE 77, 170, 215; 79, 174, 202; 85, 191, 212 (jew. in Bezug auf Art. 2 Abs. 1 GG).

298 BVerfG, AP Nr. 76 zu Art. 9 GG.

299 BVerfG, AP Nr. 76 zu Art. 9 GG.

300 So auch *Wank*, Anm. zu BVerfG, AP Nr. 76 zu Art. 9 GG.

301 BVerfGE 50, 290, 368; 58, 233, 247; *Wank*, Anm. zu BVerfG, AP Nr. 76 zu Art. 9 GG; Wiedemann-*Wiedemann*, TVG, 6. A, Einl., Rn. 135.

302 BVerfGE 20, 296, 317; 58, 233, 247 f.; BVerfG, AP Nr. 4 zu § 116 AFG; *Butzer*, RdA 1994, 375, 381; ErfK-*Dieterich*, GG, Art. 9, Rn. 9; *Konzen*, SAE 1996, 216, 219; *Lieb*, JZ 1995, 1174, 1175; Sachs-*Höfling*, GG, Art. 9, Rn. 36 f.; *Wank*, Anm. zu BVerfG, AP Nr. 76 zu Art. 9 GG; Wiedemann-*Wiedemann*, TVG, 6. A, Einl., Rn. 134, nunmehr nur noch speziell für den Bereich des Arbeitskampfrechts: Wiedemann-*Wiedemann*, TVG, Einl., Rn. 99.

hältnismäßigkeitsgrundsatz abgestellt werden soll.[303] Über diese Kriterien ist letztlich eine Form der praktischen Konkordanz vorzunehmen,[304] so dass man Gefahr läuft, die Grenzen von Ausgestaltung und Eingriff zu verwischen und sich an dieser Stelle zu Recht die Frage nach der Notwendigkeit dieser Unterscheidung stellen ließe.[305]

Trotz der wenig systematischen Vorgehensweise des *BVerfG* folgt ihm die h. L. letztlich in seiner Grenzziehung einer zulässigen Ausgestaltungsbefugnis.[306]

So will etwa *Preis*[307] dem Gesetzgeber lediglich verwehren, mittels einer Ausgestaltung das Grundrecht auszuhöhlen. Durch die gesetzliche Ausgestaltung dürfe die Betätigungsfreiheit nicht eingeschränkt werden, soweit diese für die Koalitionsfreiheit nicht unerlässlich sei.[308] Es handele sich letztlich um eine institutionelle Wesensgehaltsgarantie.[309] Damit knüpft *Preis* letztlich an das Kriterium des objektiven Gehalts bzw. an den erwähnten Kernbereich an, der nach Ansicht des *BVerfG* nicht angetastet werden dürfe.[310]

Butzer bringt die Rechtsprechung des *BVerfG* auf die Formel, dass eine Ausgestaltung schon dadurch legitimiert werde, dass der Gesetzgeber ein anderes, nicht notwendig verfassungsrechtlich abgestütztes Rechtsgut schützen will und die ausgestaltende gesetzliche Regelung von der Sache her geboten und verhältnismäßig sei.[311] Hierin lässt sich unproblematisch die Rechtsprechung des *BVerfG* wiedererkennen, die ebenfalls auf die Grundrechte Dritter und den Verhältnismäßigkeitsgrundsatz abstellt.[312] *Butzer* geht allein darin über die Rechtsprechung des *BVerfG* hinaus, indem er eine unzulässige Ausgestaltung auch dann annimmt, wenn eine unangemessene Belastung eines Grundrechtsträgers vorliege. Dies sei dann der Fall, wenn die Begrenzung der Aktionsmöglichkeiten einzelner an der Grundrechtsausübung Beteiligter nicht zu

303 Wiedemann-*Wiedemann*, TVG, 6. A, Einl., Rn. 130 a. E., nunmehr weniger deutlich: Wiedemann-*Wiedemann*, TVG, Einl., Rn. 99.

304 Wiedemann-*Wiedemann*, TVG, 6. A, Einl., Rn. 135.

305 Kritik in diese Richtung bei Henssler, ZfA 1998, 1, 11 f. und Wiedemann-*Wiedemann*, TVG, 6. A, Einl., Rn. 130.

306 Vgl. zu weiteren Stimmen *Witt*, Firmentarifvertrag, S. 115 ff.

307 *Preis*, Kollektivarbeitsrecht, § 84, II.

308 *Preis*, Kollektivarbeitsrecht, § 84, II.

309 *Preis*, Kollektivarbeitsrecht, § 84, II.

310 Vgl. dazu die Nachweise in Fn. 294.

311 *Butzer*, RdA 1994, 375, 380 f.

312 Vgl. dazu die Nachweise in Fn. 296 - 299.

einer gegenüber dem bisherigen Zustand insgesamt mindestens gleichwertigen Sicherung der Koalitionsfreiheit führe.[313]

Löwisch/Rieble wollen die Rechtmäßigkeit einer Ausgestaltung der Koalitionsfreiheit am Verhältnismäßigkeitsgrundsatz, am Gleichheitssatz und am Gebot des Vertrauensschutzes messen.[314] Dabei sei es in diesem Zusammenhang Inhalt des Verhältnismäßigkeitsgrundsatzes, dass eine Ausgestaltung das grundrechtlich geschützte Interesse ins Verhältnis zum Regelungszweck stellen müsse.[315] Handlungsmöglichkeiten, die für die Verwirklichung der Koalitionsfreiheit unerlässlich seien, dürften als ihr Kernbereich grundsätzlich nicht angetastet werden.[316] Dies gelte allein dann nicht, wenn die Belastung der Koalition im Kernbereich durch ein anderes Grundrecht oder einen sonstigen Wert mit Verfassungsrang legitimiert sei.[317] Auch hierin spiegelt sich die Überprüfung anhand einer Kollision mit Grundrechten Dritter und des Verhältnismäßigkeitsgrundsatzes wider.[318]

Witt schließt sich vollumfänglich dem *BVerfG* an und unterscheidet insoweit lediglich begrifflich zwischen einer sog. Ausgestaltungsunter- und –obergrenze, innerhalb derer sich der Gesetzgeber bewegen dürfe. Ausgestaltungsuntergrenze sei das Leerlaufen der Koalitionszweckverfolgung, so dass eine Regelung nicht offensichtlich ungeeignet oder untauglich sein dürfe.[319] Die Ausgestaltungsobergrenze liege in unverhältnismäßigen Eingriffen in andere Grundrechte.[320] Verhältnismäßigkeitsgrundsatz und Grundrechte Dritter sind auch nach dieser Meinung entscheidende Kriterien. *Witt* sieht Eingriff und Ausgestaltung nicht in einem Verhältnis strenger Exklusivität. Vielmehr gelte, dass die Ausgestaltung der Koalitionsfreiheit einen Eingriff in andere Grundrechte bewirken könne.[321]

Wank unterscheidet zunächst danach, ob das ausgestaltete Grundrecht selbst betroffen ist. Dann sei der Rückgriff auf kollidierendes Verfassungsrecht nicht erforderlich, da die Notwendigkeit einer Ausgestaltung ihre Rechtferti-

---

313 *Butzer*, RdA 1994, 375, 381. *Butzer* unterscheidet wie *Dieterich* zwischen Ausgestaltung und Umgestaltung, allein auf letztere bezieht sich das Kriterium der unzulässigen Belastung.

314 MünchArbR-*Löwisch/Rieble*, § 244, Rn. 41.

315 MünchArbR-*Löwisch/Rieble*, § 244, Rn. 42.

316 MünchArbR-*Löwisch/Rieble*, § 244, Rn. 54.

317 MünchArbR-*Löwisch/Rieble*, § 244, Rn. 55.

318 Vgl. dazu bereits die Nachweise in Fn. 296 - 299.

319 *Witt*, Firmentarifvertrag, S. 121 ff.

320 *Witt*, Firmentarifvertrag, S. 123 ff.

321 *Witt*, Firmentarifvertrag, S. 124.

gung in sich trage.[322] Seien jedoch die Rechte Dritter im Spiel, komme es zu einer Grundrechtskollision. Maßstab bei der Auflösung dieser Kollision sei das funktionierende Tarifsystem und die Stimmigkeit der Gesamtregelung.[323] Die Begrenzung des Grundrechts von innen durch die Ausgestaltung dürfe nicht zu einer Aushöhlung der Grundrechtsgewährleistung führen.[324] Daneben sei im Rahmen der Ausgestaltung der Verhältnismäßigkeitsgrundsatz zu berücksichtigen.[325] Auch in den Ausführungen *Wanks* lassen sich damit die vom *BVerfG* aufgestalteten Maßstäbe wiedererkennen.
Es hat sich gezeigt, dass eine Überprüfung der Ausgestaltungsgrenzen vornehmlich anhand einer Abwägung mit Rechten Dritter sowie der Einhaltung des Verhältnismäßigkeitsgrundsatzes erfolgt. Diese Systematisierung soll den nachfolgenden Ausführungen zugrundegelegt werden. Sie beinhaltet den Vorteil, dass sie sich mit dem Verhältnismäßigkeitsgrundsatz in bekannten Gefilden bewegt und durch diesen mit den Kriterien der Geeignetheit und Erforderlichkeit auch die vom *BVerfG* geforderte Eigenschaft der nicht gänzlichen Ungeeignetheit oder völligen Unzulänglichkeit zum Schutz des Rechtsgutes der Koalitionsfreiheit abgedeckt.[326]

(4) Rechtmäßigkeit des § 2 Abs. 1 TVG als Ausgestaltungsregelung

Ob § 2 Abs. 1 TVG eine zulässige Ausgestaltungsnorm ist, insbesondere ob die sich aus dieser Norm ergebende Tariffähigkeit auch des verbandsangehörigen Arbeitgebers zulässig ist, misst sich daher zunächst an den widerstreitenden Grundrechtspositionen der Koalitionen.

(a) Verstoß gegen den Paritätsgrundsatz

Ein Verstoß gegen Verfassungsrecht wird zunächst im Zusammenhang mit dem Grundsatz der Parität vorgetragen. *Matthes* macht hierfür die Rechtsprechung des *BVerfG* zur Mächtigkeit von Koalitionen fruchtbar.[327] Danach sind nur solche Koalitionen tariffähig, die auch „sozial mächtig“ sind. Begründet wurde diese Entscheidung damit, dass ohne eine gewisse Mächtigkeit Tarifverhandlungen in „kollektives Betteln“ umschlügen.[328] Nach *Matthes* müsse

---

322 *Wank*, Anm. zu BVerfG, AP Nr. 76 zu Art. 9 GG.
323 *Wank*, Anm. zu BVerfG, AP Nr. 76 zu Art. 9 GG.
324 *Wank*, Anm. zu BVerfG, AP Nr. 76 zu Art. 9 GG.
325 *Wank*, Anm. zu BVerfG, AP Nr. 76 zu Art. 9 GG.
326 Dazu BVerfGE 77, 170, 215; 79, 174, 202; 85, 191, 212 (jew. in Bezug auf Art. 2 Abs. 1 GG).
327 *Matthes*, FS Schaub, S. 482.
328 Vgl. BVerfG, AP Nr. 31 zu § 2 TVG.

dieses Erfordernis im Grundsatz auch für den einzelnen Arbeitgeber gelten. Es könne aber auf verbandslose Arbeitgebers deshalb nicht angewendet werden, weil es andernfalls zu einer Tarifflucht käme.[329] Dies gelte jedoch nicht für ohnehin verbandstarifgebundene Arbeitgeber. Auf sie müsse das Kriterium der sozialen Mächtigkeit angewandt und ihnen infolgedessen die Tariffähigkeit abgesprochen werden.[330]

Diese Argumentation sieht sich aber gleich mehreren Angriffen ausgesetzt. Nur kurz soll dabei das durch richterliche Rechtsfortbildung eingeführte Paritätsprinzip umrissen werden:[331] Dieses soll sicherstellen, dass nicht eine Tarifpartei der anderen von vornherein ihren Willen aufzwingen kann, sondern dass möglichst gleiche Verhandlungschancen bestehen.[332] Das Paritätsprinzip ist Ausfluss der Koalitionsfreiheit und über diese verfassungsrechtlich geschützt.[333] Bei der Ausgestaltung hat der Gesetzgeber auf dieses Prinzip Rücksicht zu nehmen.[334] Voraussetzung für einen Verstoß gegen den Paritätsgrundsatz ist aber zunächst, dass ein generelles Ungleichgewicht besteht.[335] Einen solchen Nachweis hat *Matthes* jedoch nicht geführt; er wird sich auch kaum führen lassen.[336] Dies begründet sich daraus, das der Arbeitgeber in der hier zu besprechenden Situation der Vereinbarung eines freiwilligen Firmentarifvertrages jederzeit die Möglichkeit hat, die Verhandlungen abzubrechen, so dass aus diesem Grund keine Ungleichgewichtslage besteht.[337] Zudem hat der Arbeitgeber als Verbandsmitglied die Möglichkeit bei den Verhandlungen auf die Unterstützung seines Verbandes zurückzugreifen. Ein Ungleichgewicht ist daher allenfalls auf arbeitskampfrechtlicher Ebene denkbar, nicht aber, wenn Arbeitgeber und Gewerkschaft freiwillig einen Tarifvertrag abschließen wollen. Aus dem Grundsatz der Parität lässt sich daher kein Verstoß gegen Verfassungsrecht ableiten.

---

329 *Matthes*, FS Schaub, S. 482 f.

330 *Matthes*, FS Schaub, S. 482 f.

331 Genauer noch unten, 2. Teil B. IV. 4. d. cc.

332 BAG (GS), AP Nr. 43 zu Art. 9 GG Arbeitskampf.

333 BVerfG, AP Nr. 31 zu § 2 TVG; BAG (GS), AP Nr. 43 zu Art. 9 GG Arbeitskampf; v. Münch-*Löwer*, GG, Art. 9, Rn. 80; *Rüthers*, Aussperrung, S. 78; Schmidt-Bleibtreu/Klein-*Kannengießer*, GG, Art. 9, Rn. 26; Staudinger-*Richardi*, Vorbem. zu §§ 611 ff., Rn. 934.

334 BVerfG, AP Nr. 4 zu § 116 AFG.

335 BAG (GS), AP Nr. 43 zu Art. 9 GG Arbeitskampf; BAG, AP Nr. 64 zu Art. 9 GG Arbeitskampf.

336 Vgl. *Witt*, Firmentarifvertrag, S. 146.

337 *Witt*, Firmentarifvertrag, S. 146. S. dazu auch noch unten, 2. Teil B. IV. 4. d. cc.

(b) Art. 9 Abs. 3 S. 1 GG: Individuelle Koalitionsfreiheit des vertragsschließenden Arbeitgebers

Ein Verstoß gegen Verfassungsrecht wird weiter im Zusammenhang mit Art. 9 Abs. 3 S. 1 GG in Form der individuellen Koalitionsfreiheit (des vertragsschließenden Arbeitgebers) vorgebracht.

(aa) Argumentation für einen Verstoß

So verfolge der Einzelarbeitgeber mit seinem Verbandsbeitritt das Ziel, in den vollen Genuss des Schutzes des Verbandes und der Solidarität der anderen Verbandsmitglieder zu kommen.[338] Komme dem Einzelarbeitgeber aber auch nach seinem Verbandsbeitritt die Tariffähigkeit zu, erhielte er diesen Schutz gerade nicht, denn es bestünde die Gefahr einer weiteren Inanspruchnahme der Gewerkschaft auf Abschluss eines Firmentarifvertrages.[339] Der Einzelarbeitgeber werde dann allein von einer aus dem Verbandstarifvertrag folgenden Friedenspflicht vor der kampfweisen Inanspruchnahme durch die Gewerkschaft geschützt. Dies decke das erstrebte Schutzniveau aber nicht ab.[340] Etwas anderes ergebe sich nicht dadurch, dass der Verband das auf einen Firmentarifvertrag in Anspruch genommene Verbandsmitglied durch Arbeitskampfmaßnahmen unterstützen könne. Die Lage des Inanspruchgenommenen sei eine andere als die, in der sich die Forderung nach einem Haustarifvertrag nur gegen den Verband richte.[341]
In dieselbe Richtung argumentiert eine zweite Meinung: Das Recht zum Koalitionsbeitritt solle dem Einzelnen Schutz vor der Inanspruchnahme durch einen übermächtigen Gegner gewähren.[342] Folglich müsse eine Tarifvertragspartei Druck ausüben und aushalten können. Soweit der Einzelne diese Fähigkeiten nicht habe, gewähre ihm das Grundgesetz die Möglichkeit, sie über

---

338 LAG Schleswig-Holstein, NZA-RR 2000, 143, 145; *Matthes*, FS Schaub, S. 483; *Kleinke/Kley/Walter*, ZTR 2000, 499, 501. Soweit auch *Bayreuther*, DB 2003, 1120, 1120; *Boldt*, RdA 1971, 257, 261 f.; *Buchner*, RdA 2003, 363, 366; *Hanau/Thüsing*, ZTR 2002, 506, 509; *Heinze*, DB 1997, 2122, 2126; *Lieb*, DB 1999, 2058, 2062; *ders.*, Arbeitsrecht, 8. A., Rn. 463; *Reuter*, NZA 2001, 1097, 1099; *Richardi*, JurA 1971, 141, 157; *Richter*, ZTR 2004, 390, 393; *Rolfs/Clemens*, DB 2003, 1678, 1678; *dies.*, NZA 2004, 410, 412; *Sandmann*, RdA 2002, 246, 247; *Schleusener*, NZA 1998, 239, 242; *Weiss*, Betriebsnahe Tarifverträge, S. 59 f.

339 LAG Schleswig-Holstein, NZA-RR 2000, 143, 145; *Matthes*, FS Schaub, S. 483; *Kleinke/Kley/Walter*, ZTR 2000, 499, 501.

340 *Matthes*, FS Schaub, S. 483.

341 *Matthes*, FS Schaub, S. 483, der damit auf die in dieser Situation zweifelhafte Solidarität der anderen Verbandsmitglieder anspielt.

342 *Natzel*, SAE 2001, 43, 48.

einen Koalitionsbeitritt zu erhalten.[343] In der Konsequenz müsse deshalb die Tariffähigkeit des dem Verband beitretenden Einzelarbeitgebers zwingend untergehen, da ansonsten das Grundrecht auf Koalitionsbildung und –betätigung leer laufe. Die grundgesetzlich garantierte Normsetzungsbefugnis der Tarifvertragsparteien werde ansonsten in unzulässiger Weise verdrängt.[344] Daraus folge weiter, dass dem Verbandstarifvertrag aufgrund seiner stärkeren mitgliedschaftlichen Legitimierung stets der Vorrang vor einem schon abgeschlossenen oder begehrten Tarifvertrag auf Firmenebene einzuräumen sei.[345] Dies ergebe sich auch aus dem Begriff der „Koalition“ in Art. 9 Abs. 3 GG. Dieser enthalte insofern eine „eindeutige“ objektiv-rechtliche Wertentscheidung.[346]

Letztlich sei auch die Konsequenz der Tariffähigkeit des verbandsangehörigen Arbeitgebers nicht mit den Grundsätzen von Koalitionsfreiheit und Tarifautonomie vereinbar. Hierdurch werde es in das Belieben der Gewerkschaft gestellt, ob sie lieber den Arbeitgeberverband oder den Einzelarbeitgeber zum Verhandlungspartner nehme.[347]

(bb) Argumentation gegen einen Verstoß

Dem wird entgegengehalten, dass der Verbandstarifvertrag lediglich die Funktion habe, Mindestbedingungen zum Schutz der Arbeitnehmer zu schaffen.[348] Über diesen Schutz könne die tarifschließende Gewerkschaft durch den Firmentarifvertrag disponieren. Funktion der Arbeitgeberverbände sei es einzig, durch den Zusammenschluss ein Gegengewicht zu den Gewerkschaften zu bilden, damit die tariflichen Mindestbedingungen für die Arbeitgeber nicht zu teuer würden. Der Arbeitgeberverband dürfe seine Mitglieder aber nicht dazu zwingen, an diesen Mindestarbeitsbedingungen, die aus Sicht des Arbeitgebers Höchstarbeitsbedingungen seien, festzuhalten. Die eventuell günstigere Regelung durch Haustarifvertrag dürfe dem Einzelarbeitgeber nicht genommen werden, da er ansonsten seiner individuellen Vertragskompetenz beraubt würde.[349]

Ähnlich argumentiert eine weitere Meinung. Auch hiernach bedeute die Aberkennung der Tariffähigkeit des tarifgebundenen Einzelarbeitsgebers die

343 *Natzel*, SAE 2001, 43, 48.
344 *Natzel*, SAE 2001, 43, 48.
345 *Natzel*, SAE 2001, 43, 49.
346 *Natzel*, SAE 2001, 43, 48.
347 LAG Schleswig-Holstein, NZA-RR 2000, 143, 146; *Natzel*, SAE 2001, 43, 49.
348 *Rieble*, NZA 2000, 225, 230.
349 *Rieble*, NZA 2000, 225, 230. Ähnlich *Jacobs*, ZTR 2001, 249, 251. Grundlegend *Lieb*, DB 1999, 2058, 2058.

Einschränkung seiner Handlungsalternativen. Faktisch werde so seine positive Koalitionsfreiheit oder jedenfalls seine privatautonomen Gestaltungsmöglichkeiten reduziert, die in Art. 2 Abs. 1 GG geschützt seien.[350] Dies würde dem Zweck der Tarifautonomie, sachnahe Regelungen zu treffen, widersprechen.[351]
Eine letzte Meinung lehnt jeglichen Verstoß gegen die individuelle positive Koalitionsfreiheit auf der Ebene der freiwilligen Vereinbarung eines Firmentarifvertrages schon deshalb ab, weil der verbandsgebundene Arbeitgeber – wie auch der verbandslose Arbeitgeber – nicht gezwungen sei, den Firmentarifvertrag abzuschließen. Er könne den Abschluss auch verweigern. Die Frage des Zwangs durch Arbeitskampf sei von der Frage der freiwilligen Vereinbarung zu trennen.[352]

(cc) Würdigung

Das zuletzt genannte Argument ist ausschlaggebend. Bei der Frage der Tariffähigkeit geht es zunächst nur um die Möglichkeit, einen Firmentarifvertrag freiwillig zu vereinbaren. Hiervon ist das Problem der Erkämpfbarkeit und damit des Zwangs zum Abschluss eines solchen Firmentarifvertrages zu unterscheiden. Dieses Problem stellt sich erstmals, wenn es um die Arbeitskampffähigkeit des Einzelarbeitgebers geht.[353]
Aber auch sonst lässt sich ein Verstoß gegen die individuelle Koalitionsfreiheit nicht feststellen. Zwar wird die individuelle Koalitionsfreiheit sowohl für als auch gegen die Auslegung fruchtbar gemacht, nach der auch der verbandsangehörige Arbeitgeber unter den Begriff des Arbeitgebers in § 2 Abs. 1 TVG fällt, die Argumente für eine restriktive Auslegung greifen aber letztlich nicht durch. Während für eine restriktive Auslegung im Kern vorgebracht wird, der Verbandsbeitritt verfolge den Schutz vor der außerverbandlichen Inanspruchnahme durch die Gewerkschaft als Ziel,[354] wird gegen eine solche Auslegung angeführt, der verbandsangehörige Einzelarbeitgeber würde andernfalls in

---

350 *Zachert*, Sonderbeilage zu NZA 24/2000, 17, 22.

351 *Zachert*, Sonderbeilage zu NZA 24/2000, 17, 22.

352 *Boldt*, RdA 1971, 257, 260; *Buchner*, RdA 2003, 363, 363; *Witt*, Firmentarifvertrag, S. 132.

353 Inkonsequent daher *Witt*, der die beiden Probleme zwar voneinander trennen will, zwischen Tarif- und Arbeitskampffähigkeit aber nicht unterscheidet. Dies geschieht aber im Rahmen dieser Bearbeitung, dazu unten, 4. Teil A. II. 1.

354 LAG Schleswig-Holstein, NZA-RR 2000, 143, 145; *Kleinke/Kley/Walter*, ZTR 2000, 499, 501; *Matthes*, FS Schaub, S. 483.

seiner Handlungsfreiheit beschränkt werden.[355] Die Argumente wenden sich damit zunächst nicht gegeneinander, sondern nehmen nur unterschiedliche Aspekte der individuellen Koalitionsfreiheit für sich in Anspruch, so dass sie getrennt zu prüfen sind.

Soweit ein Verstoß gegen die individuelle Koalitionsfreiheit hergeleitet wird, liegt dem eine ganz bestimmte Sicht des Tarifvertragssystems zugrunde. Dieses solle derart gedacht sein, dass der Verbandstarifvertrag das vorherrschende Gestaltungsinstrument sei und der Firmentarifvertrag nur dort zum Einsatz kommen solle, wo ein Arbeitgeber ausnahmsweise nicht durch den Verbandstarifvertrag erfasst werde.[356] Es bestehe ein Vorrang des Verbandstarifvertrages vor dem Firmentarifvertrag.[357] Vor demselben Hintergrund ist auch die Argumentation gegen die Möglichkeit der Gewerkschaft, zwischen Arbeitgeber und Verband als Verhandlungspartner zu wählen, zu verstehen.

Ein solcher Vorrang des Verbandstarifvertrages vor dem Firmentarifvertrag existiert aber nicht. Selbst wenn dem ursprünglichen Verfassungsgesetzgeber ein solches Bild vorgeschwebt haben sollte – und dem lassen sich vor dem Hintergrund der dargestellten Entstehungsgeschichte, nach der die Tariffähigkeit des Einzelarbeitgebers bereits seit der Weimarer Republik bekannt und für das TVG von Anfang an vorgesehen war,[358] begründete Zweifel entgegenhalten – bestünden keine Bedenken dagegen, dass sich dieses Bild geändert haben sollte. Und dass eine Änderung, die ein Nebeneinander von Firmen- und Verbandstarifvertrag vorsieht, eingetreten ist, dürfte ein Fakt sein. Die entgegenstehenden Vorstellungen von *Matthes* sind ebenso konsequent wie anerkennenswert, bleiben aber tariftaktische und nicht tarifrechtliche Überlegungen.[359] Etwas anders lässt sich auch nicht aus dem Begriff der „Koalition" in Art. 9 Abs. 3 S. 1 GG herleiten.[360] Dagegen spricht zum einen die bereits erwähnte Entstehungsgeschichte des Grundrechtes, aber auch sein Sinn und Zweck: Es handelt sich doch ursprünglich um ein Individualgrundrecht und erst in der Folge um ein Doppelgrundrecht (was ohnehin sehr umstritten ist![361]). Dieses schützt nur zur effektiven Verwirklichung der indivi-

---

355 BAG, NZA 2003, 734, 737; *Jacobs*, ZTR 2001, 249, 251; *Rieble*, NZA 2000, 225, 230; *Zachert*, Sonderbeilage zu NZA 24/2000, 17, 22.

356 *Matthes*, FS Schaub, S. 482 ff.; *Natzel*, SAE 2001, 43, 38 f. Diese grundsätzliche Sicht des Tarifvertragssystems teilen außerdem *Boldt*, RdA 1971, 257, 261 und *Krichel*, NZA 1986, 731, 733.

357 *Natzel*, SAE 2001, 43, 49.

358 Vgl. dazu oben, 2. Teil A. II. 3. b. cc.

359 So auch *Kissel*, Arbeitskampfrecht, § 26, Rn. 115.

360 So aber *Natzel*, SAE 2001, 43, 48.

361 S. dazu schon oben, 2.Teil A. II. 3. b. dd. (3) (a).

duellen auch die kollektive Koalitionsfreiheit,[362] so dass sich auch hieraus kein Vorrang des Verbands- vor dem Firmentarifvertrag herleiten lässt.

Zwar ist *Matthes* darin zuzustimmen, dass es das Ziel des Verbandsbeitrittes ist, in den Schutzbereich nicht nur des Verbandstarifvertrages zu kommen, sondern auch die Solidarität des Arbeitgeberverbandes und der anderen Mitglieder zu erhalten.[363] Diesen Zweck des Verbandsbeitritts vereitelt der verbandsangehörige Arbeitgeber jedoch selbst, indem er freiwillig einen konkurrierenden Firmentarifvertrag vereinbart. Um die gefährdete Solidarität innerhalb des Arbeitgeberverbandes kann es an dieser Stelle – dem zu besprechenden Verstoß gegen die individuelle Koalitionsfreiheit des vertragsschließenden Einzelarbeitgebers – daher nicht gehen. Dies entspricht der einführend dargestellten Ansicht *Wanks*: Ist das ausgestaltete Grundrecht selbst betroffen, ist der Rückgriff auf kollidierendes Verfassungsrecht zur Rechtfertigung nicht erforderlich, da die Notwendigkeit einer Ausgestaltung ihre Rechtfertigung in sich trägt.[364]

Darüber hinaus sind *Matthes* Ausführungen zu konkretisieren: Es ist nicht vorrangiges Ziel des Verbandsbeitritts, in den Genuss des Schutzes und der Solidarität der Verbandsmitglieder zu kommen, sondern vielmehr, vor einem Arbeitskampf um einen Firmentarifvertrag verschont zu bleiben und statt dessen allein der verbandstariflichen Normsetzung zu unterfallen.[365] Der Arbeitgeber will den Arbeitskampf einmal durchstehen müssen und dabei den Schutz des Verbandes und die Solidarität der anderen Mitglieder in Anspruch nehmen, um erst nach Ablauf des resultierenden Tarifvertrages wieder in den Arbeitskampf ziehen zu müssen. Geht es aber um einen erneuten Arbeitskampf, den der Arbeitgeber vermeiden will, dann schießt man mit der Aberkennung der Tariffähigkeit für das Verbandsmitglied über dieses Ziel hinaus. Es ist keineswegs geboten, dem Einzelarbeitgeber die Tariffähigkeit abzuerkennen und ihn damit in seiner Handlungsfreiheit zu beschränken, denn bei der hier vorzunehmenden Betrachtung geht es einzig um die freiwillige Vereinbarung eines Firmentarifvertrages. Eine Verletzung seiner Koalitionsfreiheit scheidet daher aus.[366]

Dem steht gegenüber, dass die Handlungsalternativen des Arbeitgebers beschränkt würden, nähme man ihm die Möglichkeit, die Bedingungen des Ver-

---

362 Dazu schon oben, 2.Teil A. II. 3. b. dd. (3) (a).

363 Dazu genauer unten, 4. Teil C. II. 2.

364 *Wank*, Anm. zu BVerfG, AP Nr. 76 zu Art. 9 GG.

365 Dazu noch unter, 4. Teil C. II. 2.

366 So auch *Boldt*, RdA 1971, 257, 260; *Witt*, Firmentarifvertrag, S. 132.

bandstarifvertrages für sich zu verbessern.[367] Eine solche Einschränkung seiner Handlungsalternativen widerspräche aber der Wertung des Art. 9 Abs. 3 GG, wonach dem Einzelnen das Recht zur Gründung, zum Beitritt, zum Verbleib sowie zu jeder koalitionsspezifischen Tätigkeit innerhalb und außerhalb des Verbandes zusteht.[368] Auch der Einzelarbeitgeber hat folglich das Recht zum Abschluss eines (Firmen-)Tarifvertrages. Die Tariffähigkeit des Einzelarbeitgebers wird deshalb als Teil seiner grundrechtlichen Betätigungsfreiheit geschützt.[369]

Hierfür lässt sich flankierend die Argumentation *Buchners* anführen, der die Tariffähigkeit zur Unterstützung der negativen Koalitionsfreiheit heranzieht.[370] Die negative Koalitionsfreiheit, also die Freiheit einem Verband fernzubleiben, lässt sich nur effektiv umsetzen, wenn auch der Arbeitgeber als Außenseiter-Arbeitgeber tariffähig ist. Allein so ist dem Arbeitgeber eine druckfreie Entscheidung dahingehend möglich, ob er Verbandsmitglied sein will oder nicht.[371] Seine Tariffähigkeit ist auch aus diesem Grund verfassungsrechtlich geboten. Dem von *Buchner* selbst erwägten Einwand, ob die den Koalitionen kraft Verfassungsrecht zustehenden Gestaltungsmittel auch denen zustehen sollten, die von ihrem Koalitionsrecht keinen Gebrauch machen,[372] lässt sich damit entgegentreten, dass die Betätigungsfreiheit nicht nur den Verbänden, sondern gerade und richtigerweise auch den einzelnen Arbeitgebern zukommt. Art. 9 Abs. 3 S. 1 GG ist in seiner ursprünglichen Ausgestaltung ein Individualgrundrecht.[373]

(dd) Ergebnis

Ein Verstoß gegen die individuelle Koalitionsfreiheit scheitert jedenfalls daran, dass die Tariffähigkeit dem Einzelarbeitgeber zunächst nur den Abschluss eines Firmentarifvertrages neben dem Verbandstarifvertrag ermöglicht und

---

367 *Lieb*, DB 1999, 2058, 2058; *Jacobs*, ZTR 2001, 249, 251; *Rieble*, NZA 2000, 225, 230.

368 S. schon oben, 2.Teil A. II. 3. b. dd. (3) (a).

369 BAG, AP Nr. 1 zu § 1 TVG Verhandlungspflicht; BAG, SAE 1991, 314, 316; BAG, NZA 2003, 734, 737; *Jacobs*, ZTR 2001, 249, 251; *Rieble*, NZA 2000, 225, 230. A. A. *Fischinger*, ZTR 2006, 518, 519 f.; *Müller*, Arbeitskampf und Recht, S. 161; *Reuter*, NZA 2001, 1097, 1099; *Witt*, Firmentarifvertrag, S. 132. MünchArbR-*Löwisch/Rieble*, § 255, Rn. 35; *Rieble*, NZA 2000, 225, 229 f. und *Richter*, ZTR 2004, 390, 391 rechnen die Tariffähigkeit der individuellen Privatautonomie i.S.d. Art. 12 Abs. 1, 2 Abs. 1 GG zu.

370 *Buchner*, RdA 2003, 363, 364.

371 *Buchner*, RdA 2003, 363, 364.

372 *Buchner*, RdA 2003, 363, 364.

373 Vgl. bereits oben, 2.Teil A. II. 3. b. dd. (3) (a).

damit lediglich die Handlungsalternativen des Einzelarbeitsgebers erweitert. Ein Verstoß gegen die individuelle Koalitionsfreiheit wird erst auf arbeitskampfrechtlicher Ebene ernsthaft diskutiert werden können.[374] Die individuelle Koalitionsfreiheit des verbandsangehörigen Arbeitgebers spricht nicht gegen, sondern für die Anerkennung seiner Tariffähigkeit.

(c) Art. 9 Abs. 3 S. 1 GG: Individuelle Koalitionsfreiheit der im Verbandstarif verbleibenden Arbeitgeber

Ein Verstoß gegen die individuelle Koalitionsfreiheit wird im Hinblick auf die freiwillige Vereinbarung eines Firmentarifvertrages aber nicht nur für den vertragsschließenden Arbeitgeber angedacht, sondern auch für die im Geltungsbereich des Verbandstarifvertrages verbleibenden Arbeitgeber.

(aa) Argumentation für einen Verstoß

Auch in diesem Zusammenhang wird – diesmal von *Boldt* – vorgebracht, dass sich der einzelne Arbeitgeber dem Arbeitgeberverband deshalb anschließe, um in den Genuss des Schutzes des Verbandes zu gelangen und so die eigene Position gegenüber der Gewerkschaft zu stärken.[375] Schließe nun ein verbandsgebundener Arbeitgeber einen Firmentarifvertrag, habe dies ein sinkendes Interesse der übrigen verbandsgebundenen Arbeitgeber am Verbandstarifvertrag zur Folge, da der Verbandstarifvertrag nun nicht mehr für alle Arbeitgeber einer Branche gelte und seine Kartellwirkung daher ausbleibe. Zudem könne der nunmehr durch einen Firmentarifvertrag gebundene Arbeitgeber aufgrund der ihn allein treffenden Friedenspflicht aus dem Firmentarifvertrag nicht mehr am Verbandsarbeitskampf teilnehmen.[376] In weiterer Konsequenz führe dies zu sinkenden Mitgliederzahlen und damit zur Schwächung des Schutzbereiches der Koalition. Letztlich sei so die dem Schutzzweck der Koalitionsfreiheit innewohnende Gleichgewichtigkeit nicht mehr gewährleistet.[377]

(bb) Argumentation gegen einen Verstoß

Die von *Boldt* behauptete Schwächung des Arbeitgeberverbandes bleibt aber zunächst eine bloße Behauptung. Ein entsprechender Nachweis wurde weder von ihm noch anderswo angetreten.[378] Insbesondere unter dem Gesichtspunkt

---

374 So auch *Witt*, Firmentarifvertrag, S. 131 f.
375 *Boldt*, RdA 1971, 257, 260.
376 *Boldt*, RdA 1971, 257, 260.
377 *Boldt*, RdA 1971, 257, 260.
378 So auch *Witt*, Firmentarifvertrag, S. 134.

des weiten Einschätzungsspielraumes, der dem Gesetzgeber bei der Ausgestaltung der Koalitionsfreiheit zusteht,[379] kann eine solche bloße Behauptung daher keine Bedeutung haben.
Aber auch wenn die Einschätzung *Boldts* zuträfe, ergäbe sich durch die individuelle Koalitionsfreiheit des vertragsschließenden Einzelarbeitgebers die erforderliche Rechtfertigung. Die Haustariffähigkeit des Einzelarbeitgebers ist Teil seiner Handlungsfähigkeit.[380] Die individuelle Koalitionsfreiheit würde aber nicht in ausreichendem Maße berücksichtigt, würde man die Tariffähigkeit des Einzelarbeitgebers bei Verbandsbeitritt einschränken und ihn so seiner Handlungsmöglichkeiten berauben. Die übrigen Verbandsmitglieder werden dagegen in der Ausübung ihrer koalitionsspezifischen Betätigung nicht unmittelbar gehindert. Es steht ihnen frei, weiter im Geltungsbereich des Verbandstarifvertrages zu verbleiben. Dieser wird durch den Abschluss des Firmentarifvertrages für sie nicht unwirksam.

(cc) Ergebnis

§ 2 Abs. 1 TVG verstößt daher auch nicht gegen Art. 9 Abs. 3 GG in Form der individuellen Koalitionsfreiheit der im Verbandstarifvertrag verbliebenen Arbeitgeber.

(d) Art. 9 Abs. 3 S. 1 GG: Kollektive Koalitionsfreiheit

Vorgebracht wird im Rahmen des Art. 9 Abs. 3 S. 1 GG zuletzt ein Verstoß gegen die kollektive Koalitionsfreiheit des Arbeitgeberverbandes.

(aa) Argumentation für einen Verstoß

So ergibt sich nach einer Meinung aus dem Zusammenschluss zu einer Koalition mit dem Ziel der gemeinsamen Interessenverfolgung eine Bindung der Koalitionsmitglieder nach innen.[381] Da der Arbeitgeber die Wahl habe, ob er Kraft seiner Koalitionsfreiheit seine Interessen eigenständig verfolgen wolle oder ob er einer Koalition beitrete, müsse er sich nach dem Koalitionsbeitritt konsequent verhalten. Der Koalitionsbeitritt fordere daher zu einem Verhalten heraus, das dem Ziel der gemeinsamen Interessenverfolgung gerecht werde. Folglich könne sich der Arbeitgeber nicht unter Berufung auf seine Koalitionsfreiheit seinen mitgliedschaftlichen Pflichten entziehen, wenn er in Ausübung eben dieser positiven Koalitionsfreiheit einem Arbeitgeberverband

---

[379] BVerfGE 50, 290, 368; 58, 233, 247.
[380] Vgl. dazu schon oben, 2.Teil A. II. 3. b. dd. (3) (b).
[381] *Reuter*, NZA 2001, 1097, 1098.

beigetreten sei.[382] Durch den Beitritt zum Verband werde die solidarische Interessenverfolgung zur mitgliedschaftlichen Pflicht. Dies begründe sich daraus, dass sich das Recht zur solidarischen Interessenverfolgung kraft Koalitionsfreiheit erst durch den wechselseitig verpflichtenden Zusammenschluss mit anderen verwirklichen lasse.[383] Der Verband könne seinen Zweck, das gemeinsame Interesse seiner Mitglieder durchzusetzen, nicht erfüllen, wenn seine Mitglieder durch den Abschluss von Haustarifverträgen Sonderinteressen realisierten und sich so unfähig machten, den Verband in dessen Tarifauseinandersetzungen zu unterstützen.[384] Ließe man dies zu, kehrte sich die Koalitionsfreiheit gegen sich selbst.[385] Folglich widerspreche es dem grundgesetzlichen Schutz der innerverbandlichen Bindung, wollte man es dem Einzelarbeitgeber gestatten, ungeachtet der satzungsmäßigen Eingebundenheit eine eigenständige Tarifpolitik zu betreiben, die der verbandlichen zu wider laufe.[386]

Dieser Verstoß gegen die kollektive Koalitionsfreiheit werde nicht dadurch abgewendet, dass sich aus dem Wortlaut des § 2 Abs. 1 TVG für den Einzelarbeitgeber ein Mehr an Freiheit, nämlich die Wahl zwischen der Unterwerfung unter den Verbandstarifvertrag und dem Abschluss eines Haustarifvertrages ergebe.[387] Die Auslegung des Verfassungsrechtes dürfe nicht durch eine unterverfassungsrechtliche Norm erfolgen.[388] Auch durch den Einwand, der Verbandstarifvertrag könne gegenüber dem tarifgebundenen Arbeitgeber genauso wenig die Möglichkeit günstigerer Bedingungen ausschließen, wie er dies gegenüber den tarifgebundenen Arbeitnehmern tue, werde der Verstoß nicht abgewendet.[389] Ein Günstigkeitsprinzip zu Gunsten von Arbeitgebern gebe es nicht.[390] Ein solches werde auch gar nicht benötigt, um zu verhindern, dass der Schutz des Arbeitgebers durch den Verband in eine Bevormundung umschlage: Ein Arbeitgeber, der sich stark genug fühle, von der Gewerkschaft in einem Firmentarifvertrag günstigere Bedingungen zu erhalten, könne kurzfristig austreten und den Haustarifvertrag als Außenseiter durchsetzen.[391]

---

382 *Reuter*, NZA 2001, 1097, 1098.
383 *Reuter*, NZA 2001, 1097, 1098.
384 *Reuter*, NZA 2001, 1097, 1098.
385 *Reuter*, NZA 2001, 1097, 1098.
386 *Natzel*, SAE 2001, 43, 49.
387 So aber *Richardi*, JurA 1971, 141, 157.
388 Wiedemann-*Oetker*, § 2, TVG, Rn. 175; *Reuter*, NZA 2001, 1097, 1098.
389 So aber *Rieble*, NZA 2000, 225, 230.
390 *Reuter*, NZA 2001, 1097, 1099.
391 *Reuter*, NZA 2001, 1097, 1099.

Der Verstoß gegen die kollektive Koalitionsfreiheit wird also darin gesehen, dass der Arbeitgeber sich durch den Beitritt zu einem Verband für diesen entscheide und sich sodann konsequent verhalten müsse, d. h. eigene tarifpolitische Ziele aufgeben und die des Verbandes adaptieren müsse. Dabei wird auf die „innere, unter dem grundgesetzlichen Schutz stehende Bindung“[392] abgestellt. Es geht hier also nicht um einen Verstoß gegen bloßes Satzungsrecht, das ein Mitglied nur nach innen, nicht aber nach außen bindet.[393] *Reuter* argumentiert damit letztlich in dieselbe Richtung wie *Matthes*[394]: Der Verbandstarifvertrag als vorherrschende Form des Tarifvertrages, mit dem Firmentarifvertrag lediglich als Gestaltungsmöglichkeit für Ausnahmefälle.

Trotz dieses ausführlich hergeleiteten Verstoßes gegen die kollektive Koalitionsfreiheit lehnt *Reuter* im Ergebnis einen Verstoß ab und begründet dies mit der kollektiven Koalitionsfreiheit der Gewerkschaft. Bei Zweifeln über die Verbandszugehörigkeit eines Arbeitgebers und/oder über die Tariffähigkeit des Verbands müsse die Gewerkschaft „stets“ den Arbeitgeber auf Abschluss eines Haustarifvertrages in Anspruch nehmen können.[395]

Einen Verstoß gegen die kollektive Koalitionsfreiheit begründet auch *Boldt* und stellt wiederum auf die sinkende Attraktivität des Arbeitgeberverbandes und die damit einhergehende Schwächung seiner (Verhandlungs-) Parität ab.[396] Durch diese Schwächung des Verbandes werde in seinen Bestand eingegriffen, da er seiner koalitionsspezifischen Aufgabe nicht mehr nachkommen könne.[397]

Auch die Betätigungsfreiheit des Arbeitgeberverbandes werde durch den Abschluss von freiwilligen Firmentarifverträgen mit verbandsgebundenen Arbeitgebern in unzulässiger Weise eingeschränkt.[398] Hier werde sogar in den Kernbereich spezifisch koalitionsmäßiger Betätigung eingegriffen.[399] Gingen verbandsgebundene Arbeitgeber dazu über, Firmentarifverträge neben dem Verbandstarifvertrag zu vereinbaren, werde es dem Arbeitgeberverband un-

---

392 *Natzel*, SAE 2001, 43, 49.

393 Hierzu BAG, NJW 1955, 1373, 1373 f.; BAG, DB 2002, 1096, 1097; BAG, NZA 2003, 734, 736; LAG Niedersachsen, SAE 2004, 235, 239; *Beuthien*, BB 1975, 477, 477; *Boldt*, RdA 1971, 257, 263; *Buchner*, DB 1970, 2025, 2030; *ders.*, RdA 2003, 363, 364; *Däubler*, Tarifvertragsrecht, Rn. 64; *Hensche*, RdA 1971, 9, 10; *Jacobs*, ZTR 2001, 249, 251; *Matthes*, FS Schaub, S. 479; Wiedemann-*Oetker*, TVG, § 2, Rn. 151.

394 *Matthes*, FS Schaub, S. 482 ff.

395 *Reuter*, NZA 2001, 1097, 1101.

396 *Boldt*, RdA 1971, 257, 263.

397 *Boldt*, RdA 1971, 257, 262.

398 *Boldt*, RdA 1971, 257, 262; *Heß*, Betriebsnahe Tarifverträge, S. 63 f.

399 *Boldt*, RdA 1971, 257, 262.

möglich gemacht, seiner Aufgabe, dem Abschluss von Verbandstarifverträgen, nachzukommen. Damit werde zugleich verhindert, dass der Schutzzweck des Arbeitgeberverbandes, die Stärkung der Position des einzelnen Arbeitgebers gegenüber der Gewerkschaft, erreicht würde.[400]
Für eine Verletzung der Betätigungsfreiheit spreche zudem, dass ein Firmentarifvertrag den Verbandstarifvertrag nach den Grundsätzen von Tarifkonkurrenz und –pluralität verdränge.[401] Auch nehme der Firmentarifvertrag dem Arbeitgeber die Möglichkeit, sich an einem Verbandarbeitskampf um inhaltlich gleiche Regelungen zu beteiligen.[402] Letztlich störten Firmentarifverträge die verbandliche Geschlossenheit.[403] Auch in diesem Zusammenhang sei zu berücksichtigen, dass sich der Arbeitgeber durch seinen Verbandsbeitritt freiwillig an die gemeinsame Interessenverfolgung gebunden habe.[404]

(bb) Argumentation gegen einen Verstoß

Richtigerweise liegt aber auch ein Verstoß gegen die kollektive Koalitionsfreiheit nicht vor.
Es ist allerdings zweifelhaft, ob sich dies mit *Witt* durch den Hinweis auf einen fehlenden Eingriff ablehnen lässt.[405] Nach *Witt* gelte es zu beachten, dass die eintretende Schwächung des Arbeitgeberverbandes, so sie denn tatsächlich kausal auf den Abschluss von Firmentarifverträgen mit verbandsgebundenen Arbeitgebern zurückzuführen wäre, nicht durch den Gesetzgeber, sondern durch die Tarifpartner des Firmentarifvertrages ausgelöst würde.[406] Sowohl ein Eingriff in die individuelle Koalitionsfreiheit nach dem klassischen, als auch nach dem sonstigen Eingriffsbegriff schieden aber aus. Für einen klassischen Eingriff fehle es an einem finalen und unmittelbaren Eingriff. Auch sonstige Eingriffe in Form der staatlichen Alleinverursachung oder der staatlich veranlassten Drittverursachung lägen nicht vor, weil der Staat auf den Abschluss eines Firmentarifvertrages bzw. auf die tarifpolitische Entscheidung, welche Art von Tarifvertrag abgeschlossen werden soll, keinerlei Einfluss habe.[407] Im Hinblick auf die Rechtmäßigkeit einer Ausgestaltungsnorm aber einen Eingriff zu prüfen, erscheint jedoch widersprüchlich. Hierfür kann sich *Witt* zwar teilweise auf die Rechtsprechung des *BVerfG* berufen,

---

400 *Boldt*, RdA 1971, 257, 262.
401 *Richter*, ZTR 2004, 390, 391.
402 *Reuter*, NZA 2001, 1097, 1098; *Richter*, ZTR 2004, 390, 391.
403 *Richter*, ZTR 2004, 390, 391.
404 *Richter*, ZTR 2004, 390, 391.
405 So aber *Witt*, Firmentarifvertrag, S. 134 f.
406 *Witt*, Firmentarifvertrag, S. 134.
407 Ausführlich hierzu bei *Witt*, Firmentarifvertrag, S. 134 f.

dass bei der Prüfung der zulässigen Ausgestaltung einer Norm permanent den Begriff des Eingriffs verwendet; wie das *BVerfG* einen solchen Eingriff verstanden haben will, bleibt aber unklar.[408] Insbesondere unterscheidet aber gerade das *BVerfG* zwischen Ausgestaltung und Eingriff,[409] so dass sich dessen Rechtsprechung nicht für eine Verwendung eines wie auch immer gearteten Eingriffs im Rahmen der Zulässigkeitsprüfung einer Ausgestaltungsnorm heranziehen lässt. Letztlich ist zu beachten, dass Ausgestaltung und Eingriff in einem Verhältnis strenger Exklusivität zueinander stehen.[410] Dem entspricht es, wenn *Löwisch/Rieble* davon sprechen, dass eine unver-hältnismäßige Ausgestaltung kein Eingriff ist.[411] Mit der von *Witt* verfolgten Vorgehensweise würde man letztlich wieder Ausgestaltung und Eingriff gleichsetzen. Dass insofern zu unterscheiden ist, vertritt aber auch *Witt.*

Witt wendet gegen einen Verstoß weiter ein, dass selbst wenn ein Eingriff vorläge, dieser jedenfalls gerechtfertigt sei. Für die Rechtfertigung sei darauf abzustellen, ob die Gefährdung der positiven individuellen Koalitionsfreiheit in einem angemessenen Verhältnis zur Verwirklichung eines möglichst effektiven Tarifvertragssystems stehe.[412] Zu berücksichtigen sei insoweit, dass der Abschluss eines Firmentarifvertrages nur eine von vielen Ursachen für den Austritt aus dem Arbeitgeberverband sein könne.[413] Dem stünde eine erhebliche Gefährdung der Effektivität des Tarifvertragssystems gegenüber, da es dem Arbeitgeber durch taktische Ein- und Austritte ohne Tariffähigkeit auch des verbandstarifgebundenen Arbeitgebers möglich wäre, sich einem Tarifvertragsabschluss zu entziehen.[414]

Diese angebliche Beeinträchtigung der Effektivität des Tarifvertragssystems ist jedoch überbewertet. Wenn *Witt* vorbringt, es bestünde die Möglichkeit, sich dem Tarifvertragsschluss dadurch zu entziehen, dass der Arbeitgeber den Verband kurz vor Abschluss eines Tarifvertrages verlässt oder wechselt,[415] so wird eine Lücke im Tarifvertragssystem doch entweder dadurch vermieden,

---

408 Vgl. dazu BVerfG, AP Nr. 4 zu § 116 AFG einerseits und BVerfG, AP Nr. 76 zu Art. 9 GG andererseits.

409 BVerfGE 50, 290, 368; 84, 212, 228.

410 BVerfGE 73, 118, 166 (zu Art. 5 GG); *Butzer*, RdA 1994, 375, 378. *Wank*, Anm. zu BVerfG, AP Nr. 76 zu Art. 9 GG sieht dementsprechend „strukturelle Unterschiede“ zwischen Ausgestaltung und Eingriff.

411 MünchArbR-*Löwisch/Rieble*, § 244, Rn. 41. In diese Richtung auch *Butzer*, RdA 1994, 375, 381.

412 *Witt*, Firmentarifvertrag, S. 136.

413 *Witt*, Firmentarifvertrag, S. 136.

414 *Witt*, Firmentarifvertrag, S. 136, 75 f.

415 *Witt*, Firmentarifvertrag, S. 75 f.

dass ein Tarifvertrag des alten Arbeitgeberverbandes wahrscheinlich nachwirkt (§ 4 Abs. 5 TVG) und der Einzelarbeitgeber nunmehr auf Abschluss eines Firmentarifvertrages angegangen werden kann oder dass ein neuer Arbeitgeberverband noch einen gültigen (§ 3 Abs. 3 TVG) oder zumindest nachwirkenden Tarifvertrag hat.

Richtig liegt *Witt* aber jedenfalls mit seiner Aussage, dass ein Verstoß gegen die kollektive Koalitionsfreiheit von vornherein ausscheidet, wenn sich der Arbeitgeberverband mit dem Abschluss des Firmentarifvertrages einverstanden erklärt hat.[416]

Dass kein Verstoß gegen die kollektive Koalitionsfreiheit vorliegt, ergibt sich mit *Richter* zunächst daraus, dass nicht jeder Firmentarifvertrag den Verbandsinteressen zuwiderläuft.[417] Ihm ist auch darin zuzustimmen, dass nicht schon die Tariffähigkeit an sich, sondern erst der Abschluss des Firmentarifvertrages den Arbeitgeberverband in seiner kollektiven Koalitionsfreiheit beeinträchtigt.[418]

Im Vordergrund der Argumentation gegen eine Verletzung der kollektiven Koalitionsfreiheit stehen aber zwei anderen Überlegungen: Zu berücksichtigen ist zunächst, dass es sich hierbei lediglich um eine Komplementärgewährleistung handelt.[419] Daher ist schon fraglich, ob die kollektive Koalitionsfreiheit schrankenlos gewährleistet ist oder ob sie nicht eigenen (niedrigeren) Schranken unterliegt.[420] Jedenfalls kollidiert sie hier mit der individuellen Koalitionsfreiheit des vertragsschließenden Einzelarbeitgebers, da die Haustariffähigkeit Teil seiner Handlungsfähigkeit ist.[421] Diese ist über Art. 9 Abs. 3 S. 1 GG grundrechtlich geschützt und würde nicht in ausreichendem Maße berücksichtigt, würde man die Tariffähigkeit des Einzelarbeitgebers bei Verbandsbeitritt einschränken und ihn seiner Handlungsmöglichkeiten berauben. Dies begründet sich daraus, dass der Verband durch den Abschluss eines Firmentarifvertrages nicht daran gehindert wird, einen Verbandstarifvertrag abzuschließen. Dieser wird auch nicht unwirksam, sondern allein für das firmentarifvertragsschließende Verbandsmitglied in seiner Geltung verdrängt. Nach Beendigung des Firmentarifvertrages lebt er wieder voll auf, wohingegen dem Einzelarbeitgeber mit der Aberkennung seiner Tariffähigkeit eine wichtige Handlungsalternative genommen würde.[422] Aus dem gleichen Grund ist die

---

416 *Witt*, Firmentarifvertrag, S. 135.
417 *Richter*, ZTR 2004, 390, 391.
418 *Richter*, ZTR 2004, 390, 391.
419 Dazu schon oben, 2.Teil A. II. 3. b. dd. (3) (a).
420 *Lieb/Jacobs*, Arbeitsrecht, Rn. 447 a. E.
421 Vgl. dazu schon oben, 2.Teil A. II. 3. b. dd. (3) (b).
422 In diese Richtung auch *Witt*, Firmentarifvertrag, S. 137 f.

von *Reuter* hergeleitete Begrenzung der individuellen durch die kollektive Koalitionsfreiheit verfehlt.[423]

(e) Art. 2 Abs. 1 GG: Privatautonomie

Außerhalb des Art. 9 Abs. 3 GG wird ein Verstoß gegen Art. 2 Abs. 1 GG in Form der Privatautonomie angedacht. *Natzel* bringt in diesem Zusammenhang vor, dass durch die Möglichkeit zum Abschluss eines Firmentarifvertrages dem Arbeitgeber die Möglichkeit genommen werde, die Arbeitsbedingungen mit seinen Arbeitnehmern privatautonom zu gestalten.[424] Die Zuweisung der Tariffähigkeit auch an den verbandstarifgebundenen Arbeitgeber könne daher nach der Schrankentheorie nur dann Bestand haben, wenn nicht übergeordnete Normen der vorgenommenen Kompetenzzuweisung widersprächen.[425] Eine solche Norm sei Art. 9 Abs. 3 S. 1 GG, der in diesem Zusammenhang den Zweck verfolge, den Arbeitgeber vor einem übermächtigen sozialen Gegenspieler in Schutz zu nehmen und gleichwertige Verhandlungschancen herzustellen. Durch die Tariffähigkeit des verbandstarifgebundenen Arbeitgebers werde dieser Schutzzweck verfehlt, so dass ein Verstoß gegen Art. 2 Abs. 1 GG vorliege.[426]

Hier ist aber zunächst festzustellen, dass es bei der Tariffähigkeit doch zunächst nur um die freiwillige Vereinbarung eines Firmentarifvertrages geht.[427] Die Frage der Tariffähigkeit ist von der Frage der Arbeitskampffähigkeit zu trennen.[428] Das Verhandlungsgleichgewicht wird durch die grundsätzliche Möglichkeit einen Firmentarifvertrag abzuschließen nicht gefährdet.[429] Zu-

---

423 Warum *Reuter* einen Verstoß herleitet, ihn dann aber nicht mit der notwendigen Konsequenz versieht, bleibt sein Geheimnis. Dies lässt sich nicht damit begründen, dass die Verbandszugehörigkeit des Arbeitgebers unklar sein könne, so dass die Gewerkschaft ihn in jedem Fall um einen Firmentarifvertrag angehen können müsse: Der Status des Arbeitgebers würde jedenfalls in dem Moment geklärt, in dem die Gewerkschaft ihn zu Verhandlungen auffordert, spätestens aber wenn sie den Arbeitskampf ankündigt. Nicht anders verhält es sich für die Tariffähigkeit des Arbeitgeberverbandes. Hier stellt sich die Frage nach der praktischen Relevanz dieses Arguments: Glaubt der Arbeitgeberverband sich tariffähig, wird er ohne weiteres mit der Gewerkschaft in Verhandlungen treten; beruft er sich darauf, nicht tariffähig zu sein, kann die Gewerkschaft direkt die Arbeitgeber angehen. Zudem kann die Gewerkschaft auch die Tariffähigkeit des Arbeitgeberverbandes gem. § 2 a Abs. 1 Nr. 4, 97 ArbGG in einem Beschlussverfahren klären lassen.

424 *Natzel*, SAE 2001, 43, 48.

425 *Natzel*, SAE 2001, 43, 48.

426 *Natzel*, SAE 2001, 43, 48.

427 In diese Richtung auch *Witt*, Firmentarifvertrag, S. 141.

428 S. dazu genauer unten, 4. Teil A. II. 1.

429 So bereits oben, 2. Teil A. II. 3. c. aa. (4) (a) und 2. Teil B. IV. 4. d. cc.

dem handelt es sich bei Art. 2 Abs. 1 GG lediglich um einen Auffangtatbestand, dem das hier ebenfalls betroffene Grundrecht der Koalitionsfreiheit vorgeht.[430] Ein Verstoß gegen Art. 2 Abs. 1 GG scheidet daher aus.

(f) Verstoß gegen den Grundsatz der Unzumutbarkeit

Weiter kommt ein Verstoß gegen den Gedanken der Unzumutbarkeit in Betracht.[431] Der Gedanke der Unzumutbarkeit wurde vom *BAG* entwickelt und schließt die Möglichkeit eines Arbeitskampfes für den Fall aus, dass der Arbeitgeberverband zu einem Verstoß gegen elementare Verbandspflichten gezwungen wird.[432] Eine Koalition könne von der gegnerischen Koalition nicht etwas Unzumutbares verlangen, indem sie sich einfach über deren Belange hinwegsetzt und die eigenen Interessen in einer für den anderen unzumutbaren Weise durchsetzt.[433]
Ein solcher Verstoß setzt für die Frage der fehlenden Tariffähigkeit des verbandangehörigen Arbeitgebers allerdings voraus, das die Satzung des Arbeitgeberverbandes dem einzelnen Arbeitgeber den Abschluss eines Firmentarifvertrages verbietet. Dann, so wird argumentiert, könne es ihm nicht zugemutet werden, gegen diese Satzungsklausel zu verstoßen und sich einem Ausschlussverfahren auszusetzen oder aus seinem Verband auszutreten.[434]
Ein Verstoß gegen den Grundsatz der Unzumutbarkeit ist aber deshalb abzulehnen, weil eine lediglich verbandsinterne Verpflichtung nicht zum Verlust der Tariffähigkeit im Außenverhältnis führen kann.[435] Ansonsten wäre es dem Verband allein durch den Erlass einer entsprechenden Satzungsklausel möglich, den Abschluss von Firmentarifverträgen zu unterbinden. Da die Tariffähigkeit aber Teil der individuellen Koalitionsfreiheit ist, hieße dies ungerechtfertigt in den Schutzbereich des Art. 9 Abs. 3 GG einzugreifen. Zudem gilt es auch hier zu berücksichtigen, dass es für die Frage der Tariffähigkeit zunächst nur um den freiwilligen Abschluss eines Firmentarifvertrages geht und schon

---

430 Vgl. BVerfGE 58, 233, 256.
431 Hierzu grundsätzlich *Bötticher*, Einrichtungen, S. 123; *Gitter*, AuR 1970, 129 ff., insbesondere S. 132 f.
432 BAGE 20, 175, 222 f.
433 BAGE 20, 175, 222 f.
434 *Nipperdey*, Tarifrecht, S. 86.
435 BAG, NJW 1955, 1373, 1373 f.; BAG, DB 2002, 1096, 1097; BAG, NZA 2003, 734; 736; *Beuthien*, BB 1975, 477, 477; *Boldt*, RdA 1971, 257, 263; *Buchner*, DB 1970, 2025, 2030; *ders.*, RdA 2003, 363, 364; *Däubler*, Tarifvertragsrecht, Rn. 64; *Frey*, DB 1971, 2407, 2408; *Hensche*, RdA 1971, 9, 10; *Jacobs*, ZTR 2001, 249, 251; *Matthes*, FS Schaub, S. 479; *Suschet*, ZfA 2005, 581, 586 f.; Wiedemann-*Oetker*, TVG, § 2, Rn. 151.

aus diesem Grund kein Verstoß gegen den Grundsatz der Unzumutbarkeit vorliegt.

(g) Verstoß gegen die Ordnungsfunktion des Tarifvertragssystems

Letztlich wird noch ein Verstoß gegen die Ordnungsfunktion des Tarifvertragssystems vorgetragen.[436] Hier ist aber schon fraglich, ob eine solche Ordnungsfunktion existiert bzw. ob sie irgendwelche Rechtsfolgen entfaltet.
Für die Existenz der Ordnungsfunktion lässt sich zunächst die Rechtsprechung des *BVerfG* fruchtbar machen. In mehreren Entscheidungen beruft sich das Gericht auf eine ordnende Funktion des Tarifvertrags,[437] so sei

„einer der Zwecke des Tarifvertragssystems eine sinnvolle Ordnung des Arbeitslebens, insbesondere der Lohngestaltung unter Mitwirkung der Sozialpartner [....]“[438]

zu schaffen und ferner

„das Arbeitsleben im einzelnen durch Tarifverträge sinnvoll zu ordnen, insbesondere die Höhe der Arbeitsvergütung für die verschiedenen Berufstätigkeiten festzulegen und so letztlich die Gemeinschaft sozial zu befrieden“[439].

Neben der Anerkennung der Ordnungsfunktion durch das *BVerfG* wird für dessen Existenz weiter angeführt, dass die Tarifpartner rein tatsächlich durch die Vereinbarung genereller Arbeitsbedingungen ein gleiches Niveau der Lohn- und Sozialkosten schafften.[440] Nicht von ungefähr heiße es zudem in § 1 Abs. 1 TVG, dass die Tarifvertragsbestimmungen den Inhalt, den Abschluss und die Beendigung von Arbeitsverhältnissen sowie betriebliche und betriebsverfassungsrechtliche Fragen „ordnen“ könnten.[441] Auch seien die Tarifpartner in der Lage, überbetriebliche und betriebsverfassungsrechtliche Fragen gem. § 3 Abs. 2 TVG auch für nichtorganisierte Arbeitnehmer zu regeln. Die Wirkung solcher Regelungen gehe über die Geltung per Mitgliedschaft hinaus.[442] Weiter sehe § 4 Abs. 2 TVG vor, dass die Tarifpartner „Gemeinsame Einrichtungen“ schaffen könnten. Dazu zählten nach allgemeiner Ansicht überbetriebliche Organisationseinheiten, deren Aufgabe es sei, ar-

---

436 *Boldt*, RdA 1971, 257, 265 f.

437 BVerfGE 50, 290, 371. Vgl. nunmehr ausdrücklich: BVerfG, NZA 2007, 42, 45. Kritisch hierzu zu Recht *Rieble*, NZA 2007, 1, 2.

438 BVerfGE 4, 96, 107.

439 BVerfGE 18, 18, 29.

440 *Heß*, DB 1975, 548, 548; *Wiedemann*, RdA 1997, 297, 298.

441 *Söllner*, Sonderbeilage zu NZA Heft 24/2000, 33, 36 f.

442 Wiedemann-*Wiedemann*, TVG, Einl., Rn. 18.

beits- und sozialpolitische Aufgaben zu bewältigen, die die Finanzkraft des einzelnen Unternehmens überstiegen.[443]

Soweit man aufgrund dieser Argumente eine ordnende Funktion des Tarifvertragssystems anerkennen wollte, ist sie aber jedenfalls nicht Zweck, sondern lediglich Wirkung.[444] Eine solche Ordnungsfunktion würde auch die Regelungsmacht der Tarifpartner begrenzen. Eine die Rechtssetzungsmacht der Tarifvertragsparteien einschränkende Ordnungsfunktion wird aber gar nicht benötigt wird, um eine sinnvolle Ordnung des Arbeitslebens zu erreichen. Diese wird doch schon dadurch gewährt, dass zwischen den vertragsschließenden Parteien ein Verhandlungsgleichgewicht herrschen muss.[445] Hieraus beziehen die Tarifvertragsabschlüsse auch ihre Richtigkeitsgewähr.[446]

Ein Verstoß scheitert folglich daran, dass die Ordnungsfunktion des Tarifvertragssystems nicht verfassungsrechtlich verankert, sondern lediglich bloße Folge des Tarifvertragsabschlusses ist.

(h) Verhältnismäßigkeitsprüfung

Neben der Berücksichtigung der widerstreitenden Interessen Dritter ist für eine zulässige Ausgestaltungsnorm auch der Verhältnismäßigkeitsgrundsatz zu beachten. Eine Ausgestaltung ist verhältnismäßig, wenn die Regelung zur Verwirklichung des damit verfolgten Ziels geeignet, erforderlich und auch verhältnismäßig im engeren Sinne ist.[447]

Ziel des § 2 Abs. 1 TVG ist es zum einen, der Gewerkschaft jedenfalls einen Verhandlungspartner zur Seite zu stellen, aber auch, die Handlungsalternativen des Arbeitgebers zu erweitern.[448] § 2 Abs. 1 TVG ist *geeignet*, diese Ziele zu erreichen.

Tariffähig ist, wer Partei eines Tarifvertrages sein kann.[449] Bezweckt Art. 9 Abs. 3 GG den Schutz der Koalitionen und soll insbesondere das Recht zur Wahrung und Förderung der Arbeits- und Wirtschaftsbedingungen Vereinigungen zu bilden, gefördert werden, ist es zunächst notwendig, den Koalitionen ein Gestaltungsmittel für ihre Aufgabe an die Hand zu geben. Diese vom

---

443 Wiedemann-*Wiedemann*, TVG, Einl., Rn. 18.

444 *Hensche*, RdA 1971, 9, 15; *Heß*, Betriebsnahe Tarifverträge, S. 45, 51; *ders.*, DB 1975, 548, 548; *Löwisch/Rieble*, TVG, Grundl., Rn. 6; *Päuser*, Firmenarbeitskampf, S. 198 ff.; *Radke*, DB 1965, 1176, 1176; *Rieble*, Arbeitsmarkt und Wettbewerb, Rn. 1307 f.; *Witt*, Firmentarifvertrag, S. 143 ff.

445 Richtig *Witt*, Firmentarifvertrag, S. 145.

446 Vgl. dazu BAGE 22, 144, 151; BAG, AP Nr. 64, 65 zu Art. 9 GG Arbeitskampf.

447 Vgl. *Wank*, Anm. zu BVerfG, AP Nr. 76 zu Art. 9 GG.

448 Vgl. oben, 2.Teil A. II. 3. b. dd. (3) (b).

449 BAG, AP Nr. 1 zu § 2 TVG Tarifzuständigkeit; *Schaub*, Handbuch, § 199, Rn. 1.

Grundgesetz intendierte Tätigkeit der Koalitionen müsste in einer einfachgesetzlichen Ausgestaltung den Koalitionen, aufgrund der ursprünglichen Ausgestaltung des Art. 9 Abs. 3 GG als Individualgrundrecht, aber auch dem einzelnen Arbeitgeber offen stehen. Andernfalls wäre die Tariffähigkeit zur Umsetzung des Grundrechtes der Koalitionsfreiheit gänzlich ungeeignet oder völlig unzulänglich. Die Regelung des § 2 Abs. 1 TVG verleiht sowohl den Gewerkschaften als auch Vereinigungen von Arbeitgebern sowie dem einzelnen Arbeitgeber die Tariffähigkeit, so dass die Regelung des § 2 Abs. 1 TVG nicht gänzlich ungeeignet oder völlig unzulänglich ist.

Nur angemerkt sei hier, dass die Regelung des § 2 Abs. 1 TVG nicht ungeeignet oder unzulänglich würde, wenn der Gesetzgeber dem einzelnen verbandsangehörigen Arbeitgeber die Tariffähigkeit abspräche. Zu berücksichtigen ist hier zum einen die weite Freiheit des Gesetzgebers im Ausgestaltungsbereich,[450] zum anderen könnte der verbandsangehörige Arbeitgeber immer noch über den Arbeitgeberverband tariflich erreichbar werden bzw. könnte den Arbeitgeberverband verlassen, wenn er einen Firmentarifvertrag abschließen wollte.[451]

§ 2 Abs. 1 TVG ist auch *erforderlich* um die genannten Ziele zu erreichen; andere Maßnahmen stehen nicht zur Verfügung. Art. 9 Abs. 3 S. 1 GG lässt nicht aus sich heraus erkennen, dass auch der einzelne Arbeitgeber einen Tarifvertrag abschließen kann.

Schließlich ist die Norm auch *verhältnismäßig im engeren Sinne*. Dazu müssen die Nachteile der Regelung in einem angemessenen Verhältnis zu den verfolgten Zielen stehen.[452] *Wank* formuliert plastisch: Die Regelung darf nicht mehr Schaden als Nutzen stiften.[453] Dies ist nicht der Fall, die angesprochenen Gefahren für die im Verbandstarifvertrag verbleibenden Arbeitgeber und den Arbeitgeberverband sind nur gering, während ein funktionierendes Tarifvertragssystem ohne die Tariffähigkeit des Arbeitgebers – insbesondere vor dem Hintergrund seiner individuellen Koalitionsfreiheit – kaum zu realisieren ist. Der objektive Gehalt des Grundrechtes wird nicht angetastet, sondern erst verwirklicht.

bb. Ergebnis

Verfassungsrechtlich ist eine Auslegung des Begriffs des „Arbeitgebers" des § 2 Abs. 1 TVG dahingehend, dass dieser sowohl den verbandslosen als auch

---

450 Dazu oben, 2.Teil A. II. 3. c. aa. (3).

451 So richtig *Witt*, Firmentarifvertrag, S. 129.

452 BVerfGE 30, 292, 316; 67, 157, 178; 83, 1, 19; *Stern*, Staatsrecht III/2, S. 782 ff.

453 *Wank*, Anm. zu BVerfG, AP Nr. 4 zu § 116 AFG.

den verbandsangehörigen meint, nicht nur unbedenklich, sondern geradezu geboten.

d. Rechtsvergleichende Anmerkung

Erwähnt werden soll noch, dass dieses Ergebnis, die Tariffähigkeit auch des verbandsangehörigen Arbeitgebers, in Einklang steht mit Art. 6 Nr. 2 ESC, Art. 12 der Gemeinschaftscharta und Art. 4 des ILO-Übereinkommens Nr. 98.[454]

e. Ergebnis

Nachdem die Auslegung des § 2 Abs. 1 TVG ergeben hat, dass auch der an einen Verbandstarifvertrag gebundene Arbeitgeber unter den Begriff des Arbeitgebers nach § 2 Abs. 1 TVG fällt und tariffähig ist, steht nunmehr fest, dass dieses Ergebnis auch unter verfassungsrechtlichen Gesichtspunkten richtig ist.

4. Einschränkung der Tariffähigkeit durch die Satzung des Arbeitgeberverbandes

Es ist denkbar, dass die Satzung des Arbeitgeberverbandes eine Regelung vorsieht, die dem verbandsangehörigen Mitglied die Tariffähigkeit abspricht. Wie schon oben gilt aber auch hier, dass dem innerverbandlichen Recht keine Außenwirkung zukommt, so dass eine in der Satzung des Arbeitgeberverbandes ausgesprochene Einschränkung der Tariffähigkeit des verbandsangehörigen Arbeitgebers – unabhängig von ihrer Zulässigkeit[455] – keine Außenwirkung entfaltet.[456]

5. Begrenzung der Tariffähigkeit auf „sozial mächtige" Arbeitgeber?

Die Tariffähigkeit des Einzelarbeitgebers könnte aber unabhängig von seiner Verbandszugehörigkeit auf solche Arbeitgeber zu beschränken sein, denen eine gewisse Mächtigkeit oder Druckfähigkeit zukommt, so dass ein Kräfte-

---

454 MünchArbR-*Löwisch/Rieble*, § 246, Rn. 83; *Rieble*, SAE 1991, 316, 317.

455 Nach hier vertretender Ansicht läge darin ein Verstoß gegen Art. 9 Abs. 3 S. 1 GG, da die Tariffähigkeit des Einzelarbeitgebers Teil seiner individuellen Koalitionsfreiheit wäre, vgl. oben, 2.Teil A. II. 3. b. dd. (3) (b).
Auch mit MünchArbR-*Löwisch/Rieble*, § 255, Rn. 35 und *Richter*, ZTR 2004, 390, 390 die die Haustariffähigkeit des Einzelarbeitgebers als Teil seiner individuellen Privatautonomie von Art. 12 Abs. 1 GG sehen, stünden einer solchen Satzungsbestimmung verfassungsrechtliche Bedenken entgegen.

456 S. die Nachweise in Fn. 435.

gleichgewicht u. a. im Arbeitskampf zu erwarten ist.[457] Eine solche soziale Mächtigkeit ist jedenfalls für die Tariffähigkeit der Arbeitnehmerkoalitionen notwendige Voraussetzung.[458] Im Rahmen der sozialen Mächtigkeit wird etwa auf die Mitgliederstärke, die Stellung der Mitglieder in den Betrieben, den organisatorischen Aufbau, sowie bei Arbeitnehmerkoalitionen auf die personelle, sachliche und finanzielle Ausstattung und ihre Bewährung in der Praxis abgestellt.[459]

Ansatzpunkt für eine solche Begrenzung wäre erneut § 2 Abs. 1 TVG. Der Wortlaut der Norm unterscheidet nicht zwischen durchsetzungsfähigen und nicht durchsetzungsfähigen Arbeitgebern. Das *BAG* schließt daraus, dass eine Begrenzung nicht gewollt ist.[460] Entsprechend den bereits im Rahmen der Tariffähigkeit getroffenen Aussagen ist der Wortlaut des § 2 Abs. 1 TVG, soweit es um den Begriff des Arbeitgebers geht, aber keineswegs eindeutig und daher auslegungsfähig.[461]

Soweit in systematischer Hinsicht versucht wird, den zweiten Leitsatz des gemeinsamen Protokolls zum Staatsvertrag über die Schaffung einer Währungs-, Wirtschafts- und Sozialunion vom 18.03.1990 für eine restriktive Auslegung, mithin für eine Begrenzung der Tariffähigkeit auf sozial mächtige Arbeitgeber, fruchtbar zu machen, schlägt dies fehl. Zwar wird hierin vorgeschrieben, dass tariffähige Gewerkschaften und Arbeitgeberverbände in der Lage sein müssen, durch Ausüben von Druck auf den Tarifpartner zu einem Tarifabschluss zu kommen.[462] Die Notiz bezieht sich aber eben nicht auf den Einzelarbeitgeber.[463] Zudem bestehen begründete Zweifel, ob dieses Protokoll verbindliche Wirkung entfalten kann.[464]

Eine Auslegung des Begriffs des Arbeitgebers i.S.d. § 2 Abs. 1 TVG dahingehend, dass nur der sozial mächtige Arbeitgeber tariffähig ist, widerspräche jedenfalls dem Sinn und Zweck der Norm. Dieser liegt, wie oben herausgearbeitet, u. a. darin, der Gewerkschaft einen Verhandlungspartner zu sichern

---

457 So *Müller*, AuR 1972, 1, 4 f.; *ders.*, Arbeitskampf und Recht, S. 160 ff.; *ders.*, Tarifautonomie, S. 262 ff.; *ders.*, RdA 1990, 321, 322; *ders.*, DB 1992, 269, 273.

458 BAG, SAE 1969, 137, 138 ff.; MünchArbR-*Löwisch/Rieble*, § 255, Rn. 10; *Rieble*, SAE 1991, 316, 318.

459 *Graf*, Tarifzuständigkeit, S. 64.

460 BAG, SAE 1991, 314, 315 f.; *Kempen/Zachert*, TVG, § 2, Rn. 90.

461 So auch *Hergenröder*, Anm. zu BAG, EzA Nr. 20 zu § 2 TVG.

462 Vgl. den Nachweis bei Wiedemann-*Oetker*, TVG, § 2, Rn. 6. Abgedruckt in BGBl. 1990, Teil II, S. 537 ff.

463 *Gitter*, FS Kissel, S. 276 f.

464 *Löwisch/Rieble*, TVG, § 2, Rn. 7; *Rieble*, SAE 1991, 316, 317; *Witt*, Firmentarifvertrag, S. 148 f. Dagegen aber *Gitter*, FS Kissel, S. 270 f.

und so zu verhindern, dass sich der Arbeitgeber der Regelung durch einen Tarifvertrag entziehen kann.[465] Dieses Ziel würde aber nicht erreicht werden, würde dem sozial nicht mächtigen Arbeitgeber die Tariffähigkeit abgesprochen.[466] Auch das weitergehende Ziel des § 2 Abs. 1 TVG, der Schutz der Betätigungsfreiheit des Arbeitgebers, würde nicht verwirklicht werden können, würde man seine Tariffähigkeit beschränken.[467]
Dieses Ergebnis verstößt nicht gegen Verfassungsrecht.[468] Ein Verstoß gegen den Grundsatz der Parität liegt nicht vor. Dies gilt zunächst für den Grundsatz der Verhandlungsparität: Der Arbeitgeber ist nicht gezwungen, einem Vertragsschluss zustimmen.[469] Gegen ein Verhandlungsungleichgewicht spricht auch, dass zumindest der verbandsangehörige Arbeitgeber die Unterstützung des Verbandes bei der Verhandlungsführung in Anspruch nehmen kann.[470] Wird damit zur Begründung der Verhandlungsparität auf den Beistand und damit auf den Beitritt zu einem Verband verwiesen, liegt hierin auch kein Eingriff in die negative Koalitionsfreiheit des Arbeitgebers. Es handelt sich nur um eine Option, die geeignet ist, seine Verhandlungsstärke zu verbessern.[471] Desgleichen liegt kein Verstoß gegen den Grundsatz der Arbeitskampfparität vor. Zwar ist auch der Grundsatz der Arbeitskampfparität Bestandteil der Koalitionsfreiheit,[472] doch wirkt sich hier erneut aus, dass Tarif- und Arbeitskampffähigkeit und somit die freiwillige Vereinbarung eines Firmentarifvertrages von seiner Erzwingbarkeit zu trennen sind.[473] Korrekturen eines Verstoßes gegen den Grundsatz der Arbeitskampfparität sind daher allenfalls auf arbeitskampfrechtlicher Ebene denkbar.[474] Des weiteren sprechen

---

465 Vgl. oben, 2.Teil A. II. 3. b. dd.

466 *Lieb/Jacobs*, Arbeitsrecht, Rn. 562; *Matthes*, FS Schaub, S. 482 f.; MünchArbR-*Löwisch/Rieble*, § 255, Rn. 37; *Schaub*, Handbuch, § 199, Rn. 3; Staudinger-*Richardi*, Vorbem. zu §§ 611 ff., Rn. 618; Wiedemann-*Oetker*, TVG, § 2, Rn. 139.

467 So insbesondere *Hergenröder*, Anm. zu BAG, EzA Nr. 20 zu § 2 TVG.

468 Aus dem Sinn und Zweck der Norm hat sich ein eindeutiges Auslegungsergebnis ergeben, so dass die Möglichkeit einer verfassungskonformen Auslegung ausscheidet und allein ein Verstoß gegen Verfassungsrecht zu prüfen ist, vgl. schon oben, 2. Teil A. II. 3. c. und Fn. 255.

469 *Witt*, Firmentarifvertrag, S. 148.

470 *Hensche*, RdA 1971, 9, 13; *v. Hoyningen-Huene*, ZfA 1980, 453, 460 f. Kritisch aber *Beuthien*, BB 1975, 477, 479.

471 *Witt* (Firmentarifvertrag, S. 148) spricht insoweit davon, dass lediglich ein „sozialadäquater" Druck auf den Arbeitgeber ausgeübt werde.

472 Dazu noch unten, 2. Teil B. IV. 4. d. cc.

473 Dazu genauer unten, 4. Teil A. II. 1.

474 So richtig: *Hergenröder*, Anm. zu BAG, EzA Nr. 20 zu § 2 TVG; Wiedemann-*Oetker*, TVG,§ 2, Rn. 139. Offen gelassen in BAG (GS), AP Nr. 43 zu Art 9 GG Arbeitskampf.

auch Aspekte der Rechtssicherheit gegen die Aberkennung der Tariffähigkeit für den kleinen Arbeitgeber. So ist es schwer ersichtlich, an welchem Punkt von einem Übergewicht der Gewerkschaft ausgegangen werden muss.[475]
Auch ein Verstoß gegen Art. 3 Abs. 1 GG liegt nicht vor, indem der sozial nicht mächtige Arbeitgeber unabhängig von seiner Mächtigkeit tariffähig ist, die Tariffähigkeit der Gewerkschaft aber an eine gewisse Durchsetzungskraft gebunden wird.[476] Eine Ungleichbehandlung ist jedenfalls dadurch gerechtfertigt, dass hierfür ein sachlicher Grund besteht: Der Gesetzgeber will die Existenz eines Tarifpartners garantieren, wenn ein Arbeitgeberverband nicht existiert.[477]
Jedenfalls die Tariffähigkeit des Einzelarbeitgebers ist damit nicht von seiner Mächtigkeit abhängig, allenfalls kommt eine Einschränkung der Arbeitskampffähigkeit in Betracht.[478]

6. Ergebnis

In der Tariffähigkeit werden zwar verschiedene Ansatzpunkte gesehen, die Möglichkeiten des verbandsangehörigen, wie des nicht verbandsangehörigen, Arbeitgebers zur Vereinbarung eines Firmentarifvertrages zu beschränken, sie schlagen jedoch im Ergebnis nicht durch. Ein Firmentarifvertrag kann damit auch mit dem verbandsangehörigen Arbeitgeber abgeschlossen werden, unabhängig davon, ob dieser Firmentarifvertrag einen eventuell konkurrierenden Verbandstarifvertrag nur ergänzt oder auch ersetzt.
Dieses Ergebnis ist durchaus geeignet, dem geltenden Tarifvertragssystem Flexibilität zu bescheinigen. Die Handlungsfähigkeit des Einzelarbeitgebers wird gesichert. Verbandsinteressen müssen nicht berücksichtigt werden, führen aber jedenfalls nicht zu einer Einschränkung der Handlungsfähigkeit des Einzelarbeitgebers.

---

475 *Kempen/Zachert*, TVG, § 2, Rn. 90.

476 BVerfG, AP Nr. 31 zu § 2 TVG; BAG, SAE 1991, 314, 316; Wiedemann-*Oetker*, TVG, § 2, Rn. 139 a. E.

477 BVerfG, AP Nr. 31 zu § 2 TVG.

478 Dazu später noch unten, 4. Teil A. II. 2.

B. Tarifzuständigkeit

Nach der überwiegenden Meinung tritt, sowohl für den Verbands- als auch für den Firmentarifvertrag, als weitere Wirksamkeitsvoraussetzung neben die Tariffähigkeit der beteiligten Tarifpartner deren Zuständigkeit für den Abschluss des konkreten Tarifvertrages (sog. Tarifzuständigkeit).[479] Soweit verschiedentlich noch angezweifelt wurde, ob die Tarifzuständigkeit notwendig ist, hat der Gesetzgeber jedenfalls durch die Anerkennung dieses Merkmals in § 2 a Abs. 1 Nr. 4 ArbGG zu erkennen gegeben, dass er dieses von der Rechtsprechung und der Literatur entwickelte Kriterium akzeptiert, wenn eine ausdrückliche Regelung auch unterblieben ist.[480]

I. Grundlagen

Die Tarifzuständigkeit wurde aus dem Merkmal der Tariffähigkeit heraus entwickelt.[481] Daraus ergibt sich der allein dogmatische Streit,[482] ob die Tarifzuständigkeit als eigenständige Wirksamkeitsvoraussetzung oder als Teil der Tariffähigkeit anzusehen ist.[483] Ziel der Tarifzuständigkeit soll es zum einen sein, eine sachnahe Regelung zu ermöglichen sowie Abgrenzungsschwierigkeiten und Kompetenzstreitigkeiten zwischen gleichrangigen Organisationen zu vermeiden, aber auch die einheitliche Geltung eines Tarifvertrages für ein Unternehmen herbeizuführen.[484] Die Tarifzuständigkeit soll daher mithelfen, Tarifkonkurrenzen innerhalb eines Unternehmens zu verhindern und den Grundsatz der Tarifeinheit, der in der Satzung des DGB in der schlagwortarti-

---

479 H. M. Siehe statt vieler *Wiedemann-Oetker*, TVG, § 2, Rn. 52. A. A. *Kraft*, FS Schnorr v. Carolsfeld, S. 255 ff.; *van Venrooy*, ZfA 1983, 49, 63 ff.; *Hillebrand*, Tarifzuständigkeit, S. 4 ff. Kritisch auch *Däubler*, Tarifvertragsrecht, Rn. 89 und *Gamillscheg*, Kollektives Arbeitsrecht Bd. I, S. 536 f.

480 Wiedemann-*Oetker*, TVG, § 2, Rn. 53.

481 BAG, AP Nr. 1, 3 zu § 2 TVG; BAG, AP Nr. 3 zu § 4 TVG Geltungsbereich; *Delheid*, Tarifzuständigkeit, S. 32 f.; *Hueck/Nipperdey*, Lehrbuch II/1, S. 445; *Link*, Tarifzuständigkeit, S. 48 ff.

482 So auch *Suschet*, ZfA 2005, 581, 594.

483 Die h. M. sieht die Tarifzuständigkeit als eigenständiges Merkmal an, was aufgrund des ausdrücklich geregelten Feststellungsverfahrens in § 2 a Abs. 1 Nr. 4 ArbGG auch zutreffend ist. So u. a. BAG, AP Nr. 1-4 zu § 2 TVG Tarifzuständigkeit; *Buchner*, ZfA 1995, 95, 97 f.; *Hueck/Nipperdey*, Lehrbuch II/1, S. 445 f.; *Kempen/Zachert*, TVG, § 2, Rn. 150 f.; *Söllner/Waltermann*, Arbeitsrecht, Rn. 386; *Wiedemann*, RdA 1975, 78, 80; Wiedemann-*Oetker*, TVG, § 2, Rn. 52 f., 61; *Zöllner/Loritz*, Arbeitsrecht, S. 384 f. Dagegen aber: Staudinger-*Richardi*, Vorbem. zu §§ 611 ff., Rn. 613 f.

484 *Wiedemann*, RdA 1975, 78, 79; Wiedemann-*Oetker*, TVG, § 2, Rn. 58.

gen Umschreibung: „Ein Betrieb – eine Gewerkschaft“ seinen Ausdruck gefunden hat, umzusetzen.[485]
In Abgrenzung zur Tariffähigkeit, die die grundsätzliche Frage stellt, ob die Beteiligten Parteien eines Tarifvertrages sein können, betrifft die Tarifzuständigkeit die Frage, ob die Parteien den Tarifvertrag auch mit dem in ihm vorgesehenen Geltungsbereich vereinbaren können.[486]
Im Weiteren ist die Tarifzuständigkeit daher vom Geltungsbereich des Tarifvertrages selbst abzugrenzen. Dieser wird (in räumlicher, fachlicher, betrieblicher oder personeller Hinsicht) vom Tarifvertrag selbst bestimmt. Die Tarifzuständigkeit ist im Verhältnis zum Geltungsbereich des Tarifvertrages diesem also übergeordnet. Sie umschreibt den maximalen Geltungsbereich eines Tarifvertrages.[487]
Die Tarifvertragsparteien legen ihren Zuständigkeitsbereich in ihren Satzungen selbst fest.[488] Die Satzung ist die „maßgebliche Bestimmung, nach der die Tarifzuständigkeit beurteilt werden muss“[489]. Dies ergibt sich aus Art. 9 Abs. 3 GG, der über die individuelle Koalitionsfreiheit die autonome Organisation der Koalitionen gewährleistet.[490] Folglich steht es den Koalitionen auch jederzeit frei, ihren Zuständigkeitsbereich zu ändern, wenn es ihnen nur zweckmäßig erscheint.[491] Dabei muss – aufgrund der aus Art. 9 Abs. 3 GG resultierenden Satzungsautonomie der Koalitionen – auf die Belange des sozialen Gegenspielers keine Rücksicht genommen werden.[492] Allein in personeller Hinsicht wird die Tarifzuständigkeit der Koalitionen durch § 3 Abs. 1 und 2 TVG für Personen ausgenommen, die wegen fehlender Verbandsmitgliedschaft nicht tarifgebunden sind.[493] In sachlicher Hinsicht wird die Tarif-

---

485 *Gamillscheg*, Kollektives Arbeitsrecht Bd. I, S. 530; *Wiedemann*, RdA 1975, 78, 79; Wiedemann-*Oetker*, TVG, § 2, Rn. 58.

486 BAG, AP Nr. 1, 14 zu § 2 TVG Tarifzuständigkeit; BAG, NZA 1997, 613, 615; *Schaub*, Handbuch, § 199, Rn. 15; *Wiedemann*, RdA 1975, 78, 79; Wiedemann-*Oetker*, TVG, § 2, Rn. 56.

487 BAG, AP Nr. 95 zu § 1 TVG Tarifverträge Bau; *Löwisch/Rieble*, TVG, § 2, Rn. 79.

488 BAG, AP Nr. 14 zu § 2 TVG Tarifzuständigkeit; *Buchner*, SAE 1998, 262, 264; *Suschet*, ZfA 2005, 581, 595; *Wiedemann*, RdA 1975, 78, 80 f.

489 BAG, AP Nr. 1, 3, 4 zu § 2 TVG Tarifzuständigkeit.

490 BAG, AP Nr. 1, 2, 4, 7 zu § 2 TVG Tarifzuständigkeit; *Buchner*, ZfA 1995, 95, 99; *Heinze*, DB 1997, 2122, 2122; *Heß*, ZfA 1976, 45, 49 f.; *Kempen/Zachert*, TVG, § 2, Rn. 154; *Konzen*, FS Kraft, S. 300; Staudinger-*Richardi*, Vorbem. zu §§ 611 ff., Rn. 615; Wiedemann-*Oetker*, TVG, § 2, Rn. 61.

491 BAG, NZA 1997, 613, 615.

492 So auch BAG, DB 1986, 1235, 1235 f.; *Däubler*, Tarifvertragsrecht, Rn. 87; Wiedemann-*Oetker*, TVG, § 2, Rn. 61.

493 Wiedemann-*Oetker*, TVG, § 2, Rn. 61.

zuständigkeit durch Art. 9 Abs. 3 GG und den Begriff der Arbeits- und Wirtschaftsbedingungen eingeschränkt: Deren Regelung muss sich der Verband zum Ziel gesetzt haben.[494] Eine Beschränkung auf die Regelung eines Teilbereichs der Arbeits- und Wirtschaftsbedingungen ist nicht möglich.[495]
Immer ist für die Tarifzuständigkeit also die Satzung der Koalition ausschlaggebend, so dass zu ihrer Bestimmung nicht schon eine längere tatsächliche Ausübung einer gewählten Zuständigkeit ausreicht.[496] Desgleichen ist es nicht ausreichend, wenn Koalitionen der gleichen Seite einander zusagen, keine Einwände gegen einen speziellen Tarifvertragsabschluss zu erheben.[497] Auch erstreckt sich die Tarifzuständigkeit der Gewerkschaft nicht auf all diejenigen Unternehmen, in denen sie Mitglieder hat.[498] Dem tariflichen Gegenspieler, aber auch Koalitionen der gleichen Seite, ist die Einflussnahme auf die Tarifzuständigkeit einer Koalition wegen der aus Art. 9 Abs. 3 GG resultierenden Satzungsautonomie versagt, so dass etwa ein Arbeitskampf, der die Begründung einer bestimmten vom sozialen Gegenspieler gewollten Tarifzuständigkeit zum Ziel hat, rechtswidrig ist.[499]

II. Rechtsfolgen fehlender Tarifzuständigkeit

Beschreibt die Tarifzuständigkeit die Fähigkeit, einen Tarifvertrag mit einem bestimmten Geltungsbereich abschließen zu können und muss dieses Merkmal sowohl von der Arbeitnehmer- als auch von der Arbeitgeberseite erfüllt werden, ergibt sich hieraus zwanglos, dass der Geltungsbereich eines Tarifvertrages nur soweit gefasst werden kann, wie sich die Tarifzuständigkeit beider Verbände deckt.[500] Dabei muss die Zuständigkeit der Tarifvertragsparteien bereits vor dem Abschluss des Tarifvertrages übereinstimmen.[501] Tut sie

494 *Waltermann*, NZA 1991, 754, 757 ff.; Wiedemann-*Oetker*, TVG, § 2, Rn. 61, 81; *Zöllner/Loritz*, Arbeitsrecht, S. 111.

495 Wiedemann-*Oetker*, TVG, § 2, Rn. 81 m.w.N.

496 BAG, AP Nr. 7 zu § 2 TVG Tarifzuständigkeit; *Konzen*, FS Kraft, S. 307; *Wiedemann*, RdA 1975, 75, 80 f.

497 BAG, DB 1989, 1831, 1831; *Gaul*, ZTR 1991, 443, 444.

498 *Gaul*, ZTR 1990, 443, 447; *Witt*, Firmentarifvertrag, S. 168. In diese Richtung aber *Gamillscheg*, Kollektives Arbeitsrecht Bd. I, S. 536 f.

499 *Heinze*, DB 1997, 2122, 2126; *Löwisch/Rie*ble, TVG, § 2, Rn. 93; MünchArbR-*Otto*, § 285, Rn. 6; Wiedemann-*Oetker*, TVG, § 2, Rn. 71. A. A. zur Klärung der Tarifzuständigkeit *Kempen/Zachert*, TVG, § 2, Rn. 164.

500 *Buchner*, ZfA 1995, 95, 106; *Löwisch/Rieble*, TVG, § 2, Rn. 80.

501 BAG, AP Nr. 1, 2, 3 zu § 2 TVG Tarifzuständigkeit; BAG, AP Nr. 3 zu § 4 TVG Geltungsbereich; *Buchner*, ZfA 1995, 95, 105; *Däubler*, Tarifvertragsrecht, Rn. 86; ErfK-*Franzen*, TVG, § 2, Rn. 38; Wiedemann-*Oetker*, TVG, § 2, Rn. 55, 59.

dies von Anfang an nicht oder besteht für eine Tarifvertragspartei von Anfang an keine Zuständigkeit, ist der geschlossene Tarifvertrag unwirksam.[502] Stimmt die Tarifzuständigkeit nur teilweise überein, ist der Tarifvertrag teilweise unwirksam (§ 139 BGB), da ein Tarifvertrag nur in dem Bereich der gemeinsamen Tarifzuständigkeit gelten kann.[503] Es kommt aber auch hier zur Nichtigkeit des gesamten Tarifvertrages, wenn die verbleibende Regelung für sich gesehen nicht mehr sinnvoll ist.[504] Ein wegen anfänglichen Fehlens der Tarifzuständigkeit unwirksamer Tarifvertrag lebt nicht dadurch wieder auf, dass eine der Parteien nachträglich ihre Tarifzuständigkeit weiter ausdehnt.[505] Notwendig ist der Neuabschluss des Tarifvertrages.[506]

Teilweise wird aber eine sofortige Unwirksamkeit abgelehnt und dahingehend unterschieden, ob der Tarifvertrag bereits angewendet wurde. Sei dies der Fall gewesen und habe ein schützenswertes Vertrauen der erfassten Arbeitnehmer in die Geltung des Tarifvertrages bestanden, solle der Tarifvertrag bedingt weitergelten.[507] Argumentiert wird hier mit der Fortgeltung und Nachwirkung tarifvertraglicher Bestimmungen etwa bei Wegfall der Tarifgebundenheit oder bei Ablauf eines Tarifvertrages gem. §§ 3 Abs. 3, 4 Abs. 5 TVG. In diesen Normen komme eine grundsätzliche Wertung des Gesetzgebers zum Ausdruck, der auch entsprochen werden müsse, wenn die Wirksamkeitsvoraussetzungen von Anfang an fehlten.[508] Selbst wenn man einen Rückgriff auf den Rechtsgedanken dieser Normen ablehnen wollte, ergebe sich die Weitergeltung des zunächst unwirksam geschlossenen Tarifvertrages aus dem Gedanken des Vertrauensschutzes. Dieser müsse wegen der gesetzesähnlichen Wirkung von Tarifvertragsnormen in ähnlichem Umfang angewendet werden wie bei Gesetzen oder Verwaltungsakten.[509] Zuletzt wird auf den Grundgedanken des faktischen Arbeitsverhältnisses sowie auf § 79 Abs. 2 BetrVG hingewie-

---

502 H. M.: BAG, AP Nr. 1, 7 zu § 2 TVG Tarifzuständigkeit; Staudinger-*Richardi*, Vorbem. zu §§ 611 ff., Rn. 613; *Zöllner/Loritz*, Arbeitsrecht, S. 384. Kritisch aber *Gamillscheg*, Kollektives Arbeitsrecht Bd. I, S. 536 f.

503 *Schaub*, Handbuch, § 199, Rn. 46.

504 *Löwisch/Rieble*, TVG, § 2, Rn. 185.

505 BAG, AP Nr. 7 zu § 2 TVG Tarifzuständigkeit; ErfK-*Franzen*, TVG, § 2, Rn. 38; *Löwisch/Rieble*, TVG, § 2, Rn. 104.

506 Wiedemann-*Oetker*, TVG, § 2, Rn. 54.

507 *Kempen/Zachert*, TVG, 3. A., § 2, Rn. 127. Diese sehen das schützenswerte Vertrauen anscheinend bereits dadurch gegeben, dass der Tarifvertrag angewandt wird, unabhängig davon, ob der Arbeitgeber seine Wirksamkeit anzweifelt oder nicht.

508 *Kempen/Zachert*, TVG, § 2, 3. A., Rn. 110 f., anders nunmehr *Kempen/Zachert*, TVG, Rn. 169: Nichtigkeit ex-nunc.

509 *Däubler*, Tarifvertragsrecht, Rn. 90; *Kempen/Zachert*, TVG, 3. A., § 2, Rn. 110 f.

sen.[510] Letzterer erklärt, dass Vorgänge, die auf für nichtig erklärten Gesetzen beruhen, nicht generell rückabgewickelt werden müssen. Aus diesen Gründen scheide sowohl eine Unwirksamkeit ex-tunc, als auch eine Unwirksamkeit ex-nunc aus. Vielmehr gelte der unwirksame Tarifvertrag in analoger Anwendung des § 4 Abs. 5 TVG bis zu einer Neuregelung der in ihm behandelten Arbeits- und Wirtschaftsbedingungen fort.[511] *Däubler* kommt zunächst zu einer Weitergeltung des Tarifvertrages, die durch ein Recht zur außerordentlichen Kündigung beendet werden könne. Sodann wirke der Tarifvertrag aber gem. § 4 Abs. 5 TVG analog nach.[512] Allein dann, wenn die Arbeitnehmer von Anfang an nicht auf den Bestand des Tarifvertrages vertrauen konnten und der Tarifvertrag deswegen überhaupt nicht zur Anwendung kam, seien aus einem wegen fehlender Tarifzuständigkeit unwirksamen Tarifvertrag keine Rechte abzuleiten.[513]

Richtigerweise kommt es aber weder zur Weitergeltung noch zur Nachwirkung eines wegen fehlender Tarifzuständigkeit unwirksamen Tarifvertrages. Hierfür lassen sich die §§ 3 Abs. 3, 4 Abs. 5 TVG nicht fruchtbar machen. Eine direkte Anwendung der §§ 3 Abs. 3, 4 Abs. 5 TVG kommt nicht in Frage, so dass allenfalls eine Analogie denkbar wäre. Eine solche besteht in der Übertragung einer gesetzlichen Regel, die sich auf einen Tatbestand oder mehrere, untereinander ähnliche Tatbestände bezieht, auf einen vom Gesetz nicht geregelten, diesem „ähnlichen" Tatbestand.[514] Voraussetzung ist daher eine Regelungslücke und die Vergleichbarkeit der Tatbestände.[515] Notwendige Voraussetzung sowohl für die Fortwirkung als auch für die Nachwirkung ist aber, dass bereits ein wirksamer Tarifvertrag abgeschlossen wurde. Dies ist aber gerade nicht der Fall, wenn die Tarifzuständigkeit von Anfang an fehlte. Aus dem gleichen Grund scheitert es an der Voraussetzung eines ähnlichen Tatbestandes. Zudem enthält das Gesetz auch keine Lücke, sondern trifft mit den §§ 3 Abs. 3, 4 Abs. 5 TVG doch vielmehr eine deutliche Regelung. Es besteht keine Veranlassung, über diese hinauszugehen.

Auch der Gedanke des Vertrauensschutzes hilft hier nicht weiter. Dieses Institut auf den Fall eines wegen fehlender Tarifzuständigkeit unwirksamen Firmentarifvertrages zu übertragen, hieße doch, die Regelungen der §§ 3 Abs. 3, 4 Abs. 5 TVG, in denen eine Weitergeltung nur in bestimmten Fällen und nur

---

510 *Däubler*, Tarifvertragsrecht, Rn. 90.

511 *Kempen/Zachert*, TVG, 3. A., § 2, Rn. 126, 128. A. A. aber nunmehr *Kempen/Zachert*, TVG, § 2, Rn. 169: Nichtigkeit ex-nunc.

512 *Däubler*, Tarifvertragsrecht, Rn. 90.

513 *Däubler*, Tarifvertragsrecht, Rn. 90; *Kempen/Zachert*, TVG, 3. A., § 2, Rn. 127.

514 *Larenz*, Methodenlehre, S. 381.

515 *Larenz*, Methodenlehre, S. 381.

bei einem wirksamen Tarifvertrag geregelt wurde, zu umgehen. Letztlich würde durch eine Weitergeltung des Firmentarifvertrages das Institut der Tarifzuständigkeit entwertet und leer laufen. Kommt es nämlich auf die Tarifzuständigkeit nicht mehr an – und nichts anderes wäre die Folge, reichte es für das Vertrauen der Arbeitnehmer aus, dass der Tarifvertrag angewendet worden wäre (wozu der Arbeitgeber im übrigen nach Vertragsschluss verpflichtet ist!) – so könnte jede beliebige unzuständige Gewerkschaft einen Vertragsschluss anstreben und sich sicher sein, dass dieser trotz fehlender Zuständigkeit wirksam bliebe oder jedenfalls nach Kündigung erst einmal fortwirkt. Solche Rechtsfolgen, die sich aus dem Verlust der Tarifzuständigkeit nach Vertragsschluss ergeben, werden in einem eigenen Kapitel behandelt.[516]

III. Tarifzuständigkeit des Arbeitnehmerverbandes

Eine Arbeitnehmerkoalition wird in dem Moment für den Abschluss eines Tarifvertrages zuständig, in der ihr ein Arbeitnehmer beitritt und dieser die satzungsgemäßen Voraussetzungen erfüllt.[517] Die Mitgliedschaft allein ist nicht für die Begründung der Tarifzuständigkeit ausreichend.[518]

1. Die Tarifzuständigkeit für den Verbandstarifvertrag als Ausgangspunkt

Wie bereits allgemein für die Koalition zum Ausdruck gebracht, bestimmt der Arbeitnehmerverband seine räumliche, fachliche und persönliche Tarifzuständigkeit mittels seiner Satzung selbst.[519] Entsprechend der bereits oben betonten Satzungsautonomie der Koalitionen ist eine Gewerkschaft nicht daran gehindert, ihre Tarifzuständigkeit auf die Arbeitnehmer bestimmter Betriebe zu erstrecken, obwohl die sodann von ihr abzuschließenden Tarifverträge zu einer Tarifkonkurrenz mit anderen Tarifverträgen führen.[520] Die Gewerkschaft kann aufgrund der von Art. 9 Abs. 3 GG gewährleisteten Koalitionsfreiheit selbstständig entscheiden, für welche Arbeitnehmer und für welchen Wirtschaftsbereich sie tätig werden will. Desgleichen steht es ihr frei, ihren Zuständigkeitsbereich unternehmens- bzw. betriebsbezogen oder nach sonsti-

---

516 Dazu unten, 2. Teil B. V. 3.

517 *Wiedemann*, RdA 1975, 78, 83.

518 Wiedemann-*Oetker*, TVG, § 2, Rn. 94.

519 BAG, AP Nr. 4, 7, 11 zu § 2 TVG Tarifzuständigkeit; ErfK-*Franzen*, TVG, § 2, Rn. 34; *Gaul*, ZTR 1991, 443, 444.

520 BAG, AP Nr. 1 zu § 2 TVG Tarifzuständigkeit; BAG, NZA 1986, 480, 482; BAG, AP Nr. 14 zu § 2 TVG Tarifzuständigkeit; *Buchner*, ZfA 1995, 95, 100.

gen Kriterien abzugrenzen.[521] Entsprechend ihrer Satzungsautonomie kann sie ihren Zuständigkeitsbereich jederzeit ändern, so ihr dies zweckmäßig erscheint.[522]
Gemeinhin bestimmen die Gewerkschaften ihre Tarifzuständigkeit entweder nach dem Berufsprinzip oder dem Industrieverbandsprinzip. Freilich ist auch eine Kombination von beiden vorstellbar.[523]

a. Das Berufsprinzip

Das Berufsprinzip knüpft an die Tätigkeit der Arbeitnehmer an, für die eine Gewerkschaft zuständig sein will. Eine Gewerkschaft, die dieses Prinzip in ihrer Satzung verankert, beschränkt ihre Zuständigkeit auf eine bestimmte Berufsgruppe.[524] Die Satzung bestimmt in diesem Fall, dass beispielsweise alle mit Metallarbeiten beschäftigten Arbeitnehmer Mitglieder dieser Gewerkschaft werden können. Mitglied könnte dann freilich auch ein in einem Chemieunternehmen tätiger Arbeitnehmer werden, soweit seine Tätigkeit mit Arbeiten an Metall zu tun hat.[525]

b. Das Industrieverbandsprinzip

Überwiegend organisieren sich die Gewerkschaften aber nach dem sog. Industrieverbandsprinzip.[526] Die satzungsmäßige Zuständigkeit wird auf einen bestimmten Industriezweig begrenzt.[527] Die vorwiegende Orientierung der Gewerkschaften an diesem Prinzip bringt aber keine Verpflichtung der Koalitionen mit sich, sich hieran zu orientieren.[528] Ziel des Industrieverbandsprin-

---

521 BAG, AP Nr. 4 zu § 2 TVG Tarifzuständigkeit. I. E. auch ErfK-*Franzen*, TVG, § 2, Rn. 34.

522 BAG, AP Nr. 14 zu § 2 TVG Tarifzuständigkeit.

523 Vgl. in diese Richtung § 2 der Satzung der Transnet.

524 *Jacobs*, Tarifeinheit, S. 224; Wiedemann-*Oetker*, TVG, § 2, Rn. 65.

525 Allein dürfte die Gewerkschaft Schwierigkeiten haben, auf der Arbeitgeberseite einen abschlussbereiten Verhandlungspartner zu finden, da Arbeitgeber daran interessiert sein dürften, in ihrem Unternehmen, zumindest aber in ihren Betrieben, einheitliche Arbeitsbedingungen zu erhalten. Zweifel insoweit auch bei *Buchner*, ZfA 1995, 95, 100.

526 *Gaul*, ZTR 1990, 443, 449.

527 *Zöllner/Loritz*, Arbeitsrecht, S. 384.

528 BAG, AP Nr. 1, 4 zu § 2 TVG Tarifzuständigkeit; BAG, DB 1986, 1235, 1235; *Däubler*, Tarifvertragsrecht, Rn. 87; *Schnorr v. Carolsfeld*, FS Kraft, S. 257. A. A. *Gaul*, ZTR 1991, 443, 447, 449, der in der Anwendung des Industrieverbandsprinzips die „praktische Achtung und Anerkennung des Industrieverbandsprinzips als eines geltenden Rechtsgebotes“ sieht. Dagegen spricht aber, dass sich selbst die DGB Gewerkschaften nicht grundsätzlich nach diesem Prinzip organisieren und dass darin eine Einschränkung der Koalitionsfreiheit läge.

zip ist es, die Lohnkosten einheitlich am Produktionsergebnis oder am Produktionszweig auszurichten.[529]
Eine Gewerkschaft, die ihre Tarifzuständigkeit nach dem Industrieverbandsprinzip ausgestaltet, orientiert sich zur Festlegung des erfassten Personenkreises zudem an der Einheit des Unternehmens oder des Betriebes. Zur Mitgliedschaft in einem solchen Verband ist folglich jeder Arbeitnehmer zugelassen, der in einem Unternehmen oder Betrieb des jeweiligen Wirtschaftszweiges tätig ist.[530] Im Unterschied zum Berufsprinzip können hier auch branchenfremde Arbeitnehmer Mitglied werden.[531] Trifft die Satzung der Gewerkschaft jedoch keine eindeutige Regelung, an welcher Einheit sie sich orientieren will, so ist im Zweifel das Unternehmen Anknüpfungspunkt, mit allen dazugehörenden Betriebsabteilungen, Betriebsstätten und Nebenbetrieben.[532]
Daneben ist selbstverständlich auch jede andere Ausgestaltung des Zuständigkeitsbereichs einer Gewerkschaft möglich.[533] Etwa kann der Zuständigkeitsbereich auf den Teilbereich eines Wirtschaftszweiges beschränkt oder eine Zuständigkeit für mehrere Wirtschaftszweige begründet werden.[534] Genauso wenig trifft die Gewerkschaften die Verpflichtung, eine lückenlose Zuständigkeitsbestimmung vorzunehmen.[535] Möglich ist es, dass sich eine Satzung zwar am Industrieverbandsprinzip orientiert, branchenfremde Nebenbetriebe aber ausnimmt oder nur ein bestimmtes oder einzelne branchenfremde Betriebe erfasst.[536] Entscheidend kommt es letztlich nur auf die konkrete Ausgestaltung der Satzung der Koalition an.[537]

c. Insbesondere: Die Zuständigkeit von DGB Gewerkschaften

Die Praxis der im DGB organisierten Gewerkschaften geht dahin, Tarifverträge für alle Arbeitnehmer eines bestimmten Wirtschaftszweiges zu schließen.[538] Die Tarifzuständigkeit haben die DGB Gewerkschaften aber nicht

---

529 Wiedemann-*Oetker*, TVG, § 2, Rn. 65.
530 *Buchner*, ZfA 1995, 95, 100; *Kempen/Zachert*, TVG, § 2, Rn. 155.
531 *Buchner*, ZfA 1995, 95, 100; *Kempen/Zachert*, TVG, § 2, Rn. 155.
532 *Delheid*, Tarifzuständigkeit, S. 44 f.; Wiedemann-*Oetker*, TVG, § 2, Rn. 65. A. A. *Däubler*, Tarifvertragsrecht, Rn. 93 f.; *Witt*, Firmentarifvertrag, S. 167. Nunmehr kritisch gegenüber diesem Ansatz *Kempen/Zachert*, TVG, § 2, Rn. 157. Dazu noch unten, 2. Teil B. III. 2. d.
533 *Gaul*, ZTR 1991, 443, 450; *Henssler*, ZfA 1998, 517, 521.
534 *Buchner*, ZfA 1995, 95, 100; *Wiedemann-Oetker*, TVG, § 2, Rn. 65.
535 *Kempen/Zachert*, TVG, § 2, Rn. 155.
536 BAG, AP Nr. 4 zu § 2 TVG Tarifzuständigkeit; *Däubler*, Tarifvertragsrecht, Rn. 87.
537 Wiedemann-*Oetker*, TVG, § 2, Rn. 66.
538 Vgl. § 2 der Satzung der IG Nahrung-Genuss-Gaststätten, § 2 der Gewerkschaft Transnet, § 2 der IG Bauen-Agrar-Umwelt, § 4 der Satzung der Gewerkschaft ver.di.

vorwiegend am Unternehmen orientiert, wie das von mancher Seite behauptet wird,[539] vielmehr wird gleichwertig neben dem Unternehmen auch der Betrieb aufgeführt.[540]

Besonderheiten ergeben sich aufgrund der Rechtsprechung des *BAG* insbesondere dann, wenn Satzungen von DGB Gewerkschaften übereinstimmen und so zwei Gewerkschaften hinsichtlich desselben Betriebes oder Unternehmens ihre Zuständigkeit begründet haben und nun beide vom Arbeitgeber den Abschluss eines Tarifvertrages fordern.[541]

Grundsätzlich sind die Gewerkschaften des DGB gem. § 15 Ziff. 1 der Satzung des DGB verpflichtet, ihre Zuständigkeitsbereiche gegeneinander abzugrenzen. Hilfsmittel für diese Abgrenzung ist u. a. der Grundsatz „Ein Betrieb, eine Gewerkschaft".[542] Sogar das *BAG* meint, diesen Grundsatz berücksichtigen zu müssen, wenn es zur Auslegung der Satzung einer DGB Gewerkschaft kommt.[543] Kommt es trotzdem zu einer Übereinstimmung, sind die DGB Gewerkschaften grundsätzlich verpflichtet, ein Schiedsverfahren gem. § 16 der Satzung des DGB einzuleiten, das die Tarifzuständigkeit klären soll.[544]

Nach Ansicht des *BAG* kommt dem Spruch der Schiedsstelle des DGB Außenwirkung zu.[545] Sie sei für alle Beteiligten verbindlich. Das *BAG* geht sogar davon aus, dass der Schiedsspruch auch für die Arbeitgeberseite verbindlich sei und die Tarifzuständigkeit auch für diese kläre.[546] Die Wirkung auf die Satzungen der beteiligten Gewerkschaften sieht das *BAG* darin, dass der

---

539 *Witt*, Firmentarifvertrag, S. 167.

540 Vgl. insoweit § 1 Satzung der IG Metall, § 4 Satzung der Gewerkschaft ver.di, § 2 Transnet, § 1 lit. a) IG Nahrung-Genuss-Gaststätten, § 2 IG Bauen-Agrar-Umwelt, § 1 Nr. 3 IG Bergbau, Chemie, Energie.

541 Vgl. etwa den Sachverhalt der Entscheidung vom 25.09.1996, BAG, NZA 1997, 613 ff.

542 Vgl. Anlage 1 zur Satzung des DGB Ausgabe Juli 2002, hier Nr. 2 a).

543 BAG, AP Nr. 1, 2 zu § 2 TVG Tarifzuständigkeit; *Däubler*, Tarifvertragesrecht, Rn. 87.

544 Freilich geschieht dies nicht immer. Prominente Beispiele sind insoweit etwa die Agfa-Entscheidung des *BAG*, abgedruckt in NZA 1997, 613 ff. oder die nachfolgende Entscheidung vom 12.11.1996 abgedruckt als BAG, AP Nr. 11 zu § 2 TVG Tarifzuständigkeit.

545 BAG, AP Nr. 3 zu § 2 TVG Tarifzuständigkeit. Dieser Rechtsprechung des *BAG* jedenfalls i. E. folgend: *Blank*, Tarifzuständigkeit, S. 64 ff.; *Hromadka/Maschmann/Wallner*, Tarifwechsel, Rn. 28; *Schaub*, Handbuch, § 199, Rn. 15; *Stein*, Tarifvertragsrecht, Rn. 69; *Wiedemann*, RdA 1975, 78, 82.

546 BAG, AP Nr. 3 zu § 2 TVG Tarifzuständigkeit; BAG, DB 1989, 1831, 1831; BAG, NZA 1997, 613, 617. So auch *Kempen/Zachert*, TVG, § 2, Rn. 159 f.; *Tschöpe*, Anwaltshandbuch, 4 C, Rn. 94.

Schiedsspruch diese entweder „authentisch“ interpretiere oder zumindest doch ergänze.[547] Neben der Möglichkeit, ihre Zuständigkeitskongruenzen per Schiedsspruch klären zu lassen, könnten sich die beteiligten Gewerkschaften auch über ihre Tarifzuständigkeit einigen. Der Einigung komme dann die gleiche Wirkung zu wie dem Schiedsspruch.[548] Begründeten trotzdem zwei Gewerkschaften eine kongruente Tarifzuständigkeit und führen sie keine Entscheidung durch das DGB Schiedsgericht herbei, hat dies nach der Rechtsprechung zur Folge, dass die bisher zuständige Gewerkschaft allein zuständig bleibt, bis die Zuständigkeit schiedsgerichtlich geklärt wurde. Dies ergebe sich daraus, dass das Schiedsverfahren für die DGB Gewerkschaften Vorrang vor einem Beschlussverfahren zur Klärung der Tarifzuständigkeit gem. §§ 2 a Abs. 1 Nr. 4, 97 ArbGG habe.[549]

Entscheidet die Schiedsstelle des DGB zugunsten der zweiten Gewerkschaft, verliert der bisherige Tarifpartner partiell seine Zuständigkeit, so dass auch der unternehmensweite Firmentarifvertrag partiell unwirksam wird, soweit der verbleibende Teil auch lösgelöst vereinbart worden wäre. Der nunmehr unwirksame Teil des Firmentarifvertrages wirkt bis zur Vereinbarung eines neuen Tarifvertrages fort.[550]

Nach Ansicht des *BAG* steht sogar einer Entscheidung der Schiedsstelle, wonach beide Gewerkschaften zuständig seien, nichts entgegen, wenn dies der Schiedsstelle „ausnahmsweise sinnvoll erscheint“[551]. Es gebe keinen gesetzlichen Grundsatz, der eine Doppelzuständigkeit ausschlösse, auch sei die Stellung der unterlegenen Gewerkschaft nicht unzumutbar beeinträchtigt.[552]

Dieser Rechtsprechung des *BAG* kann jedoch nicht zu gefolgt werden.[553] Sie entspricht zwar ordnungspolitischen Wünschen,[554] findet aber im Gesetz keinen Halt. Dies ergibt sich daraus, dass die jeweiligen Gewerkschaften als eigenständige Vereine organisiert sind. Soll das Schiedsgericht des DGB also

---

547 BAG, AP Nr. 3, 14 zu § 2 TVG Tarifzuständigkeit.

548 BAG, AP Nr. 14 zu § 2 TVG Tarifzuständigkeit.

549 BAG, AP Nr. 11 zu § 2 TVG Tarifzuständigkeit. Kritisch hierzu *Buchner*, SAE 1998, 262, 265.

550 *Henssler*, ZfA 1998, 517, 528 wendet dagegen § 3 Abs. 3 TVG analog an, so dass der bisherige Tarifvertrag bis zum vereinbarten Zeitpunkt Gültigkeit behält, während *Schaub*, Handbuch, § 199, Rn. 46 auf § 4 Abs. 5 TVG abstellt.

551 BAG, AP Nr. 11 zu § 2 TVG Tarifzuständigkeit.

552 BAG, AP Nr. 11 zu § 2 TVG Tarifzuständigkeit.

553 LAG München, LAGE Nr. 1 zu § 2 TVG Tarifzuständigkeit; *Konzen*, FS Kraft, S. 311 ff.; *Löwisch/Rieble*, TVG, § 2, Rn. 98 ff.; *Reuter*, Anm. zu BAG, AP Nr. 4 zu § 2 TVG Tarifzuständigkeit. Allgemein gegen die Satzungsänderung durch einen vereinsfremden Dritten: Soergel-*Hadding*, BGB, § 33, Rn. 7.

554 Vgl. etwa *Heß*, ZfA 1976, 45, 51.

die Satzung der DGB Gewerkschaften „authentisch“ interpretieren können, müsste es nicht nur Organ des DGB, sondern auch der untergliederten Gewerkschaften sein.[555] Dies ist es aber gerade nicht. Auch haben die Mitgliedsgewerkschaften in ihren Satzungen keine Bestimmung getroffen, wonach die Tarifzuständigkeit im Streitfalle durch das DGB Schiedsgericht bestimmt wird. Sie haben lediglich die Mitgliedschaft im DGB festgeschrieben.[556] Die von *Däubler* in diesem Zusammenhang vorgebrachte gewohnheitsrechtliche Ergänzung der Satzung ist abzulehnen,[557] da eine Änderung oder Ergänzung der Satzung im Rahmen der Privatautonomie allein dem insoweit zur Beschlussfassung legitimierten Organ zusteht.[558] Daran ändert sich auch nichts durch die Mitgliedschaft der Einzelgewerkschaften im DGB.[559] Zweifel werden über die vereinsrechtlichen Bedenken hinaus an der Bestimmtheit des § 16 der DGB Satzung vorgebracht, da dieser nicht die wesentlichen Umstände für den Schiedsspruch festlegt.[560] Dazu gehören nach der Rechtsprechung des *BGH* Regelungen über die Zusammensetzung des Schiedsgerichts und über die Auswahl und Bestellung der Richter, so dass die Unparteilichkeit und Sachkunde gewährleistet ist.[561] Zweifel sind auch deshalb begründet, weil der Schiedsspruch nicht nur Wirkung auf die untergliederten Gewerkschaften hat, sondern auch auf den sozialen Gegenspieler.[562] Dies steht aber im Widerspruch zur eigenen Rechtsprechung des *BAG*, wonach dem sozialen Gegenspieler kein Einfluss auf die Satzung der Koalitionen zukommen darf.[563] Richtigerweise kann deshalb eine Nichtbeachtung des Schiedsspruches, zu dessen Beachtung und Umsetzung die DGB Gewerkschaften verpflichtet sind, allein eine Sanktionierung zur Folge haben.

Auch die Rechtsprechung des *BAG*, wonach es bei kongruenter Zuständigkeit zweier Gewerkschaften für einen Betrieb die Zuständigkeit bis zur Klärung derselben durch das DGB Schiedsgericht bei der bislang allein zuständigen Gewerkschaft belässt, ist zweifelhaft. Zwar wird hierdurch Rechtssicherheit

---

555 *Löwisch/Rieble*, TVG, § 2, Rn. 99.

556 Vgl. etwa § 2 der Satzung der IG-Bergbau-Chemie-Energie. Dies übersieht das *BAG*, wenn es in seiner Entscheidung vom 25.09.1996 darauf abstellt, dass die Selbstbeschränkung der DGB Gewerkschaften durch Anerkennung eines satzungsinterpretierenden Schiedsverfahrens unbedenklich sei (BAG, NZA 1997, 613, 616).

557 Vgl. *Däubler*, Tarifvertragsrecht, Rn. 88 a.

558 *Löwisch/Rieble*, TVG, § 2, Rn. 100.

559 *Konzen*, FS Kraft, S. 313, so aber BAG, NZA 1997, 613, 616.

560 *Löwisch/Rieble*, TVG, § 2, Rn. 103.

561 BGHZ, 88, 314, 316.

562 *Heß*, ZfA 1976, 45, 51.

563 So auch *Löwisch/Rieble*, TVG, § 2, Rn. 93.

erzielt, doch dient diese Entscheidung nur dazu, der Satzung des DGB und dem DGB Schiedsgericht im Verhältnis zu den einzelnen Gewerkschaften weitere Bedeutung zuzumessen, die diese schlicht nicht hat. Der Rechtsprechung sollte wegen des falschen Ansatzpunktes nicht gefolgt, die entstehende Konkurrenzsituation vielmehr über die Grundsätze von Tarifkonkurrenz und -pluralität gelöst werden.[564]

2. Die Tarifzuständigkeit im Firmentarif

Im Rahmen des Berufsprinzips ergeben sich für die Arbeitnehmerkoalition keine Besonderheiten. Sie kann dort Firmentarifverträge abschließen, wo ein Mitglied beschäftigt ist, das die Voraussetzungen der Satzung erfüllt.
Etwas anderes galt aber für die Zuständigkeit im Rahmen des Industrieverbandsprinzips. Erst mit seinem Urteil vom 25.09.1996 hat das *BAG* entschieden, dass die Gewerkschaften Firmentarifverträge auch bezogen auf einzelne Betriebe abschließen dürfen (sog. betriebsbezogene Geprägetheorie).[565]

a. Rechtslage vor der unternehmensbezogenen Geprägetheorie

Seit Anerkennung des Merkmals der Tarifzuständigkeit durch die Rechtsprechung[566] hat diese zur Bestimmung der Tarifzuständigkeit auf die Satzung der jeweiligen Gewerkschaft abgestellt. Ob dagegen ein Firmentarifvertrag bezogen auf einen von mehreren Betrieben oder allein auf das Unternehmen abgeschlossen werden konnte, war bis zur Entscheidung vom 22.11.1988 nicht höchstrichterlich geklärt worden. In den bis dahin veröffentlichten Entscheidungen ging es jeweils nur darum, den Zuständigkeitskreis der Gewerkschaften satzungsgemäß abzugrenzen.
So sollte im Fall des *BAG* vom 24.04.1964 die fehlende Tarifzuständigkeit der IG Bau festgestellt werden.[567] Die Satzung der IG Bau war betriebsbezogen aufgestellt.[568] Die Betriebsbezogenheit wurde vom *BAG* auch akzeptiert, doch hatte es sich nicht mit der Frage auseinander zusetzen, ob ein betriebsbezogener Firmentarifvertrag abgeschlossen werden konnte, da das fragliche Unternehmen nur einen Betrieb hatte.

564 *Gamillscheg*, Kollektives Arbeitsrecht Bd. I, S. 533; *Konzen*, FS Kraft, S. 314.
565 BAG, NZA 1997, 613 ff.
566 BAG, AP Nr. 1 zu § 2 TVG Tarifzuständigkeit.
567 BAG, AP Nr. 1 zu § 2 TVG Tarifzuständigkeit.
568 Die Tarifzuständigkeit war bezogen „auf Arbeiter, Angestellte und Beamte der gesamten Bergbauwirtschaft und der damit verbundenen Eigenbetriebe, Nebenbetriebe und Aufbereitungsanlagen".

Auch in der Entscheidung vom 17.02.1970 war die fehlende Tarifzuständigkeit Kernfrage, diesmal der IG Chemie.[569] Das *BAG* hielt hier insbesondere fest, dass in gleichem Maße wie der Arbeitgeberverband auch der einzelne Arbeitgeber ein Interesse daran habe zu wissen, welche Gewerkschaft für ihn in Betracht komme. Letztlich ging es hier aber um die Frage, ob der einzelne Arbeitgeber Antragsteller i.S.d. § 97 ArbGG sein könne; das *BAG* bejahte dies und wandte die Norm analog an.

Die Entscheidung vom 17.02.1970 ging es erneut um die Frage der Tarifzuständigkeit der IG Chemie.[570] Das *BAG* erklärte den zwischen der IG Chemie und der IG Metall ergangenen Schiedsspruch für verbindlich. Auch hier stellte sich nicht die Frage, ob ein Firmentarifvertrag auch bezogen auf einen von mehreren Betrieben geschlossen werden konnte, da das fragliche Unternehmen wiederum nur einen Betrieb hatte.

Auch in der Entscheidung vom 19.11.1985 musste das *BAG* nicht über die Möglichkeit eines betriebsbezogenen Firmentarifvertrages entscheiden.[571] Beantragt war die Feststellung der Unzuständigkeit der IG Chemie für ein bestimmtes Unternehmen.

b. BAG v. 22.11.1988, 1 ABR 6/87: Unternehmensbezogene Prägetheorie

Mit Urteil vom 22.11.1988 entschied sich nunmehr auch das *BAG* dafür, im Rahmen des Industrieverbandsprinzips die sog. unternehmensbezogene Geprägetheorie anzuwenden.[572] Diese Theorie lief auf eine Einschränkung der eigentlich unbeschränkbaren Satzungsautonomie der Gewerkschaften hinaus. Inhalt dieser Theorie war es, dass für eine Gewerkschaft, die ihre Zuständigkeit nach dem Industrieverbandsprinzip bestimmt hatte – unabhängig von deren Satzung – auf den überwiegenden Unternehmenszweck abgestellt wurde.

Für den Abschluss eines Firmentarifvertrages zuständig war danach diejenige Gewerkschaft, deren satzungsmäßiger Organisationsbereich der Tätigkeit entsprach, die dem Unternehmen des Arbeitgebers das Gepräge gab. Ob eine andere Gewerkschaft ihre Zuständigkeit auch für einzelne (branchenfremde) Betriebe, Betriebsabteilungen oder Nebenbetriebe dieses Unternehmens be-

---

569 BAG, AP Nr. 2 zu § 2 TVG Tarifzuständigkeit.

570 BAG, AP Nr. 3 zu § 2 TVG Tarifzuständigkeit.

571 BAG, AP Nr. 4 zu § 2 TVG Tarifzuständigkeit.

572 BAG, AP Nr. 5 zu § 2 TVG Tarifzuständigkeit; so auch *Löwisch/Rieble*, TVG, 1. A., § 2,Rn. 101.

gründet hatte, war unerheblich.[573] In der Konsequenz konnte eine Gewerkschaft sich daher zwar betriebsbezogen für zuständig erklären, der Abschluss eines dahingehenden Firmentarifvertrages war aber nur der Gewerkschaft möglich, die nach dem überwiegenden Gepräge des Unternehmens zuständig war.[574] Hierdurch wurde eine klare und deshalb Rechtssicherheit gewährleistende Regelung erreicht.[575]
Für die Beurteilung des überwiegenden Gepräges wurde und wird in erster Linie auf den arbeitstechnischen Zweck und die Zahl der einschlägig beschäftigten Arbeitnehmer, in zweiter Linie auf den maßgeblichen Anteil am Umsatz und Gewinn, sowie bei den Kapitalgesellschaften auf den im Statut genannten Unternehmensgegenstand abgestellt.[576] Ob diese einschlägig beschäftigten Arbeitnehmer in einer Gewerkschaft organisiert sind, ist unerheblich.[577]

c. BAG v. 25.09.1996, 1 ABR 25/96: Betriebsbezogene Geprägetheorie

Durch seine Entscheidung vom 25.09.1996 ist das *BAG* von der unternehmensbezogenen Geprägetheorie abgerückt.[578] Nunmehr sieht auch das *BAG* die Satzung der Gewerkschaft als allein ausschlaggebendes Kriterium für die Möglichkeit, einen Firmentarifvertrag abschließen zu können, an. Für die Gewerkschaften eröffnet sich damit die Möglichkeit, in ihren Satzungen nicht nur die Tarifzuständigkeit für einzelne branchenfremde Betriebe zu begründen, sondern insbesondere diese Betriebsbezogenheit in einem Firmentarifvertrag auch um- und durchzusetzen.
Dies ist der unproblematische Inhalt der Entscheidung des *BAG* für eine betriebsbezogene Geprägetheorie. Das *BAG* begnügt sich jedoch nicht damit, die Satzungsautonomie der Gewerkschaften umzusetzen, sondern geht weit darüber hinaus: Die Satzung der Gewerkschaft bestimmt nach Ansicht des *BAG* die Tarifzuständigkeit auch verbindlich für den sozialen Gegenspieler.[579] Wurde mit der unternehmensbezogenen Geprägetheorie also noch die Satzungsautonomie der Gewerkschaften eingeschränkt, geschieht dies nunmehr

---

573 BAG, AP Nr. 5 zu § 2 TVG Tarifzuständigkeit; *Buchner*, ZfA 1995, 95, 106 ff.; *Gamillscheg*, Kollektives Arbeitsrecht Bd. I, S. 534; *Hanau*, ZfA 1990, 115, 129; Wiedemann-*Oetker*, TVG, § 2, Rn. 68.

574 BAG, AP Nr. 5 zu § 2 TVG Tarifzuständigkeit; *Henssler*, ZfA 1998, 517, 522.

575 *Henssler*, ZfA 1998, 517, 522.

576 BAG, AP Nr. 5 zu § 2 TVG Tarifzuständigkeit; *Gaul*, ZTR 1991, 443, 451; Wiedemann-*Oetker*, TVG, § 2, Rn. 68.

577 BAG, AP Nr. 126 zu § 1 TVG Tarifverträge - Bau.

578 BAG v. 25.09.1996, NZA 1997, 613 ff. (Agfa-Entscheidung).

579 BAG, NZA 1997, 613, 617; so vorher schon *Däubler*, Tarifvertragsrecht, Rn. 93 f.; *Kempen/Zachert*, TVG; § 2, Rn. 159.

mit der Entscheidungsfreiheit des Arbeitgebers.[580] Dem Arbeitgeber wird eine eigenständige Entscheidung hinsichtlich seiner Tarifzuständigkeit verwehrt; er ist originär tarifzuständig.
Ein weiteres Problem tritt hinzu. Der Vorteil der unternehmensbezogenen Gerprägetheorie lag in der von ihr erzeugten Rechtssicherheit.[581] Kollisionen in der Zuständigkeit insbesondere von DGB Gewerkschaften konnten nur dort auftreten, wo sich zwei Gewerkschaften für denselben Industriezweig zuständig erklärten. Mit der Neuregelung durch das *BAG* hat sich diese Situation verändert. Insbesondere kann es zu nun einer Kollision von Tarifzuständigkeiten auf Betriebsebene kommen, wenn beispielsweise eine Gewerkschaft mit dem ganzen Unternehmen – orientiert am überwiegenden Unternehmenszweck – einen Tarifvertrag geschlossen hat, und sodann eine weitere Gewerkschaft hinzutritt, die nach ihrer Satzung für einen einzelnen Betrieb dieses Unternehmens zuständig ist und den Abschluss eines hierauf bezogenen Haustarifvertrages verlangt.[582] Das Problem, dass der Arbeitgeber von mehreren Gewerkschaften zum Abschluss eines Haustarifvertrages aufgefordert wird, ist freilich kein Neues, durch die Rechtsprechung des *BAG* wird es aber potenziert.[583]

d. Die weitergehende Meinung Däublers

Däubler geht noch über die Entscheidung des *BAG* hinaus. So sei im Zweifel von der Betriebsbezogenheit der Satzung auszugehen, wenn die Satzung nicht zwischen dem Unternehmen und dem Betrieb als Anknüpfungspunkt wähle.[584] Dies ergebe sich durch eine Auslegung der Satzung, bei der zu berücksichtigen sei, dass das TVG in den §§ 1 Abs. 1, 3 Abs. 2, 4 Abs. 1, 8 TVG vom Betrieb und nicht vom Unternehmen als Grundeinheit des Tarifrechts ausgehe.[585]
Witt lehnt diese Meinung ab und vertritt, dass im Zweifel die rechtstatsächlich übliche Gestaltung gewollt ist. Die übliche Ausrichtung einer nach dem Industrieverbandsprinzip organisierten Gewerkschaft sei die nach dem überwiegendem Unternehmenszweck.[586] Damit würde aber kaum Rechtsicherheit er-

---

580 *Henssler*, ZfA 1998, 517, 523 ff.
581 *Henssler*, ZfA 1998, 517, 522.
582 Exemplarisch BAG, NZA 1997, 613 ff.
583 *Henssler*, ZfA 1998, 517, 530.
584 *Däubler*, Tarifvertragsrecht, Rn. 93 f.; *Kempen/Zachert*, TVG, 3. A., § 2, Rn. 134, die aber nunmehr für die Betriebsbezogenheit einen Anknüpfungspunkt in der gewerkschaftlichen Satzung fordern: *Kempen/Zachert*, TVG, 3. A., § 2, Rn. 157.
585 *Kempen/Zachert*, TVG, § 2, Rn. 134.
586 *Witt*, Firmentarifvertrag, S. 167.

zeugt, ja die durch die Abkehr von der unternehmensbezogenen Geprägetheorie erzeugte Unsicherheit sogar erneut potenziert: Wie soll erkannt werden, wann die Orientierung nach dem überwiegenden Unternehmenszweck nicht mehr die vorwiegende Gestaltung der Satzungen der Gewerkschaft ist? Insbesondere ist falsch, dass die Satzungen der Gewerkschaften üblicherweise am überwiegenden Unternehmenszweck ausgerichtet würden. Jedenfalls die Satzungen der DGB Gewerkschaften sind betriebsbezogen gestaltet.[587] Zudem sollen die Zuständigkeiten unter den DGB Gewerkschaften nach dem Grundsatz „Ein Betrieb, eine Gewerkschaft" und nicht „Ein Unternehmen, eine Gewerkschaft" abgegrenzt werden.[588] Die im DGB organisierten Gewerkschaften haben dessen Satzung anzuerkennen.[589] Wenn man also von der Rechtswirklichkeit ausgehen will, dann hat dies im Zweifel die Anknüpfung an den Betrieb zur Folge.

Zudem kann die Gewerkschaft durch eine betriebsbezogene Satzung mehr Arbeitnehmer erreichen als bei einer unternehmensbezogenen Zuständigkeit. Mit letzterer könnte sie auch solche Betriebe nicht erreichen, die wegen des überwiegenden Unternehmenszwecks in den Zuständigkeitsbereich einer anderen Gewerkschaft fallen. Mit *Däubler* ist daher davon auszugehen, dass im Zweifel eine Betriebsbezogenheit der Satzung gewollt ist.

IV. Tarifzuständigkeit des Einzelarbeitgebers

Der Arbeitgeber ist bei Firmentarifverträgen für das Unternehmen im Ganzen und für die untergliederten Betriebe zuständig.[590] Ein Firmentarifvertrag kann auch für eine zukünftige Firma geschlossen werden.[591] Wie die Tarifzuständigkeit des Arbeitgebers aber genau zu bestimmen ist, ist umstritten.

1. BAG v. 22.11.1988, 1 ABR 6/87

Im Rahmen der unternehmensbezogenen Geprägetheorie bestand für die Rechtsprechung kein Anlass, sich mit der Tarifzuständigkeit des Arbeitgebers auseinanderzusetzen. Die Gewerkschaft konnte ihre Zuständigkeit zwar betriebs- oder unternehmensbezogen begründen, aber allein diejenige Gewerkschaft konnte einen Firmentarifvertrag abschließen, die nach dem überwie-

---

587 Vgl. nur § 1 Satzung der IG Metall, § 4 Satzung der Gewerkschaft ver.di, § 2 Transnet, § 1 lit. a) IG Nahrung-Genuss-Gaststätten, § 2 IG Bauen-Agrar-Umwelt, § 1 Nr. 3 IG Bergbau, Chemie, Energie.

588 Vgl. § 16 Ziff. 1 DGB Satzung i.V.m. Anlage 2, hier Nr. 2 a).

589 Vgl. § 3 Ziff. 1 DGB Satzung.

590 *Schaub*, Handbuch, § 199, Rn. 3.

591 BAG, AP Nr. 1 zu § 3 BetrVG 1972.

genden Gepräge des Unternehmens zuständig war. Ob der Arbeitgeber originär tarifzuständig war oder ob er seine Tarifzuständigkeit beschränken konnte, lässt sich aus den ergangenen Entscheidungen nicht ersehen.[592]

2. BAG v. 25.09.1996, 1 ABR 25/96

Im Rahmen der betriebsbezogenen Geprägetheorie wird die Tarifzuständigkeit des Arbeitgebers durch die Satzung der Arbeitnehmerkoalition bestimmt. Der Arbeitgeber ist danach in dem Rahmen tarifzuständig, in dem eine tarifzuständige Gewerkschaft von ihm den Abschluss eines Tarifvertrages verlangt.[593]

Eventuell begründete Absichten des Arbeitgebers, die etwa darin liegen können, einen einheitlichen Tarifvertrag für sein Unternehmen oder umgekehrt eigenständige Haustarifverträge für alle seine Betriebe abzuschließen, werden damit nicht nur in den Hintergrund gedrängt, sondern finden schlicht keine Beachtung.[594] Ob eine solche Regelung erreicht werden kann, liegt allein im Ermessen der Gewerkschaft. Aber selbst wenn die tarifzuständige Gewerkschaft sich beispielsweise auf einen unternehmenseinheitlichen Haustarifvertrag einlassen sollte, bedeutet dies nicht, dass ihr die Zuständigkeit für diesen Tarifvertrag nicht später im Rahmen eines Schiedsverfahrens aberkannt wird. Damit stünde der Arbeitgeber erneut vor dem Dilemma, wie er eine tarifrechtlich einheitliche Positionierung seines Unternehmens erreichen soll.

3. Der Ansatz Buchners

Die unternehmerisch beachtenswerte Entscheidung des Arbeitgebers, wie er sein Unternehmen tarifrechtlich aufstellen will, steht daher, neben der möglichen mehrfachen Inanspruchnahme auf Abschluss eines Tarifvertrages, auch im Mittelpunkt der Kritik an der betriebsbezogenen Geprägetheorie.

Zunächst *Buchner* und teilweise ausbauend später *Heinze* haben daher eine Gegenmeinung entwickelt, welche die unternehmerische Entscheidung des Arbeitgebers, wie er sein Unternehmen tarifrechtlich aufstellen will, beachtet.[595] Danach soll der unternehmerischen Entscheidung dieselbe Wirkung zukommen, wie der Satzung der Gewerkschaft für deren Tarifzuständigkeit.[596] *Buchner* hat diesen Ansatz als alternative Begründung für die unter-

---

592 Vgl. dazu oben, 2. Teil B. III. 2. a.

593 *Henssler*, ZfA 1998, 517, 523; *Konzen*, FS Kraft, S. 308.

594 In diese Richtung auch *Henssler*, ZfA 1998, 517, 525.

595 *Buchner*, ZfA 1995, 95, 118; *Heinze*, DB 1997, 2122, 2122 ff.

596 So auch *Graf*, Tarifzuständigkeit, S. 280 ff.; *Henssler*, ZfA 1998, 517 ff.; *Natzel*, SAE 2001, 43, 46 f.

nehmensbezogene Prägetheorie entwickelt. Er hatte erkannt, dass die unternehmensbezogene Prägetheorie, wie sie das *BAG* begründete, eine unzulässige Einschränkung der Satzungsautonomie der Gewerkschaften mit sich brachte.[597] Der Bezug auf das überwiegende Gepräge des Unternehmens sollte vielmehr durch eine (freiwillige) Einschränkung der Tarifzuständigkeit des Arbeitgebers erreicht werden.[598] Damit muss es freilich nicht bei der Unternehmensbezogenheit bleiben. Aufgrund der betonten Entscheidungsfreiheit des Arbeitgebers kann er sich auch dahingehend entscheiden, Haustarifverträge für die einzelnen Betriebe abzuschließen. Es handelt sich bei dem Ansatz *Buchners* daher nicht nur um eine neue Begründung für die unternehmensbezogene Prägetheorie, sondern vielmehr um einen eigenständigen Ansatz zur Bestimmung der Tarifzuständigkeit des Einzelarbeitgebers.
Konsequenz der freien Entscheidung des Arbeitgebers, wie er sein Unternehmen tarifrechtlich aufstellen will, ist aber auch, dass er sich mit den Gegebenheiten auf der Gewerkschaftsseite abfinden muss. Er hat keine Garantie dafür, dass es eine Gewerkschaft gibt, die eine kongruente Tarifzuständigkeit besitzt.[599] Die Berücksichtigung der unternehmerischen Entscheidung führt jedenfalls nicht dazu, dass der Unternehmer seine Tarifzuständigkeit soweit beschränken könnte, dass keine Gewerkschaft für ihn tarifzuständig wäre.[600] Dies geben die Möglichkeiten zur Beschränkung der Tarifzuständigkeit nicht her.[601] *Witt* wendet ein, dass der Arbeitgeber sich dann eine Gewerkschaft aussuchen könnte.[602] Es stellt sich die Frage, was gegen eine solche Wahl einzuwenden wäre? Liegt hierin doch eine zulässige, wirtschaftlich bedeutsame Überlegung. Zudem hat keine Gewerkschaft Anspruch auf einen bestimmten Tarifpartner, genau wie der Arbeitgeber keinen Anspruch auf die ihm genehme tarifzuständige Gewerkschaft hat;[603] er muss sich mit den Gegebenheiten auf Gewerkschaftsseite abfinden – existiert die ihm genehme Gewerkschaft nicht, bleibt ihm ohnehin keine Wahl. Zudem steht es jeder Gewerkschaft frei, die eigene Tarifzuständigkeit zu ändern und einen Arbeitgeber damit wieder in den eigenen Zuständigkeitsbereich zu überführen.

---

597 *Buchner*, ZfA 1995, 95, 107 ff.

598 *Buchner*, ZfA 1995, 95, 118.

599 BAG, AP Nr. 3 zu § 2 TVG Tarifzuständigkeit; BAG, NZA 1997, 613, 617; *Heinze*, DB 2122, 2123.

600 So aber *Witt*, Firmentarifvertrag, S. 168.

601 Vgl. dazu weiter unten, 2. Teil B. IV. 4. e.ee.

602 *Witt*, Firmentarifvertrag, S. 168.

603 BAG, AP Nr. 3 zu § 2 TVG Tarifzuständigkeit; BAG, NZA 1997, 613, 617; *Heinze*, DB 2122, 2123.

4. Würdigung

Im Folgenden soll daher der Frage nachgegangen werden, welche der genannten drei Ansätze die Tarifzuständigkeit des Arbeitgebers richtig bestimmt.

Schon im Vorfeld der Würdigung muss dabei die unternehmensbezogene Geprägetheorie, wie sie das *BAG* in seiner Entscheidung vom 22.11.1988 vertreten hat, abgelehnt werden. Gegen diese wird zu Recht eingewandt, dass sie die Satzungsautonomie der Gewerkschaften in unzulässiger Weise einschränkt.[604] Die Satzungsautonomie ist durch Art. 9 Abs. 3 S. 1 GG gewährleistet,[605] so dass es für eine Gewerkschaft grundsätzlich möglich sein muss, ihre Zuständigkeit auch bezogen auf einen Betrieb zu bestimmen. Zumal aus gewerkschaftlicher Sicht durchaus vernünftige und verständliche Gründe existieren, die eigene Zuständigkeit nur hinsichtlich eines bestimmten Betriebes zu begründen. Desgleichen sind freilich auch für den Arbeitgeber Gründe vorstellbar, einen betriebsbezogenen Haustarifvertrag abschließen zu wollen.[606] Dieser Eingriff in die Satzungsautonomie entzieht sich auch einer Rechtfertigung.[607] Wie die Tarifzuständigkeit des Einzelarbeitgebers zu bestimmen ist, kann sich damit nur noch nach der betriebsbezogenen Geprägetheorie oder nach dem Ansatz *Buchners* ergeben.

a. Fehlende Tariffähigkeit des Betriebes

Gegen die betriebsbezogene Geprägetheorie wird zunächst der Wortlaut des § 2 Abs. 1 TVG fruchtbar gemacht.

Ausgangs- und Anknüpfungspunkt der betriebsbezogenen Geprägetheorie ist der Betrieb. Vorgebracht wird in diesem Zusammenhang, dass ein Betrieb

---

604 *Buchner*, ZfA 1995, 95, 118; *Henssler*, ZfA 1998, 517, 522; *Witt*, Firmentarifvertrag, S. 167; in diese Richtung auch *Blank*, Tarifzuständigkeit, S. 57 ff.

605 BAG, AP Nr. 1, 2, 4, 7 zu § 2 TVG Tarifzuständigkeit; *Buchner*, ZfA 1995, 95, 99; *Heinze*, DB 1997, 2122, 2122; *Heß*, ZfA 1976, 45, 49 f.; *Kempen/Zachert*, TVG, § 2, Rn. 154; *Konzen*, FS Kraft, S. 300; Staudinger-*Richardi*, Vorbem. zu §§ 611 ff., Rn. 615; Wiedemann-*Oetker*, TVG, § 2, Rn. 61.

606 *Henssler*, ZfA 1998, 517, 522.

607 Aus dem gleichen Grund ist auch der Ansatz *Suschets* (ZfA 2005, 581, 599 f.) abzulehnen. *Suschet* möchte die passive Arbeitskampffähigkeit des Einzelarbeitgebers dahingehend einschränken, dass nur noch die für das gesamte Unternehmen zuständige Gewerkschaft einen Firmentarifvertrag erstreiken kann. Andere Gewerkschaften sollen zu einem Streik, etwa um einen betriebsbezogenen Firmentarifvertrag, nicht in der Lage sein. Hierin liegt aber richtigerweise keine Einschränkung der passiven Arbeitskampffähigkeit des Einzelarbeitgebers, sondern eine Einschränkung und damit eine Verletzung der Satzungsautonomie der nicht unternehmensweit zuständigen Gewerkschaft. Ihre vor dem Hintergrund des Art. 9 Abs. 3 GG selbstgewählte Zuständigkeit muss sie auch umsetzen können.

oder eine Betriebsabteilung ebenso wie ein Nebenbetrieb für sich gesehen nicht tariffähig sei.[608] Der Betrieb sei zudem ein willkürlicher Ansatzpunkt. Genauso gut könne man eine Betriebsabteilung oder einen Nebenbetrieb als Ansatzpunkt für die Tarifzuständigkeit wählen.[609] Letztlich messe das *BAG* mit seiner Anknüpfung an den Betrieb der Satzung des DGB, die den Grundsatz „Ein Betrieb, eine Gewerkschaft" enthält, in unzulässiger Weise Außenwirkung zu.[610] Die am Betrieb anknüpfenden Ordnungskriterien seien weder unmittelbar in Art. 9 Abs. 3 GG noch im TVG verankert. Folgerichtig sei ein betriebsbezogener Tarifvertrag erst dann möglich, wenn sich der allein tariffähige Unternehmensträger insoweit für tarifzuständig erkläre.[611]

Das *BAG* selbst wendet hiergegen ein, dass – unabhängig davon, ob der Tarifvertrag bezogen auf den Betrieb oder das Unternehmen geschlossen werde – Vertragspartner immer der Arbeitgeber als Inhaber des gesamten Unternehmens sei.[612] Dieser sei nicht gezwungen, für alle Betriebe seines Unternehmens einen einheitlichen Firmentarifvertrag abzuschließen, sondern könne sich auf einzelne Betriebe beschränken. Es gebe keinen Grund, warum dies nicht auch der Gewerkschaft möglich sein sollte.[613]

Dem *BAG* ist zunächst darin zuzustimmen, dass es einer Gewerkschaft möglich sein muss, eine betriebsbezogene Zuständigkeit zu begründen und diese auch umzusetzen. Hierfür spricht die schon mehrfach angeführte Satzungsautonomie der Koalitionen. Dem *BAG* ist aber auch darin zuzustimmen, dass es auf die fehlende Tariffähigkeit des Betriebes nicht ankommt. Und zwar auch dann nicht, wenn man die Tarifzuständigkeit als Teil der Tariffähigkeit ansieht. Richtig stellt das *BAG* nämlich heraus, dass Vertragspartner immer der Arbeitgeber ist; allein auf seine Tariffähigkeit kommt es an. Allerdings lässt sich insbesondere vor dem Hintergrund, dass die Tarifzuständigkeit nach überwiegender Ansicht eine von der Tariffähigkeit zu trennende Wirksamkeitsvoraussetzung ist,[614] aus der Tariffähigkeit des Arbeitgebers nicht dessen originäre Tarifzuständigkeit ableiten. Letztlich ist die Argumentation des *BAG* zwar eine Verteidigung für den Betrieb als Anknüpfungspunkt eines Tarifvertrages, sie widerspricht aber nicht der Ansicht *Buchners*, nach der es neben der Satzung der Gewerkschaft für einen wirksamen Tarifvertragsabschluss auch auf den Willen des Arbeitgebers ankomme.

---

608 BAG, AP Nr. 5 zu § 2 TVG Tarifzuständigkeit; *Henssler*, ZfA 1998, 517, 522.
609 Aufgeschlossen für den Betrieb als Ansatzpunkt scheint *Hanau*, ZfA 1990, 115, 129.
610 *Henssler*, ZfA 1998, 517, 524.
611 *Henssler*, ZfA 1998, 517, 524.
612 BAG, NZA 1997, 613, 618 im Anschluss an *Däubler*, Tarifvertragsrecht, Rn. 93a.
613 BAG, NZA 1997, 613, 618.
614 S. 2. Teil B. I.

Ob der Arbeitgeber originär betriebsbezogen zuständig ist, ergibt sich damit nicht aus seiner grundsätzlich gegebenen Tariffähigkeit. Gegen diese originäre Tarifzuständigkeit lässt sich aber auch nicht die mangelnde Tariffähigkeit des Betriebs anführen.

b. §§ 2 a Abs. 1 Nr. 4, 97 ArbGG

Während § 2 Abs. 1 TVG die Tarifzuständigkeit nicht ausdrücklich erwähnt, findet dies in §§ 2 a Abs. 1 Nr. 4, 97 ArbGG tatsächlich statt. Das in diesen Normen geregelte Verfahren dient der Feststellung der Tarifzuständigkeit. Danach sind die Gerichte für Arbeitssachen ausschließlich zuständig für die Entscheidung über die Tarifzuständigkeit einer Vereinigung. Aus der Bezugnahme auf die „Vereinigung" wird abgeleitet, dass mit diesem Verfahren nicht die Tarifzuständigkeit des Einzelarbeitgebers festgestellt werden könnte. Erwähne der Gesetzgeber den Einzelarbeitgeber aber nicht, könne daraus weiter gefolgert werden, dass er auf ein solches Verfahren verzichtet habe, weil für den Einzelarbeitgeber ohnehin keine Möglichkeit bestehen sollte, seine Tarifzuständigkeit zu verändern.[615]
Ob dies aber tatsächlich der hinter den Normen stehende Wille des Gesetzgebers war, bleibt unbewiesen und damit eine Vermutung. Zudem spricht der Wortlaut zwar tatsächlich nur von den Vereinigungen, ergäbe sich aber aus anderen rechtlichen Gesichtspunkten, insbesondere dem Verfassungsrecht, die Notwendigkeit dem Einzelarbeitgeber eine Beschränkung seiner Tarifzuständigkeit zu gestatten, könnte eine einfachgesetzliche (Verfahrens-)Norm dem nicht entgegenstehen. Die §§ 2 a Abs. 1 Nr. 4, 97 ArbGG enthielten dann vielmehr eine Regelungslücke, die zu ergänzen wäre, so dass die Tarifzuständigkeit des Einzelarbeitgebers analog zu diesen Normen festgestellt werden könnte. An den Voraussetzung für eine Analogie würde es nicht scheitern, der Tatbestand ist ähnlich. Damit korrespondiert auch, dass das *BAG* analog zu §§ 2 a Abs. 1 Nr. 4, 97 ArbGG die Parteifähigkeit des Arbeitgebers im Beschlussverfahren anerkannt hat.[616]
Letztlich kann man daher §§ 2 a Abs. 1 Nr. 4, 97 ArbGG nicht gegen eine freie Wahl des Arbeitgebers hinsichtlich seiner Tarifzuständigkeit anführen.

c. Sinn und Zweck des § 2 Abs. 1 TVG

Gegen die betriebsbezogene Geprägetheorie wird aber zu Recht der Sinn und Zweck des § 2 Abs. 1 TVG fruchtbar gemacht. Wie bereits oben herausgearbeitet, soll dieser sicherstellen, dass ein Arbeitgeber sich nicht durch Fern-

---

615 *Witt*, Firmentarifvertrag, S. 169.
616 BAG, AP Nr. 2 zu § 2 TVG Tarifzuständigkeit.

bleiben von einem Arbeitgeberverband der Tarifgebundenheit entzieht.[617] Diesem Anliegen ist aber schon dann Genüge getan, wenn der Arbeitgeber um einen Tarifvertrag bezogen auf sein gesamtes Unternehmen angegangen wird. *Buchner* bezeichnet die daraus resultierende Konsequenz, dass das Unternehmen nicht mit einer Vielzahl von Arbeitskämpfen konfrontiert wird, als Ausgleich dafür, dass jedes Unternehmen, unabhängig von seiner Mächtigkeit, als Tarifpartei zur Verfügung steht.[618] Unabhängig von diesem Schluss *Buchners* fordert der Zweck des § 2 Abs. 1 TVG eine mehrfache Inanspruchnahme des Arbeitgebers jedenfalls nicht, so dass dies eine Beschränkung seiner Tarifzuständigkeit rechtfertigen könnte.[619]

Buchner führt weiter aus, dass der Einzelarbeitgeber nicht unbegrenzt als Tarifvertragspartei zur Verfügung zu stehen brauche. Auch dem Arbeitgeberverband sei es schließlich möglich, die Reichweite seiner Tarifzuständigkeit zu begrenzen.[620] Mit dieser Aussage korrespondiere die Rechtsprechung des *BAG* hinsichtlich der grundrechtlichen Stellung des Arbeitgebers im Vergleich zum Arbeitgeberverband:[621] Beiden sollen die gleichen Rechte zustehen; der verfassungsrechtlich geschützte Kernbereich der Koalitionsfreiheit der Gewerkschaft sei gegenüber dem einzelnen Arbeitgeber nicht anders zu bestimmen als gegenüber einer Arbeitgebervereinigung.[622] Zudem habe die Gewerkschaft keinen Anspruch darauf, dass ihr ein tarifzuständiger Verhandlungspartner gegenüberstehe.[623] Dies gelte für den Arbeitgeberverband und müsse auch für den Arbeitgeber gelten. Für eine Allzuständigkeit des Arbeitgebers gebe es daher keinen Grund. Ein solcher liege auch nicht darin, den Arbeitnehmern einen Mindestschutz zu gewährleisten. Ein Mindestschutz sei unabhängig davon gegeben, ob ein unternehmens- oder ein betriebsbezogener Firmentarifvertrag abgeschlossen werde.[624]

Dem Argument *Witts*, der den Sinn des § 2 Abs. 1 TVG darin sieht, den Arbeitgeber immer für die Gewerkschaft erreichbar zu machen, kann nicht ge-

---

617 Vgl. insoweit schon oben, 2.Teil A. II. 3. b. dd. Auf den Zusammenhang zwischen Tarifzuständigkeit und Tariffähigkeit, auf die sich § 2 Abs. 1 TVG allein bezieht, wurde ebenfalls schon hingewiesen.

618 *Buchner*, ZfA 1995, 95, 114.

619 *Buchner*, ZfA 1995, 95, 113 f.

620 *Buchner*, ZfA 1995, 95, 114.

621 *Buchner*, ZfA 1995, 95, 114.

622 BAG, AP Nr. 1 zu § 1 TVG Verhandlungspflicht. Mit dieser Rechtsprechung setzt sich *Witt*, Firmentarifvertrag, S. 169 f. nicht auseinander und kommt folglich insgesamt zu einem anderen Ergebnis. Gegen diese Gleichstellung aber *Konzen*, FS Kraft, S. 308.

623 BAG, AP Nr. 3 zu § 2 TVG Tarifzuständigkeit; BAG, NZA 1997, 613, 617.

624 *Buchner*, ZfA 1995, 95, 114 f.

folgt werden.[625] Dem Arbeitgeber soll lediglich die Möglichkeit genommen werden, sich durch das Fernbleiben aus einem Verband oder durch den Austritt aus einem solchen tarifunfähig zu machen.[626] Auch für den Fall, dass gar kein Arbeitgeberverband besteht, soll der Gewerkschaft ein Verhandlungspartner gesichert werden.[627] Zusätzlicher – objektiv-teleologischer – Zweck des § 2 Abs. 1 TVG ist es, die Handlungsalternativen des Arbeitgebers zu verbessern.[628] Gegen die Argumentation *Buchners* in diesem Zusammenhang ist aber einzuwenden, dass § 2 Abs. 1 TVG zwar nicht gegen eine Beschränkung der Tarifzuständigkeit des Arbeitgebers spricht, sie aber auch nicht dafür. Zwar ist es richtig, dass der Einzelarbeitgeber nicht unbegrenzt als Tarifvertragspartei zur Verfügung stehen muss, dies muss er aber auch im Rahmen der betriebsbezogenen Geprägetheorie nicht. Kann er sich mit dem vorgeschlagenen Tarifvertrag nicht anfreunden oder kann kein geeigneter Kompromiss gefunden werden, steht es ihm offen, die Verhandlungen abzubrechen. Die weitergehende Möglichkeit der Gewerkschaft, den Arbeitgeber zwecks Abschluss des Tarifvertrages zu bestreiken, darf zwar nicht aus den Augen verloren werden, ihr kommt für die Beurteilung der Tarifzuständigkeit jedoch zunächst keine Bedeutung zu. Die arbeitskampfrechtlichen Folgen sind gesondert zu betrachten und von der bloßen tarifrechtlichen Ebene zu trennen.

§ 2 Abs. 1 TVG spricht damit weder für noch gegen die betriebsbezogene Geprägetheorie.

d. Art. 9 Abs. 3 S. 1 GG

Art. 9 Abs. 3 S. 1 GG wird in mehrfacher Hinsicht für beide Ansichten geltend gemacht.

aa. Satzungsautonomie der Gewerkschaft

Witt führt die aus Art. 9 Abs. 3 S. 1 GG folgende Satzungsautonomie der Koalitionen gegen die Möglichkeit des Arbeitgebers, seine Tarifzuständigkeit zu beschränken, an.[629] Dieser könne Gewerkschaften gegenüberstehen, die nicht nach dem Industrieverbandsprinzip, sondern nach dem Berufsprinzip organi-

---

[625] *Witt*, Firmentarifvertrag, S. 170.

[626] BAG, NZA 2003, 734, 737; *Beuthien*, BB 1975, 477, 477; *Hensche*, RdA 1971, 9, 17; *Kissel*, Arbeitskampfrecht, § 26, Rn. 115 m.w.N. in Fn. 250; *Matthes*, FS Schaub, S. 482; *Reuter*, NZA 2001, 1097, 1097; *Rieble*, FS Stahlhacke, 459, 475; *Schaub*, Handbuch, § 199, Rn. 3; Wiedemann-*Oetker*, TVG, § 2, Rn. 23.

[627] BVerfGE 20, 312, 318; BAG, SAE 1991, 314, 316.

[628] Dazu schon oben, 2.Teil A. II. 3. b. dd. (3) (b).

[629] *Witt*, Firmentarifvertrag, S. 167.

siert seien. Dort könne es keine auf die Branche beschränkte Tarifzuständigkeit geben. Daher stehe es nicht nur im freien Ermessen der Gewerkschaft, sich nach dem Berufsprinzip zu organisieren, sondern auch betriebsbezogen im Rahmen des Industrieverbandsprinzips.[630]
Daraus lässt sich aber kein Argument gegen den Ansatz *Buchners* herleiten. Dies ergibt sich schon daraus, dass keine Tarifvertragspartei einen Anspruch auf einen bestimmten sozialen Gegenspieler hat.[631] Organisiert sich eine Gewerkschaft nach dem Berufsprinzip, muss sie damit leben, wenn kein Arbeitgeberverband mit einer kongruenten Tarifzuständigkeit besteht. Aufgrund der Rechtsprechung des *BAG*, wonach Arbeitgeber und Arbeitgeberverband gleich zu behandeln sind,[632] muss dies auch für den Arbeitgeber gelten.
Die Satzungsautonomie der Gewerkschaft liefert damit kein brauchbares Argumentationsmaterial.

bb. Individuelle Koalitionsfreiheit

Es kommt aber ein Verstoß der betriebsbezogenen Geprägetheorie gegen Art. 9 Abs. 3 S. 1 GG in Form der individuellen Koalitionsfreiheit in Betracht.
In diesem Zusammenhang wird vorgebracht, dass ein Einzelarbeitgeber, der einem Arbeitgeberverband beitrete, damit seine positive individuelle Koalitionsfreiheit ausübe.[633] In diese werde ungerechtfertigt eingegriffen, käme es nun für die Festlegung seiner Tarifzuständigkeit allein auf die Satzung der Gewerkschaft an.[634] Dies ergebe sich daraus, dass der Arbeitgeber mit dem Beitritt die satzungsmäßige Zuständigkeit des Verbandes wähle und damit – bei entsprechender satzungsmäßiger Ausgestaltung – dessen unternehmensbezogene Zuständigkeit.[635]
Gehe man zudem davon aus, dass auch der Arbeitgeberverband sich unternehmensorientiert aufgestellt hat und lasse man die Möglichkeit des verbandsgebundenen Arbeitgebers zur Vereinbarung eines Firmentarifvertrages außer Betracht, könne ein Tarifvertrag doch nur noch von dem tarifzuständigen Arbeitgeberverband und einer Gewerkschaft geschlossen werden, die

---

630 *Witt*, Firmentarifvertrag, S. 167.
631 BAG, NZA 1997, 613, 617.
632 BAG, AP Nr. 1 zu § 1 TVG Verhandlungspflicht; *Buchner*, ZfA 1995, 95, 114.
633 Dazu, dass mit dem Beitritt tatsächlich die positive individuelle Koalitionsfreiheit ausgeübt wird, schon oben, 2.Teil A. II. 3. b. dd. (3) (a).
634 *Heinze*, DB 1997, 2122, 2124.
635 Auf Arbeitgeberseite ist die Anknüpfung an das Unternehmen die Regel, vgl. *Buchner*, ZfA 1995, 95, 104; *Heinze*, DB 1997, 2122, 2122.

nach dem Gepräge des Unternehmens für dieses zuständig seien.[636] Gewerkschaften, die ihre Satzung betriebsbezogen gestaltet hätten, könnten keinen dementsprechenden Tarifvertrag abschließen, da ihnen auf der Gegenseite der tarifzuständige Verhandlungspartner fehle. Dies müsse folglich auch dann gelten, wenn der Arbeitgeber seine Tarifzuständigkeit einschränke, indem er einen Firmentarifvertrag mit einer Gewerkschaft abschließe, die ihrer Satzung nach für das Gepräge des Unternehmens zuständig sei. Hierdurch nehme er seine positive individuelle Koalitionsfreiheit wahr und gestalte seine Tarifzuständigkeit unternehmensbezogen. Einer Gewerkschaft, die sich betriebsbezogen organisiert habe, fehle damit der tarifzuständige Verhandlungspartner, so dass sie den Arbeitgeber nicht um einen Tarifvertrag angehen könne.[637] Etwas anderes käme nach dieser Meinung nur dann in Betracht, wenn von der originären Tariffähigkeit des Einzelarbeitgebers auf dessen Tarifzuständigkeit geschlossen werden könnte.[638] Diesem Schluss stehe aber §§ 2 a Abs. 1 Nr. 4, 97 ArbGG entgegen, in denen die Tarifzuständigkeit als eigenständiges Merkmal genannt werde.[639] Zudem würde man damit die eigenständige privatautonome Wahl der Tarifzuständigkeit negieren; diese bilde aber einen Bestandteil des Art. 9 Abs. 3 S. 1 GG.[640]

Hiergegen wendet das *BAG* ein, dass die Verbandsmitgliedschaft dem einzelnen Arbeitgeber nicht die Tarifzuständigkeit für Firmentarifverträge mit weiteren Gewerkschaften nehme.[641] Damit trifft das *BAG* aber nicht den eigentlichen Kern der Argumentation *Heinzes*. Dieser stellt in einem ersten Schritt auf die hypothetische Situation ab, dass ein Firmentarifvertrag nicht mehr vereinbart werden könne, wenn der Arbeitgeber einem Verband beitrete.[642] *Heinze* will also gar nicht die Möglichkeit zum Abschluss weiterer Firmentarifverträge negieren, sondern lediglich verdeutlichen, dass der Arbeitgeber, wie der Arbeitgeberverband, wähle er einmal eine Tarifzuständigkeit, allein

---

636 Auf Verbandsebene ist die Kongruenz der jeweiligen Tarifzuständigkeiten anerkannte Wirksamkeitsvoraussetzung, vgl. oben, 2.Teil B. I.

637 *Heinze*, DB 1997, 2122, 2123.

638 So *Däubler*, Tarifvertragsrecht, Rn. 89.

639 *Heinze*, DB 1997, 2122, 2123. A. A. *Däubler*, Tarifvertragsrecht, Rn. 89 der hiergegen wendet, dass §§ 2a Abs. 1 Nr. 4, 97 ArbGG ihren Sinn auch dann behielten, wenn eine generelle Tarifzuständigkeit bestünde. Dieser liege dann nicht darin, die Wirksamkeit von Tarifverträgen zu klären, sondern Abgrenzungsschwierigkeiten aus dem Weg zu räumen.

640 *Heinze*, DB 1997, 2122, 2123.

641 So BAG, NZA 1997, 613, 617; *Jacobs*, Tarifeinheit, S. 226.

642 „[...] sieht man von der Problematik eines etwaigen Firmentarifvertrages hier noch ab [...]“, *Heinze*, DB 1997, 2122, 2123.

an dieser festgehalten werden könne. Die Gewerkschaft müsse sich damit abfinden, dass ihr kein geeigneter Tarifvertragspartner gegenüberstehe.
Gegen *Heinzes* Argumentation wendet sich im Ergebnis aber zu Recht *Witt*. Nach ihm schützt Art. 9 Abs. 3 S. 1 GG nicht unmittelbar das Recht des Einzelarbeitgebers, die eigene Tarifzuständigkeit zu bestimmen, sondern formuliere lediglich eine verfassungsrechtliche Ausgestaltungspflicht an den Gesetzgeber für ein einfachgesetzliches Tarifrecht. Dieser Ausgestaltungspflicht sei der Gesetzgeber mit der Regelung des Tarifrechts auch im Hinblick auf die unbeschränkte Tarifzuständigkeit des einzelnen Arbeitgebers nachgekommen.[643]
Ist der Schluss von der Schaffung des Tarifrechts auf die unbeschränkte Tarifzuständigkeit auch falsch – weder das TVG in § 2 Abs. 1 noch das ArbGG in §§ 2 a Abs. 1 Nr. 4, 97 regeln die Tarifzuständigkeit konkret,[644] angesichts der fehlenden Regelung aber auf eine originäre Tarifzuständigkeit zu schließen, verbietet sich schon deshalb, weil das Merkmal der Tarifzuständigkeit bei Schaffung des TVG noch gar nicht anerkannt war[645] – so ist *Witt* jedenfalls darin zuzustimmen, dass Art. 9 Abs. 3 S. 1 GG dem Arbeitgeber nicht die Wahl der eigenen Tarifzuständigkeit garantiert.[646] Für die Tariffähigkeit wurde nur deshalb anders entschieden, weil der Arbeitgeber ohne diese überhaupt nicht am Tarifvertragssystem teilnehmen könnte.[647]
Soweit *Witt* darüber hinaus vorbringt, die Praxis zeige, dass das Tarifrecht im Hinblick auf die unbeschränkte Tarifzuständigkeit des einzelnen Arbeitgebers zur Koalitionszweckverfolgung nicht offensichtlich ungeeignet oder untauglich sei,[648] taugt auch dies nicht als Argument dafür, die Satzung der Gewerkschaft als ausschlaggebendes Merkmal auch für die Tarifzuständigkeit des Arbeitgebers heranzuziehen. Die Kriterien der offensichtlichen Ungeeignetheit oder Untauglichkeit werden von *Witt* in Anlehnung an die Rechtsprechung des *BVerfG* für die Rechtmäßigkeit einer Ausgestaltungsregel geprüft.[649] Auf diese Kriterien ist im Rahmen der Tarifzuständigkeit aber des-

---

643 *Witt*, Firmentarifvertrag, S. 174.

644 *Henssler*, ZfA 1998, 517, 525.

645 Erst nach Einführung des TVG im Jahre 1949 wurde die Tariffähigkeit durch das *BAG* anerkannt, s. BAGE 3, 190, 192; BAG, AP Nr. 3 zu § 2 TVG. Vgl. auch Wiedemann-*Oetker*, TVG, § 2, Rn. 52, wonach die Tarifzuständigkeit unter Geltung der Tarifvertrags-Verordnung als Voraussetzung für den Abschluss gültiger Tarifverträge noch abgelehnt wurde.

646 *Witt*, Firmentarifvertrag, S. 174.

647 Dem entspricht es, dass Tariffähigkeit und Tarifzuständigkeit getrennt voneinander zu beurteilen sind, s. dazu oben, 2. Teil B. I.

648 *Witt*, Firmentarifvertrag, S. 174.

649 Vgl. dazu oben, 2. Teil A. II. 3. c. aa. (3).

halb nicht abstellen, weil der Gesetzgeber diese gerade nicht geregelt hat. Die Frage, ob der Gesetzgeber mit der unbeschränkten Tarifzuständigkeit des Einzelarbeitgebers seiner verfassungsrechtlichen Ausgestaltungspflicht nachgekommen ist, stellt sich daher nicht. Es handelt sich um eine durch Richterrecht entwickelte Voraussetzung; der Gesetzgeber hat sich zur Tarifzuständigkeit nicht geäußert. Auch in der bloßen Nichtregelung liegt keine Ausgestaltung durch den Gesetzgeber. Wollte man dies unterstellen, ließen sich durch die allzu bequeme Annahme einer erfolgten Ausgestaltung durch Nichtregelung die schärferen Grenzen eines Eingriffs umgehen.[650] Dass Richterrecht aber nicht an die für den demokratisch legitimierten Gesetzgeber entwickelten Ausgestaltungsgrenzen gebunden sein kann, sondern vielmehr an die herkömmlichen Grenzen eines Eingriffs in das Grundrecht gebunden sein muss, dürfte einsichtig sein. Die Bezeichnung des Richter*rechts* darf nicht zu der falschen Annahme führen, Gerichte könnten Normen erlassen. Richterliche Entscheidungen bilden „lediglich" Rechtserkenntnisquellen.[651]
Festzuhalten bleibt, dass mangels eröffnetem Schutzbereich nicht gegen Art. 9 Abs. 3 S. 1 GG verstoßen wird, gibt man dem Arbeitgeber nicht die Wahl bzgl. seiner Tarifzuständigkeit.

cc. Verstoß gegen den Paritätsgrundsatz

Auch ein Verstoß gegen den in Art. 9 Abs. 3 GG verankerten Grundsatz der Parität wird gegen die betriebsbezogene Geprägetheorie vorgebracht.[652]
Das sog. Paritätsgebot hat mit der Entscheidung des Großen Senats des *BAG* vom 21.04.1971 Einzug in das deutsche Arbeitsrecht gehalten. Konkret bestimmte der Senat:

„*Vorbehaltlich der konkreten, insbesondere auch der wechselnden wirtschaftlichen Situation, die vorgegeben ist, muß im Prinzip sichergestellt sein, daß nicht eine Tarifpartei der anderen von vorneherein ihren Willen aufzwingen kann, sondern daß möglichst gleiche Verhandlungschancen bestehen. Auf andere Weise kann die Tarifautonomie unter Ausschluß der staatlichen Zwangsschlichtung nicht funktionieren.*"[653]

Durch den Grundsatz der Parität soll sichergestellt werden, dass nicht die eine Tarifpartei der anderen von vornherein ihren Willen aufzwingen kann. Hintergrund dieser Regel ist die Überlegung, dass gleiche Verhandlungschancen

---

650 Vgl. zum historischen Zusammenhang zudem schon oben, 2. Teil B. I., sowie zur Unterscheidung zwischen Ausgestaltung ein Eingriff bzw. den unterschiedlichen Rechtfertigungsgrenzen oben, 2. Teil A. II. 3. c. aa. (1).

651 BAG, AP Nr. 64, 65 zu Art. 9 GG Arbeitskampf.

652 *Buchner*, ZfA 1995, 95, 115 ff.; *Henssler*, ZfA 1998, 517, 522, 524.

653 BAG (GS), AP Nr. 43 zu Art. 9 GG Arbeitskampf.

garantiert sein müssen, damit die Tarifautonomie unter Ausschluss der staatlichen Zwangsschlichtung bestehen kann.[654] Verankert ist das Gebot der Parität in Art. 9 Abs. 3 GG.[655] Dies ergibt sich historisch schon daraus, dass die Norm gerade den Ausgleich der individuellen Unterlegenheit des einzelnen Arbeitnehmers durch Herbeiführung von Parität auf kollektiv-rechtlicher Ebene bezweckt.[656] Dies gilt nicht nur für die Arbeitnehmerseite, sondern lässt sich auf die Arbeitgeberseite übertragen: Der Ausgleich des individualvertraglichen Ungleichgewichts darf kein neues Ungleichgewicht zu Lasten des einzelnen Arbeitgebers mit sich bringen.[657] Anders: Das Verhandlungsungleichgewicht zu Lasten des einzelnen Arbeitnehmers auf individualvertraglicher Ebene darf nicht durch ein Verhandlungsungleichgewicht zu Lasten des einzelnen Arbeitgebers auf kollektiv-rechtlicher Ebene ersetzt werden.[658] Darüber hinaus erstreckt sich das Gebot der Parität wegen der engen Verknüpfung der Tarifautonomie und dem zu ihrer Umsetzung dienenden Arbeitskampf nicht nur auf die Ebene des Verhandlungsstadiums, sondern auch auf den Bereich des Arbeitskampfrechtes.[659]

(1) Verhandlungsparität

Ein Verstoß gegen den Grundsatz der Verhandlungsparität ergebe sich daraus, dass dem jeweiligen Unternehmensträger jede Einflussmöglichkeit auf seine Tarifzuständigkeit genommen werde.[660] Dem *BAG* wird hier vorgeworfen, dass es ihm nicht mehr um die Satzungsautonomie der Gewerkschaften ginge, sondern darum, den Gewerkschaften die Möglichkeit zu geben, die Zuständigkeit des jeweiligen Arbeitgebers (als Unternehmensträger) nach freiem Belieben zu bestimmen. Dies sei aber ein Eingriff in die Entscheidungsgewalt des Vertragspartners und werde von der grundrechtlich begründeten Satzungsautonomie der Gewerkschaften nicht mehr gestützt.[661]

---

654 BAG (GS), AP Nr. 43 zu Art. 9 GG Arbeitskampf; BAG, AP Nr. 64, 65 zu Art. 9 GG Arbeitskampf.

655 Vgl. BVerfG, AP Nr. 31 zu § 2 TVG; BAG (GS), AP Nr. 43 zu Art. 9 GG Arbeitskampf; v. Münch-*Löwer*, GG, Art. 9, Rn. 80; Schmidt-Bleibtreu/Klein-*Kannengießer*, GG, Art. 9, Rn. 26; Staudinger-*Richardi*, Vorbem. zu §§ 611 ff., Rn. 930.

656 BVerfGE 84, 212, 224.

657 In diese Richtung auch *Hergenröder*, Anm. zu BAG, EzA Nr. 20 zu § 2 TVG.

658 So auch *Witt*, Firmentarifvertrag, S. 144.

659 BAG (GS), AP Nr. 43 zu Art. 9 GG Arbeitskampf; BAG, AP Nr. 64, 65 zu Art. 9 GG Arbeitskampf; *Konzen*, ZfA 1975, 401, 423.

660 *Henssler*, ZfA 1998, 517, 524.

661 *Henssler*, ZfA 1998, 517, 524.

Mag der grundsätzlichen Kritik an der Rechtsprechung des *BAG* auch zuzustimmen sein, ein Verstoß gegen das Gebot der Verhandlungsparität ist hier trotz allem nicht zu erkennen. Bei einem Firmentarifvertrag stehen sich Gewerkschaft und Arbeitgeber gegenüber. Ob es sich um eine Gewerkschaft handelt, die ihre Zuständigkeit betriebsbezogen begründet hat oder unternehmensbezogen, spielt hinsichtlich einer eventuellen Disparität, die allein einen Verstoß gegen den Grundsatz der Parität begründet, keine Rolle. Eine Disparität scheidet aber deshalb aus, weil der verbandsgebundene Arbeitgeber die Möglichkeit hat, über die Beistandspflichten des Verbandes ein Verhandlungsungleichgewicht auszugleichen. Schlussendlich bleibt jedem Arbeitgeber die Möglichkeit, den Tarifvertragsschluss zu verweigern. Ein Eingriff in den Schutzbereich des Art. 9 Abs. 3 GG unter dem Gesichtspunkt der Verhandlungsparität ist damit abzulehnen.

(2) Arbeitskampfparität

Buchner bringt in Zusammenhang mit einem Verstoß gegen den Grundsatz der Parität im Arbeitskampf vor, dass es zu einer Situation kommen könne, in der ein Arbeitgeber mit einer Gewerkschaft für sein Unternehmen bereits einen Tarifvertrag geschlossen habe.[662] Dann bestehe für den Arbeitgeber zugunsten der Mitglieder dieser Gewerkschaft eine aus dem vereinbarten Tarifvertrag resultierende Friedenspflicht. Fordere nun eine weitere Gewerkschaft innerhalb ihrer satzungsmäßigen Tarifzuständigkeit von demselben Arbeitgeber den Abschluss eines betriebsbezogenen Tarifvertrages, sei dem Arbeitgeber die Möglichkeit verwehrt, auf einen Arbeitskampf dieser Gewerkschaft effektiv zu reagieren.[663] Denn die streikführende Gewerkschaft legitimiere mit ihrem Arbeitskampf nicht nur die Arbeitsniederlegung ihrer Mitglieder, sondern auch die Streikbeteiligung anders organisierter oder nichtorganisierter Arbeitnehmer.[664] Dann dürfe der Arbeitgeber zwar grundsätzlich alle Arbeitnehmer aussperren, zu Gunsten der Arbeitnehmer der ersten Gewerkschaft treffe den Arbeitgeber aber die aus dem vereinbarten Tarifvertrag resultierende Friedenspflicht.[665] Eine Aussperrung dieser Arbeitnehmer sei daher nicht möglich.[666] Mehr noch: Eine Aussperrung, die sich gezielt nur gegen Mitglie-

---

[662] *Buchner*, ZfA 1995, 95, 115 ff. Für einen Verstoß gegen den Grundsatz der Kampfparität auch *Henssler*, ZfA 1998, 517, 522 insoweit jedoch ohne Begründung.

[663] *Buchner*, ZfA 1995, 95, 115 ff.

[664] *Buchner*, ZfA 1995, 95, 115 ff.

[665] *Buchner*, ZfA 1995, 95, 115 ff. mit Bezug auf BAG (GS), AP Nr. 43 zu Art. 9 GG Arbeitskampf.

[666] *Buchner*, ZfA 1995, 95, 115 ff.

der der streikführenden Gewerkschaft richte, nichtorganisierte Arbeitnehmer aber verschone, sei sogar unwirksam.[667]

Dieser Verstoß gegen die Arbeitskampfparität des Einzelarbeitgebers könne dadurch verhindert werden, dass nur diejenige Gewerkschaft zum Arbeitskampf legitimiert werde, die für das jeweilige Unternehmen repräsentativ sei.[668] Eine solche Beschränkung würde durch das Kriterium des unternehmensbezogenen Gepräges für die Tarifzuständigkeit erreicht.[669] Eine betriebsbezogene Satzung könne den Verstoß gegen die Arbeitskampfparität dagegen nicht verhindern. Dies auch dann nicht, wenn die hinzutretende Gewerkschaft nur einen Haustarifvertrag für einen (oder mehrere) Betrieb(e) fordere, da die Bindung des Arbeitgebers an die Friedenspflicht aus dem bestehenden Tarifvertrag unabhängig von der Art des nunmehr von der hinzutretenden Gewerkschaft geforderten Tarifvertrages sei.[670]

Diesen Überlegungen *Buchners* stellt das *BAG* die bloße Hoffnung darauf gegenüber, dass die im DGB organisierten Gewerkschaften ihre Zuständigkeit betriebsbezogen organisieren und so Überschneidungen vermeiden.[671] Dass dies eine trügerische Hoffnung ist, zeigt aber bereits der Sachverhalt der Entscheidungen vom 25.09.1996[672] und vom 12.11.1996[673]. Im weiteren führt das *BAG* aus, arbeitskampfrechtliche Folgeprobleme seien durch die Anpassung arbeitskampfrechtlicher Grundsätze, nicht aber durch eine Beschränkung der Tarifzuständigkeit zu beantworten.[674] Dem ist im Kern zuzustimmen: Tarifrecht und Arbeitskampfrecht sind getrennt zu betrachten.[675] Welche Anpassungen das *BAG* aber meint, lässt es freilich offen.

Nicht so *Buchner*. Die Möglichkeit von Anpassungen auf arbeitskampfrechtlicher Ebene hatte er bereits gesehen. Eine solche Maßnahme könne es sein,

---

667 *Buchner*, ZfA 1995, 95, 115 ff. mit Bezug auf BAG, AP Nr. 66 zu Art. 9 GG Arbeitskampf.

668 *Buchner*, ZfA 1995, 95, 116.

669 *Buchner*, ZfA 1995, 95, 116.

670 *Buchner*, ZfA 1995, 95, 117.

671 BAG, NZA 1997, 613, 618.

672 BAG, NZA 1997, 613 ff.

673 Abgedruckt als BAG, AP Nr. 11 zu § 2 TVG Tarifzuständigkeit.

674 BAG, NZA 1997, 613, 618; *Heinze*, DB 1997, 2122, 2125 f.; *Jacobs*, Tarifeinheit, S. 226; *Konzen*, FS Kraft, S. 315 f.

675 Insoweit geht das *BAG* inkonsequent vor: Während es im Rahmen der Tarifzuständigkeit auf eine Trennung von arbeitskampfrechtlicher und tarifrechtlicher Ebene abstellt, ist es im übrigen der Ansicht, dass sich aus der Tariffähigkeit des Arbeitgebers auch seine Arbeitskampffähigkeit ergibt, vgl. dazu noch unten, 4. Teil A. II. 1. Wenn aber zu trennen ist, dann auch im Ganzen und nicht nach Art einer Rosinentheorie nur dort, wo es sich für die genehme Lösung anbietet.

Arbeitskampfmaßnahmen nur solcher Arbeitnehmer zuzulassen, die Mitglied der kampfführenden Gewerkschaft seien.[676] Dies sei aber deshalb unzulässig, weil dadurch die Streikeffizienz und die Werbungskraft der Tarifvertragsparteien in unzulässiger Weise begrenzt würden.[677] Auch eine Begrenzung der Streikbefugnis auf die Gewerkschaft, die für das bestreikte Unternehmen repräsentativ sei, sei abzulehnen, da dies der Koalitionsfreiheit der nicht repräsentativen Gewerkschaften entgegenstehe.[678] Im Ergebnis verspreche daher eine Modifizierung der arbeitskampfrechtlichen Grundsätze keinen Erfolg, so dass es der einzig gangbare Weg sei, dem Einzelarbeitgeber die Einschränkung der Tarifzuständigkeit zu gestatten.[679]

Hieran ist soviel richtig, dass die angestellten Überlegungen zur Modifizierung auf arbeitskampfrechtlicher Ebene keinen Erfolg versprechen. Wie *Witt* aber richtig ausführt, wiegt der Eingriff in die Arbeitskampfparität, wie er von *Buchner* vorgebracht wird, nicht so schwer, wie dies den Anschein hat. *Witt* verdeutlicht zunächst, dass es sich bei der mehrfachen Inanspruchnahme und den daraus folgenden Schwierigkeiten mit der Friedenspflicht um ein typisches Problem des Arbeitskampfes handelt. Und zwar nicht nur eines Arbeitskampfes um einen Firmentarifvertrag, sondern auch desjenigen um einen Verbandstarifvertrag.[680] Zur Lösung des Problems müsse nach *Witt* allein die Friedenspflicht richtig betrachtet werden. Denn nicht nur der Arbeitgeber und die Gewerkschaft eines schon bestehenden Tarifvertrages würden durch diese gebunden; mittelbar, über die Einwirkungspflicht der Gewerkschaften auf ihre Mitglieder, müssten sich auch die Arbeitnehmer an die Friedenspflicht halten, die dem schon abgeschlossenen Tarifvertrag unterfallen.[681] Die Mitglieder seien durch ihre mitgliedschaftliche Treuepflicht dazu verpflichtet, der Aufforderung ihres Verbandes nachzukommen. Verstöße könnten mit Sanktionen geahndet werden, die auch im Ausschluss aus der Gewerkschaft enden könnten.[682] Tatsächlich wiegt der Eingriff also nicht so schwer, wie es noch auf den ersten Blick schien, doch wie *Witt* richtig feststellt: Die Friedenspflicht trifft die Arbeitnehmer nur mittelbar. Tatsächlich sind sie daher nicht daran gehindert, an einem weiteren Arbeitskampf teilzunehmen. Der Verstoß gegen die Arbeitskampfparität erscheint daher immer noch möglich.

---

676 *Buchner*, ZfA 1995, 95, 116; *Graf*, Tarifzuständigkeit, S. 280.
677 *Buchner*, ZfA 1995, 95, 116; *Graf*, Tarifzuständigkeit, S. 280.
678 *Graf*, Tarifzuständigkeit, S. 280.
679 *Graf*, Tarifzuständigkeit, S. 285.
680 *Witt*, Firmentarifvertrag, S. 171 f., was freilich kein Argument ist, sondern lediglich als Hinweis verstanden werden kann.
681 *Witt*, Firmentarifvertrag, S. 171 f.
682 *Witt*, Firmentarifvertrag, S. 171 f.

Wollte man aber mit *Buchner* von einem Verstoß ausgehen, stellt sich die Frage, ob dieser durch den Ansatz *Buchners* abgewendet werden könnte. Die unternehmensbezogene Geprägetheorie, wie sie das *BAG* noch in seiner Entscheidung vom 22.11.1988 vertreten hat, wäre sicherlich geeignet, dieses Ergebnis zu erzielen,[683] doch scheidet diese wegen des bereits dargestellten Verstoßes gegen die Satzungsautonomie der Gewerkschaft aus. Der Ansatz *Buchners* gesteht dem Arbeitgeber zwar die freie Entscheidung hinsichtlich des Umfangs seiner Tarifzuständigkeit zu, dies hindert die Gewerkschaften aber nicht daran, eine kongruente Tarifzuständigkeit zu begründen. Mit diesem Ansatz kann allein die Situation verhindert werden, in der ein Arbeitgeber von zwei Gewerkschaften um einen Firmentarifvertrag angegangen wird, von denen die eine Gewerkschaft eine unternehmensbezogene und die andere eine betriebsbezogene Satzung hat, da es auf die kongruente Tarifzuständigkeit des Arbeitgebers ankommt.

Ein immerhin denkbarer Verstoß gegen die Arbeitskampfparität ist damit durch beide Ansätze nicht auszuräumen. Das *BAG* behält daher Recht, wenn es zur Lösung dieser Probleme auf die Modifizierung des Arbeitskampfrechtes verweist.[684]

(3) Ergebnis

Damit ist insgesamt ein Verstoß gegen den Grundsatz der Parität durch die originäre Tarifzuständigkeit des Arbeitgebers abzulehnen.

dd. Kollektive Koalitionsfreiheit

Art. 9 Abs. 3 S. 1 GG wird auch in Form der kollektiven Koalitionsfreiheit der Arbeitnehmerkoalition gegen die Möglichkeit des Einzelarbeitgebers, seine Tarifzuständigkeit zu beschränken, ins Feld geführt.

Danach bestünde die Gefahr, dass der einzelne Arbeitgeber seine Tarifzuständigkeit soweit beschränken könnte, dass keine oder nur die ihm genehme Gewerkschaft für ihn tarifzuständig wäre.[685] Dieser Gefahr könne allein dann aus dem Weg gegangen werden, wenn der Einzelarbeitgeber unbeschränkt tarifzuständig sei.[686]

---

683 So auch *Buchner*, ZfA 1995, 95, 116.

684 Freilich wird abzuwarten sein, ob und inwiefern sich das *BAG* tatsächlich zu einer solchen Modifizierung durchringt – Anzeichen deuten eher gegen einen Richtungswechsel, s. etwa BAG, NZA 2003, 734 ff. Vgl. zu möglichen Modifizierungen auf arbeitskampfrechtlicher Ebene aber unten, 4. Teil C.

685 *Witt*, Firmentarifvertrag, S. 168.

686 *Witt*, Firmentarifvertrag, S. 168 f.

Diese Überlegung begegnet aber Bedenken, dient der Ansatz *Buchners* doch nicht dazu, dem Arbeitgeber einen Ausweg aus der Tarifbindung zu eröffnen. In Grenzfällen, in denen dies das Ziel der arbeitgeberseitigen Beschränkung der Tarifzuständigkeit ist, ist dem selbstverständlich entgegenzutreten.[687] Ansonsten steht es einer Gewerkschaft frei, ihre Zuständigkeit anzupassen, so dass ein Tarifvertrag möglich wird. Aber selbst wenn im Ausnahmefall keine Gewerkschaft tarifzuständig wäre und der Arbeitgeber auch nicht mit der Absicht gehandelt hätte, einer Tarifbindung aus dem Weg zu gehen, ergibt sich daraus kein Verstoß gegen die kollektive Koalitionsfreiheit, da kein Tarifpartner hat einen Anspruch auf einen tarifzuständigen Vertragspartner.[688] Auch kann dem Arbeitgeber schwerlich vorgeworfen werden, dass er seine Tarifzuständigkeit beschränkt, um mit der ihm genehmen Gewerkschaft einen Tarifvertrag abzuschließen. Dafür kann es zu respektierende unternehmerische Gründe geben. Oftmals wird doch ein Unternehmen auch deshalb umstrukturiert, um eine andere tarifvertragliche Regelung zu erreichen.[689] Die Gewerkschaft hat dann immer noch die Möglichkeit, eine zu der Tarifzuständigkeit des Arbeitgebers kongruente Tarifzuständigkeit zu beschließen.
Gestattet man dem Arbeitgeber, seine Tarifzuständigkeit selbst zu bestimmen, liegt darin kein Verstoß gegen die kollektive Koalitionsfreiheit der Arbeitnehmerkoalition.

ee. Ergebnis

Unter dem Aspekt des Art. 9 Abs. 3 S. 1 GG lässt sich daher kein Argument für oder gegen eine der beiden Ansichten finden. Beide Ansätze stellen sich daher bis hierhin als zulässige Alternativen zur Bestimmung der Tarifzuständigkeit dar.

e. Art. 12 Abs. 1 GG

Gegen die Rechtmäßigkeit der betriebsbezogenen Geprägetheorie wird aber insbesondere ein Verstoß gegen Art. 12 Abs. 1 GG in Form der unternehmerische Entscheidungsfreiheit angeführt.[690]

---

687 So auch *Henssler*, ZfA 1998, 517, 526.

688 BAG, AP Nr. 3 zu § 2 TVG Tarifzuständigkeit; BAG, NZA 1997, 613, 617; *Heinze*, DB 1997, 2122, 2124.

689 *Heinze*, DB 1997, 2122, 2123.

690 *Heinze*, DB 1997, 2122, 2124; *Henssler*, ZfA 1998, 517, 524; *Graf*, Tarifzuständigkeit, S. 286 f. *Heinze* zieht Art. 12 Abs. 1 GG nur für den tarifungebundenen Außenseiter-Arbeitgeber heran. Die Tarifzuständigkeit des tarifgebundenen Arbeitgebers werde durch Art. 9 Abs. 3 GG in Form der individuellen Koalitionsfreiheit geschützt. S. hierzu bereits oben, 2. Teil B. IV. 4. d. bb.

aa. Schutzbereich

Hierzu gilt grundsätzlich, dass Art. 12 Abs. 1 GG nicht nur die Berufsfreiheit, sondern als Teil dieser Berufsfreiheit auch die Unternehmerfreiheit erfasst. Das Grundrecht auf Berufsfreiheit schützt insoweit zugleich das Recht zur freien Gründung als auch zur freien Führung eines Unternehmens.[691] Die Unternehmerfreiheit als Schutzrecht steht – über Art. 19 Abs. 3 GG – auch juristischen Personen zu.[692] Zudem gewährleistet die Unternehmerfreiheit sowohl die Gründung und Führung eines Klein- oder Mittelbetriebs als auch die Tätigkeit eines Großunternehmens.[693] Inhaltlich gewährleistet die Unternehmerfreiheit insbesondere die sog. Organisationsfreiheit[694].
Sowohl der personelle als auch der sachliche Schutzbereich der Norm sind hinsichtlich der Frage, ob die Tarifzuständigkeit des Arbeitgebers/Unternehmers zu seiner Disposition stehen soll, eröffnet. Der Arbeitgeber darf im Rahmen der firmentarifrechtlichen Organisationsautonomie allein entscheiden, ob er einen Firmentarifvertrag für das ganze Unternehmen oder für einen oder mehrere Betriebe abschließen will.[695] Seine Entscheidung, einen unternehmensweiten Tarifvertrag abzuschließen, ist genauso von seiner unternehmerischen Entscheidungsfreiheit abgesichert wie seine Entscheidung, für branchenfremde Betriebe selbständige Haustarifverträge abzuschließen.[696] Dies korrespondiert mit der Rechtsprechung des *BVerfG*, das die Unternehmerfreiheit als Ausprägung der Berufsfreiheit im Sinne eines Rechts auf Gründung *und Führung* von Unternehmen versteht.[697] In nur logischer Konsequenz ist auch die Wahl der Tarifzuständigkeit von der unternehmerischen Entscheidungsfreiheit abgesichert.[698]

bb. Eingriff

Henssler sieht den Eingriff in die unternehmerische Entscheidungsfreiheit darin begründet, dass die Wahl der Tarifzuständigkeit des Arbeitgebers nicht

---

691 BVerfGE 50, 290, 362 f.; LAG Hamm, NZA-RR 2000, 535, 536; ArbG Kiel, AuR 2003, 192, 193; Dreier-*Wieland*, GG, Art. 12, Rn. 73; *Isensee/Kirchhof*, Staatsrecht, § 147, Rn. 61; *Papier*, RdA 1989, 137, 143.

692 BVerfGE 50, 290, 363; *Buchner*, DB 1990, 1715, 1718; Maunz/Dürig-*Scholz*, GG, Art. 12, Rn. 106.

693 BVerfGE 50, 290, 363 f.; *Isensee/Kirchhof*, Staatsrecht, § 147, Rn. 61.

694 LAG Schleswig-Holstein, SAE 2004, 227, 231; ArbG Frankfurt a. M. v. 15.03.2005, 5 Ca 4542/04 (juris); *Isensee/Kirchhof*, Staatsrecht, § 147, Rn. 62.

695 *Henssler*, ZfA 1998, 517, 525. Vgl. auch BVerfGE 50, 290, 363.

696 *Graf*, Tarifzuständigkeit, S. 286; *Heinze*, DB 1997, 2122, 2123.

697 BVerfGE 50, 290, 363; *Graf*, Tarifzuständigkeit, S. 286.

698 *Henssler*, ZfA 1998, 517, 525.

bei ihm, sondern – auf Grundlage der betriebsbezogenen Geprägetheorie – bei der Gewerkschaft liegt.[699] Dies ergebe sich auch aus einem Vergleich zur Situation im Verbandstarif. Hier könne die Gewerkschaft ihren Zuständigkeitsbereich autonom bestimmen. Es sei ihr aber nicht möglich, den als Verhandlungspartner fungierenden Arbeitgeberverband gegen dessen Satzung zwingen, sich für bestimmte Tarifverhandlungen für zuständig zu erklären.[700]
Witt bringt dagegen vor, dass durch die unbeschränkte Tarifzuständigkeit des Einzelarbeitgebers seine Handlungsmöglichkeiten nicht beschränkt, sondern vielmehr erweitert würden. Nunmehr könne er mit allen für sein Unternehmen zuständigen Gewerkschaften Tarifverträge abschließen.[701] Eine Einschränkung sei nur dann gegeben, wenn der Einzelarbeitgeber entsprechend seiner Allzuständigkeit gezwungen wäre, Tarifverträge abzuschließen. Dies sei trotz seiner originären Zuständigkeit aber nicht der Fall, da er den Abschluss eines Tarifvertrages auch verweigern könne.[702] Es komme hinzu, dass die Gewerkschaft, wie jeder Tarifpartner, keinen Anspruch auf Verhandlungen über einen Tarifvertrag habe.[703] Letztlich scheide ein Eingriff deshalb aus, weil sich an der Situation des Arbeitgebers auch dann nichts ändern würde, wenn es auf seine Entscheidung ankäme. Die Gewerkschaft brauche sich lediglich durch eine Änderung ihrer Satzung den Gegebenheiten anzupassen.[704]
An dieser letzten Überlegung ist zwar richtig, dass das Problem der mehrfachen Inanspruchnahme nicht aus dem Weg geräumt wird, gesteht man dem Arbeitgeber die Wahl bzgl. seiner Tarifzuständigkeit zu. Darauf kommt es vorliegend aber nur sekundär an. Primär geht es vielmehr darum, dem Arbeitgeber hinsichtlich seiner tarifrechtlichen Ausrichtung die Entscheidungsfreiheit zu überlassen und sie nicht in das Belieben der Gewerkschaft zu stellen.
Ein Eingriff in die unternehmerische Entscheidungsfreiheit liegt aber deshalb nicht vor, weil es dem Einzelarbeitgeber freisteht, den Abschluss eines Tarifvertrages zu verweigern und auf diesem Wege seine Entscheidung umzusetzen.[705] Durch die originäre Tarifzuständigkeit an sich wird die Entscheidungsfreiheit des Arbeitgebers nicht begrenzt; dies geschieht erst durch den Zwang zum Abschluss eines der Entscheidung des Arbeitgebers entgegenstehenden Tarifvertrages, mithin auf Arbeitskampfebene. Freilich, es ist Wunschdenken davon auszugehen, dass der Arbeitgeber einen solchen Arbeitskampf überste-

---

699 *Henssler*, ZfA 1998, 517, 525 f.
700 *Henssler*, ZfA 1998, 517, 524.
701 *Witt*, Firmentarifvertrag, S. 174.
702 *Witt*, Firmentarifvertrag, S. 174.
703 *Witt*, Firmentarifvertrag, S. 174.
704 *Witt*, Firmentarifvertrag, S. 174.
705 So richtig *Witt*, Firmentarifvertrag, S. 174.

hen und sich dem Abschluss eines Tarifvertrages letztlich verweigern kann.[706] Dies ändert aber nichts daran, dass Tarifvertrags- und Arbeitskampfebene getrennt zu betrachten sind.[707]

Die originäre Tarifzuständigkeit lässt sich zudem nicht unter die Definition eines Eingriffs fassen. Ein klassischer Eingriff liegt vor, wenn es zu einer finalen und unmittelbaren Verletzung des Schutzbereichs kommt.[708] Finalität ist gegeben, wenn die Verletzung eine nicht bloß unbeabsichtigte Folge eines auf ein ganz anderes Ziel gerichtetes Handeln ist.[709] Ziel der betriebsbezogenen Prägetheorie ist es aber nicht, die Entscheidungsfreiheit des Unternehmers einzuschränken, sondern vielmehr die Satzungsautonomie der Gewerkschaft angemessen zu berücksichtigen.

Freilich ist der Ansatz *Hensslers* dogmatisch vorzugswürdiger. Die unternehmerische Entscheidung würde besser berücksichtigt, würde man dem Unternehmer die positive Entscheidung hinsichtlich seiner Tarifzuständigkeit überlassen. Ein Eingriff liegt hierin jedoch nicht.

cc. Rechtfertigung

Wollte man aber mit *Henssler* einen Eingriff bereits darin sehen, dass der Unternehmer keine positive Entscheidung bzgl. seiner Tarifzuständigkeit im Vorfeld treffen kann – und dies ist zumindest eine gut vertretbare Ansicht – stellt sich die Frage der Rechtfertigung eines solchen Eingriffs. *Witt* bezeichnet einen solchen Eingriff als „jedenfalls gerechtfertigt“[710]. Wie sich im Folgenden zeigen wird, wäre er dies aber keineswegs.

(1) Gesetzliche Grundlage gem. Art. 12 Abs. 1 S. 2 GG

In Betracht kommt zunächst eine Rechtfertigung gem. Art. 12 Abs. 1 S. 2 GG durch oder aufgrund eines Gesetzes. Eine solche gesetzliche Regelung existiert jedoch nicht. Das TVG regelt zwar die Tariffähigkeit, nicht aber die Tarifzuständigkeit.[711]

---

706 Dies erkennt auch *Witt*, Firmentarifvertrag, S. 174 f.
707 Vgl. genauer unten, 4. Teil A. II. 1.
708 *Pieroth/Schlink*, Grundrechte, Rn. 238.
709 *Pieroth/Schlink*, Grundrechte, Rn. 238.
710 *Witt*, Firmentarifvertrag, S. 175.
711 *Henssler*, ZfA 1998, 517, 525. Eine Regelung durch Nichtregelung wurde bereits abgelehnt, s. oben 2. Teil B. IV. 4. d. bb.

(2) Kollidierendes Verfassungsrecht

In Betracht kommt daher nur eine Rechtfertigung über kollidierendes Verfassungsrecht.[712]

Diese ergebe sich nach *Witt* aus Art. 9 Abs. 3 GG.[713] Danach sei die originäre Tarifzuständigkeit des Arbeitgebers eine Ausgestaltungsregelung, so dass aufgrund des verfassungsrechtlichen Ausgestaltungsauftrages lediglich zu prüfen sei, ob diese Ausgestaltung des Tarifrechts die Ausgestaltungsobergrenze einhalte.[714] Ein Verstoß ergebe sich nur dann, wenn der durch die Ausgestaltung erfolgte Eingriff in Art. 9 Abs. 3 GG zur Herstellung eines möglichst effektiven Tarifvertragssystems geeignet, erforderlich und verhältnismäßig im engeren Sinne wäre.[715]

Hier stellt sich aber bereits die Frage, inwiefern der Gesetzgeber dem Einzelarbeitgeber die umfassende Zuständigkeit zugewiesen haben soll. Bereits oben wurde gezeigt, dass eine einfachgesetzliche Grundlage eben nicht existiert. Die Allzuständigkeit des Einzelarbeitgebers ist ein richterrechtliches Konstrukt, das wohl kaum unter den Gestaltungsauftrag an den Gesetzgeber subsumiert werden kann. Auch in der bloßen Nichtregelung der Tarifzuständigkeit liegt keine Ausgestaltung durch den Gesetzgeber.[716]

Des weiteren wird eine Rechtfertigung durch die Satzungsautonomie der Gewerkschaften vorgebracht.[717] Einer Gewerkschaft, die nach dem Berufsprinzip organisiert sei, werde die Möglichkeit zum Abschluss eines Tarifvertrages genommen, ließe man dem Arbeitgeber hinsichtlich seiner Tarifzuständigkeit die Wahl. Eine solche Gewerkschaft sei für die Branche des überwiegenden Unternehmenszwecks nicht zuständig. Sie müsse daher ihre Zuständigkeit zu Gunsten des Industrieverbandsprinzips ändern.[718]

Diese Überlegung lässt aber von vornherein außer Betracht, dass die Gewerkschaft, genauso wie der Einzelarbeitgeber, keinen Anspruch auf einen tarifzuständigen Verhandlungspartner hat.[719] Eine Gewerkschaft, die nach dem Berufsprinzip organisiert ist, wird immer Schwierigkeiten haben, einen Verhandlungspartner zu finden. Ob man auf den Betrieb oder auf das Unternehmen

---

712 Vgl. zur Rechtfertigung auch durch kollidierendes Verfassungsrecht Schmidt-Bleibtreu/Klein-*Kannengießer*, GG, Vorb. V. Art. 1, Rn. 19.

713 *Witt*, Firmentarifvertrag, S. 175.

714 *Witt*, Firmentarifvertrag, S. 175.

715 *Witt*, Firmentarifvertrag, S. 175.

716 Vgl. bereits oben, 2. Teil B. IV. 4. d. bb.

717 *Witt*, Firmentarifvertrag, S. 176.

718 *Witt*, Firmentarifvertrag, S. 176.

719 BAG, AP Nr. 3 zu § 2 TVG Tarifzuständigkeit; BAG, NZA 1997, 613, 617; *Heinze*, DB 2122, 2123.

abstellt, ändert daran nichts.[720] Die Gewerkschaft wählt ihre Zuständigkeit auf eigenen Wunsch und auf eigenes Risiko. Dass sie keinen Verhandlungspartner findet, ist zu Recht ihr (selbst gewähltes) Unglück.
Es existiert damit schon keine verfassungsrechtliche Kollisionsnorm, die eine Rechtfertigung des Eingriffs in Art. 12 Abs. 1 GG herbeiführen könnte.

(3) Praktische Konkordanz

Aber selbst wenn man den Schutzbereich des Art. 9 Abs. 3 GG tangiert sehen wollte, müssten die Grundrechtspositionen der Koalitionsfreiheit und der Unternehmensautonomie in Einklang gebracht werden, so dass beide bestmöglich verwirklicht werden könnten (praktische Konkordanz).[721]
Witt geht davon aus, dass durch die Allzuständigkeit des Einzelarbeitgebers die Effektivität des Tarifvertragssystems gewährleistet würde, wobei dem nur ein geringfügiger Eingriff in die unternehmerische Entscheidungsfreiheit gegenüberstehe.[722]
Geht man aber mit *Henssler* von einem Eingriff in die Unternehmensautonomie aus, so wäre eine Beschränkung dieser Freiheit nur dort zulässig, wo garantiert werden müsste, dass der Gewerkschaft zumindest ein Verhandlungspartner zur Verfügung steht.[723] Dies ist aber auch dann gewährleistet, wenn er seine Tarifzuständigkeit selbst bestimmen kann. Ein anderes Ergebnis ließe sich nur dann begründen, wenn der einzelne Arbeitgeber seine Tarifzuständigkeit ständig änderte, um sich einem Tarifvertragsabschluss zu entziehen.[724]
Eine weitergehende Beschränkung der Unternehmerfreiheit fordert weder die Effektivität des Tarifvertragssystems noch die Koalitionsfreiheit der Gewerkschaft.
Eine praktische Konkordanz führte damit nicht dazu, dass eine originäre Tarifzuständigkeit des Arbeitgebers gerechtfertigt wäre, sondern umgekehrt dazu, diesem die Wahl seiner Tarifzuständigkeit zu überlassen.

dd. Ergebnis

Hält man also mit *Henssler* die positive Entscheidung des Unternehmers im Vorfeld als von Art. 12 Abs. 1 GG geschützt, wäre allein der (dogmatisch oh-

---

720 So auch *Buchner*, ZfA 1995, 95, 100.

721 Vgl. BVerfG, NJW 1995, 2477, 2479; v. Münch-*v. Münch*, GG, Vorb. Art. 1-19, Rn. 47 m.w.N.; Schmidt-Bleibtreu/Klein-*Kannengießer*, GG, Vorb. v. Art. 1, Rn. 2.

722 *Witt*, Firmentarifvertrag, S. 176.

723 *Henssler*, ZfA 1998, 517, 526; *Graf*, Tarifzuständigkeit, S. 288.

724 *Henssler*, ZfA 1998, 517, 526.

nehin bessere Ansatz) *Buchners* verfassungsgemäß, nach dem der Unternehmer seine Tarifzuständigkeit selbst bestimmen kann.

ee. Möglichkeiten zur Beschränkung der arbeitgeberseitigen Tarifzuständigkeit

Im Anschluss stellt sich sogleich die Frage, wie eine solche Beschränkung der Tarifzuständigkeit vonstatten gehen könnte. Hierfür werden verschiedene Möglichkeiten angedacht. Einigkeit besteht aber dahingehend, dass eine Eingrenzung der Tarifzuständigkeit durch den Arbeitgeber in einer erkennbaren Willensbildung Ausdruck finden muss. Ansonsten müsse – im Hinblick auf § 2 Abs. 1 TVG, der die generelle Tariffähigkeit des Arbeitgebers anordnet[725] und darauf, dass der Arbeitgeber nicht ermöglicht werden soll, sich dem Tarifvertragsschluss zu entziehen – von einer unbeschränkten Zuständigkeit ausgegangen werden.[726]
Eine erste Möglichkeit zur Beschränkung der eigenen Tarifzuständigkeit könnte in dem Beitritt zu einem Arbeitgeberverband liegen.[727] Für die Zulässigkeit dieser Methode spricht, dass derjenige Arbeitgeber, der einem Arbeitgeberverband beitritt und grundsätzlich eine Bindung durch den Verbandstarifvertrag anstrebt, sich damit auch mit der Tarifzuständigkeit des Arbeitgeberverbandes einverstanden erklärt. Von der Zuständigkeit des Arbeitgeberverbandes kann so auf die Zuständigkeit des Arbeitgebers geschlossen werden. Zudem kann sich der Arbeitgeber dann nicht willkürlich von seiner Tarifzuständigkeit befreien, da in jedem Fall der Verbandstarifvertrag für ihn gilt und dieser jedenfalls fort- bzw. nachwirkt (§§ 3 Abs. 3, 4 Abs. 5 TVG).
Denkbar ist auch der Beitritt nicht nur zu einem Arbeitgeberverband, sondern bei einem Mischunternehmen auch zu mehreren Verbänden, abhängig davon in welchen Wirtschaftszweigen die einzelnen Betriebe des Unternehmens tätig sind.[728] Man könnte in diesen Fällen davon ausgehen, dass der Arbeitgeber die Tarifzuständigkeit der Verbände für die einzelnen Betriebe wählt, jeweils abhängig davon, welchem Wirtschaftszweig der einzelne Betrieb zuzuordnen ist. Allerdings dürfte damit ein unheilbares Chaos verbunden sein. Rechtssicherheit wird schon deshalb nicht erreicht, weil das jeweilige Betriebsgepräge zuerst einmal festgestellt werden müsste. Will der Arbeitgeber zudem für alle

---

725 Auf den Zusammenhang zwischen Tariffähigkeit und Tarifzuständigkeit wurde bereits hingewiesen, s. oben 2. Teil B. I.

726 *Buchner*, ZfA 1995, 95, 119; *Graf*, Tarifzuständigkeit, S. 288; *Heinze*, DB 1992, 2122, 2124.

727 *Buchner*, ZfA 1995, 95, 119; *Konzen*, FS Kraft, S. 308.

728 *Heinze*, DB 1997, 2122, 2124.

Betriebe einen eigenen Haustarifvertrag abschließen, braucht er diese nur zu vereinbaren. Eine vorherige Beschränkung der Tarifzuständigkeit wird regelmäßig nicht notwendig sein. Sollte sich eine Gewerkschaft im Ausnahmefall darauf festgelegt haben, einen unternehmensweiten Haustarifvertrag abzuschließen, kann der Arbeitgeber dem entgegenwirken, indem er betriebsbezogene Tarifverträge mit insoweit anderen Gewerkschaften abschließt, die dann jedenfalls dem unternehmensweiten Tarifvertrag wegen der Grundsätze von Tarifkonkurrenz und –pluralität[729] vorgehen.

Als weitere Möglichkeit kommt die gesellschaftsrechtliche Verselbstständigung von Betrieben in Betracht.[730] Eine solche ist aber im besten Fall eine konkludente Erklärung über die Zuständigkeit. Nach außen hin ist nicht ersichtlich, ob der Arbeitgeber damit eine betriebsbezogene Zuständigkeit hinsichtlich dieses Betriebs begründen will. Die bloße gesellschaftsrechtliche Verselbstständigung genügt daher nicht, um die Tarifzuständigkeit wirksam zu beschränken.[731]

Möglich ist jedoch die Beschränkung der Tarifzuständigkeit durch tatsächliches Handeln, etwa durch Abschluss eines Firmentarifvertrages entsprechend dem überwiegenden Unternehmensgepräge.[732] Freilich wird die Beschränkung hier erst mit der Vereinbarung wirksam. Wird die Tarifzuständigkeit nicht im Vorfeld durch den Beitritt zu einem Arbeitgeberverband begrenzt, bleibt es bis zum Abschluss bei der generellen Zuständigkeit des Arbeitgebers, so dass auch eine Gewerkschaft mit der Forderung nach einem betriebs-

---

729 Sowohl die Konstellation einer Tarifkonkurrenz als auch die einer –pluralität löst das *BAG* über den Grundsatz der Tarifeinheit. Zur Anwendung nur eines Tarifvertrages gelangt das *BAG*, indem es darauf abstellt, welcher der Tarifverträge spezieller ist. Dies ist derjenige Tarifvertrag, der die größere Sachnähe besitzt, also dem Betrieb räumlich, betrieblich, fachlich und persönlich am nächsten steht und aus diesem Grund den Erfordernissen und Eigenarten des Betriebes und der darin tätigen Arbeitnehmer am besten gerecht wird. Vgl. hierzu BAG, AP Nr. 19, 20 zu § 4 TVG Tarifkonkurrenz; BAG, NZA 2002, 1406, 1407 f.; LAG Hessen, NZA 2003, 679, 680; *Wiedemann/Arnold*, ZTR 1994, 399, 408. A. A. *Löwisch/Rieble*, TVG, § 4, Rn. 144 ff.; ErfK-*Franzen*, TVG, § 4, Rn. 71; *Kempen/Zachert*, TVG, § 4, Rn. 157 ff.; *Konzen*, FS Kraft, S. 309 f.; *Schaub*, Handbuch, § 203, Rn. 65 ff.; Wiedemann-*Wank*, TVG, § 4, Rn. 278 ff. Im Verhältnis von Verbandstarifvertrag zum gleichzeitig geltenden Firmentarifvertrag kommt wegen des Grundsatzes der Spezialität immer der Firmentarifvertrag zur Anwendung, vgl. BAG, AP Nr. 20 zu § 4 TVG Tarifkonkurrenz; BAGE 91, 244, 256; BAG, ZTR 2001, 556, 557; SG Baden-Württemberg, AiB 2002, 784, 785; *Löwisch/Rieble*, TVG, § 4, Rn. 154; Wiedemann-*Wank*, TVG, § 4, Rn. 299; *Buchner*, FS Schaub, S. 84 f.; *Heß*, ZfA 1976, 45, 57.

730 *Heinze*, DB 1997, 2122, 2124.

731 Übereinstimmend *Graf*, Tarifzuständigkeit, S. 288.

732 *Heinze*, DB 1997, 2122, 2124.

bezogenen Tarifvertrag an ihn herantreten könnte. Jedenfalls wird durch den tatsächlichen Abschluss aber Rechtssicherheit erlangt, wenn auch nur bis zum Geltungsende dieses Vertrages. Eine darüber hinausgehende Beschränkung der Tarifzuständigkeit kommt nicht in Betracht.
Soweit eine Beschränkung der Tarifzuständigkeit in der Satzung oder im Gesellschaftervertrag angesprochen wird,[733] gilt auch hier, dass eine Beschränkung für Dritte deutlich zu Tage treten muss. Für ihre Zulässigkeit ist es notwendig, dass eine Beschränkung auch für den potenziellen sozialen Gegenspieler erkennbar ist. Eine Festlegung der Tarifzuständigkeit im Gesellschaftervertrag scheidet aus diesem Grund aus. Ein solcher kann sogar mündlich abgeschlossen werden.[734] Die satzungsgemäße Festlegung bietet aus dem gleichen Grund keine Rechtssicherheit.
Eine Mitteilung an die Spitzenverbände erfüllt zwar grundsätzlich die Voraussetzung der Offenkundigkeit und Deutlichkeit,[735] muss aber ebenfalls kritisch betrachtet werden. Es wäre dem Arbeitgeber hier durch dauernde Änderung seiner Tarifzuständigkeit tatsächlich ein Leichtes, sich der Tarifbindung zumindest auf einige Zeit zu entziehen. Dies gilt entsprechend für eine Beschränkung der Tarifzuständigkeit im Gesellschaftervertrag oder in der Satzung.
Im Ergebnis sollte der Arbeitgeber seine Tarifzuständigkeit daher durch den Beitritt zu einem Arbeitgeberverband oder durch den tatsächlichen Abschluss eines betriebs- oder unternehmensbezogenen Haustarifvertrages begrenzen können. Hat er eine solche Begrenzung nicht herbeigeführt, ist er originär tarifzuständig.

f. Ergebnis

Die betriebsbezogene Geprägetheorie verstößt nach hier vertretener Ansicht zwar nicht gegen Verfassungsrecht, mit einer sehr gut vertretbaren Meinung kann jedoch auch ein Eingriff in die unternehmerische Entscheidungsfreiheit angenommen werden. Dogmatisch wäre es ohnehin vorzugswürdiger, dem Unternehmer die Wahl hinsichtlich seiner Tarifzuständigkeit zu überlassen; die Effektivität des Tarifvertragssystems würde hierdurch nicht beeinträchtigt. Der Entscheidung des Arbeitgebers – so er denn eine getroffen hat – sollte also vor dem Hintergrund des Art. 12 Abs. 1 GG das richtige Gewicht beigemessen werden. Dadurch wird eine betriebsbezogene Regelung nicht unmög-

---

733 *Graf*, Tarifzuständigkeit, S. 288 f.

734 BGHZ, 8, 249, 255 f.; 11, 190, 192; *Hueck/Windbichler*, Gesellschaftsrecht, § 6, Rn. 6.

735 *Graf*, Tarifzuständigkeit, S. 288 f.

lich, sie kann aber nur dann wirksam vereinbart werden, wenn beide, Arbeitgeber und Arbeitnehmerkoalition autonom (!) eine betriebsbezogene Zuständigkeit gewählt haben.
Die Beschränkung der Tarifzuständigkeit durch den Arbeitgeber selbst dürfte aber auch in ferner Zukunft nicht Inhalt höchstrichtlicher Rechtsprechung werden. Die tariftatsächlichen Auswirkungen der betriebsbezogenen Geprägetheorie dürften sich dabei in Grenzen halten.[736] So lange das Industrieverbandsprinzip noch als übliches Organisationsprinzip fortbesteht und das *BAG* sich der erweiterten Meinung *Däublers* bzw. *Kempen/Zacherts* nicht anschließt, ist davon auszugehen, dass – so keine gegenteilige Vereinbarung besteht – bei einem unternehmensweiten Firmentarifvertrag auch die vom überwiegenden Gepräge abweichenden Betriebe erfasst werden.[737] Zu einer Konkurrenzsituation kommt es daher nur dann, wenn eine zweite Gewerkschaft eine betriebsbezogene Zuständigkeit begründet und den Unternehmer um den Abschluss eines Firmentarifvertrages angeht, obwohl dessen Betriebe bereits von einem unternehmensweiten Firmentarifvertrag erfasst werden.[738] DGB Gewerkschaften haben sodann das erwähnte Schiedsverfahren durchzuführen.[739] Handelt es sich jedoch um Gewerkschaften, von denen mindestens eine nicht im DGB organisiert ist, wird die entstehende Konkurrenzsituation über die Grundsätze von Tarifkonkurrenz und -pluralität gelöst.[740]

V. Tarifzuständigkeit in Einzelfallkonstellationen

Im Folgenden sollen Einzelfallkonstellationen zur Tarifzuständigkeit unter Berücksichtigung der betriebsbezogenen Geprägetheorie kurz erläutert werden.

1. Tarifzuständigkeit in Gemeinschaftsbetrieben

Ein Gemeinschaftsbetrieb liegt vor, wenn mindestens zwei Unternehmen die in einer Betriebsstätte vorhandenen materiellen und immateriellen Werte für einen oder mehrere einheitliche arbeitstechnische Zwecke zusammenfassen,

---

736 So auch *Henssler*, ZfA 1998, 517, 527 f.
737 *Henssler*, ZfA 1998, 517, 528.
738 Freilich, wie bereits gesehen, knüpfen bereits alle Satzungen der DGB Gewerkschaften zumindest auch an den Betrieb an. Die Kollision ist daher wahrscheinlich, auch wenn mit den Entscheidungen BAG, NZA 1997, 613 ff. und BAG, AP Nr. 11 zu § 2 TVG zur Tarifzuständigkeit nur zwei Fälle höchstrichterlich entschieden werden mussten.
739 S. oben, 2. Teil B. III. 1. c.
740 S. dazu Fn. 729.

ordnen, gezielt einsetzen und der Einsatz der menschlichen Arbeitskraft von einem einheitlichen Leitungsapparat gesteuert wird.[741]
In einem Gemeinschaftsbetrieb sind die beschäftigten Arbeitnehmer jeweils über die verschiedenen Unternehmen an verschiedene Arbeitgeber und damit ggf. an unterschiedliche Tarifverträge gebunden.[742] Durch den Zusammenschluss der jeweiligen Arbeitgeber zu einer gemeinsamen Betriebsführung ändert sich an ihrer tarifrechtlichen Stellung i.S.d. § 2 Abs. 1 TVG nichts.[743] Möglich ist es daneben auch, dass mehrere betriebsbezogene Firmentarifverträge für die jeweiligen Arbeitnehmer des Gemeinschaftsbetriebs gelten[744] oder dass ein Firmentarifvertrag mit den jeweiligen Arbeitgebern vereinbart wird, um im Gemeinschaftsbetrieb die einheitliche Geltung von Arbeitsbedingungen zu erreichen.[745] Ob die Gewerkschaft sich aber auf eine solche Regelung einlässt, ist tarifpolitisch zumindest dann fraglich, wenn es sich um einen Gemeinschaftsbetrieb handelt, dessen Einzelbetriebe nicht von einer Gewerkschaft tariflich erfasst werden, sondern von mehreren. Zu viele Interessen wären zu berücksichtigen, und keine Gewerkschaft dürfte einem Einflussverlust freiwillig zustimmen.
Durch die betriebsbezogene Geprägetheorie ergeben sich hier keine Besonderheiten. Freilich erleichtert sie den Abschluss eines betriebseinheitlichen Tarifvertrages erheblich.[746]

2. Tarifzuständigkeit im Konzern

Entsprechend der fehlenden Tariffähigkeit der Konzernobergesellschaft im Bezug auf die Konzerntöchter hat die Konzernmutter keine Tarifzuständigkeit für ihre Tochtergesellschaften.[747] Die Konzerntöchter sind als tariffähige Rechtssubjekte im Rahmen ihrer Tätigkeit auch tarifzuständig.[748]
Etwas anders gilt dann, wenn die Konzernmutter mit ihren Töchtern privatautonom eine entsprechende Rechtsgrundlage geschaffen hat.[749] Schließt dann ein Konzern in Vollmacht der Konzernunternehmen einen Tarifvertrag, ent-

741 BAG, EzA Nr. 11 zu § 1 BetrVG 1972; *Fitting*, BetrVG, § 1, Rn. 78 ff.
742 *Henssler*, ZfA 1998, 517, 530 f.
743 *Windbichler*, Arbeitsrecht im Konzern, S. 446.
744 *Henssler*, ZfA 1998, 517, 530 f.
745 *Windbichler*, Arbeitsrecht im Konzern, S. 446.
746 Allerdings nur im Gegensatz zur unternehmensbezogenen Geprägetheorie; der Abschluss eines betriebseinheitlichen Tarifvertrages ist nach dem Ansatz *Buchners* in gleicher Weise möglich.
747 Anders wiederum allein *Däubler*, Tarifvertragsrecht, Rn. 79 f.
748 *Heinze*, DB 1997, 2122, 2124.
749 *Heinze*, DB 1997, 2122, 2124.

stehen mehrere Firmentarifverträge.[750] Es kommt zu einer koordinierten Tarifbindung verbundener Unternehmen.[751] Ansonsten kann es nur dann zu einem konzerneinheitlichen Tarifvertrag kommen, wenn die Konzerneinheiten alle demselben Arbeitgeberverband beitreten oder wenn alle Konzerneinheiten ihre Tarifzuständigkeit hinsichtlich derselben Gewerkschaft begründen.[752] Letzteres ist unter Geltung der betriebsbezogenen Geprägetheorie nur dann möglich, wenn eine Gewerkschaft den Wünschen der Arbeitgeberseite entgegenkommt[753] oder wenn alle Betriebe demselben Wirtschaftszweig angehören.[754]

Freilich wird sich die Frage nach einem konzerneinheitlichen Tarifvertrag wohl nur dort stellen, wo eine Branche im Konzern derart vorherrschend ist, dass andere Wirtschaftszweige vernachlässigt werden können. Andernfalls dürfte es für die jeweiligen Konzerneinheiten vorteilhafter sein, für die in unterschiedlichen Branchen tätigen Konzerntöchter eigene Tarifverträge abzuschließen und so den jeweils herrschenden Rahmenbedingungen mehr zu entsprechen.[755]

Durch die betriebsbezogene Geprägetheorie wird der Abschluss eines konzerneinheitlichen Tarifvertrages verkompliziert. Nunmehr muss die Konzernmutter, um einen einheitlichen Tarifvertrag zu vereinbaren, nicht nur für die einzelnen Konzernunternehmen, sondern auch für die einzelnen Betriebe handeln. Da diese aber regelmäßig in verschiedensten Branchen agieren, besteht für den Konzern keine Garantie, dass eine Vereinheitlichung erreicht werden kann. Demgegenüber hat die betriebsbezogene Geprägetheorie den

---

750 *Buchner*, FS Schaub, S. 81 f.; *Schaub*, Handbuch, § 199, Rn. 4.

751 S. dazu *Wackerbarth* in Lutter, Holding-Handbuch, § 9, Rn. 148 f. Skepsis gegenüber dem mehrgliedrigen Tarifvertrag zeigt *Däubler*, Tarifvertragsrecht, Rn. 80 an. Sie begründet sich aus den in einem Mischkonzern unterschiedlichen Branchen und den daraus folgenden unterschiedlichen Tarifzuständigkeiten.
Neben dem mehrgliedrigen Tarifvertrag besteht außerdem die Möglichkeit einen Tarifvertrag mit der Konzernmutter abzuschließen, der die Konzernmutter über schuldrechtliche Vereinbarungen zur Beeinflussung ihrer Töchter verpflichtet. Zu den Voraussetzungen und Grenzen einer solchen Vereinbarung, s. *Wackerbarth* in Lutter, Holding-Handbuch, § 9, Rn. 141.

752 *Heinze*, DB 1997, 2122, 2124 f.

753 Zweifel daran auch bei *Buchner*, FS Schaub, S. 82.

754 Über den Ansatz *Buchners* ließe sich dieses Ergebnis leichter erreichen.

755 *Wackerbarth* in Lutter, Holding-Handbuch, § 9, Rn. 137.

Vorteil, dass nun auch auf die Besonderheiten des einzelnen Betriebes Rücksicht genommen werden kann.[756]

3. Tarifzuständigkeit beim Wechsel des Unternehmensgepräges

Haben die Parteien einen unternehmensbezogenen Firmentarifvertrag abgeschlossen und ändert sich nunmehr das Gepräge des Unternehmens, stellt sich die Frage nach dem Schicksal des Tarifvertrages. Durch den späteren Wechsel des Gepräges könnte es dazu kommen, dass sich die Tarifzuständigkeit auf Gewerkschaftsseite ändert. Tarifverträge, für die der Gewerkschaft bereits bei Vertragsschluss die Zuständigkeit fehlte, sind unwirksam.[757] Hier war der geschlossene Tarifvertrag aber zunächst wirksam. Deshalb soll der Wechsel des Unternehmensgepräges und damit der eventuelle Wechsel der Tarifzuständigkeit auf Gewerkschaftsseite nach überwiegender Ansicht nicht die sofortige Unwirksamkeit bedingen.[758]

Eine automatisch eintretende Unwirksamkeit des Firmentarifvertrages entspricht nämlich regelmäßig nicht den herrschenden Interessen.[759] Es würde Ungewissheit über die Wirksamkeit des Tarifvertrages entstehen, da das Gepräge des Unternehmens nicht immer einwandfrei bestimmt werden kann. Diese Rechtsunsicherheit ist aber mit dem Ziel des Tarifvertragsabschlusses, eine Befriedung der kollektiven Rechtsbeziehungen herbeizuführen, schwer zu vereinbaren. Es kommt daher zunächst zu einer Nachwirkung i.S.d. § 4 Abs. 5 TVG, die aber mit dem Recht zur Kündigung des Tarifvertrages versehen ist.[760] Die Notwendigkeit eines Kündigungsrechtes ergibt sich daraus, dass das Unternehmen die Möglichkeit haben muss, auf die veränderte Wettbewerbssituation schnell zu reagieren und den Abschluss eines neuen Firmentarifvertrages mit der nunmehr zuständigen Gewerkschaft anzustreben.[761] Im Einzelfall – abhängig von den sich ergebenden Schwierigkeiten – kann sogar

---

756 Allerdings besteht dieser Vorteil wiederum nur gegenüber der unternehmensbezogenen Geprägetheorie; der Ansatz *Buchners* eröffnet dem Unternehmer diese Möglichkeit ebenfalls.

757 Vgl. oben, 2. Teil B. II.

758 *Henssler*, ZfA 1998, 517, 530; *Kempen/Zachert*, TVG, 3. A., § 2, Rn. 135; *Konzen*, FS Kraft, S. 319 f.; Wiedemann-*Oetker*, TVG, § 2, Rn. 95.

759 So aber *Löwisch*, Anm. zu BAG, AP Nr. 1 zu § 1 TVG Kündigung; *Löwisch/Rieble*, TVG, § 2, Rn. 186; MünchArbR-*Löwisch/Rieble*, § 255, Rn. 80 f.

760 *Kempen/Zachert*, TVG, § 2, Rn. 176; *Konzen*, FS Kraft, S. 319 f.; *Wiedemann*, RdA 1975, 75, 83; Wiedemann-*Oetker*, TVG, § 2, Rn. 95.

761 *Henssler*, ZfA 1998, 517, 530.

eine außerordentliche Kündigung gerechtfertigt sein.[762] Für die Kündigung gelten die im Tarifvertrag vereinbarten Kündigungsfristen oder, wenn diese fehlen, die dreimonatige Frist gem. § 77 Abs. 5 BetrVG analog.[763]
Über diese Nachwirkung hinaus kommt dem Tarifvertrag der nunmehr unzuständigen Gewerkschaft keine Bedeutung zu. Soweit ein Bestehenbleiben des Firmentarifvertrages bis zu seinem Geltungsende vorgeschlagen wird,[764] wird der Tarifzuständigkeit als Wirksamkeitsvoraussetzung nicht die richtige Bedeutung zugemessen. Dies ergibt sich auch daraus, dass die Tarifzuständigkeit aus der Tariffähigkeit abgeleitet wurde. Für diese wurde bereits gezeigt, dass die spätere Tarifunfähigkeit ipso iure zur Unwirksamkeit der geschlossenen Tarifverträge führt und es in der Folgezeit zu einer Nachwirkung analog § 4 Abs. 5 TVG kommt.[765] Auch zu einer Fortgeltung des Firmentarifvertrages in analoger Anwendung des § 3 Abs. 3 TVG kommt es nicht.[766] Der Wechsel des Unternehmensgepräges ist eher mit der Situation vergleichbar, in der ein Tarifvertrag bereits abgelaufen ist und nicht mit der Situation, in der ein Tarifvertrag fortwirkt und sein Ende erst noch eintreten muss. Zudem liegt dem Wechsel des Unternehmensgepräges keine Manipulation der Tarifgebundenheit des Arbeitgebers zugrunde, wie sie durch § 3 Abs. 3 TVG verhindert werden soll.[767] Eine Analogie scheidet daher aus.
Eine Absprache zwischen den betroffenen Gewerkschaften über die Zuständigkeit für das Unternehmen, etwa dahingehend, dass die bisher zuständige Gewerkschaft weiterhin zuständig bleiben soll, ist unzulässig.[768] Zur Wiederherstellung der Tarifzuständigkeit ist vielmehr eine Änderung der satzungsmäßigen Zuständigkeit erforderlich. Ansonsten käme der Satzung lediglich deklaratorische Bedeutung zu, so dass die Verbände originär tarifzuständig sein müssten.[769]
Die betriebsbezogene Prägetheorie hat lediglich insofern zu einer Veränderung geführt, als dass die oben aufgeführten Grundsätze nun auch auf solche

---

762 Dagegen noch *Kempen/Zachert*, TVG, 3. A., § 2, Rn. 135, da dies der Wertung der § 3 Abs. 3 und § 4 Abs. 5 TVG entgegenstehe, die aber nunmehr eine ipso iure eintretende Unwirksamkeit des Tarifvertrages befürworten: *Kempen/Zachert*, TVG, § 2, Rn. 177.

763 BAG, AP Nr. 8 zu § 1 TVG Form; *Henssler*, ZfA 1998, 517, 530; *Kempen/Zachert*, TVG, § 4, Rn. 132; *Löwisch/Rieble*, TVG, § 1, Rn. 507; Wiedemann-*Wank*, TVG, § 4, Rn. 24. Differenzierend *Däubler*, Tarifvertragsrecht, Rn. 1435.

764 *Kempen/Zachert*, TVG, 3. A., § 2, Rn. 134; *Witt*, Firmentarifvertrag, S. 178.

765 Vgl. oben, 2. Teil A. I.

766 So aber *Däubler*, Tarifvertragsrecht, Rn. 93b, 264, 271, 1523.

767 *Konzen*, ZfA 1975, 401, 417.

768 Wiedemann-*Oetker*, TVG, § 2, Rn. 92.

769 Ähnlich Wiedemann-*Oetker*, TVG, § 2, Rn. 92.

Firmentarifverträge anzuwenden sind, die nur einen Betrieb oder mehrere Betriebe zum sachlichen Regelungsgegenstand haben.[770]

[770] Freilich wäre dies auch mit dem Ansatz *Buchners* möglich.

C. Geltungsbeginn und –ende des Firmentarifvertrages

Anfang und Dauer der Wirkung der tarifvertraglichen Normen werden durch den zeitlichen Geltungsbereich bestimmt. Voraussetzung für die wirksame Vereinbarung dieses zeitlichen Geltungsbereichs sind freilich zunächst die oben diskutierten Wirksamkeitsvoraussetzungen, d. h. u. a., dass es sich bei der Arbeitnehmervereinigung um eine Koalition i.S.d. Art. 9 Abs. 3 GG handeln muss, sowie dass diese Koalition tariffähig und tarifzuständig ist.[771] Grundsätzlich wird der Firmentarifvertrag mit Abschluss Wirkung erlangen.[772] Möglich ist aber auch die Geltung ab einem vereinbarten Zeitpunkt in der Zukunft oder der Vergangenheit.[773]

Der zeitliche Geltungsbereich endet mit Beendigung des Firmentarifvertrages. Genau wie den Beginn der zeitlichen Geltung bestimmt der Tarifvertrag auch die Dauer seiner Geltung selbst.[774] So kann vereinbart werden, dass sich der zeitliche Geltungsbereich automatisch verlängert, wenn er nicht rechtzeitig gekündigt wird. Denkbar ist auch ein Zeitablauf kombiniert mit der Möglichkeit, den Tarifvertrag nach Ablauf zu kündigen.[775] Auch die Vereinbarung einer Höchstlaufzeit mit vorheriger Kündigungsmöglichkeit ist denkbar. Spätestens würde der Tarifvertrag dann mit Zeitablauf enden.[776] Keinesfalls endet die Geltung des Tarifvertrages mit dem Beitritt zu einem Arbeitgeberverband.[777] Auf die Beendigung folgt die Nachwirkung (§ 4 Abs. 5 TVG),[778] die auch vertraglich ausgeschlossen werden kann.[779] Teilweise wird eine Begrenzung dieser Nachwirkung, analog § 613 a BGB auf ein Jahr, befürwortet, um nicht das freie Spiel der Kräfte der Tarifvertragsparteien zu beeinflussen.[780]

---

[771] Jeweils ausgehend von der Rechtsprechung des *BAG*, nach der eine Beschränkung der Tarifzuständigkeit des Einzelarbeitgebers nicht möglich ist.

[772] Wiedemann-*Oetker*, TVG, § 2, Rn. 165, § 4, Rn. 230.

[773] Zu den Voraussetzungen einer zulässigen Rückwirkung s. Wiedemann-*Wank*, TVG, § 4, Rn. 236 ff. Zu den jeweiligen Besonderheiten bei Inhalts-, Abschluss- und Betriebsnormen s. Wiedemann-*Wank*, TVG, § 4, Rn. 230 – 235.

[774] Wiedemann-*Wank*, TVG, § 4, Rn. 228.

[775] Wiedemann-*Wank*, TVG, § 4, Rn. 11.

[776] Wiedemann-*Wank*, TVG, § 4, Rn. 12.

[777] Wiedemann-*Oetker*, TVG, § 2, Rn. 169.

[778] Wiedemann-*Wank*, TVG, § 4, Rn. 260.

[779] BAG, NZA 1991, 353, 353; *Schaub*, NZA 1998, 617, 621.

[780] *Bauer*, FS Schaub, S. 41 f.

3. Teil: Der Inhalt des tariflichen Sozialplans

Sind damit die Voraussetzungen für den Abschluss eines Firmentarifvertrages geklärt, stellt sich die Frage nach seinem zulässigen Inhalt. Da der Schwerpunkt dieser Bearbeitung auf dem tariflichen Sozialplan liegt, soll allein dessen Inhalt nachfolgend auf seine Zulässigkeit überprüft werden. Aus den in der Einleitung dargestellten, möglichen Inhalten geht ohne weiteres hervor, dass der tarifliche Sozialplan für den Arbeitgeber extrem nachteilig ist. Er versucht in eklatanter Art und Weise – und dies ist erklärtes Ziel der Gewerkschaft beim Abschluss eines solchen Tarifvertrages[781] –, die Entscheidungen des Arbeitgebers als Unternehmer zu beeinflussen.[782] Im Gegensatz zum Sanierungs- oder Konsolidierungstarifvertrag verfolgt der tarifliche Sozialplan nicht mehr den Erhalt der bedrohten wirtschaftlichen Existenz eines Betriebs, sondern vordergründig dessen bloße Abwicklung, während im Hintergrund die Entscheidung des Unternehmers zur Stilllegung oder Änderung seines Betriebs verhindert oder zumindest aufgeschoben werden soll.

Aus den gerade dargestellten Zielen ergibt sich die entscheidende Kernfrage: Die Frage nach der Zulässigkeit eines tariflichen Sozialplans im Schnittbereich zwischen der von Art. 9 Abs. 3 GG gewährleisteten Koalitionsfreiheit und der durch Art. 12 Abs. 1 GG geschützten unternehmerischen Entscheidungsfreiheit. Konkreter stellt sich das Problem, wie ein möglicherweise allein der Unternehmensleitung vorbehaltener Regelungsbereich gegenüber der gewerkschaftlichen Einflussnahme abzugrenzen ist.

Im Folgenden werden zunächst Umfang und Grenzen für tarifvertragliche Regelungen und Vereinbarungen erarbeitet (A./ B.). Sodann werden anhand der gefundenen Zulässigkeitsgrenzen die umstrittenen und für den Arbeitgeber nachteiligen Inhalte des tariflichen Sozialplan auf ihre Zulässigkeit überprüft (C.).

---

[781] *Nicolai*, SAE 2004, 240, 240 f. Vgl. auch „Qualifizieren statt Entlassen“, S. 11.

[782] Vielsagend behandelt Wiedemann-*Wiedemann*, TVG, Einl., Rn. 439 diese Problematik unter der Überschrift „Schwächung der Vertragsgegenseite“.

A. Umfang der tarifvertraglichen Regelungs- und Vereinbarungsbefugnis

Zunächst wird untersucht, in welchem Rahmen die Tarifvertragsparteien Regelungen und Vereinbarungen treffen können. Begrifflich sind Regelungen dem normativen Teil des Tarifvertrages zuzuordnen, während Vereinbarungen dem schuldrechtlichen Teil des Tarifvertrages zugehören. Dabei erfassen normative Regelungen die Arbeitsverhältnisse der tarifgebundenen Arbeitnehmer unmittelbar, teilweise sogar solche nicht tarifgebundener Arbeitnehmer[783]; schuldrechtliche Vereinbarungen binden dagegen nur die Tarifvertragsparteien selbst. Dem Arbeitnehmer verschaffen sie einen Anspruch allein über die Konstruktion eines Vertrages zugunsten Dritter.[784]

I. Die tarifvertragliche Regelungsbefugnis

Freilich liegt bereits in der Suche nach dem Umfang der tarifvertraglichen Regelungsbefugnis eine Begrenzung derselben, da man den Parteien so lediglich einen gewissen Tätigkeitsrahmen zugesteht, innerhalb dessen sie tätig werden können.[785]

Auf der Suche nach dem Umfang der tarifvertraglichen Regelungsbefugnis hält das Gesetz zwei Antworten bereit: Zum einen ermöglicht Art. 9 Abs. 3 S. 1 GG die Bildung von Vereinigungen zum Schutz und zur Förderung der „Arbeits- und Wirtschaftsbedingungen". Zum anderen bestimmt das TVG in § 1 Abs. 1, dass ein Tarifvertrag Rechtsnormen enthält, die den Inhalt, den Abschluss und die Beendigung von Arbeitsverhältnissen sowie betriebliche und betriebsverfassungsrechtliche Fragen ordnen können. Somit stellt sich zunächst die Frage, was unter den in Art. 9 Abs. 3 S. 1 GG erwähnten Arbeits- und Wirtschaftsbedingungen zu verstehen, und sodann, wie § 1 Abs. 1 TVG in diesem Zusammenhang zu sehen ist.

1. „Arbeits- und Wirtschaftsbedingungen" i.S.d. Art. 9 Abs. 3 S. 1 GG

Der Umfang der tariflichen Regelungsmacht wird grundrechtlich durch die Auslegung des Begriffs der „Arbeits- und Wirtschaftsbedingungen" i.S.d. Art. 9 Abs. 3 GG bestimmt. Im Wesentlichen lassen sich zu seiner Deutung

---

783 Zur besonderen Wirkung sogenannten betrieblicher und betriebsverfassungsrechtlicher Normen noch unten, 3. Teil C. II. 4. a. cc., dd.

784 Vgl. dazu Wiedemann-*Thüsing*, TVG, § 1, Rn. 660.

785 BVerfGE 44, 322, 349; *Säcker/Oetker*, Tarifautonomie, S. 35; *Weyand*, Mitbestimmung, S. 70.

drei, nicht zuletzt tarifpolitisch motivierte, Ansätze unterscheiden. Während eine Meinung mittels einer restriktiven Auslegung zu einem geringen Gestaltungsrahmen der Tarifvertragsparteien kommt, erreicht eine andere Auffassung über eine extensive Auslegung das genaue Gegenteil und kommt so zu weitreichenden Regelungsmöglichkeiten auch im Bereich der unternehmerischen Entscheidungen. Ein vermittelnder Ansatz begrenzt die tarifvertragliche Regelungsbefugnis in ihrem Schnittbereich mit der unternehmerischen Sphäre durch die unternehmerische Entscheidungsfreiheit.

a. Restriktive Auslegung

Vertreten wird zunächst eine restriktive Auslegung des Begriffs der „Arbeits- und Wirtschaftsbedingungen". Zusammenfassend läuft dies auf eine Gleichsetzung des Begriffs der Arbeitsbedingungen mit dem der Wirtschaftsbedingungen hinaus, bei der in den Wirtschaftsbedingungen des Arbeitgebers die Arbeitsbedingungen der Arbeitnehmer zu sehen sind.[786]

aa. Folgentheorie

Im Rahmen der restriktiven Auslegung gilt es zunächst, auf die von *Biedenkopf* entwickelte Folgentheorie einzugehen.[787] Konsequenz dieser Theorie ist die weitgehende Entscheidungsfreiheit des Unternehmers. Diese begründe sich daraus, dass dem Tarifvertrag nur ein sog. „Datencharakter" zukomme. Die Planungs- und Entscheidungsfreiheit des Unternehmers solle als solche erhalten bleiben, während sich die Tarifmacht auf die Regelung der sozialen Folgen einer unternehmerischen Entscheidung zu beschränken habe. Das Begriffspaar der „Arbeits- und Wirtschaftsbedingungen" gebe nur den arbeits- und sozialpolitischen Datenkranz vor. Dieser liege der unternehmerischen Planungs- und Koordinierungstätigkeit zugrunde.[788] Der Unternehmer habe bei seinen Entschlüssen zwar die sozialen Folgekosten zu tragen, die Entscheidung selbst sei dem kollektiven Druck aber entzogen.[789] Hintergrund dieser Theorie ist die Annahme, dass der Sachverhalt „Wirtschaft" ein unteilbares Ganzes sei, in dem jede Einwirkung über das Relais der Interdependenzen durch das Ganze fortwirke.[790] Daher müssten solche Ordnungsprinzipien, die die rechtliche Verfassung der Wirtschaft ausmachten, einheitlich sein. Diese Ordnungsprinzipien bestünden gerade darin, dass der Unternehmer im

---

786 *Beuthien*, ZfA 1984, 1, 11.
787 *Biedenkopf*, Verhandlungen, S. 162 f.; *Richardi*, Kollektivgewalt, S. 181.
788 *Biedenkopf*, Verhandlungen, S. 163.
789 *Biedenkopf*, Verhandlungen, S. 161.
790 *Biedenkopf*, Verhandlungen, S. 161.

Rahmen vorgegebener Daten seine Koordinations- und Planungsfunktion frei von rechtlichen Bindungen an Dritte oder staatliche Anordnungen vornehmen könne. Dies gelte auch für das Tarifrecht.[791]

bb. Faktorentheorie

Auch *Rüthers* gelangt im Rahmen der sog. „Faktorentheorie" zu einer restriktiven Auslegung des Begriffs der „Arbeits- und Wirtschaftsbedingungen". Er beschränkt die Tarifvertragsparteien auf die Regelung solcher Sachverhalte, die sich aus der marktmäßigen Sonderstellung abhängiger Arbeit in einer freiheitlichen und marktwirtschaftlich organisierten Industriegesellschaft ergeben. Daher reichten die Regelungsbefugnisse der Tarifvertragsparteien nur soweit, wie dies die Kartellwirkung des Art. 9 Abs. 3 GG nach ihrem kontrastierenden Sinn und Zweck gegenüber der übrigen Wirtschaftsordnung rechtfertige.[792] *Rüthers* beschränkt also die Regelungsbefugnis der Tarifvertragsparteien auf kollektive Interessen der beiderseitigen Mitglieder im Hinblick auf ihre Stellung als Parteien von Arbeitsverträgen und damit auf die Positionen am Arbeitsmarkt.[793] Allerdings soll sich die tarifliche Regelungsbefugnis nicht auf die Fragen verbandsmäßiger Lohngestaltung oder auf diejenigen Arbeitsbedingungen beschränken, die mit dem Entgelt als Austauschverhältnis zusammenhängen. Der Begriff der Arbeits- und Wirtschaftsbedingungen sei „weit und umfassend" zu verstehen, die Tarifautonomie sei jedoch auf arbeits- und sozialrechtliche Materien beschränkt.[794]
Ziel der Faktorentheorie ist es, die Regelungsbefugnis der Tarifvertragsparteien auf den Arbeitsmarkt zu begrenzen, der Unternehmensautonomie dagegen die übrigen Bereiche wie Absatz, Beschaffung oder Finanzen zuzusprechen.

cc. Weitere restriktive Ansätze

Zu einer restriktiven Auslegung des Begriffs der Arbeits- und Wirtschaftsbedingungen kommen auch *Zöllner/Loritz*. Danach sei der Begriff der Wirtschaftsbedingungen derart zu verstehen, dass Arbeitsbedingungen aus Sicht des Unternehmens Wirtschaftsbedingungen seien. Der Begriff der Wirtschaftsbedingungen dürfe inhaltlich nicht über den Begriff der Arbeitsbedingungen hinausgehen, etwa im Sinne sonstiger Bedingungen des Wirtschaftslebens. Solche seien etwa Investitionen und Preise.[795]

---

791 *Biedenkopf*, Verhandlungen, S. 161 f.
792 *Rüthers*, Tarifmacht, S. 15.
793 *Rüthers*, Tarifmacht, S. 16 f.
794 *Rüthers*, Tarifmacht, S. 17.
795 *Zöllner/Loritz*, Arbeitsrecht, S. 112.

Ähnlich wie *Zöllner/Loritz* grenzt auch *Bulla* den Regelungsbereich der Tarifvertragsparteien restriktiv ein. Zwar lehnt er die Folgentheorie ab, und umschreibt mit Verweis auf *Schnorr*[796] den Regelungsbereich der Arbeits- und Wirtschaftsbedingungen als all diejenigen abstrakt-generell regelbaren Gegenstände, „die für die Beziehung zwischen Arbeitnehmern und Arbeitgebern einer vernünftigen, dem wirtschaftlichen Wachstum angepassten sozialen Ordnung dienen".[797] Doch müsse es sich seiner Ansicht nach – und hierin liegt die Einschränkung – um kollektive Interessen der beiderseitigen Mitglieder im Hinblick auf ihre Stellung als Parteien von Arbeitsverträgen handeln.[798] Damit scheide auch die Stellung des Unternehmers, soweit es nicht um seine Rolle als Arbeitgeber gehe, aus.[799] Den Tarifvertragsparteien fehle im Hinblick auf wirtschaftliche Unternehmensentscheidungen nicht nur die instrumentelle Normsetzungsbefugnis, sondern auch die funktionelle Regelungszuständigkeit.[800]

b. Extensive Auslegung

Demgegenüber sieht eine andere Meinung den Begriff der Arbeits- und Wirtschaftsbedingungen nicht als Einheit, sondern als nebeneinander zu verstehende Begriffe.[801] Mittels dieser extensiven Auslegung des Wortlautes des Art. 9 Abs. 3 GG weist diese Meinung den Tarifvertragsparteien einen weitreichenden Regelungsspielraum zu, der sich bis in den Bereich der unternehmerischen Entscheidung hinein erstreckt.

aa. Däubler

Däubler geht davon aus, dass die Tarifautonomie alle unternehmerischen Entscheidungen betreffen kann, die irgendeine Rückwirkung auf die Stellung der Beschäftigten im Arbeitsprozess haben.[802] Abgesehen von internen Vorgängen im Bereich der Anteilseigner sei damit praktisch jede unternehmerische Entscheidung potentieller Gegenstand tarifvertraglicher Normsetzung.[803] Eine Angelegenheit sei nicht deshalb aus dem Bereich der „Arbeits- und Wirtschaftsbedingungen" auszuklammern, „weil sie einer – wie auch immer abzu-

---

796 *Schnorr*, JR 1966, 327, 331.

797 *Bulla*, DB 1980, 103, 106.

798 *Bulla*, DB 1980, 103, 106; ähnlich *Söllner*, JahrbArbR 1978, S. 24.

799 *Bulla*, DB 1980, 103, 106. Vorher schon *Söllner*, JahrbArbR 1978, S. 24, 27 f.

800 *Bulla*, DB 1980, 103, 106. Vorher schon *Söllner*, JahrbArbR 1978, S. 28.

801 *Beuthien*, ZfA 1984, 1, 11.

802 *Däubler*, Mitbestimmung, S. 185 ff.; *ders.*, Tarifvertragsrecht, Rn. 175 b, 1112; Däubler-*Peter*, TVG, § 2, Rn. 142b.

803 *Däubler*, Tarifvertragsrecht, Rn. 1112.

grenzenden – unternehmerischen Sphäre“ zuzuordnen sei.[804] Zudem dürften die tariflichen Regelungsgegenstände jedenfalls nicht enger gezogen werden als in der Vergangenheit, so dass Lohn, Urlaub und zumindest ein Teil der Sozialleistungen zum verfassungsrechtlich abgesicherten Kernbereich der Regelungskompetenz gehörten.[805]
Diese Ansicht begründet sich daraus, dass die Tarifvertragsparteien selbst bestimmten, ob, in welchem Umfang und mit welchen Wirkungen sie von ihren Rechten Gebrauch machten, da (Tarif-) Autonomie gerade die Freiheit der bei der Wahl verfolgten Zwecke bedeute.[806]

bb. Wolter

Zum gleichen Ergebnis kommt mit einer anderen Begründung *Wolter*. Danach sei grundsätzlich von einer Koexistenz der Grundrechte aus Art. 9 Abs. 3 GG und Art. 12 Abs. 1 GG auszugehen; allein im Schutzbereich des Art. 9 Abs. 3 GG könne es zu einer Kollision kommen.[807] Dies begründet *Wolter* mit dem Hinweis darauf, dass Art. 12 Abs. 1 GG die freie Berufswahl und –ausübung als individuelles Recht außerhalb der Koalition gewährleiste, während Art. 9 Abs. 3 GG die Berufsausübung durch Koalitionsbildung und –betätigung gewährleiste. Könne sich aber jeder, der einen bestimmten Beruf gewählt habe, mit anderen zu einer Koalition zusammenschließen und sich in ihr betätigen, sei die Tarifautonomie kollektiv ausgeübte Berufsfreiheit.[808] Der einzelne Arbeitgeber nehme durch den Zusammenschluss zu einer Koalition sein Grundrecht auf freie Berufsausübung wahr. Dies habe zur Folge, dass im Schutzbereich des Art. 9 Abs. 3 GG die individuelle Berufsfreiheit schon ausgeübt und damit konsumiert werde. Art. 12 Abs. 1 GG werde also durch den Beitritt und das Tätigwerden in einer Koalition aufgezehrt und – soweit der rechtsgeschäftliche Erklärungsinhalt des Grundrechtes reiche – durch das speziellere Grundrecht des Art. 9 Abs. 3 GG verdrängt.[809] Zu einer Kollision von Arbeitnehmer- und Arbeitgebergrundrechten könne es nach dieser Ansicht nur noch bei einer Kollision der Koalitionsfreiheit als Grundrecht beider Koalitionen kommen. Durch den Beitritt zu einer Koalition hätten sowohl Arbeitnehmer als auch Arbeitgeber ihre individuelle Berufsfreiheit

---

[804] *Däubler*, Tarifvertragsrecht, Rn. 175b.
[805] *Däubler*, Mitbestimmung, S. 178.
[806] *Däubler*, Mitbestimmung, S. 186 f; *ders.*, Tarifvertragsrecht, Rn. 177; *ders.*, DB 1989, 2534, 2535; Alternativkommentar-*Kittner*, GG, Art. 9, Rn. 30; *Berg/Wendeling-Schröder/Wolter*, RdA 1980, 299, 307.
[807] *Wolter*, RdA 2002, 218, 220.
[808] *Wolter*, RdA 2002, 218, 220.
[809] *Wolter*, RdA 2002, 218, 220; ähnlich *Dieterich*, RdA 2002, 1, 10.

ausgeübt und sich so in den alleinigen Schutzbereich des Art. 9 Abs. 3 GG begeben.[810] Für den Firmentarifvertrag ergibt sich nach dieser Meinung keine Besonderheit. Indem der Arbeitgeber einen Firmentarifvertrag statt eines Verbandstarifvertrags abschließe, nehme er seine negative Koalitionsfreiheit war. Hierdurch werde wiederum das Grundrecht aus Art. 12 Abs. 1 GG verdrängt.[811] Im Endeffekt handelt es sich bei dieser Konstruktion um einen Grundrechtsverzicht, sobald der Schutzbereich des Art. 9 Abs. 3 GG eröffnet ist.[812]

Nach *Wolter* kann also durch eine tarifvertragliche Regelung niemals gegen das Grundrecht aus Art. 12 Abs. 1 GG verstoßen werden, da dieses im Schutzbereich des Art. 9 Abs. 3 GG immer verdrängt wird.[813]

c. Vermittelnde Auffassung

Die Grenzen der tariflichen Regelungsmacht offenbaren sich nach einer vermittelnden Auffassung, indem man die unternehmerische Entscheidungsfreiheit des Art. 12 Abs. 1 GG bei der Auslegung des Art. 9 Abs. 3 GG berücksichtigt.[814] Der Begriff der Arbeits- und Wirtschaftsbedingungen ist nach dieser vermittelnden Ansicht als „funktionale Einheit" zu verstehen.[815] Danach überschneiden sich beide Begriffe in der sozioökonomischen Sphäre und können nicht von einander getrennt werden.[816]

In den Grenzbereichen der sozioökonomischen Sphäre lässt sich eine Zuordnung nicht ohne weiteres vollziehen, so dass hier durch eine Einzelfallabwägung bestimmt wird, welche Regelungen die Tarifvertragsparteien treffen dürfen.[817] Wie bei einer Einzelfallabwägung aber nicht anders zu erwarten, bietet die vermittelnde Auffassung kein einheitliches Beurteilungsbild.[818] Unterschiede in den Beurteilungsmaßstäben existieren trotzdem nur in Nuancen, wobei es mehr auf die grundsätzliche, eher extensive oder restriktive Sicht des Begriffs der „Arbeits- und Wirtschaftsbedingungen" ankommt.

---

810 *Wolter*, RdA 2002, 218, 220.

811 *Wolter*, RdA 2002, 218, 220.

812 *Wolter* beruft sich insoweit auf den Grundsatz „volenti non fit iniura" (RdA 2002, 218, 220).

813 *Wolter*, RdA 2002, 218, 220.

814 *Hanau/Thüsing*, ZTR 2001, 1, 3.

815 *Säcker/Oetker*, Tarifautonomie, S. 43; *Scholz*, Koalitionsfreiheit, S. 46.

816 *Beuthien*, ZfA 1984, 1, 13 f.; *Scholz*, Koalitionsfreiheit, S. 46, Fn. 55.

817 Vgl. *Buchner*, DB 2001, Beilage 9 zu Heft 48, 1, 8; *Löwisch*, DB 1998, 877, 880; *Waltermann*, NZA 1991, 754, 757; *Weiss/Weyand*, BB 1990, 2109, 2115.

818 Kritik auch bei *Säcker/Oetker*, Tarifautonomie, S. 40.

aa. Wiedemann

Grundlegend für die vermittelnde Ansicht sind die Überlegungen *Wiedemanns*, der den Begriff der „Arbeits- und Wirtschaftsbedingungen“ als zwei sich überschneidende Kreise betrachtet.[819] Tarifliche Regelungsmacht bestehe danach jedenfalls im Bereich der Arbeitsbedingungen. Im Bereich der Wirtschaftsbedingungen komme den Tarifvertragsparteien nur insoweit eine Regelungsmacht zu, als sie sich in einer Schnittmenge zu den Arbeitsbedingungen befänden. Für reine Wirtschaftsbedingungen komme den Tarifvertragsparteien dagegen keine Regelungsmacht zu. Innerhalb der Schnittmenge oder „Grauzone“ sei durch eine Einzelfallabwägung zu bestimmen, ob die Tarifvertragsparteien eine Regelungsbefugnis besäßen.[820]
Zu dieser Einschätzung gelangt *Wiedemann* durch eine Auslegung des Wortlautes des Art. 9 Abs. 3 GG: Der Gesetzestext trenne die Begriffe der Arbeits- und Wirtschaftsbedingungen nicht voneinander, wie dies durch die Wörter „oder“ und „beziehungsweise“ hätte geschehen können,[821] oder zumindest indem man auf „Arbeitsbedingungen und Wirtschaftsbedingungen“ abgestellt hätte. Stattdessen habe man beide Begriffe in Bezug zueinander gesetzt. Folglich seien Arbeits- und Wirtschaftsbedingungen als funktionelle Einheit zu sehen und könnten nicht getrennt von einander beurteilt werden.[822] Für diese Auslegung der beiden Begriffe als funktionale Einheit lasse sich auch die grundrechtliche Wertung fruchtbar machen: Die Tarifautonomie, als Mittel der kollektiven Arbeitnehmerfreiheit des Art. 9 Abs. 3 GG, bilde das Gegenstück zur Unternehmensautonomie, die aus Art. 12 Abs. 1 GG resultiere. Keines der beiden Grundrechte dürfe derart ausgeübt werden, dass das jeweils andere leer liefe. Vielmehr seien sie derart auszuüben, dass sie jeweils bestmöglich verwirklicht werden könnten.[823]
Unternehmerische Sachentscheidungen können nach *Wiedemann* nicht tarifvertraglich geregelt werden, fallen also nicht unter den Begriff der „Arbeits- und Wirtschaftsbedingungen“, wenn sich Sinn und Zweck der angestrebten Regelung darin erschöpfen, unternehmenspolitische und unternehmensverfassungsrechtliche Grundsatzfragen dem Einfluss der Gewerkschaften zu unterwerfen.[824] Bei der Frage, ob es sich um eine Regelung im Kernbereich der

---

819 *Wiedemann*, RdA 1986, 231, 231 ff.
820 *Wiedemann*, RdA 1986, 231, 231 ff.
821 *Beuthien*, ZfA 1984, 1, 11.
822 So die h. M. vgl. *Wiedemann*, RdA 1986, 231, 231 f.; *Beuthien*, ZfA 1984, 1, 11; Maunz/Dürig-*Scholz*, GG, Art. 9, Rn. 256; v. Münch-*Löwer*, GG, Art. 9, Rn. 70.
823 *Beuthien*, ZfA 1984, 1, 11 f.
824 *Wiedemann*, RdA 1986, 231, 231.

unternehmerischen Entscheidungsfreiheit handelt, will *Wiedemann* als Richtschnur auf die Ausgestaltung der unternehmerischen Mitbestimmung abstellen: Soweit der Einfluss des mitbestimmten Aufsichtsrates zugunsten der Gesellschafterversammlung ausgeschlossen sei, müsse dies erst recht auch für die tarifliche Außensteuerung gelten.[825] Allerdings sei auch die Verfügungsgewalt über den einzelnen Betrieb in einem Kernbereich gegenüber einer tarifvertraglichen Regelung geschützt. Hier dürfe der Gewerkschaft kein Verfügungsrecht über den Betrieb als solchen eingeräumt werden. Tarifvertraglich geregelt werden könnten allein die Bedingungen, unter denen die Arbeitnehmer bereit sind, an der Realisierung des Betriebszwecks mitzuwirken.[826]
Wiedemann verkennt nicht, dass eine Grenzziehung am Rande der von ihm propagierten Schnittmenge schwer fallen muss. Denn im Grunde hat jede wirtschaftliche Entscheidung – zumindest mittelbar – Einfluss auf die Arbeitsbedingungen. Beispielhaft nennt er hier die nachteiligen Auswirkungen einer ungeschickten Preispolitik auf die Wettbewerbssituation eines Unternehmens und damit auch auf die Arbeitsplätze.[827] Als Abgrenzungskriterium stellt *Wiedemann* daher darauf ab, ob eine Regelung unmittelbaren und konkreten Einfluss auf das Arbeitsverhältnis hat, oder ob es erst über die Reaktion des Marktes auf die unternehmerische Entscheidung zu einem Einfluss auf den einzelnen Arbeitnehmer kommt.[828] Liege eine unmittelbare Beeinflussung der jeweiligen Arbeitsverhältnisse vor, seien die Tarifvertragsparteien nicht auf die Regelung der sozialen Folgen einer unternehmerischen Entscheidung beschränkt.[829] Eine mittelbare Einflussnahme auf die Arbeitsbedingungen bezeichnet *Wiedemann* dagegen als „arbeits- und sozialpolitisch neutral". Arbeits- *und* Wirtschaftsbedingungen liegen nach *Wiedemann* aber jedenfalls dann vor, wenn es um den Schutz der Arbeitnehmer vor den Folgen einer unternehmerischen Entscheidung gehe.[830] Dies gelte auch dann, wenn durch die tarifvertragliche Regelung die geplante unternehmerische Maßnahme verteu-

---

825 *Wiedemann*, RdA 1986, 231, 236.

826 *Wiedemann*, RdA 1986, 231, 237; *Beuthien*, ZfA 1984, 1, 13.

827 *Wiedemann*, RdA 1986, 231, 232.

828 *Wiedemann*, RdA 1986, 231, 232 f.; Wiedemann-*Wiedemann*, TVG, 6. A, Einl., Rn. 456; *Beuthien*, ZfA 1984, 1, 12. Ähnlich *Konzen*, ZfA 1980, 77, 90 f.; *Müller*, Arbeitskampf und Recht, S. 28.

829 *Wiedemann*, RdA 1986, 231, 233. Als unternehmerische Maßnahme in diesem Zusammenhang führt *Wiedemann* die Veränderung des Arbeitsplatzes durch neue Technologien an.

830 *Wiedemann*, RdA 1986, 231, 232.

ert und so die unternehmerische Entscheidungsfreiheit eingeschränkt, in manchen Fällen sogar verhindert werde.[831]
Innerhalb der Schnittmenge sei eine tarifliche Regelung dann zulässig, wenn sich dies nach einem sachgerechten, einzelfallbezogenen Ausgleich der beiden Grundrechte aus Art. 9 Abs. 3 GG und Art. 12 Abs. 1 GG ergebe. Dieser habe nach dem Verhältnismäßigkeitsgrundsatz zu geschehen und die Gemeinwohlbindung der Tarifvertragsparteien zu berücksichtigen.[832] Die Fähigkeit zu eigenverantwortlichem und marktkonformem Verhalten dürfe durch den Tarifvertrag nicht aufgehoben werden, so dass für die unternehmerische Entscheidungsfreiheit ein Kernbereich vorbehalten bleiben müsse.[833] Diesem Kernbereich seien die Entscheidungen über Bestand, Umfang und Zielsetzung des Unternehmens zuzuordnen.[834] Äußerste Grenze der tarifvertraglichen Regelung sei daher auch das Verbot wirtschaftlich sinnloser Beschäftigung.[835]

bb. Beuthien

Beuthien leitet daraus – im ansonsten direkten Anschluss an *Wiedemann* – den eigenen Ansatz ab, die Unternehmensautonomie sei grundsätzlich marktbezogen, die Tarifautonomie dagegen betriebsbezogen.[836] Wirtschaftsbedingungen im Sinne des Art. 9 Abs. 3 GG seien daher nur betriebliche Wirtschaftsvoraussetzungen, also solche, die sich aus Sicht der Arbeitnehmer zugleich als Arbeitsbedingungen im Sinne des Art. 9 Abs. 3 GG darstellten. Deshalb greife der Schutzauftrag der Tarifautonomie nur, wenn durch eine unternehmerische Entscheidung diejenigen rechtlichen, wirtschaftlichen oder sozialen Belange der Arbeitnehmer berührt würden, die sich als unmittelbare Folge gerade aus deren Eigenschaft als abhängig Beschäftigte ergäben.[837]

cc. Dieterich

Auch *Dieterich* sieht den Begriff der „Arbeits- und Wirtschaftsbedingungen" als funktionale Einheit und will Unternehmerfreiheit und Koalitionsfreiheit durch eine Einzelfallabwägung zum Ausgleich bringen.[838] Die Tarifautonomie sei nicht auf die Regelung materieller Arbeitsbedingungen beschränkt,

---

831 *Wiedemann*, RdA 1986, 231, 232.
832 *Wiedemann*, RdA 1986, 231, 239 f.; *Löwisch*, DB 1998, 877, 880.
833 *Wiedemann*, RdA 1986, 231, 236.
834 *Wiedemann*, RdA 1986, 231, 236.
835 *Wiedemann*, RdA 1986, 231, 240 f.
836 *Beuthien*, ZfA 1984, 1, 13.
837 *Beuthien*, ZfA 1984, 1, 12 f. im Anschluss an *Wiedemann*, RdA 1986, 231, 232.
838 Vgl. *Dieterich*, RdA 2002, 1, 9; ErfK-*Dieterich*, GG, Art. 12, Rn. 43; auch *Zachert*, DB 2001, 1198, 1200.

könne aber auch auf die Regelung rein unternehmerischer Fragen nicht erstreckt werden.[839] Eine Grenzziehung falle schwer, aber zumindest diejenigen Materien, die von den Koalitionen bereits bei Inkrafttreten des GG in Anspruch genommen worden sei, könnten als gesicherte Regelungsbereiche der Tarifvertragsparteien gelten.[840]

Allerdings geht *Dieterich* davon aus, dass die Berufsfreiheit durch den Verbandsbeitritt ausgeübt werde.[841] Deshalb könne eine Einschränkung der Tarifautonomie und ihrer Ausübung nur dort in Betracht kommen, wo entweder die Berufsfreiheit unverfügbar sei (also im Kernbereich der Unternehmerfreiheit) oder eine Unterwerfung unter Tarifrecht fehle, weil der Verbandsbeitritt keine so weitreichenden Folgen habe.[842] Die Grenze sei zukunftsoffen zu verstehen, da die Tarifautonomie auf vielfältige neue Herausforderungen und Regelungsbedürfnisse reagieren müsse.[843] Letztlich werde die Berufsfreiheit durch tarifliche Regelungen kaum berührt. Ein Eingriff in die Berufsfreiheit sei daher bis zur „Unerträglichkeit" zulässig.[844] Innerhalb der Schnittmenge aus Arbeits- und Wirtschaftsbedingungen kommt es mit *Dieterich* daher zu einer weitreichenden Regelungsbefugnis der Tarifvertragsparteien.

dd. Gamillscheg

Gamillscheg unterteilt die Regelungsbefugnis der Tarifpartner in einen äußeren und einen inneren Bereich. Der äußere Bereich liege außerhalb der Arbeits- und Wirtschaftsbedingungen und entziehe sich daher der Regelungsbefugnis der Tarifvertragsparteien. Im inneren Bereich sei die Zugehörigkeit der Regelungsgegenstände zu den Arbeits- und Wirtschaftsbedingungen zwar zu bejahen, für eine Reihe von Entscheidungen wirtschaftlicher Art überwögen jedoch die in Art. 12 und 14 GG geschützten Interessen des Arbeitgebers.[845] Letztlich folgt damit auch *Gamillscheg* der von *Wiedemann* entworfenen Theorie der funktionalen Einheit des Begriffs der Arbeits- und Wirtschaftsbedingungen und führt wie dieser innerhalb der Schnittmenge, die *Gamillscheg* den inneren Bereich nennt, einen Ausgleich zwischen Art. 9 Abs. 3 GG und Art. 12 Abs. 1 GG durch.

---

839 *Dieterich*, RdA 2002, 1, 9.
840 *Dieterich*, RdA 2002, 1, 9. In diese Richtung auch BVerfGE 94, 268, 283.
841 *Dieterich*, RdA 2002, 1, 10.
842 ErfK-*Dieterich*, GG, Art. 12, Rn. 42; ähnlich *Dieterich*, RdA 2002, 1, 10.
843 ErfK-*Dieterich*, GG, Art. 9, Rn. 72.
844 ErfK-*Dieterich*, GG, Einl., Rn. 56.
845 *Gamillscheg*, Kollektives Arbeitsrecht Bd. I, S. 339.

Als Beispiele für den äußeren Bereich führt *Gamillscheg* die Preispolitik des Unternehmens, die Gründung neuer oder die Erweiterung bestehender Betriebe an.[846] Komme es in Folge der Neugründung oder Erweiterung zur Schließung eines anderen Betriebs, so setze die Tarifmacht wieder ein, es gelte nichts anderes als für den Sozialplan des Betriebsrates.[847] Dagegen ordnet er dem inneren Bereich alle unternehmerischen Entscheidungen zu, die Arbeit, Lohn und Beschäftigung unmittelbar berühren,[848] und stimmt daher auch insofern mit *Wiedemann* überein. Es gehe dabei um die arbeitsrechtlichen Auswirkungen der wirtschaftlichen Entscheidungen. Als Beispiele führt *Gamillscheg* den Umfang der Produktion, Einstellung oder Verlegung des Unternehmens oder Betriebs sowie die Änderung gesellschaftsrechtlicher Strukturen, bis hin zur Besetzung der wichtigeren Posten des Managements, an. Für die Zulässigkeit der tariflichen Regelung in diesem Bereich verweist *Gamillscheg* mangels subsumtionsfähiger Grenzziehung auf die Abwägung im Einzelfall.[849]

ee. Hanau/Thüsing

Hanau/Thüsing schließen sich im Wesentlichen zwar *Wiedemann* an und kommen zu der Quintessenz, dass grundsätzlich solche Unternehmerentscheidungen tarifvertraglich regelbar seien, die das Arbeitsverhältnis selbst unmittelbar beträfen.[850] Darüber hinaus wollen sie aber auch solche unternehmerischen Entscheidungen der Regelung durch einen Tarifvertrag unterstellen, die zumindest einen mittelbaren Bezug zu den Arbeitsbedingungen haben.[851] Allerdings sei der Bereich der tarifvertraglichen Mitbestimmung bei der Unternehmensplanung, entsprechend dem umfassenden Gestaltungsauftrag der Arbeits- und Wirtschaftsbedingungen, „sicherlich klein zu halten“.[852]

ff. Säcker/Oetker

Säcker/Oetker wollen der tarifvertraglichen Regelungsbefugnis sämtliche Bedingungen unterstellen, unter denen abhängige Arbeitsleistung erbracht wird. Durch diese Formulierung werde eine Abstraktion von den Regelungsgegenständen des Individualarbeitsvertrages herbeigeführt und den Koalitionen

---

846 *Gamillscheg*, Kollektives Arbeitsrecht Bd. I, S. 339.
847 *Gamillscheg*, Kollektives Arbeitsrecht Bd. I, S. 339.
848 *Gamillscheg*, Kollektives Arbeitsrecht Bd. I, S. 340.
849 *Gamillscheg*, Kollektives Arbeitsrecht Bd. I, S. 341.
850 *Hanau/Thüsing*, ZTR 2001, 1, 5.
851 *Hanau/Thüsing*, ZTR 2001, 1, 5.
852 *Hanau/Thüsing*, ZTR 2001, 1, 5.

auch eine „kreativ-gestaltende Tätigkeit im Hinblick auf den Arbeitsmarkt und die hiermit verbundene Verteilung des Gesamtsvolumens der benötigten abhängigen Arbeitsleistung" eingeräumt.[853] Die Regelungsbefugnis der Koalitionen beziehe sich auf sämtliche Bedingungen, durch die die Leistung abhängiger Arbeit im Betrieb berührt werde, unabhängig davon, ob dieses Regelungsziel durch die Koalitionstätigkeit unmittelbar oder mittelbar verfolgt werde.[854] Die unternehmerische Entscheidung selbst sei immer dann in die „Arbeits- und Wirtschaftsbedingungen" einbezogen, wenn durch sie die Leistung abhängiger Arbeit direkt bzw. unmittelbar beeinflusst werde.[855] Ob dies der Fall sei, müsse durch eine Einzelfallabwägung überprüft werden.[856] Darüber hinaus werde die Normsetzungsbefugnis der Tarifvertragsparteien durch Art. 12 Abs. 1 GG begrenzt, der sowohl die tarifgebundenen Arbeitnehmer und Arbeitgeber als auch die normunterworfenen tariflichen Außenseiter davor schütze, dass die Tarifparteien intensiver in ihre Berufsfreiheit eingriffen, als dies der demokratisch legitimierte Gesetzgeber tun dürfe.[857]

gg. Rechtsprechung

Das *BVerfG* hat bisher keine grundsätzlichen Aussagen zur Reichweite oder zum grundsätzlichen Verständnis der Arbeits- und Wirtschaftsbedingungen i.S.d. Art. 9 Abs. 3 GG getroffen, hierunter vielmehr einzelfallbezogen subsumiert. Immerhin bestimmt es, dass es zur Einbeziehung einer Koalitionsbetätigung in den Schutzbereich des Art. 9 Abs. 3 S. 1 GG nicht notwendig sei, dass die Koalitionstätigkeit die Arbeits- und Wirtschaftsbedingungen unmittelbar fördere, sondern dass eine mittelbare Förderung ausreiche.[858] Im Einzelnen hat das *BVerfG* den Koalitionen die aktive Wahrnehmung der Arbeitgeber- und Arbeitnehmerinteressen auf arbeits- und sozialrechtlichem Gebiet zugewiesen[859] und subsumiert unter den Begriff der Arbeits- und Wirtschaftsbedingungen die Höhe der Arbeitsvergütung,[860] alle regelungsbedürftigen Einzelheiten des Arbeitsvertrages,[861] insbesondere die materiellen Arbeitsbe-

---

853 *Säcker/Oetker*, Tarifautonomie, S. 65.
854 *Säcker/Oetker*, Tarifautonomie, S. 72
855 *Säcker/Oetker*, Tarifautonomie, S. 72.
856 *Säcker/Oetker*, Tarifautonomie, S. 45.
857 *Säcker/Oetker*, Tarifautonomie, S. 252.
858 BVerfGE 19, 303, 313; 28, 295, 305.
859 BVerfGE 58, 233, 247.
860 BVerfGE 4, 96, 106; 18, 18, 28; 38, 281, 305; 44, 322, 340 f.; 50, 290, 367.
861 BVerfGE 34, 307, 316.

dingungen[862], sowie die Tätigkeit der Koalitionen im Bereich des Personalvertretungswesens und des Betriebsverfassungsrechtes.[863]
Das *BAG* hat dagegen in seinem Urteil vom 03.04.1990 ausführlich zur Regelungsbefugnis der Tarifvertragsparteien Stellung bezogen und interpretiert den Begriff der Arbeits- und Wirtschaftsbedingungen im Sinne *Wiedemanns* als eine funktionale Einheit.[864] Innerhalb der Schnittmenge zwischen Arbeits- und Wirtschaftsbedingungen sei dabei ein Ausgleich zwischen Art. 9 Abs. 3 GG und Art. 12 Abs. 1 GG vorzunehmen.[865] Dabei dürften weder die Tarifautonomie des Art. 9 Abs. 3 GG, noch die Unternehmensautonomie als Teil der Berufsautonomie des Art. 12 Abs. 1 GG so ausgeübt werden, dass die jeweils andere leer liefe. Die Grundrechtsbestimmungen seien so auszudeuten, dass beide bestmöglich verwirklicht würden. In diesem Rahmen würde die Unternehmensautonomie nur unzureichend beachtet, wenn ihr die Tarifautonomie keinerlei tariffreien Betätigungsbereich ließe. Aus diesem Grund könne der Tarifautonomie auch nicht entnommen werden, dass sämtliche unternehmerischen Entscheidungen tarifvertraglich geregelt werden könnten.[866]
Zur Reichweite der tarifvertraglichen Regelungsbefugnis führt das *BAG* aus:

„Als kollektives Arbeitnehmerschutzrecht gegenüber der Unternehmensautonomie kann eine tarifliche Regelung nur dort eingreifen, wo eine unternehmerische Entscheidung diejenigen rechtlichen, wirtschaftlichen oder sozialen Belange der Arbeitnehmer berührt, die sich gerade aus deren Eigenschaften als abhängig Beschäftigte ergeben"[867].

Konkret mit Bezug auf *Wiedemann* ordnet das *BAG* sodann die Bereiche Investitionen, Produktion und Vertrieb der unternehmensautonomen Entscheidung zu.[868] Es begrenzt aber sogleich diesen Bereich der unternehmensautonomen Entscheidung dahingehend, dass die Gewerkschaften nicht auf die Regelung sozialer Folgewirkungen beschränkt seien.[869] Wiederum konkret mit Bezug auf *Wiedemann* führt das *BAG* hierzu aus:

---

862 BVerfGE 44, 322, 340 f.; 50, 290, 367.
863 BVerfGE 19, 303, 312 f.; 50, 290, 372; 51, 77, 88; 60, 162, 169 f.
864 So i. E. BAG, DB 1991, 181, 183.
865 BAG, DB 1991, 181, 183.
866 BAG, DB 1991, 181, 183; BAG, DB 2001, 547, 547 f.; LAG Hamm, NZA-RR 2000, 535, 536 f.
867 BAG, DB 1991, 181, 183.
868 BAG, DB 1991, 181, 183; LAG Hamm, NZA-RR 2000, 535, 537. Vgl. auch Wiedemann-*Wiedemann*, TVG, 6. A, Einl., Rn. 456, nunmehr aber differenzierend: Wiedemann-*Wiedemann*, TVG, Einl., Rn. 442.
869 BAG, DB 1991, 181, 183.

„Deshalb bezieht sich der Regelungsauftrag des Art. 9 Abs. 3 GG immer dann, wenn sich die wirtschaftliche und soziale Seite einer unternehmerischen Maßnahme nicht trennen lassen, zwangsläufig mit auf die Steuerung der unternehmerischen Sachentscheidung."[870]

In seinem Urteil vom 28.06.2001 entschied das *BAG* sodann im Anschluss an *Dieterich*, dass unter dem Begriff der Arbeits- und Wirtschaftsbedingungen alle Faktoren fielen,

„die im Zusammenwirken die Voraussetzungen und Bedingungen abhängiger Arbeit beeinflussen"[871].

Hinsichtlich der Grenzen der tariflichen Regelungsbefugnis ließ das *BAG* offen, ob bei dem Ausgleich der widerstreitenden Interessen aus Art. 9 Abs. 3 GG und Art. 12 Abs. 1 GG wegen des in dem Verbandsbeitritt liegenden Grundrechtsverzichts bis zur Unerträglichkeit in das Grundrecht aus Art. 12 Abs. 1 GG eingriffen werden dürfe oder ob bei der Abwägung nach dem Grundsatz der Verhältnismäßigkeit vorzugehen sei.[872]

d. Würdigung

Wie der Begriff der Arbeits- und Wirtschaftsbedingungen tatsächlich zu verstehen ist, lässt sich allein durch eine Auslegung des Art. 9 Abs. 3 GG ermitteln.

aa. Wortlaut

Der Wortlaut der Norm – dies stellt *Wiedemann* richtig heraus – erzeugt durch die gewählte Formulierung eine Verknüpfung der beiden Begriffe. Der Gesetzgeber des Grundgesetzes hat die Begriffe nicht eigenständig nebeneinander gestellt. Dies spricht für die Auslegung des Begriffpaars der „Arbeits- und Wirtschaftsbedingungen" als „funktionale Einheit" und in jedem Fall gegen eine extensive Auslegung, nach der die Begriffe als zwei nebeneinander existierende Kreise zu sehen wären. Dem entspricht es, dass den Koalitionen kein allgemeines Wächteramt über den wirtschaftlichen Stand eines Unternehmens zukommt. Sie haben ein Mandat zur Regelung der Arbeits- und Wirtschaftsbedingungen, nicht aber zur Regelung der Wirtschafts- oder Unternehmenspolitik.[873]

Der Wortlaut der Norm kann auch gegen die restriktive Auslegung fruchtbar gemacht werden. Treffend formuliert *Söllner*, dass eine Tautologie vorläge,

---

[870] BAG, DB 1991, 181, 183.
[871] BAG, AP Nr. 24 zu § 611 BGB Arbeitszeit.
[872] BAG, AP Nr. 24 zu § 611 BGB Arbeitszeit.
[873] *Wiedemann*, RdA 1986, 231, 232.

setzte man die Begriffe der Arbeits- und Wirtschaftsbedingungen gleich. Für ein solches Verständnis wäre es nicht notwendig gewesen, beide Begriffe ins Gesetz aufzunehmen; eine Tautologie kann deshalb nicht in der Absicht des Verfassungsgesetzgebers gelegen haben.[874] Jedenfalls lässt sich eine Beschränkung der tarifvertraglichen Regelungsbefugnis auf die Folgen einer unternehmerischen Entscheidung i.S.d. Folgentheorie mit dem Wortlaut des Art. 9 Abs. 3 GG nicht in Einklang bringen.[875]
Bereits der Wortlaut der Norm spricht damit für das Verständnis des Begriffs als funktionale Einheit und somit gegen die restriktive bzw. extensive Auffassung.

bb. Systematik

Die restriktive Auslegung des Art. 9 Abs. 3 S. 1 GG steht zudem nicht mit der Systematik des Gesetzes in Einklang. Eine Betrachtung, die alles zur autonomen unternehmerischen Sphäre zählt, was irgendeinen Einfluss auf das wirtschaftliche Verhalten und die Planung hat, wird der Ratio des TVG nicht gerecht. Dies ergibt sich aus den Wechselwirkungen, die eine unternehmerische Entscheidung auf die jeweiligen Arbeitsverhältnisse hat.[876]
Aber auch die restriktive Auslegung widerspricht der Systematik des Gesetzes. Aus Art. 9 Abs. 3 GG resultiert die Verpflichtung des Gesetzgebers zur Ausgestaltung des Tarifrechts.[877] Dieser Verpflichtung ist er mit der Schaffung des TVG und des MitbestG nachgekommen. Dabei hat er die Regelungsbefugnis der Tarifvertragsparteien mit § 1 Abs. 1 TVG aber nicht auf Arbeitsbedingungen beschränkt, sondern hat ihnen auch Einfluss auf betriebliche und betriebsverfassungsrechtliche Fragen eingeräumt. Auch im MitbestG hat der Gesetzgeber die Koalitionen bei der wirtschaftlichen Mitbestimmung berücksichtigt.[878] Es ist also offensichtlich nicht Wille des Gesetzgebers, alle unternehmerischen Entscheidungen der Mitbestimmung der Arbeitnehmerseite vorzuenthalten.

cc. Historische Entwicklung

Gegen eine restriktive Auslegung kann auch die historische Entwicklung der Koalitionsfreiheit herangezogen werden. Erstmals mit § 152 GewO wurde das bis dahin (1869) geltende Koalitionsverbot aufgehoben und den Koalitionen

---

874 *Söllner*, JahrbArbR 1978, S. 23; *Weiss/Weyand*, BB 1990, 2109, 2110.
875 *Wiedemann*, RdA 1986, 231, 233.
876 *Wiedemann*, RdA 1986, 231, 232.
877 Vgl. schon oben, 2. Teil A. II. 3. c. aa. (1).
878 *Beuthien*, ZfA 1984, 1, 10.

eine Normsetzungskompetenz zugewiesen. Funktional beschränkte sich das Betätigungsfeld der Koalitionen auf Lohn- und Arbeitsbedingungen. Dies wurde in der Folgezeit derart interpretiert, dass nur solche Regelungen durch die Tarifparteien zulässig seien, die innerhalb eines bestimmten Arbeitsverhältnisses, eines bestimmten Arbeitsorts bzw. eines bestimmten Berufs verwirklicht werden können.[879] In § 159 WRV wurde das Betätigungsfeld der Koalitionen von den Arbeitsbedingungen auf die Arbeits- und Wirtschaftsbedingungen ausgedehnt. Mit dieser Formulierung war eine Erweiterung der Regelungskompetenzen der Tarifpartner beabsichtigt,[880] also eine Erweiterung über das Feld der bloßen materiellen Arbeitsbedingungen hinaus. Die Formulierung der WRV wurde ohne Änderung oder Diskussion in das GG überführt. Mangels anderweitiger Hinweise muss also davon ausgegangen werden, dass der Regelungsbereich der Tarifvertragsparteien erhalten bleiben sollte. Eine Zurückführung auf den Regelungsbereich der Arbeitsbedingungen war nicht beabsichtigt.[881]

dd. Sinn und Zweck

Letztlich ergibt sich im Rahmen der Folgetheorie das Problem, dass eine „klare, systematische Trennung“ zwischen der unternehmerischen Entscheidung einerseits und den arbeitsrechtlichen Auswirkungen andererseits nicht möglich ist. Genannt wird in diesem Zusammenhang immer wieder die Veränderung des Arbeitsplatzes durch die Einführung neuer Technologien. Würde man hier die Kompetenz der Tarifvertragsparteien darauf beschränken, die Folgen der veränderten Arbeitsplatzgestaltung zu mildern, würde damit ihr aus Art. 9 Abs. 3 GG folgender Schutzauftrag auf nicht gerechtfertigte Weise beschnitten.[882] Daher ist die tarifvertragliche Regelungsbefugnis nicht auf die sozialen Folgen einer unternehmerischen Maßnahme beschränkt, sondern kann sich bereits auf deren soziale Kehrseite als Teilinhalt der unternehmerischen Entscheidung selbst erstrecken.[883]

Soweit *Däubler* und *Wolter* von einer extensiven Auslegung der Arbeits- und Wirtschaftsbedingungen ausgehen, kann auch dieser nicht zugestimmt werden. Für die Ansicht *Däublers* ergibt sich dies bereits deshalb, weil diese sich darauf begründet, dass die Tarifvertragsparteien nicht an die Grundrechte ge-

---

879 *Weiss/Weyand*, BB 1990, 2109, 2111.

880 *Säcker/Oetker*, Tarifautonomie, S. 50 ff. m.w.N.; *Weiss/Weyand*, BB 1990, 2109, 2111.

881 *Säcker/Oetker*, Tarifautonomie, S. 50 ff. m.w.N.; *Waltermann*, NZA 1991, 754, 757; *Weiss/Weyand*, BB 1990, 2109, 2111.

882 *Wiedemann*, RdA 1986, 231, 233; *Beuthien*, ZfA 1984, 1, 14.

883 *Beuthien*, ZfA 1984, 1, 14 f.

bunden sind. Es entspricht jedoch absolut herrschender Meinung, dass auch die Tarifvertragsparteien an die Grundrechte gebunden sind. Ob diese Bindung eine mittelbare[884] oder eine unmittelbare[885] ist, soll an dieser Stelle dahingestellt bleiben.[886] Unabhängig von der Art der Bindung an die Grundrechte wird man letztlich zu gleichen Ergebnissen kommen.[887] Die Ansicht *Wolters* zur Deutung des Grundrechts der Tarifautonomie als kollektiv ausgeübte Berufsfreiheit ist ebenfalls schlicht falsch. *Wolter* vermengt zwei Grundrechte mit unterschiedlichem Schutzbereich, unterschiedlichen Grenzen und Rechtfertigungsmöglichkeiten allein wegen des tarifpolitischen Anliegens einer möglichst umfassenden Regelungsbefugnis der Tarifvertragsparteien und lässt dabei sämtliche Systematik außen vor. Selbst wenn man *Wolter* darin beitreten wollte, dass Art. 9 Abs. 3 GG die Berufsausübung durch Koalitionsbildung und –betätigung gewährleistet, ergibt sich dadurch keine Einschränkung des Schutzbereichs des Art. 12 Abs. 1 GG. Im Verbandsbeitritt liegt nämlich allenfalls die Erklärung, sich der Satzungsgewalt des Verbands zu unterwerfen, nicht aber ein Verzicht auf sonstigen grundrechtlichen Schutz.[888] Richtigerweise rechtfertigt der Beitritt zu einem Verband doch allenfalls Einwirkungen durch die Satzung des Verbands oder dessen autonomes Handeln, nicht aber Einwirkungen, die lediglich einen Kompromiss mit dem sozialen Gegenspieler, der ggf. sogar erst unter Arbeitskampfdruck zustande gekommen ist, darstellen.[889] Zudem ist ein pauschaler und zeitlich unbefristeter Verzicht bedenklich, wenn er unvorhersehbare Situationen und Rechtsfolgen umfassen soll.[890] Allein bei der Frage der Verhältnismäßigkeit einer Regelung

---

884 BAG, AP Nr. 11, 12 zu § 1 TVG Tarifverträge: Luftfahrt; BAG, AP Nr. 24 zu § 611 BGB Arbeitszeit; *Dieterich*, RdA 2001, 112, 114 f.; *ders*., FS Schaub, 117, 128 ff.; *Hanau/Thüsing*, ZTR 2001, 1, 3; *Papier*, RdA 1989, 137, 138.

885 BAGE 1, 258, 262; 1, 348, 352; BAG, AP Nr. 87 zu Art. 3 GG; BAG, AP Nr. 1 zu § 1 TVG Tarifverträge: Nahrungsmittelindustrie; BAG, AP Nr. 132 zu § 242 BGB Gleichbehandlung; BAG, AP Nr. 143 zu § 1 TVG Tarifverträge: Metallindustrie; BAG, AP Nr. 74 zu § 87 BetrVG Arbeitszeit; *Biedenkopf*, Grenzen der Tarifautonomie, S. 70 ff.; *Hueck/Nipperdey*, Lehrbuch II/1, S. 373 ff.; *Söllner*, Sonderbeilage zu NZA Heft 24/2000, 33, 40 f.; *Waltermann*, RdA 1990, 138, 141.

886 Offen gelassen von BVerfG, NZA 1999, 878, 878 f.; BAG, AP Nr. 70 zu § 1 TVG Tarifverträge: Einzelhandel; BAG, ZTR 2001, 168, 168 f.; BAG, ZTR 2001, 556, 557.

887 So auch *Hanau/Thüsing*, ZTR 2001, 1, 3: „ein wesentlicher praktischer Unterschied zwischen den verschiedenen Auffassungen besteht nicht."; *Söllner*, Sonderbeilage zu NZA Heft 24/2000, 33, 41 spricht von „Ergebnisidentität". Ähnlich *Waltermann*, RdA 1993, 209, 215.

888 In diese Richtung aber *Dieterich*, RdA 2002, 1, 10.

889 *Söllner*, Sonderbeilage zu NZA Heft 24/2000, 33, 41; *Waltermann*, ZfA 2000, 53, 75 f.

890 ErfK-*Dieterich*, GG, Einl., Rn. 65.

darf nicht aus den Augen gelassen werden, dass die Verbandsmitglieder aufgrund ihres Verbandsbeitritts mit einem Grundrechtseingriff rechnen müssen.[891] Vor dem Hintergrund des umfassenden Gestaltungsauftrages hinsichtlich der Arbeits- und Wirtschaftsbedingungen kann nicht davon ausgegangen werden, dass – soweit ein Grundrechtsverzicht im vorhinein überhaupt zulässig ist – jedes Mitglied auf sämtliche Grundrechte verzichten will.[892] Dies gilt insbesondere für Regelungen durch Tarifvertrag, die zunächst mit dem sozialen Gegenspieler ausgehandelt werden müssen.

Die von *Däubler* vertretene Einstufung des Art. 9 Abs. 3 S. 1 GG als das gegenüber der unternehmerische Entscheidungsfreiheit höherrangige Grundrecht spricht nicht für die von ihm vertretene extensive Auslegung des Art. 9 Abs. 3 GG. *Däubler* glaubt dies damit begründen zu können, dass die Tarifautonomie in einem Kernbereich gewährleistet werde, während die Unternehmensautonomie nur ein Teil der Berufsfreiheit des Art. 12 Abs. 1 GG sei.[893] Warum aber die Tarifautonomie gegenüber der Unternehmensautonomie aus diesem Grund höher einzustufen wäre, bleibt schleierhaft. Zudem vergisst *Däubler* zu erwähnen, dass auch die unternehmerische Entscheidungsfreiheit in einem Kernbereich garantiert wird. Das *BVerfG* hält einen angemessenen

„*Spielraum zur Entfaltung der Unternehmensinitiative [für] unantastbar*“[894].

Soweit *Däubler* weiter einwendet, die Ausübung einer praktischen Konkordanz spreche gegen die bisher von der Rechtsprechung angenommene Grundrechtsbindung der Tarifvertragsparteien, so dass diese Grundrechte in gleichem Maße wie der Gesetzgeber einschränken könnten,[895] steht auch dies der Theorie der funktionalen Einheit nicht entgegen. Vielmehr entspricht die Vornahme eines Ausgleichs zwischen widerstreitenden Grundrechten doch der Bindung *an* die Grundrechte. Zudem ist auch bei einer Grundrechtseinschränkung durch den Gesetzgeber u. U. eine praktische Konkordanz geboten.[896]

Letztlich bringt *Däubler* vor, es könne nicht davon ausgegangen werden, dass die Tarifautonomie eine Belastung der unternehmerischen Freiheit sei, vielmehr stelle sie ein Stück (kollektiver) Ausübung unternehmerischer Betätigungsfreiheit dar.[897] Solch tarifpolitische Polemik ist freilich keine juristische

---

[891] Wiedemann-*Wiedemann*, TVG, Einl., Rn. 188.
[892] Wiedemann-*Wiedemann*, TVG, Einl., Rn. 195.
[893] *Däubler*, Tarifvertragsrecht, Rn. 1061; DKK-*Däubler*, Einl., Rn. 81.
[894] BVerfGE 29, 260, 267. Vgl. auch BVerfGE 50, 290, 362 f.
[895] *Däubler*, Tarifvertragsrecht, Rn. 1061; DKK-*Däubler*, Einl., Rn. 81.
[896] Vgl. dazu etwa BVerfG, AP Nr. 4 zu § 116 AFG.
[897] *Däubler*, Tarifvertragsrecht, Rn. 1061; DKK-*Däubler*, Einl., Rn. 81.

Argumentation, jedenfalls stehen ihr dieselben rechtlichen Gesichtspunkte entgegen wie der Ansicht *Wolters*.

ee. Zwischenergebnis und weitere Würdigung

Damit ist richtigerweise der h. M. zuzustimmen, die in den Arbeits- und Wirtschaftsbedingungen eine funktionale Einheit sieht und innerhalb der Schnittmenge dieser beiden Begriffe eine Abwägung der widerstreitenden Grundrechte im Einzelfall vornimmt.

Bleibt noch die verschiedenen Ansätze innerhalb dieser Theorie zu bewerten. Dabei ist zunächst die Ansicht *Dieterichs* entschieden abzulehnen. Ein Eingriff in die Unternehmensfreiheit ist nicht bis ins „Unerträgliche“ zulässig, weil der Arbeitgeber mit dem Verbandsbeitritt vermeintlich seine Berufsfreiheit ausübe.[898] Dies liefe darauf hinaus, dass die Berufsfreiheit durch den Beitritt zu einer Koalition verdrängt würde. Gegen diese Annahme bestehen dieselben Argumente wie gegen die Ansicht *Wolters*. Darin läge zudem ein rein ergebnisorientiertes Vorgehen zugunsten einer weitreichenden Regelungsbefugnis der Tarifvertragsparteien.

Die übrigen Ansätze der h. M. stimmen im Kern überein und unterscheiden sich lediglich darin, unter welchen Voraussetzungen innerhalb der Schnittmenge zwischen Arbeits- und Wirtschaftsbedingungen eine Regelungsbefugnis der Tarifvertragsparteien besteht. Während *Wiedemann* von einem unmittelbaren Bezug zum jeweiligen Arbeitsverhältnis ausgeht, wollen etwa *Hanau/Thüsing*[899] oder *Säcker/Oetker*[900] einen bloß mittelbaren Bezug genügen lassen.

Richtigerweise ist aber im Anschluss an *Wiedemann* davon auszugehen, dass nur solche unternehmerische Entscheidungen einer tarifvertraglichen Regelung zugänglich sind, die einen unmittelbaren Bezug zum jeweiligen Arbeitsverhältnis aufweisen. Die Tarifautonomie besteht, um den Arbeitnehmern einen Schutz gegen die individualvertragliche Übermacht des Arbeitgebers einzuräumen.[901] Es kommt also auf die Beziehung Arbeitnehmer–Arbeitgeber an. Würde man hier nicht nur auf den Arbeitgeber, sondern auf den Unternehmer abstellen (und darauf liefe es hinaus, würde man auf einen mittelbaren Bezug zum Arbeitsverhältnis abstellen), ginge man über den Schutzzweck der Tarifautonomie hinaus. Insbesondere käme man so zu einer sehr weiten Regelungsbefugnis der Tarifvertragsparteien, für die sich vor dem Hintergrund des

---

898 *Dieterich*, RdA 2002, 1, 10.
899 *Hanau/Thüsing*, ZTR 2001, 1, 5.
900 *Säcker/Oetker*, Tarifautonomie, S. 70 f.
901 BVerfGE 84, 212, 224.

Schutzzwecks des Art. 9 Abs. 3 GG kein Anlass bietet. Der Unternehmer hat kaum Einfluss darauf, welche Reaktion seine unternehmerische Entscheidung am Markt hat. Im Bereich der bloß mittelbaren Auswirkungen ist daher eine tarifliche Regelung der Folgewirkungen ausreichend.[902] Die unternehmerische Entscheidung an sich ist jedoch nicht tarifvertraglich regelbar.

e. Ergebnis

Im Ergebnis ist der Begriff der „Arbeits- und Wirtschaftsbedingungen“ daher als funktionale Einheit zu sehen. Eine tarifvertragliche Regelung im Schnittfeld zwischen Arbeits- und Wirtschaftsbedingungen kommt immer dann in Betracht, wenn eine Regelung unmittelbaren und konkreten Einfluss auf das Arbeitsverhältnis hat, ohne dass es zu einem Einfluss auf den einzelnen Arbeitnehmer erst über die Reaktion des Marktes auf die unternehmerische Entscheidung kommt.[903] Liegt nach diesen Voraussetzungen die tarifvertragliche Regelungsbefugnis vor, kommt eine Begrenzung im hier interessierenden Spannungsfeld nur durch die widerstreitenden Interessen des Unternehmers in Frage. Diese sind mittels einer praktischen Konkordanz der Grundrechte aus Art. 12 Abs. 1 GG und Art. 9 Abs. 3 GG zu berücksichtigen.

2. Begrenzung der normativen Regelungsbefugnis durch § 1 Abs. 1 TVG?

Es stellt sich jedoch gleich im Anschluss die bereits oben aufgeworfene Frage, ob die soeben hergeleitete grundsätzliche, tarifvertragliche Regelungsbefugnis auch vor dem Hintergrund des § 1 Abs. 1 TVG besteht. Hiernach regelt der Tarifvertrag Rechte und Pflichten der Tarifvertragsparteien und enthält Rechtsnormen, die den Inhalt, den Abschluss und die Beendigung von Arbeitsverhältnissen sowie betriebliche und betriebsverfassungsrechtliche Fragen ordnen können. Der Tarifvertrag unterteilt sich in einen schuldrechtlichen und in einen normativen Teil. Für den normativen Teil gibt § 1 Abs. 1 TVG vor, inwiefern die Tarifvertragsparteien Regelungen vereinbaren können. Daneben erlaubt § 4 Abs. 2 TVG normative Bestimmungen für Gemeinsame Einrichtungen. Diese normativen Bestimmungen beeinflussen die Arbeitsverhältnisse der normbetroffenen Arbeitnehmer ohne Transformationsakt unmittelbar.

Inhaltsnormen regeln den Inhalt der einzelnen Arbeitsverhältnisse und können sich auf alle Rechte und Pflichten der einzelnen Arbeitnehmer und Arbeitge-

902 Wiedemann-*Wiedemann*, TVG, 6. A, Einl., Rn. 456.

903 *Wiedemann*, RdA 1986, 231, 233; Wiedemann-*Wiedemann*, TVG, 6. A, Einl., Rn. 456; *Beuthien*, ZfA 1984, 1, 12.

ber erstrecken.[904] Betriebliche und betriebsverfassungsrechtliche Normen betreffen den einzelnen Arbeitnehmer als Mitglied der Belegschaft.[905] Die Bedeutung von Abschluss- und Beendigungsnormen ergibt sich bereits aus dem Wortlaut: Gemeint sind Regelungen über das Zustandekommen und die Beendigung von Arbeitsverhältnissen.[906]

Durch § 1 Abs. 1 TVG wird die Regelungsbefugnis der Tarifvertragsparteien also gewissermaßen kanalisiert, die Möglichkeit zur normativen Regelung damit letztlich eingeschränkt. Es stellt sich mithin die berechtigte Frage, ob die Aufzählung des § 1 Abs. 1 TVG abschließend ist, oder ob für die normative Regelungsbefugnis ergänzend auf Art. 9 Abs. 3 GG zurückgegriffen werden kann, wenn § 1 Abs. 1 TVG eigentlich eine Regelungsmöglichkeit nicht vorsieht.

a. Keine Begrenzung der tarifvertraglichen Regelungsbefugnis durch § 1 Abs. 1 TVG

Gegen eine Einschränkung der tarifvertraglichen Regelungsbefugnis durch § 1 Abs. 1 TVG wird vorgebracht, dem Gesetzgeber könne nicht unterstellt werden, er habe mit dem TVG einen abschließenden Regelungswillen gehabt. Dies ergebe sich historisch daraus, dass das Tarifvertragsgesetz bereits am 09.04.1949 und damit zeitlich vor dem Grundgesetz (23.05.1949) in Kraft getreten sei.[907] Zudem könne eine verfassungskonforme Auslegung des § 1 Abs. 1 TVG nicht davon abhängen, wie detailliert der Gesetzgeber eine Frage normiert habe.[908]

b. Begrenzung der tarifvertraglichen Regelungsbefugnis durch § 1 Abs. 1 TVG

Die ganz überwiegende Ansicht geht jedoch davon aus, dass § 1 Abs. 1 TVG in Bezug auf tarifvertragliche Normen abschließend ist.[909]

---

[904] *Däubler*, Tarifvertragsrecht, Rn. 170.

[905] *Däubler*, Tarifvertragsrecht, Rn. 170.

[906] ErfK-*Franzen*, TVG, § 1, Rn. 44; *Zöllner/Loritz*, Arbeitsrecht, S. 387.

[907] *Zachert*, DB 2001, 1198, 1200.

[908] *Misera*, Tarifmacht, S. 20 ff.; *Zachert*, DB 2001, 1198, 1200.

[909] BAG, DB 1991, 181, 182; BAG, AP Nr. 24 zu § 611 BGB Arbeitszeit; LAG Schleswig-Holstein, SAE 2004, 227, 233; ArbG Kiel, AuR 2003, 192, 193; ArbG Hameln, AiB 2004, 574, 576; *Beuthien*, ZfA 1984, 1, 15; *Buchner*, DB 2001, Beilage 9 zu Heft 48, 1, 8; *Lieb*, DB 1999, 2058, 2065; *Lieb/Jacobs*, Arbeitsrecht, Rn. 564; *Löwisch/Rieble*, TVG, § 1, Rn. 24; *Reuter*, ZfA 1990, 535, 548; *Säcker/Oetker*, Tarifautonomie, S. 34, 102 f.; *Waltermann*, NZA 1991, 754, 758; Wiedemann-*Thüsing*, TVG, § 1, Rn. 334; *Zöllner/Loritz*, Arbeitsrecht, S. 375.

Ein Rückgriff auf den weiteren Begriff der Arbeits- und Wirtschaftsbedingungen des Art. 9 Abs. 3 GG solle nicht möglich sein, da der Gesetzgeber durch § 1 Abs. 1 TVG in zulässiger Ausübung seines Ausgestaltungsauftrags die Grenzen der normativen tariflichen Regelungsmacht abgesteckt habe.[910] Hätte der Gesetzgeber in § 1 Abs. 1 TVG die Regelungsgegenstände der Tarifvertragsparteien nur beispielhaft aufzählen wollen – und darauf laufe alles andere als die vertretene Meinung hinaus –, hätte er dies sprachlich zum Ausdruck bringen müssen. Beispielhaft wird hier die Formulierung des § 88 BetrVG für die betriebliche Normsetzung ins Feld geführt: „Durch Betriebsvereinbarung können insbesondere geregelt werden".[911] Darüber hinaus werde die Begrenzung der zulässigen Kampfziele auf tariflich regelbare Gegenstände[912] völlig entwertet, wenn sich die tarifliche Regelbarkeit nicht abschließend aus dem TVG ergäbe.[913] Letztlich werde durch eine tarifliche Regelung in die Berufsausübung eingegriffen – dafür sei aber gem. Art 12 Abs. 1 S. 2 GG eine Ermächtigung in einem förmlichen Gesetz nötig, dies sei das TVG.[914] Allenfalls sei § 1 Abs. 1 TVG verfassungskonform auszulegen.[915]

Das *BAG* hat sich zu dieser Thematik nicht verbindlich geäußert. Allerdings hat es in seiner Entscheidung vom 03.04.1990 die streitgegenständlichen Zeitzuschläge zur Grundzeit und Grundarbeitszeit für die Personalbemessung zunächst als Arbeits- und Wirtschaftsbedingung i.S.d. Art. 9 Abs. 3 GG gewertet und sodann festgestellt, dass es sich bei diesen Normen um Inhaltsnormen handelt.[916] Stellt man allein auf die Prüfungsreihenfolge ab, könnte darauf geschlossen werden, dass auch das *BAG* von einer Eingrenzung der tariflichen Regelungsbefugnis durch § 1 Abs. 1 TVG ausgeht. Allerdings bestimmt es zugleich, dass die „Tarifvertragsparteien in Tarifverträgen alle Arbeits- und Wirtschaftsbedingungen i.S. von Art. 9 Abs. 3 GG regeln"[917] können. Diese Aussage lässt sich wiederum gegen eine Begrenzung der tariflichen Regelungsbefugnis durch § 1 Abs. 1 TVG fruchtbar machen. Indem das

---

910 *Lieb*, DB 1999, 2058, 2065; *Löwisch/Rieble*, TVG, Grundl., Rn. 23; MünchArbR-*Löwisch/Rieble*, § 246, Rn. 53; *Säcker/Oetker*, Tarifautonomie, S. 102 f.; wohl auch *Zöllner*, DB 1989, 2121, 2121.

911 *Löwisch/Rieble*, TVG, Grundl., Rn. 23; MünchArbR-*Löwisch/Rieble*, § 246, Rn. 53; *Rieble*, ZTR 1993, 54, 55.

912 Vgl. dazu noch später, 4.Teil A. III.

913 *Rieble*, ZTR 1993, 54, 55.

914 *Löwisch/Rieble*, 1. A., TVG, Grundl., Rn. 19; *Rieble*, ZTR 1993, 54, 55; in die gleiche Richtung jetzt *Löwisch/Rieble*, TVG, Grundl., Rn. 23.

915 *Lieb*, DB 1999, 2058, 2065.

916 BAG, DB 1991, 181, 182. Ähnliches Vorgehen bei BAG, AP Nr. 24 zu § 611 BGB Arbeitszeit.

917 BAG, DB 1991, 181, 183.

BAG im Folgenden jedoch darauf abstellt, dass das Tarifvertragsgesetz keine Bestimmung enthalte, die der streitgegenständlichen Forderung der Gewerkschaft entgegenstehe, und hier konkret § 1 TVG benennt, misst es die Tarifforderung aber letztlich doch an dieser Norm.[918] Infolgedessen ist die Aussage des *BAG* im Hinblick auf eine umfassende Regelungskompetenz im Bereich der Arbeits- und Wirtschaftsbedingungen missverständlich formuliert oder allenfalls ein obiter dictum.[919]

c. Würdigung

Ob § 1 Abs. 1 TVG die tarifvertragliche Normsetzungskompetenz beschränkt, oder ob diese direkt Art. 9 Abs. 3 S. 1 GG zu entnehmen ist, hängt entscheidend vom Verhältnis der beiden Normen zueinander ab. Hier kann auf eine bereits getroffene Aussage zurückgegriffen werden: Das *BVerfG* formuliert in ständiger Rechtsprechung das Bedürfnis nach der Ausgestaltung eines Tarifvertragssystems.[920] Dieser Verpflichtung ist der Gesetzgeber mit dem TVG nachgekommen.[921] Will man für die tarifvertragliche Normsetzungskompetenz vor diesem Hintergrund allein auf Art. 9 Abs. 3 S. 1 GG abstellen, ließe sich dies nur rechtfertigen, wäre der Gesetzgeber seinem Ausgestaltungsauftrag mit § 1 Abs. 1 TVG in unzulässiger Weise nachgekommen. Dazu müsste § 1 Abs. 1 TVG entweder gegen die widerstreitenden Grundrechtspositionen der Koalitionen verstoßen oder unverhältnismäßig sein.[922]
In Betracht kommt allein ein Verstoß gegen die kollektive Koalitionsfreiheit der Gewerkschaften. Durch die Kanalisierung des § 1 Abs. 1 TVG wird letzten Endes ihre Normsetzungskompetenz eingeschränkt. Ein Verstoß scheitert aber daran, dass der Schutzzweck der Koalitionsfreiheit – die Behebung des Ungleichgewichts im individualvertraglichen Verhältnis zwischen Arbeitnehmer und Arbeitgeber[923] – nicht gefährdet wird. § 1 Abs. 1 TVG lässt Regelungen, die Bezug zum Arbeitsverhältnis haben, umfassend zu, und zwar auch im Hinblick auf einzelne unternehmerische Sachentscheidungen.[924] Zudem ist zu bedenken, dass eine alternative Regelung im schuldrechtlichen Teil des Tarifvertrages in Betracht kommt und der eingeengte normative Regelungsbereich seine Rechtfertigung in der Berufsfreiheit des Arbeitgebers als

---

918 BAG, DB 1991, 181, 183.
919 *Rieble*, ZTR 1993, 54, 55. Skepsis in diese Richtung auch bei *Lieb/Jacobs*, Arbeitsrecht, Rn. 564 ff.
920 BVerfGE 4, 96, 106; 20, 312, 318 ff.; 58, 233, 246 ff.
921 Vgl. bereits oben, 2. Teil A. II. 3. c. aa. (2).
922 Vgl. zu diesen Kriterien oben, 2. Teil A. II. 3. c. aa. (3).
923 Vgl. BVerfG, AP Nr. 4 zu § 116 AFG.
924 In diese Richtung auch *Beuthien*, ZfA 1984, 1, 15.

Unternehmer findet. Sachverhalte, die keinen unmittelbaren Bezug zum Arbeitsverhältnis haben, bedürfen keiner normativen Regelung.
Auch ein Verstoß gegen der Verhältnismäßigkeitsgrundsatz liegt nicht vor. § 1 Abs. 1 TVG ist im Hinblick auf das mit der Norm verfolgte Ziel geeignet, erforderlich und auch verhältnismäßig im engeren Sinne: Ziel des § 1 Abs. 1 TVG ist es, den Tarifvertragsparteien Vorgaben für die Gestaltung der Kollektivverträge an die Hand zu geben.[925] § 1 Abs. 1 TVG ist geeignet, dieses Ziel zu erreichen. Die Norm nimmt eine deutliche Abgrenzung zwischen schuldrechtlichem und normativem Teil des Tarifvertrages vor und gestattet den Tarifvertragsparteien mit letzterem auch den unmittelbaren Zugriff auf die erfassten Arbeitsverhältnisse. Die Norm hat sich zudem seit ihrem Erlass bewährt und auch vor dem Hintergrund neuer tariflicher Regelungen nicht versagt.[926] § 1 Abs. 1 TVG ist auch erforderlich, um eine Gestaltung der Kollektivverträge zu ermöglichen. Andernfalls wäre bereits unklar, in welcher Weise die Tarifvertragsparteien auf die Arbeitsverhältnisse Zugriff nehmen könnten. Letztlich ist § 1 Abs. 1 TVG auch verhältnismäßig im engeren Sinne. Die Nachteile der Regelung stehen in einem angemessenen Verhältnis zu den verfolgten Zielen. Soweit eine normative Regelung bestimmter Sachverhalte durch § 1 Abs. 1 TVG verhindert wird, bleibt den Tarifvertragsparteien immer noch die Möglichkeit einer schuldrechtlichen Abrede.[927]
Unabhängig von der Zulässigkeit des § 1 Abs. 1 TVG als Ausgestaltungsnorm stellt sich zudem die Frage, welche Bedeutung § 1 Abs. 1 TVG noch zukäme, würde die Regelungsbefugnis der Tarifvertragsparteien direkt aus Art. 9 Abs. 3 GG hergeleitet. Die Norm wäre eine Art Zuständigkeitsbestimmung, der aber nur beispielhafte Wirkung zukäme. Dass er eine solche Wirkung beabsichtigte, kann dem Gesetzgeber aber schwerlich unterstellt werden.

d. Ergebnis

Die tarifvertragliche Regelungsbefugnis wird daher durch Art. 9 Abs. 3 S. 1 GG begründet. Einfachgesetzlich wurde diese Befugnis für Tarifnormen durch § 1 Abs. 1 TVG begrenzt. Der Rückgriff auf Art. 9 Abs. 3 GG ist vor dem Hintergrund der eingehaltenen gesetzgeberischen Ausgestaltungsbefugnis de lege lata nicht möglich. Daneben verbleibt grundsätzlich die Möglichkeit zur schuldrechtlichen Vereinbarung.

---

925 Wiedemann-*Thüsing*, TVG, § 1, Rn. 334.
926 Vgl. etwa BAG, DB 1991, 181, 181 ff.
927 Zwar liegt in dieser Aussage ein Vorgriff auf noch zu treffende Aussagen, hierzu aber sogleich unter 3. Teil A. II.

II. Zulässiger schuldrechtlicher Inhalt eines Tarifvertrages

Wie gesehen, besteht neben der Kompetenz zur Normsetzung die Möglichkeit, schuldrechtliche Abreden zu treffen, mithin solche, die allein die Tarifvertragsparteien als Vertragspartner binden.[928] Die schuldrechtlichen Regelungen des Tarifvertrages sind Verträge zugunsten Dritter, aus denen den Mitgliedern der Tarifvertragsparteien Ansprüche erwachsen.[929] Dritte sind im Falle des Firmentarifvertrages allein die normunterworfenen Mitgliedsarbeitnehmer. Der Arbeitgeber als möglicher Dritter eines Verbandstarifvertrages ist am Firmentarifvertrag unmittelbar beteiligt. Er kann jedoch Dritter sein, wenn Arbeitgeber- und Arbeitnehmerverband einen firmenbezogenen Verbandstarifvertrag vereinbaren.

1. Umfang der schuldrechtlichen Vereinbarungsbefugnis

Auch für die schuldrechtlichen Vereinbarungen stellt sich die Frage nach dem Umfang der tariflichen Vereinbarungsbefugnis. Ebenso gilt es, die Frage des Einflusses von § 1 Abs. 1 TVG auf die Möglichkeit, eine schuldrechtliche Abrede zu treffen, zu beantworten. Wie weit die Vereinbarungsbefugnis im schuldrechtlichen Teil des Tarifvertrages reicht, ist nicht abschließend erforscht. Konsens der verschiedenen Meinungen, die im Folgenden genauer dargestellt werden sollen, ist jedoch, dass jedenfalls all das schuldrechtlich vereinbart werden kann, was der normativen Regelung zugänglich ist.[930]

Eine Meinung, die namentlich von *Däubler* und ehemals *Kempen/Zachert* vertreten wird, geht von einer weitergehenden Vereinbarungsbefugnis der Tarifvertragsparteien im schuldrechtlichen Bereich aus. Diese größere Freiheit wird unmittelbar aus Art. 9 Abs. 3 S. 1 GG abgeleitet.[931] Im schuldrechtlichen Teil sei es daher möglich, sämtliche Wirtschaftsbedingungen, die sich einer normativen Regelung eventuell verschlössen, zu vereinbaren. Grenzen der Vereinbarungsfreiheit lägen etwa in der Tätigung von Investitionen oder in der Festlegung von Betriebsnutzungszeiten.[932] Argumentiert wird damit, dass die Normsetzungsbefugnis der Tarifvertragsparteien ohnehin weit ausgestaltet sei. Wo diese ende, müssten deshalb Vereinbarungen ohne Normwirkung möglich sein, da die Tarifautonomie andernfalls in eine Diskriminierung um-

---

928 *Däubler*, Tarifvertragsrecht, Rn. 169.

929 ErfK-*Franzen*, TVG, § 1, Rn. 79.

930 Vgl. etwa *Beuthien*, ZfA 1984, 1, 16; *Lieb/Jacobs*, Arbeitsrecht, Rn. 480.

931 *Däubler*, Mitbestimmung, S. 329; *Kempen/Zachert*, TVG, 3. A., § 1, Rn. 363; so auch *Beuthien*, ZfA 1983, 141, 161 ff.; *ders.*, ZfA 1984, 1, 23.

932 *Däubler*, Tarifvertragsrecht, Rn. 175d.

schlage.[933] Dies ergebe sich daraus, dass die Vertragsfreiheit als Bestandteil der allgemeinen Handlungsfreiheit für andere Rechtssubjekte nach Art. 2 Abs. 1 GG in größerem Umfang garantiert werde.[934] Die unmittelbar aus Art. 9 Abs. 3 GG resultierende, weitergehende Vereinbarungsbefugnis entspreche darüber hinaus dem „dynamischen Charakter der Tarifautonomie"[935]. Die schuldrechtliche Tarifklausel gelte in diesem Zusammenhang geradezu als „klassisches Vehikel" der tarifvertraglichen Rechtsfortbildung auf Sektoren, die einer normativen Regelung nicht zugänglich gewesen seien.[936] Letztlich begründe sich diese Ansicht auch aus der Entstehungsgeschichte des TVG. So hätten die Tarifvertragsparteien vor Inkrafttreten der Tarifvertragsordnung (1918) ohnehin nur die Möglichkeit zur schuldrechtlichen Vereinbarung gehabt. Es sei nicht davon auszugehen, dass Art. 165 WRV und die Tarifvertragsordnung oder Art. 9 Abs. 3 GG die Stellung der Koalitionen habe verschlechtern wollen.[937]

Beuthien begründet sein inhaltlich gleiches Ergebnis damit, dass die Regelungen des schuldrechtlichen Teils des Tarifvertrages nicht lediglich schuldrechtlicher Natur seien, sondern ebenso wie eine normativ wirkende Tarifregelung eine eigene tarifvertragsrechtliche Vereinbarung darstellten.[938]

Auch eine weitere Ansicht will es den Tarifvertragsparteien im schuldrechtlichen Teil des Tarifvertrages gestatten, Abreden zu vereinbaren, die über die Regelungsbefugnis des Art. 9 Abs. 3 S. 1 GG hinausgehen.[939] Diese Vereinbarungen unterstünden dann allerdings nicht mehr dem besonderen Schutz des Art. 9 Abs. 3 GG, sondern dem allgemeinen Schutz des Art. 9 Abs. 1, 2 Abs. 1 GG.[940] Nur soweit sich die Tarifvertragsparteien in dem von Art. 9 Abs. 3 S. 1 GG vorgegeben Rahmen bewegten, unterfielen die schuldrechtlichen Abreden dem Schutz dieser speziellen Norm. Im Übrigen werde die Vereinbarungsbefugnis im schuldrechtlichen Teil durch die allgemeinen Grenzen des höherrangigen Rechts begrenzt.[941]

---

933 *Kempen/Zachert*, TVG, 3. A., § 1, Rn. 363.
934 *Kempen/Zachert*, TVG, 3. A., § 1, Rn. 363.
935 *Kempen/Zachert*, TVG, 3. A., § 1, Rn. 363.
936 *Kempen/Zachert*, TVG, 3. A., § 1, Rn. 363.
937 *Kempen/Zachert*, TVG, 3. A., § 1, Rn. 363.
938 *Beuthien*, ZfA 1983, 141, 161 ff.; *ders.*, ZfA 1984, 1, 23.
939 So auch MünchArbR-*Löwisch/Rieble*, § 246, Rn. 53; *Säcker/Oetker*, Tarifautonomie, S. 38.
940 *Bulla*, DB 1980, 103, 105; ErfK-*Franzen*, TVG, § 1, Rn. 80; *Waltermann*, NZA 1991, 754, 758.
941 ErfK-*Franzen*, TVG, § 1, Rn. 80; *Waltermann*, NZA 1991, 754, 758; Wiedemann-*Thüsing*, TVG, § 1, Rn. 865, 967; *Zöllner/Loritz*, Arbeitsrecht, S. 393 f.

Welcher Ansicht zu folgen ist, ist zunächst abhängig vom Verständnis des Art. 9 Abs. 3 GG. Entscheidend ist darauf abzustellen, inwiefern man den Tarifvertrag durch das Grundrecht geschützt sieht. Art. 9 Abs. 3 GG enthält insofern die sog. Koalitionsbetätigungsgarantie.[942] Sie garantiert den Tarifvertragsparteien die Möglichkeit, die Arbeits- und Wirtschaftsbedingungen ihrer Mitglieder zu wahren und zu fördern.[943] Genauer hält das *BVerfG* hierzu fest:

„Die aus der Koalitionsfreiheit entspringende Tarifautonomie verfolgt den im öffentlichen Interesse liegenden Zweck, in dem von der staatlichen Rechtssetzung freigelassenen Raum das Arbeitsleben im einzelnen durch Tarifverträge sinnvoll zu ordnen, insbesondere die Höhe der Arbeitsvergütung für die verschiedenen Berufstätigkeiten festzulegen, und so letztlich die Gemeinschaft sozial zu befrieden."[944]

Es bestimmt weiter:

„Art. 9 Abs. 3 GG gewährleistet mit der Koalitionsfreiheit auch die sog. Tarifautonomie und damit den Kernbereich eines Tarifvertragssystems, weil sonst die Koalitionen ihre Funktion, in dem von der staatlichen Rechtssetzung freigelassenen Raum das Arbeitsleben im einzelnen durch Tarifverträge zu ordnen, nicht sinnvoll erfüllen könnten (BVerfGE 4, 96 [108]; 18, 18 [28])."[945]

Das *BVerfG* unterscheidet hinsichtlich der geschützten Betätigung der Koalitionen nicht zwischen dem schuldrechtlichen und dem normativen Inhalt des Tarifvertrages; dies erschiene auch falsch – freilich unterscheidet sich die Wirkung des schuldrechtlichen Teils von der des normativen, doch kann auch letzterer Ansprüche zugunsten der Mitglieder der Tarifvertragsparteien begründen und die Arbeits- und Wirtschaftsbedingungen fördern und schützen. Verfolgt der schuldrechtliche Teil die gleiche Aufgabe und Zielsetzung wie der normative, dann erscheint es richtig, die Tarifvertragsparteien hier nicht generell der allgemeinen Vertragsfreiheit, sondern im Bereich der Arbeits- und Wirtschaftsbedingungen dem Schutzbereich des Art. 9 Abs. 3 GG zu unterstellen. Damit ist also im Ergebnis der zweiten Ansicht zu folgen, die auch schuldrechtliche Vereinbarungen dem Schutzbereich des Art. 9 Abs. 3 GG unterstellt, dies jedoch nur insoweit, als die Tarifvertragsparteien Vereinbarungen im Bereich der Arbeits- und Wirtschaftsbedingungen treffen. Außerhalb der Arbeits- und Wirtschaftsbedingungen unterliegt die Vereinbarungsbefugnis der Tarifvertragsparteien damit den üblichen Grenzen höherrangigen Rechts.

---

942 Vgl. im Einzelnen oben, 2. Teil A. II. 3. b. dd. (3) (a).
943 BVerfGE 17, 319, 333.
944 BVerfGE 18, 18, 28.
945 BVerfGE 20, 312, 317.

Dem lässt sich nicht mit dem Hinweis auf die drohende Diskriminierung der Tarifautonomie entgegengetreten. Bereits die Ausgangsthese dieses Arguments ist aufgrund der oben gewonnenen Ergebnisse nicht zutreffend: Die normative Regelungsbefugnis der Tarifvertragsparteien ist keineswegs extensiv zu verstehen.[946] Schließlich liegt auch deshalb keine Diskriminierung vor, weil die Tarifparteien außerhalb des Bereichs der Arbeits- und Wirtschaftsbedingungen die Möglichkeit haben, schuldrechtliche Vereinbarung aufgrund der allgemeinen Vertragsfreiheit i.S.d. Art. 2 Abs. 1 GG zu treffen – eine darüber hinausgehende Vereinbarungsbefugnis haben auch alle anderen Rechtssubjekte nicht. Aus dem gleichen Grund bewirkt auch der Hinweis auf die Entstehungsgeschichte des TVG kein anderslautendes Ergebnis: Wenn den Tarifvertragsparteien ursprünglich nur eine schuldrechtliche Vereinbarungsbefugnis zustand – ohne Art. 165 Abs. 1 WRV oder Art. 9 Abs. 3 GG, die sie in ihrer Betätigung schützten –, so handelte es sich dabei nur um eine Vereinbarungsbefugnis im Rahmen der allgemeinen Gesetze. Nichts anderes wird den Tarifvertragsparteien außerhalb der Arbeits- und Wirtschaftsbedingungen mit der allgemeinen Vertragsfreiheit zugesprochen. Auch der „dynamische Charakter der Tarifautonomie" wird nicht beeinträchtigt. Entscheidend ist allein, dass schuldrechtliche Vereinbarungen, so sie Arbeits- und Wirtschaftsbedingungen darstellen, dem Schutz des Art. 9 Abs. 3 GG unterfallen. Ein weitergehender Schutz ist nicht notwendig, da auch normative Regelungen keinen weitergehenden Schutz genießen. Letztlich ist auch die Argumentation *Beuthiens* abzulehnen. Inwieweit der schuldrechtliche Teil des Tarifvertrages eine dem normativen Teil vergleichbare Wirkung haben soll, ist nicht ersichtlich. Das Gegenteil ist der Fall: Wie bereits gezeigt, verpflichten schuldrechtliche Vereinbarungen nur die Vertragsparteien und wirken eben nicht auf die Einzelarbeitsverhältnisse ein.[947]

2. Begrenzung der schuldrechtlichen Vereinbarungsbefugnis durch § 1 Abs. 1 TVG?

Es stellt sich jedoch die weitergehende Frage, welchen Einfluss § 1 Abs. 1 TVG auf den schuldrechtlichen Teil des Tarifvertrages hat. *Beuthien* will die Regelung des § 1 Abs. 1 TVG auch auf den schuldrechtlichen Teil des Tarifvertrages anwenden und so die Vereinbarungsbefugnis der Parteien ähnlich der Regelungsbefugnis im normativen Teil des Tarifvertrages begrenzen. Er begründet dies damit, dass die normative Regelungsbefugnis und die nichtnormative Vereinbarungsbefugnis der Tarifvertragsparteien als „funktionale

---

946 Vgl. oben, 3. Teil A. I. 1. d.

947 Vgl. oben, 3. Teil A. II.

Einheit“ zu sehen seien.[948] Beide Regelungsbereiche unterlägen sachlich denselben Höchstschranken.[949]

Ausgehend vom Wortlaut der Norm ist klar in zwei alternative Vorgehensweisen zu unterteilen: Zum einen regelt der Tarifvertrag die Rechte und Pflichten der Tarifvertragsparteien; zum anderen enthält er Rechtsnormen, deren Regelungsinhalt durch § 1 Abs. 1 TVG begrenzt ist. Von dieser klaren Trennung ausgehend, lässt sich eine Bindung der Tarifvertragsparteien an die Regelungsformen des § 1 Abs. 1 Alt. 2 TVG im schuldrechtlichen Teil nicht begründen. Auch die Wirkungsweise der schuldrechtlichen Regelung spricht dagegen, diese den Grenzen des § 1 Abs. 1 Alt. 2 TVG zu unterstellen. Sie wirken eben nur als Vertrag zugunsten Dritter und beeinflussen das Arbeitsverhältnis nicht unmittelbar, wie dies die normativen Regelungen tun. Folglich hat § 1 Abs. 1 Alt. 2 TVG auf den schuldrechtlichen Teil keine Wirkung. Die gegenteilige Meinung *Beuthiens* findet im Gesetz keine Stütze. Etwas anderes lässt sich auch nicht aus dem Begriff der funktionalen Einheit herleiten – dieser ist in anderem Zusammenhang durchaus sinnvoll und gültig.[950] Was sich hieraus für das Verhältnis des schuldrechtlichen zum normativen Teil ergeben soll, ist unklar und wird von *Beuthien* auch nicht dargelegt. Der Begriff passt vorliegend auch nicht. Im Bereich der Arbeits- und Wirtschaftsbedingungen kommt es zu einer funktionalen Einheit, weil zwischen beiden Begriffen durch Bindestrich sowie das „und“ eine Verbindung bereits im Wortlaut geschaffen wurde. Eine solche Verbindung und damit ein Hinweis auf eine funktionale Einheit fehlt im Wortlaut des § 1 Abs. 1 TVG. Zudem betreffen die Arbeits- und Wirtschaftbedingungen materielle Regelungsgegenstände, während es sich bei der Unterscheidung zwischen schuldrechtlichem und normativen Teil um die Art der Regelung dreht. Im Ergebnis unterliegen die Tarifvertragsparteien im schuldrechtlichen Teil daher nicht den Grenzen des § 1 Abs. 1 Alt. 2 TVG.[951]

III. Ergebnis

Die Tarifvertragsparteien haben folglich die grundsätzliche Möglichkeit, jeglichen Sachverhalt in einem Tarifvertrag zu erfassen. Allerdings können sich die Tarifvertragsparteien allein im Bereich der Arbeits- und Wirtschaftsbe-

---

948 *Beuthien*, ZfA 1984, 1, 23.

949 *Beuthien*, ZfA 1983, 141, 160.

950 Vgl. oben, 3. Teil A. I. 1. d. ee.

951 So auch *Däubler*, Mitbestimmung, S. 193; *ders.*, Tarifvertragsrecht, Rn. 175.

dingungen auf den besonderen Schutz und die Regelungs- bzw. Vereinbarungsbefugnis des Art. 9 Abs. 3 GG berufen. Normative Regelungen sind zudem an die Grenzen gebunden, die ihnen § 1 Abs. 1 TVG aufzeigt.

B. Grenzen tarifvertraglicher Regelungs- und Vereinbarungsbefugnis

Auf Grundlage der unter A. bestimmten tarifvertraglichen Regelungsbefugnis stellt sich nun in einem nächsten Schritt die Frage nach den Grenzen dieser Regelungsbefugnis.

I. Beschäftigungspolitisches Mandat der Tarifvertragsparteien

Unter Umständen relevant für die vorliegende Untersuchung ist die Frage nach der Existenz eines beschäftigungspolitischen Mandats der Tarifvertragsparteien. Systematisch hängt diese Frage eng mit der bereits angesprochenen Ordnungsfunktion des Tarifvertragssystems[952] bzw. der hieraus resultierenden Ordnungsaufgabe der Tarifvertragsparteien[953] zusammen.[954]
Richtig stellt *Rieble* heraus, dass die Frage nach dem beschäftigungspolitischen Mandat eine „zunächst akademisch anmutende [...] Frage“ ist, zeigt aber zugleich auf, in welcher Weise ein solches Mandat für die Tarifpraxis Bedeutung erlangen könnte: Haben die Tarifvertragsparteien tatsächlich ein Mandat, Beschäftigungspolitik zu betreiben, könnte daraus die Möglichkeit eines erleichterten Zugriffs auf die Unternehmerfreiheit resultieren.[955] Andererseits kann auch die Nichtexistenz eines beschäftigungspolitischen Mandats Auswirkungen auf die tarifvertragliche Regelungsbefugnis haben. Insbesondere *Zöllner* lehnt ein beschäftigungspolitisches Mandat ab und sieht hierin zugleich eine Grenze für die Tarifmacht.[956] Nicht nur die Existenz, sondern auch die Rechtsfolgen, die sich aus der eventuellen Existenz oder Nichtexistenz eines beschäftigungspolitischen Mandats ergeben, sind damit gänzlich ungeklärt.

---

952 Vgl. dazu oben, 2. Teil A. II. 3. c. aa. (4) (g).
953 S. hierzu BVerfGE, 4, 96, 107; *Galperin*, AuR 1965, 1, 3; *Gaul*, ZTR 1991, 443, 443; *Gift*, DB 1959, 651, 652.
954 Ähnlich *Richardi*, DB 1990, 1613, 1615; *Wiedemann*, RdA 1997, 297, 298.
955 *Rieble*, ZfA 2004, 1, 8.
956 *Zöllner*, DB 1989, 2121, 2122.

1. Gegen die Existenz eines beschäftigungspolitischen Mandats

Die überwiegende Ansicht in der Literatur lehnt die Existenz eines beschäftigungspolitischen Mandats ab.[957]

Zöllner wendet gegen ein beschäftigungspolitisches Mandat ein, dass hierdurch nicht nur in die Gewaltenteilung eingegriffen würde, sondern dass die Tarifvertragsparteien darüber hinaus zu einer sinnvollen Beschäftigungspolitik überhaupt nicht in der Lage seien. Grund hierfür sei, dass die jeweiligen Gewerkschaften stets nur für eine bestimmten Branche zuständig seien.[958] Konkret hält *Zöllner* Arbeitszeitverkürzungen in Tarifverträgen zum Zwecke der Beschäftigungssicherung für unzulässig.[959] Dabei verkennt er nicht, dass beschäftigungspolitische Zwecke schon früher mit Arbeitszeitverkürzungen in Verbindung gebracht worden wären, sieht den Unterschied jedoch darin, dass die Beschäftigungssicherung noch nie Hauptzweck oder gar alleiniger Zweck einer getroffenen Regelungen gewesen sei.[960]

Rieble begründet seine ablehnende Haltung mit der einfachgesetzlichen Wertung des § 1 Abs. 1 TVG.[961] Die Norm knüpfe an das einzelne Arbeitsverhältnis an, soweit es um Abschluss-, Inhalts- und Beendigungsnormen ginge und zudem an das „betriebliche Rechtsverhältnis" zwischen Arbeitgeber und Belegschaft, soweit sie die Vereinbarung von betrieblichen und betriebsverfassungsrechtlichen Fragen zulasse.[962] Beschäftigungspolitik lasse sich aber keiner der in § 1 Abs. 1 TVG geregelten Normtypen zuordnen. Folglich seien Fragen, die das Unternehmen als Ganzes beträfen und damit den einzelnen Betrieb überschritten, nicht tariflich regelbar. Beispielhaft nennt *Rieble* die Unternehmensmitbestimmung.[963]

Korrespondierend zu dem Einwand *Zöllners*, bei einem beschäftigungspolitischem Mandat der Tarifvertragsparteien werde gegen den Grundsatz der Gewaltenteilung verstoßen, argumentiert *Rieble* weiter, den Tarifvertragsparteien komme von vornherein keine Gemeinwohlkompetenz zu. Diese treffe ausschließlich den hierzu demokratisch legitimierten Gesetzgeber.[964] Wolle man

---

957 *Bengelsdorf*, ZfA 1990, 563, 570 f.; *Blomeyer*, ZfA 1980, 1, 14; *ders.*, NZA 1996, 337, 346; *Loritz*, ZfA 1990, 133, 163 f.; *Löwisch*, BB 2000, 821, 824; *Rieble*, ZTR 1993, 54, 56; *ders.*, ZfA 2004, 1, 9; *Zöllner*, DB 1989, 2121, 2122.

958 *Zöllner*, DB 1989, 2121, 2122; *Bengelsdorf*, ZfA 1990, 563, 571, *Rieble*, ZfA 2004, 1, 9. Zweifel auch bei *Lieb/Jacobs*, Arbeitsrecht, Rn. 566.

959 *Zöllner*, DB 1989, 2121, 2122.

960 *Zöllner*, DB 1989, 2121, 2122.

961 *Löwisch/Rieble*, TVG, § 1, Rn. 114, 813; *Rieble*, ZTR 1993, 54, 56.

962 *Rieble*, ZTR 1993, 54, 55.

963 *Rieble*, ZTR 1993, 54, 56.

964 *Rieble*, ZfA 2004, 1, 8 f.

den Tarifvertragsparteien trotzdem einen Gemeinwohlauftrag zusprechen, müsse man sie auch an das Gemeinwohl binden, da es eine Kompetenz ohne Verantwortung nicht gebe. Weitere Konsequenz dieser Bindung sei es, dass Tarifverträge zur Beschäftigungssicherung daraufhin überprüft werden dürften, ob sie überhaupt geeignet sind, dieses Ziel zu erreichen, „insbesondere was die Nachfrage durch Preisauftrieb betrifft"[965]. Allerdings sei eine solche Kontrolle nicht justitiabel, da nicht geklärt sei, wer bestimme, was der Gemeinschaft wohl tue und was nicht.[966]

Anders als *Zöllner* schließt *Rieble* aus dem fehlenden beschäftigungspolitischen Mandat nicht auf die Unwirksamkeit solcher tarifvertraglicher Regelungen, die vor einem beschäftigungspolitischen Hintergrund abgeschlossen wurden. Sei eine tarifvertragliche Regelung auch beschäftigungspolitisch motiviert gewesen, könne dies wegen des Verbots der Tarifzensur trotzdem nicht überprüft werden.[967] Dies ergebe sich aus der Rechtsprechung des *BVerfG*, nach der eine gerichtliche Kontrolle der Tarifziele mit dem Grundgedanken der Tarifautonomie nicht vereinbar sei.[968] *Rieble* spricht den Tarifvertragsparteien damit zwar ein beschäftigungspolitisches Mandat ab, entzieht Normen, die aus beschäftigungspolitischen Gründen erlassen wurden, aber der richterlichen Kontrolle, so dass diese trotz des nicht bestehenden Mandats zur Beschäftigungspolitik Geltung behalten. Die Grenzen für die tarifvertragliche Regelungsbefugnis blieben damit insbesondere § 1 Abs. 1 TVG[969] und Art. 12 Abs. 1 GG[970]. Einzige Auswirkung von *Riebles* Ansatz ist es, dass ein Verstoß gegen Art. 12 Abs. 1 GG nicht mit dem Hinweis auf das Ziel der Beschäftigungssicherung gerechtfertigt werden kann.[971]

Ähnlich wie *Rieble* bindet auch *Wiedemann* die Tarifvertragsparteien an das einzelne Arbeitsverhältnis.[972] So bestehe kein anerkennenswertes Interesse der Gewerkschaften, über die soziale Absicherung der betroffenen Arbeitnehmer hinaus aus allgemeinen beschäftigungspolitischen Gründen Rationalisierungsmaßnahmen selbst zu unterbinden. Den Tarifvertragsparteien stehe

---

965 *Rieble*, ZfA 2004, 1, 10.

966 *Rieble*, ZfA 2004, 1, 10 f.

967 *Rieble*, ZTR 1993, 54, 56.

968 *Rieble*, ZTR 1993, 54, 56 mit Bezug auf BVerfG, AP Nr. 117 zu Art. 9 GG Arbeitskampf.

969 *Rieble*, ZTR 1993, 54, 57 ff.

970 *Rieble*, ZTR 1993, 54, 59 ff.

971 So auch *Gamillscheg*, Kollektives Arbeitsrecht Bd. I, S. 35; *Gitter/Boerner*, RdA 1990, 129, 134; *Rieble*, ZTR 1993, 54, 60; *Scholz*, ZfA 1981, 265, 295. A. A. *Ingelfinger*, Arbeitsplatzgestaltung, S. 244 f.

972 *Wiedemann*, RdA 1986, 231, 239.

kein allgemeines wirtschaftspolitisches Mandat zu, dass sie unabhängig vom Vorhandensein konkret schutzbedürftiger Arbeitnehmer wahrnehmen könnten.[973]

2. Für die Existenz eines beschäftigungspolitischen Mandats

Teile der Literatur sowie die Rechtsprechung sprechen sich dagegen für die Existenz eines beschäftigungspolitischen Mandats aus.[974]
Ausgehend von einer historischen Betrachtung tariflicher Regelungsgegenstände kommt *Däubler* zu dem Ergebnis, dass Beschäftigungspolitik schon immer Inhalt tarifvertraglicher Regelungen war.[975] Zudem sei die Tarifautonomie ihrer Natur nach nicht auf die Realisierung bestimmter vorgegebener Zwecke beschränkt.[976] Hintergrund dieser Ansicht ist das von *Däubler* vertretene, extensive Verständnis der „Arbeits- und Wirtschaftsbedingungen" sowie die fehlende Begrenzung der normativen Regelungsbefugnis durch § 1 Abs. 1 TVG.[977] Vor dem gleichen Hintergrund der extensiven Auslegung des Merkmals der Arbeits- und Wirtschaftsbedingungen („bis zur Unerträglichkeit") bezeichnet *Dieterich* die Beschäftigungspolitik gar als ein klassisches Regelungsziel der Tarifvertragsparteien.[978] Flankierend formuliert *Henssler*, dass es realitäts- und funktionsfremd wäre, den Koalitionen das Recht abzusprechen, überhaupt arbeitsmarktpolitische Überlegungen in ihre Verbandstätigkeit einfließen zu lassen.[979]
Das *BAG* hat bereits in seiner Entscheidung vom 22.01.1991 die Wirksamkeit einer qualitativen Besetzungsregel vor dem Hintergrund der Art. 12 Abs. 1 und Art. 2 Abs. 1 GG anerkannt und dabei auch die beschäftigungspolitische Zielrichtung dieser Regelung berücksichtigt, freilich ohne ein beschäftigungspolitisches Mandat ausdrücklich anzuerkennen.[980] Auch in seiner Entscheidung vom 25.10.2000 hat das *BAG* beschäftigungspolitisch motivierte Rege-

---

973 *Wiedemann*, RdA 1986, 231, 239.

974 BAG, AP Nr. 24 zu § 611 BGB Arbeitszeit; *Däubler*, DB 1989, 2534, 2535; *Dieterich*, RdA 2002, 1, 10; *Hanau/Thüsing*, ZTR 2001, 1, 6; *Henssler*, ZfA 1998, 1, 23; *Kempen*, FS Hanau, S. 531 f.; *Säcker/Oetker*, Tarifautonomie, S. 69 f.; *Waltermann*, NZA 1991, 754, 759 f.; *Wiedemann*, RdA 1997, 297, 298; *Zachert*, DB 2001, 1198, 1199; *Zander*, BB 1983, 1109, 1110.

975 *Däubler*, DB 1989, 2534, 2535.

976 *Däubler*, DB 1989, 2534, 2535; *Waltermann*, NZA 1991, 754, 758.

977 Vgl. schon oben, 3. Teil A. I. 1. b. aa.

978 *Dieterich*, RdA 2002, 1, 10. Ähnlich *Säcker/Oetker*, Tarifautonomie, S. 69 f.

979 *Henssler*, ZfA 1998, 1, 23.

980 BAG, AP Nr. 67 zu Art. 12 GG.

lungen, hier die Reduzierung der regelmäßigen wöchentlichen Arbeitszeit, als solche ausdrücklich anerkannt.[981]

Letztlich hat sich das *BAG* in seiner Entscheidung vom 28.06.2001 für die Existenz eines beschäftigungspolitischen Mandats der Tarifvertragsparteien ausgesprochen.[982] Konkret hat es eine tarifvertragliche Regelung für wirksam gehalten, die zur Sicherung von Arbeitsplätzen getroffen worden war und zu diesem Zweck die tarifliche Arbeitszeit und Vergütung aller Lehrer an allgemeinbildenden Schulen bei zeitweiligem Kündigungsausschluss reduzierte. Das *BAG* hat sich in diesem Zusammenhang der Argumentation *Hanau/Thüsings* angeschlossen, die davon ausgehen, dass die Sicherung von Beschäftigung dem historisch überkommenen Verständnis der Tarifautonomie entspreche.[983] Diese halten außerdem fest, dass es anfangs nur Anliegen der Tarifvertragsparteien gewesen sein möge, die Beschäftigung ihrer Mitglieder zu sichern; nunmehr entspreche es aber der „gewachsenen Größe und Wirtschaftsmacht der Koalitionen, sich vom einzelnen Arbeitsverhältnis zu lösen und den Arbeitsmarkt selbst in die Gestaltung ihrer Regelungen mit einzubeziehen.[984] Das *BAG* folgt dem jedenfalls insoweit, als es um die Legitimation der Tarifvertragsparteien gehe, tarifvertragliche Normen zu setzen, die beschäftigungssichernde Auswirkungen auf die Arbeitsverhältnisse der dem Tarifvertrag unterfallenden Arbeitnehmer haben.[985]

3. Vermittelnde Ansicht

Richardi nimmt eine vermittelnde Position ein.[986] Dabei bezieht er sich auf das *BVerfG*, das den frei gebildeten Koalitionen die Aufgabe zugewiesen hat, „insbesondere Löhne und sonstige materielle Arbeitsbedingungen in einem von staatlicher Rechtsetzung frei gelassenen Raum in eigener Verantwortung und im wesentlichen ohne staatliche Einflussnahme durch unabdingbare Gesamtvereinbarungen wirtschaftlich zu ordnen“[987]. *Richardi* versteht diesen Auftrag zur sinnvollen Ordnung nicht als Mandat, vielmehr geht es ihm lediglich um die Anerkennung der tariflichen Kartellfunktion. Es sei selbstverständlich, dass diese Kartellfunktion als Form der Marktregulierung beschäf-

---

981 BAG, DB 2001, 547, 547.

982 BAG, AP Nr. 24 zu § 611 BGB Arbeitszeit; i. E. auch BAG, AP Nr. 5 zu § 3 TVG Betriebsnormen.

983 *Hanau/Thüsing*, ZTR 2001, 1, 6; *Zachert*, DB 2001, 1198, 1199.

984 *Hanau/Thüsing*, ZTR 2001, 1, 6.

985 BAG, AP Nr. 24 zu § 611 BGB Arbeitszeit.

986 *Richardi*, DB 1990, 1613, 1615.

987 BVerfGE 44, 322, 340 f.

tigungspolitische Folgewirkungen habe.[988] Letztlich sieht *Richardi* die Tarifvertragsparteien damit nicht daran gehindert, beschäftigungspolitische Regelungen zu erlassen, misst diesen jedoch keine weitergehende Bedeutung zu.[989]

4. Würdigung

Aus historischer Betrachtung gehörte die Sicherung von Beschäftigung schon immer zum Bereich der Arbeits- und Wirtschaftsbedingungen.[990] Insofern geht es richtigerweise auch nicht darum, Regelungen, die lediglich beschäftigungspolitische Auswirkungen haben, in die Unwirksamkeit zu überführen. Vielmehr ist es das Motiv, bloß beschäftigungspolitische Regelungen zu treffen, also die Bekämpfung der Arbeitslosigkeit durch die Tarifvertragsparteien, das die Kritiker auf den Plan ruft.[991] Deutlich zeigt sich dies bei der Kritik *Riebles*, der allein deshalb keine Rechtsfolgen aus dem, seiner Meinung nach nicht existenten, beschäftigungspolitischen Mandat herleitet, weil die hinter der tarifvertraglichen Regelung stehende Motivation seiner Ansicht nach gerichtlich nicht überprüft werden kann.[992] Dies erklärt sich vor einem ganz simplen Hintergrund: Im Grunde hat jede Regelung von Arbeitsbedingungen beschäftigungspolitische Folgen, da sich jeder Tarifvertrag irgendwie auf den Arbeitsmarkt auswirkt.[993] Soweit also um die Auswirkungen eines beschäftigungspolitischen Mandats gestritten wird, geht es allein um solche Regelungen, deren Hauptziel die Beschäftigungssicherung ist.

Gegen ein allgemeines, beschäftigungspolitisches Mandat lässt sich zunächst der Wortlaut des § 1 Abs. 1 TVG fruchtbar machen. Die Norm knüpft entweder an das Einzelarbeitsverhältnis oder an das „betriebliche Rechtsverhältnis" zwischen Arbeitgeber und Belegschaft an. Darüber hinausgehende, allgemeine Beschäftigungspolitik dürfen die Tarifvertragsparteien deshalb schon gar nicht betreiben; es muss immer ein Bezug zum konkreten Rechtsverhältnis vorhanden sein. Betroffen sind ohnehin nur die Arbeitsverhältnisse der Tarifgebundenen, §§ 1 Abs. 1, 4 Abs. 1 TVG. Aus diesem Grund ist tarifliche Regelungsbefugnis letztlich immer Interessenpolitik und damit auf die Umsetzung mitgliedschaftlicher Ziele ausgerichtet.[994] Auch Art. 9 Abs. 3 S. 1 GG

---

988 *Richardi*, DB 1990, 1613, 1615; *ders.*, ZfA 1990, 211, 219.

989 *Richardi*, ZfA 1990, 211, 219.

990 *Däubler*, DB 1989, 2534, 2535; *Hanau/Thüsing*, ZTR 2001, 1, 6; *Zachert*, DB 2001, 1198, 1199.

991 Richtig *Gamillscheg*, Kollektives Arbeitsrecht Bd. I, S. 345; *Käppler*, NZA 1991, 745, 748.

992 *Rieble*, ZTR 1993, 54, 56.

993 *Käppler*, NZA 1991, 745, 748; *Kempen*, FS Hanau, S. 538; *Rieble*, ZTR 1993, 54, 57.

994 So auch *Rieble*, ZTR 1993, 54, 60.

gibt den Koalitionen nur das Recht, die Arbeits- und Wirtschaftsbedingungen ihrer Mitglieder zu beeinflussen.[995] Dies lässt sich aber nicht mit der Verfolgung allgemeiner, beschäftigungspolitischer Ziele vereinbaren.

Dementsprechend ist auch der Überlegung zuzustimmen, dass die Tarifvertragsparteien zu einer allgemeinen Beschäftigungspolitik deshalb nicht in der Lage sind, weil sie regelmäßig nach Industriezweigen organisiert sind.[996] Hierin glaubt *Dieterich* einen Verfassungsverstoß zu erkennen. Dieser liege darin, dass die Tarifautonomie insgesamt verfehlt sein müsste, traute man den Tarifvertragsparteien keine branchenübergreifende Perspektive zu.[997] Auch und gerade auf diesem Gebiet sei die Kompetenz und Kreativität der Koalitionen unverzichtbar.[998] Hiergegen hält *Rieble* die richtige Antwort bereit: Weder für die Kompetenz noch für die spezielle Kreativität der Tarifvertragsparteien gibt es einen Beleg.[999] Zudem kann auch nicht von einer verfehlten Tarifautonomie ausgegangen werden. Dies ergibt sich aus dem Verständnis der Tarifautonomie bzw. aus ihrem Hintergrund. Richtigerweise ist sie nämlich mitgliedschaftliche Interessenvertretung.[1000] Begrenzt sich das Mandat zur Rechtssetzung aber auf die eigenen Mitlieder, und organisieren sich die Koalitionen nach Industriezweigen, liegt die Überlegung einer allein branchenbezogenen Perspektive doch nahe.

Auch die übrige Argumentation für ein beschäftigungspolitisches Mandat führt nicht zu dessen Anerkennung. Dem Hinweis *Hanau/Thüsings* auf die gewachsene Größe und Wirtschaftsmacht der Koalitionen stehen die ständig sinkenden Mitgliederzahlen der Gewerkschaften entgegen.[1001] Der Argumentation *Däublers* kann schon deshalb nicht zugestimmt werden, weil sie auf einem extensiven Verständnis des Begriffs der Arbeits- und Wirtschaftsbedingungen fußt.[1002] Dieses wurde bereits schon an anderer Stelle abgelehnt.[1003] Und auch der Hinweis *Hensslers* steht dem hier gefundenen Ergebnis nicht entgegen: Lediglich ein irgendwie geartetes Mandat wird den Tarif-

---

995 BVerfGE 18, 18, 26.

996 *Rieble*, ZfA 2004, 1, 9; *Zöllner*, DB 1989, 2121, 2122.

997 *Dieterich*, RdA 2002, 1, 10.

998 ErfK-*Dieterich*, GG, Art. 9, Rn. 73.

999 Treffend *Rieble*, ZfA 2004, 1, 12 ff.

1000 So auch *Rieble*, ZTR 1993, 54, 60.

1001 Hinsichtlich des ständig sinkenden Organisationsgrades etwa der IG Metall, vgl. „Die Zeit“ vom 19.01.2006, S. 24. Danach ist die Zahl der Mitglieder der Gewerkschaft von 1992 (3.394.282) bis 2004 (2.425.000) um 28,56 % gesunken. *Rieble* (ZTR 2004, 1, 4) überspitzt dies mit den Worten: „Der ständig sinkende Organisationsgrad macht aus Gewerkschaftsmitgliedern die eigentlichen Außenseiter des Arbeitlebens.“

1002 Dies gilt letztlich auch für *Dieterich*.

1003 Vgl. oben, 3. Teil A. I. 1. d.

vertragsparteien abgesprochen, dagegen besitzen sie die Kompetenz, innerhalb der Grenzen ihrer Tarifmacht unabhängig von der dahinterstehenden Motivation Regelungen zu vereinbaren, die beschäftigungspolitische Auswirkungen haben.

Obwohl damit ein beschäftigungspolitisches Mandat im Ergebnis abzulehnen ist, hat dies nicht die Begrenzung der Tarifmacht zur Folge, wie dies von *Zöllner* vertreten wird. Konsequenz dieser Ablehnung ist lediglich, dass ein erleichterter Zugriff auf das Grundrecht der Unternehmerfreiheit hierdurch nicht ermöglicht wird. Insoweit gilt es nämlich zum einen zu berücksichtigen, dass Regelungen, die auf die Beschäftigungssituation Einfluss nehmen, zum gesicherten Bestand der Tarifvertragsnormen gehören, und zum anderen der tarifvertraglichen Regelungsmacht durch Art. 12 Abs. 1 GG und § 1 Abs. 1 TVG bereits eine ausreichende und effektive Grenze gezogen wird. Das *BAG* fasst die Frage der Existenz des beschäftigungspolitischen Mandats – wohl eher unfreiwillig – wirksam zusammen: Es sei jedenfalls insoweit anzuerkennen, als es um die Legitimation der Tarifvertragsparteien gehe, tarifvertragliche Normen zu setzen, die beschäftigungssichernde Auswirkungen auf die Arbeitsverhältnisse der dem Tarifvertrag unterfallenden Arbeitnehmer hätten.[1004] Damit knüpft auch das *BAG* an das jeweilige Rechtsverhältnis an und gesteht den Tarifvertragsparteien keine darüber hinausgehende Regelungsbefugnis zu. Die tarifliche Regelungsmacht wird nicht durch das hinter einer Norm stehende Motiv ausgeschlossen, wenn der unmittelbare Regelungsgegenstand einer Norm der Regelungsbefugnis der Tarifvertragsparteien unterfällt.[1005] Aber auch eine weitergehende Befugnis hinsichtlich eines Eingriffs in Art. 12 Abs. 1 GG leitet das *BAG* aus dem beschäftigungspolitischen Mandat nicht ab.[1006]

5. Ergebnis

Im Ergebnis ist daher festzuhalten, dass den Tarifvertragsparteien die Kompetenz zur Regelung solcher Materien zusteht, die beschäftigungspolitische Auswirkungen haben.[1007] Von einem Mandat im Sinne eines gesonderten allgemeinen Regelungsauftrags über die Grenzen mitgliedschaftlicher Interessenvertretung hinaus kann aber keine Rede sein. Infolgedessen lässt sich hier-

---

1004 BAG, AP Nr. 24 zu § 611 BGB Arbeitszeit.

1005 *Käppler*, NZA 1991, 145, 148.

1006 BAG, AP Nr. 24 zu § 611 BGB Arbeitszeit.

1007 Neu zu überdenken würde diese Frage dann sein, wenn dem 34. Beschluss des 63. DJT gefolgt würde, wonach die Beschäftigungsförderung ausdrücklich als Aufgabe der Tarifvertragsparteien in das TVG aufgenommen werden soll.

aus auch keine Erlaubnis herleiten, in größerem Umfang in Art. 12 Abs. 1 GG einzugreifen.[1008] Das beschäftigungspolitische Mandat ist lediglich eine erlaubte Motivation für eine Tarifvertragsregelung.
Letztlich spiegelt sich hier die bereits oben erwähnte Verwandtschaft zur Ordnungsaufgabe der Tarifvertragsparteien wider. Auch diese ist lediglich Wirkung tarifvertraglichen Handelns der Koalitionen.[1009]

II. Der Verstoß gegen die unternehmerische Entscheidungsfreiheit

Bisher nur angedeutet, soll nunmehr die Möglichkeit eines Verstoßes gegen die unternehmerische Entscheidungsfreiheit durch die Vereinbarung einer Tarifvertragsnorm überprüft werden.[1010] In der unternehmerischen Entscheidungsfreiheit liegt die wichtigste Begrenzung der tarifvertraglichen Regelungsbefugnis. Unabhängig davon, ob man eine unmittelbare oder eine mittelbare Bindung der Tarifvertragsparteien an die Grundrechte annimmt, prüft jedenfalls auch die Rechtsprechung einen Verstoß gegen Art. 12 Abs. 1 GG.[1011]
Bezüglich der Ansicht, dass Arbeitnehmer wie Arbeitgeber mit dem Verbandsbeitritt ihre verfassungsrechtlich gewährleistete Berufsfreiheit in Form einer privatautonomen Selbstbindung wahrnähmen (so dass kein Gegensatz zwischen Art. 9 Abs. 3 GG und Art. 12 Abs. 1 GG bestünde und es eines grundrechtlichen Schutzes nur noch bei Kompetenzüberschreitungen und Gleichheitsverstößen bedürfte),[1012] gilt hier das gleiche wie oben:[1013] Der

---

[1008] So i. E. auch BAG, AP Nr. 24 zu § 611 BGB Arbeitszeit; *Gamillscheg*, Kollektives Arbeitsrecht Bd. I, S. 343; *Gitter/Boerner*, RdA 1990, 129, 134; *Ingelfinger*, Arbeitsplatzgestaltung, S. 247; *Scholz*, ZfA 1981, 265, 295.

[1009] Vgl. bereits oben, 2. Teil II. 3. c. aa. (4) (g).

[1010] Die unternehmerische Tätigkeit insgesamt wird nicht allein durch Art. 12 Abs. 1 GG gewährleistet. Auch die Art. 14 Abs. 1 GG und Art. 2 Abs. 1 GG tragen zu diesem Schutz bei. Die einzelnen Grundrechte schützen jedoch verschiedene Teilbereiche der unternehmerischen Tätigkeit, so dass der Schutzbereich des unternehmerischen Handelns nicht aufgrund einer Gesamtschau dieser Grundrechte festgestellt werden kann. So schützt Art. 12 Abs. 1 GG den Erwerb und die Betätigung selbst, während Art 14 Abs. 1 GG als objektbezogene Eigentumsgarantie das Erworbene, das Ergebnis der Betätigung schützt. Art. 2 Abs. 1 GG dient zwischen diesen Grundrechten nur als subsidiärer Auffangtatbestand. Schutzbereich ist für Art. 2 Abs. 1 GG die allgemeine wirtschaftliche Betätigung, s. dazu im Einzelnen *Ingelfinger*, Arbeitsplatzgestaltung, S. 217 ff.

[1011] Vgl. etwa BAG, AP Nr. 67 zu Art. 12 GG .

[1012] *Dieterich*, RdA 2002, 1, 10.

[1013] Vgl. oben, 3. Teil A. I. 1. d.

Verbandsbeitritt ist nicht geeignet, das Bedürfnis für den grundrechtlichen Schutz aufzuheben.

1. Art. 12 Abs. 1 GG: Schutzbereich

Bereits im Rahmen der Tarifzuständigkeit wurde dargestellt, dass Art. 12 Abs. 1 GG nicht nur die Berufsfreiheit, sondern als Teil dieser Berufsfreiheit auch die Unternehmerfreiheit schützt.[1014] Das *BVerfG* versteht hierunter die Freiheit, ein Unternehmen zu gründen und zu führen.[1015] Es wurde ebenfalls dargestellt, dass dieses Grundrecht Unternehmern unabhängig von der Größe ihres Unternehmens[1016] und unabhängig von ihrer gesellschaftsrechtlichen Organisation zusteht.[1017]

Inhaltlich gewährleistet die Unternehmerfreiheit über die bereits erwähnte Organisationsfreiheit[1018] hinaus die Dispositionsfreiheit[1019], das Recht zur Kündigung[1020], die Produktionsfreiheit[1021], die Wettbewerbsfreiheit[1022], die Investitionsfreiheit[1023] und die Vertragsfreiheit[1024]. Die Dispositionsfreiheit umfasst die unternehmerischen Planungen und Grundsatzentscheidungen, insbesondere in Bezug auf das Wachstum des Unternehmens und seiner Betriebseinheiten.[1025] Dementsprechend entscheidet die Geschäftsführung auto-

---

[1014] S. dazu oben, 2. Teil B. IV. 4. e. aa.

[1015] BVerfGE 50, 290, 362 f.; LAG Hamm, NZA-RR 2000, 535, 536; ArbG Kiel, AuR 2003, 192, 193; Dreier-*Wieland*, GG, Art. 12, Rn. 73; *Isensee/Kirchhof*, Staatsrecht, § 147, Rn. 61.

[1016] BVerfGE 50, 290, 363 f.; *Isensee/Kirchhof*, Staatsrecht, § 147, Rn. 61.

[1017] BVerfGE 50, 290, 363; Maunz/Dürig-*Scholz*, GG, Art. 12, Rn. 104.

[1018] LAG Schleswig-Holstein, SAE 2004, 227, 231; ArbG Frankfurt a. M. v. 15.03.2005, 5 Ca 4542/04 (juris); *Isensee/Kirchhof*, Staatsrecht, § 147, Rn. 62.

[1019] Maunz/Dürig-*Scholz*, GG, Art. 12, Rn. 132; *Isensee/Kirchhof*, Staatsrecht, § 147, Rn. 63.

[1020] BAG, EzA Nr. 141 zu § 626 n. F. BGB; BAG, NZA 1998, 771, 773; LAG Schleswig-Holstein, SAE 2004, 227, 231; ArbG Frankfurt a. M. v. 15.03.2005, 5 Ca 4542/04 (juris); Maunz/Dürig-*Scholz*, GG, Art. 12, Rn. 58; *Nicolai*, SAE 2004, 240, 243; *Papier*, RdA 1989, 137, 139.

[1021] BAG, DB 1991, 181, 183; LAG Hamm, NZA-RR 2000, 535, 537; LAG Schleswig-Holstein, SAE 2004, 227, 231; ArbG Frankfurt a. M. v. 15.03.2005, 5 Ca 4542/04 (juris); *Isensee/Kirchhof*, Staatsrecht, § 147, Rn. 63.

[1022] *Isensee/Kirchhof*, Staatsrecht, § 147, Rn. 63.

[1023] BAG, DB 1991, 181, 183; LAG Hamm, NZA-RR 2000, 535, 537; *Isensee/Kirchhof*, Staatsrecht, § 147, Rn. 63; vgl. auch Wiedemann-*Wiedemann*, TVG, 6. A, Einl., Rn. 456, nunmehr aber differenzierend Wiedemann-*Wiedemann*, TVG, Einl., Rn. 442.

[1024] BVerfG, NZA 2007, 42, 45; Maunz/Dürig-*Scholz*, GG, Art. 12, Rn. 139; *Isensee/Kirchhof*, Staatsrecht, § 147, Rn. 63.

[1025] *Isensee/Kirchhof*, Staatsrecht, § 147, Rn. 63.

nom, ob, was und wo hergestellt wird.[1026] Der Unternehmer muss prinzipiell die Möglichkeit haben, sein Unternehmen aufzugeben.[1027] Daher kann ein Unternehmer nicht gezwungen werden, ein inhaltsloses, für ihn wirtschaftlich sinnlos gewordenes Arbeitverhältnis aufrecht zu erhalten.[1028] Korrespondierend hierzu gehört auch die Unternehmensverlagerung zu den von Art. 12 Abs. 1 GG geschützten Entscheidungen.[1029] Insgesamt ist ein angemessener Spielraum zur Entfaltung der Unternehmerinitiative unantastbar.[1030] Ein Eingriff in den geschützten Freiheitsbereich ist daher nur zulässig, wenn den Betroffenen ein angemessener Spielraum verbleibt, sich als verantwortliche Unternehmer wirtschaftlich frei zu entfalten.[1031]

2. Art. 12 Abs. 1 GG: Eingriff und Rechtfertigung

Für die Bindung der Tarifvertragsparteien an die Grundrechte und an Art. 12 Abs. 1 GG insbesondere ist von der Prämisse auszugehen, dass die Normsetzungsbefugnis der Tarifvertragspartner nicht weiter gehen darf als die des Gesetzgebers.[1032] Für die Eingriffe des Gesetzgebers in die Berufsfreiheit hat das *BVerfG* die „Drei-Stufen-Theorie" entwickelt.[1033] Daraus folgt ohne weiteres, dass sich auch die Tarifvertragsparteien grds. an die Definitionen und Schranken dieser „Drei-Stufen-Theorie" zu halten haben.[1034] Für einen Eingriff ist

---

[1026] BAG, NZA 1990, 886, 889; BAG, NZA 1998, 771, 773; LAG Hamm, NZA-RR 2000, 535, 537; LAG Schleswig-Holstein, SAE 2004, 227, 231; *Beuthien*, ZfA 1984, 1, 12 f.; *Wiedemann*, RdA 1986, 231, 236 f.

[1027] BAG, EzA Nr. 141 zu § 626 n. F. BGB; BAG, NZA 1998, 771, 773; ArbG Kiel, AuR 2003, 192, 193; *Konzen*, 50 Jahre BAG, S. 515, 552; *Papier*, RdA 1989, 137, 139.

[1028] BAGE 5, 20 22 ff.; BAG, AP Nr. 86 zu § 626 BGB; BAG, AP Nr. 7 zu § 626 BGB Krankheit; BAG, NZA 1998, 771, 773; *Nicolai*, SAE 2004, 240, 243; *Wiedemann*, RdA 1986, 231, 240 f.

[1029] BAG, EzA Nr. 41 zu § 2 KSchG; *Franzen*, ZfA 2005, 315, 317.

[1030] BVerfGE 29, 260, 267; LAG Hamm, NZA-RR 2000, 535, 537; LAG Schleswig-Holstein, SAE 2004, 227, 231; ArbG Kiel, AuR 2003, 192, 193; ArbG Frankfurt a. M. v. 15.03.2005, 5 Ca 4542/04 (juris); *Rolfs/Clemens*, DB 2003, 1678, 1680. Falsch daher ArbG Hameln, AiB 2004, 574, 575.

[1031] LAG Hamm, NZA-RR 2000, 535, 537.

[1032] H. M.: Ingelfinger, Arbeitsplatzgestaltung, S. 244; *Loritz*, ZfA 1990, 133, 157; *Löwisch/Rieble*, TVG, § 1, Rn. 218; *Säcker/Oetker*, Tarifautonomie, S. 245, 252; *Waltermann*, RdA 1993, 209, 215.

[1033] Vgl. etwa BVerfG, NZA 1990, 161 ff.; *Papier*, RdA 1989, 137, 139.

[1034] BVerfGE 50, 290, 364 f.; BAG, AP Nr. 67 zu Art. 12 GG; BVerfG, NZA 2007, 42, 45 ff.; BAG, AP Nr. 24 zu § 611 BGB Arbeitszeit; *Isensee/Kirchhof*, Staatsrecht, § 147, Rn. 64; *Joost*, Anm. zu BAG, AP Nr. 2 zu § 620 BGB Altersgrenze; *Papier*, RdA 1989, 137, 139.

daher dahingehend zu unterscheiden, ob es sich für um eine Berufsausübungsregelung, eine subjektive oder objektive Zulassungsbeschränkung handelt.[1035] Berufsausübungsregelungen betreffen das „Wie", d. h. die Art und Weise der beruflichen Betätigung und damit die Modalitäten, in denen sich die berufliche Tätigkeit vollzieht.[1036] Berufswahlregelungen betreffen dagegen das „Ob" der beruflichen Tätigkeit, die Berufsaufnahme, Fortsetzung und Beendigung.[1037] Zu differenzieren ist bei Berufswahlregelungen weiter nach subjektiven und objektiven Zulassungsbeschränkungen. Subjektive Zulassungsbeschränkungen knüpfen die Wahl des Berufes an persönliche Eigenschaften und Fähigkeiten,[1038] während objektive Zulassungsbeschränkungen für die Wahl des Berufes die Erfüllung objektiver, dem Einfluss des Berufswilligen entzogener und von seiner Qualifikation unabhängiger Kriterien verlangen.[1039] Da die Einordnung in diese Unterteilung aber Schwierigkeiten bereitet und eine präzise Abgrenzung zwischen Berufszulassung und Berufsausübung bisher nicht gelungen ist, kommt es entscheidend darauf an, wie einschneidend mit einer Regelung in das Grundrecht der Freiheit der Berufswahl eingegriffen wird.[1040] Grundsätzlich wird es sich bei den Regelungen der Tarifvertragsparteien um Berufsausübungsregelungen handeln, also um Fragen des „Wie" der beruflichen Tätigkeit.[1041]
Daneben verlangt das *BVerfG* für mittelbare, also nicht gezielte, Eingriffe in das Grundrecht der Berufsfreiheit eine sog. berufsregelnde Tendenz. Darunter versteht das *BVerfG* einen engen, unmittelbaren Zusammenhang zwischen gesetzlicher Regelung und Beschränkung der Berufsfreiheit.[1042] Nach der Intention des Normgebenden muss die Regelung für den Entschluss zur Wahl oder Ausübung eines Berufes motivierend sein oder eine objektiv berufspolitische Wirkung bestehen, d. h. die Art und Weise betreffend, wie die Berufsangehörigen ihre Berufstätigkeit im einzelnen zu gestalten haben.[1043] Dieses Erfordernis einer berufsregelnden Tendenz hat das *BAG* bisher nicht über-

---

1035 S. auch BAG, AP Nr. 67 zu Art. 12 GG.
1036 *Pieroth/Schlink*, Grundrechte, Rn. 835.
1037 Sachs-*Tettinger*, GG, Art. 12, Rn. 56.
1038 *Pieroth/Schlink*, Grundrechte, Rn. 832.
1039 *Pieroth/Schlink*, Grundrechte, Rn. 826.
1040 BAG, AP Nr. 67 zu Art. 12 GG.
1041 So auch *Papier*, RdA 1989, 137, 139; sowie in Bezug auf die Berufsfreiheit der Arbeitnehmer *Käppler*, NZA 1991, 745, 750; *Rieble*, ZTR 1993, 54, 59.
1042 BVerfGE 13, 181, 185 f.; 16, 147, 162; 37, 1, 17 f.; 52, 42, 54; 70, 191, 214.
1043 Vgl. BVerfGE 13, 181, 185.

prüft. Entsprechend dem oben Gesagten ist es jedoch auch auf die Überprüfung von Tarifnormen anzuwenden.[1044]
Zur Rechtfertigung eines Eingriffs in das Grundrecht der Berufsfreiheit hat das *BVerfG* für eine Berufsausübungsregelung darauf abgestellt, inwieweit vernünftige Erwägungen des Gemeinwohls diese als zweckmäßig erscheinen lassen,[1045] während subjektive Zulassungsvoraussetzungen gerechtfertigt sind, soweit durch sie wichtige Gemeinschaftsgüter, die der Freiheit des Einzelnen vorgehen, geschützt werden sollen.[1046] Demgegenüber sind objektive Zulassungsbeschränkungen erst dann gerechtfertigt, wenn es der Abwehr nachweisbarer oder höchstwahrscheinlicher schwerer Gefahren für ein überragend wichtiges Gemeinschaftsgut bedarf.[1047]
Schließlich muss die Regelung zum Erreichen des verfolgten Zwecks geeignet und erforderlich sowie verhältnismäßig im engeren Sinne sein.[1048] Hierbei räumt das *BVerfG* dem Gesetzgeber auf allen drei Ebenen einen weitgehenden Entscheidungsspielraum ein.[1049]

3. Verstoß von Tarifvertragsnormen gegen Art. 12 Abs. 1 GG

Das *BAG* orientiert sich an der gerade erläuterten Rechtsprechung des *BVerfG*.[1050] Allerdings ist mehr als fraglich, ob die Maßstäbe, die das *BVerfG* für die Rechtfertigung eines Eingriffs des Gesetzgebers in Art. 12 Abs. 1 GG entwickelt hat, unbesehen auf die Tarifvertragsparteien übertragen werden können. Dem wird in der Literatur mit beachtlichen Argumenten widersprochen.[1051] Begründet wird dies damit, dass die Drei-Stufen-Theorie eine besondere Ausformung des Verhältnismäßigkeitsgrundsatzes ist. Ein intensive-

---

1044 BVerfG, NZA 2007, 42, 45; *Ingelfinger*, Arbeitsplatzgestaltung, S. 242; *Löwisch/Rieble*, TVG, § 1, Rn. 280.

1045 BVerfGE 7, 377, 405; 9, 213, 221 f.; 10, 185, 197; 14, 19, 22; 86, 28, 41; *Joost*, Anm. zu BAG, AP Nr. 2 zu § 620 BGB Altersgrenze.

1046 BVerfGE 7, 377, 406 f.

1047 BVerfGE 7, 377, 408; 85, 360, 373.

1048 BVerfGE 30, 292, 316; 81, 156, 193 f.; Schmidt-Bleibtreu/Klein-*Hofmann*, GG, Art. 12, Rn. 48.

1049 BVerfG, NZA 2007, 42, 45 ff. Kristisch hierzu *Preis/Ulber*, NJW 2007, 465, 470.

1050 Vgl. etwa BAG, AP Nr. 67 zu Art. 12 GG; BAG, EzA Nr. 20 zu § 4 TVG Druckindustrie; *Zachert*, DB 2001, 1198, 1200. Anders BAG, AP Nr. 24 zu § 611 BGB Arbeitszeit: „sachbezogene Gründe".

1051 *Rieble*, ZTR 1993, 54, 59 ff.; *Ingelfinger*, Arbeitsplatzgestaltung, S. 243 ff.; Wiedemann-*Wiedemann*, TVG, 6. A, Einl., Rn. 312 ff.. Nunmehr pauschal auf die Notwendigkeit zur Beachtung des Verhältnismäßigkeitsgrundsatzes abstellend: Wiedemann-*Wiedemann*, TVG, Einl., Rn. 298.

rer Eingriff bedarf nach ihr einer stärkeren Rechtfertigung, so dass es um die verhältnismäßige Zuordnung von Rechtsgütern geht.

Zu modifizieren ist insbesondere das Gemeinwohl als rechtfertigender Grund für eine Berufsausübungsregelung. Der Staat kann sich zur Rechtfertigung einer Berufsausübungsregelung auf das „Gemeinwohl" stützen; für dieses ist er umfassend zuständig.[1052] Anders verhält es sich mit den Tarifvertragsparteien: Diese sind allein zur Interessenvertretung ihrer Mitglieder bei der Gestaltung der Arbeits- und Wirtschaftsbedingungen berufen.[1053] Allgemeine sozialpolitische Vorstellungen taugen daher nicht zur Rechtfertigung eines Eingriffs in Art. 12 Abs. 1 GG.[1054] Dies korrespondiert mit der oben erfolgten Ablehnung des beschäftigungspolitischen Mandats der Tarifvertragsparteien. Die Rechtfertigung eines Eingriffs in Art. 12 Abs. 1 GG kann für die Tarifvertragsparteien nur aus der Tarifautonomie folgen und damit aus der Ermächtigung zum Schutz und zur Förderung der „Arbeits- und Wirtschaftsbedingungen" i.S.d. Art. 9 Abs. 3 S. 1 GG.[1055]

Darin liegt nur ein vordergründiger Widerspruch zu solchen Stimmen, die für die Rechtfertigung eines Eingriffs der Tarifvertragsparteien in die unternehmerische Entscheidungsfreiheit auf den Begriff des Gemeinwohls zurückgreifen.[1056] Damit ist nämlich nicht das Gemeinwohl gemeint, soweit es zur Rechtfertigung eines staatlichen Eingriffs taugt; vielmehr wird dieser Begriff im Hinblick auf die bloß mitgliedschaftliche Legitimation der Tarifvertragsparteien modifiziert. So fasst *Wiedemann* hierunter die Beschäftigungspolitik, Interessen eines Berufsstandes, einzelner Staatsbürger oder solche der Mitglieder der Koalitionen.[1057] Nicht gesichert sei, inwiefern Allgemeininteressen oder berufsständische und unternehmerische Partikularinteressen berücksichtigt werden dürften, um Eingriffe in den Art. 12 Abs. 1 GG zu Rechtfertigen.[1058] Ähnlich verfahren *Säcker/Oetker*, die davon ausgehen, dass sich die Tarifvertragsparteien, ungleich dem demokratisch legitimierten Gesetzgeber, nicht auf sämtliche Gemeinwohlgründe berufen könnten. Vielmehr seien sie auf solche Gründe beschränkt, die sich aus ihrer Regelungskompetenz zur Wahrung und Förderung der Arbeits- und Wirtschaftsbedingungen ergä-

---

1052 BVerfGE 13, 97, 107; *Rieble*, ZTR 1993, 54, 60.

1053 S. schon oben, 3. Teil A. I. 1. d.

1054 A. A. aber wohl *Waltermann*, NZA 1991, 754, 760.

1055 *Rieble*, ZTR 1993, 54, 60.

1056 *Ingelfinger*, Arbeitsplatzgestaltung, S. 244 f.; *Säcker/Oetker*, Tarifautonomie, S. 264 f.; *Wiedemann*, RdA 1997, 297, 304; Wiedemann-*Wiedemann*, TVG, 6. A, Einl., Rn. 312 ff.

1057 Vgl. im Einzelnen Wiedemann-*Wiedemann*, TVG, 6. A, Einl., Rn. 312 ff.

1058 *Wiedemann*, RdA 1997, 297, 304.

ben.[1059] Soweit also in diesem Zusammenhang auf den Begriff des Gemeinwohls zurückgegriffen wird, sind darunter lediglich verschiedene Ausprägungen des Begriffs der Arbeits- und Wirtschaftsbedingungen zu verstehen; darüber hinausgehende Gründe etwa sozialpolitischer Natur sind dem demokratisch hierzu allein legitimierten Gesetzgeber vorbehalten.

Kurz ist in diesem Zusammenhang auf die Beschäftigungspolitik zurückzukommen. Haben die Tarifvertragsparteien auch kein allgemeines beschäftigungspolitisches Mandat, ist das Ziel, mit einer Norm die Beschäftigung der konkret in einem Betrieb beschäftigten Koalitionsmitglieder zu sichern, als Maßnahme zur Förderung der Arbeits- und Wirtschaftsbedingungen immerhin ein möglicher Rechtfertigungsgrund für den Eingriff in Art. 12 Abs. 1 GG.[1060]

III. Rechtsfolgen eines Grundrechtsverstoßes durch tarifvertragliche Regelungen

Haben die Tarifvertragsparteien zwar die Kompetenz zur Regelung eines Sachverhaltes und kommt es aber zu einem Verstoß gegen den Art. 12 Abs. 1 GG, der nicht im Wege einer praktischen Konkordanz aufgelöst werden kann, stellt sich die Frage nach der Folge eines solchen Grundrechtsverstoßes.

1059 *Säcker/Oetker*, Tarifautonomie, S. 264 f.; *Ingelfinger*, Arbeitsplatzgestaltung, S. 244 f.; ähnlich *Waltermann*, RdA 1993, 209, 217.

1060 *Ingelfinger*, Arbeitsplatzgestaltung, S. 246 f.; *Rieble*, ZTR 1993, 54, 60; *Waltermann*, RdA 1993, 209, 217; Wiedemann-*Wiedemann*, TVG, 6. A, Einl., Rn. 316. Vgl. auch Wiedemann-*Wiedemann*, TVG, Einl., Rn. 326.

Hier bleibt allerdings abzuwarten, wie sich der Tariftreuebeschluss des *BVerfG* auswirken wird. Danach kann ein Eingriff des Gesetzgebers in Art. 12 Abs. 1 GG mit dem Ziel, die Arbeitslosigkeit zu verringern und so auch zur finanziellen Stabilität des Systems der sozialen Sicherung beizutragen (BVerfG, NZA 2007, 42, 45), gerechtfertigt werden. Hier wirkt sich jedoch das gerade Hergeleitete aus. Ist die Beschäftigungssicherung auch ein für die Tarifvertragsparteien anerkanntes Ziel, das der Rechtfertigung eines Eingriffs in Art. 12 Abs. 1 GG dienen kann, betreiben die Tarifvertragsparteien eben doch nur eine Interessenpolitik für ihre Mitglieder. Wenngleich die ultimative Grenze für Eingriffe in Art. 12 Abs. 1 GG durch die Tarifvertragsparteien also auch die Befugnisse des Gesetzgebers sind (vgl. oben Fn. 1032), heisst dies nicht automatisch, dass sie die gleichen Befugnisse haben. Dies ist gerade nicht der Fall. Für den Fall der beschäftigungssciherung ergibt isch das unmittelbar aus dem Tariftreuebeschluss: Das *BVerfG* leitet das Ziel der bekämpfung der Arbeitslosigkeit aus dem Sozialstaatsprinzip des Art. 20 Abs. 1 GG ab (BVerfG, NZA 2007, 42, 45). Dieses gilt aber nicht für die Tarifvertragsparteien. Diese leiten ihre Normsetzungs- und Vereinbarungsbefugnis lediglich aus Art. 9 Abs. 3 GG ab.

Grundsätzliche Folge der Grundrechtswidrigkeit einer Norm ist die Nichtigkeit und damit die Unanwendbarkeit der Norm.[1061] Dabei ist regelmäßig nur die einzelne Tarifvertragsnorm nichtig, andere Normen werden von dieser Wirkung nur dann erfasst, wenn sie mit der nichtigen Norm eine zusammenhängende, in sich geschlossene Regelung bilden.[1062] Den Tarifvertragsparteien kommt sodann ein außerordentliches Kündigungsrecht zu, um den Tarifvertrag an die veränderten Verhältnisse anzupassen. Es handelt sich hierbei um eine Kündigung ex-nunc.[1063] Verliert der Tarifvertrag in Folge einer solchen außerordentlichen Kündigung seine Wirksamkeit, kommt es zu keiner Nachwirkung gem. § 4 Abs. 5 TVG. Dies begründet sich daraus, dass diese nur rechtmäßigen Tarifverträgen zukommt, nicht aber zu einer Verfestigung verfassungswidriger Normen führen darf.[1064] Die Möglichkeit der Kündigung scheitert nicht an einem eventuell schutzwürdigen Vertrauen der Normunterworfenen in die Geltung des Tarifvertrages. Ein Vertrauen in die Fortgeltung einer grundrechtswidrigen Norm ist nicht schutzwürdig.[1065]
Für schuldrechtliche Vereinbarungen gilt das Ausgeführte entsprechend.

IV. Der Grundrechtsverzicht und seine Auswirkungen

Verstößt eine Tarifnorm gegen eine grundrechtliche Wertung, besteht freilich die grundsätzliche Möglichkeit des Grundrechtsträgers, auf sein Recht zu ver-

---

1061 BAG, AP Nr. 87 zu Art. 3 GG; BAG, AP Nr. 7 zu § 17 BAT; BAG, AP Nr. 11 zu Art. 119 EWG-Vertrag; *Belling/Hartmann*, NZA 1993, 1009, 1014; ErfK-*Franzen*, TVG, § 1, Rn. 52; *Löwisch/Rieble*, TVG, § 1, Rn. 353; *Sachs*, RdA 1989, 25, 34, *Baumann*, RdA 1994, 272, 275 will eine Ausnahme hinsichtlich der Nichtigkeit bei Gleichheitsverstößen machen. Zur Unterscheidung zwischen Unanwendbarkeit und Nichtigkeit vgl. eingehend *Baumann*, RdA 1994, 272, 275 ff.

1062 *Baumann*, RdA 1994, 272, 275.

1063 *Baumann*, RdA 1994, 272, 274; *Hanau/Thüsing*, ZTR 2001, 49, 53; *Löwisch/Rieble*, 1. A., TVG, § 1, Rn. 249, 365 ff. Nunmehr dafür den Tarifvertragsparteien zunächst eine Anpassungsfrist einzuräumen: *Löwisch/Rieble*, TVG, § 1, Rn. 355. Allgemein zum außerordentlichen Kündigungsrecht der Tarifvertragsparteien: Wiedemann-*Wank*, TVG, § 4, Rn. 28 ff.

1064 *Bauer/Diller*, DB 1993, 1085, 1090; *Baumann*, RdA 1994, 272, 275. A. A. BGH, AP Nr. 8 zu §1 TVG Form; *Buchner*, NZA 1993, 289, 299; *Zachert*, NZA 1993, 299, 301.

1065 *Baumann*, RdA 1994, 272, 275.

zichten.[1066] Die Regelung bliebe damit wirksam.[1067] *Gamillscheg* folgert hieraus, dass es sich bei der Frage nach der Reichweite der tariflichen Regelungsbefugnis eigentlich um ein Problem der Zulässigkeit des Streiks zur Durchsetzung entsprechender Forderungen handele.[1068] *Buchner* formuliert im Anschluss an *Gamillscheg*, dass dem Arbeitgeber beim Firmentarifvertrag eine uneingeschränkte Dispositionsbefugnis zustehe.[1069] Dies wird sich im folgenden aber erst zeigen müssen, denn richtigerweise stellt sich vor dieser Aussage die Frage, in welchem Maße der Verzicht auf ein Grundrecht, insbesondere in Bezug auf Art. 12 Abs. 1 GG, möglich ist und welche Auswirkungen ein Grundrechtsverzicht auf die weitere Behandlung der eigentlich grundrechtswidrigen Norm hat.

1. Grundlagen

Begrifflich handelt es sich freilich nicht um einen Verzicht auf ein Grundrecht, sondern vielmehr die Einwilligung einen Eingriff in eine grundrechtliche Position vorzunehmen.[1070] Inhaltlich ist in die Einwilligung in einen Grundrechtseingriff eine wesentliche Form der Grundrechtsausübung.[1071] Die Möglichkeit zum Grundrechtsverzicht ergibt sich aus Art. 2 Abs. 1 GG (allgemeine Handlungsfreiheit)[1072] und ist aufgrund der personalen Selbstbestimmung grundsätzlich nicht beschränkt. Die Grundrechtspositionen können deshalb vertraglich eingeschränkt werden. Doch kein Grundsatz ohne Ausnahmen. Solche sind zum Schutz des Grundrechtsträgers und der Interessen der Allgemeinheit notwendig.[1073] Speziell normiert ist das Verbot der Verfügbarkeit eines Grundrechtes etwa in Art. 9 Abs. 3 S. 2 GG: Abreden, die die

---

[1066] Zur grundsätzlichen Zulässigkeit des Grundrechtsverzichts vgl. allein *Stern*, Staatsrecht, III/2, S. 894 ff. Vorliegend wird von der Zulässigkeit eines Grundrechtsverzicht ausgegangen.

[1067] Anders wohl *Wiedemann*, RdA 1986, 231, 239: „Der Grundsatz volenti non fit iniura gilt hier nicht, weil die Tarifautonomie weder den Koalitionen noch dem einzelnen Arbeitgeber im eigenen Interesse überantwortet ist.“. Einer zu weitgehenden Beschränkung der Unternehmensautonomie müsse begegnet werden.

[1068] *Gamillscheg*, Kollektives Arbeitsrecht Bd. I, S. 344.

[1069] *Buchner*, DB 2001, Beilage 9 zu Heft 48, 1, 7, 9; so auch *Suschet*, ZfA 2005, 581, 610 f.

[1070] Vgl. im Einzelnen *Stern*, Staatsrecht III/2, S. 902 ff.

[1071] Vgl. im Einzelnen *Robbers*, JuS 1985, 925, 926 f.; *Stern*, Staatsrecht III/2, S. 908 ff.

[1072] *Stern*, Staatsrecht III/2, S. 908.

[1073] ErfK-*Dieterich*, GG, Einl., Rn. 63.

Koalitionsfreiheit beschränken, sind nichtig.[1074] So ist ein Grundrechtsverzicht nur dann zulässig, wenn ihn die Grundrechtsnorm selbst oder eine dem grundrechtlichen Gesetzesvorbehalt entsprechende einfachgesetzliche Regelung erlaubt.[1075] Dabei sind personale Schutzgüter – wie der Art. 12 Abs. 1 GG – besonders für einen Grundrechtsverzicht geeignet.[1076]

a. Voraussetzungen

Voraussetzungen für einen Grundrechtsverzicht sind unter diesen Gesichtspunkten die Folgenden: Der Verzichtende muss Träger des Grundrechts sein, und er muss über das Grundrecht verfügen dürfen.[1077] Der Grundrechtsverzicht muss freiwillig erfolgen.[1078] Das heißt, er darf nicht unter Druck oder in einer Zwangslage erklärt werden und muss auf einer ausreichenden Kenntnis der Sachlage beruhen.[1079] Aus diesem Grund ist auch ein pauschaler und zeitlich unbefristeter Verzicht bedenklich, wenn er unvorhersehbare Situationen und Rechtsfolgen umfasst.[1080] Diese Grundsätze sind auch auf Tarifverträge anwendbar.[1081] Daraus ergibt sich, dass ein Grundrechtsverzicht dann nicht mehr zulässig ist, wenn der Arbeitskampf einmal eröffnet wurde – von Freiwilligkeit kann hier keine Rede mehr sein.[1082] Zudem kann der Grundrechtsverzicht nur durch eine unzweideutige, auf den Verzicht gerichtete Erklärung geäußert werden.[1083] Diese kann grundsätzlich ausdrücklich oder konkludent erfolgen.[1084] Auf die bloße Hinnahme von Rechtsverletzungen trifft dies nicht zu.[1085]

1074 Ähnliche Wirkung kommt den Art. 3 Abs. 2 GG, Art. 5 Abs. 1 S. 2 GG und Art. 6 Abs. 2 GG zu. Sie verfolgen gesamtgesellschaftliche Ziele, vgl. ErfK-*Dieterich*, GG, Einl., Rn. 64; *Robbers*, JuS 1985, 925, 928.

1075 *Stern*, Staatsrecht III/2, S. 909 ff. Dagegen geht *Robbers*, JuS 1985, 925, 929 f. davon aus, dass ein einfaches Gesetzesrecht eine Schranke für einen Grundrechtsverzicht bilden kann.

1076 *Stern*, Staatsrecht III/2, S. 910.

1077 *Stern*, Staatsrecht III/2, S. 913.

1078 *Robbers*, JuS 1985, 925, 926; Stern, Staatsrecht III/2, S. 913 f.

1079 ErfK-*Dieterich*, GG, Einl., Rn. 65.

1080 ErfK-*Dieterich*, GG, Einl., Rn. 65.

1081 Wohl nur für eine Geltung der Grenze des Wesensgehalts ErfK-*Dieterich*, GG, Einl., Rn. 67.

1082 *Hanau/Thüsing*, ZTR 2001, 49, 53. Falsch daher *Oberberg/Schoof*, AiB 2002, 169, 180.

1083 *Stern*, Staatsrecht III/2, S. 914.

1084 *Robbers*, JuS 1985, 925, 926; *Stern*, Staatsrecht III/2, S. 914.

1085 ErfK-*Dieterich*, GG, Einl., Rn. 62; *Robbers*, JuS 1985, 925, 925 f.

Im Beitritt zu einer Koalition liegt noch kein Grundrechtsverzicht. Soweit dies ansatzweise dennoch vertreten und zudem ein Eingriff der Tarifvertragsparteien in die Berufsfreiheit bis zur „Unerträglichkeit" für zulässig gehalten wird,[1086] wird zumindest im Grundsatz anerkannt, dass die Unterwerfung nur Regelungen zum Schutz und zur Förderung der Arbeits- und Wirtschaftsbedingung betreffe, sowie dass unzumutbare Beschränkungen des allgemeinen Persönlichkeitsrechtes oder der unternehmerischen Entscheidungsfreiheit unzulässig seien.[1087] Für den Einzelarbeitgeber als Tarifvertragspartei liegt der Grundrechtsverzicht im Abschluss des freiwilligen Firmentarifvertrages. In seiner Reichweite ist er durch den Inhalt des Tarifvertrages begrenzt.

b. Widerruf der Verzichtserklärung

Eine weitere Überlegung schließt sich an. Im Staatsrecht ist die Figur eines Widerrufs der Verzichtserklärung anerkannt.[1088] Danach ist vom Staat zu verlangen, dass er wegen der freien Selbstbestimmung des Individuums den jeweils aktuellen Willen des Grundrechtsträgers berücksichtigt.[1089] Deshalb entfällt die rechtfertigende Wirkung für den Grundrechtseingriff, wenn dem Eingreifenden vor dem Grundrechtseingriff der Widerruf der Verzichtserklärung des Berechtigten bekannt wird. Die Verzichtserklärung kann mit Wirkung ex-nunc jederzeit widerrufen werden.[1090] Diese Überlegungen lassen sich auf das Tarifrecht übertragen. Auch hier finden sie ihre Berechtigung. Eine nur aufgrund Grundrechtsverzichts wirksame Regelung wird also unwirksam, wenn der Grundrechtsträger sie widerruft – wohlgemerkt nur bevor sie angewendet wurde. Der Widerruf nach Anwendung ist dagegen nicht mehr unbegrenzt möglich: Hier ist ein schützenswertes Vertrauen der begünstigten Arbeitnehmer zu berücksichtigen, für das der Arbeitgeber mit seinem Verzicht auch eine Ursache gesetzt hat.[1091]

Etwas anderes gilt jedoch dann, wenn in einen Eingriff eingewilligt wurde und sich eine unvorhersehbare Situation einstellt, vor deren Hintergrund die Einwilligung nicht erteilt worden wäre. Hier muss über die Möglichkeit einer

---

1086 ErfK-*Dieterich*, GG, Einl., Rn. 56.
1087 ErfK-*Dieterich*, GG, Einl., Rn. 67.
1088 *Robbers*, JuS 1985, 925, 926; *Stern*, Staatsrecht III/2, S. 915 f.
1089 *Stern*, Staatsrecht III/2, S. 916.
1090 *Robbers*, JuS 1985, 925, 926; *Stern*, Staatsrecht III/2, S. 916.
1091 Denkbar ist daher eine *ausnahmsweise* mögliche Nachwirkung der Tarifvertragsnormen gem. § 4 Abs. 5 TVG.

außerordentlichen Kündigung des Tarifvertrages ex-nunc nachgedacht werden dürfen.[1092]

c. Schranken des Grundrechtsverzichts

Aber auch dem Grundrechtsverzicht sind Schranken gesetzt.[1093] Im vorliegenden Zusammenhang soll insbesondere auf die Grenze eingegangen werden, die dem Grundrechtsverzicht durch Verfassung und Gesetz auferlegt sind.[1094] Der Sinn und Zweck einer Regelung kann einem Verzicht entgegenstehen.[1095] Da der Grundrechtsverzicht aber durch die allgemeine Handlungsfreiheit und damit durch das Grundgesetz selbst gedeckt wird, ist ein Grundrechtsverzicht nicht schlechthin unzulässig, wenn er etwa einem Rechtsgut der Allgemeinheit oder sonstigen öffentlichen Interessen widerspricht. Notwendig ist daher eine Abwägung zwischen der allgemeinen Handlungsfreiheit und der Qualität des von der Verfassung oder dem Gesetz geschützten Rechtsgut.[1096] In diesem Zusammenhang kann Art. 19 Abs. 2 GG zu beachten sein, so dass ein Grundrechtsverzicht unmöglich ist, wenn der Wesensgehalt eines Grundrechtes ausgehöhlt würde.[1097] Dabei ist der Wesensgehalt jedes Grundrechtes aus seiner besonderen Bedeutung im Gesamtsystem der Grundrechte zu ermitteln.[1098]
Eine weitere Grenze des Grundrechtsverzichts kann in entgegenstehenden Rechtsgütern liegen.[1099] Dann bedarf es einer Abwägung bezogen auf den Einzelfall.[1100] Leitprinzip dieser Abwägung ist es, dass die individuelle Verfügbarkeit über Grundrechtspositionen anderen Rechtsgütern nur dann zu weichen hat, wenn durch den Grundrechtsverzicht höher zu bewertende Rechtsgüter verletzt werden.[1101]

1092 Parallel hierzu vgl. *Hanau/Thüsing*, ZTR 2001, 49, 53 zur Problematik, dass eine ehemals angemessene Tarifregelung im weiteren Verlauf der wirtschaftlichen Entwicklung zu einer unangemessenen Beeinträchtigung des Art. 12 Abs. 1 GG führt.

1093 Vgl. im Einzelnen, *Stern*, Staatsrecht III/2, S. 916 ff.

1094 *Stern*, Staatsrecht III/2, S. 922.

1095 *Stern*, Staatsrecht III/2, S. 922.

1096 *Stern*, Staatsrecht III/2, S. 923.

1097 ErfK-*Dieterich*, GG, Einl., Rn. 66 f.; *Robbers*, JuS 1985, 925, 929; *Stern*, Staatsrecht III/2, S. 923, 925; ähnlich *Hanau/Thüsing*, ZTR 2001, 1, 6.

1098 BVerfGE 22, 180, 219; *Robbers*, JuS 1985, 925, 929.

1099 *Stern*, Staatsrecht III/2, S. 925.

1100 *Stern*, Staatsrecht III/2, S. 925 f.

1101 *Stern*, Staatsrecht III/2, S. 926.

2. Der Verzicht auf Art. 12 Abs. 1 GG

Art. 12 Abs. 1 GG ist ein personales Grundrecht, so dass der Verzicht des Unternehmers auf seine Unternehmerfreiheit eigentlich auf wenig Vorbehalte stoßen dürfte. Dies kann aber nicht uneingeschränkt gelten.
Bedeutung erlangt zum einen der Wesensgehalt des Grundrechts.[1102] Die obigen Erwägungen zugrunde gelegt, ist der Wesensgehalt des Art. 12 Abs. 1 GG dann verletzt, wenn dem Unternehmer durch die tarifliche Regelung die Herrschaft über das Unternehmen selbst genommen würde. Die Entscheidung über Bestand, Umfang und Zielsetzung des Unternehmens muss beim Unternehmer verbleiben. Dem entspricht es, dass diese Entscheidungen dem Kernbereich des Grundrechtes zugeordnet werden.[1103]
Selbst wenn man die Entscheidung über Bestand, Umfang und Zielsetzung des Unternehmens nicht dem Wesensgehalt der Unternehmerfreiheit zuordnen wollte, ergibt sich die mangelnde Dispositionsfreiheit des Unternehmers in diesem Zusammenhang aus weiteren, dem Verzicht entgegenstehenden Rechtsgütern. Der Unternehmer verfügte nicht nur über sein eigenes Unternehmen, würde er die grundsätzlichen unternehmerischen Entscheidungen verzichten – es gilt zu berücksichtigen, dass ein Unternehmer im Regelfall Verpflichtungen gegenüber seinen Gläubigern hat.[1104] Ein Fall, in dem solche Gläubiger etwa einem Tarifvertrag, in dem sich der Unternehmer seiner autonomen Entscheidungshoheit begibt, zustimmen, ist nur schwer vorstellbar. Hinzu kommt ein weiterer Gesichtspunkt: Nicht nur die Interessen der Gläubiger, sondern für den Fall einer Aktiengesellschaft auch die Interessen der Aktionäre blieben unberücksichtigt, könnte sich der Unternehmer seiner Entscheidungsfreiheit ganz begeben. In diesem Fall ist sogar schon fraglich, ob der verzichtende Vorstand überhaupt über das Grundrecht verfügen darf.[1105]
Der allgemeinen Handlungsfreiheit stehen damit die höher zu bewertenden Grundrechte aus Art. 14 Abs. 1, 12 Abs. 1 GG gegenüber.

V. Ergebnis

Die Grenze tarifvertraglicher Regelungsmacht liegt damit in kollidierendem Verfassungsrecht. Für die hier im Mittelpunkt stehenden Regelungen ist dabei

---

1102 Siehe bereits oben, 3. Teil B. II. 1.

1103 BAG, NZA 1990, 886, 889; BAG, NZA 1998, 771, 773; LAG Hamm, NZA-RR 2000, 535, 537; LAG Schleswig-Holstein, SAE 2004, 227, 231; *Beuthien*, ZfA 1984, 1, 12 f.; *Wiedemann*, RdA 1986, 231, 236 f.

1104 Vgl. hierzu auch die Überlegungen bei *Wiedemann*, RdA 1986, 231, 237.

1105 Vgl. dazu *Stern*, Staatsrecht III/2, S. 913.

insbesondere Art. 12 Abs. 1 GG zu beachten. Die Rechtfertigung eines Eingriffs in die unternehmerische Entscheidungsfreiheit kann im Auftrag der Koalitionen, die Arbeits- und Wirtschaftsbedingungen zu wahren und zu fördern, liegen. Allerdings kann der Arbeitgeber als vertragsschließende Partei eines Firmentarifvertrages in gewissem Rahmen auch auf sein Grundrecht verzichten. Davon ist jedenfalls immer dann auszugehen, wenn der Abschluss des Firmentarifvertrages freiwillig erfolgt.

C. (Un-) Zulässigkeit des tariflichen Sozialplans?

Nachdem der Rahmen tarifvertraglicher Regelungs- und Vereinbarungsbefugnis abgesteckt wurde, gilt es nun, die konkreten Regelungen eines tariflichen Sozialplans anhand dieses Rahmens auf ihre Zulässigkeit zu überprüfen. Die in diesem Zusammenhang geltend gemachten tariflichen Forderungen sind unterschiedlicher Art.[1106] Im Rahmen dieser Bearbeitung sollen lediglich die gängigsten Regelungen untersucht werden. Dabei handelt es sich um Kündigungsverbote, Kündigungserschwernisse und Qualifizierungsmaßnahmen. Zusätzlich wird untersucht, ob es möglich ist, die Mitbestimmungsrechte des Betriebsrates durch Tarifvertrag zu erweitern. Nur kurz soll bereits hier klargestellt werden, dass eine Regelung, die den Arbeitgeber zum Eintritt oder Verbleib im Arbeitgeberverband verpflichtet,[1107] unwirksam ist.[1108]

I. Grundlagen

Im Vorfeld sollen jedoch einige Eckpunkte abgesteckt werden, die bei der Zulässigkeitsprüfung zu beachten sind.

1. Unterscheidung zwischen freiwillig vereinbarten und erkämpften Tarifinhalten

Zunächst fragt sich, ob im Rahmen einer solchen Zulässigkeitsprüfung danach zu unterscheiden ist, ob es sich um Tarifverträge handelt, die freiwillig zustande gekommen sind oder um solche, die unter Arbeitskampfdruck abgeschlossen wurden.

Nach wohl überwiegender Ansicht ist nicht von einer solchen Unterscheidung auszugehen.[1109] Insbesondere die Rechtsprechung wird von dem Ausspruch geprägt, dass alles das, was Inhalt eines Tarifvertrages, auch Ziel eines Arbeitskampfes sein kann.[1110] Etwas anderes gelte nur dann, wenn etwas Un-

---

[1106] Vgl. im Einzelnen oben, 1. Teil A. II. 4. a.

[1107] „Qualifizieren statt Entlassen", S. 11 f. für die Firma InfoSystems GmbH.

[1108] BAG, NZA 2003, 734, 740; *Bauer/Rolf*, DB 2003, 1518, 1520.

[1109] *Hanau/Adomeit*, Arbeitsrecht, Rn. 286; *Heß*, ZfA 1976, 45, 60; *Höninger*, RdA 1953, 204, 206, 208; *ders.*, BB 1955, 37, 37; *Jacobs*, ZTR 2001, 249, 252; *Löwisch*, Arbeitskampf- und Schlichtungsrecht, Rn. 170.2, 34 ff., 38; *Oberberg/Schoof*, AiB 2002, 169, 170; *Richardi*, RdA 1966, 241, 247.

[1110] BAG, AP Nr. 81 zu Art. 9 GG Arbeitskampf; LAG Schleswig-Holstein, SAE 2004, 227, 232 f.; LAG Niedersachsen, SAE 2004, 235, 239; ArbG Lübeck, AiB 2002, 123, 124; ArbG Kiel, AuR 2003, 192, 193; ArbG Hameln, AiB 2004, 574, 575.

mögliches oder evident Unzumutbares vom Arbeitgeber verlangt werde.[1111] Die lapidare Begründung für diese Ansicht liegt in dem Satz, dass der Arbeitskampf auf tariflich regelbare Ziele gerichtet sein müsse.[1112]
Tatsächlich ist diese Ansicht aber abzulehnen. Nicht alles, was tarifvertraglich vereinbart werden kann, kann auch erzwungen werden.[1113] Der Schluss von der zweifelsohne richtigen Aussage, dass der Arbeitskampf auf ein tariflich regelbares Ziel gerichtet sein müsse auf die Aussage, dass alles, was tariflich regelbar sei, auch erstreikt werden könne, ist keineswegs zwingend.[1114] Zwar trifft dieser Schluss in den meisten Fällen zu, doch lässt sich aus diesem bloß tatsächlichen Zusammentreffen noch kein Rechtsgrundsatz herleiten. Vielmehr ist allein die Unterscheidung zwischen freiwillig zu vereinbarenden und zu erkämpfenden Zielen geeignet, Beschränkungen der Unternehmerfreiheit, für die der Arbeitskampf nicht freigegeben werden kann, auf der tariflichen Ebene auszuhandeln und so dem Tarifvertrag neue Chancen und Wege zu eröffnen.[1115] Denn was dem Arbeitskampf wegen der Schutzwirkung des Art. 12 Abs. 1 GG nicht zugänglich ist, kann freiwillig – mittels Wahrnehmung der unternehmerischen Entscheidungsfreiheit oder jedenfalls durch Grundrechtsverzicht – durchaus Gegenstand eines Tarifvertrages sein.[1116] Zudem werden Arbeitskampfmaßnahmen nur insoweit von der Koalitionsfreiheit erfasst, als sie notwendig sind, um eine funktionierende Tarifautonomie sicherzustellen.[1117] Daraus ergibt aber nicht, dass jeder tarifierbare Sachverhalt

---

1111 BAG, NZA 1998, 771, 773; LAG Köln, NZA-RR 2001, 41, 41; *Oberberg/Schoof*, AiB 2002, 169, 170.

1112 S. dazu noch unten, 4. Teil A. III.

1113 *Buchner*, DB 2001, Beilage 9 zu Heft 48, 1, 7; *Franzen*, ZfA 2005, 315, 337; *Heß*, Betriebsnahe Tarifverträge, S. 130; *Hohenstatt/Schramm*, DB 2004, 2214, 2217; *Lobinger*, RdA 2006, 12, 16; MünchArbR-*Otto*, § 285, Rn. 16; *Nicolai*, RdA 2006, 33, 37; *Suschet*, ZfA 2005, 581, 602.

1114 *Biedenkopf*, Grenzen der Tarifautonomie, S. 213 ff.; *Buchner*, RdA 2003, 363, 366; *Gamillscheg*, Kollektives Arbeitsrecht Bd. I, S. 345, 1069; HSWG-*Heß*, BetrVG, vor § 1, Rn. 79 a. E; in diese Richtung auch *Mayer-Maly*, BB 1965, 829, 833.

1115 *Buchner*, DB 2001, Beilage 9 zu Heft 48, 1, 6; *Gamillscheg*, Kollektives Arbeitsrecht Bd. I, S. 1070. Wobei *Buchner* freilich davon ausgeht, dass durch den Arbeitskampf die Grenzen der grundrechtlichen Zulässigkeit anders zu bestimmen sind, was aber letztlich die Kernfrage dieses Streitpunktes ist, so dass dieses Argument gerade zu beweisen gewesen wäre.

1116 *Buchner*, DB 2001, Beilage 9 zu Heft 48, 1, 7; *Gamillscheg*, Kollektives Arbeitsrecht Bd. I, S. 1069 f.; *Hohenstatt/Schramm*, DB 2004, 2214, 2217. Es gilt jedoch zu berücksichtigen, dass *Gamillscheg*, und im Anschluss an ihn auch *Buchner*, von einer umfassenden Regelungsmöglichkeit im Rahmen eines Firmentarifvertrages ausgehen. Etwas anderes wird hier vertreten, vgl. 3. Teil B. IV.

1117 So BVerfG, AP Nr. 117 zu Art. 9 GG Arbeitskampf.

auch dem Arbeitskampf zugänglich sein muss.[1118] Auch § 2 Abs. 1 TVG lässt sich in diesem Zusammenhang nicht fruchtbar machen.[1119] Dieser regelt nämlich nur die Tariffähigkeit; über den Arbeitskampf sagt die Norm aber nichts aus.[1120] Vielmehr setzt sich in der Unterscheidung zwischen der Möglichkeit einer inhaltlich weiteren freiwilligen Vereinbarung und dem durch Arbeitskampf erzwingbaren geringeren Tarifinhalt die schon angedeutete Unterscheidung zwischen Tarif- und Arbeitskampfebene konsequent fort.

Es ist festzuhalten, dass die Grenze der Zulässigkeit von freiwillig zu vereinbarenden und dem erkämpfbaren Inhalt eines Tarifvertrages zwar in dem meisten Fällen, aber eben nicht generell übereinstimmt. Insbesondere ist zu beachten, dass Grundrechtseingriffe, die auf tarifvertraglicher Ebene durch einen Grundrechtsverzicht verhindert werden können, auf arbeitskampfrechtlicher Ebene zur Unzulässigkeit der Regelung führen. Der Grundrechtsverzicht ist nur freiwillig möglich.[1121] Bei einer Vereinbarung unter Arbeitskampfdruck liegt diese Freiwilligkeit nicht mehr vor.

Im Ergebnis ist daher zwischen tariflich regelbaren und erkämpfbaren Tarifinhalten, tariflich nicht regelbaren und schon aus diesem Grunde nicht erkämpfbaren Tarifinhalten, und freiwilligen tariflichen Regelungen, die aber nicht erkämpft werden können, zu unterscheiden.[1122]

2. Erkämpfbarkeit schuldrechtlicher Vereinbarungen

Es stellt sich die weitergehende Frage, ob auch schuldrechtliche Vereinbarungen erkämpft werden können.[1123]

1118 *Buchner*, DB 2001, Beilage 9 zu Heft 48, 1, 7; *Rolfs/Clemens*, NZA 2004, 410, 411.

1119 Vgl. auch *Buchner*, DB 2001, Beilage 9 zu Heft 48, 1, 13 f.; *Hanau*, Der Arbeitgeber 1970, 404, 406.

1120 So aber LAG Köln, ZTR 2002, 531, 531; *Brox/Rüthers*, Arbeitskampfrecht, Rn. 137; *Henssler*, ZfA 1998, 517, 535; *v. Hoyningen-Huene*, ZfA 1980, 453, 458; *Jacobs*, ZTR 2001, 249, 252; *Kissel*, Arbeitskampfrecht, § 26, Rn. 125; *Söllner/Waltermann*, Arbeitsrecht, Rn. 382; *Valentin*, Friedenspflicht, S. 75; *Wieland*, Firmentarifverträge, Rn. 208; *Zachert*, Sonderbeilage zu NZA 24/2000, 17, 22 f. Im Einzelnen noch unten, 4. Teil A. II. 1.

1121 Vgl. dazu oben, 3. Teil B. IV. 1. a.

1122 So auch die Unterscheidung bei MünchArbR-*Otto*, § 285, Rn. 16.

1123 Der Streit, ob auch solche Bestandteile des schuldrechtlichen Teils erstreikt werden können, die nur die Tarifvertragsparteien selbst treffen, also Friedenspflicht, Regelungen über den Arbeitskampf usw., oder ob nur die Wirtschafts- und Arbeitsbedingungen dem Arbeitskampfdruck eröffnet sind, soll im Rahmen dieser Bearbeitung außen vor bleiben. Dies spielt im Rahmen des tariflichen Sozialplans regelmäßig keine Rolle. Vgl. dazu aber einerseits *Löwisch*, Arbeitskampf- und Schlichtungsrecht, Rn. 170.2, 16 ff. sowie andererseits *Gamillscheg*, Kollektives Arbeitsrecht Bd. I, S. 1070 und vermittelnd MünchArbR-*Otto*, § 285, Rn. 14.

Insoweit gilt, dass schuldrechtliche Vereinbarungen in gleichem Umfang erkämpft werden können wie normative Regelungen. Wäre dies nicht der Fall, würde der Arbeitskampf auch in diesem Bereich an den Katalog des § 1 Abs. 1 TVG gebunden. Teilweise wird zwar tatsächlich vertreten, dass schuldrechtliche Vereinbarungen nicht erstreikt werden können,[1124] doch lässt sich dieses Ergebnis vor dem Hintergrund des Art. 9 Abs. 3 GG nicht aufrechterhalten. Die Berechtigung zum Arbeitskampf um schuldrechtliche Vereinbarungen ergibt sich – nicht anders als bei normativen Regelungen – direkt aus Art. 9 Abs. 3 GG, da der Arbeitskampf auch hier der Umsetzung der Tarifautonomie dient, die eben auch durch schuldrechtliche Vereinbarungen verwirklicht werden kann.[1125] Die Zulässigkeit des Arbeitskampfes kann nicht von der Unwägbarkeit abhängen, ob er mit einer schuldrechtlichen Vereinbarung oder einer normativen Regelung endet.[1126] Der Arbeitskampf ist auch nicht auf solche schuldrechtlichen Vereinbarungen beschränkt, die normativ gem. § 1 Abs. 1 TVG geregelt werden könnten.[1127] Zwar reicht damit die Erkämpfbarkeit schuldrechtlicher Vereinbarungen über den der normativen Regelungen hinaus. Dies erklärt sich aber damit, dass § 1 Abs. 1 TVG eben nur für normative Regelungen gilt und die schuldrechtliche Vereinbarungsbefugnis gerade nicht eingrenzt. Dem widerspricht auch nicht die Komplementärfunktion des Arbeitskampfes zur Gewährleistung der Tarifautonomie[1128] – diese umfasst schließlich den gesamten Bereich der Arbeits- und Wirtschaftsbedingungen und nicht nur den von § 1 Abs. 1 TVG umfassten Bereich. Schuldrechtliche Abreden sind daher erkämpfbar, soweit sie zum Bereich der Arbeits- und Wirtschaftsbedingungen gehören.[1129] Freilich sind auch der Erkämpfbarkeit von schuldrechtlichen Abreden durch die Grundrechte der Arbeitgeber (etwa

---

1124 *Mayer-Maly*, BB 1965, 829, 833; *Rieble*, ZfA 2004, 1, 22. Differenzierend *Lieb*, DB 1999, 2058, 2067.

1125 Däubler-*Schumann*, Arbeitskampfrecht, Rn. 154; *Seiter*, Streikrecht, S. 489 f.; *Weyand*, Mitbestimmung, S. 153.

1126 Däubler-*Schumann*, Arbeitskampfrecht, Rn. 154; *Löwisch*, Arbeitskampf- und Schlichtungsrecht, Rn. 170.2, 17; *Seiter*, Streikrecht, S. 488; *Weyand*, Mitbestimmung, S. 153.

1127 So aber *Lieb*, DB 1999, 2058, 2067; in diese Richtung auch *Mayer-Maly*, BB 1965, 829, 833.

1128 In diese Richtung aber *Lieb*, DB 1999, 2058, 2067.

1129 LAG Bremen, AiB 1998, 538, 539; *Brox/Rüthers*, Arbeitskampfrecht, Rn. 261; *Däubler*, Arbeitskampfrecht, Rn. 152 ff., 156, 166; *Gamillscheg*, Kollektives Arbeitsrecht Bd. I, S. 1070; *Kempen/Zachert*, TVG, 3. A., § 1, Rn. 364; *Löwisch*, Arbeitskampf- und Schlichtungsrecht, Rn. 99; *Seiter*, Arbeitskampfparität, S. 488 ff.

aus Art. 9 Abs. 3 GG und Art. 12 Abs. 1 GG) Grenzen gesetzt.[1130] Daher können solche Klauseln, die wegen ihres Inhaltes normativ nicht erzwungen werden können, auch nicht über den Umweg einer schuldrechtlichen Vereinbarung herbeigeführt werden.[1131] Genauso wenig können Vereinbarungen erstreikt werden, die nicht dem Schutz oder der Förderung der Arbeits- und Wirtschaftsbedingungen und folglich nicht zur Umsetzung der Tarifautonomie dienen.[1132]

3. Rahmen einer zulässigen Rechtmäßigkeitskontrolle

Schließlich muss geklärt werden, in welchem Rahmen eine Kontrolle tarifvertraglicher Inhalte bzw. Forderungen zulässig ist.

Grundsätzlich lässt das *BAG* erst die Rechtmäßigkeitskontrolle des schon abgeschlossenen Tarifvertrages zu.[1133] Indem das *BAG* eine Überprüfung der von der Gewerkschaft gestellten Forderungen ablehnt, will es einen allzu weit gehenden Eingriff in die Tarifverhandlungen vermeiden.[1134] Ausnahmsweise ist aber dann eine Kontrolle des Rechtmäßigkeit der gewerkschaftlichen Forderungen zulässig, wenn infolge einer rechtswidrigen Tarifforderung ein Arbeitskampf droht.[1135] Dies erklärt sich daraus, dass der Arbeitskampf nur Hilfsinstrument zur Umsetzung der Tarifautonomie ist und nur um solche rechtmäßige Ziele geführt werden darf.[1136] Die hiergegen vorgebrachten Bedenken überzeugen nicht:[1137] Zwar liegt in der Kontrolle während des Arbeitskampfes ein weitgehender Eingriff in die Tarifverhandlungen. Anders als

[1130] *Gamillscheg*, Kollektives Arbeitsrecht Bd. I, S. 1070; *Löwisch*, Arbeitskampf- und Schlichtungsrecht, Rn. 170.2, 22.

[1131] MünchArbR-*Otto*, § 285, Rn. 21.

[1132] *Gamillscheg*, Kollektives Arbeitsrecht Bd. I, S. 1070 f.

[1133] BAG, AP Nr. 62 zu Art. 9 GG Arbeitskampf; BAG, AP Nr. 3 zu § 1 TVG Verhandlungspflicht. Freilich ist hier nur die Rede von einer Rechtmäßigkeitskontrolle, nicht dagegen von einer Prüfung der sachlichen Angemessenheit eines Tarifvertrages, vgl. BAG, AP Nr. 4 zu § 62 BAT; BAG, AP Nr. 1 zu § 1 TVG Tarifverträge: Süßwarenindustrie mit insoweit zust. Anm. *v. Stebut/Brackmann*; Wiedemann-*Thüsing*, TVG, § 1, Rn. 228; *Wiedemann/Wonneberger*, Anm. zu BAG, AP Nr. 113 zu Art. 9 GG Arbeitskampf.

[1134] BAG, AP Nr. 3 zu § 1 TVG Verhandlungspflicht.

[1135] BAG, AP Nr. 62 zu Art. 9 GG Arbeitskampf; BAG, AP Nr. 3 zu § 1 TVG Verhandlungspflicht; BAG, DB 1991, 181, 181 f.; BAG, NZA 2003, 734, 740 f. In dieser Regel-Ausnahme-Prüfung kommt erneut die auch vom *BAG* vertretene Unterscheidung zwischen Tarif- und Arbeitskampfebene zum Ausdruck! Letztere ist ein weitergehender Eingriff in die Grundrechte des Arbeitgebers, so dass sein Schutzbedürfnis höher ist.

[1136] *Bauer/Krieger*, NZA 2004, 1019, 1022; *Nicolai*, SAE 2004, 240, 244.

[1137] Vgl. *Däubler*, Tarifvertragsrecht, Rn. 168.

bei herkömmlichen Vertragsverhandlungen geht es aber um die Verhandlung unter Arbeitskampfdruck. Die Ausnahmeregelung ist deshalb nicht nur gerechtfertigt, sondern auch angebracht. Dabei unterliegen die Tarifforderungen denselben Prüfungsmaßstäben wie der Tarifvertrag selbst.[1138]
Gegen diese Grundsätze verstößt die Instanzrechtsprechung in Bezug auf die Forderungen des tariflichen Sozialplans. Sowohl das *LAG Niedersachsen,* als auch das *LAG Schleswig-Holstein* gehen der Rechtmäßigkeitsprüfung der Forderungen in erheblichem Maße aus dem Weg und halten sie daher für zulässig. Dabei stützen sich die Gerichte auf zwei wesentliche Argumente. Zunächst berufen sie sich darauf, dass es sich lediglich um Forderungen handele. Diese sollten den Arbeitgeber vorerst nur zur Aufnahme von Tarifvertragsverhandlungen veranlassen, so dass Forderungen auch in maximaler Höhe gestellt werden dürften.[1139] Dass Forderungen gestellt würden, die deutlich über das hinausgingen, was letztlich vereinbart würde, sei gang und gäbe.[1140]
In die gleiche Richtung zielt das weitere Argument, wonach es nur darauf ankomme, dass die Forderung grundsätzlich tariflich regelbar sei, ihre Höhe aber Gegenstand der tariflichen Verhandlung bleiben müsse.[1141] Es sei nicht Aufgabe der Gerichte, korrigierend in die Höhe der Forderungen einzugreifen, solange nur die Forderung an sich auf ein tariflich regelbares Ziel gerichtet sei.[1142] Die inhaltliche Ausgestaltung der Forderung bleibe den späteren Verhandlungen vorbehalten.[1143]
Tatsächlich lassen sich diese beiden Argumente nicht voneinander trennen.[1144] Eine Forderung, die lediglich zur Aufnahme von Tarifverhandlungen bewegen soll, ist kein legitimes Kampfziel. Dies widerspräche dem Grundsatz, dass eine arbeitskampfweise geltend gemachte Forderung so präzise formuliert sein muss, dass der soziale Gegenspieler nur noch zustimmen muss.[1145] Handelt es sich also nicht um eine legitime Forderung, kann sie auch nicht

---

1138 S. insbesondere *Nicolai*, SAE 2004, 240, 244 f.
1139 LAG Schleswig-Holstein, SAE 2004, 227, 232; LAG Niedersachsen, SAE 2004, 235, 238.
1140 LAG Schleswig-Holstein, SAE 2004, 227, 232.
1141 LAG Schleswig-Holstein, SAE 2004, 227, 232; LAG Niedersachsen, SAE 2004, 235, 238. Vgl. auch *Blanke*, AuR 2004, 130, 135.
1142 LAG Schleswig-Holstein, SAE 2004, 227, 232; LAG Niedersachsen, SAE 2004, 235, 238.
1143 LAG Niedersachsen, SAE 2004, 235, 238.
1144 So auch *Nicolai*, SAE 2004, 240, 244.
1145 *Bauer/Krieger*, NZA 2004, 1019, 1022; *Kissel*, Arbeitskampfrecht, § 24, Rn. 12; *Nicolai*, SAE 2004, 240, 244.

erkämpft werden, da der Arbeitskampf nur um zulässige tarifliche Ziele geführt werden darf.[1146]

Auch die weitergehende Argumentation der Instanzrechtsprechung, die einer Rechtmäßigkeitskontrolle der Tarifforderungen aus dem Weg zu gehen versucht, indem sie auf die grundsätzliche Zulässigkeit der Forderung an sich abstellt, deren Höhe – etwa im Falle einer Abfindungszahlung oder der Länge von Kündigungsfristen – aber nicht beurteilen will, geht fehl. Zwar ist es richtig, dass gewerkschaftliche Forderungen zunächst nur eine Verhandlungsbasis bilden,[1147] dies führt jedoch nicht dazu, dass ein Arbeitskampf um eine rechtswidrige Forderung geführt werden dürfte.[1148] Und die Rechtswidrigkeit kann sich auch aus der inhaltlichen Höhe einer Tarifnorm ergeben.[1149] Folgte man der Instanzrechtsprechung in ihrer Beurteilung, hätte dies zur Folge, dass jegliche Forderung, ob rechtswidrig oder nicht, unter den Schutz der Rechtsordnung gestellt würde.

Tatsächlich hätte die Vorgehensweise der Instanzrechtsprechung zur Folge, dass es einer Gewerkschaft nicht schwer fallen würde, nahezu jede unternehmerische Entscheidung, die mit einer Betriebsänderung verbunden ist, dadurch zu verhindern, dass sie dem Grunde nach mögliche Tarifforderungen in maximaler Höhe stellt.[1150]

Zur Rechtfertigung seiner Ansicht beruft sich das *LAG Schleswig-Holstein* auf die „Koalitionsparität"[1151]. Diese erlaube es, dass die Tarifvertragsparteien zur Aufnahme bzw. zum Beginn von Tarifverhandlungen die an sich zulässige Forderung in maximaler Höhe stellten. Eine wie auch immer ausgestaltete „Koalitionsparität" ist dem deutschen Arbeitsrecht aber gänzlich unbekannt. So äußert sich das *LAG* denn auch mit keinem Wort zum Inhalt dieser Parität, sondern beschränkt sich auf die daraus herzuleitenden Konsequenzen. Sollte sich das *LAG* auf den Grundsatz der Kampfparität beziehen,[1152] so lässt sich dieser nicht für die Argumentation des *LAG* fruchtbar machen. Der Grundsatz der Kampfparität soll auf Arbeitskampfebene vorhandenes Ungleichgewicht sichtbar machen und ausgleichende Kampfmaßnahmen rechtfertigen.[1153] Warum dieser Grundsatz es erlauben sollte, Tarifforderungen in maximaler

---

[1146] Vgl. dazu unten, 4. Teil A. III.

[1147] LAG Schleswig-Holstein, SAE 2004, 227, 232; LAG Niedersachsen, SAE 2004, 235, 238; *Blanke*, AuR 2004, 130, 135.

[1148] So auch *Nicolai*, SAE 2004, 240, 244 f.

[1149] Vgl. dazu sogleich, 3. Teil C. II. 3. a. aa.

[1150] *Hohenstatt/Schramm*, DB 2004, 2214, 2215.

[1151] LAG Schleswig-Holstein, SAE 2004, 227, 232.

[1152] Diese Vermutung stellt auch *Nicolai*, SAE 2004, 240, 245 an.

[1153] Im Einzelnen hierzu oben, 2. Teil B. IV. 4. d. cc.

(rechtswidriger!) Höhe zu stellen, bleibt unklar. Es ist bereits nicht ersichtlich, wo das erforderliche Kampfungleichgewicht liegen soll – das *LAG* äußert sich hierzu nicht. Aber selbst wenn ein solches bestünde, führte dies trotzdem nicht zur Zulässigkeit rechtswidriger Tarifforderungen. Dem stünde die Rechtsprechung des *BAG* entgegen, wonach der Arbeitskampf nur der Umsetzung rechtmäßiger Tarifforderungen dient.[1154]

Damit nicht genug der Einwände gegen diese Vorgehensweise: Beschränkte man, wie die Instanzrechtsprechung, die inhaltliche Prüfung einer Tarifforderung darauf, ihrer grundsätzliche Zulässigkeit festzustellen, würde man der Gewerkschaft so das Recht zugestehen, eine an sich zulässige Tarifforderung in unbegrenzter Höhe zu stellen, obwohl diese rechtswidrig sein könnte. Das Risiko einer rechtswidrigen Tarifforderung würde so auf den Arbeitskampfgegner abgewälzt.[1155]

Das zweifelhafte Ergebnis einer solchen Risikoverlagerung wäre, dass der Arbeitgeber zunächst den (rechtswidrigen) Forderungen der Gewerkschaft nachkommen und sodann – nach Abschluss des Tarifvertrages – diesen auf seine Rechtmäßigkeit überprüfen lassen müsste.[1156] Die Folge wäre, dass der Tarifvertrag dann unwirksam wäre und der Arbeitgeber sich einem erneuten Arbeitskampf ausgesetzt sähe.[1157] Dabei wäre nicht einmal sicher, dass sich die Gewerkschaft nicht abermals verschätzen würde. Dies stünde der Rechtsprechung des *BAG* entgegen, wonach derjenige das Risiko eines rechtswidrigen Arbeitskampfes zu tragen hat, der ihn trotz unklarer Rechtslage entfesselt.[1158]

Im Ergebnis ist deshalb festzuhalten, dass Tarifforderungen, die per Arbeitskampf durchgesetzt werden sollen, sowohl dem Grunde nach als auch hinsichtlich ihrer konkreten Ausgestaltung einer Rechtmäßigkeitskontrolle unterliegen.[1159]

1154 BAG (GS), AP Nr. 43 zu Art. 9 GG Arbeitskampf; BAG, AP Nr. 64, 65, 82, 85, 106 zu Art. 9 GG Arbeitskampf; BAG, NZA 2003, 734, 740.

1155 *Nicolai*, SAE 2004, 240, 245.

1156 *Nicolai*, SAE 2004, 240, 245.

1157 Zu den Folgen eines Grundrechtsverstoßes schon oben, 3. Teil B. III.

1158 BAGE 6, 321, 370; 15, 202, 208 f.; BAG, NZA 2003, 734, 741.

1159 In diesem Zusammenhang wird vorgeschlagen, die Forderungen auf solche Inhalte zu begrenzen, die auch für betriebliche Sozialpläne gelten, vgl. *Suschet*, ZfA 2005, 581, 615. Kritisch aber zu Recht *Rolfs/Clemens*, NZA 2004, 410, 415, da das *BAG* hier Vereinbarungen bis an den Rand der Bestandsgefährung für möglich hält.
Das hier gefundene Ergebnis widerspricht freilich der Entscheidung des *BAG* in diesem Zusammenhang (BAG v. 24.04.2007, 1 AZR 252/06), vgl. Pressemitteilung Nr. 27/07, abrufbar unter http://www.bundesarbeitsgericht.de.

4. Entgegenstehende Systematik der §§ 111 ff. BetrVG?

Speziell bezogen auf den tariflichen Sozialplan stellt sich zudem die grundsätzliche Frage, ob seiner Vereinbarung nicht von vornherein die §§ 111 ff. BetrVG entgegenstehen.

Der tarifliche Sozialplan wird in der Situation einer Betriebsänderung, insbesondere einer Betriebsstilllegung, vereinbart. Grundsätzlich werden der Tatbestand und die Rechtsfolgen dieser Konstellation bereits von den §§ 111 ff. BetrVG geregelt. Diese räumen dem Betriebsrat eine abgestufte Beteiligung ein. So hat der Betriebsrat hinsichtlich der eigentlichen Entscheidung des Arbeitgebers betreffend die Betriebsänderung nach § 111 Abs. 1 S. 1 BetrVG lediglich ein Beratungsrecht. Unabhängig von der evtl. notwendigen Genehmigung eines anderen Gremiums, hat der Arbeitgeber den Betriebsrat daher über die geplante Betriebsänderung zu unterrichten, sobald der Vorstand oder die Geschäftsleitung sich zu einer solchen Maßnahme entschlossen haben.[1160] Hinsichtlich der sozialen Folgen der geplanten Betriebsänderung hat der Betriebsrat nach § 112 Abs. 1 BetrVG jedoch ein weitergehendes erzwingbares Mitbestimmungsrecht; im Streitfall kann die Einigungsstelle angerufen werden (§ 112 Abs. 2 BetrVG).

Durch die Regelung der Betriebsänderung über einen tariflichen Sozialplan soll der Rahmen, den die §§ 111 ff. BetrVG bieten, erweitert werden.[1161] Unterscheiden diese noch streng zwischen einem bloßen Beratungsrecht hinsichtlich der unternehmerischen Entscheidung selbst und einem erzwingbaren Mitbestimmungsrecht für die daraus entstehenden sozialen Folgen, sollen die inhaltlichen Gestaltungsmöglichkeiten durch den Tarifvertrag erweitert und insbesondere unter Arbeitskampfdruck durchgesetzt werden. Letztlich soll so die unternehmerische Entscheidung selbst beeinflusst werden.[1162]

a. Unzulässigkeit des tariflichen Sozialplans aufgrund der §§ 111 ff. BetrVG

Lieb bringt in diesem Zusammenhang vor, dass zwar die Auferlegung von Kompensationszahlungen anlässlich rationalisierungsbedingter ordentlicher Kündigungen durch Tarifvertrag möglich sei, es im Rahmen des tariflichen Sozialplans jedoch um einen anderen Sachverhalt gehe: Nämlich um die Aufrechterhaltung des Arbeitverhältnisses allein zum Zweck der Qualifikation der

---

[1160] Im Einzelnen ErfK-*Kania*, BetrVG, § 111, Rn. 20; *Fitting*, BetrVG, § 111, Rn. 109.

[1161] *Hohenstatt/Schramm*, DB 2004, 2214, 2214; *Lieb*, DB 1999, 2058, 2065; *Zabel*, AiB 1998, 615, 615. Vgl. auch Qualifizieren statt Entlassen, S. 5.

[1162] „Qualifizieren statt entlassen", S. 11; *Zabel*, AiB 1998, 615, 615 f.

Arbeitnehmer.[1163] Dabei handele es sich nicht mehr um eine bloße Modifikation der §§ 111 ff. BetrVG, sondern um eine systemverändernde Maßnahme, die auf die Erzwingbarkeit der Regelung durch den Arbeitskampf abziele. Folglich komme den §§ 111 ff. BetrVG eine Sperrwirkung zu, die der tariflichen Vereinbarungsbefugnis entgegenstehe.[1164]

Zudem dürfe das Mitbestimmungsrecht des Betriebsrates nicht durch tarifliche Regelungen ausgehöhlt werden.[1165] Da der Sozialplan aber durch den Tarifvertrag verdrängt werde, soweit er günstiger sei (§ 4 Abs. 3 TVG), verliere er insoweit seine praktische Wirksamkeit. Es sei aber selbst bei der Mitbestimmung in sozialen Angelegenheiten, deren Erweiterung durch Tarifvertrag das *BAG* zugelassen habe – und hier sei der Tarifvorrang vom Gesetz ausdrücklich normiert (§ 87 Abs. 1 BetrVG) – anerkannt, dass den Tarifvertragsparteien eine umfassende Regelung, die den Kernbereich betriebsverfassungsrechtlicher Zuständigkeit berühre, verwehrt sei.[1166] Der Betriebsrat dürfe nicht funktionslos gestellt werden.[1167]

b. Zulässigkeit des tariflichen Sozialplans trotz der §§ 111 ff. BetrVG

Dagegen wird angeführt, dass es keinen Vorrang der Rechte des BetrVG vor den verfassungsrechtlich garantierten Rechten der Tarifvertragsparteien gebe. Dem stünde Art. 9 Abs. 3 GG entgegen. Dieser enthalte keinen Gesetzesvorbehalt, so dass eine Einschränkung durch ein einfaches Gesetz, hier das BetrVG, nicht möglich sei.[1168]

Zudem komme durch § 77 Abs. 3 BetrVG und § 87 Abs. 1 Es. BetrVG in der Betriebsverfassung selbst zum Ausdruck, dass ihr der Tarifvertrag vorgehe.[1169] Im Rahmen des § 87 Abs. 1 Es. BetrVG sei anerkannt, dass eine tarifvertragliche Regelung ein ansonsten zwingendes Mitbestimmungsrecht des

---

1163 *Lieb*, DB 1999, 2058, 2066.

1164 *Lieb*, DB 1999, 2058, 2066. In diese Richtung auch *Bauer/Krieger*, NZA 2004, 1019, 1023.

1165 *Nicolai*, SAE 2004, 240, 248; *Rolfs/Clemens*, NZA 2004, 410, 415; ähnlich LAG Hamm, NZA-RR 2000, 535, 537 mit Bezug auf Wiedemann-*Oetker*, TVG, 6. A, § 1, Rn. 599.

1166 *Rolfs/Clemens*, NZA 2004, 410, 415; ähnlich LAG Hamm, NZA-RR 2000, 535, 537.

1167 LAG Hamm, NZA-RR 2000, 535, 537; *Meyer*, DB 2005, 830, 833; *Nicolai*, SAE 2004, 240, 249.

1168 ArbG Kiel, AuR 2003, 192, 194; ArbG Frankfurt a. M. v. 15.03.2005, 5 Ca 4542/04 (juris); *Hensche*, AuR 2004, 443, 445; *Kempen/Zachert*, TVG, Grundl., Rn. 111; *Oberberg/Schoof*, AiB 2002, 169, 171, 178.

1169 LAG Schleswig-Holstein, SAE 2004, 227, 234; ArbG Kiel, AuR 2003, 192, 194; ArbG Hameln, AiB 2004, 574, 576 mit zust. Anm. *Zabel*; *Oberberg/Schoof*, AiB 2002, 169, 178; *Löwisch*, DB 2005, 554, 558.

Betriebsrates ersetzen könne, sofern die tarifliche Regelung umfassend und aus sich selbst heraus den Sachverhalt vollständig regele.[1170] Ziel sowohl des § 77 Abs. 3 BetrVG als auch des § 87 Abs. 1 BetrVG sei der Schutz der Gewerkschaften und der Vorrang der Tarif- vor der Betriebsautonomie.[1171]

Dem Vorrang des Tarifvertrages vor der Betriebsverfassung stehe auch § 112 Abs. 1 S. 4 BetrVG nicht entgegen.[1172] Dieser schließt den Tarifvorbehalt des § 77 Abs. 3 BetrVG für den Sozialplan aus. Trotz des Ausschlusses könne hieraus kein Vorrang des Sozialplans vor einer tarifvertraglichen Regelung abgeleitet werden. Zum einen sei dies bereits wegen Art. 9 Abs. 3 GG unzulässig, zum anderen unterstreiche § 112 Abs. 1 S. 4 BetrVG ja gerade, dass der Gesetzgeber Regelungen durch die Tarifvertragsparteien im Bereich der §§ 111 ff. BetrVG nicht ausschließen wolle.[1173] Vielmehr werde das Vorhandensein von Tarifverträgen unterstellt, den Betriebspartnern aber die Möglichkeit gegeben, diese zu modifizieren, ohne gegen die Sperre des § 77 Abs. 3 BetrVG zu verstoßen.[1174] Der Gesetzgeber habe mit § 112 Abs. 1 S. 4 BetrVG lediglich den Tarifvorbehalt für Sozialpläne aufheben wollen, nicht aber tarifliche Regelungen für die „Folgenbeseitigung" von Betriebsänderungen ausgeschlossen.[1175] Zudem verfolgten auch die §§ 111, 112 BetrVG das Ziel, die Entscheidung des Unternehmers zu beeinflussen. Der Betriebsrat solle die Möglichkeit erhalten, auf den Arbeitgeber einzuwirken, bevor dieser vollendete Tatsachen schaffe.[1176] Die Höhe der Sozialplankosten solle den Unternehmer zu einer Abwägung veranlassen, ob er die Betriebsänderung wie von ihm geplant durchführt oder wegen der mit ihr verbundenen Kosten seine Planung ändert.[1177]

[1170] *Oberberg/Schoof*, AiB 2002, 169, 178 mit Bezug auf BAG (GS), AP Nr. 52 zu § 87 BetrVG 1972 Lohngestaltung.

[1171] *Oberberg/Schoof*, AiB 2002, 169, 178.

[1172] *Oberberg/Schoof*, AiB 2002, 169, 178 f.

[1173] LAG Schleswig-Holstein, SAE 2004, 227, 234; ArbG Frankfurt a. M. v. 15.03.2005, 5 Ca 4542/04 (juris); *Bauer/Krieger*, NZA 2004, 1019, 1022; *Fischinger*, NZA 2007, 310, 311; *Kühling/Bertelsmann*, NZA 2005, 1017, 1020; *Oberberg/Schoof*, AiB 2002, 169, 179; *Suschet*, ZfA 2005, 581, 612; *Wolter*, RdA 2002, 218, 226.

[1174] *Oberberg/Schoof*, AiB 2002, 169, 179.

[1175] LAG Schleswig-Holstein, SAE 2004, 227, 234; *Hohenstatt/Schramm*, DB 2004, 2214, 2218.

[1176] *Oberberg/Schoof*, AiB 2002, 169, 179 mit Bezug auf BAG, AP Nr. 11 zu § 113 BetrVG 1972.

[1177] *Oberberg/Schoof*, AiB 2002, 169, 179 mit Bezug auf BAG, AP Nr. 15 zu § 112 BetrVG 1972.

Lediglich der Mindeststandard, den die §§ 111 ff. BetrVG gewährten, dürfe nicht durch Tarifvertrag unterschritten werden.[1178] Darum gehe es aber bei den genannten Regelungen nicht. Vielmehr zeichneten sich diese gegenüber dem Interessenausgleich dadurch aus, dass sie erzwingbar seien. Gegenüber dem Sozialplan zeichneten sie sich dadurch aus, dass sie inhaltlich weiter gingen. § 112 Abs. 1 S. 4 BetrVG bewirke als enge Ausnahmevorschrift zu § 77 Abs. 3 GG nichts anderes; im Verhältnis von tariflicher zu betrieblicher Regelung gelte vielmehr das Günstigkeitsprinzip.[1179]
Das *LAG Niedersachsen* beruft sich für die Zulässigkeit der Erweiterung der Rechte aus §§ 111 ff. BetrVG auf die Rechtsprechung des *BAG*. Dieses habe entschieden, dass die Beteiligungsrechte des Betriebsrates erweitert werden könnten.[1180] Zur Begründung habe das *BAG* darauf verwiesen, dass die Regelungen über die Mitwirkung des Betriebsrates Arbeitnehmerschutzbedingungen und daher einseitig zwingender Natur seien. Somit seien Regelungen im Bereich der Mitbestimmung des Betriebsrates durch Tarifvertrag nicht ausgeschlossen.[1181]
Selbst wenn ein eventuell notwendig werdender Sozialplan aufgrund der tariflichen Festlegungen leer laufe, stehe dies einer tariflichen Regelung nicht entgegen. Dies lasse außer Betracht, dass § 1 Abs. 1 TVG die Regelung betriebsverfassungsrechtlicher Fragen ausdrücklich zulasse.[1182] Letztlich stelle der tarifliche Sozialplan den Betriebsrat auch nicht funktionslos; vielmehr ergänze er dessen Arbeit.[1183]

c. Würdigung

Dies ist freilich ein bloß ideologisch geprägter Einwand und hilft vorliegend nicht weiter. Auch der Hinweis der Instanzrechtsprechung auf § 1 Abs. 1 TVG bringt die Streitentscheidung nicht voran. Für das Verhältnis von Betriebsvereinbarung und Tarifvertrag lässt sich die Norm nicht fruchtbar machen. Sie gibt lediglich vor, dass betriebsverfassungsrechtliche Fragen in einem Tarifvertrag geregelt werden können, nicht aber in welchem Umfang.

1178 LAG Schleswig-Holstein, SAE 2004, 227, 234; *Zachert*, DB 2001, 1198, 1202.

1179 *Zachert*, DB 2001, 1198, 1202. Insoweit auch BAG, AP Nr. 2 zu § 112 BetrVG 1972; DKK-*Däubler*, BetrVG, §§ 112, 112a, Rn. 54; *Rolfs/Clemens*, NZA 2004, 410, 415.

1180 LAG Niedersachsen, SAE 2004, 235, 238; ArbG Frankfurt a. M. v. 15.03.2005, 5 Ca 4542/04 (juris).

1181 LAG Niedersachsen, SAE 2004, 235, 238; ArbG Frankfurt a. M. v. 15.03.2005, 5 Ca 4542/04 (juris) mit Bezug auf BAG, SAE 1988, 97 ff. und BAG, SAE 1991, 352 ff.

1182 ArbG Kiel, AuR 2003, 192, 193; ArbG Hameln, AiB 2004, 574, 576; ArbG Frankfurt a. M. v. 15.03.2005, 5 Ca 4542/04 (juris).

1183 *Wolter*, RdA 2002, 218, 226.

Zudem handelt es sich bei den Regelungen eines tariflichen Sozialplans vorwiegend auch nicht um betriebsverfassungsrechtliche Fragen.[1184]

Über die bereits dargestellte Argumentation hinaus begründet das *LAG Schleswig-Holstein* die Zulässigkeit des tariflichen Sozialplans trotz der §§ 111 ff. BetrVG damit, dass an anderer Stelle darauf hingewiesen worden sei,[1185] dass dem Arbeitgeber im Falle eines branchenbezogenen Rationalisierungsschutzabkommens ein angemessener Entscheidungsspielraum verbleibe.[1186] Solche branchenbezogenen Rationalisierungsschutzabkommen würden allgemein für zulässig erachtet.[1187] Auch hier habe der Arbeitgeber neben den Mitbestimmungsrechten des Betriebsrates die tariflichen Regelungen zu beachten, so dass nicht einzusehen sei, warum für einen Firmentarifvertrag etwas anders gelten sollte.[1188] Tatsächlich enthalten branchenbezogene Rationalisierungsschutzabkommen – entsprechend ihrer Regelung in einem Verbandstarifvertrag – aber nur generelle Regelungen, während der tarifliche Sozialplan die konkrete Betriebsänderung betrifft.[1189] Aus diesem Grund ist sehr wohl einzusehen, dass für den Firmentarifvertrag etwas anders gelten kann. Hier werden nicht nur einzelne Vorgaben gemacht, der Tarifvertrag ersetzt u. U. sogar den Sozialplan.[1190] Zudem sind die Situationen, die dem Rationalisierungstarifvertrag und dem tariflichen Sozialplan zugrunde liegen, nicht vergleichbar: Der tarifliche Sozialplan wird vor dem Hintergrund der Betriebsänderung in Form der Betriebsschließung angestrebt – dagegen kann die Rationalisierung zwar eine Betriebsänderung sein, ein zwingender Schluss ist dies aber nicht.[1191]

Dagegen lässt sich das BetrVG selbst sehr wohl für die Zulässigkeit des tariflichen Sozialplans trotz der §§ 111 ff. BetrVG fruchtbar machen. Neben der zutreffenden Argumentation im Hinblick auf § 77 Abs. 3 und § 87 Abs. 1 Es. BetrVG, wird zu Recht auf die Rechtsprechung des *BAG* zur Erweiterung der Beteiligungsrechte des Betriebsrates hingewiesen. Zwar hat das *BAG* nur die

---

[1184] Dazu sogleich, 3. Teil C. II.

[1185] LAG Hamm, NZA-RR 2000, 535, 537.

[1186] LAG Schleswig-Holstein, SAE 2004, 227, 234.

[1187] LAG Schleswig-Holstein, SAE 2004, 227, 234; ArbG Frankfurt a. M. v. 15.03.2005, 5 Ca 4542/04 (juris); *Hohenstatt/Schramm*, DB 2004, 2214, 2218 m.w.N.

[1188] LAG Schleswig-Holstein, SAE 2004, 227, 234, die Argumentation bezog sich zwar auf den firmenbezogenen Verbandstarifvertrag, für den Firmentarifvertrag gilt sie jedoch entsprechend.

[1189] *Hohenstatt/Schramm*, DB 2004, 2214, 2218.

[1190] *Nicolai*, SAE 2004, 240, 249.

[1191] Die Argumentation des ArbG Frankfurt a. M. v. 15.03.2005, 5 Ca 4542/04 (juris) entfällt damit.

Erweiterung und Verstärkung der Beteiligungsrechte des Betriebsrates zugelassen.[1192] Es ist insofern richtig, dass durch einen tariflichen Sozialplan die Beteiligungsrechte des Betriebsrates eingeschränkt würden, was vordergründig gegen sein Zulässigkeit spricht,[1193] das *BAG* hat aber grundsätzlich entschieden, dass es sich bei den Mitbestimmungsrechten des BetrVG um einseitig zwingenden Bestimmungen handelt, so dass eine für die Arbeitnehmer günstigere Regelung zulässig ist.[1194] Die Bestimmungen des tariflichen Sozialplans können für die Arbeitnehmer selbst aber günstiger sein, als die in einem Sozialplan herbeigeführten.[1195] Es ist deshalb nicht ersichtlich, warum den §§ 111 ff. BetrVG eine Sperrwirkung zukommen soll, den §§ 87 bzw. 99 ff. BetrVG aber nicht.[1196]

Zuletzt verbleibt noch der entscheidende Griff in die „Wundertüte“[1197] des Art. 9 Abs. 3 GG. Soweit in diesem Zusammenhang für die Zulässigkeit des tariflichen Sozialplans eingewendet wird, das Grundrecht aus Art. 9 Abs. 3 GG sei vorbehaltlos gewährleistet und könne deshalb von vornherein nicht durch ein einfaches Gesetz eingeschränkt werden,[1198] ist dies verfehlt. Bereits oben wurde eingehend geschildert, dass von einer Unterteilung des Art. 9 Abs. 3 GG in einen Ausgestaltungs- und einen Eingriffsbereich auszugehen ist.[1199] Eine Ausgestaltung wie auch ein Eingriff kann selbstverständlich durch ein Gesetz geschehen. Es stellt sich dann lediglich die Frage der Zulässigkeit der Ausgestaltung bzw. der Rechtfertigung des Eingriffs. Das BetrVG greift jedoch nicht unverhältnismäßig in die Tarifautonomie ein, sichert dieser u. a. mit den §§ 77 Abs. 3 und 87 Abs. 1 Es. BetrVG sogar einen eigenständigen Regelungsbereich, so dass eine Ausgestaltung rechtmäßig und ein Eingriff gerechtfertigt wäre.[1200]

Die grundsätzliche Zulässigkeit des tariflichen Sozialplans ergibt sich nichtsdestotrotz vor dem Hintergrund des Art. 9 Abs. 3 S. 1 GG. Soweit es um Regelungen geht, die üblicherweise Inhalt eines tariflichen Sozialplans sind, ha-

---

1192 BAG, SAE 1991, 35, 354.

1193 So richtig *Nicolai*, SAE 2004, 240, 249.

1194 Vgl. BAG, SAE 1988, 97 ff.; BAG, SAE 1991, 352 ff. Im Einzelnen noch unten, 3. Teil C. II. 5. a. aa.

1195 Bedenken hierzu bei *Nicolai*, RdA 2006, 33, 35 f.

1196 So auch *Franzen*, ZfA 2005, 315, 332.

1197 *Zöllner*, RdA 1969, 250, 254.

1198 ArbG Kiel, AuR 2003, 192, 194; *Kempen/Zachert*, TVG, Grundl., Rn. 111; *Oberberg/Schoof*, AiB 2002, 169, 171, 178.

1199 Vgl. dazu oben, 2. Teil A. II. 3. c. aa. (1).

1200 Gegen eine Einordnung als Ausgestaltungsgesetz zu Recht LAG Schleswig-Holstein, SAE 2004, 227, 234; *Zabel*, AiB 2004, 638, 638.

ben die Tarifvertragsparteien nämlich grundsätzlich eine dahingehende Regelungskompetenz.[1201] Hierfür lässt sich nicht zuletzt die oben dargestellte Argumentation im Hinblick auf § 112 Abs. 1 S. 4 anführen.[1202] Der Schutzbereich der aus Art. 9 Abs. 3 S. 1 GG resultierenden Tarifautonomie ist eröffnet. Würde den Tarifvertragsparteien eine dem Sozialplan entsprechende Regelung versagt, würde dieser Schutzbereich verletzt. Zur Rechtfertigung ist die Betriebsautonomie nicht geeignet – diese ist verfassungsrechtlich nicht geschützt.[1203] Eine grundsätzliche Einschränkung lässt sich auch nicht aus Art. 12 Abs. 1 GG herleiten. Zwar geben die §§ 111 ff. BetrVG vor, inwieweit der Gesetzgeber einen Eingriff in die von Art. 12 Abs. 1 GG geschützte unternehmerische Entscheidungsfreiheit für zulässig hielt;[1204] dies sagt aber nichts darüber, ob ein Eingriff in gleichem Rahmen nicht auch durch die Tarifvertragsparteien geschehen kann.[1205] Zudem muss die Systematik der §§ 111 ff. BetrVG keine abschließende sein; genauso könnte davon ausgegangen werden, dass der Gesetzgeber nur ein Modell zur Verfügung stellen wollte, das gelten soll, wenn sich die Koalitionen nicht auf ein anderes einigen können.[1206]

Gegen die Zulässigkeit des tariflichen Sozialplans trotz der §§ 111 ff. BetrVG spricht auch nicht, dass die Betriebsparteien nicht auf ihre Regelungsbefugnisse verzichten können.[1207] Dies ist zwar grundsätzlich richtig,[1208] doch handelt es sich hier nicht um einen Verzicht. Den Betriebsparteien bleibt eine eigene Regelung unbenommen. Diese gilt dann sogar für alle Arbeitnehmer, während die Tarifpartner nur eine Regelung ihre Mitglieder betreffend vereinbaren können.[1209] Aus diesem Grund werden die Betriebspartner auch

---

[1201] Wiedemann-*Wiedemann*, TVG, Einl. Rn. 449. Im Einzelnen sogleich, 3. Teil C. II.

[1202] Bedenken aber bei *Nicolai*, RdA 2006, 33, 35.

[1203] *Beuthien*, ZfA 1983, 141, 164; *Biedenkopf*, Grenzen der Tarifautonomie, S. 294, 296; *Gamillscheg*, Kollektives Arbeitsrecht Bd. I, S. 238; Wiedemann-*Wank*, TVG, § 4, Rn. 547; *Witt*, Firmentarifvertrag, S. 151 ff. Vgl. aber auch die Bedenken bei *Nicolai*, RdA 2006, 33, 36.

[1204] Vgl. *v. Hoyningen-Huene*, Anm. zu BAG, AP Nr. 23 zu § 77 BetrVG 1972 Tarifvorbehalt; *Loritz*, ZfA 1991, 1, 12; in diese Richtung auch *Auffarth*, RdA 1976, 2, 3.

[1205] Dies sagt freilich nichts über die Zulässigkeit der Bestimmungen eines tariflichen Sozialplans im Einzelfall aus!

[1206] *Meier-Krenz*, DB 1988, 2149, 2150 f.

[1207] So aber *Nicolai*, SAE 2004, 240, 249.

[1208] BAG, NZA 1993, 229, 230 f.

[1209] Insoweit davon ausgehend, dass es sich bei den regelmäßigen Inhalten eines Sozialplans nicht um betriebliche oder betriebsverfassungsrechtliche Normen handelt, die für alle Arbeitnehmer gelten. Dies zeigt sich sogleich, 3. Teil C. II. 4. a. cc., dd.

nicht funktionslos gestellt.[1210] Der Hinweis darauf, dass der Gesetzgeber in Ausübung seines Regelungsauftrages in § 1 Abs. 1 TVG festgelegt habe, welche Arbeits- und Wirtschaftsbedingungen tariflich regelbar seien, steht diesem Ergebnis nicht entgegen.[1211] Allein entscheidend ist, ob die Tarifvertragsparteien eine Regelungskompetenz gem. Art. 9 Abs. 3 GG haben; auf § 1 Abs. 1 TVG kommt es hier noch nicht an. Denn selbst wenn eine Regelung wegen mangelnder Subsumtionsfähigkeit unter § 1 Abs. 1 TVG ausgeschlossen wäre, bliebe immer noch die Variante einer schuldrechtlichen Vereinbarung, die den Arbeitnehmern einen Anspruch einräumt. Die Regelungskompetenz i.S.d. Art. 9 Abs. 3 S. 1 GG ist zumindest für den Großteil der Inhalte eines Sozialplans gegeben.[1212] Und selbst wenn man auf § 1 Abs. 1 TVG abstellen wollte – auch diese Norm steht der Regelungsmöglichkeit für die meisten Sozialplaninhalte nicht entgegen.[1213] Letztlich ist zu bedenken, dass eine allgemeine Sperrwirkung der §§ 111 ff. BetrVG in betriebsratslosen Betrieben dazu führte, dass die dort beschäftigten Arbeitnehmer überhaupt keinen kollektivrechtlichen Schutz erlangen könnten.[1214]

Doch kann aus der Möglichkeit, neben dem Sozialplan einen Tarifvertrag gleichen oder günstigeren Inhalts zu vereinbaren, nicht geschlossen werden, dass eine systemsprengende Modifikation der §§ 111 ff. BetrVG zulässig wäre, geschweige denn, dass die Tarifvertragsparteien die Regelungsbefugnis vollständig verdrängen dürften.[1215] So geht es bei Qualifizierungsmaßnahmen zur Aufrechterhaltung des Arbeitsverhältnisses nämlich gar nicht um Regelungsinhalte, wie sie für Sozialpläne typisch sind. Diese sollen nur die sozialen Folgen der Betriebsänderung abmildern. Zwar verfolgen auch die meisten Regelungen eines tariflichen Sozialplans dieses Ziel, durch die Vereinbarung von Qualifizierungsmaßnahmen über den Bestand des Arbeitsverhältnisses

---

1210 So auch *Franzen*, ZfA 2005, 315, 334 und *Suschet*, ZfA 2005, 581, 613. Bedenken hierzu aber bei LAG Hamm, NZA-RR 2000, 535, 537; *Nicolai*, SAE 2004, 240, 249; *dies.*, RdA 2006, 33, 34.
Franzen, ZfA 2005, 315, 334 weist außerdem darauf hin, dass der Betriebsrat weiter das Beratungsrecht aus § 111 BetrVG habe. Zudem gelte zwischen Tarifvertrag und Sozialplan das Günstigkeitsprinzip, so dass den Betriebspartnern, wenn sie einen Sozialplan vereinbarten, der die Leistungen des tarflichen Sozialplans noch übertreffe, sehr wohl Regelungsspielräume verblieben. Freilich ist dies eine eher theoretische Situation. Jedenfalls der Betriebsrat muss nämlich die Grenze der Belastbarkeit des Unternehmens gem. § 112 Abs. 5 BetrVG beachten, vgl. *Franzen*, ZfA 2005, 315, 334.

1211 So aber *Nicolai*, SAE 2004, 240, 250.

1212 Dazu im Einzelnen sogleich, 3. Teil C. II.

1213 Dazu im Einzelnen sogleich, 3. Teil C. II., beachte aber auch 3. Teil C. II. 4. a.

1214 Richtig *Löwisch*, DB 2005, 554, 558.

1215 So auch *Nicolai*, SAE 2004, 240, 249.

hinaus begründen sie aber ein inhaltlich neues Arbeitsverhältnis[1216] und sprengen so den Rahmen der §§ 111 ff. BetrVG. Ob diese Regelungen aber zulässig sind, entscheidet sich nicht anhand der §§ 111 f. BetrVG, sondern anhand einer Überprüfung der konkreten Normen.

d. Ergebnis

Eine tarifvertragliche Regelung, die eigentlich Inhalt eines Sozialplans bzw. eines Interessenausgleichs wäre, scheitert damit nicht am BetrVG selbst.[1217] Freilich gilt dieses Ergebnis nur insoweit, als eine Regelung getroffen wird, die der des Sozialplans entspricht. Existiert kein Betriebsrat und kann das Verfahren gem. §§ 111 ff. BetrVG nicht in Gang gesetzt werden, ergeben sich ohnehin keine Kollisionsprobleme mit einem (zu vereinbarenden) Sozialplan. Das gleiche gilt, wenn der Betriebsrat pflichtwidrig darauf verzichtet, einen Sozialplan zu vereinbaren.[1218] Etwas anderes könnte sich aber dann ergeben, wenn die Tarifvertragsparteien eine Regelung treffen, die über die Vorgaben der §§ 111 ff. BetrVG hinausgeht. Konkret sind damit die bereits erwähnten Qualifizierungsmaßnahmen zur Aufrechterhaltung des Arbeitverhältnisses gemeint. Hierin liegt eine Durchbrechung der Systematik der §§ 111 ff. BetrVG. Qualifizierungsmaßnahmen dieser Art sind nicht regelmäßiger Inhalt eines Sozialplans. Die Frage nach der Zulässigkeit solcher Qualifizierungsmaßnahmen ist aber nicht die der Vereinbarkeit mit den §§ 111 ff. BetrVG, sondern vielmehr die nach einem Verstoß gegen Art. 12 Abs. 1 GG. Nichtsdestotrotz kann den §§ 111 ff. BetrVG gewissermaßen eine Indizwirkung hinsichtlich eines Verstoßes gegen Art. 12 Abs. 1 GG zugemessen werden.[1219] Dies ergibt sich insbesondere vor dem ebenfalls bereits erwähnten Hintergrund, dass der Gesetzgeber die §§ 111 ff. BetrVG als eine Regelung geschaffen hat, die vorgibt, inwieweit in den Art. 12 Abs. 1 GG eingegriffen werden darf.[1220] Denn durch die §§ 111 ff. BetrVG wird ein Zugriff auf die unternehmerische Entscheidung selbst verhindert.[1221] Dementsprechend bleibt die

---

1216 So auch *Lelley*, EWiR 2003, 1035, 1036; *Lieb*, DB 1999, 2058, 2066; *Nicolai*, SAE 2004, 240, 247.

1217 So auch die Entscheidung des *BAG* in diesem Zusammenhang: BAG v. 24.04.2007, 1 AZR 252/06 und BAG v. 06.12.2006, 4 AZR 798/05 beide bisher n.v.

1218 Regelmäßig läuft die Taktik der Gewerkschaft sogar darauf hinaus, dass der Betriebsrat auf seine Befugnisse verzichtet, vgl. *Nicolai*, SAE 2004, 240, 240 f.

1219 In diese Richtung auch *Hohenstatt/Schramm*, DB 2004, 2214, 2216; *Löwisch*, DB 2005, 554, 558; *Suschet*, ZfA 2005, 581, 614. Bedenken aber bei *Franzen*, ZfA 2005, 215, 336.

1220 Vgl. dazu *Fitting*, BetrVG, § 111, Rn. 4, 5; *v. Hoyningen-Huene*, Anm. zu BAG, AP Nr. 23 zu § 77 BetrVG 1972 Tarifvorbehalt.

1221 *Fitting*, BetrVG, § 111, Rn. 5.

konkrete Zulässigkeit solcher Qualifizierungsmaßnahmen einer gesonderten Prüfung vorbehalten.[1222]

5. Die Unzulässigkeit des Standortsicherungstarifvertrages

Bereits in der Einleitung wurde der tarifliche Sozialplan vom Standortsicherungstarifvertrag abgegrenzt.[1223] Dieser formuliert den Standorterhalt und damit den Ausschluss der Betriebsstilllegung als konkrete Vereinbarung.
Bewusst wird hier von einer Vereinbarung gesprochen – eine normative Regelung scheitert schon daran, dass eine Einordnung unter die Systematik des § 1 Abs. 1 TVG nicht möglich ist.[1224] Dazu fehlt es bereits an dem notwendigen Bezug zum einzelnen Arbeitsverhältnis. Auch eine betriebliche oder betriebsverfassungsrechtliche Norm scheidet aus, da diese den einzelnen Arbeitnehmer als Mitglied der Belegschaft betreffen.[1225] Stattdessen geht es um eine Zusicherung des Arbeitgebers in seiner Funktion als Unternehmer; hierfür ist der schuldrechtliche Teil des Tarifvertrages der natürliche Anknüpfungspunkt.[1226]
Den Nutzen einer solchen Vereinbarung unberücksichtigt lassend,[1227] läge darin jedenfalls ein Eingriff in den Wesensgehalt des Art. 12 Abs. 1 GG, der durch die Koalitionsfreiheit der Gewerkschaft nicht gerechtfertigt werden kann.[1228] Bei der Entscheidung, ob ein Betrieb geschlossen wird, handelt es sich um eine dem Kernbereich der unternehmerischen Entscheidungsfreiheit zuzuordnende Frage.[1229] Bei einer Vereinbarung, die eine Betriebsschließung verhindert, würde es sich nach den oben dargestellten Grundsätzen um eine Berufswahlregelung handeln:[1230] Diese betrifft das „Ob" der beruflichen Tätigkeit, insbesondere deren Beendigung.[1231] Unabhängig davon, ob man eine subjektive oder eine objektive Zulassungsvoraussetzung annehmen will, wäre

---

1222 Dazu unten, 3. Teil C. II. 4. b.

1223 S. oben, 1. Teil A. II. 4.

1224 *Rieble*, ZfA 2004, 1, 21 f.

1225 *Däubler*, Tarifvertragsrecht, Rn. 170.

1226 Von einer schuldrechtlichen Vereinbarung gehen auch *Franzen*, ZfA 2005, 315, 329 und *Hanau/Thüsing*, ZTR 2001, 49, 53 aus.

1227 Vgl. dazu nur *Rieble*, ZfA 2004, 1, 21: „Am Ende jeder Argumentation steht der Insolvenzverwalter."

1228 LAG Hamm, NZA-RR 2000, 535, 537; *Bauer/Krieger*, NZA 2004, 1019, 1022; *Fischinger*, NZA 2007, 310, 311; *Franzen*, ZfA 2005, 315, 329 f.; *Gamillscheg*, Kollektives Arbeitsrecht Bd. I, S. 345; *Nicolai*, SAE 2004, 240, 241; *Papier*, RdA 1989, 137, 139; *Rieble*, ZfA 2004, 1, 22; *Rolfs/Clemens*, DB 2003, 1678, 1680.

1229 S. schon oben, 3. Teil B. II. 1.

1230 A. A. wohl *Hensche*, AuR 2004, 443, 449.

1231 Sachs-*Tettinger*, GG, Art. 12, Rn. 57 m.w.N. in Fn. 242.

der Eingriff nicht gerechtfertigt. Wichtige Gemeinschaftsgüter, die der Freiheit des Einzelnen vorgehen, sind nicht ersichtlich. Insbesondere ergibt sich eine Rechtfertigung nicht aus der Tarifautonomie. Bei einer Vereinbarung, die eine Betriebsschließung ausschließt, handelt es sich um eine reine Wirtschaftsbedingung, so dass der Schutzbereich des Art. 9 Abs. 3 S. 1 GG nicht eröffnet ist.[1232]

Dem steht nicht entgegen, dass das *BAG* eine tarifvertragliche Regelung zugelassen hat, wenn die rechtlichen, sozialen oder wirtschaftlichen Belange der Arbeitnehmer in ihrer Eigenschaft als abhängig Beschäftigte berührt werden.[1233] Das *BAG* wollte hiermit eine Steuerung der unternehmerischen Entscheidung über ihr „Wie" ermöglichen; eine Beteiligung der Tarifvertragsparteien an dem „Ob" der Entscheidung war damit nicht verbunden. Kommt eine Rechtfertigung damit nicht über die Koalitionsfreiheit in Betracht, ergibt sie sich auch sonst nicht. Dass der allgemeine Grundrechtsschutz aus Art. 9 Abs. 1, 2 GG sowie Art. 2 Abs. 1 GG vorliegend kein wichtiges Gemeinschaftsgut begründet, dürfte auf der Hand liegen.

Auch die Möglichkeit einer Einwilligung in den Grundrechtseingriff scheidet nach den oben dargestellten Grundsätzen[1234] aus. Die Betriebsschließung ist dem Wesensgehalt der unternehmerischen Entscheidungsfreiheit zuzuordnen; hierauf kann der Grundrechtsinhaber nicht wirksam verzichten. Anders ver-

---

1232 *Wiedemann*, RdA 1986, 231, 237; Wiedemann-Thüsing, TVG, § 1, Rn. 707; a. A. *Däubler*, Tarifvertragsrecht, Rn. 1114; *Hensche*, AuR 2004, 443, 448. Wohl auch *Hohenstatt/Schramm*, DB 2005, 2214, 2215, die jedoch die Trennung zwischen dem „Ob" und dem „Wie" einer unternehmerischen Entscheidung mißverstehen. Bezug nehmend auf die Rechtsprechung des *BAG* gehen sie davon aus, dass den Tarifvertragsparteien dann eine Regelungskompetenz zukomme, wenn sich die wirtschaftliche und die soziale Seite einer unternehmerischen Maßnahme nicht voneinander trennen ließen. Dies sei bei der Entscheidung zur Unternehmensverlagerung der Fall. Dem ist zwar grundsätzlich zuzustimmen, doch meint das *BAG* nicht, dass nunmehr auf die unternehmerische Entscheidung selbst Zugriff genommen werden dürfte, vielmehr wird nur eine Steuerung der unternehmerischen Entscheidung über das „Wie" der Maßnahme möglich. Das „Ob" der unternehmerischen Maßnahme bleibt der Regelung durch die Tarifvertragsparteien verschlossen.
A. A. auch *Kühling/Bertelsmann*, NZA 2005, 1017, 1023, 1026, die einen solchen Tarifvertrag für zulässig halten, einen Arbeitskampf aber nur gegen größere Unternehmen zulassen wollen. Für diese gehen *Kühling/Bertelsmann* von einem geringeren Schutzbedürfnis aus, als für ein Unternehmen, dass einem Einzelunternehmer gehöre oder sich im Familienbesitz befinde. Dass dies nicht sein kann, zeigt sich schon daran, dass Art. 12 Abs. 1 GG über Art. 19 Abs. 3 GG auch juristischen Personen offen steht und diese selbstverständlich in gleichem Maße schützt. Ein Grundrechtsschutz zweiter Klasse existiert nicht.

1233 So aber *Hensche*, AuR 2004, 443, 448 mit Bezug auf BAG, DB 1991, 181, 183.

1234 Vgl. grundsätzlich oben, 3. Teil B. IV.

hält es sich nur für solche freiwillige Verpflichtungen, die die Stillegung für eine begrenzte Zeit hinausschieben.[1235] Der Unternehmer begäbe sich seines Grundrechts damit nicht vollends – ein Verzicht auf sein Grundrecht ist in diesem Rahmen möglich. Für die arbeitskampfrechtliche Ebene bedeutet dies, dass der Ausschluss der Betriebsstilllegung nicht erzwungen werden kann.[1236] Dogmatisch ergibt sich dies daraus, dass die Freiwilligkeit als notwendige Voraussetzung eines Grundrechtsverzichts durch den Arbeitskampf entfällt. Soweit der Arbeitskampf um einen Standortsicherungstarifvertrag dennoch für zulässig gehalten wird, greifen die vorgebrachten Argumente nicht durch. Bei dem Einwand, dass durch eine „Überbetonung" der Unternehmensautonomie die Arbeitgeber in einem auf diese Weise ausgeweiteten Bereich, in dem tarifliche Regelungen zwar vereinbart, aber nicht erstreikt werden könnten, ihre Vorstellungen mit Drohungen – als Beispiele werden die Rücknahme von Investitionen, Entlassungen oder Stilllegungen genannt – durchsetzen könnten, während die Arbeitnehmer gezwungen seien, sich auf kollektives Betteln zu beschränken,[1237] handelt es sich lediglich um eine tarifpolitische Äußerung, die im Rahmen der Abwägung der Grundrechte kein anderes Ergebnis bedingt. Auch wird das Machtgefälle zwischen Arbeitgeber und Arbeitnehmer keineswegs ignoriert;[1238] es findet nur seine Grenze in den Grundrechten des Arbeitgebers. Die Betriebsstilllegung dem Arbeitskampf preiszugeben, hieße, den Kern der unternehmerischen Entscheidungsfreiheit aufzugeben, auf die der Arbeitgeber selbst nur in beschränktem Maße verzichten darf.

6. Notwendigkeit zur Beachtung der Gesamtumstände?

Im Zusammenhang mit dem Standortsicherungstarifvertrag stellt sich sogleich eine für die nachfolgende Prüfung entscheidende Frage: Verfolgt der tarifliche Sozialplan mittelbar das Ziel, den Standort zu erhalten und haben die Tarifvertragsparteien für das konkret formulierte Ziel keine Regelungskompe-

---

1235 Für die Zulässigkeit ohne Zeitbegrenzung *Franzen*, ZfA 2005, 315, 329 f. Wiedemann-*Thüsing*, TVG, § 1, Rn. 710 hält desgleichen einen solchen freiwilligen Firmentarifvertrag für zulässig, versieht ihn jedoch mit einem außerordentlichen Kündigungsrecht für den Fall einer unangemessenen Bindung. *Gamillscheg*, Kollektives Arbeitsrecht Bd. I, S. 345 spricht sich weitergehend auch für die Wirksamkeit solcher Vereinbarungen aus, die die Betriebschließung auf Teile des Unternehmens beschränken.

1236 H. M.: LAG Hamm, NZA-RR 2000, 535, 537; *Buchner*, DB 2001, Beilage 9 zu Heft 48, 1, 9; *Gamillscheg*, Kollektives Arbeitsrecht Bd. I, S. 345; *Hanau/Thüsing*, ZTR 2001, 49, 52; *Nicolai*, SAE 2004, 240, 241; *Rolfs/Clemens*, DB 2003, 1678, 1678; *Wolter*, RdA 2002, 218, 222. A. A. allein *Oberberg/Schoof*, AiB 2002, 169, 174.

1237 *Oberberg/Schoof*, AiB 2002, 169, 173.

1238 *Oberberg/Schoof*, AiB 2002, 169, 173.

tenz, darf dann für die Prüfung der Zulässigkeit des tariflichen Sozialplans trotzdem nur auf die konkreten Regelungen – ggf. sogar unabhängig voneinander – abgestellt werden, oder sind auch die weiteren Gesamtumstände zu berücksichtigen? Wären sie zu berücksichtigen, hätte dies enorme Auswirkungen. Während eine konkrete Tarifforderung das Ziel des Standorterhalts nämlich nur in Extremfällen formuliert, lässt sich bei Forderungen, die vordergründig allein die sozialen Folgen einer unternehmerischen Entscheidung abzumildern versuchen, erst durch die Berücksichtigung der Gesamtumstände[1239] erkennen, dass sie eigentlich darauf abzielen, die unternehmerische Unterscheidung selbst zu verhindern.[1240] Hieraus könnte dann ggf. ihre Unwirksamkeit abgeleitet werden.

Und tatsächlich darf die hinter einer Forderung stehende Motivation bei der Zulässigkeitsprüfung nicht außen vor bleiben.[1241] Indem die Instanzrechtsprechung teilweise die entsprechenden Gesamtumstände unberücksichtigt lässt,[1242] zieht sie sich sinnbildlich selbst Scheuklappen auf, um so die Wirksamkeit der Regelungen eines tariflichen Sozialplans sicherzustellen. Ob dies durch die Scheu vor einer Tarifzensur oder vor den tarifpolitischen Auswirkungen einer anderweitigen Entscheidung begründet ist, sei dahingestellt. Zur Begründung wird in diesem Zusammenhang vorgebracht, den Gewerkschaften komme auch eine gesellschafts- und/oder sozial-politische Aufgabe zu. Hierauf könne sich die Gewerkschaft berufen, fordere sie parallel zu laufenden Tarifverhandlungen den Erhalt des Standortes.[1243] Richtigerweise sei bei der Beurteilung, ob ein rechtmäßiger Arbeitskampf, mithin ein Arbeitskampf um tariflich regelbare Ziele, vorliege, allein auf den Streikaufruf abzustellen.[1244]

[1239] Herangezogen werden könnten Aufforderungsschreiben, Flugblätter, Mitgliedsinformationen, Presseerklärungen, Streikzeitungen , -aufrufe und -beschlüsse, Aufruf zur Urabstimmung usw.

[1240] Vgl. die Konstellationen des LAG Hamm, NZA-RR 2000, 535, 537; LAG Schleswig-Holstein, SAE 2004, 2297, 229 f.; LAG Niedersachsen, SAE 2004, 235 ff.; ArbG Kiel, AuR 2003, 192, 192 vollständige Sachverhaltswiedergabe unter juris zu erhalten, beachte hier insbesondere Rn. 18.

[1241] LAG Hamm, NZA-RR 2000, 535, 537; *Lelley*, EWiR 2003, 1035, 1036; *Nicolai*, SAE 2004, 240, 241 f.

[1242] LAG Schleswig-Holstein, SAE 2004, 227, 230; LAG Niedersachsen, SAE 2004, 235, 238; ArbG Kiel, AuR 2003, 192, 193; ArbG Frankfurt a. M. v. 15.03.2005, 5 Ca 4542/04 (juris).

[1243] LAG Schleswig-Holstein, SAE 2004, 227, 230.

[1244] LAG Schleswig-Holstein, SAE 2004, 227, 230.

Richtig betont aber *Nicolai*, dass Tarifforderungen wie Willenserklärungen zu behandeln sind.[1245] Haben die letztlich abgeschlossenen Regelungen auch Normwirkung, sind die ihnen zugrunde liegenden Forderungen doch letztlich nur Vorbereitungen – quasi ein Angebot – auf Abschluss eines Tarif*vertrages*. Dass einem Teil dieses Vertrages Normwirkung zukommt, hat für die Beurteilung der Wirksamkeit der zugrunde liegenden Willenserklärungen keine Bedeutung. Wie bei einer Willenserklärung ist daher nach dem wirklichen Willen des Erklärenden zu fragen.[1246] Andernfalls – und auch dies stellt *Nicolai* richtig heraus – könnte die Gewerkschaft, führte sie einen Arbeitskampf mit dem Ziel, einen tariflichen Sozialplan abzuschließen, ein bestehendes Arbeitskampfverbot umgehen.[1247] Das in Wahrheit tariflich nicht regelbare Ziel der Standortsicherung würde mit einem vordergründig regelbaren Ziel erreicht.[1248]
Die Entscheidung des *LAG Hamm* widerspricht dem nicht, sondern lässt sich sogar für diese Ansicht fruchtbar machen.[1249] Das *LAG Schleswig-Holstein* will für die Beurteilung der Rechtmäßigkeit der Tarifforderungen auf den Streikaufruf, mithin auf die konkreten Tarifforderungen abstellen.[1250] Dagegen hat das *LAG Hamm*, indem es den Aufruf zur Urabstimmung für die Beurteilung heranzog, eben nicht auf die Tarifforderungen abgestellt. Diese enthielten auch keine Forderung nach einem Standorterhalt, sondern solche, „die sich maßgeblich auf die Milderung und den Ausgleich der Folgen der unternehmerischen Entscheidung beziehen, so wie sie in Sozialplänen üblich sind."[1251] Auch das *LAG Hamm* zieht damit die Gesamtumstände heran, um die Rechtmäßigkeit von Tarifforderungen zu überprüfen.[1252] Aus diesen hat sich die Absicht der Gewerkschaft eben nicht unzweifelhaft ergeben.[1253]
Dies stimmt auch mit der Rechtsprechung des *BAG* überein. So will das *BAG* grundsätzlich Meinungsäußerungen einzelner Gewerkschaftsmitglieder nicht heranziehen, um die Rechtmäßigkeit einzelner Streikforderungen zu überprüfen. Etwas anderes soll jedoch dann gelten, wenn ersichtlich das wahre aber rechtswidrige Kampfziel der Gewerkschaft aufgedeckt wird.[1254]

1245 *Nicolai*, SAE 2004, 240, 241.
1246 *Nicolai*, SAE 2004, 240, 241.
1247 *Nicolai*, SAE 2004, 240, 241 f.
1248 *Nicolai*, SAE 2004, 240, 242.
1249 A. A. LAG Schleswig-Holstein, SAE 2004, 227, 230.
1250 LAG Schleswig-Holstein, SAE 2004, 227, 230.
1251 LAG Hamm, NZA-RR 2000, 535, 537.
1252 So auch *Nicolai*, SAE 2004, 240, 242.
1253 So aber die Deutung des LAG Schleswig-Holstein, SAE 2004, 227, 230.
1254 BAG, AP Nr. 47 zu Art. 9 GG Arbeitskampf.

Im direkten Anschluss stellt sich eine weitere Frage. Ist ggf. eine einzelne belastende Regelung für sich gesehen wirksam oder kann sie im Zusammenspiel mit weiteren, für den Arbeitgeber negativen Regelungen die gleiche Wirkung haben, wie die Vereinbarung der Standortsicherung?[1255] Teilweise wird gefordert, nicht nur jede Forderung einzeln zu überprüfen, sondern auch die Gesamtheit der Forderungen zu beachten.[1256] Wie eine solche kumulative Betrachtung bewerkstelligt werden soll, wer in welchem Maße die Beweislast für die Wirkung der Forderungen oder Regelungen haben soll, bleibt jedoch unklar.[1257] Richtig ist aber, dass die Gesamtheit der tariflichen Regelungen bei der Kontrolle der einzelnen Regelungen nicht aus den Augen gelassen werden darf. Dies kann aber bei der Berücksichtigung der Gesamtumstände geschehen.[1258]

II. Die einzelnen Regelungen des tariflichen Sozialplans

Diese Überlegungen vorangestellt, sollen nunmehr ausgewählte konkrete Regelungen eines tariflichen Sozialplans auf ihre Rechtmäßigkeit untersucht werden.

1. Ausschluss und Einschränkung außerordentlicher Kündigungen

Typischer Regelungsgegenstand tariflicher Sozialpläne ist der Ausschluss von Kündigungsmöglichkeiten. Denkbar ist zunächst der Ausschluss oder die Einschränkung der außerordentlichen Kündigung.

a. Normative Regelung

Kündigungsverbote und –einschränkungen sind problemlos unter den Begriff der Arbeits- und Wirtschaftsbedingungen zu subsumieren,[1259] so dass eine Regelungsbefugnis besteht. Auch § 1 Abs. 1 TVG steht der Regelungsbefugnis nicht entgegen. Es handelt sich um Normen, die die Beendigung von Arbeitsverhältnissen ordnen.[1260]
Hinsichtlich der Möglichkeit, die außerordentliche Kündigung per Tarifvertrag auszuschließen, besteht ein einheitliches Meinungsbild: Die außerordent-

---

[1255] *Rolfs/Clemens*, DB 2003, 1678, 1681.
[1256] *Bauer/Krieger*, NZA 2004, 1019, 1022; *Franzen*, ZfA 2005, 315, 330; *Rolfs/Clemens*, DB 2003, 1678, 1681.
[1257] Vgl. dazu die Erwägungen des LAG Schleswig-Holstein, SAE 2004, 227, 231 f.
[1258] So wohl auch *Nicolai*, SAE 2004, 240, 242.
[1259] *Säcker/Oetker*, Tarifautonomie, S. 39; Wiedemann-*Wiedemann*, TVG, Einl., Rn. 449.
[1260] ArbG Kiel, AuR 2003, 192, 193.

liche Kündigung ist unantastbar; in ihrem Ausschluss läge ein Verstoß gegen Art. 12 Abs. 1 GG.[1261]

Es entspricht der negativen Berufsfreiheit, die Art. 12 Abs. 1 GG genauso gewährleistet wie die positive, dass der Arbeitgeber prinzipiell die Möglichkeit haben muss, sein Unternehmen aufzugeben. Dies ist aber nur dann gewährleistet, wenn er wirksam kündigen kann.[1262] Art. 12 Abs. 1 GG schützt deshalb nicht nur den Abschluss des Arbeitsvertrages, sondern garantiert, jedenfalls in einem Mindestmaß, auch die Lösung von selbigem.[1263]

Eine Tarifnorm, die dem Arbeitgeber die Möglichkeit zur außerordentlichen Kündigung nimmt, wäre eine Berufswahlregelung, da es dem Arbeitgeber nicht mehr frei stünde, seine Tätigkeit zu beenden.[1264] Dementsprechend kann eine Rechtfertigung nur zur Abwehr nachweisbarer oder höchstwahrscheinlicher schwerer Gefahren für ein überragend wichtiges Gemeinschaftsgut geschehen. Eine Rechtfertigung kann daher nicht über das Recht des Einzelnen am Erhalt seines Arbeitsplatzes erfolgen.[1265] In Betracht kommt einzig das bereits diskutierte, tarifpolitische Ziel der Beschäftigungssicherung.[1266] Unabhängig davon, ob man das Ziel der Beschäftigungssicherung der Mitglieder der Tarifgemeinschaft als ein überragend wichtiges Gemeinschaftsgut einordnen wollte, überwiegt diesem gegenüber jedenfalls die Berufswahlfreiheit des Unternehmers. Das Ziel der Beschäftigungssicherung könnte auch durch einen Ausschluss der ordentlichen Kündigung erreicht werden. Der Ausschluss der außerordentlichen Kündigung, die als ultima ratio dem Arbeitgeber immer

---

1261 BAG, AP Nr. 14 zu § 626 BGB; BAGE 6, 109, 115; BAG, AP Nr. 1 zu § 626 BGB Kündigungserschwerung; BAG, NZA 1997, 771, 773; *Hanau/Thüsing*, ZTR 2001, 49, 49; KR-*Fischermeier*, BGB, § 626, Rn. 57 ff.; Küttner-*Eisemann*, Personalbuch 2007, 256, Rn. 23; *Löwisch/R*ieble, TVG, § 1, Rn. 866; *Müller*, Berufsfreiheit, S. 256 ff.; *Oberberg/Schoof*, AiB 2002, 169, 174; *Papier*, RdA 1989, 137, 140; *Rieble*, ZTR 1993, 54, 61; *ders.*, ZTR 2004, 1, 22 f.; *Säcker/Oetker*, Tarifautonomie, S. 291; *Schaub*, Handbuch, § 202, Rn. 15; *Stahlhacke/Preis/Vossen*, Kündigungsschutz, Rn. 831.

1262 BAG, AP Nr. 14 zu § 626 BGB; BAG, EzA Nr. 141 zu § 626 n. F. BGB; BAG, NZA 1998, 771, 773; Maunz/Dürig-*Scholz*, GG, Art. 12, Rn. 58; *Papier*, RdA 1989, 137, 139; *Thüsing*, Anm. zu BAG, AP Nr. 163 zu Art. 9 GG Arbeitskampf.

1263 *Hanau/Thüsing*, ZTR 2001, 49, 49.

1264 A. A. wohl *Hensche*, AuR 2004, 443, 449.

1265 Vgl. dazu aber BVerfG, NJW 1991, 1667, 1667; BVerfG, NZA 1995, 619, 620; BVerfG, NJW 1997, 2310, 2310; BVerfG, NZA 1998, 470, 471; BAGE 88, 118, 123; BAG, DB 2001, 547, 548; BAG, AP Nr. 24 zu § 611 BGB Arbeitszeit; *Oberberg/Schoof*, AiB 2002, 169, 173; *Wolter*, RdA 2002, 218, 225.

1266 Vorausgesetzt man wollte die Beschäftigungssicherung der Mitglieder als ein wichtiges Gemeinschaftsgut qualifizieren. Begründete Zweifel sind angebracht, brauchen hier wegen des ohnehin negativen Ergebnisses jedoch nicht diskutiert zu werden.

zur Verfügung stehen muss, ist nicht notwendig, um dieses Ziel zu erreichen. Könnte man die außerordentliche Kündigung gänzlich ausschließen, würde der Schutzbereich des Art. 12 Abs. 1 GG in seinem Wesensgehalt angegriffen.[1267] Mit diesem Ergebnis korrespondiert, dass die Vereinbarung wirtschaftlich sinnloser Tätigkeit gegen die Prinzipien der verbindlichen Wirtschaftsordnung spricht.[1268] Zudem ist es Bestandteil der gesetzlichen Regelung jedes Dauerschuldverhältnisses, dass ein Recht zur Kündigung bei Unzumutbarkeit besteht.[1269] Konkret ordnet § 314 BGB die Möglichkeit zur außerordentlichen Kündigung für jedes Dauerschuldverhältnis an. Diese Bestimmung wird auch in der Gesetzesbegründung als „in seinem Kern zwingendes Recht" bezeichnet.[1270] Ein völliger Ausschluss der außerordentlichen Kündigung ist daher mit der unternehmerischen Entscheidungsfreiheit nicht zu vereinbaren.

Nicht ganz so eindeutig verhält es sich mit tariflichen Regelungen, die das Recht zur außerordentlichen Kündigung lediglich einschränken. Einschränkung meint den Ausschluss der betriebsbedingten außerordentlichen Kündigung. Sowohl das *BAG* als auch das *LAG München* haben dies für zulässig gehalten.[1271] Allerdings handelte es sich um eine besondere Konstellation, da der Ausschluss in § 55 Abs. 2 BAT und damit für den öffentlichen Dienst vereinbart wurde.[1272] *BAG* und *LAG München* begründeten die aus ihrer Sicht zulässige Einschränkung der außerordentlichen Kündigungsgründe auf personen- und verhaltensbedingte damit, dass im öffentlichen Dienst nicht mit dem Wegfall jeglicher Beschäftigungsmöglichkeit zu rechnen sei.[1273] Ob dieses Ergebnis richtig ist,[1274] kann dahinstehen, da es sich jedenfalls nicht um eine Regel handelt, die auf den Bereich der Privatwirtschaft ausgedehnt werden kann. Einschränkungen des Rechts zur außerordentlichen Kündigung sind

---

1267 *Hanau/Thüsing*, ZTR 2001, 49, 49; *Löwisch*, DB 1998, 877, 880; *Papier*, RdA 1989, 137, 140. I. E. auch *Bulla*, DB 1980, 158, 159.

1268 *Wiedemann*, RdA 1986, 231, 240.

1269 *Thüsing*, Anm. zu BAG, AP Nr. 163 zu Art. 9 GG Arbeitskampf.

1270 BT-Ds. 14/6040, S. 176.

1271 BAG, EzA Nr. 2 zu § 626 BGB Änderungskündigung; LAG München v. 14.06.1995, 2 Sa 114/95 (n.v.); vgl. auch BAG, ZTR 1996, 368, 368.

1272 Für die Nichtigkeit des § 55 Abs. 2 BAT: *Löwisch/Rieble*, TVG, § 1, Rn. 866.

1273 BAG, EzA Nr. 2 zu § 626 BGB Änderungskündigung; LAG München v. 14.06.1995, 2 Sa 114/95 (n.v.). Dagegen aber ArbG Hamm, NZA-RR 2001, 612, 613.

1274 Dagegen zu Recht KR-*Fischermeier*, § 626, Rn. 66 m.w.N.; *Löwisch/Rieble*, TVG, § 1, Rn. 866; *Säcker/Oetker*, Tarifautonomie, S. 291; *Thüsing*, Anm. zu BAG, AP Nr. 163 zu Art. 9 GG Arbeitskampf.

hier genauso wenig zulässig wie der gänzliche Ausschluss.[1275] Zudem hat das *BAG* selbst enge Ausnahmen von dieser Rechtsprechung zugelassen.[1276] So soll eine außerordentliche Kündigung mit notwendiger Auslaufrist in Betracht kommen, wenn die Weiterbeschäftigung eines Arbeitnehmers zur Betriebschließung führen würde.[1277]

Die Zulässigkeit des Ausschlusses oder der Einschränkung der außerordentlichen Kündigung könnte sich allein dann ergeben, wenn der Arbeitgeber in diesem Bereich wirksam auf sein Grundrecht aus Art. 12 Abs. 1 GG verzichten könnte. Als Grenze eines solchen Grundrechtsverzichts wurde aber neben der Freiwilligkeit auch der Wesensgehalt des Grundrechtes ausgemacht.[1278] Würde sich der Arbeitgeber aber seines Rechtes auf außerordentliche Kündigung begeben, würde er sich damit letztlich auch seines Rechtes begeben, seinen Betrieb und seinen Beruf als Arbeitgeber aufzugeben. Normativ kann die außerordentliche Kündigung daher weder ausgeschlossen noch eingeschränkt werden. Dementsprechend verbietet es sich auch, den Ausschluss oder die Einschränkung der außerordentlichen Kündigung zum Ziel eines Arbeitskampfes zu machen.

b. Schuldrechtliche Vereinbarung

Dieses Ergebnis gilt auch für eine schuldrechtliche Vereinbarung. Im schuldrechtlichen Teil gelten dieselben Grenzen wie im Bereich der normativen Regelungsbefugnis. Folglich scheitert die Möglichkeit der schuldrechtlichen Vereinbarung auch hier an der Grenze des Art. 12 Abs. 1 GG. Ohnehin ist schon der Sinn einer solchen schuldrechtlichen Vereinbarung fraglich. Da eine schuldrechtliche Vereinbarung nicht unmittelbar auf die Arbeitsverhältnisse einwirkt, kann eine solche Abrede allenfalls die Verpflichtung des Arbeitgebers beinhalten, das Kündigungsrecht nur unter bestimmten Voraussetzungen auszuüben.[1279] Hieran ist der Arbeitgeber dann insofern gebunden, als dass er sich schadensersatzpflichtig macht, wenn er sich nicht an die Vereinbarung hält. Ein Verstoß gegen die Vereinbarung führt nicht zur Unwirksamkeit der Kündigung.[1280]

1275 So auch *Hanau/Thüsing*, ZTR 2001, 49, 50; *Löwisch*, DB 1998, 877, 880; *Schaub*, Handbuch, § 202, Rn. 15.

1276 BAG, AP Nr. 4 zu § 55 BAT.

1277 BAG, AP Nr. 4 zu § 55 BAT.

1278 Vgl. oben, 3. Teil B. IV. 1. a.

1279 BAG, AP Nr. 1 zu § 620 Schuldrechtliche Kündigungsbeschränkung; MünchKomm-*Schwerdtner*, 3. A., BGB, § 622, Rn. 1.

1280 BAG, AP Nr. 1 zu § 620 Schuldrechtliche Kündigungsbeschränkung.

2. Ausschluss und Einschränkung ordentlicher Kündigungen

Differenzierter ist der Meinungsstand für den Ausschluss und die Einschränkung ordentlicher Kündigungen.

a. Normative Regelungen

Entsprechend der Einordnung der außerordentlichen Kündigung handelt es sich auch hier um eine Regelung im Bereich der Arbeits- und Wirtschaftsbedingungen bzw. um Beendigungsnormen i.S.d. § 1 Abs. 1 TVG[1281], so dass die Tarifvertragsparteien eine Regelungsbefugnis haben.
Die h. M. geht zu Recht davon aus, dass jedenfalls die ordentliche betriebsbedingte Kündigung durch Tarifvertrag ausgeschlossen und so das Recht zur ordentlichen Kündigung insgesamt eingeschränkt werden kann.[1282] Der Arbeitgeber kann auch unter Arbeitskampfdruck zu einer solchen Regelung gezwungen werden. Dies begründet sich daraus, dass die Rechtsprechung für die Fälle, in denen die ordentliche Kündigung tarifvertraglich ausgeschlossen wurde, eine ausnahmsweise zulässige außerordentliche Kündigung wegen Unzumutbarkeit der Fortsetzung des Arbeitsverhältnisses konstruiert.[1283] Diese ist unter erleichterten Bedingungen möglich. So bleibt gewährleistet, dass der Arbeitgeber den Bestand der Arbeitnehmer an die Lage und die Entwicklung des Unternehmens anzupassen vermag. Arbeitskräfte, die durch eine Verringerung der Produktion oder infolge technischer Veränderungen überflüssig werden, bleiben kündbar.[1284] Andernfalls würde der Arbeitgeber, entschließt er sich zu einer Betriebsstilllegung, durch das Kündigungsverbot dazu gezwungen, über Jahre hinweg Arbeitnehmer zu vergüten, ohne eine Gegenleistung dafür zu erhalten.[1285] Bereits oben wurde aber festgestellt, dass

---

1281 LAG Schleswig-Holstein, SAE 2004, 227, 229; *Buchner*, DB 2001, Beilage 9 zu Heft 48, 1, 10; ErfK-*Franzen*, TVG, § 1, Rn. 44; *Hanau/Thüsing*, ZTR 2001, 49, 53.

1282 BAG, AP Nr. 4, 15 zu § 626 BGB; BAG, AP Nr. 16 zu § 616 BGB; BAG, AP Nr. 10 zu § 626 Ausschlussfrist; BAG, NZA 1998, 771, 773; BAG, EzA Nr. 82 zu § 102 BetrVG 1972; *Bulla*, DB 1980, 158, 159; *Hanau/Thüsing*, ZTR 2001, 49, 50; *Müller*, Berufsfreiheit, S. 259 ff.; *Oberberg/Schoof*, AiB 2002, 169, 175; *Säcker/Oetker*, Tarifautonomie, S. 291; *Schaub*, Handbuch, § 202, Rn. 15; *Thüsing*, Anm. zu BAG, AP Nr. 163 zu Art. 9 GG Arbeitskampf.

1283 BAG, AP Nr. 4, 15 zu § 626 BGB; BAG, AP Nr. 16 zu § 616 BGB; BAG, AP Nr. 10 zu § 626 Ausschlussfrist; BAG, NZA 1998, 771, 773; BAG, EzA Nr. 82 zu § 102 BetrVG 1972; skeptisch BAG, AP Nr. 5 zu § 22 KO.

1284 BAG, AP Nr. 86 zu § 626 BGB; BAG, NZA 1998, 771, 773; *Buchner*, DB 2001, Beilage 9 zu Heft 48, 1, 8; *Papier*, RdA 1989, 137, 140; *Säcker/Oetker*, Tarifautonomie, S. 291 f.

1285 BAG, AP Nr. 86 zu § 626 BGB; BAG, EzA Nr. 141 zu § 626 BGB n. F.

der Arbeitgeber nicht gezwungen werden kann, ein inhaltsleer gewordenes Arbeitsverhältnis auf unbestimmte Dauer aufrechtzuerhalten.[1286]

Gegen die Möglichkeit zum Ausschluss der ordentlichen Kündigung gerichtete Bedenken, die zum einen an der Sozialauswahl des § 1 Abs. 3 KSchG ansetzen,[1287] zum anderen mit der Berufsfreiheit des Arbeitgebers argumentieren,[1288] müssen dagegen unter Hinweis auf die weiterhin bestehende Möglichkeit zur außerordentlichen Kündigung zurückgewiesen werden.[1289] Dies gilt insbesondere deshalb, weil an die außerordentliche Kündigung aus betriebsbedingten Gründen wegen des Ausschlusses der ordentlichen betriebsbedingten Kündigung weniger strenge Anforderungen zustellen sind, als an eine herkömmliche außerordentliche Kündigung.[1290]

Nichtsdestotrotz ist auch die erleichterte außerordentliche Kündigung nicht ohne weiteres möglich: Sie kann nur mit einer Auslauffrist ausgesprochen werden, die der gesetzlichen Kündigungsfrist entspricht.[1291] Sie ist ausgeschlossen, wenn eine anderweitige Beschäftigungsmöglichkeit besteht;[1292] auch hat eine Sozialauswahl stattzufinden. Hier ist bei der Frage eines vergleichbaren Arbeitsplatzes arbeitnehmerfreundlicher vorzugehen.[1293] Teilweise wird auch verlangt, dass man bei der Frage der zumutbaren Umschulungsmaßnahmen großzügiger sein müsse.[1294] Bei einer geplanten Betriebsstilllegung braucht der Arbeitgeber mit dem Ausspruch der Kündigung nicht zu warten, bis die letzten Arbeiten beendet sind. Die außerordentliche Kündigung ist schon vorher mit Wirkung zu dem Zeitpunkt möglich, zu dem die Beschäftigungsmöglichkeit voraussichtlich entfällt.[1295]

Allerdings wurden dem Ausschluss gegenüber Bedenken erhoben, soweit es sich um einen gänzlichen Ausschluss der ordentlichen Kündigung und nicht nur um eine Einschränkung auf personen- und verhaltensbedingte Kündi-

---

[1286] Dazu BAG, NZA 1998, 771, 773 sowie oben, 3. Teil B. II.

[1287] *Löwisch/Rieble*, TVG, § 1, Rn. 874 ff. allgemein im Hinblick auf die Verbesserung des Kündigungsschutzes.

[1288] Maunz/Dürig-*Scholz*, GG, Art. 12, Rn. 58 f.; *Scholz*, ZfA 1981, 265, 282.

[1289] So auch *Hanau/Thüsing*, ZTR 2001, 49, 50; *Löwisch*, DB 1998, 877, 880; *Müller*, Berufsfreiheit, S. 259 ff.

[1290] *Herschel*, Anm. zu BAG, AP Nr. 86 zu § 626 BGB.

[1291] BAG, EzA Nr. 82 zu § 102 BetrVG 1972; *Rolfs/Clemens*, DB 2003, 1678, 1680; *Thüsing*, Anm. zu BAG, AP Nr. 163 zu Art. 9 GG Arbeitskampf.

[1292] BAG, AP Nr. 86 zu § 626 BGB.

[1293] *Hanau/Thüsing*, ZTR 2001, 49, 51.

[1294] *Hanau/Thüsing*, ZTR 2001, 49, 51.

[1295] BAG, EzA Nr. 141 zu § 626 BGB n. F.

gungsgründe handelt.[1296] Das Recht zur personen- oder verhaltensbedingten, ordentlichen Kündigung müsse dem Arbeitgeber verbleiben. Dies ist grundsätzlich richtig, doch spricht dies so lange nicht gegen den Ausschluss der ordentlichen Kündigung insgesamt, wie dem Arbeitgeber – parallel zum Ausschluss der betriebsbedingten ordentlichen Kündigung – ein vereinfachtes Recht zur außerordentlichen personen- und verhaltensbedingten Kündigung verbleibt.

Löwisch will den Ausschluss der ordentlichen Kündigung per Tarifvertrag dann nicht zulassen, wenn sie aufgrund einer Betriebsstilllegung oder einer anderen wesentlichen Betriebsänderung notwendig wird.[1297] Seiner Meinung nach findet das Bedürfnis für die Kündigung hier seinen Grund in der allgemeinen Situation des Unternehmers. Ein Verweis auf die Kündigung aus wichtigem Grund reiche deshalb zur Wahrung der Unternehmerfreiheit nicht aus.[1298] Dies ergebe sich daraus, dass für die Zulässigkeit der Kündigung aus wichtigem Grund eine Interessenabwägung vorzunehmen sei. Da diese aber auf den Einzelfall ausgelegt sei, vermöge sie allgemeine betriebliche Phänomene nicht sachgerecht zu bewältigen.[1299] Solle die Betriebsänderung dem Erhalt von Arbeitsplätzen dienen, korrespondiere dieses Ergebnis mit § 113 Abs. 1 InsO. Die Norm diene dem Erhalt von Arbeitsplätzen und verhindere den Ausschluss des Rechts des Insolvenzverwalters zur ordentlichen Kündigung.[1300]

Der unternehmerischen Entscheidungsfreiheit ist jedoch entgegen *Löwisch* schon dann Genüge getan, wenn dem Arbeitgeber im Falle der Betriebsstilllegung die Möglichkeit zur – modifizierten, weil erleichterten – außerordentlichen Kündigung verbleibt.[1301] Grundsätzlich ist die Interessenabwägung der außerordentlichen betriebsbedingten Kündigung zwar auf den Einzelfall ausgelegt, doch ersetzt sie die ordentliche Kündigung, so dass auch die vorzunehmende Interessenabwägung zu modifizieren ist. Soweit *Löwisch* § 113 InsO anführt, gilt, dass der Arbeitgeber kein Insolvenzverwalter ist. Für die Insolvenz gelten zudem aus gutem Grund besondere Regelungen. Zuzugeben ist *Löwisch* allein, dass sowohl Insolvenzverwaltung als auch Betriebsänderung das Ziel der Beschäftigungssicherung haben können. Doch rechtfertigt

---

1296 Maunz/Dürig-*Scholz*, GG, Art. 12, Rn. 58 f.; *Papier*, RdA 1989, 137, 140; *Säcker/Oetker*, Tarifautonomie, S. 292.

1297 *Löwisch*, DB 1998, 877, 880.

1298 *Löwisch*, DB 1998, 877, 880.

1299 *Löwisch*, DB 1998, 877, 880.

1300 *Löwisch*, DB 1998, 877, 881.

1301 So wohl auch *Nicolai*, SAE 2004, 240, 243.

dies noch nicht, eine tarifliche Regelung außer Acht zu lassen, derer sich der Arbeitgeber freiwillig begeben hat.

b. Schuldrechtliche Vereinbarung

Da es sich beim Ausschluss bzw. der Einschränkung der ordentlichen Kündigung ebenfalls um eine Vereinbarung im Bereich der Arbeits- und Wirtschaftsbedingungen handelt, gelten hier die selben Grenzen, wie sie bereits für eine normative Regelung herausgearbeitet wurden. Freilich ist der Nutzen einer solchen Vereinbarung in gleichem Maße fraglich wie der schuldrechtliche Ausschluss der außerordentlichen Kündigung.[1302]

Soweit darüber hinaus eine Tarifvertragsregelung den Arbeitgeber zur Übernahme einer Kündigungsschutzregelung in die Einzelarbeitsverträge zwingt,[1303] ist dies unzulässig. Hierdurch würde das im Tarifvertragsgesetz geltende Ablöseprinzip außer Kraft gesetzt, der nunmehr einzelvertragliche Kündigungsschutz würde die Geltung der zugrundliegenden Tarifvertragsnorm überdauern.[1304]

3. Kündigungserschwernisse: Abfindungszahlungen und verlängerte Kündigungsfristen

Kündigungserschwernisse werden in mehreren Varianten diskutiert. In der hier vorzunehmenden Beurteilung sollen jedoch nur die Bindung der Kündigung an die Zahlung einer Abfindung, sowie die Verlängerung der Kündigungsfristen Beachtung finden. Daneben ist es vorstellbar, die Kündigung an die Zustimmung des Betriebsrates zu binden,[1305] oder die Einhaltung einer bestimmten Form vorzuschreiben bzw. einzuhaltende Verfahrensvorschriften festzulegen.[1306]

a. Normative Regelung

Entsprechend den Ausführungen im Rahmen des Ausschlusses bzw. der Einschränkung der (außer-) ordentlichen Kündigung fällt auch die Erschwerung der Kündigung unter den Begriff der Arbeits- und Wirtschaftsbedingungen i.S.d. Art. 9 Abs. 3 GG. Sämtliche Formen der Kündigungserschwernisse sind

---

1302 Vgl. dazu schon oben, 3. Teil C. II. 1. b.

1303 Vgl. hierzu BAG, NZA 2003, 734, 735.

1304 BAG, NZA 2003, 734, 740; *Thüsing*, Anm. zu BAG, AP Nr. 163 zu Art. 9 GG Arbeitskampf.

1305 BAG, AP Nr. 1 zu § 184 BGB; Ascheid/Preis/Schmidt-*Koch*, Kündigungsrecht, BetrVG, § 102, Rn. 182.

1306 Dazu jeweils ErfK-*Franzen*, TVG, § 1, Rn. 65.

zudem als Beendigungsnormen i.S.d. § 1 Abs. 1 TVG zu qualifizieren,[1307] so dass die generelle Regelungsbefugnis der Tarifvertragsparteien besteht.[1308]

aa. Verlängerung von Kündigungsfristen

Grundsätzlich ist die Verlängerung von Kündigungsfristen durch Tarifvertrag zulässig.[1309] § 622 Abs. 4 S. 1 BGB bestimmt hierzu:

„[...] abweichende Regelungen können durch Tarifvertrag vereinbart werden."

Tarifvertragliche Regelungen sehen beispielsweise die Verlängerung der Grundkündigungsfrist des § 622 Abs. 1 BGB von vier auf sechs Wochen vor, binden die Kündigung von Angestellten an eine Frist von sechs Wochen zum Ende des Kalendervierteljahres oder legen fest, dass sich die Kündigungsfrist schon nach einer kürzeren Betriebszugehörigkeit verlängert, als dies § 622 Abs. 2 BGB vorsieht.[1310] Aus der offenen Formulierung des § 622 Abs. 4 S. 1 BGB ergibt sich zudem die Möglichkeit, die Kündigungsfristen zu verkürzen.[1311]

Nichtsdestotrotz: Ist die Verlängerung der Kündigungsfristen durch Tarifvertrag grundsätzlich zulässig, stellt sich die Frage, ob jegliche Verlängerung wirksam geregelt werden kann, oder ob nicht die unternehmerische Entscheidungsfreiheit dem ab irgendeinem Zeitpunkt einen Riegel vorschiebt.

Teilweise wird von der zulässigen Möglichkeit, die ordentliche Kündigung auszuschließen, auf die Möglichkeit zur beliebigen Verlängerung der Kündigungsfristen geschlossen. Diese sei nur eine Erschwerung der Kündigung und müsse daher als mildere Variante gegenüber dem vollkommenen Ausschluss zulässig sein.[1312] Zudem seien Erschwerungen lediglich soziale Abfederun-

---

[1307] Vgl. LAG Schleswig-Holstein, SAE 2004, 227, 231, 233; ArbG Kiel, AuR 2003, 192, 193; ArbG Hameln, AiB 2004, 574, 576; *Fischinger*, NZA 2007, 310, 311; *Hanau/Thüsing*, ZTR 2001, 49, 53; *Nicolai*, SAE 2004, 240, 242; Wiedemann-*Wiedemann*, TVG, Einl., Rn. 449.
Dabei sei aber beachtet, dass eine Beendigungsnorm letztlich nur eine besondere Form der Inhaltsnorm ist, vgl. *Lieb/Jacobs*, Arbeitsrecht, Rn. 465. Daraus erklärt sich, warum Abfindungsnormen meist unter dem Stichwort der Inhaltsnorm erläutert werden, vgl. etwa Wiedemann-*Thüsing*, TVG, § 1, Rn. 522.

[1308] Wiedemann-Thüsing, TVG, § 1, Rn. 705.

[1309] Staudinger-*Preis*, BGB, § 622, Rn. 49 m.w.N.; Wiedemann-*Thüsing*, TVG, § 1, Rn. 693 f.

[1310] Nachweise bei *Löwisch*, DB 1998, 877, 877.

[1311] ErfK-*Müller-Glöge*, BGB, § 622, Rn. 42; MünchKomm-*Hesse*, BGB, § 622, Rn. 48; Wiedemann-*Thüsing*, TVG, § 1, Rn. 695.

[1312] *Hanau/Thüsing*, ZTR 2001, 49, 51; *Thüsing*, Anm. zu BAG, AP Nr. 163 zu Art. 9 GG Arbeitskampf.

gen, die zwar Folgekosten unternehmerischer Entscheidungen darstellten, diese aber nicht verhinderten.[1313] Auch verbiete sich eine Verhältnismäßigkeitsprüfung hinsichtlich der Länge der ordentlichen Kündigungs-frist;[1314] eine solche sei auch für die Höhe der Löhne nicht durchführbar.[1315] Darin läge eine unzulässige Tarifzensur.[1316] Ferner sei nicht klar, nach welchen Maßstäben die Unzulässigkeit einer Regelung beurteilt werden solle.[1317] Letztlich ließen sich keine Rechtsprechungsbeispiele finden, die die Zulässigkeit von Kündigungserschwernissen angezweifelt hätten, etwa weil damit eine übermäßige Belastung des Arbeitgebers einhergegangen wäre.[1318]
Die Instanzrechtsprechung hat die Verlängerung der Kündigungsfristen bisher nicht beanstandet. Sogar eine Forderung, die für einen Arbeitnehmer mit einer 20jährigen Betriebszugehörigkeit eine Kündigungsfrist von 43 Monaten bzw. bei einem Arbeitnehmer mit 30jähriger Betriebszugehörigkeit eine Kündigungsfrist von 61 Monaten vorsah, wurde für rechtmäßig gehalten.[1319] Bei der Prüfung, ob in einer solchen Forderung ein Verstoß gegen Art. 12 Abs. 1 GG liegt, begnügt sich die Instanzrechtsprechung meist mit dem Satz, dass eine Regelung betreffend die Verlängerung der Kündigungsfristen nur das „Wie“ nicht aber das „Ob“ der unternehmerischen Entscheidung betreffe.[1320] Zwar ist das namentlich *LAG Schleswig-Holstein* der Meinung, dass auch exorbitant lange Kündigungsfristen einen Verstoß gegen die Unternehmerfreiheit i.S.d. Art. 12 Abs. 1 GG bilden könnten; die oben beschriebene Erweiterung der Kündigungsfristen hat es jedoch „noch“[1321] nicht als einen solchen gewertet. Grundlegend für dieses Ergebnis ist die Bestimmung des Schutzbereichs des Art. 12 Abs. 1 GG durch das *LAG*: Danach sei der Kernbereich der Unternehmerautonomie erst dann tangiert, wenn dem Arbeitgeber *jeglicher* Handlungsspielraum für eine Unternehmerentscheidung genommen werde.[1322]

1313 *Hanau/Thüsing*, ZTR 2001, 49, 51; *Thüsing*, Anm. zu BAG, AP Nr. 163 zu Art. 9 GG Arbeitskampf.

1314 ArbG Kiel, AuR 2003, 192, 193.

1315 *Thüsing*, Anm. zu BAG, AP Nr. 163 zu Art. 9 GG Arbeitskampf.

1316 *Hensche*, AuR 2004, 443, 445. Bedenken in diese Richtung auch bei ArbG Frankfurt a. M. v. 15.03.2005, 5 Ca 4542/04 (juris).

1317 *Hensche*, AuR 2004, 443, 445.

1318 *Hanau/Thüsing*, ZTR 2001, 49, 51.

1319 Vgl. LAG Schleswig-Holstein, SAE 2004, 227, 227; *Nicolai*, SAE 2004, 240, 243.

1320 Vgl. etwa LAG Schleswig-Holstein, SAE 2004, 227, 231; ArbG Lübeck, AiB 2002, 122, 125; ArbG Kiel, AuR 2003, 192, 193; ArbG Hameln, AiB 2004, 574, 576; ArbG Frankfurt a. M. v. 15.03.2005, 5 Ca 4542/04 (juris). Kritisch zu dieser Unterscheidung *Hohenstatt/Schramm*, DB 2005, 2214, 2215.

1321 LAG Schleswig-Holstein, SAE 2004, 227, 231.

1322 LAG Schleswig-Holstein, SAE 2004, 227, 231 f.; ArbG Hameln, AiB 2004, 574, 576.

Dies sei erst dann der Fall, wenn die unternehmerische Entscheidung zur Gänze unrealisierbar werde. Dazu müsse aber die Umsetzung der Tarifforderungen zur Insolvenz des Unternehmens führen.[1323] Bei einer nur zeitlichen Verzögerung sei dies regelmäßig nicht der Fall.[1324]

Mit dieser Bestimmung des Schutzbereichs kombiniert das *LAG* eine strenge Beweislastverteilung hinsichtlich der Frage, ob in einem Arbeitskampf erhobene Forderungen allein aufgrund ihres Umfangs ausnahmsweise die Unternehmensautonomie verletzten.[1325] Das *LAG* führt hierzu aus:

„Der erhobenen Tarifforderung muss sozusagen augenscheinlich auf die Stirn geschrieben stehen, dass sie den Kernbereich der Unternehmensautonomie verletzt, ansonsten liefe es auf eine unzulässige Tarifzensur der Gerichte hinaus."[1326]

Alternativ lehnt die Instanzrechtsprechung einen Verstoß gegen Art. 12 Abs. 1 GG ab, weil es sich um Forderungen handele, die es noch zu verhandeln gelte.[1327] Für die Zulässigkeit einer Forderung komme es deshalb nur darauf an, dass sie dem Grunde nach tariffähig sei.[1328]

Das *BAG* musste sich bisher nicht mit Kündigungsfristen beschäftigen, wie sie im Rahmen des tariflichen Sozialplans diskutiert werden. Für konkret zulässig hielt das *BAG* aber etwa die Verlängerung der Kündigungsfrist auf einen Monat zum Monatsende nach fünf Jahren Betriebszugehörigkeit.[1329] Beendigungsmöglichkeiten, die der Anpassung des Arbeitnehmerbestandes an die Entwicklung des Unternehmens dienten, seien jedoch unverzichtbar.[1330] Grundsätzlich hält das *BAG* fest, dass die Tarifpartner auch im Rahmen des § 622 Abs. 4 S. 1 BGB nicht zu Regelungen ermächtigt seien, die selbst dem

---

1323 LAG Schleswig-Holstein, SAE 2004, 227, 231. Vgl. auch LAG Niedersachsen, SAE 2004, 235, 238: „Auch bei einem Forderungsvolumen von mehr als 97 Mio. € [!] kann nicht ohne weiteres davon ausgegangen werden, dass die von der Kl. beabsichtigte Betriebsschließung bei Abschluss eines Tarifvertrages faktisch unmöglich wird."

1324 LAG Schleswig-Holstein, SAE 2004, 227, 232 mit Bezug auf BAG v. 21.10.2000, 4 AZR 379/99, veröffentlicht in AiB 2000, 739 f. Die in Bezug genommene Entscheidung gibt eine solche Aussage aber nicht her.

1325 LAG Schleswig-Holstein, SAE 2004, 227, 231 f.

1326 LAG Schleswig-Holstein, SAE 2004, 227, 232. Die Gefahr einer unzulässigen Tarifzensur sieht auch das ArbG Frankfurt a. M. v. 15.03.2005, 5 Ca 4542/04 (juris).

1327 LAG Schleswig-Holstein, SAE 2004, 227, 232; LAG Niedersachsen, SAE 2004, 235, 238; ArbG Kiel, AuR 2003, 192, 193.

1328 LAG Schleswig-Holstein, SAE 2004, 227, 233; LAG Niedersachsen, SAE 2004, 235, 238.

1329 BAG, EzA Nr. 42 zu § 622 n. F. (Wobei sich der Senat nur mit einem Verstoß im Hinblick auf Art. 3 Abs. 1 GG beschäftigt hat.)

1330 BAG, NZA 1998, 771, 773; *Nicolai*, SAE 2004, 240, 243; *Papier*, RdA 1989, 137, 139; *Säcker/Oetker*, Tarifautonomie, S. 290 ff.

Gesetzgeber durch die Verfassung verboten wären.[1331] Insbesondere könnten sie zu ihren Gunsten keine weitergehenden Eingriffsbefugnisse aus Art. 9 Abs. 3 GG herleiten, als sie dem Gesetzgeber zukämen.[1332]
Ausgehend vor dieser Rechtsprechung des *BAG* kann einer beliebigen Verlängerung von Kündigungsfristen durch Tarifvertrag nicht zugestimmt werden.[1333] Auch wenn – vordergründig – eine Verlängerung der Kündigungsfristen nur das „Wie" und nicht das „Ob" einer unternehmerischen Entscheidung betrifft, kann die Regelung doch ein solches Ausmaß annehmen, dass sie die unternehmerische Entscheidung in gleicher Weise beeinflusst, wie dies ein Kündigungsausschluss täte.[1334] Die bloße Verlängerung der Kündigungsfristen kann für den Arbeitgeber sogar noch nachteiliger sein: Der Arbeitgeber steht im Vergleich zwischen der Verlängerung der Kündigungsfristen und dem vollständigen Ausschluss der ordentlichen betriebsbedingten Kündigung mit letzterem besser da – hier hat er die dargestellte Möglichkeit, unter einfacheren Voraussetzungen außerordentlich zu kündigen.[1335] Bei dieser vereinfachten Kündigung ist der Arbeitgeber nur an die gesetzlichen Kündigungsfristen gebunden. Allein aus der bloßen Möglichkeit, die ordentliche Kündigung ganz auszuschließen, lässt sich die Zulässigkeit einer beliebigen Verlängerung der Kündigungsfristen nicht herleiten.[1336] Vielmehr ergibt sich aus der Rechtsprechung des *BAG*, wonach die ordentliche Kündigung ausgeschlossen werden kann, dem Arbeitgeber dann aber die Möglichkeit der außerordentlichen Kündigung verbleiben muss, wenn er für die jeweilige Arbeitskraft keine Verwendung mehr hat, dass auch eine Verlängerung der Kündigungsfristen nicht unbegrenzt möglich ist. Diese Entscheidung basiert auf dem Gedanken, dass der Arbeitgeber die Möglichkeit haben muss, das Arbeitsverhältnis beenden zu können, wenn er keine Arbeit mehr anbieten kann. Ob dem Ende des Arbeitsverhältnisses der Ausschluss der ordentlichen Kündigung oder eine exorbitant lange Kündigungsfrist entgegenstehen, ist dabei lediglich eine Formfrage.[1337] Andernfalls würde der Arbeitgeber zur Aufrechterhaltung ei-

---

[1331] BAG, AP Nr. 24 zu § 622 BGB; ErfK-*Müller-Glöge*, BGB, § 622, Rn. 61; Staudinger-*Preis*, BGB, § 622, Rn. 78.

[1332] BAGE 1, 258, 264; ErfK-*Müller-Glöge*, BGB, § 622, Rn. 61.

[1333] *Rolfs/Clemens*, DB 2003, 1678, 1680. I. E. auch *Franzen*, ZfA 2005, 315, 337.

[1334] So auch *Hohenstatt/Schramm*, DB 2004, 2214, 2215; i. E. auch *Löwisch/Rieble*, TVG, § 1, Rn. 867. Dass eine Regelung des „Wie" in eine Regelung des „Ob" umschlagen kann, wenn die Forderung eine gewisse Höhe überschritten hat, übersieht auch das ArbG Frankfurt a. M.v. 15.03.2005, 5 Ca 4542/04 (juris).

[1335] Richtig *Nicolai*, SAE 2004, 240, 243; *Rolfs/Clemens*, DB 2003, 1678, 1680.

[1336] *Nicolai*, SAE 2004, 240, 243; *Rolfs/Clemens*, DB 2003, 1678, 1680.

[1337] Ähnlich *Nicolai*, SAE 2004, 240, 243.

nes Arbeitsverhältnisses gezwungen, das für ihn mangels Arbeitsanfalls keinen Nutzen mehr bringt. Hierin läge ein Verstoß gegen Art. 12 Abs. 1 GG, da der Arbeitgeber – entsprechend der dargestellten Rechtsprechung des *BAG* – die Möglichkeit haben muss, die Anzahl der Arbeitnehmer an den Bedürfnissen des Unternehmens auszurichten.[1338]
Weiterhin ist zu berücksichtigen, dass der unternehmerischen Entscheidungsfreiheit ein gewisser Spielraum verbleiben muss.[1339] Anders als es das *LAG Schleswig-Holstein* und das *ArbG Kiel* sehen, ist die unternehmerische Handlungsfreiheit aber nicht erst dann tangiert, wenn dem Arbeitgeber *jeglicher* Handlungsspielraum genommen wird. Hierin liegt ein deutlicher Widerspruch zur bereits dargestellten Rechtsprechung des *BVerfG*.[1340] Jedenfalls in dem Moment, in dem der Arbeitgeber durch die tarifliche Verlängerung der Kündigungsfristen gezwungen wird, auf die unternehmerische Entscheidung zu verzichten, schlägt die grundsätzlich zulässige Verzögerung der unternehmerischen Entscheidung in eine unzulässige Verhinderung um. Dabei kann es nicht darauf ankommen, dass der Arbeitgeber durch die tarifliche Bestimmung in die Insolvenz getrieben wird.[1341] Bei einer solchen Grenzziehung verbliebe dem Arbeitgeber eben kein gewisser Spielraum mehr, um eine eigene unternehmerische Entscheidung zu treffen. Konkret kommt es freilich auf den Einzelfall an.[1342] Allerdings ist bei der Beurteilung der Frage, ob die Tarifvertragsparteien eine durch Art. 9 Abs. 3 GG nicht mehr gerechtfertigte Kündigungsfrist vereinbart haben, zu berücksichtigen, dass ihnen im Rahmen der abweichenden Regelung i.S.d. § 622 Abs. 4 S. 1 BGB eine sachverständige Beurteilungskompetenz zukommt. Diese ergibt sich aus der Tarifautonomie selbst. Mit diesem Ergebnis korrespondiert auch der Sinn und Zweck des § 622 Abs. 4 S. 1 BGB. Dieser liegt darin, den Tarifpartnern die Möglichkeit einzuräumen, branchenspezifisch von der gegebenenfalls zu starren gesetzlichen Regelung abzuweichen.[1343] Den Tarifpartnern kommt insoweit eine Gestaltungsfreiheit zu, die es den Gerichten nicht erlaubt, zu überprüfen, ob es sich jeweils um die „gerechteste" und zweckmäßigste Regelung handelt.[1344] Tarifliche Regelungen tragen die Vermutung in sich, dass sie den Interessen

---

[1338] *Nicolai*, SAE 2004, 240, 243 f.

[1339] BVerfGE 29, 260, 267; LAG Hamm, NZA-RR 2000, 535, 537; ArbG Kiel, AuR 2003, 192, 193; *Rolfs/Clemens*, DB 2003, 1678, 1680.

[1340] So richtig *Löwisch*, DB 2005, 554, 558; *Nicolai*, SAE 2004, 240, 243. Vgl. auch oben, 3. Teil B. II.

[1341] So aber das LAG Schleswig-Holstein, SAE 2004, 227, 231.

[1342] *Rolfs/Clemens*, DB 2003, 1678, 1681.

[1343] ErfK-*Müller-Glöge*, BGB, § 622, Rn. 60.

[1344] ErfK-*Müller-Glöge*, BGB, § 622, Rn. 60.

beider Seiten gerecht werden und keiner Seite ein unzumutbares Übergewicht vermitteln.[1345]

Die vom *LAG Schleswig-Holstein* dargestellten Darlegungs- und Beweislastregelungen an die Unzulässigkeit der Kündigungsfrist sind jedoch überzogen.[1346] Würde eine Forderung der dargestellten Art vereinbart, läge hierin ein Verstoß gegen Art. 12 Abs. 1 GG. Inwiefern ein über die einfache Berechnung der sich ergebenden Kündigungsfristen sowie der daraus resultierenden Kosten hinausgehender Vortrag notwendig sein soll, verschließt sich einer konstruktiven Begründung.[1347] Dies insbesondere vor dem Hintergrund, dass der Arbeitgeber die vom *LAG Schleswig-Holstein* geforderte „wirtschaftliche Erdrosselung“, wenn er die Wirksamkeit von Tarifforderungen vor dem Hintergrund eines drohenden Arbeitskampfes überprüfen wollte, im Wege eines gerichtlichen Eilverfahrens glaubhaft machen müsste.[1348] Freilich wird die Beurteilung, wann eine Regelung nicht mehr das „Wie“, sondern das „Ob“ der unternehmerischen Entscheidung betrifft, im Einzelfall Schwierigkeiten bereiten.[1349] Die Angst vor einer möglicherweise unzulässigen Tarifzensur ist jedoch unbegründet.[1350] Diese läge nämlich nur dann vor, wenn man die wirtschaftliche und soziale Angemessenheit der Fristen überprüfen würde.[1351] Richtigerweise geht es vorliegend aber allein um die Reichweite des Grundrechtsschutzes aus Art. 12 Abs. 1 GG, mithin um eine zulässige Rechtmäßigkeitskontrolle.[1352]

Der Verstoß gegen Art. 12 Abs. 1 GG lässt sich für den Fall der Kontrolle im Arbeitskampf auch nicht durch den Verweis auf die weiteren Verhandlungen über die Tarifforderungen ausräumen.[1353] Dieser Verweis wurde bereits oben abgelehnt.[1354]

Allein durch dieses Vorgehen wird der Grundsatz der praktischen Konkordanz beachtet, wonach Unternehmensautonomie und Tarifautonomie im Be-

---

[1345] BAG, AP Nr. 31 zu § 622 BGB; ErfK-*Müller-Glöge*, BGB, § 622, Rn. 60.

[1346] So *Nicolai*, SAE 2004, 240, 243; *Rolfs/Clemens*, DB 2003, 1678, 1681. Siehe auch *Hohenstatt/Schramm*, DB 2005, 2214, 2215.

[1347] *Nicolai*, SAE 2004, 240, 243.

[1348] *Hohenstatt/Schramm*, DB 2004, 2214, 2215.

[1349] Kritik kommt in diesem Zusammenhang von *Hensche*, AuR 2004, 443, 445.

[1350] Ob eine Tarifzensur zulässig ist, ist umstritten. Nachweise bei ErfK-*Dieterich*, GG, Einl., Rn. 48; *Löwisch/Rieble*, TVG, Grundl., Rn. 50 ff.

[1351] *Nicolai*, SAE 2004, 240, 244.

[1352] *Nicolai*, SAE 2004, 240, 244. Dies übersieht insbesondere das ArbG Frankfurt a. M. v. 15.03.2005, 5 Ca 4542/04 (juris).

[1353] So aber LAG Niedersachsen, SAE 2004, 235, 238; ArbG Kiel, AuR 2003, 192, 193.

[1354] Siehe oben, 3. Teil C. I. 3.

reich des Arbeits- und Wirtschaftsbedingungen derart zu berücksichtigen sind, dass keine von beiden leer läuft, sondern beide bestmöglich verwirklicht werden.[1355] Deshalb muss dem Arbeitgeber auch bei eigentlich verlängerten Kündigungsfristen die grundsätzliche Möglichkeit verbleiben, ein inhaltslos gewordenes Arbeitsverhältnis zu beenden.[1356] Will man daher erheblich verlängerte längeren Kündigungsfrist zulassen, muss dem Arbeitgeber jedenfalls das Recht zur vereinfachten außerordentlichen Kündigung verbleiben.[1357] Dies gilt in Anlehnung an die Rechtsprechung des *BAG*[1358] insbesondere in solchen Fällen, in denen der Abbau der Arbeitsplätze notwendig wird, weil der Arbeitgeber seinen Betrieb einschränken oder stilllegen will.[1359]
Ein anderes Ergebnis lässt sich auch nicht durch einen Grundrechtsverzicht herbeiführen. Die Möglichkeit, den Betrieb aufzugeben, genauso wie die Möglichkeit, die eigenen Arbeitnehmer zu entlassen, gehören zum Kernbereich der unternehmerischen Entscheidungsfreiheit.[1360] Dieser kann sich der Unternehmer nicht zur Gänze begeben.[1361] Wird daher die Umsetzung der Betriebsschließung durch den Tarifvertrag unmöglich, scheidet ein Grundrechtsverzicht nach den bereits oben gefundenen Grundsätzen aus.[1362] Freilich können aufgrund der Konstruktion des Grundrechtsverzichts – korrespondierend zu den Ergebnissen im Zusammenhang mit der begrenzten zeitlichen Verschiebung einer Betriebsstilllegung – im Einzelfall gerechtfertigt sein.
Nur in dem gefundenen Rahmen ist ein Arbeitskampf um verlängerte Kündigungsfristen zulässig. Arbeitskämpfe um solche Kündigungsfristen, die die Umsetzung einer unternehmerischen Entscheidung unmöglich machen, sind dagegen unzulässig. Wird die Verlängerung einer Kündigungsfrist erst durch einen Grundrechtsverzicht zulässig, ist sie mangels Freiwilligkeit im Rahmen des Arbeitskampfes nicht erkämpfbar.

bb. Abfindungszahlungen

Abfindungszahlungen werden als Ausgleich für den Verlust des Arbeitsplatzes gewährt. Einigkeit besteht darin, dass Abfindungszahlungen grundsätzlich

---

1355 BAG, DB 1990, 181, 183; LAG Schleswig-Holstein, SAE 2004, 227, 231.
1356 Vgl. dazu BAG, NZA 1998, 771, 773.
1357 So wohl auch *Nicolai*, SAE 2004, 240, 243.
1358 BAG, NZA 1998, 771, 773.
1359 *Löwisch/Rieble*, TVG, § 1, Rn. 867.
1360 Vgl. oben, 3. Teil B. II. 1.
1361 S. oben, 3. Teil B. IV. 2.
1362 S. oben, 3. Teil B. IV. 1. c.

tariflich regelbar sind.[1363] Auch hier stellt sich die Frage, ob Abfindungszahlungen ab irgendeinem Zeitpunkt gegen die unternehmerische Entscheidungsfreiheit verstoßen.
Teilweise wird auch hier aus der Möglichkeit zum Ausschluss und zur Einschränkung der ordentlichen Kündigung auf die generelle Zulässigkeit der Regelung von Abfindungszahlungen geschlossen.[1364] Diese seien lediglich soziale Abfederungen der originär unternehmerischen Entscheidung, durch die diese grundsätzlich nicht ausgeschlossen werde.[1365] Zudem wird § 112 Abs. 1 S. 4 BetrVG, der die Sperrwirkung von Tarifverträgen für betriebliche Abreden ausschließt, für die generelle Zulässigkeit der Regelung von Abfindungszahlungen fruchtbar gemacht.[1366]
Aber auch hier kann der vorbehaltlosen Zulässigkeit von Abfindungszahlungen nicht zugestimmt werden. Richtig ist zwar, dass Abfindungszahlungen grundsätzlich durch Tarifvertrag geregelt werden können, doch bestehen in Einzelfällen Bedenken. Es ist nämlich durchaus denkbar, dass die Summe tarifvertraglicher Abfindungszahlungen derart ins Unermessliche steigt, dass hierdurch die Durchführung der unternehmerischen Entscheidungsfreiheit verhindert wird. Entsprechendes wurde bereits für die Verlängerung von Kündigungsfristen herausgearbeitet. Wann die Grenze des Zulässigen überschritten ist, wird auch hier im Einzelfall zu entscheiden sein. Dabei ist zu berücksichtigen, aus welchem Grund die Beendigung des Arbeitsverhältnisses erfolgt.[1367] Als Grenze des in finanzieller Hinsicht Zulässigen könnte die für Sozialpläne i.S.d. § 112 BetrVG geltende Grenze eine Richtschnur sein.[1368]
Hinsichtlich der Zulässigkeit vom Abfindungsforderungen im Arbeitskampf gilt entsprechendes wie für die Verlängerung von Kündigungsfristen. Verhindert die Abfindungsforderung aufgrund ihrer Höhe die Durchführung der unternehmerischen Entscheidung oder wird sie erst durch den Grundrechtsverzicht zulässig, kann sie nicht erkämpft werden.

1363 LAG Schleswig-Holstein, SAE 2004, 227, 233; *Meyer*, DB 2005, 830, 830; *Nicolai*, SAE 2004, 240, 242; *Rolfs/Clemens*, DB 2003, 1678, 1681; *Säcker/Oetker*, Tarifautonomie, S. 290. Vgl. insgesamt Wiedemann-*Thüsing*, TVG, § 1, Rn. 552.

1364 *Hanau/Thüsing*, ZTR 2001, 49, 51.

1365 LAG Schleswig-Holstein, SAE 2004, 227, 233; ArbG Hameln, AiB 2004, 574, 576; *Hanau/Thüsing*, ZTR 2001, 49, 51.

1366 *Bulla*, DB 1980, 158, 159.

1367 So könnte bei einem Betrieb, der eigentlich produktiv ist, aber geschlossen werden soll, um im Ausland einen höheren Gewinn zu erzielen, eine höhere Abfindungssumme zulässig sein.

1368 Vgl. dazu *Fitting*, BetrVG, § 112, 112a, Rn. 260 ff. In diese Richtung auch *Löwisch*, DB 2005, 554, 558, der auch § 10 KSchG heranziehen will.

b. Schuldrechtliche Vereinbarung

Da es sich auch bei Kündigungserschwernissen um Regelungen im Bereich der Arbeits- und Wirtschaftsbedingungen handelt, gelten, wie schon zuvor für den Ausschluss oder die Einschränkung der ordentlichen bzw. außerordentlichen Kündigung, für schuldrechtliche Vereinbarungen die selben Grenzen wie für die normativen Regelungen.

4. Qualifizierungsmaßnahmen

Auf den ersten Blick erscheint die Regelung von Qualifizierungsmaßnahmen unproblematisch, werden Qualifizierungsmaßnahmen doch von jeher in Tarifverträgen vereinbart.[1369] Die konkrete Gestaltung der hier interessierenden Qualifizierungsmaßnahmen macht jedoch schnell die Schwierigkeit dieser Regelungen deutlich. So wurde insbesondere im Tarifvertrag mit der Firma Weyburn-Bartel durchgesetzt, dass die Qualifizierung über einen Zeitraum von zwei Jahren laufen könne und die Arbeitnehmer dem Arbeitgeber in dieser Zeit nicht zur Erfüllung des Betriebszwecks zur Verfügung stehen müssten, obwohl die Vergütung fortzubezahlen sei.[1370] Gleichzeitig konnten die Arbeitsverhältnisse wegen der verlängerten Kündigungsfrist nicht beendet werden.[1371] Zugleich war eine Schließung des Betriebs zu diesem Zeitpunkt anvisiert. Im Fall des *LAG Schleswig-Holstein* ging es um solche Qualifizierungsmaßnahmen, die erst nach Beendigung des Arbeitsverhältnisses auf Kosten des Arbeitgebers durchgeführt werden sollten.[1372]

Das jeweils dahinterstehende Interesse der Gewerkschaften lag darin, die unternehmerische Entscheidung, wenn nicht zu verhindern, so doch – unterstützt durch den Ausschluss der betriebsbedingten Kündigung – über einen erheblichen Zeitraum hinauszuzögern, um so die Arbeitnehmer ggf. unter Weiterzahlung der Bezüge allein zur ihrer weiteren Qualifizierung für den Arbeitsmarkt weiterzubeschäftigen.[1373]

[1369] Vgl. *Rieble*, FS 50 Jahre BAG, S. 837 ff.

[1370] Vgl. etwa „Qualifizieren statt entlassen“, S. 8.

[1371] Die fehlende Trennschärfe zwischen den Kündigungsschutznormen und den Qualifizierungsnormen wird ebenfalls hervorgehoben bei *Hohenstatt/Schramm*, DB 2004, 2214, 2215; *Lieb*, DB 1999, 2058, 2066.

[1372] LAG Schleswig-Holstein, SAE 2004, 227, 227.

[1373] *Lieb*, DB 1999, 2058, 2065. Insofern gilt die nun folgende Überprüfung nicht für solche Qualifizierungsmaßnahmen, bei denen eine Rückkehr des Arbeitnehmers in den Dienst des Arbeitgebers – unabhängig von der Dauer der Qualifizierungsmaßnahme – beabsichtigt ist!

a. Normative Regelung

Zu klären ist zunächst, ob die Tarifvertragsparteien zur Regelung von Qualifizierungsmaßnahmen der genannten Art in der Lage sind. Dazu müssten sich diese unter eine der Normgruppen des § 1 Abs. 1 TVG subsumieren lassen. Diskutiert werden in diesem Zusammenhang fast alle Varianten: Die Einordnung als Beendigungs-, Inhalts- oder als Betriebsnorm bzw. betriebsverfassungsrechtliche Norm.[1374]

aa. Beendigungsnorm

Denkbar ist zunächst die Einordnung als Beendigungsnorm.[1375] Diese Einordnung ergibt sich nach Ansicht des *LAG Schleswig-Holstein* daraus, dass die Qualifizierungsmaßnahmen an die Beendigung der jeweiligen Arbeitsverhältnisse geknüpft sind und die sozialen Folgen der Kündigung abmildern sollen.[1376] Der Einwand, durch die Qualifizierungsmaßnahmen werde ein Rechtsverhältnis eigener, nicht arbeitsvertraglicher Art, begründet,[1377] ändere hieran nichts.[1378] Hierfür führt das *LAG Schleswig-Holstein* an, dass sich derartige Qualifizierungs- oder Umschulungsmaßnahmen in vielfältigen tariflichen Rationalisierungsschutzabkommen finden ließen.[1379] Zudem begründeten Qualifizierungsmaßnahmen der genannten Art unter dem Gesichtspunkt der arbeitsvertraglichen Fürsorgepflicht des Arbeitgebers nachvertragliche Pflichten seinerseits.[1380] Insbesondere korrespondiere die formelle mit der materiellen Normsetzungskompetenz. Beide resultierten aus Art. 9 Abs. 3 GG.[1381] Die durch Art. 9 Abs. 3 GG garantierte Koalitionsfreiheit gehe dabei sehr weit.[1382] Letztlich verweist das *LAG Schleswig-Holstein* auf Normen zur tariflichen Altersversorgung ehemaliger Mitarbeiter. Auch diese Verpflich-

---

1374 Pauschal für eine Subsumtion unter § 1 Abs. 1 TVG: Wiedemann-*Wiedemann*, TVG, Einl., Rn. 449.

1375 LAG Schleswig-Holstein, SAE 2004, 227, 233; ArbG Kiel, AuR 2003, 192, 193; ArbG Hameln, AiB 2004, 574, 576; ArbG Frankfurt a. M. v. 15.03.2005, 5 Ca 4542/04 (juris). Auch *Hensche*, AuR 2004, 443, 445 freilich ohne nähere Begründung. Unklar LAG Niedersachsen, SAE 2004, 235, 239.

1376 LAG Schleswig-Holstein, SAE 2004, 227, 233; LAG Niedersachsen, SAE 2004, 235, 239.

1377 So aber *Nicolai*, SAE 2004, 240, 247.

1378 Ohne Begründung insoweit ArbG Hameln, AiB 2004, 574, 576.

1379 LAG Schleswig-Holstein, SAE 2004, 227, 233; LAG Niedersachsen, SAE 2004, 235, 239; ArbG Frankfurt a. M. v. 15.03.2005, 5 Ca 4542/04 (juris).

1380 LAG Schleswig-Holstein, SAE 2004, 227, 233.

1381 LAG Schleswig-Holstein, SAE 2004, 227, 229.

1382 LAG Schleswig-Holstein, SAE 2004, 227, 229; ArbG Kiel, AuR 2003, 192, 193. In diese Richtung auch ArbG Frankfurt a. M. v. 15.03.2005, 5 Ca 4542/04 (juris).

tungen des Arbeitgebers seien nach Beendigung des Arbeitsverhältnisses zu erfüllen.[1383] Das *ArbG Hameln* begründet die Subsumtion unter den Begriff der Beendigungsnorm damit, dass die Qualifizierungsmaßnahmen bereits zum Zeitpunkt des Bestehens des Arbeitsverhältnisses für die Zeit nach Ablauf des Arbeitsverhältnisses Regelungen träfen.[1384] Letztlich vergleicht das *ArbG Frankfurt a. M.* Qualifizierungsmaßnahmen, die unter Fortzahlung der Bezüge nach Beendigung des Arbeitsverhältnisses durchgeführt werden, mit der Errichtung einer Qualifizierungsgesellschaft für die Zeit nach der Beendigung des Arbeitsverhältnisses und schließt hieraus, dass es sich um eine Regelung im Zusammenhang mit der Beendigung eines Arbeitsverhältnisses handele.[1385]

Soweit die Qualifizierungsmaßnahmen dazu dienen, das Arbeitsverhältnis künstlich weiterzubeleben, es also nicht zu einer Beendigung des Arbeitsverhältnisses kommt, geht es gar nicht um die Modalitäten der Kündigung, sondern um den (zeitweisen) Ausschluss der ohne weiteres gerechtfertigten Kündigungen.[1386] Qualifizierungsmaßnahmen dieser Art sind schon aus diesem Grund keine Beendigungsnormen.

Auch bei Qualifizierungsmaßnahmen nach Beendigung des Arbeitsverhältnisses geht es nicht um dessen Beendigung. Es geht vielmehr darum, dem Arbeitsverhältnis nach seiner Beendigung einen neuen Inhalt zu verschaffen.[1387] Richtig weist deshalb *Nicolai* darauf hin, dass bereits die Subsumtion unter den Wortlaut des § 1 Abs. 1 TVG fehlschlägt.[1388] Klauseln, die den Arbeitgeber verpflichten, den Arbeitnehmer nach Beendigung des Arbeitsverhältnisses weiterzubeschäftigen, erzeugen vielmehr ein Schuldverhältnis eigener Art.[1389] Ein Arbeitsverhältnis liegt hierin nicht mehr, da der Arbeitnehmer keine Gegenleistung mehr erbringt.[1390] Dagegen bezieht sich § 1 Abs. 1 TVG nur auf die Regelung von Arbeitsverhältnissen. Dies gilt es insbesondere auch für den vom *ArbG Frankfurt a. M.* vorgenommenen Vergleich zu beachten: Der Beitritt zu einer Qualifizierungsgesellschaft geschieht eben nicht durch die Beendigung des Arbeitsverhältnisses, sondern durch den Abschluss eines sog. dreiseitigen Vertrages. Dieser regelt die Reduzierung der Arbeitszeit beim tat-

---

[1383] LAG Schleswig-Holstein, SAE 2004, 227, 233; ArbG Frankfurt a. M. v. 15.03.2005, 5 Ca 4542/04 (juris), mit weiteren Beispielen.
[1384] ArbG Hameln, AiB 2004, 574, 576.
[1385] ArbG Frankfurt a. M. v. 15.03.2005, 5 Ca 4542/04 (juris).
[1386] *Lieb*, DB 1999, 2058, 2066.
[1387] *Lelley*, EWiR 2003, 1035, 1036; *Nicolai*, SAE 2004, 240, 247.
[1388] *Nicolai*, SAE 2004, 240, 246 f.
[1389] *Nicolai*, SAE 2004, 240, 247.
[1390] *Nicolai*, SAE 2004, 240, 247.

sächlichen Arbeitgeber auf Null, die Durchführung von Qualifizierungsmaßnahmen, sowie ggf. die Beschäftigung bei Dritten.[1391] Zu einer Beendigung des Beschäftigungsverhältnisses kommt es eben nicht, so dass sich auch der dahingehende Vergleich verbietet. Der Vergleich verbietet sich aber auch deshalb, weil der Arbeitgeber normativ nicht zur Errichtung einer Beschäftigungs- und Qualifizierungsgesellschaft gezwungen werden kann.[1392]
Es ist auch nicht ausreichend, dass eine Regelung nur in irgendeinem Zusammenhang mit der Beendigung steht; gem. § 1 Abs. 1 TVG können Tarifverträge nämlich nur solche Normen enthalten, die die Beendigung von Arbeitsverhältnissen *ordnen*.[1393]
Die vom *LAG Schleswig-Holstein* ins Feld geführte arbeitsvertragliche Fürsorgepflicht ist nicht geeignet, eine Subsumtion unter den Begriff der Beendigungsnorm zu bewirken. Hieraus den Anspruch des Arbeitnehmers auf Begründung eines Schuldverhältnisses eigener Art nach Beendigung des Arbeitsverhältnisses abzuleiten, geht über die Reichweite der arbeitsvertraglichen Fürsorgepflicht hinaus.[1394] Diese begründet schon keinen Anspruch auf Wiedereinstellung, mithin auf Wiederbegründung des Arbeitsverhältnisses.[1395] Die arbeitgeberseitige Fürsorgepflicht kann allenfalls im Rahmen eines zu diskutierenden Eingriffs in Art. 12 Abs. 1 GG angeführt werden – für die Einordnung als Beendigungsnorm hat sie aber keine Bedeutung.
Soweit das *LAG Schleswig-Holstein* glaubt, aus der bloßen Regelung von Qualifizierungs- oder Umschulungsmaßnahmen in tariflichen Rationalisierungsschutzabkommen auf die Zulässigkeit der hier in Rede stehenden Qualifizierungsmaßnahmen schließen zu können, läuft dies darauf hinaus, dass eine tarifliche Regelung nur deshalb rechtmäßig sein soll, weil sie schon in mehreren Tarifverträgen festgeschrieben wurde.[1396] Dass dies nicht richtig ist, liegt auf der Hand: Davon abgesehen, dass dieses Augment mit der Subsumtion unter § 1 Abs. 1 TVG nicht zu tun hat, und dass Qualifizierungsmaßnahmen, wie sie in tariflichen Rationalisierungsschutzabkommen vereinbart werden, mit den hier zu diskutierenden Qualifizierungsmaßnahmen nicht vergleichbar

---

1391 *Fitting*, BetrVG, §§ 112, 112a, Rn. 147 b.
1392 *Rieble*, ZfA 2004, 1, 22.
1393 *Nicolai*, SAE 2004, 240, 246 f. Vgl. aber a. A. ArbG Frankfurt a. M. v. 15.03.2005, 5 Ca 4542/04 (juris).
1394 *Nicolai*, SAE 2004, 240, 247.
1395 *Nicolai*, SAE 2004, 240, 247.
1396 *Nicolai*, SAE 2004, 240, 247.

sind,[1397] hätten es die Tarifvertragsparteien damit in der Hand durch Verfestigung einer Tarifvertragsnorm deren Verfassungsmäßigkeit herbeizuführen.[1398] Indem das *LAG Schleswig-Holstein* zur Begründung Art. 9 Abs. 3 GG anführt, verweigert das Gericht dem § 1 Abs. 1 TVG jegliche Wirkung. Dies kann schon deshalb nicht angehen, weil der Gesetzgeber mit § 1 Abs. 1 TVG in zulässiger Weise von seinem aus Art. 9 Abs. 3 GG resultierenden Gestaltungsauftrag Gebrauch gemacht hat.[1399]
Letztlich hilft auch der Hinweis auf die Zulässigkeit der Regelung einer tariflichen Altersversorgung nicht weiter. Solche Leistungen des Arbeitgebers entstehen bereits während des Arbeitsverhältnisses und sind Teil der Gegenleistung des Arbeitgebers für die erbrachte Arbeitsleitung. Dagegen erhält der Arbeitgeber für die Qualifizierung seiner Arbeitnehmer, ggf. sogar seiner ehemaligen Arbeitnehmer, keine Gegenleistung.[1400] Auch während des bisherigen Verlaufs des Arbeitsverhältnisses hat der Arbeitgeber keine Gegenleistung für die Qualifizierung erhalten. Ein Vergleich zur Regelung einer tariflichen Altersversorgung verbietet sich daher.
Soweit schließlich das *ArbG Hameln* von einer Beendigungsnorm ausgeht, weil die Qualifizierungsmaßnahmen während des Bestehens des Arbeitsverhältnisses für die Zeit nach Ablauf des Arbeitsverhältnisses festgeschrieben würden, übersieht das *ArbG*, dass dies auf fast jede tarifliche Regelung zutrifft. Ließe man dieses Argument gelten, könnte jede Tarifnorm unter den Begriff der Beendigungsnorm subsumiert werden. Auf den Zeitpunkt der Vereinbarung kommt es im Hinblick auf § 1 Abs. 1 TVG daher nicht an.[1401] Eine Subsumtion unter den Begriff der Beendigungsnorm schlägt insgesamt fehl.

bb. Inhaltsnorm

Inhaltsnormen regeln den Inhalt der einzelnen Arbeitsverhältnisse und können sich auf alle Rechte und Pflichten der einzelnen Arbeitnehmer und Arbeitgeber erstrecken.[1402] Die mögliche Einordnung als Inhaltsnorm ergibt sich daraus, dass durch die Betriebsstilllegung das an sich inhaltsleer gewordene Ar-

---

[1397] Der entscheidende Unterschied liegt doch darin, dass Qualifizierungsmaßnahmen, wie sie in tariflichen Rationalisierungsschutzabkommen vereinbart werden, während eines bestehenden Arbeitsverhältnisses durchgeführt werden und dem Arbeitgeber gleichzeitig die Arbeitnehmer als Arbeitskraft zur Verfügung stehen.

[1398] *Nicolai*, SAE 2004, 240, 247.

[1399] So auch *Nicolai*, SAE 2004, 240, 247 f.

[1400] *Nicolai*, SAE 2004, 240, 248.

[1401] So auch LAG Niedersachsen, SAE 2004, 235, 239.

[1402] *Däubler*, Tarifvertragsrecht, Rn. 170.

beitsverhältnis durch das Ausüben von Qualifizierungsmaßnahmen wieder erneuert wird.[1403]

Bedenken gegen die Einordnung als Inhaltsnorm machen sich daran fest, dass die Durchführung der Qualifizierungsmaßnahmen mit dem Arbeitsverhältnis selbst nichts mehr zu tun habe.[1404] Es handele sich lediglich um den Versuch, das an sich inhaltslos gewordene Arbeitsverhältnis auf Kosten des Arbeitgebers durch Qualifizierungsmaßnahmen bis zu einem Zeitpunkt aufrecht zu erhalten, in dem sich die eigentlich beschäftigungslosen Arbeitnehmer für eine andere Stelle qualifiziert haben.

Dieser Argumentation ist vorbehaltlos zuzustimmen. Freilich soll damit nicht – und dies bezweckt auch *Lieb* nicht – die zulässige Regelung von Qualifizierungsmaßnahmen als Inhaltsnormen in Zweifel gezogen werden.[1405] Unzulässig sind lediglich solche Qualifizierungsmaßnahmen, die zum Inhalt des Arbeitsverhältnisses werden sollen, wobei den Arbeitgeber eine Pflicht zur Lohnzahlung trifft, ohne dass dem eine verwertbare Gegenleistung in seinem Interesse gegenübersteht. Dabei ergibt sich die Unzulässigkeit der Einordnung als Inhaltsnorm aus dem Begriff der Inhaltsnorm selbst. Diese muss den Inhalt der geregelten Arbeitsverhältnisse betreffen.[1406] Es kann sich um materielle oder formelle Arbeitsbedingungen handeln. Materielle Arbeitsbedingungen sind solche über Lohn und lohnwerte Gegenleistung, während formelle Arbeitsbedingungen die Gesamtheit aller nicht geldwerten, also kostenneutralen Leistungen sowie solcher Bedingungen bezeichnen, unter denen der Arbeitnehmer seine Tätigkeit vollzieht.[1407] Qualifizierungsmaßnahmen der genannten Art stimmen mit diesen Grundsätzen nicht überein: Sie betreffen nicht mehr das geregelte Arbeitsverhältnis, sondern schaffen im Prinzip ein neues mit einem völlig neuen Inhalt. Es lassen sich aber auch keine materiellen, geschweige denn formellen Arbeitsbedingungen erdenken, unter die eine Qualifizierungsmaßnahme, wie sie hier im Raum steht, zu fassen wäre.

Man könnte allenfalls daran denken, dass es sich um eine Entgeltfortzahlungspflicht handelt, die dem Arbeitgeber unter bestimmten Umständen zufallen kann, obwohl die Arbeitsleistung nicht erbracht wird. Solche Entgeltfort-

---

1403 *Lieb*, DB 1999, 2058, 2066. Für eine Einordnung als Inhaltsnorm wohl auch *Hohentstatt/Schramm*, DB 2004, 2214, 2217, allerdings ohne die notwendige Differenzierung hinsichtlich gewöhnlicher Qualifizierungsmaßnahmen während des Verlaufs des Arbeitsverhältnisses und solcher, die der Konstruktion eines Schuldverhältnisses eigener Art dienen.

1404 *Lieb*, DB 1999, 2058, 2066.

1405 Vgl. erneut die Darstellung bei *Rieble*, FS 50 Jahre BAG, S. 846 ff.

1406 Wiedemann-*Thüsing*, TVG, § 1, Rn. 410.

1407 Wiedemann-*Thüsing*, TVG, § 1, Rn. 411.

zahlungspflichten erklären sich aus dem sog. Arbeitnehmerschutzprinzip und zollen dem Lebensrisiko des Arbeitnehmers Tribut. Die Entgeltfortzahlung ist „Äquivalent für die Verfügbarkeit der Arbeitskraft".[1408] Für Qualifizierungsmaßnahmen, die zur Aufrechterhaltung des eigentlich inhaltslos gewordenen Arbeitsverhältnisses dienen, könnte in diesem Zusammenhang an die Grundsätze über das Betriebsrisiko gedacht werden. Danach trifft den Arbeitgeber die Verantwortlichkeit dafür, die ihm angebotene Arbeitsleistung nicht verwerten zu können. Dies ist unabhängig davon, ob die Durchführung des Arbeitsvertrages an betriebstechnischen Schwierigkeiten oder an anderen Gründen scheitert. Unabhängig ist die Verantwortlichkeit des Arbeitgebers auch davon, ob die Störung vorübergehend oder dauernder Natur ist.[1409] Die Störung läge hier in der vom Arbeitgeber selbst veranlassten Betriebsänderung, wegen der er die Arbeitsleistung nicht mehr verwerten kann.

Allerdings ist die Betriebsstilllegung keine „Störung" des Betriebsablaufs; sie beendet die Produktion. Dementsprechend ist das Standardbeispiel im Zusammenhang mit der Betriebsrisikolehre auch die Unterbrechung der Produktion.[1410] Es handelt sich bei der Entgeltfortzahlung wegen eines Betriebsrisikos um einen Ausnahmefall; grundsätzlich muss deshalb der Zahlung des Arbeitslohnes die Erbringung der Arbeitspflicht gegenüberstehen. Eine Einordnung als Inhaltsnorm schlägt aus diesen Gründen fehl.

Schließlich sind auch solche Qualifizierungsmaßnahmen, die erst nach Beendigung des Arbeitsverhältnisses ansetzen, keine Inhaltsnormen. Hier gilt entsprechendes wie bereits im Rahmen der Beendigungsnormen.[1411] Klauseln, die den Arbeitgeber verpflichten, den Arbeitnehmer nach Beendigung des Arbeitsverhältnisses weiterzubeschäftigen, erzeugen ein Schuldverhältnis eigener Art.[1412] Hierin liegt kein Arbeitsverhältnis mehr, so dass eine Subsumtion unter § 1 Abs. 1 TVG fehlschlägt.

cc. Betriebsnorm

Das *ArbG Lübeck* versucht Qualifizierungsmaßnahmen der hier in Rede stehenden Art unter den Begriff der Betriebsnorm zu subsumieren.[1413]

1408 Wiedemann-*Thüsing*, TVG, § 1, Rn. 548.

1409 Wiedemann-*Thüsing*, TVG, § 1, Rn. 549.

1410 Vgl. *Lieb/Jacobs*, Arbeitsrecht, Rn. 192.

1411 Da es sich bei der Beendigungsnorm auch nur um eine besondere Form der Inhaltsnorm handelt, vgl. *Lieb/Jacobs*, Arbeitsrecht, Rn. 465. Wohl auch Wiedemann-*Thüsing*, TVG, § 1, Rn. 522.

1412 *Nicolai*, SAE 2004, 240, 247.

1413 ArbG Lübeck, AiB 2002, 122, 125; zustimmend *Schoof*, AiB 2002, 126, 126 f.

Bisher ist es nicht zu einer einheitlichen Auffassung über die tatbestandlichen Voraussetzungen der Betriebsnormen gekommen.[1414] Grundsätzlich werden heute jedoch zwei Ansätze vertreten: Der formale Ansatz orientiert sich an der von Betriebsnormen ausgelösten Rechtsfolge oder Wirkung, nämlich der Geltung für alle Arbeitnehmer.[1415] Richtigerweise ist aber an die sachlich-gegenständliche Ordnungs- und Ausgleichsfunktion der Betriebsnormen anzuknüpfen.[1416] Dies ergibt sich vor dem Hintergrund, dass Betriebsnormen dazu dienen, die arbeitsteilige Organisation zu bewältigen, und dabei entweder nach ihrer Zwecksetzung den Unterschied zwischen organisierten und nichtorganisierten Arbeitnehmern nicht berücksichtigen können oder nach ihrem Inhalt einen Interessenausgleich zwischen allen Arbeitnehmern herbeiführen wollen.[1417] Betriebsnormen beziehen sich auf den Betrieb und damit auf Sachfragen, bei denen es notwendigerweise einer sachlichen Einheitlichkeit bedarf, so dass der kollektive Regelungsgehalt dominiert.[1418] Konsequenz der notwendigen sachlichen Einheitlichkeit ist die Geltung dieser Regelungen für alle Arbeitnehmer.

Die Betriebsnormen unterteilen sich in Schutz- und Ordnungsregelungen[1419] oder Ausgleichs- und Verteilungsregelungen[1420]. Wie eine Einordnung hier erfolgen soll, ist nicht ersichtlich; vielsagend äußert sich auch das *ArbG Lübeck* hierzu nicht. Um Schutz- und Ordnungsregelungen handelt es sich nicht. Ausgleichs- und Verteilungsregelungen betreffen etwa die Verteilung der Arbeitsplätze, die tarifvertragliche Festlegung der Arbeitsplätze nach § 1 Abs. 4 KSchG oder die einheitliche Verteilung der Arbeitszeit. Qualifizierungsmaßnahmen lassen sich unter keine dieser Fallgruppen fassen. Insbesondere besteht auch keine Notwendigkeit zu einer betriebseinheitlichen Regelung.[1421]

1414 *Wiedemann*, RdA 1997, 297, 300.

1415 BAG, AP Nr. 4 zu § 1 BeschFG 1985; BAG, AP Nr. 57 zu Art. 9 GG.

1416 BAG, DB 1990, 181, 183; *Buchner*, DB 2001, Beilage 9 zu Heft 48, 1, 9; *Wiedemann*, RdA 1997, 297, 300.

1417 *Wiedemann*, RdA 1997, 297, 300.

1418 ErfK-*Franzen*, TVG, § 1, Rn. 45; *Löwisch/Rieble*, TVG, § 1, Rn. 106; Wiedemann-*Thüsing*, TVG, § 1, Rn. 733.

1419 *Buchner*, DB 2001, Beilage 9 zu Heft 48, 1, 9; Wiedemann-*Thüsing*, TVG, § 1, Rn. 739 ff.

1420 Wiedemann-*Thüsing*, TVG, § 1, Rn. 746 ff.

1421 S. insoweit aber auch undifferenziert: ErfK-*Schaub*, TVG, 5. A., § 1, Rn. 111, nach dem der Beschäftigungssicherungstarifvertrag Betriebsnorm sein kann. Auch das *BAG* hielt es obiter für möglich, dass Firmentarifverträge zur Beschäftigungssicherung Betriebsnormen darstellen können, s. BAG, AP Nr. 5 zu § 3 TVG Betriebsnormen

dd. Betriebsverfassungsrechtliche Norm

Schlägt die Einordnung als Betriebsnorm fehl, bleibt die ebenfalls vom *ArbG Lübeck* ins Spiel gebrachte Qualifizierung als betriebsverfassungsrechtliche Norm zu erörtern.[1422]
Betriebsverfassungsrechtliche Normen beziehen sich auf die Einrichtung und die Organisation der Betriebsvertretung sowie deren Befugnisse und Rechte.[1423] Daraus begründet sich, ebenso wie für die Betriebsnormen, die Notwendigkeit zur Geltung für den ganzen Betrieb und damit für alle Arbeitnehmer gem. § 3 Abs. 2 TVG.
Diese grundsätzliche Einordnung ignoriert das Arbeitsgericht bei seiner lapidaren Äußerung, es könne sich um betriebsverfassungsrechtliche Normen handeln. Es werden nämlich nicht die Rechte oder Befugnisse des Betriebsrates modifiziert, wie dies für eine betriebsverfassungsrechtliche Norm notwendig wäre, sondern es wird den Arbeitnehmern ein Anspruch auf Qualifizierung eingeräumt, ohne dass sie hierfür eine Gegenleistung erbringen müssten.[1424] Die Entscheidung über die Qualifizierungsmaßnahmen obliegt nicht einmal dem Betriebsrat, sondern wird von einer paritätischen Kommission festgelegt.[1425]

ee. Ergebnis

Bereits eine Einordnung der Qualifizierungsmaßnahmen unter die Systematik des § 1 Abs. 1 TVG misslingt. Qualifizierungsmaßnahmen, die ein inhaltslos gewordenes Arbeitsverhältnis aufrechterhalten sollen, sind daher nicht normativ regelbar.[1426]

b. Schuldrechtliche Vereinbarung

Bleibt zu klären, ob solche Maßnahmen im schuldrechtlichen Teil des Tarifvertrages vereinbart werden können. Dies würde das Arbeitsverhältnis nicht unmittelbar beeinflussen, dem einzelnen Arbeitnehmer jedoch als Teil eines

---

1422 ArbG Lübeck, AiB 2002, 122, 125. Unklar LAG Niedersachsen, SAE 2004, 235, 239.
1423 ErfK-*Franzen*, TVG, § 1, Rn. 48.
1424 So im Ergebnis auch *Nicolai*, SAE 204, 240, 248.
1425 ArbG Kiel, AuR 2003, 192, 192.
1426 I. E. auch *Löwisch/Rieble*, TVG, § 1, Rn. 276. Anders aber freilich wohl das *BAG*, Entscheidung vom 24.04.2007, 1 AZR 252/06, (vgl. Pressemitteilung Nr. 27/07) wobei abzuwarten bleibt, ob die vom *BAG* überprüfte Qualifizierungsmaßnahme mit der hier kritisierten übereinstimmt, denn wie bereits herausgestellt, soll die vorgenommene Überprüfung nicht auf eine Qualifizieurngsmaßnahme übertragbar sein, bei der eine Rückkehr des Arbeitnehmers in den Dienst des Arbeitgebers – unabhängig von der Dauer der Qualifizierungsmaßnahme – beabsichtigt ist.

Vertrags zugunsten Dritter einen dementsprechenden Anspruch gegen den Arbeitgeber einräumen.
Der Vereinbarung von Qualifizierungsmaßnahmen der genanten Art steht § 1 Abs. 1 TVG nicht entgegen. In Bezug auf den schuldrechtlichen Teil des Tarifvertrages ist § 1 Abs. 1 TVG nicht anwendbar.[1427]

aa. Verstoß gegen Art. 12 Abs. 1 GG

Zu bedenken ist aber ein möglicher Verstoß gegen Art. 12 Abs. 1 GG.

(1) Schutzbereich

Der Arbeitgeber als Unternehmer unterfällt dem Schutzbereich des Art. 12 Abs. 1 GG in gleichem Maße wie der Arbeitnehmer.[1428] Der einzige Unterschied zum Arbeitnehmer ist der, dass der Arbeitgeber für die eigene Arbeitsleistung auf die abhängige Arbeitsleistung anderer zurückgreift.[1429]
Der Schutzbereich des Art. 12 Abs. 1 GG beinhaltet sowohl die positive als auch die negative Berufsfreiheit.[1430] Aus dieser negativen Berufsfreiheit resultiert das Recht des Unternehmers, sein Unternehmen und damit seinen Beruf aufzugeben.[1431] Ihm muss genauso die Möglichkeit zustehen, die Größenordnung seines Unternehmens festzulegen.[1432] Die Entscheidung über Bestand, Umfang und Zielsetzung des Unternehmens verbleibt daher beim Unternehmer.[1433] Die Unternehmensfortführung gegen den Willen des Unternehmers liefe auf eine Negierung der unternehmerischen Freiheit hinaus.[1434] Die Entscheidung des Arbeitgebers zur Betriebsstilllegung betrifft aber nicht nur die Frage, ob die betriebliche Tätigkeit als solche beendet werden soll; sie verwirklicht sich auch in solchen Maßnahmen, die mit der unternehmerischen Entscheidung untrennbar verbunden sind. Dazu gehört die betriebsbedingte

---

[1427] Vgl. dazu oben, 3. Teil A. II. 2.
[1428] BVerfGE 77, 308, 335; *Säcker/Oetker*, Tarifautonomie, S. 254.
[1429] *Säcker/Oetker*, Tarifautonomie, S. 255; sowie schon oben 3. Teil B. II. 1.
[1430] *Preis*, Prinzipien, S. 64.
[1431] BAG, EzA Nr. 141 zu § 626 n. F. BGB; BAG, NZA 1998, 771, 773; ArbG Kiel, AuR 2003, 192, 193; *Papier*, RdA 1989, 137, 139.
[1432] *Papier*, RdA 1989, 137, 139.
[1433] BAG, NZA 1990, 886, 889; BAG, NZA 1998, 771, 773; LAG Hamm, NZA-RR 2000, 535, 537; LAG Schleswig-Holstein, SAE 2004, 227, 231; *Beuthien*, ZfA 1984, 1, 12 f.; *Wiedemann*, RdA 1986, 231, 236 f.; Wiedemann-*Wiedemann*, TVG, 6. A, Einl., Rn. 459. Vgl. aber nunmehr Wiedemann-*Wiedemann*, TVG, Einl., Rn. 450, der eine freiwillige Regelung dieser Materien für möglich hält.
[1434] *Wiedemann*, RdA 1986, 231, 236.

Kündigung der beschäftigungslos gewordenen Arbeitnehmer.[1435] Ein Arbeitgeber kann folglich nicht gezwungen werden, ein inhaltsloses, für ihn wirtschaftlich sinnlos gewordenes Arbeitverhältnis aufrecht zu erhalten.[1436]
Durch die künstliche Belebung des Arbeitsverhältnisses mit Qualifizierungsmaßnahmen, ggf. über das Ende des Arbeitsverhältnisses hinaus, wird der Arbeitgeber letztlich an der Umsetzung seiner eigentlich freien unternehmerischen Entscheidung zur Betriebsstilllegung gehindert.[1437] Der Schutzbereich der Unternehmerfreiheit ist damit eröffnet. Hierfür spricht auch die Wertung der §§ 111 ff. BetrVG, die nach dem oben gefundenen Ergebnis als Abgrenzungskriterium hinsichtlich der Frage, ob der Schutzbereich des Art. 12 Abs. 1 GG betroffen ist, herangezogen werden können.[1438] Danach kann die Arbeitnehmervertretung zwar auf die sozialen Folgen einer Betriebsänderung über § 112 BetrVG unmittelbar Einfluss nehmen; die unternehmerische Entscheidung selbst bleibt der erzwingbaren Mitbestimmung gem. § 111 BetrVG aber verschlossen.

(2) Eingriff

Ist der Schutzbereich eröffnet, hängt ein Verstoß gegen Art 12 Abs. 1 GG von einem Eingriff in diesen Schutzbereich ab.
Der klassische Eingriff liegt dann vor, wenn es zu einer finalen und unmittelbaren Verletzung des Schutzbereichs kommt.[1439] Qualifizierungsmaßnahmen der beschriebenen Art sind darauf gerichtet, die Betriebsstilllegung zumindest für einen gewissen Zeitraum zu verhindern und beschäftigungslos gewordene Arbeitnehmer für ihre bloße Anwesenheit zu entlohnen, so dass von einer gezielten und unmittelbaren Verletzung des eben aufgezeigten Schutzbereichs auszugehen ist.[1440] Dies ergibt sich insbesondere unter Beachtung der Gesamtumstände zur Vereinbarung eins tariflichen Sozialplans. Ein Eingriff in die unternehmerische Entscheidungsfreiheit liegt daher vor.

[1435] BAG, EzA Nr. 141 zu § 626 n. F. BGB; BAG, NZA 1998, 771, 773; LAG Schleswig-Holstein, SAE 2004, 227, 231; *Lieb*, DB 1999, 2058, 2066; Maunz/Dürig-*Scholz*, GG, Art. 12, Rn. 58; *Nicolai*, SAE 2004, 240, 243; *Papier*, RdA 1989, 137, 139.

[1436] BAGE 5, 20, 22 ff.; BAG, AP Nr. 86 zu § 626 BGB; BAG, AP Nr. 7 zu § 626 Krankheit; BAG, NZA 1998, 771, 773; *Nicolai*, SAE 2004, 240, 243; *Wiedemann*, RdA 1986, 231, 240 f.

[1437] Etwas anderes gilt freilich dann, wenn der Betrieb gar nicht geschlossen, sondern lediglich ein Teil der Belegschaft entlassen werden soll. Dieser Fall wird hier ausdrücklich nicht besprochen!

[1438] Vgl. schon oben, 3. Teil C. I. 4. d.

[1439] Genauer bei *Pieroth/Schlink*, Grundrechte, Rn. 238.

[1440] *Wiedemann*, RdA 1986, 231, 240. *Wiedemann* bezieht sich zwar auf Beispiel der Rationalisierung für die Betriebsänderung muss aber das Gleiche gelten.

Hinsichtlich der möglichen Rechtfertigung eines Eingriffs in die Berufsfreiheit ist danach zu unterscheiden, ob es sich um eine Berufsausübungsregelung, um eine subjektive oder objektive Berufswahlregelung handelt.[1441] Dabei betreffen Berufsausübungsregelungen das „Wie", d. h. die Art und Weise der beruflichen Betätigung und damit die Modalitäten, in denen sich die berufliche Tätigkeit vollzieht, Berufswahlregelungen hingegen das „Ob" der beruflichen Tätigkeit, also die Berufsaufnahme, Fortsetzung und Beendigung.[1442]
Wird ein Arbeitsverhältnis nicht länger aufrechterhalten, um der Verwirklichung des Betriebszwecks, sondern allein der weiteren Qualifizierung der Arbeitnehmer zu dienen, wird damit wohl nicht mehr nur auf die Art und Weise der beruflichen Betätigung Einfluss genommen; es dürfte vielmehr um die Frage nach der Fortsetzung oder Beendigung der Tätigkeit als Unternehmer und damit um Berufswahlregelungen gehen. Ohnehin ist die Unterscheidung zwischen subjektiven und objektiven Zulassungsbeschränkungen fließend und selten hilfreich; letztlich kommt es deshalb für die Rechtfertigung eines Eingriffes auch nur darauf an, wie einschneidend mit einer Regelung in das Grundrecht der Freiheit der Berufswahl eingegriffen wird.[1443]

(3) Rechtfertigung

Qualifizierungsmaßnahmen, die zur künstlichen (Wieder-)Belebung des Arbeitsverhältnisses dienen, bilden jedenfalls Maßnahmen, die die Berufsfreiheit des Arbeitgebers in erheblichem Maße beeinträchtigen. Eine Rechtfertigung könnte trotzdem über kollidierende Grundrechte möglich sein.

(a) Art. 9 Abs. 3 S. 1 GG

Zunächst ist an eine Rechtfertigung über Art. 9 Abs. 3 S. 1 GG in Form der Betätigungsfreiheit der Gewerkschaft, hier der Tarifautonomie, zu denken. Dazu müsste es sich bei Qualifizierungsmaßnahmen der genannten Art aber um „Arbeits- und Wirtschaftsbedingungen" i.S.d. Art. 9 Abs. 3 S. 1 GG handeln.[1444]

1441 S. auch BAG, AP Nr. 67 zu Art. 12 GG. A. A. wohl *Hensche*, AuR 2004, 443, 449.

1442 S. schon oben, 3. Teil B. II. 2.

1443 BAG, AP Nr. 67 zu Art. 12 GG.

1444 Sogar für eine Regelungsbefugnis i. E. LAG Schleswig-Holstein, SAE 2004, 227, 233; ArbG Kiel, AuR 2003, 192, 193; wohl auch *Buchner*, DB 2001, Beilage 9 zu Heft 48, 1, 11; *Zabel*, AiB 2004, 576, 577 dieser freilich ohne Begründung.

Spätestens hier ist zu berücksichtigen, dass für die unternehmerische Entscheidungsfreiheit ein Kernbereich vorbehalten bleiben muss.[1445] Diesem Kernbereich sind die Entscheidungen über Bestand, Umfang und Zielsetzung des Unternehmens zuzuordnen.[1446] Eine tarifliche Regelung wäre in diesem Bereich selbst dann nicht zulässig, wenn die unternehmerische Entscheidung die sozialen Interessen der Arbeitnehmer unmittelbar berührte.[1447] Der Tarifvertrag darf nur die Fragen betreffend die sozialen Folgen der unternehmerischen Entscheidung regeln. Verfügungen über den Betrieb als Ganzes, in Form der Betriebsstilllegung, -veräußerung oder –verpachtung, unterliegen nicht der tarifvertraglichen Regelungskompetenz. Es verstieße sowohl gegen Allgemeininteressen als auch gegen Gläubigerinteressen, wenn die Gewerkschaft den Unternehmer zur Fortführung unrentabler Betriebe zwingen könnte. Dies schließt zunächst eine tarifvertragliche Regelung von Betriebsstilllegungen und –einschränkungen aus.[1448] Die Unternehmensfortführung gegen den Willen des Unternehmers liefe auf eine Negierung der unternehmerischen Freiheit hinaus.[1449] Im Kernbereich muss sie daher gegen tarifvertragliche Einflüsse geschützt sein.[1450] Äußerste Grenze der tarifvertraglichen Regelungsbefugnis ist aus diesem Grund das Verbot wirtschaftlich sinnloser Beschäftigung.[1451] Um nichts anderes geht es bei Qualifizierungsmaßnahmen, wie sie hier in Rede stehen. Das Arbeitsverhältnis dient allein der Qualifizierung der Arbeitnehmer auf Kosten des Arbeitgebers, ohne dass dem eine Gegenleistung der Arbeitnehmer gegenüberstünde. Qualifizierungsmaßnahmen, wie sie hier in Rede stehen, dienen einzig dazu, ein Arbeitsverhältnis aufrechtzuerhalten, für das weder ein Interesse noch Bedarf besteht. Dies wird vom Schutzzweck der Tarifautonomie nicht mehr getragen.[1452]

Die einzelfallbezogene Argumentation des *ArbG Kiel*, der Unternehmer könne trotz der Vereinbarung der Qualifizierungsmaßnahmen frei über die Betriebsänderung entscheiden,[1453] führt hier nicht weiter. Die Rechtmäßigkeit der Qualifizierungsmaßnahmen ist nämlich nicht daran zu beurteilen, ob die Betriebsänderung weiter möglich ist, sondern daran, ob die Qualifizierungs-

---

1445 *Wiedemann*, RdA 1986, 231, 236.
1446 *Wiedemann*, RdA 1986, 231, 236.
1447 *Wiedemann*, RdA 1986, 231, 236.
1448 *Wiedemann*, RdA 1986, 231, 237.
1449 *Wiedemann*, RdA 1986, 231, 236.
1450 *Wiedemann*, RdA 1986, 231, 237.
1451 *Wiedemann*, RdA 1986, 231, 240 f.
1452 *Wiedemann*, RdA 1986, 231, 239.
1453 ArbG Kiel, AuR 2003, 192, 193.

maßnahmen an sich regelbar sind bzw. gegen den Kernbereich der Unternehmensautonomie verstoßen.
Für die genannten Qualifizierungsmaßnahmen haben die Tarifvertragsparteien daher keine Vereinbarungsbefugnis – eine Rechtfertigung über Art. 9 Abs. 3 S. 1 GG scheidet aus.

(b) Art. 12 Abs. 1 GG

Als weitere kollidierende Grundrechtsposition könnte Art. 12 Abs. 1 GG in Betracht kommen. Art. 12 Abs. 1 GG schützt nicht nur die unternehmerische Entscheidungsfreiheit, sondern auch das Interesse der zu entlassenden Arbeitnehmer am Erhalt ihrer Arbeitsplätze.[1454] Insoweit ist auch durchaus anerkannt, dass die Beschäftigungssicherung – wohlgemerkt unabhängig von einem etwaigen Mandat mit besonderen Rechtsfolgen – den Eingriff in die unternehmerische Entscheidungsfreiheit zu Rechtfertigen vermag.[1455]
Nach anderer Ansicht sei weiter zu beachten, ob die Unternehmerentscheidung zur Stilllegung des Betriebs offensichtlich unsachlich, unvernünftig oder willkürlich sei[1456] oder ob es um den „vernünftigen“ Fall der Sanierung eines angeschlagenen Unternehmens geht.[1457] Es sei eben nicht nur das freie Unternehmertum, sondern auch die Sozialbindung des Eigentums zu berücksichtigen.[1458] So entspreche es vernünftigen Erwägungen des Gemeinwohls, nicht in der einen Region Arbeitsplätze abzubauen, um zur Steigerung der bereits vorhandenen Gewinne in der anderen eine geringere Anzahl neu zu schaffen.[1459] Tatsächlich wurde der tarifliche Sozialplan bei der Firma Weyburn-Bartel vor dem Hintergrund abgeschlossen, dass der Arbeitgeber eine Verlegung der Produktion an einen für ihn billigeren Standort beschlossen hatte, obwohl die bisherige Produktionsstätte im bilanziellen Plus war und sogar steigende Gewinne verzeichnete.[1460]

[1454] BVerfG, NJW 1991, 1667, 1667; BVerfG, NZA 1995, 619, 620; BVerfG, NJW 1997, 2310, 2310; BVerfG, NZA 1998, 470, 471; BAGE 88, 118, 123; BAG, DB 2001, 547, 548; BAG, AP Nr. 24 zu § 611 BGB Arbeitszeit; *Oberberg/Schoof*, AiB 2002, 169, 173; *Wolter*, RdA 2002, 218, 225.

[1455] BAGE, 88, 118, 123; BAG, AP Nr. 24 zu § 611 BGB Arbeitszeit; *Ingelfinger*, Arbeitsplatzgestaltung, S. 231.

[1456] Zu diesem Merkmal im Rahmen der sozialen Rechtfertigung einer Kündigung: ArbG Gelsenkirchen, AiB 1999, 48, 48 f.

[1457] *Oberberg/Schoof*, AiB 2002, 169, 174.

[1458] *Oberberg/Schoof*, AiB 2002, 169, 174; *Schuster*, Anm. zu ArbG Gelsenkirchen, AiB 1999, 49, 50. Dies korrespondiert mit dem weiter oben angesprochenen Gedanken der arbeitgeberseitigen Fürsorgepflicht.

[1459] *Wolter*, RdA 2002, 218, 225.

[1460] Vgl. dazu „Qualifizieren statt Entlassen“, S. 5.

Grundsätzlich kommt der Unternehmer der Sozialbindung seines Eigentums aber schon mit der Regelung der sozialen Folgen nach. Das Interesse zur Weiterbeschäftigung findet in der Entscheidung des Arbeitgebers, seinen Betrieb stillzulegen, sein absolutes Ende. Durch die Weiterbeschäftigung beschäftigungslos gewordener Arbeitnehmer, die für ihre bloße Anwesenheit entlohnt werden, wird der Kernbereich der unternehmerische Entscheidungsfreiheit nicht weniger beeinträchtigt, als würde die unternehmerische Entscheidung selbst verhindert. Hierfür lässt sich erneut die Systematik der §§ 111 ff. BetrVG fruchtbar machen. Auch der Gesetzgeber räumt der Arbeitnehmervertretung kein weitergehendes Mitspracherecht ein als in Bezug auf die Regelung der sozialen Folgen der Betriebsänderung. Hieraus lässt sich erkennen, dass auch der Gesetzgeber die Pflichten des Unternehmers aus der Sozialbindung seines Eigentums ausreichend erfüllt sieht, wenn nur die sozialen Folgen der Betriebsänderung geregelt werden. Über die Sozialbindung des Eigentums lässt sich daher allenfalls in engen Ausnahmefällen eine kurzfristige Verlängerung des eigentlich inhaltslosen Arbeitsverhältnisses rechtfertigen.[1461]
Die Beschäftigungssicherung ist jedenfalls dann kein zur Rechtfertigung geeigneter Grund, wenn diese die Durchführung der unternehmerischen Maßnahme sogar gebietet. Dies kann etwa dann der Fall sein, wenn ein Unternehmen bei dem Verzicht auf Rationalisierung binnen kurzer Zeit seine Wettbewerbsfähigkeit auf dem Markt einbüßen würde.[1462] Dem Unternehmer muss die Möglichkeit zu eigenverantwortlichem und sinnvollem Wirtschaften verbleiben.[1463] Der Tarifvertrag darf zwar ein rein rentabilitätsorientiertes Verhalten des Unternehmers durch das Einbringen sozialer Aspekte korrigieren; eine Tarifpolitik, die die Abhängigkeit des Unternehmens vom Marktgeschehen ignoriert und damit dessen wirtschaftliche Grundlage in Frage stellt, ist aber nicht zulässig.[1464]

(c) Verhältnismäßigkeitsprinzip

Aber auch wenn man in Ausnahmefällen Qualifizierungsmaßnahmen der genannten Art kurzfristig für zulässig halten wollte, müsste diese Vereinbarung zum Erreichen des verfolgten Zwecks geeignet und erforderlich sowie verhältnismäßig im engeren Sinne sein.[1465]

[1461] Für die Möglichkeit einer kurzfristigen Verlängerung in Ausnahmefällen auch *Wiedemann*, RdA 1986, 231, 240 für den Fall der Rationalisierung.

[1462] Vgl. auch *Wiedemann*, RdA 1986, 231, 240 für Fall eines Rationalisierungsschutzabkommens.

[1463] LAG Hamm, NZA-RR 2000, 535, 537.

[1464] *Wiedemann*, RdA 1986, 231, 240.

[1465] BVerfGE 30, 292, 316.

Ziel der Vereinbarung wäre die Beschäftigungssicherung sowie die Absicht, der Sozialbindung des Eigentums nachzukommen. Zu diesem Zweck ist die Maßnahme zwar geeignet, sie ist aber keinesfalls die mildeste Maßnahme und damit nicht erforderlich. Möglich ist es nämlich auch, eine Qualifizierungs- und Beschäftigungsgesellschaft zu errichten, bei der sich die Löhne der Arbeitnehmer statt vollständig aus Mitteln des Arbeitgebers im Wesentlichen aus staatlichen Mitteln und erst im übrigen Teil aus Zuschüssen des Unternehmers finanzieren.[1466] Zudem lassen sich Qualifizierungsmaßnahmen auch schon während der Abwicklung der Stilllegung durchführen, also in einem Zeitraum, in dem die Arbeitnehmer dem Arbeitgeber noch zur Verfügung stehen.

(d) Zwischenergebnis

Die Zulässigkeit solcher Qualifizierungsmaßnahmen, die allein der Aufrechterhaltung des eigentlich schon beendeten Arbeitsverhältnisses dienen, mithin ein völlig neues Arbeitsverhältnis schaffen, bei der der Entgeltzahlung des Arbeitgebers keine Arbeitsleistung des Arbeitnehmers gegenübersteht, ist im Hinblick auf Art. 12 Abs. 1 GG schon deshalb fraglich, weil es sich um Vereinbarungen handelt, die in ihrer Eingriffsintensität einer Berufswahlregelung nahe kommen. Auch wenn man dieser Einordnung nicht folgen wollte, ergibt sich allenfalls in engen Ausnahmefällen eine Rechtfertigung über die Berufsfreiheit der betroffenen Arbeitnehmer. Die Tarifautonomie ist dagegen nicht zur Rechtfertigung geeignet. Jedenfalls verstoßen Qualifizierungsmaßnahmen, wie sie hier in Rede stehen, gegen den Verhältnismäßigkeitsgrundsatz.

(4) Grundrechtsverzicht

Im hier zu prüfenden Rahmen geht es jedoch auch um freiwillig vereinbarte Tarifverträge, so dass der Eingriff in den Schutzbereich des Art. 12 Abs. 1 GG durch einen Grundrechtsverzicht des Unternehmers revidiert werden könnte.

Allerdings hat auch die Zulässigkeit des Grundrechtsverzichts ihre Grenzen. Diese liegen u. a. in der Freiwilligkeit der Vereinbarung.[1467] Daraus resultiert auch die Ansicht, dass der Schutz der Unternehmensautonomie lediglich die

---

[1466] Vgl. dazu ErfK-*Kania*, BetrVG, §§ 112, 112a, Rn. 37 c.
Die Problematik, ob die Errichtung einer Qualifizierungs- und Beschäftigungsgesellschaft erstreikt werden kann, soll im Rahmen dieser Bearbeitung dahinstehen. Vgl. aber zum Streitstand *Rieble*, ZfA 2004, 1, 22 einerseits und andererseits *Oberberg/Schoof*, AiB 2002, 169, 175.

[1467] Siehe bereits oben, 3. Teil B. IV. 1. a.

Sicherstellung einer druckfreien, d.h. nicht unter Arbeitskampfzwang stehenden Entscheidung des Arbeitgebers erfordere.[1468] Da es für die Zulässigkeit solcher Qualifizierungsmaßnahmen auf den Grundrechtsverzicht ankommt und dieser nur freiwillig möglich ist, scheidet ein Arbeitskampf um solche Vereinbarungen aus.[1469]

bb. Ergebnis

Qualifizierungsmaßnahmen, durch die ein an sich inhaltslos gewordenes Arbeitsverhältnis aufrecht erhalten werden soll, insbesondere unter Fortzahlung der Vergütung, können schuldrechtlich allenfalls aufgrund eines Grundrechtsverzichts vereinbart werden.[1470] Sie können nicht durch einen Arbeitskampf erzwungen werden.

5. Erweiterung der Mitbestimmungsrechte des Betriebsrates

Tarifliche Sozialpläne können die Erweiterung der Mitbestimmungsrechte des Betriebsrates sowohl in sozialen, personellen als auch in wirtschaftlichen Angelegenheiten vorsehen.[1471] Inhaltlich kann es um die Verstärkung der Art der Mitbestimmung gehen, wie etwa die Umwandlung des Beratungs- oder Anhörungsrechtes in ein echtes Mitbestimmungsrecht (ggf. auch ohne Vermittlungsmöglichkeit durch die Einigungsstelle, sog. Vetorecht), oder darum, die Mitbestimmung auf eine Materie zu erstrecken, für die das BetrVG eigentlich keine Beteiligung des Betriebsrates vorsieht. Unproblematisch ist es, die dem Betriebsrat zustehenden Informationspflichten lediglich zu konkretisieren bzw. zu erweitern.[1472]

Ob und inwiefern eine Erweiterung der Mitbestimmung durch Tarifvertrag möglich ist, wird kontrovers diskutiert.[1473] Aufgrund der vom Gesetzgeber

---

[1468] *Buchner*, DB 2001, Beilage 9 zu Heft 48, 1, 10.

[1469] So im Ergebnis auch *Buchner*, DB 2001, Beilage 9 zu Heft 48, 1, 9; *Lieb*, DB 1999, 2058, 2066 mit abweichenden Begründungen.

[1470] Zweifel auch bei *Lieb*, DB 1999, 2058, 2066. A. A. *Hanau/Thüsing*, ZTR 2001, 49, 52 und wohl auch *Beuthien*, ZfA 1984, 1, 20 f. Selbst wenn man mit dem *ArbG Lübeck* und dem *LAG Schleswig-Holstein* davon ausgehen wollte, dass eine Einordnung unter die Norm des § 1 Abs. 1 Alt. 2 TVG möglich ist, gelten die hier aufgezeigten Grenzen auch für eine normative Regelung.

[1471] Die Annahme, solchen Regelungen komme keine größere praktische Bedeutung zu (so ErfK-*Eisemann*, BetrVG, § 1, Rn. 19), dürfte verfehlt sein.

[1472] *Däubler*, Tarifvertragsrecht, Rn. 1066 f.; *Kempen/Zachert*, TVG, § 1, Rn. 584; *Löwisch/Rieble*, TVG, § 1, Rn. 144.

[1473] Vgl. etwa BAG, SAE 1988, 97, 101; BAG, AP Nr. 11 zu § 611 BGB Akkordlohn; LAG Berlin, SAE 1965, 12, 13 f.; *Däubler*, Tarifvertragsrecht, Rn. 1055; *Kempen/Zachert*, TVG, § 1, Rn. 557 ff., 585 ff.; *Richardi*, NZA 1988, 673, 676.

vorgenommenen Unterteilung der Mitbestimmungsrechte in soziale, personelle und wirtschaftliche Angelegenheiten soll die Frage nach ihrer möglichen Erweiterung anhand dieser Unterteilung beantwortet werden.

a. Mitbestimmung in sozialen Angelegenheiten

Die Mitbestimmung in sozialen Angelegenheiten wird von §§ 87 f. BetrVG geregelt. § 87 Abs. 1 BetrVG zählt abschließend die Materien auf, in denen dem Betriebsrat ein erzwingbares Mitbestimmungsrecht zukommt. § 88 BetrVG ermöglicht freiwillige Betriebsvereinbarungen, „insbesondere" für die dort genannten Regelungsgegenstände. Die Rechtsprechung geht aufgrund der Formulierung des § 88 BetrVG sogar von einer umfassenden Mitbestimmungszuständigkeit des Betriebsrates in sozialen Angelegenheiten aus.[1474] Für die Vereinbarung von Regelungen, die eine Erweiterung der Mitbestimmung in sozialen Angelegenheiten vorsehen, haben die Tarifvertragsparteien eine Regelungsbefugnis i.S.d. Art. 9 Abs. 3 S. 1 GG.[1475] Zwar ergibt sich kein unmittelbarer und konkreter Einfluss auf das Arbeitsverhältnis durch die Regelung selbst,[1476] dieser entsteht jedoch über den Umweg des erweiterten Mitbestimmungsrechtes durch die nun mögliche Betriebsvereinbarung. Solche Betriebsvereinbarungen gelten für alle Arbeitnehmer unmittelbar und zwingend, § 77 Abs. 4 S. 1 BetrVG. Auch § 1 Abs. 1 TVG steht der Erweiterung der sozialen Mitbestimmungsrechte nicht entgegen, sie können als betriebsverfassungsrechtliche Regelungen festgeschrieben werden.[1477]

aa. Grundsätzliche Zulässigkeit der Erweiterung

Die zulässige Erweiterung der Mitbestimmung des Betriebsrates in sozialen Angelegenheiten dürfte – bis auf einzelne Bereiche[1478] – aus heutiger Sicht als gesichert gelten.[1479] Bereits unter Geltung des BetrVG 1956 hatte sich das

---

1474 BAG (GS), DB 1990, 1724, 1724; *Stege/Weinspach*, BetrVG, § 77, Rn. 7 f.; a. A. *Lieb/Jacobs*, Arbeitsrecht, Rn. 764.

1475 I. E. auch *Meier-Krenz*, DB 1988, 2149, 2149.

1476 Vgl. zu diesem Kriterium *Wiedemann*, RdA 1986, 231, 233; Wiedemann-*Wiedemann*, TVG, 6. A, Einl., Rn. 456; *Beuthien*, ZfA 1984, 1, 12.

1477 BAG, AP Nr. 17 zu § 87 BetrVG 1972 Lohngestaltung; BAG, SAE 1988, 97, 101; BAG, AP Nr. 11 zu § 611 BGB Akkordlohn.

1478 Hierzu sogleich, s. 3. Teil C. II. 5. a. bb.

1479 Vgl. BAG, AP Nr. 17 zu § 87 BetrVG 1972 Lohngestaltung; BAG, SAE 1988, 97, 101; BAG, SAE 1991, 352, 354, 355; DKK-*Däubler*, BetrVG, Einl., Rn. 84 ff.; ErfK-*Eisemann*, BetrVG, § 1, Rn. 19; *Fitting*, BetrVG, § 1, Rn. 249; GK-*Wiese*, BetrVG, § 87, Rn. 11; *Löwisch/Kaiser*, BetrVG, Rn. 11; Wiedemann-*Thüsing*, TVG, § 1, Rn. 767 ff.; differenzierend HSWG-*Heß*, BetrVG, vor § 1, Rn. 68; *Richardi*, BetrVG, Einl., Rn. 138 ff.; *Säcker/Oetker*, Tarifautonomie, S. 317 f.

BAG in Ansätzen für die Erweiterbarkeit der Mitbestimmung in sozialen Angelegenheiten entschieden.[1480] So ist etwa die Ausdehnung der Mitbestimmungsrechte auf die Lohn- und Gehaltshöhe sowie auf die Mitbestimmung bei Sonderzulagen möglich, obwohl § 87 Abs. 1 Nrn. 10, 11 BetrVG nur Entlohnungsgrundsätze und -methoden betreffen.[1481] Auch hinsichtlich der Arbeitszeit wurde dem Betriebsrat durch Tarifvertrag nicht nur ein Mitbestimmungsrecht für die Verteilung derselben eingeräumt, sondern auch für deren Höhe.[1482] Ausgehend davon, dass die Tarifvertragsparteien den näheren Inhalt von Tarifverträgen durch Dritte bestimmen lassen können, bejaht das *BAG* sogar die Möglichkeit, dass die betriebsverfassungsrechtliche Einigungsstelle oder die tarifliche Schlichtungsstelle Tarifverträge ausgestalten können.[1483] Seine Entscheidung begründet das *BAG* damit, dass es sich bei den Regelungen über die Mitwirkung des Betriebsrates um einseitig zwingende Regelungen handle.[1484]

(1) Verhältnis Gesetzesrecht/Tarifrecht

Ob eine Erweiterung der Rechte des Betriebsrats aus dem BetrVG möglich ist, entscheidet sich folglich aufgrund des Verhältnisses von Gesetzesrecht zu Tarifrecht. Dieses macht sich grundsätzlich an der Art des jeweiligen Gesetzes fest: Man unterscheidet insoweit zweiseitig zwingendes Gesetzesrecht, einseitig zwingendes Gesetzesrecht, tarifdispositives Gesetzesrecht und allseitig dispositives Gesetzesrecht.[1485] Dabei lässt zweiseitig zwingendes Gesetzesrecht keine abweichende tarifvertragliche Regelung zu, einseitig zwingendes Gesetzesrecht lässt eine abweichende Regelung durch Tarifvertrag nur zugunsten der Arbeitnehmer zu. Tarifdispositives Gesetzesrecht erlaubt den Tarifparteien, nicht aber den Betriebspartnern eine abweichende Regelung. Allseitig dispositives Recht gibt lediglich Regelungsvorschläge und Auslegungshilfen vor.[1486] Im Hinblick auf das BetrVG kann keine einheitliche Be-

---

[1480] BAGE 8, 143, 153 f.; BAG, AP Nr. 11 zu § 611 BGB Akkordlohn. Vgl. dazu aber die widersprechenden Stimmen, aufgeführt in BAG, SAE 1991, 352, 354.

[1481] BAG, NZA 2000, 495, 497; *Däubler*, Tarifvertragsrecht, Rn. 1068; *Oberberg/Schoof*, AiB 2002, 169, 177.

[1482] BAG, SAE 1988, 97, 101 mit abl. Anm. *Löwisch/Rieble*; LAG Hamburg, AiB 1998, 226, 227; Nachweise bei *Kempen/Zachert*, TVG, 3. A., § 1, Rn. 285; *Oberberg/Schoof*, AiB 2002, 169, 177.

[1483] BAG, SAE 1988, 97, 101.

[1484] BAG, SAE 1991, 352, 354. Angedeutet insofern schon oben, 3. Teil C. I. 4. c.

[1485] Wiedemann-*Wiedemann*, TVG, Einl., Rn. 350.

[1486] *Meier-Krenz*, DB 1988, 2149, 2150; Wiedemann-*Wiedemann*, TVG, Einl., Rn. 350.

urteilung erfolgen.[1487] Vielmehr ist konkret an der oder den jeweiligen Norm(en) durch Auslegung zu ermitteln, welche Wirkung der Gesetzgeber beabsichtigt hat.[1488]

(2) Systematik

In systematischer Hinsicht normiert das BetrVG an verschiedenen Stellen ausdrücklich, dass eine Abweichung durch Tarifvertrag zulässig ist, vgl. etwa §§ 3, 38 Abs. 1 S. 3, 47 Abs. 4, 55 Abs. 4, 72 Abs. 4, 76 Abs. 8, 117 Abs. 2 BetrVG.[1489] Daraus könnte nun vordergründig der Schluss gezogen werden, dass eine abweichende Regelung durch Tarifvertrag an anderer Stelle nicht zulässig ist.[1490] Doch verweigert sich dieser Umkehrschluss, weil es sich bei den genannten Vorschriften um Normen im organisatorischen Bereich handelt.[1491] Organisatorische Regelungen sind aber nach ganz h. M. zweiseitig zwingende Gesetzesbestimmungen,[1492] so dass es notwendig war, die Möglichkeit einer abweichenden tariflichen Regelungen ausdrücklich zulassen.[1493] Mitbestimmungsregelungen sind dagegen, unabhängig von ihrer weiteren Einordnung, jedenfalls keine organisatorischen Regelungen.

Weiter ist an § 102 Abs. 6 BetrVG zu denken. Hiernach können Arbeitgeber und Betriebsrat die Kündigung der Zustimmung des Betriebsrats unterstellen; die Mitbestimmung des Betriebsrates kann also durch eine freiwillige Vereinbarung der Betriebsparteien erweitert werden. Läge in dieser Norm eine Ausnahmevorschrift, würde sie gegen die Erweiterbarkeit der Mitbestimmungsrechte durch Tarifvertrag sprechen.[1494] Aber auch hieraus lässt sich für das Verhältnis des BetrVG zum Tarifrecht nichts gewinnen. Die Regelungsbefugnis der Betriebsparteien entspringt aus dem BetrVG, während die Regelungsbefugnis der Tarifparteien aus Art. 9 Abs. 3 GG erwächst. Selbst wenn man in § 102 Abs. 6 BetrVG also eine Ausnahmevorschrift sehen wollte, bedeutet

---

[1487] Für eine abschließende Kompetenz der Betriebspartner aber *v. Hoyningen-Huene*, Anm. zu BAG, AP Nr. 23 zu § 77 BetrVG 1972 Tarifvorbehalt m.w.N.; MünchArbR-*Otto*, § 285, Rn. 6.

[1488] BAG, DB 1988, 1022, 1022; *Meier-Krenz*, DB 1988, 2149, 2150.

[1489] Der Streit entspannt sich in gleicher Weise für die Mitbestimmung in personellen Angelegenheiten. Da die Argumente in systematischer und historischer Hinsicht insoweit austauschbar sind, werden sie bereits hier umfassend besprochen.

[1490] *Zöllner/Loritz*, Arbeitsrecht, S. 389 f.

[1491] *Meier-Krenz*, DB 1988, 2149, 2150.

[1492] Vgl. allein Wiedemann-*Wiedemann*, TVG, Einl., Rn. 351, 353.

[1493] BAG, SAE 1991, 352, 354.

[1494] Vgl. in diese Richtung *Buchner*, SAE 1991, 356, 363.

dies nicht, dass eine tarifliche Regelung ausgeschlossen wäre, da die Regelungsbefugnisse nicht gleichgesetzt werden können.[1495]

Auch § 2 Abs. 3 BetrVG ist in diesem Zusammenhang unergiebig. Die Norm gibt vor, dass die Aufgaben der Gewerkschaften durch das BetrVG nicht berührt werden. Hieraus wird auf die Möglichkeit geschlossen, eine vom BetrVG abweichende tarifliche Regelung vereinbaren zu können.[1496] Dies ergebe sich zudem aus einem Vergleich mit § 2 Abs. 3 BPersVG. Beide Normen stimmten wortwörtlich überein. Da § 3 BPersVG eine tarifliche Regelung für den Bereich des Personalvertretung ausschließe, dies im BetrVG aber nicht geschehe, lasse sich hieraus ableiten, dass von der Betriebsverfassung abweichende tarifliche Regelungen getroffen werden könnten.[1497] Der Vergleich zwischen BPersVG und BetrVG kann jedoch nur bedingt geführt werden. Zu berücksichtigen ist, dass im Bereich des BPersVG verfassungsrechtliche Grundsätze wie das Demokratieprinzip, die Funktionsfähigkeit der Verwaltung oder Art. 33 Abs. 5 GG eine Beschränkung der Mitbestimmungsrechte der Personalvertretung gebieten können.[1498]

(3) Historische Entwicklung

Im Hinblick auf die historische Entwicklung führt das *BAG* für die einseitig zwingende Natur des BetrVG in Mitbestimmungsangelegenheiten an, dass die Problematik hinsichtlich der Erweiterung der Mitbestimmungsrechte durch Tarifvertrag jedenfalls für das BetrVG 1952 bekannt war[1499] und der Gesetzgeber im Zuge der Einführung des BetrVG 1972 den § 1 Abs. 1 TVG, der die Regelung betriebsverfassungsrechtlicher Sachfragen zulasse, nicht geändert habe.[1500] Demgegenüber sei gemäß dem 1974 eingeführten § 3 BPersVG eine vom BPersVG abweichende Regelung durch Tarifvertrag nicht möglich. Hieraus ergebe sich der Wille des Gesetzgebers, betriebsverfassungsrechtliche Fragen weiterhin durch Tarifvertrag regeln zu können.[1501]

Dagegen wird aber richtig eingewandt, dass für die Regelung betriebsverfassungsrechtlicher Fragen in Tarifverträgen auch nach 1972 noch Bedarf bestanden hat und eine Streichung des Regelungskompetenz aus diesem Grunde nicht in Betracht kam.[1502] Zudem sei die Möglichkeit zur Gestaltung der Be-

---

1495 *Meier-Krenz*, DB 1988, 2149, 2150.
1496 *Wolter*, RdA 2002, 218, 226.
1497 BAG, NZA 1987, 779, 783; BAG, DB 1988, 1397, 1398.
1498 *Meier-Krenz*, DB 1988, 2149, 2150.
1499 Nachweise insofern bei Wiedemann-*Thüsing*, TVG, § 1, Rn. 756.
1500 BAG, SAE 1991, 352, 354; Wiedemann-*Thüsing*, TVG, § 1, Rn. 758.
1501 BAG, SAE 1988, 97, 101; Wiedemann-*Thüsing*, TVG, § 1, Rn. 758.
1502 *Buchner*, SAE 1991, 356, 360.

triebsverfassung durch das BetrVG 1972 wesentlich verengt worden, was ebenfalls gegen eine Erweiterung der Mitbestimmung durch Tarifvertrag spreche.[1503] Letztlich wird gegen eine Erweiterung eingebracht, dass sowohl in § 3 des damaligen Entwurfs des Bundesministers für Arbeit und Sozialordnung als auch in § 2 des SPD-Entwurfs für ein neues BetrVG eine Tariföffnungsklausel für die Erweiterung der Aufgaben und Befugnisse des Betriebsrates enthalten war.[1504] Da diese aber letztlich nicht in das Gesetz aufgenommen wurde, sei die Möglichkeit einer abweichende tarifliche Regelung der betrieblichen Mitbestimmung vom Gesetzgeber nicht gewünscht gewesen.[1505] Lässt sich die Entstehungsgeschichte des BetrVG auch nicht für die Erweiterbarkeit der Mitbestimmung in sozialen Angelegenheiten fruchtbar machen, dagegen spricht sie jedenfalls auch nicht. Die amtliche Begründung des Regierungsentwurfs führt nämlich aus, dass der Entwurf gerade nicht regelt, inwieweit von anderen als organisatorischen Vorschriften durch Tarifvertrag abgewichen werden darf.[1506] Der Begründung des *BAG*, aus dem BetrVG selbst ergäbe sich keine Einschränkung der betrieblichen Mitbestimmung, da vereinzelte Normen, die die tarifvertragliche Regelungsbefugnis in betriebsverfassungsrechtlichen Fragen eingrenzten, nicht dahingehend verstanden werden könnten, dass die Regelungsbefugnis der Tarifvertragsparteien in allen Fragen ausgeschlossen werden sollte,[1507] ist damit zumindest im Ergebnis zuzustimmen.

(4) Sinn und Zweck

Dass die Erweiterung der Mitbestimmungsrechte in sozialen Angelegenheiten zulässig ist, ergibt sich aber aus dem Sinn und Zweck der sozialen Mitbestimmungsrechte. Die Mitbestimmung des Betriebsrates in sozialen Angelegenheiten dient dem Schutz der Arbeitnehmer, die so an der Gestaltung der wichtigsten Arbeitsbedingungen über ihre Interessenvertreter beteiligt werden sollen.[1508] Aus diesem Grund kann nicht davon ausgegangen werden, dass eine parallele Regelung durch Tarifvertrag unzulässig ist. Auch das *BAG* geht demgemäss davon aus, dass es sich bei den Mitwirkungsrechten des Betriebs-

---

[1503] *Buchner*, SAE 1991, 356, 360.
[1504] Vgl. RdA 1970, 357 ff.
[1505] HSWG-*Heß*, vor § 1, Rn. 70.
[1506] *Meier-Krenz*, DB 1988, 2149, 2150. S. BT-Ds. VI/1786, S. 36.
[1507] BAG, SAE 1988, 97, 101.
[1508] ErfK-*Kania*, BetrVG, § 87, Rn. 1; *Fitting*, BetrVG, § 87, Rn. 3.

rates um Arbeitnehmerschutzbestimmungen handelt, die in aller Regel einseitig zwingende Bestimmungen darstellen.[1509]
Diesem Ergebnis steht es nicht entgegen, dass es sich bei dem Umfang und den Grenzen der betrieblichen Mitbestimmung um einen parlamentarischen Kompromiss handelt, bei dem die Rechte des Betriebsrates mit denen des Unternehmers in Einklang gebracht wurden.[1510] Dies ist zwar richtig, daraus lässt sich aber nicht erkennen, ob durch Tarifvertrag von den gesetzlichen Regelungen abgewichen werden darf.[1511] Dafür lässt sich auch die amtliche Begründung des Regierungsentwurfs zum BetrVG erneut fruchtbar machen: Inwieweit von anderen als organisatorischen Vorschriften durch Tarifvertrag abgewichen werden darf, sollte im Entwurf eben nicht geregelt werden.[1512]

(5) Ergebnis

Insgesamt sind die Beteiligungsrechte des Betriebsrates in sozialen Angelegenheiten also durch Tarifvertrag erweiterbar, so dass die eigentlich relevante Schranke einer zulässigen Erweiterung der Mitbestimmungsrechte zum einen in § 1 Abs. 1 TVG, aber insbesondere in Art. 12 Abs. 1 GG liegt.[1513]

bb. Grenzen zulässiger Erweiterung

Ist die Erweiterung der Mitbestimmungsrechte in sozialen Angelegenheiten durch Tarifvertrag damit im Allgemeinen zulässig, eröffnet sich vor dem Hintergrund der Rechtsprechung des *BAG* im Hinblick auf § 87 BetrVG jedoch die Frage der Zulässigkeit einer Erweiterung im Besonderen.
Wegen der bereits erwähnten, umfassenden Zuständigkeit des Betriebsrates in sozialen Angelegenheiten wird teilweise davon ausgegangen, dass die erzwingbare Mitbestimmung in diesem Bereich durch Tarifvertrag unbegrenzt ausgestaltet werden könne.[1514] Dabei könne dem Betriebsrat sogar ein Vetorecht eingeräumt werden; seine Entscheidung wäre dann nicht mehr an die

---

[1509] Entschieden hat das *BAG* dies für die soziale und die personelle Mitbestimmung, vgl. etwa BAG, SAE 1988, 97 ff.; BAG, SAE 1991, 352, 354. Zustimmend DKK-*Kittner*, BetrVG, § 99, Rn. 31. Kritisch *Buchner*, SAE 1991, 356, 360. Ablehnend *v. Hoyningen-Huene*, Anm. zu BAG, AP Nr. 23 zu § 77 BetrVG 1972 Tarifvorbehalt m.w.N.

[1510] BAG, AP Nr. 8 zu § 87 BetrVG 1972 Arbeitszeit mit abl. Anm. *Rath-Glawatz*; *Buchner*, SAE 1991, 356, 358 f.; *Lund*, Anm. zu BAG, AP Nr. 53 zu § 99 BetrVG 1972.

[1511] BAG, SAE 1991, 352, 354.

[1512] BT-Ds. VI/1786, S. 36.

[1513] So auch *v. Hoyningen-Huene/Meier-Krenz*, ZfA 1988, 293, 313 ff.

[1514] *Däubler*, Tarifvertragsrecht, Rn. 1070.

Kontrolle der Einigungsstelle gebunden.[1515] Von anderer Seite wird dagegen davon ausgegangen, dass die Rechte des Arbeitgebers jedenfalls immer dann gewahrt seien, wenn für den Fall der Nichteinigung die Entscheidung der Einigungsstelle vorgesehen sei.[1516]

Einer unbegrenzten und vorbehaltslosen Erweiterung der Mitbestimmungsrechte des Betriebsrats in sozialen Angelegenheiten kann aber nicht zugestimmt werden. Die Grenzen, die das BetrVG aufzeigt, sind einzuhalten. Dies gilt insbesondere für die vom BetrVG vorgegebenen Strukturprinzipien.[1517] Zudem darf die Mindestgrenze des BetrVG nicht durch Tarifvertrag unterschritten werden.[1518]

Darüber hinaus kommt eine Erweiterung nur für solche Angelegenheiten in Betracht, die nach herkömmlichen Verständnis und im Hinblick auf den Katalog des § 87 Abs. 1 BetrVG den „sozialen Angelegenheiten" zugeordnet werden können.[1519] Daher stehen nur betriebs-, nicht aber unternehmensbezogene Arbeitsbedingungen einer Erweiterung offen.[1520] Letztlich muss insbesondere die unternehmerische Entscheidungsprärogative gewährleistet bleiben.[1521] Ein Mitbestimmungsrecht, bei dem die Einigungsstelle ausgeschaltet wird, ist deshalb unzulässig.[1522] Dies ergibt sich insbesondere vor dem Hintergrund der extensiven Auslegung des *BAG* in sozialen Angelegenheiten (Mitbestimmung zum Teil auch für materielle Arbeitsbedingungen!).[1523] Danach besteht die Möglichkeit, auf materielle Arbeitsbedingungen Einfluss zu nehmen, obwohl § 87 Abs. 1 BetrVG eigentlich nur dort die Regelung materieller Arbeitsbe-

---

1515 *Däubler*, Tarifvertragsrecht, Rn. 1082; DKK-*Klebe*, BetrVG, § 87, Rn. 37; *Gamillscheg*, Kollektives Arbeitsrecht Bd. I, S. 616; *Richardi*, NZA 1988,673, 677.

1516 *Oberberg/Schoof*, AiB 2002, 169, 177.

1517 Es handelt sich um zweiseitig zwingende Gesetzesvorschriften! BAG, AP Nr. 53 zu § 99 BetrVG 1972; *Däubler*, Tarifvertragsrecht, Rn. 1056 ff.; DKK-*Däubler*, BetrVG, Einl., Rn. 72; *v. Hoyningen-Huene/Meier-Krenz*, ZfA 1988, 293, 307; *Kempen/Zachert*, TVG, § 1, Rn. 558, *Löwisch/Rieble*, TVG, § 1, Rn. 138.

1518 BAG, AP Nr. 53, 101 zu § 99 BetrVG; DKK-*Däubler*, BetrVG, Einl., Rn. 75; *Fitting*, BetrVG, § 1, Rn. 247; *v. Hoyningen-Huene/Meier-Krenz*, ZfA 1988, 293, 307; HSWG-*Heß*, BetrVG, vor § 1, Rn. 64; *Kempen/Zachert*, TVG, § 1, Rn. 578; *Schaub*, Handbuch, § 202, Rn. 20; Wiedemann-*Thüsing*, TVG, § 1, Rn. 765.

1519 *Fitting*, BetrVG, 22. A., § 1, Rn. 252.

1520 *Fitting*, BetrVG, 22. A., § 1, Rn. 252; Wiedemann-*Thüsing*, TVG, § 1, Rn. 768. Diese Grenze besteht auch für die Regelung von Betriebsvereinbarungen durch den Betriebsrat selbst: DKK-*Däubler*, BetrVG, Einl., Rn. 85; *Fitting*, BetrVG, 22. A., § 1, Rn. 252.

1521 Wiedemann-*Thüsing*, TVG, § 1, Rn. 768.

1522 *Löwisch/Rieble*, TVG, § 1, Rn. 144, 279, 895. Zweifel auch bei *Däubler*, Tarifvertragsrecht, Rn. 1082.

1523 BAG, AP Nr. 8 zu § 87 BetrVG Arbeitszeit 1972; BAG, SAE 1988, 97 ff. mit abl. Anm. *Löwisch/Rieble*.

dingungen erlaubt, wo diese im engen Zusammenhang zu den formellen Arbeitsbedingungen stehen.[1524] Die Regelung der materiellen Arbeitsbedingungen fällt aber in den Kernbereich der unternehmerischen Entscheidungsbefugnis; ein durch Tarifvertrag begründetes Vetorecht des Betriebsrates in solchen Fragen wäre daher allenfalls im Rahmen einer freiwilligen Regelung (mithin als Grundrechtsverzicht) möglich.[1525] Per Arbeitskampf lässt sie sich deshalb nicht durchsetzen.

b. Mitbestimmung in personellen Angelegenheiten

Die Mitbestimmung in personellen Angelegenheiten wird von den §§ 92 ff. BetrVG geregelt. Anders als in Fragen der sozialen Mitbestimmung ist die Mitbestimmung in personellen Angelegenheiten in weit geringerem Umfang erzwingbar ausgestaltet. Hinsichtlich der Personalplanung hat der Betriebsrat lediglich ein Beratungsrecht, §§ 92, 92 a BetrVG. Eine echte Mitbestimmung kommt dem Betriebsrat dagegen bei der Gestaltung von Personalbogen (§ 94 BetrVG) und bei Auswahlrichtlinien (§ 95 BetrVG) zu. Im Rahmen von personellen Einzelmaßnahmen hat er allein in dem von § 99 BetrVG vorgezeichneten Rahmen ein Einspruchsrecht. Letztlich ist der Betriebsrat vor dem Ausspruch einer Kündigung zu hören, § 102 BetrVG; sein Widerspruch hat bei vorheriger ordnungsgemäßer Anhörung grundsätzlich aber keine Auswirkung auf die Wirksamkeit der Kündigung.

Korrespondierend mit den oben getroffenen Aussagen handelt es sich bei der Erweiterung der personellen Angelegenheiten um Arbeits- und Wirtschaftsbedingungen i.S.d. Art. 9 Abs. 3 S. 1 GG,[1526] die die Tarifvertragsparteien als betriebsverfassungsrechtliche Frage normativ regeln können.[1527]

Entsprechend den obigen Ausführungen ist aber auch für die Mitbestimmung in personellen Angelegenheiten zunächst zu überprüfen, ob diese durch Tarifvertrag erweitert werden kann. Dies entscheidet sich auch hier anhand der Art des Gesetzes. Die Argumente in systematischer wie in historischer Hinsicht lassen sich dabei austauschen, so dass auch hier der Sinn und Zweck der Mitbestimmungsrechte maßgebend ist. Es gilt, dass auch die Mitbestimmungsrechte in personellen Angelegenheiten in erster Linie dem Schutz der Arbeitnehmer dienen. So sind die allgemeinen personellen Angelegenheiten der

---

1524 *Hanau*, RdA 1973, 281, 282.

1525 Vgl. die parallele Entscheidung des *BAG* für die Erweiterung der Mitbestimmung in personellen Angelegenheiten: BAG, SAE 1991, 352, 356.

1526 Vgl. oben, 3. Teil C. II. 5. a.

1527 BAG, SAE 1991, 352, 353 f.; BAG, AiB 2001, 739, 739 f. mit zust. Anm. *Furier*; Wiedemann-*Thüsing*, TVG, § 1, Rn. 766 ff.

Mitbestimmung durch den Betriebsrat unterstellt, um zu verhindern, dass der Betriebsrat bei Grundsatzentscheidungen überrascht wird, die ihn unvorbereitet vor vollendete Tatsachen stellen und seinen Spielraum bei der Mitwirkung im Rahmen von personellen Einzelmaßnahmen einengen.[1528] Durch die Vereinbarung von Auswahlrichtlinien soll eine weitgehende Transparenz der bei personellen Maßnahmen angewandten Grundsätze sowie deren Verobjektivierung erreicht werden.[1529] Auch das Beteiligungsrecht bei personellen Einzelmaßnamen steht dem Betriebsrat sowohl im Interesse des einzelnen Arbeitnehmers, als auch im Interesse der Belegschaft zu. Ihm soll ein Einfluss auf die soziale Struktur des Betriebs zugesichert werden.[1530] Soweit angeführt wird, die betriebsverfassungsrechtlichen Normen legten die Rechte des Betriebsrates in Mitwirkungs- und Kooperationsverfahren nicht nur im Interesse der Arbeitnehmer, sondern auch im Interesse der Unternehmer und darüber hinaus auch Drittbetroffener fest, insbesondere etwa außenstehenden Einstellungsbewerbern,[1531] kann dem nicht zugestimmt werden. Die Regelung dient dem Schutz der Arbeitnehmer – bei ihrer Ausgestaltung wurde lediglich auf die Interessen des Arbeitgebers und Dritter Rücksicht genommen. Grundsätzlich sind damit auch die personellen Mitbestimmungstatbestände durch Tarifvertrag modifizierbar.

Auch die Rechtsprechung hat sich für die Erweiterung der Mitbestimmungsrechte in personellen Angelegenheiten ausgesprochen.[1532] Zugestimmt hat das *BAG* tariflichen Regelungen, mittels derer die Wochenfrist zur Ausübung des Widerspruchsrechts nach § 99 Abs. 3 BetrVG verlängert,[1533] das Widerspruchsrecht bei Einstellungen zu einem vollen Mitbestimmungsrecht modifiziert[1534] oder die Kündigung an die Zustimmung des Betriebsrates gebunden wurde.[1535] Als zulässig angesehen wurde es auch, dem Betriebsrat die Wahl zwischen zwei Bewerbern einzuräumen.[1536]

1528 *Schaub*, Handbuch, § 238, Rn. 1.

1529 *Schaub*, Handbuch, § 238, Rn. 28.

1530 *Schaub*, Handbuch, § 240, Rn. 1.

1531 *Buchner*, SAE 1991, 356, 361.

1532 Vgl. BAG, SAE 1991, 352 ff.; BAG, AP Nr. 56 zu § 118 BetrVG 1972; LAG Berlin, SAE 1965, 12, 13 f.; LAG Köln, DB 1984, 670, 670 f.; ErfK-*Eisemann*, BetrVG, § 1, Rn. 19; *Säcker/Oetker*, Tarifautonomie, S. 317 f.

1533 BAG, DB 1986, 593, 593 f.

1534 BAG, AP Nr. 53 zu § 99 BetrVG 1972.

1535 BAG, AP Nr. 1 zu § 184 BGB; LAG Berlin, SAE 1965, 12, 13 f.

1536 BAG, AP Nr. 53 zu § 99 BetrVG 1972; zustimmend wohl *Buchner*, DB 2001, Beilage 9 zu Heft 48, 1, 11.

Steht auch das BetrVG selbst der tariflichen Erweiterung der Mitbestimmung in personellen Angelegenheiten nicht entgegen, bedeutet dies noch nicht, dass sie generell zulässig ist. Anders als die Mitbestimmung in sozialen Angelegenheiten – sieht man einmal von den Unregelmäßigkeiten ab, die durch die extensive Auslegung der Mitbestimmung in sozialen Angelegenheiten im Hinblick auf materielle Angelegenheiten hervorgerufen wurden – ist die Mitbestimmung in personellen Angelegenheiten nämlich in erheblich stärkerem Maße geeignet, die Entscheidungsfreiheit des Arbeitgebers einzuschränken. Dies ergibt sich schon aus dem bereits viel zitierten Satz, dass die Grenze eines Eingriffs in die unternehmerische Entscheidungsfreiheit jedenfalls dort liegt, wo der Arbeitgeber gezwungen wird, ein inhaltloses Arbeitsverhältnis aufrechtzuerhalten.[1537] Es verwundert daher nicht, dass der Widerstand gegen eine Erweiterung der Mitbestimmungsrechte durch Tarifvertrag an dieser Stelle wesentlich stärker ist.
In diesem Zusammenhang ist die bereits angesprochene eigene Systematik des BetrVG und der durch Abwägung von unternehmerischer Entscheidungsfreiheit und Betriebsautonomie entstandene Kompromiss für die abgestufte Mitbestimmungsbefugnis des Betriebsrates zu beachten. Der Gesetzgeber hat dem Betriebsrat dort schwächere Beteiligungsrechte eingeräumt, wo ihm der Schutz der unternehmerischen Entscheidungsfreiheit ganz oder in größerem Umfang geboten erschien.[1538] Obwohl aus dieser Systematik nicht abgeleitet werden kann, dass eine Erweiterung unzulässig ist,[1539] darf sie bei der Frage der weitergehenden Ausgestaltung nicht aus den Augen verloren werden. Das *BAG* selbst hat aus dieser Systematik abgeleitet, dass eine Erweiterung der Mitbestimmung dann nicht möglich sei, wenn das „Ob“ der Einstellung geregelt werde.[1540] Korrespondierend hierzu wird richtig vertreten, dass das BetrVG nicht vollständig tarifdispositiv ist, so dass sich eine Erweiterung der Mitbestimmungsrechte in personellen Angelegenheiten an dem abgestuften System der Mitwirkungsrechte und dem Charakter der Ablehnungsrechte der §§ 99 Abs. 2, 102, Abs. 3 BetrVG orientieren muss.[1541] Die Zulässigkeit einer Erweiterung ist deshalb in jedem Einzelfall gesondert zu überprüfen.[1542]

1537 BAGE 5, 20, 22 ff.; BAG, AP Nr. 86 zu § 626 BGB; BAG, AP Nr. 7 zu § 626 BGB Krankheit; BAG, NZA 1998, 771, 773; *Nicolai*, SAE 2004, 240, 243; *Wiedemann*, RdA 1986, 231, 240 f.

1538 BAG, AP Nr. 8 zu § 87 BetrVG 1972 Arbeitszeit mit abl. Anm. *Rath-Glawatz*; *Buchner*, SAE 1991, 356, 358 f.; *Lund*, Anm. zu BAG, AP Nr. 53 zu § 99 BetrVG 1972.

1539 BAG, SAE 1991, 352, 354.

1540 BAG, SAE 1991, 352, 356.

1541 Wiedemann-*Thüsing*, TVG, § 1, Rn. 770.

1542 Wiedemann-*Thüsing*, TVG, § 1, Rn. 770.

So soll auch hier vorgegangen werden. Beachtet werden dabei im Rahmen dieser Bearbeitung folgende Konstellationen: Zum einen die Bindung von Kündigungen,[1543] zum anderen die Bindung von Einstellungen an die Zustimmung des Betriebsrates[1544].

aa. Erweiterung der Rechte aus § 102 BetrVG

Das *BAG* hält es für zulässig, die Mitbestimmungsrechte des Betriebsrates dahingehend zu erweitern, dass die Kündigung an seine Zustimmung gebunden ist. Diese Entscheidung begründet das *BAG* insbesondere mit § 102 Abs. 6 BetrVG.[1545] Gem. § 102 Abs. 6 BetrVG können Arbeitgeber und Betriebsrat vereinbaren, dass Kündigungen der Zustimmung des Betriebsrates bedürfen und dass bei Meinungsverschiedenheiten über die Berechtigung der Nichterteilung die Einigungsstelle entscheidet. Darüber hinausgehend hat das *BAG* im konkreten Fall auch einen Verstoß gegen Art. 12 Abs. 1 GG in Form der Unternehmensautonomie abgelehnt. Diese würde nach seiner Ansicht zwar berührt, aber nicht ausgeschlossen, da im konkreten Fall der Einigungsstelle die Entscheidung über die Kündigung vorbehalten blieb.[1546] Gegen deren Spruch könne der Arbeitgeber aber Einspruch erheben und den Rechtsweg zum Arbeitsgericht beschreiten.[1547]

(1) Grundsätzliche Zulässigkeit der Erweiterung

Der Entscheidung des *BAG* ist im Grundsatz zuzustimmen.[1548] Die Argumentation hinsichtlich der Parallele zu § 102 Abs. 6 BetrVG leuchtet gerade in der Konstellation des freiwilligen Firmentarifvertrages ein. Hier wird lediglich der Betriebsrat durch die Gewerkschaft als Partei ersetzt, während es wie bei § 102 Abs. 6 BetrVG dem Arbeitgeber selbst überlassen bleibt, die Kündigung an die Zustimmung des Betriebsrates zu binden. Flankierend wird weiter argumentiert, dass der Erweiterung der Mitbestimmung in personellen Ange-

---

[1543] Und damit die Erweiterung der Rechte aus § 102 BetrVG.

[1544] Und damit die Erweiterung der Rechte aus § 99 BetrVG.

[1545] BAG, SAE 1991, 352, 355 m.w.N.; LAG Köln, DB 1984, 670, 670 f.; Wiedemann-*Thüsing*, TVG, § 1, Rn. 769.

[1546] BAG, SAE 1991, 352, 356.

[1547] BVerfG, AP Nr. 15 zu § 87 BetrVG 1972 Arbeitszeit; BAG, AP Nr. 8 zu § 87 BetrVG 1972 Arbeitszeit; BAG, SAE 1991, 352, 355; BAG, AiB 2001, 739, 740.

[1548] Für die grundsätzliche Möglichkeit der Erweiterung in personellen Angelegenheiten auch: *Beuthien*, ZfA 1986, 131, 150; *Fitting*, BetrVG, § 1, Rn. 254; *Hanau*, RdA 1973, 281, 293; KR-*Etzel*, BetrVG, § 102, Rn. 244; *Löwisch/Rieble*, TVG, § 1, Rn. 277; MünchArbR-*Löwisch/Rieble*, § 259, Rn. 62; kritisch *Buchner*, SAE 1991, 356 ff.

legenheiten auch nicht entgegengehalten werden könne, der Betriebsrat könne seine Position missbrauchen. Die Gefahr des Missbrauchs bestehe nämlich bei jedem Recht, so dass hieraus keine präventive Versagung eines Rechtes hergeleitet werden könne.[1549] Dem Missbrauch werde zudem durch das Verfahren nach § 23 BetrVG bzw. durch die nächste Betriebsratswahl vorgebeugt.[1550]

Eine Erweiterung der Mitbestimmung in personellen Angelegenheiten ist ein Eingriff in die Berufsfreiheit des Arbeitgebers in Form einer Berufsausübungsregelung.[1551] Ein Eingriff liegt vor, weil dem Unternehmer aus der Unternehmensautonomie das Recht erwächst, Kündigungen auszusprechen.[1552] Dementsprechend hat das *BAG* den Ausschluss der außerordentlichen Kündigung abgelehnt und für den Fall des Ausschlusses der ordentlichen Kündigung eine erleichterte außerordentliche Kündigung zugelassen.[1553] Den Eingriff in die Unternehmensautonomie hat auch das *BAG* erkannt, einen Verstoß mit Hinweis auf die letztendliche Entscheidung der Einigungsstelle aber abgelehnt.[1554]

Darin ist dem *BAG* zuzustimmen. Der Eingriff in die Unternehmensautonomie wird durch Art. 9 Abs. 3 S. 1 GG gerechtfertigt. Entsprechend den obigen Ausführungen ergibt sich das zur Rechtfertigung notwendige, wichtige Gemeinschaftsgut aus der Tarifautonomie selbst.[1555] Hier kommt das bereits behandelte beschäftigungssichernde Mandat der Tarifvertragsparteien zum Tragen: Aus der Tarifautonomie erwächst das Interesse der Gewerkschaften, die Beschäftigung ihrer Mitglieder zu sichern und zu diesem Zweck, die Mitbestimmung des Betriebsrates zu erweitern.[1556] Beide Grundrechte sind daher derart in Einklang zu bringen, dass sie in optimaler Weise verwirklicht werden.[1557] Dies wird über die letztendliche Entscheidung der Einigungsstelle und insbesondere durch die Möglichkeit des Arbeitgebers erreicht, gegen die-

---

1549 *Däubler*, Tarifvertragsrecht, Rn. 1078.

1550 *Däubler*, Tarifvertragsrecht, Rn. 1078.

1551 In diese Richtung auch *Buchner*, SAE 1991, 356, 363.

1552 BAG, EzA Nr. 141 zu § 626 BGB n. F.; BAG, NZA 1998, 771, 773; LAG Schleswig-Holstein, SAE 2004, 227, 231; Maunz/Dürig-*Scholz*, GG, Art. 12, Rn. 58; *Nicolai*, SAE 2004, 240, 243; *Papier*, RdA 1989, 137, 139.

1553 Nachweise s. oben, Fn. 1283.

1554 BAG, SAE 1991, 352, 355.

1555 Vgl. dazu oben, 3. Teil C. II. 5. b.

1556 Vgl. hierzu grundsätzlich oben, 3. Teil B. II. 2.

1557 Vgl. BVerfG, NJW 1995, 2477, 2479; v. Münch-*v. Münch*, GG, Vorb. Art. 1-19, Rn. 47 m.w.N.; Schmidt-Bleibtreu/Klein-*Kannengießer*, GG, Vorb. v. Art. 1, Rn. 2.

se Entscheidung der Einigungsstelle vorzugehen.[1558] Hat sich der Arbeitgeber freiwillig dieser Mitbestimmungserweiterung begeben, spricht dies zusätzlich für die zulässige Erweiterung.[1559] Zudem verbleibt dem Arbeitgeber in dringenden Fällen die Möglichkeit einer außerordentlichen Kündigung.
Zwar ist zuzugeben, dass der Einigungsstelle bei der Berücksichtigung der Belange des Betriebes und der betroffenen Arbeitnehmer ein weiter Entscheidungsspielraum zukommt und es zudem ein fundamentaler Unterschied ist, ob der Unternehmer selbst nach seiner Einschätzung der wirtschaftlichen Entwicklung und der Vermeidung mehr oder weniger großer Risiken seine Entscheidung treffen kann, oder ob ein paritätisch zusammengesetztes Gremium mit einem betriebsfremden, ggf. arbeitsgerichtlich aufgezwängten Vorsitzenden auf der Grundlage einer ausfüllungsbedürftigen Generalklausel mehr oder weniger justizförmige Entscheidungen für das Unternehmen trifft.[1560] Doch ist der Arbeitgeber eben nicht an die Entscheidung der Einigungsstelle gebunden, sondern hat die Möglichkeit, diese anzufechten.[1561]

(2) Grenzen zulässiger Erweiterung

Ist der Entscheidung für die Mitbestimmungserweiterung in personellen Angelegenheiten im Grundsatz zuzustimmen, gilt dies nicht für jeden Einzelfall. Ansatzpunkt für die vorzunehmende Einzelfallbetrachtung ist Art. 12 Abs. 1 GG. Vor diesem Hintergrund kann der Erweiterung der Mitbestimmung in personellen Angelegenheiten dort nicht zugestimmt werden, wo dem Betriebsrat ein Vetorecht eingeräumt wird, die Einigungsstelle als vermittelndes Gremium also ausgeschlossen werden soll.[1562] Diese Grenze gilt auch für den Arbeitskampf.
Die Zulässigkeit dieses Vetorechtes wird damit begründet, dass der Arbeitgeber trotz Vorliegens eines Kündigungsgrundes auf die Kündigung verzichten könne, so dass seine Entscheidung auch von der Zustimmung des Betriebsra-

---

[1558] ErfK-*Schaub*, TVG, 5. A., § 1, Rn. 142; *Löwisch*, DB 1998, 877, 882; *Löwisch/Rieble*, TVG, § 1, Rn. 895; *Oberberg/Schoof*, AiB 2002, 169, 175. In diese Richtung auch *Däubler*, Tarifvertragsrecht, Rn. 1082. Weitergehend aber *Richardi*, NZA 1988, 673, 677.

[1559] Infolgedessen will *Buchner*, SAE 1991, 356, 358, 363 dem Arbeitgeber auch eine weitergehende Dispositionsbefugnis über seine personellen Entscheidungen einräumen, als dies dem Arbeitgeberverband in Bezug auf seine Mitglieder möglich ist.

[1560] *Buchner*, SAE 1991, 356, 359.

[1561] BAG, SAE 1991, 352, 356.

[1562] Dafür aber DKK-*Kittner*, BetrVG, § 99, Rn. 31; *Gamillscheg*, Kollektives Arbeitsrecht Bd. I, S. 616.

tes abhängig gemacht werden könne.[1563] Nach dem bisher Gesagten läge darin aber ein Eingriff in Art. 12 Abs. 1 GG. Die Entscheidung über die Kündigung in letzter Instanz einem Dritten zu überlassen, hieße, dem Arbeitgeber ein Recht zu nehmen, das dem Kernbereich der unternehmerischen Entscheidungsfreiheit zuzuordnen ist.[1564] Dieser Eingriff wäre auch unverhältnismäßig. Zumindest der Weg zu den Arbeitsgerichten muss dem Arbeitgeber verbleiben.[1565] Dies entspricht auch der Rechtsprechung des *BAG*, das die Zulässigkeit der Erweiterung in personellen Angelegenheiten gerade damit begründete, dass eine Entscheidung der Einigungsstelle vorgesehen war.[1566] Die Situation, in der ein Arbeitgeber auf die Kündigung verzichtet, obwohl ein Kündigungsgrund besteht, ist auch nicht mit der Situation vergleichbar, in der die Entscheidung über die Kündigung von der Zustimmung des Betriebsrates abhängt: Während er in ersterer im Einzelfall auf die Kündigung verzichtet, hat er in letzterer überhaupt keine Kontrolle mehr darüber, ob er auf die Kündigung verzichten will.
Desgleichen ist es unzulässig, die außerordentliche Kündigung an die Zustimmung des Betriebsrates zu binden.[1567] Hierin läge ebenfalls ein Verstoß gegen den Kernbereich der unternehmerischen Entscheidungsfreiheit.[1568] Genauso ist unzulässig, das Zustimmungsrecht des Betriebsrates bei einer ordentlichen betriebsbedingten Kündigung auf die der Kündigung zugrundeliegende, unternehmerische Entscheidung zu beziehen.[1569] Andernfalls würde dem Arbeitgeber die autonome und eigenverantwortliche Führung des Unternehmens verweigert, ohne dass ihm ein Ausgleichsanspruch zustünde.[1570] Einem Verstoß gegen Art. 12 Abs. 1 GG hinsichtlich der außerordentlichen Kündigung kann auch nicht dadurch aus dem Weg gegangen werden, dass der Einigungsstelle die letztendliche Entscheidung über die Kündigung vorbehalten bleibt und der Arbeitgeber gegen diese Einspruch erheben kann.[1571] Dies korrespondiert damit, dass auch der Ausschluss der außerordentlichen Kündi-

---

1563 DKK-*Kittner*, BetrVG, § 99, Rn. 31; *Gamillscheg*, Kollektives Arbeitsrecht Bd. I, S. 616.

1564 Vgl. dazu BAG, EzA Nr. 141 zu § 626 BGB n. F.; BAG, NZA 1998, 771, 773; Maunz/Dürig-*Scholz*, GG, Art. 12, Rn. 58; *Papier*, RdA 1989, 137, 139.

1565 I. E. ebenso *Löwisch/Rieble*, TVG, § 1, Rn. 277.

1566 BAG, AP Nr. 53 zu § 99 BetrVG 1972.

1567 A. A. *Oberberg/Schoof*, AiB 2002, 169, 177; einschränkend *Kempen/Zachert*, TVG, § 1, Rn. 81 ff.

1568 *Löwisch*, DB 1998, 877, 882; Wiedemann-*Thüsing*, TVG, § 1, Rn. 703. Unklar insoweit BAG, BB 1956, 109, 109.

1569 *Löwisch*, DB 1998, 877, 882.

1570 *Löwisch*, DB 1998, 877, 882.

1571 So auch *Löwisch*, DB 1998, 877, 882 f.

gung an sich nicht möglich ist.[1572] Dem Arbeitgeber muss die Möglichkeit verbleiben, sich aus einem bestehenden Arbeitsverhältnis zu lösen. Auch der freiwillige Abschluss einer solchen Klausel führte nicht zu ihrer Wirksamkeit; es gilt – wie bereits im Rahmen des Ausschlusses der außerordentlichen Kündigung[1573] –, dass der Arbeitgeber nicht auf den Wesensgehalt seines Grundrechtes aus Art. 12 Abs. 1 GG verzichten kann.

Dagegen lässt sich nicht einwenden, das *BAG* habe bisher nicht zwischen ordentlicher und außerordentlicher Kündigung unterschieden, so dass auch die außerordentliche Kündigung der Zustimmung des Betriebsrates unterworfen werden könne.[1574] Auch stehe der angeblich zwingende Charakter des § 626 BGB der Mitbestimmungserweiterung nicht entgegen, da die Einigungsstelle, ebenso wie das Arbeitsgericht, an diese Norm gebunden bleibe.[1575] Die Bindung des Arbeitsgerichts an § 626 BGB ersetzt aber nicht die freie Entscheidung des Arbeitgebers. Aus der fehlenden Unterscheidung des *BAG* hinsichtlich ordentlicher und außerordentlicher Kündigung ergibt sich nichts anderes: Das *BAG* hatte einfach noch nicht über die Bindung der außerordentlichen Kündigung an die Zustimmung zu entscheiden, insofern war eine Unterscheidung überflüssig.

bb. Erweiterung der Rechte aus § 99 BetrVG

Schließlich steht die Erweiterung der Mitbestimmung bei Einstellungen im Raum. In formaler Hinsicht kann die Frist des § 99 Abs. 3 BetrVG verlängert werden.[1576] Hier ist schon fraglich, ob überhaupt ein Eingriff in die unternehmerische Entscheidungsfreiheit vorliegt.

Auch einer Erweiterung der personellen Mitbestimmungsrechte in materieller Hinsicht hat das *BAG* zugestimmt (Bindung der Einstellungsentscheidung an die Zustimmung des Betriebsrates). Im konkreten Fall ging es allerdings nicht um das „Ob“ der Einstellung, sondern um die Wahl zwischen zwei Bewerbern mit anschließend möglicher Entscheidung der Einigungsstelle,[1577] mithin um

---

1572 S. oben, 3. Teil C. II. 1.

1573 S. oben, 3. Teil C. II. 1.

1574 *Däubler*, Tarifvertragsrecht, Rn. 1077 mit Bezug auf BAG, AiB 2001, 739, 739.

1575 *Däubler*, Tarifvertragsrecht, Rn. 1077; *Oberberg/Schoof*, AiB 2002, 169, 177; *Stahlhacke/Preis/Vossen*, Kündigungsschutz, 8. A., Rn. 456.

1576 *Stege/Weinspach*, BetrVG, §§ 99 – 101, Rn. 10 b.

1577 BAG, SAE 1991, 352 ff.; zustimmend wohl *Buchner*, DB 2001, Beilage 9 zu Heft 48, 1, 11. Bei der Entscheidung handelte es sich zudem um eine atypische Situation, die ihre Besonderheiten im Vergütungssystem im Spielbankenbereich hatte. Die Entscheidung lässt sich folglich nur bedingt verallgemeinern, in diese Richtung auch *Buchner*, SAE 1991, 356, 357.

eine Berufsausübungsregelung. Diese ist durch das Interesse der Gewerkschaften, die Beschäftigung ihrer Mitglieder zu sichern, gerechtfertigt.[1578] Zudem besteht bei der bloßen Auswahl zwischen zwei Bewerbern eine Vergleichbarkeit zu § 95 Abs. 1, 2 BetrVG. Dieser eröffnet dem Betriebsrat die Möglichkeit, Auswahlrichtlinien für den Bereich der Einstellungen zu erzwingen.[1579]

Durch die dargestellte Unterscheidung des *BAG* wird gleichzeitig die Grenze einer zulässigen Mitbestimmungserweiterung in diesem Zusammenhang markiert. Der Arbeitgeber darf nicht gezwungen werden, Arbeitnehmer gegen seinen Willen einzustellen.[1580] Die Personalplanung ist Teil der Unternehmensplanung.[1581] Zumindest muss ihm daher die Alternative verbleiben, den Arbeitsplatz unbesetzt zu lassen.[1582] Einstellungsgebote begründen einen Kontrahierungszwang und bilden damit einen Verstoß gegen den Wesensgehalt des Art. 12 Abs. 1 GG.[1583] Sie berühren das „Ob" der unternehmerischen Tätigkeit. Unabhängig davon, ob man sie noch als Berufsausübungsregelungen oder schon als -wahlregelungen[1584] einordnen wollte, ergibt sich schon keine Rechtfertigung in Form eines wichtigen Gemeinschaftsguts.[1585] Ein solches ist insbesondere nicht die Tarifautonomie. Zwar könnte man auch hier an das Interesse der Gewerkschaft denken, die Beschäftigung ihrer Mitglieder zu sichern, doch ließe dies unberücksichtigt, dass der Arbeitgeber für den Arbeitnehmer ggf. keine Verwendung hat. Die Grenze der tariflichen Regelungsbefugnis liegt aber im Aufrechterhalten eines inhaltslosen Arbeitsverhältnisses. Dies gilt dann erst recht für das Schaffen eines solchen. Es ergibt sich auch nicht aus der sozialen Bindung des Unternehmereigentums. Dieses wird bereits durch die im BetrVG eingeführten Mitbestimmungs- und Beteiligungsrechte des Betriebsrates ausreichend berücksichtigt.[1586]

Vielmehr gilt – entsprechend dem schon verschiedentlich angeführten Grundsatz, dass der Arbeitgeber nicht gezwungen werden darf, ein inhaltsleeres Ar-

---

[1578] Vgl. bereits oben, 3. Teil B. II. 2.

[1579] Ausführlich *Buchner*, SAE 1991, 356, 357.

[1580] *Löwisch/Rieble*, TVG, § 1, Rn. 277; *Papier*, RdA 1989, 137, 139; *Rieble*, ZTR 1993, 53, 57.

[1581] *Buchner*, SAE 1991, 356, 357.

[1582] *Löwisch/Rieble*, TVG, § 1, Rn. 277.

[1583] *Rieble*, ZTR 1993, 53, 57; ähnlich *Stege/Weinspach*, BetrVG, §§ 99 – 101, Rn. 10 a.

[1584] Dagegen wohl *Hensche*, AuR 2004, 443, 449.

[1585] S. dazu grundsätzlich oben, 3. Teil B. II. 2.

[1586] *Buchner*, SAE 1991, 356, 359.

beitsverhältnis aufrechtzuerhalten,[1587] – dass er desgleichen nicht gezwungen werden darf, Arbeitskräfte über Bedarf zu beschäftigen.[1588] Aus diesem Grund kann *Däubler* nicht darin zugestimmt werden, dass dem Betriebsrat auch ein Initiativrecht in Bezug auf Einstellungen eingeräumt werden könne. *Däubler* argumentiert hier damit, dass im Streitfall die Einigungsstelle darüber entscheiden könne, ob die vom Betriebsrat gewollte Aufstockung der Belegschaft für das Unternehmen wirtschaftlich sinnvoll sei.[1589] Für die Einstellung kann aber nichts anderes gelten als für die ultimative Möglichkeit zur Kündigung – die Entscheidungsfreiheit des Arbeitgebers ist hier unantastbar. Etwas anderes kann sich allenfalls unter dem Gesichtspunkt eines freiwilligen Grundrechtsverzichts ergeben.

Für die Eingruppierung, die Umgruppierung und die Versetzung gilt Entsprechendes.[1590]

c. Mitbestimmung in wirtschaftlichen Angelegenheiten

Die Mitbestimmung in wirtschaftlichen Angelegenheiten ist in besonderem Maße geeignet, die unternehmerische Entscheidungsfreiheit des Arbeitgebers zu beschränken. Das BetrVG hat dem Rechnung getragen und die Mitbestimmung in diesem Bereich auf Beratungs- und Unterrichtungsrechte (§§ 106, 110, 111 BetrVG) sowie auf die Regelung der sozialen Folgen unternehmerischer Entscheidungen (§ 112 BetrVG) beschränkt. Die Erweiterung der Mitbestimmung in diesem Bereich umfasst etwa die (erzwingbare) Beteiligung an Entscheidungen wie Investitionen, Betriebsänderungen (insbesondere –stilllegungen) oder die Bindung von Rationalisierungsmaßnahmen an die Zustimmung des Betriebsrates.[1591] Höchstrichterliche Rechtsprechung zu diesem Bereich existiert bisher nicht. Freilich könnte der undifferenzierte Leitsatz 1 der Entscheidung des *BAG* vom 10.02.1988[1592] dahingehend verstanden werden, dass die Erweiterung der Mitbestimmung generell möglich

---

[1587] *Gamillscheg*, Kollektives Arbeitsrecht Bd. I, S. 350; *Preis*, Prinzipien, S. 64; *Säcker/Oetker*, Tarifautonomie, S. 307.

[1588] Wiedemann-*Wiedemann*, TVG, Einl., Rn. 324.

[1589] *Däubler*, Tarifvertragsrecht, Rn. 1075.

[1590] BAG, AP Nr. 56 zu § 118 BetrVG 1972; Wiedemann-*Thüsing*, TVG, § 1, Rn. 769 f. Dafür auch diese in vollem Umfang der Erweiterung durch Tarifvertrag zu unterwerfen: *Däubler*, Tarifvertragsrecht, Rn. 1076.

[1591] Vgl. *Däubler*, Tarifvertragsrecht, Rn. 1080 f.; *Hensche*, AuR 2004, 443, 444, Fn. 4; *Kempen/Zachert*, TVG, 3. A., § 1, Rn. 292.

[1592] Abgedruckt in SAE 1991, 352, 352: „Die Beteiligungsrechte des Betriebsrats nach dem BetrVG können durch Tarifvertrag erweitert und verstärkt werden.“

sein soll.[1593] Da sich die Entscheidung mit der Erweiterung in wirtschaftlichen Angelegenheiten aber nicht auseinanderzusetzen hatte und diesbezüglich auch in den Gründen keine Argumentation bereithält, fällt selbst die Qualifizierung als obiter dictum schwer.

aa. Normative Regelungsbefugnis

Problematisch ist bereits, ob die Tarifvertragsparteien eine Regelungsbefugnis i.S.d. § 1 Abs. 1 TVG haben. Für eine solche Regelungsbefugnis wird vorgebracht, dass unter den Begriff der betriebsverfassungsrechtlichen Fragen auch die Regelungen über die Mitbestimmungsrechte des Betriebsrates fielen, da diese das Verhältnis des Arbeitgebers zum Repräsentanten der Arbeitnehmer im Betrieb beträfen.[1594]
Dieser undifferenzierten Betrachtung kann für die Erweiterung der Mitbestimmung in wirtschaftlichen Angelegenheiten aber nicht zugestimmt werden. Dafür lässt sich bereits die abgestufte Systematik der Mitbestimmungsrechte im BetrVG fruchtbar machen: Der Gesetzgeber hat dem Betriebsrat dort ein schwächeres Mitgestaltungsrecht an die Hand gegeben, wo ihm der Erhalt der unternehmerischen Entscheidungsfreiheit ganz oder in größerem Maße geboten erschien.[1595] Diese abgestufte Systematik zeigt sich insbesondere bei der Mitbestimmung in wirtschaftlichen Angelegenheiten. Erst wo es um die Folgen einer unternehmerischen Entscheidung geht, hat der Betriebsrat ein echtes Mitbestimmungsrecht, während er im Übrigen auf Beratung und Unterrichtung beschränkt ist. Dementsprechend knüpfen die Tatbestände der §§ 106 ff. BetrVG an das Unternehmen bzw. den Unternehmer und nicht wie die §§ 92 ff. BetrVG oder § 87 f. BetrVG an den Arbeitgeber bzw. den Betrieb an. Aus diesem Grund scheitert auch eine Subsumtion der Mitbestimmungserweiterung in wirtschaftlichen Angelegenheiten unter § 1 Abs. 1 TVG: Über betriebliche und betriebsverfassungsrechtliche Fragen kann nur eine Regelung ergehen, wenn sie sich auf den Betrieb bezieht, nicht aber, wenn das Unternehmen der Anknüpfungspunkt ist.[1596] Dies ergibt schon die Wortlautauslegung des § 1 Abs. 1 TVG. Zudem definiert sich die Betriebsverfassung als die Gesamtheit der Regeln über die Rechtsstellung der Arbeitnehmer im Betrieb, einschließlich ihrer Organe, ihrer Rechte und Pflichten und ihrer Stellung zum

---

[1593] Vgl. auch *Buchner*, SAE 1991, 356, 356.

[1594] So pauschal *Meier-Krenz*, DB 1988, 2149, 2149 für die Erweiterung der Mitbestimmungsrechte durch Tarifvertrag, also ohne Unterscheidung hinsichtlich sozialer, personeller oder wirtschaftlicher Angelegenheiten.

[1595] BAG, AP Nr. 8 zu § 87 BetrVG Arbeitszeit; *Buchner*, SAE 1991, 356, 358 f.

[1596] *Beuthien*, ZfA 1983, 141, 144; *ders.*, ZfA 1986, 131, 142; Wiedemann-*Thüsing*, TVG, § 1, Rn. 771.

Arbeitgeber.[1597] Auch aus dieser Definition ergibt sich keine Anknüpfung an das Unternehmen. Dieses Ergebnis steht auch nicht in Widerspruch zur oben bejahten Regelungsbefugnis für die Erweiterung der Mitbestimmung in sozialen bzw. personellen Angelegenheiten, denn wie gerade gesehen, betreffen die entsprechenden Normen den einzelnen Arbeitnehmer als Mitglied des Betriebes.

Etwas anderes ergibt sich entgegen *Oetker und Thüsing* auch nicht für den Fall, in dem die Tarifvertragsparteien lediglich ein Beratungsrecht in wirtschaftlichen Angelegenheiten begründen, für das der Betriebsrat bisher gar kein Beteiligungsrecht hatte.[1598] Zwar läge in einem solchen Beratungsrecht kein Verstoß gegen die unternehmerische Entscheidungsfreiheit; die Subsumtion unter § 1 Abs. 1 TVG schlägt nichtsdestotrotz fehl. Hier den „ancillarischen Charakter"[1599] der Beteiligungsrechte in wirtschaftlichen Angelegenheiten für die Mitbestimmung in sozialen bzw. personellen Angelegenheiten anzuführen, lässt außer Betracht, dass – wollte man dieses Argument gelten lassen – dieses Argument in gleicher Weise für echte Mitbestimmungsrechte gelten müsste. Auch diese haben einen unterstützenden Charakter. Dies schlägt *Oetker* aber nicht vor.

Eine normative Erweiterung der Mitbestimmung in wirtschaftlichen Angelegenheiten scheidet daher aus.

bb. Schuldrechtliche Vereinbarung

Es bleibt die Möglichkeit, eine schuldrechtliche Vereinbarung zu treffen, mittels derer sich der Arbeitgeber verpflichtet, in wirtschaftlichen Angelegenheiten die Zustimmung des Betriebsrates zu suchen. Da der schuldrechtliche Teil des Tarifvertrages ein Vertrag zugunsten Dritter ist, kann durch eine solche Vereinbarung ein Recht des Betriebsrates begründet werden.[1600]

Es stellt sich dann einzig die Frage, inwieweit solche Vereinbarungen zulässig sind. Zunächst ist zu klären, ob es sich um eine Vereinbarung im Bereich der „Arbeits- und Wirtschaftsbedingungen" des Art. 9 Abs. 3 S. 1 GG handelt. Für die soziale und personelle Mitbestimmung wurde eine Zugehörigkeit zu den Arbeits- und Wirtschaftsbedingungen derart hergeleitet, dass sich zwar kein unmittelbarer und konkreter Einfluss auf das Arbeitsverhältnis durch die

---

[1597] Wiedemann-*Thüsing*, TVG, § 1, Rn. 754.

[1598] Wiedemann-*Oetker*, TVG, 6. A, § 1, Rn. 604, sowie nunmehr auch Wiedemann-*Thüsing*, TVG, § 1, Rn. 772.

[1599] Wiedemann-*Oetker*, TVG, § 1, Rn. 604; Wiedemann-*Thüsing*, TVG, § 1, Rn. 772.

[1600] Vgl. grundsätzlich zur Natur als Vertrag zugunsten Dritter, Wiedemann-Thüsing, TVG, § 1, Rn. 859.

Regelung selbst ergibt,[1601] dieser jedoch über den Umweg des erweiterten Mitbestimmungsrechtes durch die nun mögliche Betriebsvereinbarung entsteht.[1602] Dies lässt sich für die Mitbestimmung in wirtschaftlichen Angelegenheiten nicht mehr anführen. Die Mitbestimmung hat hier keinen konkreten Einfluss auf die das Arbeitsverhältnis selbst. Einfluss gewinnt die Mitbestimmung erst über den Umweg der Reaktion des Marktes auf die unternehmerische Entscheidung. Damit handelt es sich aber nach der oben gefundenen Definition der Arbeits- und Wirtschaftsbedingungen nicht mehr um eine solche.[1603] Freilich ist die tarifvertragliche Vereinbarung eines wirtschaftlichen Mitbestimmungsrechtes deshalb noch nicht ausgeschlossen – eine solche Vereinbarung genießt aber nicht den besonderen Schutz des Art. 9 Abs. 3 S. 1 GG. Die Frage der Zulässigkeit einer solchen Vereinbarung misst sich dagegen an Art. 12 Abs. 1 GG.

(1) Für die Zulässigkeit der schuldrechtlichen Vereinbarung

Obwohl aufgrund des abgestuften Systems des BetrVG im Hinblick auf die Mitbestimmung des Betriebsrates offensichtlich ist, dass die Erweiterung der Mitbestimmung in wirtschaftlichen Angelegenheiten naturgemäß eher an ihre Grenze aus Art. 12 Abs. 1 GG stoßen müsste, als dies bei für die Mitbestimmung in sozialen oder gar personellen Angelegenheiten der Fall ist, wird teilweise auch in diesem Bereich die Möglichkeit der grundsätzlichen Erweiterung bedenkenlos bejaht.[1604] Zwar bestehe im Einzelfall die Gefahr eines Eingriffs in die unternehmerische Sphäre, doch komme den Tarifparteien jedenfalls dort eine Erweiterungsbefugnis zu, wo ein Bezug zur abhängigen Arbeit vorhanden ist.[1605] Der Abgrenzungsmaßstab ergebe sich aus § 106 Abs. 3 BetrVG. Wo dem Betriebsrat nach dieser Norm ein Informationsrecht im Interesse der Belegschaft zukomme, könne ihm auch ein Mitbestimmungsrecht nicht versagt werden.[1606] Schließlich tue der Betriebsrat bei der Wahrnehmung seiner Pflichten aus den §§ 106 ff. BetrVG nichts anderes, als sich mit Fragen der Unternehmenspolitik zu befassen.[1607] Im Bereich des § 112

[1601] Vgl. zu diesem Kriterium Wiedemann, RdA 1986, 231, 233; Wiedemann-Wiedemann, TVG, 6. A, Einl., Rn. 456; Beuthien, ZfA 1984, 1, 12.

[1602] Vgl. dazu oben, 3. Teil C. II. 5. a.

[1603] Vgl. oben, 3. Teil A. I. 1. e.

[1604] *Däubler*, Tarifvertragsrecht, Rn. 1079; *Kempen/Zachert*, TVG, 3. A., § 1, Rn. 293; *Oberberg/Schoof*, AiB 2002, 169, 177.

[1605] *Däubler*, Tarifvertragsrecht, Rn. 1079.

[1606] *Däubler*, Tarifvertragsrecht, Rn. 1079 mit Bezug auf *Säcker/Oetker*, Tarifautonomie, S. 81, vgl. dazu aber auch *Säcker/Oetker*, Tarifautonomie, S. 133

[1607] *Hensche*, AuR 2004, 443, 446.

BetrVG könne der Tarifvertrag daher auch die Erzwingbarkeit des Interessenausgleichs vorsehen.[1608] Desgleichen könne er mit Auflagen zur Gestaltung der personellen, arbeitsmäßigen und sozialen Auswirkungen der Betriebsänderung versehen werden.[1609]

Auch ein Eingriff in die unternehmerische Entscheidungsfreiheit, soweit ein solcher erkannt wird, wird als jedenfalls gerechtfertigt angesehen. Dies leite sich aus der Berufsfreiheit der Arbeitnehmer, sowie der Regelungsbefugnis der Tarifparteien, die sich aus der Tarifautonomie ergebe, ab.[1610] Zudem sei es Sache des Gesetzgebers, die von den Tarifvertragsparteien geschaffene Trennlinie zwischen der Berufsfreiheit des Arbeitgebers und derjenigen der Arbeitnehmer zu beurteilen.[1611] Schließlich komme es nur darauf an, dass eine tarifliche Regelung nicht zur Funktionslosigkeit des Unternehmens führe.[1612] Die Tarifbestimmung dürfe deshalb sogar direkt auf die unternehmerische Entscheidung einwirken.[1613] Das *BAG* habe jedenfalls dann eine Erweiterung der Mitbestimmungsrechte des Betriebsrates zugelassen, wenn sich die wirtschaftliche und die soziale Seite einer unternehmerischen Entscheidung nicht voneinander trennen ließen, oder wenn sie an den Schutz der Arbeitnehmerposition anknüpften.[1614] Dies sei bei einer Betriebsschließungen der Fall;[1615] es sei auch bei Betriebsverlagerungen der Fall: Die wirtschaftliche Seite (billigere Produktion, Abbau von Arbeitsplätzen am alten Standort) sei untrennbar mit der sozialen Seite (Arbeitsplatzverlust am alten Standort) verbunden.[1616] Letztlich wird angeführt, dass die Erweiterung der Mitbestimmung in wirtschaftlichen Angelegenheiten jedenfalls dann tariflich regelbar (und erstreikbar) sei, wenn die abschließende Entscheidung der Einigungsstelle verbleibe.[1617]

1608 DKK-*Däubler*, BetrVG, Einl., Rn. 80.

1609 *Däubler*, Tarifvertragsrecht, Rn. 1081; ähnlich auch noch *Fitting*, BetrVG, 22. A., § 1, Rn. 257, wonach nunmehr aber ein Tarifvertrag in diesem Bereich jedenfalls den Weg zur Einigungstelle eröffnet müsse (*Fitting*, BetrVG, § 1, Rn. 260).

1610 *Däubler*, Tarifvertragsrecht, Rn. 481.

1611 *Däubler*, Tarifvertragsrecht, Rn. 481.

1612 DKK-*Däubler*, BetrVG, Einl., Rn. 81.

1613 *Däubler*, Tarifvertragsrecht, Rn. 481 a. E.

1614 *Däubler*, Tarifvertragsrecht, Rn. 1110 ff.; *Kempen/Zachert*, TVG, § 1, Rn. 487 mit Verweis auf BAG, DB 1991, 181, 183.

1615 *Däubler*, Tarifvertragsrecht, Rn. 1110.

1616 *Wolter*, RdA 2002, 218, 225.

1617 *Oberberg/Schoof*, AiB 2002, 169, 177.

(2) Gegen die Zulässigkeit der schuldrechtlichen Vereinbarung

Nach anderer – wenn auch im Einzelnen unbegründeter – Ansicht kann jedenfalls die Mitbestimmung im Rahmen eines Interessenausgleichs nicht erzwingbar ausgestaltet werden, da dies gegen die unternehmerische Entscheidungsfreiheit verstoße,[1618] bzw. gegen die vom BetrVG vorgegebene Systematik.[1619] Eine abschließende Entscheidung dürfe in diesem Zusammenhang auch nicht der Einigungsstelle zugewiesen werden.[1620] Dies ergebe sich daraus, dass eine Erweiterung der Mitbestimmung letztlich aus der Privatautonomie resultiere und eine entsprechende Betriebsvereinbarung daher freiwillig abgeschlossen werden müsse.[1621] Allerdings könne sich der Arbeitgeber im vorhinein dem Spruch der Einigungsstelle unterwerfen.[1622]

(3) Vermittelnde Ansicht

Eine vermittelnde Ansicht will die Erweiterung der Mitbestimmung in wirtschaftlichen Angelegenheiten dort zulassen, wo es sich um eine freiwillige tarifliche Regelung durch Firmentarifvertrag handelt.[1623] Der freiwilligen tariflichen Regelung könne nicht die Unternehmensautonomie des Arbeitgebers entgegengehalten werden, da man ansonsten den Unternehmer nur vor seiner eigenen Dispositionsbefugnis schütze.[1624] Dies erscheine aber nicht notwendig, da an diesen Schutz nur vor dem Hintergrund der Sicherung der Unternehmensautonomie im Interesse der Wettbewerbswirtschaft zu denken sei. Es gehöre aber zur Autonomie des Unternehmers, sich für eine engere Kooperation mit dem Betriebsrat zu entscheiden.[1625]

(4) Würdigung

Jedenfalls die beiden letztgenannten Ansichten gehen übereinstimmend davon aus, dass in einem erzwingbaren Mitbestimmungsrecht des Betriebsrates in

---

[1618] *Beuthien*, ZfA 1986, 86, 131, 146 ff.; ErfK-*Schaub*, TVG, 5. A., § 1, Rn. 142; *v. Hoyningen-Huene/Meier-Krenz*, ZfA 1988, 293, 314 f.; *Hueck/Nipperdey*, Lehrbuch II/1, S. 1484; *Löwisch/Rieble*, TVG, § 1, Rn. 276; allgemein skeptisch: *Meier-Krenz*, DB 1988, 2149, 2153.

[1619] HSWG-*Heß*, BetrVG, vor § 1, Rn. 72; *Löwisch/Kaiser*, BetrVG, Vorbem. zu §§ 106 ff., Rn. 3.

[1620] HSWG-*Heß*, BetrVG, vor § 1, Rn. 77.

[1621] HSWG-*Heß*, BetrVG, vor § 1, Rn. 77.

[1622] HSWG-*Heß*, BetrVG, vor § 1, Rn. 77.

[1623] *Gamillscheg*, Kollektives Arbeitsrecht Bd. I, S. 616 f.; *Hohenstatt/Schramm*, DB 2004, 2214, 2216.

[1624] *Gamillscheg*, Kollektives Arbeitsrecht Bd. I, S. 616 f.

[1625] *Buchner*, DB 2001, Beilage 9 zu Heft 48, 1, 11.

wirtschaftlichen Angelegenheiten ein Verstoß gegen Art. 12 Abs. 1 GG liegt. Dem ist zuzustimmen.[1626] Zum Schutzbereich des Art. 12 Abs. 1 GG gehört insbesondere die Dispositionsfreiheit.[1627] Aus ihr ergibt sich das Recht der Geschäftsführung, über das „Ob", das „Was" und das „Wo" der Herstellung autonom zu entscheiden.[1628] Dem Unternehmer muss ein angemessener Spielraum verbleiben, sich als verantwortlicher Unternehmer wirtschaftlich frei zu entfalten.[1629] Diese autonome Entscheidung würde unmöglich werden, erhielte der Betriebsrat ein erzwingbares Mitbestimmungsrecht in wirtschaftlichen Angelegenheiten. Dies korrespondiert damit, dass selbst der mitbestimmte Aufsichtsrat keinen Einfluss auf die Entscheidung hinsichtlich der Betriebsschließung hat; sie obliegt der Hauptversammlung (§ 262 Abs. 1 Nr. 2 1. Hs. AktG). Dementsprechend kann erst recht dem Betriebsrat kein Einfluss auf diese Entscheidung eingeräumt werden.[1630]

Dem lässt sich nicht der Einwand entgegenhalten, dass der Betriebsrat bei der Wahrnehmung seiner Rechte aus den §§ 106 ff. BetrVG nichts anderes mache, als sich mit Fragen der Unternehmenspolitik zu beschäftigen.[1631] Bei den §§ 106 ff. BetrVG handelt es sich eben nur um Beteiligungsrechte, nicht aber um solche Rechte, die dazu ermächtigen, unternehmerische Grundentscheidungen zu treffen. Hierfür ist der Betriebsrat auch fachlich gar nicht qualifiziert. Ein Eingriff in die unternehmerische Entscheidungsfreiheit liegt also vor. Ein solcher würde nur dann ausscheiden, wenn dem Betriebsrat lediglich weitergehende Informationsrechte als in den §§ 106 ff. BetrVG vorgesehen eingeräumt würde, da er hierdurch keinen Einfluss auf die unternehmerische Entscheidung gewinnen würde.

[1626] Die Frage, ob es sich bei den §§ 106 ff. BetrVG sowie den §§ 111 ff. BetrVG um eine abschließende Regelung handelt, mit der Folge, dass sie durch Tarifvertrag nicht erweitert werden könnten, kann aus diesem Grund dahinstehen. Ohne Subsumtion aber für eine Erweiterbarkeit durch Tarifvertrag: Däubler, Tarifvertragsrecht, Rn. 1079.

[1627] *Isensee/Kirchhof*, Staatsrecht, § 147, Rn. 63; Maunz/Dürig-*Scholz*, GG, Art. 12, Rn. 132 f.

[1628] BAG, NZA 1990, 886, 889; BAG, NZA 1998, 771, 773; LAG Hamm, NZA-RR 2000, 535, 537; LAG Schleswig-Holstein, SAE 2004, 227, 231; *Beuthien*, ZfA 1984, 1, 12 f.; *Wiedemann*, RdA 1986, 231, 236 f.

[1629] BVerfGE 29, 260, 267; LAG Hamm, NZA-RR 2000, 535, 537; LAG Schleswig-Holstein, SAE 2004, 227, 231; ArbG Kiel, AuR 2003, 192, 193; *Rolfs/Clemens*, DB 2003, 1678, 1680.

[1630] Vgl. hierzu die Einordnung bei *Wiedemann*, RdA 1986, 231, 236 zur Frage des Kernbereichs der unternehmerischen Entscheidungsfreiheit.

[1631] *Hensche*, AuR 2004, 443, 446.

Eine Rechtfertigung ist nicht ersichtlich. Sie ergibt sich insbesondere nicht durch die Berufsfreiheit der Arbeitnehmer oder aus der Tarifautonomie.[1632] Bereits oben wurde festgestellt, dass es sich bei einer Vereinbarung der fraglichen Art nicht um eine solche im Bereich der Arbeits- und Wirtschaftsbedingungen des Art. 9 Abs. 3 S. 1 GG handelt,[1633] so dass die Tarifautonomie zur Rechtfertigung nicht herangezogen werden kann. Das gegenteilige Ergebnis *Däublers* erklärt sich vor dem Hintergrund seiner extensiven Auslegung des Art. 9 Abs. 3 S. 1 GG. Diese wurde aber schon an anderer Stelle verworfen.[1634] Auch die Berufsfreiheit der Arbeitnehmer ist zur Rechtfertigung nicht geeignet. Wollte man eine Kollision der betroffenen Grundrechte annehmen, wäre diese im Wege der praktischen Konkordanz aufzuheben. Diese würde aber nicht dazu führen, dass ein Mitbestimmungsrecht in wirtschaftlichen Angelegenheiten zulässig würde. Die praktische Konkordanz ist derart durchzuführen, dass die kollidierenden Grundrechte optimal verwirklicht werden.[1635] Dem Unternehmer die Entscheidung über das „Ob" seiner unternehmerischen Tätigkeit zu nehmen, hieße aber, den Schutzbereich der Unternehmensautonomie auf Null zu reduzieren. Die praktische Konkordanz führt daher vielmehr dazu, dass die Berufsfreiheit der Arbeitnehmer durch die Informationsrechte des Betriebsrates bzw. seine Mitbestimmungsrechte hinsichtlich der sozialen Folgen einer Betriebsänderung sowie über die Mitbestimmungsrechte des mitbestimmten Aufsichtsrates bereits ausreichend gewahrt ist.

Auch aus den sonst genannten Gründen ergibt sich keine Rechtfertigung für den Grundrechtsverstoß. Warum sich dort ein Mitbestimmungsrecht ergeben soll, wo dem Betriebsrat durch Gesetz ein Informationsrecht zukommt, ist nicht ersichtlich.[1636] Der Schluss ist nicht zwingend; er drängt sich nicht einmal auf. Nicht ohne Grund wurde dem Betriebsrat durch die §§ 106 ff. BetrVG eine direkte Einflussnahme auf die wirtschaftliche Entscheidung versagt; es handelt sich eben nur um Informationsrechte.[1637] Hiermit hat der Gesetzgeber dem Erhalt der unternehmerischen Entscheidungsfreiheit Rechnung

---

[1632] So aber *Däubler*, Tarifvertragsrecht, Rn. 481.

[1633] S. oben, 3. Teil C. II. 5. c. bb.

[1634] Vgl. dazu oben, 3. Teil A. I. 1. d.

[1635] Vgl. BVerfG, NJW 1995, 2477, 2479.

[1636] So aber *Däubler*, Tarifvertragsrecht, Rn. 1079; *Hensche*, AuR 2004, 443, 446.

[1637] Daher kommt es auch nicht darauf an, dass er sich über die §§ 106 ff. BetrVG mit unternehmerischen Fragen auseinander zusetzen hat, so aber *Hensche*, AuR 2004, 443, 446, vielmehr ist die Qualität der Beteiligung entscheidend.

getragen.[1638] Die §§ 106 ff. BetrVG lassen sich also allenfalls gegen eine Erweiterung der Mitbestimmung in wirtschaftlichen Angelegenheiten anführen. Der Hinweis darauf, dass es Sache des Gesetzgebers sei, die von den Tarifvertragsparteien geschaffene Trennlinie zwischen der Berufsfreiheit des Arbeitgebers und derjenigen der Arbeitnehmer zu beurteilen,[1639] trifft schlicht nicht zu. Selbstverständlich unterliegen die tarifvertraglichen Bestimmungen einer gerichtlichen Kontrolle.[1640]

Wollte man zudem darauf abstellen, dass eine tarifliche Regelung erst dann unzulässig wird, wenn sie zur Funktionslosigkeit des Unternehmens führt,[1641] so kann der Begriff der Funktionslosigkeit doch nur vor dem Hintergrund des Schutzbereichs des Art. 12 Abs. 1 GG verstanden werden, will man den Boden juristischer Argumentation nicht verlassen. Da Art. 12 Abs. 1 GG die autonome Entscheidung über das Ob, Wann und Wo der unternehmerischen Tätigkeit dem Unternehmer zuweist, würde es bei einer Beteiligung des Betriebsrates an den wirtschaftlichen Angelegenheiten sehr wohl zur Funktionslosigkeit des Unternehmens kommen: Der Betriebsrat hätte es in der Hand, jegliche wirtschaftliche Grundentscheidung zu blockieren.

Auch die Rechtsprechung des *BAG* lässt sich nicht für die Erweiterung der Mitbestimmungsrechte in wirtschaftlichen Angelegenheiten fruchtbar machen.[1642] Richtig ist zwar, dass das *BAG* dann eine Erweiterung der Mitbestimmungsrechte des Betriebsrates zugelassen hat, wenn sich die wirtschaftliche und die soziale Seite einer unternehmerischen Entscheidung nicht voneinander trennen lassen, bzw. wenn sie an den Schutz der Arbeitnehmerposition anknüpft;[1643] daraus hat das *BAG* aber nicht abgeleitet, dass der Betriebsrat auf das „Ob" der unternehmerischen Entscheidung selbst Einfluss nehmen darf. Zwar hat das *BAG* den Betriebsrat auch nicht auf die Regelung der sozialen Folgen beschränkt, sondern hat die Steuerung der unternehmerischen Sachentscheidung zugelassen.[1644] Mit Steuerung meinte es aber lediglich das „Wie" der Entscheidung. Anders lässt sich nicht erklären, dass es die Ent-

---

1638 *Buchner*, SAE 1991, 356, 358 f. Sowie grundsätzlich *v. Hoyningen-Huene*, Anm. zu BAG, AP Nr. 23 zu § 77 BetrVG 1972 Tarifvorbehalt.

1639 *Däubler*, Tarifvertragsrecht, Rn. 481.

1640 Vgl. allein BAG, AP Nr. 62 zu Art. 9 GG Arbeitskampf; BAG, AP Nr. 3 zu § 1 TVG Verhandlungspflicht; BAG, AP Nr. 4 zu § 62 BAT; BAG, AP Nr. 1 zu § 1 TVG Tarifverträge: Süßwarenindustrie; Wiedemann-*Thüsing*, TVG, § 1, Rn. 228.

1641 DKK-*Däubler*, BetrVG, Einl., Rn. 81.

1642 So aber *Däubler*, Tarifvertragsrecht, Rn. 1079, sowie grundsätzlich wohl auch *Kempen/Zachert*, TVG, § 1, Rn. 488.

1643 BAG, EzA Nr. 49 zu Art. 9 GG.

1644 BAG, DB 1991, 181, 183.

scheidung über das „Ob“ dem Unternehmer vorbehält.[1645] Dementsprechend kommt ja auch dem Sozialplan, der lediglich das „Wie“ der unternehmerischen Entscheidung betrifft, eine erhebliche Steuerungsfunktion zu.[1646] Letztlich orientiert sich die Rechtsprechung des *BAG* damit an der Systematik, die die §§ 111 ff. BetrVG vorgeben. Diese zeigen, dass sich beide Bereiche sehr wohl voneinander trennen lassen: Die eigentliche wirtschaftliche Entscheidung steht dem Arbeitgeber alleine zu; die Abmilderung der sozialen Folgen unterliegt der Mitbestimmung.[1647] Eine Einflussnahme auf die unternehmerische Entscheidung selbst ist daher nur über das „Wie“ der Entscheidung möglich.

Auch die letztendliche Entscheidung der Einigungsstelle rechtfertigt den Eingriff nicht.[1648] Hier gilt entsprechendes, wie für die Zustimmung des Betriebsrates zur außerordentlichen Kündigung: Da es sich um den Kernbereich der unternehmerischen Entscheidungsfreiheit handelt, muss dem Unternehmer eine autonome Entscheidung verbleiben. Aus dem gleichen Grund kann sich der Unternehmer auch nicht im vorhinein dem Spruch der Einigungsstelle unterwerfen. Dies liefe auf einen Grundrechtsverzicht hinaus, der wegen Verstoßes gegen den Wesensgehalt des Grundrechtes nicht durchführbar ist.[1649] Auch die vermittelnde Ansicht ist deshalb abzulehnen.

(5) Ergebnis

Eine Erweiterung der Mitbestimmungsrechte des Betriebsrates kommt in wirtschaftlichen Angelegenheiten also nur durch schuldrechtliche Vereinbarung in Betracht. Inhaltlich kann dabei eine erzwingbare Mitbestimmung nicht vorgesehen werden; dies verbietet sich vor dem Hintergrund der unternehmerischen Entscheidungsfreiheit sowie deren Wesensgehalt. Allein die Erweiterung der Informationsrechte des Betriebsrates ist im Hinblick auf Art. 12 Abs. 1 GG durch schuldrechtliche Vereinbarung unbedenklich. Diese kann auch durch einen Arbeitskampf erzwungen werden.

[1645] BAG, DB 1991, 181, 183. Diesen Widerspruch sehen auch *Hohenstatt/Schramm*, DB 2005, 2214, 2216. A. A. *Hensche*, AuR 2004, 443, 448.

[1646] *Hohenstatt/Schramm*, DB 2005, 2214, 2215.

[1647] LAG Hamm, NZA-RR 2000, 535, 537.

[1648] So aber *Oberberg/Schoof*, AiB 2002, 169, 177.

[1649] Vgl. insoweit grundsätzlich oben, 3. Teil B. IV. 1. a.

III. Ergebnis

Die Inhalte eines tariflichen Sozialplans sind skeptisch zu betrachten. Insbesondere neuartige Inhalte, wie die Vereinbarung von Qualifizierungsmaßnahmen zur Aufrechterhaltung des inhaltslosen Arbeitsverhältnisses, bergen Schwierigkeiten. Immer sind dabei die Grenzen des Einzelfalls zu beachten. Anders verhält sich dies freilich für solche Inhalte, die betriebsverfassungsrechtlich einem Sozialplan zuzuordnen wären. Diese betreffen lediglich die Folgen einer unternehmerischen Entscheidung und können deshalb auch Inhalt eines Tarifvertrages sein.[1650] Freilich sind auch hier die Grenzen des Einzelfalles zu beachten.

[1650] LAG Hamm, NZA-RR 2000, 535, 537.

4. Teil: Der (verbandsgebundene) Arbeitgeber im Firmenarbeitskampf

Erst auf der arbeitskampfrechtlichen Ebene wird die wirtschaftliche Entscheidungsfreiheit des Arbeitgebers dem Zwang zum Kompromiss ausgesetzt. Es ist daher kein Wunder, dass die Mehrheit der Stimmen, die den verbandsgebundenen Einzelarbeitgeber vor der gewerkschaftlichen Inanspruchnahme schützen will, bzw. die sich gegen die Zulässigkeit von tariflichen Sozialplänen wendet, ihre Kritik im Arbeitskampfrecht ansiedelt.[1651]

Genährt werden diese Bedenken nicht nur durch den zweifelhaften Inhalt der tariflichen Sozialpläne und deren vermehrt einsetzende Billigung durch die Rechtsprechung,[1652] sondern auch durch die Rechtsprechung des *BAG* zum Arbeitskampfrecht insgesamt. Es ist nicht zu übersehen, dass sich der Streik gegenüber der Aussperrung einer wohlwollenderen Rechtsprechung erfreut, deren Rechtfertigung durch die strukturelle Unterlegenheit der Arbeitnehmerseite nur noch schwer möglich ist. Diese Kritik findet ihren vorläufigen Höhepunkt darin, dass der Streikende sich nicht mehr um die Rechtswidrigkeit eines Streikes zu kümmern braucht, da der Anspruch auf Schadensersatz typischerweise am fehlenden Verschulden oder an der Nichtnachweisbarkeit des Schadens scheitert. Dies hat zu der verständlichen Aussage geführt, dass die faktische Verunmöglichung der Aussperrung vom *BAG* als „kaltes Aussperrungsverbot“ beabsichtigt sei.[1653] Angemahnt wird aus diesem Grund eine Verschiebung der arbeitskampfrechtlichen Vorgaben insgesamt.[1654]

[1651] Vgl. *Bauer/Krieger*, NZA 2004, 1019, 1021; *Beuthien*, BB 1975, 477 ff.; *Boldt*, RdA 1971, 257 ff.; *Brox/Rüthers*, Arbeitskampfrecht, Rn. 137; *Buchner*, DB 1970, 2074, 2076 ff.; *ders.*, DB 2001, Beilage 9 zu Heft 48, 1 ff.; *Hanau/Adomeit*, Arbeitsrecht, Rn. 293; *Hanau/Thüsing*, ZTR 2002, 506, 509 f.; *Heinze*, NZA 1997, 2122, 2126; *Heß*, Betriebsnahe Tarifverträge, S. 53 ff.; *ders.*, ZfA 1976, 45, 63 ff.; *Kleinke/Kley/Walter*, ZTR 2000, 499, 503; *Krichel*, NZA 1986, 731 ff.; *Lieb*, DB 1999, 2058 ff.; *ders.*, Arbeitsrecht, 8. A., Rn. 460 ff.; *Reuter*, ZfA 1990, 535, 553; *ders.*, NZA 2001, 1097 ff.; *Richter*, ZTR 2004, 390 ff.; *Rolfs/Clemens*, DB 2003, 1678, 1678; *dies.*, NZA 2004, 410, 411 f.; *Sandmann*, RdA 2002, 246, 247; *Schleusener*, NZA 1998, 239, 241 ff.; *Thüsing*, Anm. zu BAG, AP Nr. 163 zu Art. 9 GG Arbeitskampf; *Zeppenfeld/Beyerlein*, EWiR 2003 863, 864.

[1652] Vgl. stellvertretend LAG Schleswig-Holstein, SAE 2004, 227 ff.; LAG Niedersachsen, SAE 2004, 235 ff.; ArbG Kiel, AuR 2003, 192 f.; ArbG Hameln, AiB 2004, 574 ff.; ArbG Frankfurt a. M. v. 15.03.2005, 5 Ca 4542/04 (juris).

[1653] *Rieble*, ZfA 2004, 1, 7.

[1654] *Rieble*, ZfA 2004, 1, 7.

Freilich kann eine Besprechung dieser Verschiebung im Rahmen der hier vorznehmenden Prüfung nicht geleistet werden. Dennoch sollte für die folgenden Ausführungen nicht vergessen werden, was gerade angedeutet wurde. Im Weiteren werden zunächst einige grundsätzliche Aussagen zur Zulässigkeit des Arbeitskampfes, speziell des Firmenarbeitskampfes getroffen (A.). Sodann kommt es zu der Frage nach den Grenzen eines zulässigen Arbeitskampfes um einen Firmentarifvertrag (B., C.). Dabei wird entsprechend dem Schwerpunkt dieser Bearbeitung auf denjenigen Arbeitgeber abgestellt, der bereits durch einen Verbandstarifvertrag gebunden ist.

A. Firmentarifvertrag und Arbeitskampfrecht

I. Grundlagen

Arbeitskampf bezeichnet alle kollektiven Maßnahmen zur Störung der Arbeitsbeziehungen, durch die die Arbeitgeber- oder die Arbeitnehmerseite planmäßig unter Druck gesetzt werden soll, um ein bestimmtes Ziel zu erreichen.[1655] Der Firmenarbeitskampf, der zwischen Gewerkschaft und Unternehmer/Arbeitgeber ausgetragen wird, ist als besonders enge regionale Begrenzung von Arbeitskämpfen zu begreifen, der – entsprechend der Möglichkeit, einen betriebsbezogenen Firmentarifvertrag abzuschließen – auch bezogen auf einen einzelnen Betrieb geführt werden kann.[1656]

Die Garantie des Arbeitskampfes und damit sein verfassungsrechtlicher Schutz sind unbestritten. Seine Grundlage findet dieser Schutz in Art. 9 Abs. 3 GG.[1657] Er resultiert daraus, dass die Tarifautonomie ohne ein entsprechendes Mittel zu ihrer Durchsetzung ein funktionsloses Recht wäre, das auf Arbeitnehmerseite zu der vielzitierten Folge des „kollektiven Bettelns" führen würde.[1658] Den Willen des Gegners durch den Arbeitskampf zu beugen, ist

---

[1655] *Götz*, Grundzüge, Rn. 36; *Zöllner/Loritz*, Arbeitsrecht, S. 445.

[1656] *V. Hoyningen-Huene*, ZfA 1980, 453, 454.

[1657] Die wohl h. M. leitet den Schutz des Arbeitskampfes aus Art. 9 Abs. 3 S. 1 GG in Form der kollektiven Betätigungsfreiheit der Koalitionen ab (vgl. hierzu BVerfGE 88, 103, 114; 92, 365, 393 f.; BAG, AP Nr. 64, 65 zu Art. 9 GG Arbeitskampf; Bonner Kommentar-*Kemper*, GG, Art. 9, Rn. 207 f.), während eine m. M. die Garantie des Arbeitskampfes aus der Notstandsklausel des Art. 9 Abs. 3 S. 3 GG herleitet (*Rüthers*, JurA 1970, 85, 92; *Wank*, FS Kissel, S. 1228 f.) und eine weitere m. M. eine Kombination aus Art. 2 Abs. 1 GG und Art. 9 Abs. 3 GG als Grundlage für den Arbeitskampf heranzieht (*Seiter*, Streikrecht, S. 85 ff., 92).

[1658] Vgl. BAG, AP Nr. 63, 65 zu Art. 9 GG Arbeitskampf.

aber nur das Mittel, nicht das Ziel des Arbeitskampfes.[1659] Werkzeuge des Arbeitskampfes sind auf Arbeitnehmerseite die kollektive Druckausübung durch Arbeitsniederlegung (Streik)[1660] sowie auf Arbeitgeberseite die Weigerung, die Arbeitsleistung der Arbeitnehmer zuzulassen (Aussperrung)[1661]. Die Grenzen für die Zulässigkeit eines Streiks sind vielfältig.[1662] Entsprechend der Anbindung des Arbeitskampfes an die Tarifautonomie ist nur die tariffähige[1663] und von Beginn an tarifzuständige[1664] Koalition in der Lage, einen rechtmäßigen Arbeitskampf zu führen.[1665] Wird trotzdem ein Tarifabschluss erzielt, folgt hieraus nicht die (rückwirkende) Rechtmäßigkeit des Arbeitskampfes.[1666] Beginnen darf der Arbeitskampf erst, wenn die tarifvertragliche Friedenspflicht zeitlich wie sachlich nicht mehr eingreift.[1667] Der Arbeitskampf selbst hat innerhalb der Grenzen zu verbleiben, die ihm durch die Grundsätze der Kampfparität und der Verhältnismäßigkeit aufgezeigt werden.[1668] Dabei bezeichnet das Prinzip der Kampfparität, dass für solche Tarifverträge eine Richtigkeitsgewähr gilt, die durch ein Machtgleichgewicht auf beiden Seiten zustande gekommen sind.[1669] Inhalt des Verhältnismäßigkeitprinzips ist es, dass ein Arbeitskampf dann rechtmäßig ist, wenn der Abschluss eines Tarifvertrages nur noch durch Ausübung von Druck mit Hilfe von Arbeitsniederlegung erreicht werden konnte.[1670] Während des Arbeits-

---

[1659] BGH, AP Nr. 56 zu Art. 9 GG Arbeitskampf; *Gamillscheg*, Kollektives Arbeitsrecht Bd. I, S. 1065.

[1660] Vgl. hierzu *Götz*, Grundzüge, Rn. 37, 44 ff.; *Lieb/Jacobs*, Arbeitsrecht, Rn. 567 ff.; *Zöllner/Loritz*, Arbeitsrecht, S. 440.

[1661] Vgl. hierzu *Götz*, Grundzüge, Rn. 37, 46 ff.; *Lieb/Jacobs*, Arbeitsrecht, Rn. 641 ff.; *Zöllner/Loritz*, Arbeitsrecht, S. 442.

[1662] Siehe zu weiteren Einzelproblemen um mögliche Grenzen *Lieb/Jacobs*, Arbeitsrecht, Rn. 601 ff.

[1663] *Gamillscheg*, Kollektives Arbeitsrecht Bd. I, S. 1065, 1072; *Löwisch*, Arbeitskampf- und Schlichtungsrecht, Rn. 170.2, 4 ff.; Wiedemann-*Oetker*, TVG, § 2, Rn. 98.

[1664] BAG, AP Nr. 3 zu § 2 TVG Tarifzuständigkeit; *Gamillscheg*, Kollektives Arbeitsrecht Bd. I, S. 1065, 1072; Wiedemann-*Oetker*, TVG, § 2, Rn. 100.

[1665] S. Wiedemann-*Oetker*, TVG, § 2, Rn. 101; *Witt*, Firmentarifvertrag, S. 175.

[1666] *Buchner*, ZfA 1995, 95, 106; Wiedemann-*Oetker*, TVG, § 2, Rn. 101; a. A. *Däubler*, Tarifvertragsrecht, Rn. 89.

[1667] *Lieb/Jacobs*, Arbeitsrecht, Rn. 591.

[1668] Das *BAG* leitet den Grundsatz der Arbeitskampfparität aus dem Verhältnismäßigkeitsgrundsatz ab, vgl. BAG, NZA 2003, 734, 738.

[1669] BVerfGE 84, 212, 229; BAG (GS), AP Nr. 43 zu Art. 9 GG Arbeitskampf; BAG, AP Nr. 6 zu Art. 9 GG Arbeitskampf; *Hanau/Adomeit*, Arbeitsrecht, Rn. 276; Wiedemann-*Thüsing*, TVG, § 1, Rn. 246 ff.; *Zöllner/Loritz*, Arbeitsrecht, S. 471 f.

[1670] BAG, AP Nr. 1 zu § 1 TVG Verhandlungspflicht; BAG, AP Nr. 64 zu Art. 9 GG Arbeitskampf; *Zöllner/Loritz*, Arbeitsrecht, S. 460 f.

kampfes müssen sich die Gegner einer fairen Kampfführung bedienen.[1671] Schließlich sind allgemein die durch das Grundgesetz markierten Grenzen zu beachten.[1672]

Der Arbeitskampf entbehrt einer gesetzlichen Regelung, obwohl die dahingehende Notwendigkeit oftmals angemahnt wurde.[1673] Die Ausgestaltung des Arbeitskampfrechtes blieb damit dem Richterrecht vorbehalten.[1674] Zwar kann das Recht zum Arbeitskampf auch ohne gesetzliche Ausgestaltung wahrgenommen werden, der unübersichtlichen und teilweise willkürlichen Rechtsprechung zum Recht auf Streik bzw. Aussperrung wären mit einer einfachgesetzlichen Kodifikation aber endlich erkennbare Grenzen gesetzt. Dass Streik und Aussperrung natürliche Handlungen sind, ändert daran nichts.[1675] Sie dienen der Verwirklichung der Tarifautonomie und unterliegen daher in gleichem Maße wie diese der Ausgestaltungsbefugnis und auch dem Ausgestaltungsauftrag des Gesetzgebers. Eine Kodifizierung in diesem Bereich wäre auch nicht dem Eingriffsbereich des Art. 9 Abs. 3 GG, sondern dem Ausgestaltungsbereich zuzuordnen.[1676] Letztlich kommt dieser Unterscheidung aufgrund der dargestellten Rechtsprechung des *BVerfG* aber

---

1671 BAG, EzA Nr. 122 zu Art. 9 GG Arbeitskampf; *Hanau/Adomeit*, Arbeitsrecht, Rn. 300 ff.

1672 Vgl. etwa *Lieb*, Arbeitsrecht, 8. A., Rn. 597a, sowie *Hanau/Adomeit*, Arbeitsrecht, Rn. 294 einerseits und *Löwisch*, Arbeitskampf- und Schlichtungsrecht, 170.2, Rn. 131 andererseits.

1673 *Birk/Konzen/Löwisch/Raiser/Seiter*, Gesetz, S. 30; *Lieb/Jacobs*, Arbeitsrecht, Rn. 575; *Wank*, RdA 1989, 263, 263 ff. Aber gegen diese Notwendigkeit *Witt*, Firmentarifvertrag, S. 185.

1674 Vgl. etwa *Zöllner*, DB 1985, 2450 ff.

1675 So aber *Witt*, Firmentarifvertrag, S. 185.

1676 A. A. *Witt*, Firmentarifvertrag, S. 186. Aus den von ihm herangezogenen Entscheidungen *BVerfG* v. 26.07.1991, EzA Nr. 97 zu Art. 9 GG Arbeitskampf und BVerfGE 92, 365 ff. v. 04.07.1995 lässt sich kein gegenteiliger Schluss ziehen. Diese lassen sich vielmehr für die Zuordnung zum Ausgestaltungsbereich fruchtbar machen. Das *BVerfG* führt in seiner Entscheidung vom 26.07.1991 zunächst ausdrücklich an, dass Streik und Aussperrung eine Frage der Ausgestaltung durch die Rechtsordnung seien (unter C./I./1a der Gründe). Aus der wenig später folgenden Passage (C./I./3a der Gründe), wonach die Ausgestaltungsgrenze eingehalten sei, wenn die koalitionsmäßige Betätigung nicht weiter eingeschränkt werde, als dies der Schutz kollidierender Arbeitnehmergrundrechte erfordere, ergibt sich nichts anderes. Insoweit wurde bereits oben festgestellt, dass bei der Ausgestaltung widerstreitende Interessen Dritter zu berücksichtigen sind, (s. insoweit oben, 2. Teil II. 3. c. aa. (3)). Dies stimmt im Übrigen auch mit der von *Witt*, Firmentarifvertrag, S. 123 ff. selbst vertretenen Ansicht überein, so dass sein Schluss, es handele sich um Eingriffsregelungen nicht nur artifiziell wirkt, sondern widersprüchlich ist. Ähnliches gilt für die Entscheidung v. 04.07.1995. Zum dort streitgegenständlichen § 116 AFG bemerkt das *BVerfG* ebenfalls ausdrücklich, dass dieser die Grenzen, die der Ausgestaltungsbefugnis des Gesetzgebers von Verfassungs wegen geboten sind, einhält (BVerfGE, 92, 365, 393).

grund der dargestellten Rechtsprechung des *BVerfG* aber ohnehin wenig Bedeutung zu, da sich die Prüfung der Rechtmäßigkeit einer Ausgestaltung und eines Eingriffes zumindest an denselben Schranken, nämlich kollidierenden Grundrechten und dem Verhältnismäßigkeitsgrundsatz, orientiert.[1677]

II. Insbesondere: Die Arbeitskampffähigkeit des Einzelarbeitgebers

Im Rahmen der grundsätzlichen Ausführungen zum Arbeitskampf ist der bereits an anderer Stelle diskutierte Ansatz wieder aufzugreifen, wonach auch der sog. sozial nicht mächtige oder ohnmächtige Arbeitgeber tariffähig ist, mithin durch einen Tarifvertrag erfasst werden kann.[1678] Angedeutet wurde aber auch, dass ggf. eine Einschränkung seiner Arbeitskampffähigkeit in Betracht kommt, so dass sozial ohnmächtige Arbeitgeber nicht zum Abschluss eines Firmentarifvertrages gezwungen werden könnten.

Das *BAG* konnte in seiner Entscheidung vom 21.04.1971 offen lassen, ob sozial ohnmächtige Arbeitgeber arbeitskampffähig sind.[1679] Auch in seiner Entscheidung vom 20.11.1990[1680] hat sich das BAG nicht gegen eine Einschränkung seiner Arbeitskampffähigkeit ausgesprochen: Die Entscheidung betraf die Feststellung der Tariffähigkeit eines Arbeitgeberverbandes, ohne dass es auf dessen Fähigkeit, einen Arbeitskampf zu führen, ankam. Soweit sich das *BAG* für die uneingeschränkte Tariffähigkeit des Einzelarbeitgebers ausgesprochen hat, blieb dessen Arbeitskampffähigkeit unerwähnt.[1681] Hieraus ergibt sich keineswegs der Schluss auf die uneingeschränkte Arbeitskampffähigkeit des Einzelarbeitgebers, da das *BAG* in seiner Entscheidung vom 25.09.1996 ausdrücklich zwischen der Tariffähigkeit und der Arbeitskampffähigkeit getrennt hat.[1682]

In der Lehre wird die Frage nach der Arbeitskampffähigkeit des sozial nicht mächtigen Arbeitgebers kontrovers beantwortet. Die h. M. unterscheidet erst gar nicht zwischen Tarif- und Arbeitskampffähigkeit und spricht auch dem sozial ohnmächtigen Arbeitgeber – entsprechend dem oben gefundenen Ergebnis hinsichtlich seiner generellen Tariffähigkeit – die Arbeitskampffähig-

---

[1677] Vgl. dazu 2. Teil A. II. 3. c. aa. (3).
[1678] S. oben, 2. Teil A. II. 5.
[1679] BAG (GS), AP Nr. 43 zu Art. 9 GG Arbeitskampf.
[1680] BAG, SAE 1991, 314, 315 f.
[1681] BAG, SAE 1991, 314, 315 f.; BAG, NZA 2003, 734, 737.
[1682] BAG, NZA 1997, 613, 618.

keit zu.[1683] Ein geringerer, aber gewichtiger Teil der Lehre teilt dieses Ergebnis nicht, sondern befürwortet vielmehr, dem sozial ohnmächtigen Arbeitgeber entweder generell die Arbeitskampffähigkeit abzusprechen[1684] oder zumindest den verbandstarifgebundenen, sozial ohnmächtigen Arbeitgeber von der Einflussnahme der Gewerkschaften auszunehmen[1685].
Die Frage nach der Arbeitskampffähigkeit des sozial ohnmächtigen Arbeitgebers ist ungeklärt. Sie soll im Rahmen dieser Bearbeitung aber ohnehin nur der Einstieg zu einer weitergehenden Frage gewesen sein: Die Frage nach der Arbeitskampffähigkeit des Einzelarbeitgebers *per se*.

1. Trennung von Tarif- und Arbeitskampffähigkeit

Um diese beantworten zu können, ist zunächst grundsätzlich zu klären, ob überhaupt zwischen Tarif- und Arbeitskampffähigkeit zu trennen ist.
Hierzu gilt, dass die Arbeitskampffähigkeit nicht normiert ist. Auch nicht in § 2 Abs. 1 TVG.[1686] Danach ist der Einzelarbeitgeber lediglich tariffähig, für seine Arbeitskampffähigkeit lässt die Norm sich nicht fruchtbar ma-

---

1683 LAG Düsseldorf, DB 1986, 807, 807 f.; LAG Hamm, NZA 1985, 743, 744; ArbG Wesel, DB 1985, 2051, 2051; LAG Köln, ZTR 2002, 531, 531; *Brox/Rüthers*, Arbeitskampfrecht, Rn. 137; *Henssler*, ZfA 1998, 517, 535; *v. Hoyningen-Huene*, ZfA 1980, 453, 458; *Jacobs*, ZTR 2001, 249, 252; KassHdb-*Kalb*, 8.2, Rn. 133; *Kempen/Zachert*, TVG, § 1, Rn. 700; *Kissel*, Arbeitskampfrecht, § 26, Rn. 125; MünchArbR-*Löwisch/Rieble*, § 255, Rn. 36; MünchArbR-*Otto*, § 285, Rn. 66; *Schaub*, Handbuch, § 199, Rn. 5; *Söllner/Waltermann*, Arbeitsrecht, Rn. 380 ff.; *Valentin*, Friedenspflicht, S. 77; *Wieland*, Firmentarifverträge, Rn. 208; *Zachert*, Sonderbeilage zu NZA 24/2000, 17, 22 f.

1684 In diese Richtung *Hergenröder*, Anm. zu BAG, EzA Nr. 20 zu § 2 TVG; *Seiter*, Arbeitskampfparität, S. 85 f.

1685 *Lieb*, Arbeitsrecht, 8. A., Rn. 463 f.; ähnlich *ders.*, FS Kissel, S. 658 f. I. E. auch *Matthes*, FS Schaub, S. 482 f. aber ohne Differenzierung zwischen Tarif- und Arbeitskampffähigkeit. Für eine Trennung zwischen Tarif- und Arbeitskampffähigkeit auch *Richter*, Erstreikbarkeit, S. 125.

1686 A. A. aber LAG Düsseldorf, DB 1986, 807, 807 f.; LAG Hamm, NZA 1985, 743, 744; LAG Köln, ZTR 2002, 531, 531; ArbG Wesel, DB 1985, 2051, 2051; *Brox/Rüthers*, Arbeitskampfrecht, Rn. 137; *Henssler*, ZfA 1998, 517, 535; *v. Hoyningen-Huene*, ZfA 1980, 453, 458; *Jacobs*, ZTR 2001, 249, 252; KassHdb-*Kalb*, 8.2, Rn. 133; *Kempen/Zachert*, TVG, § 1, Rn. 700; *Kissel*, Arbeitskampfrecht, § 26, Rn. 125; MünchArbR-*Löwisch/Rieble*, § 255, Rn. 36; MünchArbR-*Otto*, § 285, Rn. 66; *Schaub*, Handbuch, § 199, Rn. 5; *Söllner/Waltermann*, Arbeitsrecht, Rn. 382; *Valentin*, Friedenspflicht, S. 77; *Wieland*, Firmentarifverträge, Rn. 208; *Zachert*, Sonderbeilage zu NZA 24/2000, 17, 22 f.; wohl auch *Reuter*, NZA 2001, 1097, 1103

chen.[1687] Aus der Tariffähigkeit lässt sich auch ansonsten nicht zwingend auf die Arbeitskampffähigkeit schließen.[1688] Eine Identität von Arbeitskampf- und Tariffähigkeit liegt schon deshalb nicht vor, weil sich beide Kriterien nicht notwendigerweise nach denselben Anforderungen beurteilen. Unterschiede können sich insbesondere aus dem Grundsatz der Parität[1689] ergeben.[1690] Während im Stadium der freiwilligen Vereinbarung Parität jedenfalls dadurch gewährleistet ist, dass sowohl Arbeitgeber als auch Gewerkschaft die Verhandlungen jederzeit abbrechen können, ist es für den Arbeitskampf vorstellbar, dass der einzelne Arbeitgeber der Gewerkschaft unterlegen ist, so dass der Arbeitskampf keine paritätischen Ergebnisse nach sich zieht.[1691]
Die Arbeitskampffähigkeit des Einzelarbeitgebers lässt sich auch nicht durch eine analoge Anwendung des § 2 Abs. 1 TVG herleiten. § 2 Abs. 1 TVG hat allein die freiwillige Vereinbarung eines Tarifvertrages im Blick,[1692] so dass die Interessenlage schon nicht vergleichbar ist. Die Frage, wer zu einem Tarifvertrag gezwungen werden darf, ist folglich eine offen gelassene Frage des Arbeitskampfrechts.[1693] Wann ein Arbeitgeber arbeitskampffähig ist, ergibt sich deshalb unmittelbar aus Art. 9 Abs. 3 S. 1 GG selbst.[1694] In dieser – auch vom *BAG*[1695] vorgenommenen – Trennung zwischen Tarif- und Arbeitskampffähigkeit spiegelt sich zugleich die grundsätzliche Trennung von tarifrechtlicher und arbeitskampfrechtlicher Ebene wieder. In ihr kommt zum Ausdruck, dass der Eingriff in die Rechte des Unternehmers durch einen per

---

[1687] Vgl. *Beuthien*, BB 1975, 477, 478; *Boldt*, RdA 1971, 257, 261; *Buchner*, DB 2001, Beilage 9 zu Heft 48, 1, 13; *ders.*, RdA 2003, 363, 366; *Hanau*, Der Arbeitgeber 1970, 404, 406; *Hensche*, RdA 1971, 9, 11; *Krichel*, NZA 1985, 731, 735; *Lieb*, FS Kissel, S. 658; *ders.*, DB 1999, 2058, 2060; *Lobinger*, RdA 2006, 12, 16; *Löwisch*, DB 1988, 1013, 1014; *Richardi*, JurA 1971, 141, 153 ff.; *Witt*, Firmentarifvertrag, S. 182; wohl auch *Bartholomä*, BB 2005, 578, 578.

[1688] So aber ohne nähere Begründung LAG Düsseldorf, DB 1986, 807, 807 f.; LAG Hamm, NZA 1985, 743, 744; LAG Köln, NZA 1997, 327, 330; ArbG Wesel, DB 1985, 2051, 2051; ErfK-*Dieterich*, GG, Art. 9, Rn. 162; *v. Hoyningen-Huene*, ZfA 1980, 453, 458; *Jacobs*, ZTR 2001, 249, 252; *Kempen/Zachert*, TVG, § 1, Rn. 700; *Müller*, Arbeitskampf und Recht, S. 171; *Wieland*, Firmentarifverträge, Rn. 208; *Zachert*, FS Wißmann, S. 207.

[1689] S. hierzu unter 2. Teil B. IV. 4. d. cc.

[1690] *Lieb*, FS Kissel, S. 658.

[1691] Im Einzelnen sogleich, 4. Teil A. II. 2. b.

[1692] *Beuthien*, BB 1975, 477, 478; *Richardi*, JurA 1971, 141, 153. Vgl. zu den verschiedenen Arten der Gesetzeslücke: *Larenz*, Methodenlehre, S. 370 ff.

[1693] *Beuthien*, BB 1975, 477, 478; *Hanau*, Der Arbeitgeber 1970, 401, 406; *Krichel*, NZA 1986, 731, 735; *Richardi*, JurA 1971, 144, 153 f.

[1694] *Lieb*, DB 1999, 2058, 2060.

[1695] BAG, NZA 1997, 613, 618.

Arbeitskampf erzwungenen Tarifvertrag intensiver sein kann, als dies durch einen freiwilligen Tarifvertrag der Fall ist – dies allein schon deswegen, weil der Unternehmer durch den Abschluss eines freiwilligen Tarifvertrages seine Handlungsfreiheit verwirklicht bzw. im Extremfall auf seine Grundrechte verzichtet.[1696]

Ergibt sich die Arbeitskampffähigkeit nicht aus § 2 Abs. 1 TVG, sondern aus Art. 9 Abs. 3 S. 1 GG, könnte sich die Notwendigkeit, die Arbeitskampffähigkeit des Einzelarbeitgebers anzuerkennen, jedoch zumindest in systematischer Hinsicht aus dem Sinn und Zweck des § 2 Abs. 1 TVG herleiten lassen. Dieser liegt zum einen darin, der Gewerkschaft einen Verhandlungspartner zu sichern und so zu verhindern, dass sich der Arbeitgeber der Regelung durch einen Tarifvertrag entzieht; zum anderen soll die Norm die Betätigungsfreiheit des Arbeitgebers schützen, um so dessen Handlungsalternativen zu erweitern.[1697] Das erste Ziel setzt zumindest die Arbeitskampffähigkeit des Außenseiter-Arbeitgebers voraus. Wäre er nicht kampffähig, könnte er sich dem Tarifvertragsabschluss dauerhaft entziehen. Für den Arbeitgeber, der durch einen Verbandstarifvertrag gebundenen ist, gilt diese Notwendigkeit jedoch nicht. Er wird bereits über den Verbandstarifvertrag erfasst.[1698] Der Sinn und Zweck des § 2 Abs. 1 TVG fordert damit lediglich, dem nicht verbandsgebundenen Arbeitgeber die Arbeitskampffähigkeit zuzusprechen. Hinsichtlich des verbandsgebundenen Arbeitgebers lässt sich ein solches Ergebnis nicht herleiten.

Auch aus dem weitergehenden Sinn und Zweck des § 2 Abs. 1 TVG, der darin liegt, die Betätigungsfreiheit des Arbeitgebers zu schützen, ergibt sich nichts anderes. Abgesehen von dem – rein theoretischen – Ausnahmefall, dass der Arbeitgeber den Arbeitskampf beginnt, um einen anderen Tarifvertrag zu erhalten, werden die Handlungsalternativen des Arbeitgebers ausreichend erweitert, wenn er sich unter dem Schutz des Verbandstarifvertrages nach einem für ihn günstigeren Firmentarifvertrag umsehen kann.[1699] Fühlt er sich zudem ausreichend stark, um einen günstigeren Tarifvertrag zu erkämpfen, braucht er nur den Verband zu verlassen und erlangt so seine Arbeitskampffähigkeit zurück.

[1696] *Buchner*, DB 2001, Beilage 9 zu Heft 48, 1, 7; *Gamillscheg*, Kollektives Arbeitsrecht Bd. I, S. 1069 f.; *Hohenstatt/Schramm*, DB 2004, 2214, 2217.

[1697] BAG, AP Nr. 1 zu § 1 TVG Verhandlungspflicht; *Hergenröder*, Anm. zu BAG, EzA Nr. 20 zu § 2 TVG. Im Einzelnen s. oben, 2. Teil A. II. 3. b. dd. (3) (b).

[1698] *Matthes*, FS Schaub, S. 482; *Richter*, ZTR 2004, 390, 392; *Rolfs/Clemens*, NZA 2004, 410, 411.

[1699] Ähnlich *Hergenröder*, Anm. zu BAG, EzA Nr. 20 zu § 2 TVG; *Seiter*, Arbeitskampfparität, S. 86 f.

Als Zwischenergebnis lässt sich daher an dieser Stelle festhalten, dass sich die Arbeitskampffähigkeit des Einzelarbeitgebers grundsätzlich aus Art. 9 Abs. 3 S. 1 GG ergibt. Der Schluss von der Tariffähigkeit auf die Arbeitskampffähigkeit ist jedoch nicht zwingend; beide sind vielmehr zu trennen. Systematisch spricht § 2 Abs. 1 TVG lediglich für die Arbeitskampffähigkeit des Außenseiter-Arbeitgebers. Dagegen lässt sich § 2 Abs. 1 TVG für die Arbeitskampffähigkeit des verbandsgebundenen Arbeitgebers nicht fruchtbar machen. Freilich bleibt festzuhalten, dass die Norm ebenso wenig gegen seine Arbeitskampffähigkeit spricht.

2. Verfassungsrechtliche Bedenken gegen die Arbeitskampffähigkeit des Einzelarbeitgebers

Der Arbeitskampffähigkeit des Einzelarbeitgebers könnte aber insbesondere der bereits erwähnte Grundsatz der Parität im Arbeitskampf entgegenstehen.

a. Der Grundsatz der Arbeitskampfparität

Wie bereits erläutert,[1700] beruht das aus Art. 9 Abs. 3 GG resultierende Gebot der Arbeitskampfparität auf der Vorstellung, dass gleichgewichtig ausgehandelten Verträgen eine Richtigkeitsgewähr zukommt.[1701] Gleichgewichtig ausgehandelte Verträge setzen eine abstrakt-generelle Parität zwischen den Vertragsparteien voraus.[1702] Diese wird durch eine typisierende Bewertung der tatsächlichen, wirtschaftlichen und sozialen Gegebenheiten festgestellt (sog. materielle Parität).[1703] Die Besonderheiten des Arbeitskampfes (Kampfziele, wirtschaftliche Lage, Organisationsgrad usw.), sowie situationsbedingte Vorteile, bleiben notwendigerweise unberücksichtigt. Der Grundsatz der Kampfparität bezieht sich allein auf das „Arsenal zulässiger Kampfmittel“[1704]. Ent-

---

[1700] S. oben, 2. Teil B. IV. 4. d. cc.

[1701] BAGE 22, 144, 151; BAG, AP Nr. 64, 65 zu Art. 9 GG Arbeitskampf.

[1702] BAG (GS), AP Nr. 43 zu Art. 9 GG Arbeitskampf; BAG, AP Nr. 64 zu Art. 9 GG Arbeitskampf; BAG, NZA 2003, 734, 738; ErfK-*Dieterich*, GG, Art. 9, Rn. 128; *Konzen*, ZfA 1975, 401, 423; *ders.*, DB 1990, Beil. 6, 1, 8; *Konzen*, 50 Jahre BAG, S. 515, 532 f.; *Lieb*, DB 1999, 2058, 2063; *Rüthers*, Aussperrung, S. 72 ff.; Staudinger-*Richardi*, Vorbem. zu §§ 611 ff., Rn. 933; *Witt*, Firmentarifvertrag, S. 188 f.

[1703] BAG, AP Nr. 64, 65 zu Art. 9 GG Arbeitskampf. Vgl. zu den Begriffen der sog. formellen Parität, der normativen Parität sowie der sog. Gesamtparität BAG, AP Nr. 64, 65 zu Art. 9 GG Arbeitskampf; *Konzen*, ZfA 1975, 422 f.; *Konzen*, 50 Jahre BAG, S. 515, 532 f.; *Mayer-Maly*, DB 1979, 95, 98; *ders.*, Anm. zu BAG, AP Nr. 64-66 zu Art. 9 GG Arbeitskampf; MünchArbR-*Otto*, § 282, Rn. 59 ff.; Staudinger-*Richardi*, Vorbem. zu §§ 611 ff., Rn. 935.

[1704] BAG, AP Nr. 64, 65 zu Art. 9 GG Arbeitskampf.

sprechen diese Grundsätze auch der h. M.,[1705] sind freilich die genaue Wirkungsweise des Paritätsprinzips sowie sein Bezug auf das Verhältnismäßigkeitsprinzip noch offen.[1706]

b. Disparität im Firmenarbeitskampf zwischen Gewerkschaft und Einzelarbeitgeber

Diese grundsätzlichen Ausführungen vorangeschickt, ist für die Frage nach einem Verstoß gegen den Grundsatz der Kampfparität im Verhältnis zwischen Gewerkschaft und Arbeitgeber zunächst eine abstrakt-generelle Betrachtung angezeigt.
Im Arbeitskampf um einen Verbandstarifvertrag ist grundsätzlich nicht von einer Disparität auszugehen. Die Auseinandersetzung um den Verbandstarif dient ja gerade dem Ausgleich des Kräfteungleichgewichts auf individualvertraglicher Ebene.[1707] Dagegen scheint die Disparität im Verhältnis zwischen Gewerkschaft und einzelnem Arbeitgeber dem außenstehenden Betrachter schon deshalb offenkundig, weil eben nur ein einzelner Arbeitgeber einem ganzen Verband gegenübersteht.[1708] Dennoch lehnt das *BAG* eine Disparität im Verhältnis zwischen Einzelarbeitgeber und Gewerkschaft, und damit auch ein Verstoß gegen den Grundsatz der Kampfparität, ab.[1709]

aa. § 2 Abs. 1 TVG

Es begründet die paritätische Situation zwischen Einzelarbeitgeber und Gewerkschaft zunächst durch einen Verweis auf § 2 Abs. 1 TVG. Dabei schließt

---

1705 Vgl. BVerfG, AP Nr. 4 zu § 116 AFG; BVerfG, AP Nr. 117 zu Art. 9 GG Arbeitskampf; *Brox/Rüthers*, Arbeitskampfrecht, Rn. 168; MünchArbR-*Otto*, § 282, Rn. 61 ff.; *Gamillscheg*, Kollektives Arbeitsrecht Bd. I, S. 970; Maunz/Dürig-*Scholz*, GG, Art. 9, Rn. 287 ff.; *Seiter*, Streikrecht, S. 158 ff.; Wiedemann-*Thüsing*, TVG, § 1, Rn. 247 f.; *Zöllner/Loritz*, Arbeitsrecht, S. 472.

1706 So leitet das *BAG* etwa das Paritätsprinzip aus dem Verhältnismäßigkeitsprinzip ab, vgl. BAG, NZA 2003, 734, 738; dagegen *Zöllner/Loritz*, Arbeitsrecht, S. 472.Siehe insgesamt aber auch die Nachweise bei *Lieb/Jacobs*, Arbeitsrecht, Rn. 580 und *Zöllner/Loritz*, Arbeitsrecht, S. 471 (Fn. 105).

1707 BVerfGE, 84, 212, 229; v. Münch-*Löwer*, GG, Art. 9, Rn. 80.

1708 *Brox/Rüthers*, Arbeitskampfrecht, Rn. 190; *Gisbertz*, Parität, S. 211 ff.; *Krichel*, NZA 1986, 731, 736; *Lieb*, DB 1999, 2058, 2063; *ders.*, Arbeitsrecht, 8. A., Rn. 463; *Suschet*, ZfA 2005, 581, 605 f., 627. Vgl. auch *Henssler*, ZfA 1994, 487, 507 f.

1709 BAG, NZA 2003, 734, 737. So auch *Fischinger*, ZTR 2006, 518, 523; *ders.*, NZA 2007, 310, 313 allerdings ohne Beachtung der Umstände eines solchen Arbeitskampfes bzw. ohne eine abstrakt-generelle Betrachtung vorzunehmen.

es von der Tariffähigkeit des einzelnen Arbeitgebers auf ein Verhandlungs- und Kampfgleichgewicht.[1710]
Wie oben gilt aber auch hier, dass die – vom *BAG* selbst erkannte – Grenze zwischen Tarif- und Arbeitskampfrecht nicht verwischt werden darf.[1711] § 2 Abs. 1 TVG erklärt den einzelnen Arbeitgeber lediglich für tarif-, nicht aber für arbeitskampffähig. Daher lässt sich die Norm auch nicht für ein im Arbeitskampf bestehendes Gleichgewicht zwischen Gewerkschaft und Einzelarbeitgeber fruchtbar machen. Vielmehr ist bei der abstrakt-generellen Beurteilung der Arbeitskampfparität das tatsächliche Machtungleichgewicht zu hinterfragen.[1712] Dieses lässt sich aus dem bloßen Gesetzeswortlaut aber nicht herleiten. Indem es auf § 2 Abs. 1 TVG abstellt, rückt das *BAG* sogar in gefährliche Nähe zu der von ihm selbst – zu Recht – abgelehnten sog. normativen Parität.[1713]

bb. Abstrakt-generelle Betrachtung

Die Parität kann sich also allein aufgrund der erwähnten, abstrakt-generellen Betrachtung ergeben. Einzelarbeitgeber und Gewerkschaft müssten sich paritätisch gegenüberstehen. Die dem Einzelarbeitgeber gegebenen Kampfmittel müssten zur Abwehr der Angriffe der Gewerkschaft ausreichend sein.
Das wichtigste Kampfmittel auf Arbeitgeberseite ist die Aussperrung. Ziel der Aussperrung ist es nicht, den einzelnen Arbeitnehmer zu belasten, sondern vielmehr, die Gewerkschaft durch die Ausdehnung des Kampfgebietes unter (finanziellen) Druck zu setzen. So soll sie gezwungen werden, in größerem Umfang als bisher Streikunterstützungen zu gewähren.[1714] Die Aussperrung steht nicht nur dem Verband, sondern auch dem einzelnen Arbeitgeber als Kampfmittel zur Verfügung.[1715] Zwar ist die verfassungsrechtliche Absicherung der Aussperrungsbefugnis des Einzelarbeitgebers umstritten; praktisch

---

[1710] BAG, NZA 2003, 734, 737; ArbG Frankfurt a. M. v. 15.03.2005, 5 Ca 4542/04 (juris); *Kempen/Zachert*, TVG, § 2, Rn. 132.

[1711] *Richter*, ZTR 2004, 390, 392.

[1712] So richtig *Richter*, ZTR 2004, 390, 392. In diese Richtung auch *Lobinger*, RdA 2006, 12, 17 f. Kritik an der Vorgehensweise des *BAG* auch bei *Suschet*, ZfA 2005, 581, 605.

[1713] Vgl. dazu allein *Mayer-Maly*, DB 1979, 95, 98 m.w.N. Bedenken in diese Richtung auhc bei *Suschet*, ZfA 2005, 581, 627.

[1714] BAG, AP Nr. 64 zu Art. 9 GG Arbeitskampf; ErfK-*Dieterich*, GG, Art. 9, Rn. 215; *Lieb/Jacobs*, Arbeitsrecht, Rn. 660.

[1715] BAG, NZA 2003, 734, 738; BAG, AP Nr. 163 zu Art. 9 GG Arbeitskampf; *Buchner*, NZA 1994, 2, 8; *Jacobs*, ZTR 2001, 249, 253; *Konzen*, SAE 1991, 335, 342; *Lieb/*Jacobs, Arbeitsrecht, Rn. 641 f.; *Witt*, Firmentarifvertrag, S. 189 f. Differenzierend aber *Seiter*, Streikrecht, S. 87 ff.

hat dieser Streit jedoch keine Bedeutung.[1716] In der grundlegenden Entscheidung vom 28.01.1955 ging das *BAG* von der uneingeschränkten Zulässigkeit der Aussperrung aus.[1717] Alsbald beschränkte das *BAG* jedoch zunächst die Zulässigkeit der lösenden Aussperrung auf Sonderfälle[1718] und begrenzte sodann die Aussperrungsbefugnis auf die Defensivaussperrung. Diese wurde zudem an den Grundsatz der Verhältnismäßigkeit gebunden.[1719]
Das Ergebnis der abstrakt-generellen Betrachtung soll vorangestellt werden: Die Abwehraussperrung ist im Rahmen des Firmenarbeitskampfes grundsätzlich nicht geeignet, eine paritätische Kampfsituation zu gewährleisten.[1720] Im Firmenarbeitskampf verfehlt die Aussperrung ihr Ziel. So könnte der Aufbau von Druck durch die Erweiterung des Kampfgebietes im Firmenarbeitskampf nur dann erfolgen, wenn der Arbeitskampf bisher auf einen Betrieb eines Unternehmens beschränkt war und nun auf andere Betriebe ausgedehnt würde.[1721] Insbesondere führte eine solche Ausweitung des Kampfgebietes im Firmenarbeitskampf lediglich zu einer weiteren wirtschaftlichen Schwächung des Arbeitgebers. Er müsste hierzu in seinen übrigen Betriebe aussperren und würde so nicht die Gewerkschaft, sondern vielmehr sich selbst finanziell schwächen. Aufgrund der erheblichen finanziellen Ressourcen der gewerkschaftlichen Unterstützungskasse, die ihrer Größe nach auf einen weitaus kostenintensiveren Verbandsarbeitskampf ausgelegt ist, wäre dieses Vorgehen ohnehin zum Scheitern verurteilt.[1722] Hiervon ist allein dann eine Ausnahme denkbar, wenn es sich bei dem bestreikten Arbeitgeber um einen solchen handelt, der in seiner Kampfkraft einem Arbeitgeberverband nahe- oder gleich-

---

[1716] Vgl. dazu BAG, AP Nr. 64 zu Art. 9 GG Arbeitskampf; Maunz/Dürig-*Scholz*, Art. 9, Rn. 326.

[1717] BAG (GS), AP Nr. 1 zu Art. 9 GG Arbeitskampf.

[1718] BAG (GS), AP Nr. 43 zu Art. 9 GG Arbeitskampf wobei der Senat die Angriffsaussperrung noch für zulässig hielt, offen gelassen von BAG, AP Nr. 64 zu Art. 9 GG Arbeitskampf.

[1719] BAG, AP Nr. 64 - 66 zu Art. 9 GG Arbeitskampf.

[1720] Differenzierend *Witt*, Firmentarifvertrag, S. 190 f.

[1721] Dabei würde es sich nicht um eine Angriffsaussperrung handeln. Vgl. zum Begriff der Angriffsausperrung noch unten, 4. Teil A. II. 2. c. aa. (3). Auf die rein zeitliche Abfolge der Kampfmaßnahmen abzustellen, widerspräche dem Gesamtbild des Arbeitskampfes. Die Aussperrung in einem anderen Betrieb stellt sich bezogen auf den gesamten Arbeitskampf nur als Defensivaussperrung dar, als Reaktion auf den Streik der Gewerkschaft, vgl. unten 4. Teil A. II. 2. c. aa. (3).

[1722] Speziell für den Arbeitskampf um einen tariflichen Sozialplan will *Nicolai* (RdA 2006, 33, 38) zudem den Umstand einbeziehen, dass der Arbeitgeber parallel zum Arbeitskampf zum Abschluss eines Sozialplans gem. §§. 111 ff. BetrVG gezwungen werden kann.

kommt.[1723] Dabei dürfte es sich ausnahmslos um sog. Global Player handeln, denen es möglich ist, die Verluste der deutschen Betriebe durch Gewinne im Ausland wett zu machen oder die Produktion auf andere Werke zu verlagern.[1724]

Aufgrund der Größe der Gewerkschaften und ihrer finanziellen Mittel ist also von einer grundsätzlichen Disparität im Verhältnis zum einzelnen Arbeitgeber (und damit erst recht im Verhältnis zum sozial ohnmächtigen Arbeitgeber) auszugehen.[1725] Soweit hiergegen eingewandt wird, dass die gewerkschaftliche Macht nur soweit reiche, wie sie durch Arbeitnehmer im Unternehmen vermittelt werde, und dass bei einem auf ein Unternehmen begrenzten Streik die Arbeitskampfbasis entsprechend schmal sei, ergibt sich hieraus nichts anderes.[1726] Denn die Gewerkschaft wird nur in einem solchen Unternehmen/Betrieb einen Firmentarifvertrag fordern, in dem sie sich stark genug fühlt, ihn auch durchzusetzen. Der Arbeitgeber hat damit regelmäßig nur noch die Wahl zwischen dem eigenen Bankrott und dem Abschluss des von der Gewerkschaft gewünschten Tarifvertrages.[1727]

cc. Zwischenergebnis

Die abstrakt-generelle Betrachtung der tatsächlichen Möglichkeiten des Arbeitgebers ergibt im Firmenarbeitskampf keine paritätische Kampfsituation. Vielmehr besteht grundsätzlich die vom *BAG*[1728] abgelehnte Disparität.[1729] Für den – durchaus denkbaren – Einzelfall kann jedoch etwas anderes gelten.

[1723] Mit ähnlicher Konsequenz *Gisbertz*, Parität, S. 215. Vgl. dazu auch die Darstellung insbesondere für den Pilotenstreik bei der Lufthansa im März 2001 bei *Döring*, DB 2001, 1430 ff. Danach ist selbst ein DAX-Unternehmen wie BMW nur noch 27,6 Tage in der Lage, dem wirtschaftlichen Druck eines Arbeitskampfes Stand zu halten. Die Spitze hält nach dieser Aufstellung SAP mit einem Durchhaltevermögen von immerhin 46,7 Tagen.

[1724] So geschehen im Arbeitskampf um einen tariflichen Sozialplan bei AEG Nürnberg, siehe http://www.spiegel.de/wirtschaft/0,1518,400194,00.html und http://www.spiegel.de/wirtschaft/0,1518,397678,00.html.

[1725] LAG Schleswig-Holstein, NZA-RR 2000, 143, 146; *Boldt*, RdA 1971, 257, 263 f.; *Hanau/Thüsing*, ZTR 2002, 506, 509; *Lieb*, DB 1999, 2058, 2062 f.; *ders.*, Arbeitsrecht, 8. A., Rn. 462; *Weiss*, Betriebsnahe Tarifverträge, S. 86 ff.

[1726] So aber *Gamillscheg*, Kollektives Arbeitsrecht Bd. I, S. 1008; *Richter*, ZTR 2004, 390, 392; *ders.*, Erstreikbarkeit, S. 154; in diese Richtung auch *Reichold*, BB 2004, 2814, 2816.

[1727] So auch *Weiss*, Betriebsnahe Tarifverträge, S. 87.

[1728] BAG, NZA 2003, 734, 738, jedoch nicht in Bezug auf die Arbeitskampffähigkeit des Einzelarbeitgebers.

[1729] So i. E. auch *Lieb*, ZfA 1982, 113, 173; *Weiss*, Betriebsnahe Tarifverträge, S. 87 ff.; *Witt*, Firmentarifvertrag, S. 190 f.

c. Auflösung der Disparität durch die Verbandszugehörigkeit?

Die grundsätzliche Disparität im Arbeitskampf um einen Firmentarifvertrag könnte jedoch zumindest für den verbandsgebundenen Arbeitgeber durch die Verbandszugehörigkeit, und damit über die Möglichkeiten des Verbandes, an dem Firmenarbeitskampf zu partizipieren, aufgehoben werden.
Als mögliche Unterstützungsmaßnahme ist insbesondere die Verbandsaussperrung denkbar. Auch Wettbewerbsverbote, die Übernahme von Produktionsausfällen, der Rechtsverzicht bei Lieferfristüberschreitungen, Unterstützungsleistungen aus der Verbandskasse oder der übrigen Verbandsmitglieder, Beratung oder Stellvertretung bei den Verhandlungen werden als Unterstützungsmaßnahmen diskutiert.[1730]
Das *BAG*[1731] führt hierzu aus, dass der verbandsgebundene Arbeitgeber durch den Verbandsbeitritt zumindest nicht schwächer werde. Über seine ohnehin vorhandene Möglichkeit zur Aussperrung hinaus könne er die Unterstützung des Verbandes in Anspruch nehmen.[1732] Welche Art der Unterstützung das *BAG* meint, und ob diese das bestehende Kampfungleichgewicht auszugleichen vermögen bzw. ob diese überhaupt zulässig sind, lässt es freilich offen. Diesen Fragen soll im Folgenden nachgegangen werden.

aa. Verbandsaussperrung

Als erste Möglichkeit zum Ausgleich der Disparität im Firmenarbeitskampf ist erneut an die Aussperrung, nunmehr durch den Arbeitgeberverband, zu denken. Zweifel an der Zulässigkeit dieser unterstützenden Aussperrung sind deshalb angezeigt, weil der Arbeitgeberverband kein Beteiligter des eigentlichen Arbeitskampfes ist. Kampfgebiet ist allein das Unternehmen/der Betrieb des bestreikten Mitgliedsarbeitgebers. Bei einem solchen Arbeitskampf ausserhalb des eigentlichen Kampfgebietes liegt der Verdacht nahe, dass es sich um einen sog. Sympathiearbeitskampf handeln könnte.
Sympathiearbeitskämpfe werden hinsichtlich ihrer Zulässigkeit unterschiedlich beurteilt. Die Instanzrechtsprechung hielt Sympathiearbeitskämpfe zunächst für zulässig und band ihre Rechtmäßigkeit an die des Hauptarbeitskampfes.[1733] Die weit überwiegende Lehre hielt und hält den Sympathiear-

---

1730 Vgl. u. a. *Beuthien*, BB 1975, 477, 479; *Hensche*, RdA 1971, 9, 13; *v. Hoyningen-Huene*, ZfA 1980, 453, 460 f.; *Krichel*, NZA 1986, 731, 733; *Weiss*, Betriebsnahe Tarifverträge, S. 88; *Witt*, Firmentarifvertrag, S. 196.

1731 BAG, NZA 2003, 734, 738. Freilich wiederum in anderem Zusammenhang!

1732 BAG, NZA 2003, 734, 738; *Richter*, ZTR 2004, 390, 392.

1733 LAG Freiburg, NJW 1953, 1278, 1279; LAG Düsseldorf, DB 1979, 167, 167 f.; LAG Hamm, EzA Nr. 39 zu Art. 9 GG Arbeitskampf.

beitskampf dagegen für unzulässig.[1734] Das *BAG* hatte sich in einer ersten Entscheidung in diesem Zusammenhang noch für die generelle Zulässigkeit des Sympathiearbeitskampfes ausgesprochen.[1735] Im Folgenden ließ es die Zulässigkeit dann offen,[1736] um sich schließlich der herrschenden Lehre anzuschließen und auf die grundsätzliche Unzulässigkeit des Sympathiearbeitskampfes zu erkennen.[1737]

Seine Rechtsansicht begründet das *BAG* mit dem Hinweis darauf, dass sich die Grenzen der Zulässigkeit eines Arbeitskampfes aus seiner Funktion als Hilfsmittel für die Tarifautonomie ergäben.[1738] Aus diesem Grund dürfe der Arbeitskampf nur zur Durchsetzung tariflicher Regelungen eingesetzt werden.[1739] In der Regel lasse sich wegen dieser bloßen Hilfsfunktion ein Sympathiearbeitskampf nicht rechtfertigen, da der mittels eines Sympathiearbeitskampfes Angegriffene die Forderungen des Hauptarbeitskampfes nicht erfüllen könne.[1740] Es stehe nicht im Rahmen seiner Möglichkeiten, den Arbeitskampf durch Nachgeben zu vermeiden oder zwischen Kampf und Nachgeben zu wählen.[1741] Allerdings hielt das *BAG* obiter auch Ausnahmen für denkbar, etwa wenn der betroffene Arbeitgeber seine „Neutralität" hinsichtlich des Hauptarbeitskampfes verletzt habe, oder wenn er wirtschaftlich derart mit dem bestreikten Arbeitgeber des Hauptarbeitskampfes verflochten sei, dass sich beide als ein- und derselbe soziale Gegenspieler darstellten.[1742]

Damit stellt sich zunächst die Frage, ob es sich bei der unterstützenden Verbandsaussperrung zugunsten eines im Firmenarbeitskampf befindlichen Verbandsmitglieds um einen solchen Sympathiearbeitskampf handelt, und wenn dies der Fall ist, ob dieser trotz den gerade getroffenen Ausführungen ausnahmsweise erlaubt ist.

[1734] *Lieb*, SAE 1986, 64, 64; *Rüthers*, BB 1964, 312 ff.; *Rüthers/Berghaus*, Anm. zu BAG, AP Nr. 90 zu Art. 9 GG Arbeitskampf; weitere Nachweise bei *Seiter*, Arbeitskampfparität, S. 46 (Fn. 155) und *Lieb*, DB 1984, Beil. 12, 1, 3 (Fn. 4).

[1735] BAG (GS), AP Nr. 1 zu Art. 9 GG Arbeitskampf (obiter dictum). Zur Zulässigkeit von Sympathiearbeitskämpfen in der Rechtsprechung des Reichsgerichts vgl. die Nachweise bei *Rüthers*, BB 1964, 312, 312 f.

[1736] BAG, NJW 1964, 1291, 1293; BAG, AP Nr. 65 zu Art. 9 GG Arbeitskampf.

[1737] BAG, AP Nr. 85, 90 zu Art. 9 GG Arbeitskampf (jew. zum Sympathie*streik*).

[1738] BVerfG, AP Nr. 117 zu Art. 9 GG Arbeitskampf; BVerfG, AP Nr. 4 zu § 116 AFG; BAG, AP Nr. 64, 65, 85, 90 zu Art. 9 GG Arbeitskampf.

[1739] BAG (GS), AP Nr. 43 zu Art. 9 GG Arbeitskampf; BAG, AP Nr. 64, 85 zu Art. 9 GG Arbeitskampf.

[1740] Vgl. dazu schon *Rüthers*, BB 1964, 312, 314.

[1741] BAG, AP Nr. 85, 90 zu Art. 9 GG Arbeitskampf.

[1742] BAG, AP Nr. 85, 90 zu Art. 9 GG Arbeitskampf. Vgl. BAG, NJW 1964, 1291 ff. zu einem solchen Fall wirtschaftlicher Verflechtung.

(1) Die unterstützende Verbandsaussperrung als Sympathieaussperrung

Ohne genaue Einordnung geht ein Großteil der Literatur davon aus, oder befürchtet zumindest, dass es sich in einem solchen Fall tatsächlich um eine Sympathieaussperrung handelt.[1743] Teilweise wird daraus die Unzulässigkeit der unterstützenden Verbandsausperrung abgeleitet,[1744] teilweise wird aber auch eine Ausnahme von der grundsätzlichen Unzulässigkeit des Sympathiearbeitskampfes angenommen,[1745] bzw. begründet[1746]. Auch das *BAG* hat dieses Problem gesehen, lässt jedoch offen, inwieweit rechtliche Gründe einer Unterstützung des Arbeitgebers durch seinen Verband entgegenstehen.[1747] In früheren Entscheidungen schien es jedoch geneigt, die unterstützende Verbandsaussperrung zuzulassen.[1748] Mit dem Problem der Sympathieaussperrung hat es sich damals freilich nicht auseinandergesetzt.

Ein Sympathie*streik* liegt grundsätzlich dann vor, wenn eine Gewerkschaft zugunsten einer anderen Gewerkschaft in einen Tarifkonflikt dieser Gewerkschaft mit ihrem Tarifpartner eingreift.[1749] Der Unterschied zwischen dem Sympathiestreik und dem Streik im Hauptarbeitskampf liegt darin, dass der Sympathiestreik nicht unmittelbar dem Abschluss des umkämpften Tarifvertrages dient. Er ist nicht darauf gerichtet, selbst den Widerstand des Tarifpartners zu brechen, mit dem der umkämpfte Tarifvertrag abgeschlossen werden soll.[1750] Kennzeichnend für den Sympathiearbeitskampf ist es daher, dass der

---

[1743] *Buchner*, DB 2001, Beilage 9 zu Heft 48, 1, 13; *Hensche*, RdA 1971, 9, 13; v. *Hoyningen-Huene*, ZfA 1980, 453, 462; *Krichel*, NZA 1986, 731, 733 f.; *Reuter*, NZA 2001, 1097, 1103 f.; *Witt*, Firmentarifvertrag, S. 192. A. A. *Jacobs*, ZTR 2001, 249, 253; *Lobinger*, RdA 2006, 12, 18; *Matthes*, FS Schaub, S. 481.

[1744] Konkret *Reuter*, NZA 2001, 1097, 1103 f. Bedenken auch bei *Krichel*, NZA 1986, 731, 733 f. und *Buchner*, DB 2001, Beilage 9 zu Heft 48, 1, 13.

[1745] Ohne auf das Problem des Sympathiearbeitskampfes einzugehen, halten die unterstützende Verbandsaussperrung für zulässig: LAG Hamm, NZA 1985, 743, 744; ArbG Wesel, DB 1985, 2051, 2051; *Beuthien*, BB 1975, 477, 479; *Gamillscheg*, Kollektives Arbeitsrecht Bd. I, S. 1007; *Hanau*, Der Arbeitgeber 1970, 404, 407; *Henssler*, ZfA 1998, 517, 536; *Richardi*, JurA 1971, 141, 160; *Wiedemann/Stumpf*, TVG, § 2, Rn. 84 a. E. *Lieb*, DB 1999, 2058, 2063 (Fn. 69) lässt das Problem bewusst offen, da die Zulässigkeit solcher Maßnahmen im Ergebnis unstreitig sei.

[1746] *Hensche*, RdA 1971, 9, 13; *Witt*, Firmentarifvertrag, S. 193 f.

[1747] BAG, NZA 2003, 734, 738, aus seiner Sicht durchaus keine Frage, die beantwortet werden musste, da das *BAG* bereits eine Disparität abgelehnt hatte.

[1748] BAG, AP Nr. 64, 65 zu Art. 9 GG Arbeitskampf. So auch LAG Hamm, NZA 1985, 743, 744 jew. mit Bezug auf *Hensche*, RdA 1971, 9, 13 und *Wiedemann/Stumpf*, TVG, § 2, Rn. 84.

[1749] BAG, AP Nr. 90 zu Art. 9 GG Arbeitskampf; *Brox/Rüthers*, Arbeitskampfrecht, Rn. 142 ff.; *Hueck/Nipperdey*, Lehrbuch II/2, S. 1009; *Lieb*, DB 1984, Beil. 12, 1, 3.

[1750] BAG, AP Nr. 90 zu Art. 9 GG Arbeitskampf.

Adressat der Kampfforderung und der Betroffene des Arbeitskampfes auseinander fallen. Ist dies nicht der Fall, liegt ein Hauptarbeitskampf mit einer eigenen Forderung vor.[1751]

Diese Überlegungen lassen sich auf die Sympathie*aussperrung* übertragen. Vor diesem Hintergrund bestehen bereits begründete Zweifel an der Einordnung der unterstützenden Verbandsaussperrung als Sympathiearbeitskampf.[1752] Bei einer unterstützenden Verbandsaussperrung ist die Gewerkschaft sowohl Kampfgegner als auch Adressat der Kampfforderung. Damit ist die Sympathieaussperrung in diesem Fall ausnahmsweise geeignet, den notwendigen Binnendruck auf den Hauptarbeitskampf zu erzeugen. Die kampfführende Gewerkschaft kann zwischen Kampf und Nachgeben wählen, indem sie die Tarifforderung des Hauptarbeitskampfes erfüllt. Adressat der Kampfforderung und Betroffener des Arbeitskampfes fallen nicht auseinander.

Letztlich kann aber dahinstehen, ob es sich vorliegend um eine Sympathieaussperrung handelt, da diese jedenfalls zulässig wäre.

(2) Zulässigkeit der unterstützenden Verbandsaussperrung

Soweit man der Einordnung des *BAG* folgt,[1753] ergibt sich die Zulässigkeit schon aus dem zuvor Gesagten: Die Gewerkschaft ist Kampfgegner und Adressat der Kampfforderung, folglich kann sie zwischen Kampf und Nachgeben wählen, indem sie die Tarifforderung des Hauptarbeitskampfes erfüllt.

Soweit man mit *Lieb* in der Gewährleistung der Arbeitskampfparität das tatsächliche Argument für die Unzulässigkeit des Sympathiearbeitskampfes sieht,[1754] führt auch dies zu keinem anderen Ergebnis. Die Disparität im Kampfgeschehen zwischen Gewerkschaft und einzelnem Arbeitgeber wurde für den Regelfall bereits festgestellt.[1755] Kann dieses Ungleichgewicht über die unterstützende Verbandsaussperrung ausgeglichen werden, muss diese zulässig sein.[1756]

Zu einem anderen Ergebnis gelangt man auch dann nicht, wenn man die Zulässigkeit des Sympathiearbeitskampfes von der gemeinsamen Tarifzuständigkeit abhängig machen will, weil er andernfalls nicht erforderlich und daher

---

1751 *Rüthers*, BB 1964, 312, 312.

1752 *Jacobs*, ZTR 2001, 249, 253; *Matthes*, FS Schaub, S. 481; *Richter*, Erstreikbarkeit, S. 150 f.; *Weiss*, Betriebsnahe Tarifverträge, S. 89.

1753 Kritisch hierzu *Seiter*, Streikrecht, S. 506.

1754 So zutreffend *Lieb*, SAE 1986, 64, 64; ders., RdA 1991, 145, 148; *Lieb/Jacobs*, Arbeitsrecht, Rn. 693; in diese Richtung auch *Konzen*, 50 Jahre BAG, S. 515, 549.

1755 S. oben, 4. Teil A. II. 2. b.

1756 Ähnlich *Seiter*, Arbeitskampfparität, S. 47.

unzulässig sei.[1757] Die Zuständigkeit des unterstützenden Arbeitgeberverbandes erstreckt sich auch auf das bestreikte Mitgliedsunternehmen.[1758]
Auch wenn man die Betroffenheit des aussperrenden Arbeitgeberverbandes als Voraussetzung für die unterstützende Verbandsaussperrung sehen will, führt dies nicht zu ihrer Unzulässigkeit. Der aussperrende Arbeitgeberverband ist zumindest potenziell betroffen, da grundsätzlich jedes Verbandsmitglied als Adressat eines Firmentarifvertrages in Betracht kommt und der Arbeitgeberverband daher ein legitimes Interesse hat, sich für den Abschluss von Verbandstarifen einzusetzen und auf den Abschluss lückenloser Verbandstarifverträge hinzuwirken. Daraus ergibt sich zugleich die unmittelbare Betroffenheit der übrigen Verbandsmitglieder.[1759]
Schließlich lässt sich die Unzulässigkeit der unterstützenden Verbandsaussperrungen auch nicht aus der mangelnden Vereinbarkeit mit dem Gebot der Verhältnismäßigkeit oder dem ultima-ratio-Prinzip herleiten.[1760] Der Grundsatz der Verhältnismäßigkeit meint lediglich die vom *BAG* erhobene Voraussetzung, der Kampfgegner müsse die Forderung der Gewerkschaft des Hauptarbeitskampfes erfüllen können. Dass dies der am Arbeitskampf beteiligten Gewerkschaft möglich ist, wurde bereits gezeigt. Der Verstoß gegen das ultima-ratio-Prinzip wird damit begründet, dass das geltende Arbeitskampfrecht auf die Identität von Verhandlungs- und Kampfparteien abstelle. Dem Sympathiestreik gingen aber weder Verhandlungen noch Schlichtungsverfahren voraus.[1761] Daher könne der Sympathiestreik[1762] allenfalls als unselbstständiger Teil eines (rechtmäßigen) Hauptstreiks zulässig sein. Aber auch wenn man dies annehmen wolle, könne in der Unterstützung durch den Verband ein Verstoß gegen den Grundsatz der Kampfparität liegen, wenn kein Ungleichgewicht der Kräfte gegeben sei.[1763] Es liegt nahe, die lediglich unterstützende Verbandsaussperrung als einen solchen unselbstständigen Teil eines rechtmäßigen Hauptarbeitskampfes anzusehen. Zudem wurde die generelle Unterlegenheit des einzelnen Arbeitgebers gegenüber der Gewerkschaft aufgezeigt,

---

[1757] *Löwisch*, Arbeitskampf- und Schlichtungsrecht, 170.2, Rn. 162; *Rüthers/Berghaus*, Anm. zu BAG, AP Nr. 90 zu Art. 9 GG Arbeitskampf.

[1758] Anders *Witt*, Firmentarifvertrag, S. 193.

[1759] *Hensche*, RdA 1971, 9, 13; *v. Hoyningen-Huene*, ZfA 1980, 453, 462; *Jacobs*, ZTR 2001, 249, 253; *Weiss*, Betriebsnahe Tarifverträge, S. 89; *Witt*, Firmentarifvertrag, S. 193 f. I. E. auch *Richter*, Erstreikbarkeit, S. 151.

[1760] Vgl. hierzu *Rüthers/Berghaus*, Anm. zu BAG, AP Nr. 90 zu Art. 9 GG Arbeitskampf.

[1761] *Rüthers*, BB 1964, 312, 315; *Rüthers/Berghaus*, Anm. zu BAG, AP Nr. 90 zu Art. 9 GG Arbeitskampf.

[1762] Die Überlegungen zum Sympathiestreik lassen sich entsprechend auf die Sympathieaussperrung übertragen.

[1763] *Rüthers/Berghaus*, Anm. zu BAG, AP Nr. 90 zu Art. 9 GG Arbeitskampf.

so dass kein Verstoß gegen den Grundsatz der Kampfparität vorliegt. Auch ein Verstoß gegen das ultima-ratio-Prinzip scheidet folglich aus.
Damit lässt sich die Unzulässigkeit der unterstützenden Verbandsaussperrung nur noch herleiten, wenn man eine zwingende Identität zwischen Tarif- und Kampfgebiet annimmt.[1764] Das *BAG* hat sich dieser Begrenzung des Kampfgebietes angeschlossen.[1765] Für den Sympathiestreik gelte zudem, dass die verfassungsrechtlichen Positionen derjenigen Arbeitgeber, die für die Gewährung der Kampfziele nicht zuständig seien, berücksichtigt werden müssten.[1766] Die Begrenzung des Kampfgebietes lässt sich vor dem Hintergrund der bestehenden Disparität im Kampfgebiet jedoch nicht durchhalten. Unabhängig davon, ob man das Tarifgebiet als oberste Grenze des Arbeitskampfgebietes anerkennt,[1767] muss für den vorliegenden Fall jedenfalls eine Ausnahme von dieser Regel gemacht werden. Dies zeigt sich deutlich, wenn man in zutreffender Weise den Paritätsgrundsatz als eigentlichen Grund für die Unzulässigkeit des Sympathiearbeitskampfes ansieht.[1768] Ist die Disparität Grund für die Unzulässigkeit, muss der Sympathiearbeitskampf zulässig sein, wenn ohne ihn eine Disparität besteht und er allein geeignet ist, die Parität wiederherzustellen. Zudem agieren beide Verbände innerhalb ihrer Tarifzuständigkeit; es wird die Gewerkschaft bekämpft, die auch den Firmentarifvertrag erstreiken will, obwohl bereits ein Verbandstarifvertrag besteht. Auch gegen die Grundrechte der ausgesperrten Arbeitnehmer wird damit nicht verstoßen. Soweit diese Mitglieder der streikenden Gewerkschaft sind, müssen sie sich die Handlungsweise der Gewerkschaft zurechnen lassen. Letztlich hat das *BAG* das Tarifgebiet nur *regelmäßig* als Grenze des Kampfgebietes angesehen und dies auch nur für den Verbandstarifvertrag entschieden. Ohnehin handelte es sich hierbei um entscheidungsunerhebliche obiter dicta, so dass die Entscheidung des *BAG* für die vorliegende Konstellation nur unter Vorbehalt herangezogen werden kann.[1769]
Die unterstützende Verbandsaussperrung ist auch nicht deshalb unzulässig, weil eine eigene Tarifforderung des Verbandes für ihre Rechtmäßigkeit not-

---

[1764] Vgl. *Brox/Rüthers*, Arbeitskampfrecht, Rn. 146; *Konzen*, DB 1990, Beil. 6, 1, 6, 14; *Lieb*, SAE 1986, 64, 65 f.; *Preis*, Anm. zu BAG, EzA Nr. 73 zu Art. 9 GG Arbeitskampf; *Rüthers*, BB 1964, 312, 314; *Rüthers/Berghaus*, Anm. zu BAG, AP Nr. 90 zu Art. 9 GG Arbeitskampf. Weitere Nachweise bei *Lieb*, DB 1984, Beil. 12, 1, 6 (Fn. 27).

[1765] BAG, AP Nr. 64, 65 zu Art. 9 GG Arbeitskampf.

[1766] *Rüthers/Berghaus*, Anm. zu BAG, AP Nr. 90 zu Art. 9 GG Arbeitskampf.

[1767] Dagegen *Seiter*, Arbeitskampfparität, S. 51; *Zöllner/Loritz*, Arbeitsrecht, S. 469.

[1768] *Lieb*, SAE 1986, 64, 64; *ders.*, Arbeitsrecht, Rn. 687.

[1769] *Lieb*, DB 1984, Beil. 12, 1, 6.

wendig wäre und keine solche existierte.[1770] Unabhängig davon, ob man in der Nichtregelung ein zulässiges Kampfziel sehen will,[1771] verfolgt die unterstützende Aussperrung zumindest mittelbar ein tarifvertragliches Regelungsziel, wenn im Hauptarbeitskampf um einen Tarifvertrag gestritten wird.[1772] Aber selbst wenn man ein mittelbares tarifliches Regelungsziel nicht genügen lassen wollte, muss es dem Verband auch ohne eigene Tarifforderung möglich sein, unterstützend auszusperren. Andernfalls könnte der Arbeitgeberverband seiner Hauptaufgabe, der Unterstützung der Verbandsmitglieder, nicht nachkommen.[1773] Durch diese Beschränkung seiner Hauptaufgabe würde gegen seine kollektive Koalitionsfreiheit verstoßen. Letztlich: Da das *BAG* durchaus Ausnahmen von der generellen Unzulässigkeit des Sympathiearbeitskampfes anerkannt hat[1774], es aber gerade ein Wesensmerkmal des Sympathiearbeitskampfes ist, dass keine eigene Tarifforderung besteht, kann die fehlende eigene Forderung der ausnahmsweisen Rechtmäßigkeit nicht entgegenstehen. Andernfalls hätte das *BAG* gar keine Ausnahme zulassen dürfen. Folglich ist die unterstützende Verbandsaussperrung – auch wenn man sie als Sympathieaussperrung einordnet – zulässig.

(3) Die unterstützende Verbandsaussperrung als Angriffsaussperrung

Nicht abwegig erscheint es zudem, die unterstützende Verbandsaussperrung in die Nähe einer Angriffsaussperrung zu rücken.[1775] Handelt es sich um eine solche, stellt sich vor diesem Hintergrund erneut die Frage nach deren grundsätzlicher Rechtmäßigkeit sowie ihrer Rechtmäßigkeit in der vorliegenden Konstellation.

BVerfG und *BAG* haben die Zulässigkeit der Angriffsaussperrung zunächst offen gelassen;[1776] schließlich hat das *BAG* sie – faktisch – verworfen, indem es die Rolle des Angreifers für die Gewerkschaften reservierte.[1777] Gleich-

---

[1770] *Reuter*, NZA 2001, 11097, 1103; in diese Richtung auch *Richter*, ZTR 2004, 390, 392.

[1771] So *Matthes*, FS Schaub, S. 481; *Richter*, Erstreikbarkeit, S. 150.

[1772] *Seiter*, Streikrecht, S. 505 f.; *ders.*, Arbeitskampfparität, S. 48 f.

[1773] *Richardi*, JurA 1971, 141, 160; *Seiter*, Streikrecht, S. 335 f.; *Zöllner*, Aussperrung, S. 36; ähnlich *Scholz/Konzen*, Aussperrung, S. 242.

[1774] Vgl. BAG, AP Nr. 64, 65 zu Art. 9 GG Arbeitskampf.

[1775] *Lobinger*, RdA 2006, 12, 18; *Matthes*, FS Schaub, S. 481; *Reuter*, NZA 2001, 1097, 1103 f.

[1776] BVerfG, AP Nr. 117 zu Art. 9 GG Arbeitskampf; BAG (GS), AP Nr. 1 zu Art. 9 GG Arbeitskampf; BAG, NJW 1964, 1291, 1293.

[1777] BAG, AP Nr. 64, 65 zu Art. 9 GG Arbeitskampf, auch wenn das *BAG* sich einem solchen Schluss ausdrücklich verwehrt. Wie hier aber auch *Lieb*, DB 1980, 2188, 2188; *ders.*, ZfA 1982, 113, 166; *Reuter*, NZA 2001, 1097, 1104.

wohl ist trotz dieses Votums des *BAG* davon auszugehen, dass die Angriffsaussperrung weiterhin zulässig ist. Ein anderes Ergebnis stünde im Widerspruch zur Entscheidung des *Großen Senats* vom 21.04.1971, der die Möglichkeit der Angriffsaussperrung für notwendig erachtete, um Kampfparität zu gewährleisten.[1778] Hält man also die Angriffsaussperrung für zulässig,[1779] kommt es schon nicht darauf an, ob es sich bei der unterstützenden Verbandsaussperrung um eine solche handelt.

Aber auch wenn man die Angriffsaussperrung für unzulässig hält, hat dies keine Auswirkungen auf die Rechtmäßigkeit der unterstützenden Verbandsausperrung. Das *BAG* nimmt eine Angriffsaussperrung dann an, wenn die Arbeitgeber im Tarifgebiet den Arbeitskampf eröffnen und ein eigenes kollektivvertragliches Regelungsziel verfolgen.[1780] Ein solches Regelungsziel kann bei einer bloß unterstützenden Verbandsaussperrung nach *Reuter* darin liegen, die Gewerkschaft zu zwingen, statt des einzelnen Arbeitgebers den Verband als Verhandlungspartner zu akzeptieren.[1781] Denkbar wäre auch das bereits erwähnte Ziel eines Verbandstarifvertrages, der die Verpflichtung zum Inhalt hat, keinen Firmentarifvertrag abzuschließen.[1782] Liege ein derartiges eigenes Ziel vor, handelt es sich nach *Reuter* um eine Angriffsaussperrung. Diese sei auch unzulässig; etwaige Korrekturen des grundsätzlichen Verbots seien „kaum systemkonform"[1783].

Generell kann aber gerade nicht von einer eigenen Forderung des Arbeitgeberverbandes ausgegangen werden. Für eine solche existiert auch keine Notwendigkeit. Die angegriffene Partei muss die Möglichkeit zur Verteidigung haben. Es muss daher Ziel eines Arbeitskampfes sein können, den Angriff lediglich abzuwehren.[1784] Selbst wenn man für einen Arbeitskampf von der Notwendigkeit eines eigenen tariflichen Ziels ausgehen wollte, kann dies nur für den Regelfall gelten. Für die unterstützende Verbandsaussperrung hieße eine andere Vorgehensweise, gegen die kollektive Koalitionsfreiheit des Ver-

---

1778 BAG (GS), AP Nr. 43 zu Art. 9 GG Arbeitskampf: Freilich noch auf Grundlage des formellen Paritätsbegriffs. Wie hier *Lieb*, DB 1984, Beil. 12, 1, 4 f. Im Ergebnis auch v. Münch-*Löwer*, GG, Art. 9, Rn. 80.

1779 In diese Richtung *Matthes*, FS Schaub, S. 481.

1780 BAG, AP Nr. 64, 65 zu Art. 9 GG Arbeitskampf.

1781 *Reuter*, NZA 2001, 1097, 1103 f.

1782 S. bereits oben, 4. Teil A. II. 2. c. aa. (2).

1783 *Reuter*, NZA 2001, 1097, 1104.

1784 *Richter*, Erstreikbarkeit, S. 150 f.; *Zöllner/Loritz*, Arbeitsrecht, S. 467; wohl auch *Lieb*, DB 1984, Beil. 12, 1, 4.

bandes zu verstoßen, dem nunmehr die Erfüllung seiner Hauptaufgabe, der Unterstützung seines Mitglieds, unmöglich gemacht würde.[1785]
Dieses Ergebnis ändert sich auch dann nicht, wenn man zur Abgrenzung zwischen unzulässiger Angriffs- und u. U. zulässiger Abwehraussperrung auf die zeitlich erste Kampfhandlung im Tarifgebiet abstellt.[1786] Es gilt bereits, dass diese Abgrenzung nur dann zu eindeutigen Ergebnissen führt, wenn es um Kampfmaßnahmen innerhalb ein und desselben Tarifgebietes geht.[1787] Käme es in einem anderen Tarifgebiet zu Aussperrungen, stellten sich diese rein zeitlich als Angriffsaussperrungen dar. Damit würde jedoch außer Acht gelassen, dass die Arbeitgeberseite damit allein auf die Kampftaktik der Gewerkschaft reagiert.[1788] Bei einer Paritätsstörung – und diese wurde für die vorliegende Situation bereits bejaht – muss es der angegriffenen Seite aber möglich sein, diese zu kompensieren. Insgesamt stellt sich eine solche Kompensation als Defensivmaßnahme dar, auch wenn sie im neu erschlossenen Kampfgebiet als Angriffsmaßnahme erscheint.[1789] Deshalb sind alle Aktionen des Arbeitgeberverbandes, die auf die Eröffnung des Arbeitskampfes in einem einzelnen Unternehmen folgen, in Bezug auf diesen Hauptarbeitskampf als Abwehr anzusehen. Die Gewerkschaft kann so den Arbeitskampf an einem für sie günstigen Zeitpunkt und Ort eröffnen. Mit der Ausweitung des Kampfes durch die Gegenseite muss sie im Folgenden aber rechnen.[1790] Von dieser Einordnung ausgehend, handelt es sich bei der unterstützenden Verbandsaussperrung um eine Abwehraussperrung.[1791]
Auch soweit man aufgrund der unklaren Abgrenzung zwischen Angriffs- und Abwehraussperrung für die Zulässigkeit der kampfgebietsausweitenden Aussperrungen auf materielle Kriterien abstellt,[1792] führt dies zu keinem anderen Ergebnis. Im Verhältnis zwischen einzelnem Arbeitgeber und Gewerkschaft besteht eine Disparität, die es auszugleichen gilt. Vor diesem Hintergrund sind – wenn man nicht die Streikbefugnis der Gewerkschaft eingrenzen will – kampfgebietsausweitende Aussperrungen zuzulassen.[1793]

1785 Vgl. bereits oben, 4. Teil A. II. 2. c. aa. (2).
1786 *Seiter*, Streikrecht, S. 336.
1787 *Lieb*, DB 1984, Beil. 12, 1, 4; *Scholz/Konzen*, Aussperrung, S. 242 (Fn. 23).
1788 *Lieb*, DB 1984, Beil. 12, 1, 4 im Hinblick auf die bewusste Engführung eines Arbeitskampfes.
1789 Vgl. auch *Lieb*, ZfA 1982, 113, 170 für die Situation des Verbandstarifvertrages.
1790 *Seiter*, Streikrecht, S. 336 f.
1791 *Zöllner/Loritz*, Arbeitsrecht, S. 439.
1792 So *Lieb*, DB 1984, Beil. 12, 1, 5.
1793 Vgl. auch *Lieb*, DB 1984, Beil. 12, 1, 6. Ähnlich *Lobinger*, RdA 2006, 12, 18.

Der unterstützende Arbeitskampf des Verbandes gegen die Gewerkschaft ist damit jedenfalls zulässig.

(4) Herstellung der Arbeitskampfparität durch unterstützende Verbandsaussperrungen?

Letztlich muss aber die Frage beantwortet werden, ob mittels der unterstützenden Verbandsaussperrung die grundsätzlich bestehende Disparität zwischen Einzelarbeitgeber und Gewerkschaft auch tatsächlich ausgeglichen werden kann.

Diese Ausgleichsfunktion wird vielfach mit Hinweis auf die zweifelhafte Solidarität im Arbeitgeberlager und damit auf die praktische Durchführbarkeit der unterstützenden Verbandsaussperrungen bestritten. Die in einem Arbeitgeberverband zusammengeschlossenen Mitglieder gehören im Regelfall einer Branche an und sind daher außerhalb des Verbandes – als Unternehmer – Konkurrenten, die um ihr eigenes wirtschaftliches Fortkommen kämpfen. Zu einem Verband haben sie sich nur deshalb zusammengeschlossen, um einem einheitlichen Verbandstarifvertrag zu unterfallen, der für alle dieselben Wettbewerbsbedingungen vorschreibt, bzw. um diesen gemeinsam mit den übrigen Mitgliedern zu erkämpfen. Die nicht bestreikten Verbandsmitglieder haben daher kein eigenes Interesse, an dem Firmenarbeitskampf teilzunehmen. Sie müssten durch die Aussperrung vielmehr eine erhebliche wirtschaftliche Selbstschädigung in Kauf nehmen.[1794]

Gegen diese Bedenken wird vorgebracht, dass sehr wohl ein Anreiz zur gemeinsamen, unterstützenden Verbandsaussperrung bestehe. Die übrigen Mitglieder riskierten bei einem für die Gewerkschaft erfolgreichen Arbeitskampf, ebenfalls um einen Firmentarifvertrag angegangen zu werden. Wegen dieser stets vorhandenen, latenten Gefahr sei mit der entsprechenden Solidarität zu rechnen.[1795] Jedenfalls genüge aber die bloße Möglichkeit, Solidarität zu üben.[1796] Dass es tatsächlich zu Solidaritätsmaßnahmen komme, liege in der Hand des Arbeitgeberverbandes, der die innerverbandliche Solidarität durch entsprechende Satzungsgebote herbeiführen könne. Führe ein Verband solche Gebote nicht ein, gehe der daraus resultierende Solidarisierungsverlust zu seinen Lasten und in der Konsequenz zu Lasten seiner Mitglieder. Auf diesem

---

1794 So i. E. *Beuthien*, BB 1975, 477, 479; *v. Hoyningen-Huene*, ZfA 1980, 453, 461; *Krichel*, NZA 1986, 731, 734; *Lieb*, DB 1999, 2058, 2063; *Meyer*, ZTR 2005, 394, 395; *Reuter*, NZA 2001, 1097, 1103; *Weiss*, Betriebsnahe Tarifverträge, S. 90 ff.; *Hanau*, Der Arbeitgeber 1970, 404, 407 für den firmenbezogenen Verbandstarifvertrages.

1795 *Witt*, Firmentarifvertrag, S. 194 f.

1796 *Fischinger*, ZTR 2006, 518, 527; *Päuser*, Firmenarbeitskampf, S. 186 ff.; *Richardi*, JurA 1971, 141, 160; in diese Richtung i. E. *Witt*, Firmentarifvertrag, 195.

Solidarisierungsverlust beruhende Beeinträchtigungen der Kampfparität könnten die Zulässigkeit des Firmenarbeitskampfes ebenso wenig beeinflussen wie verbandsinterne Solidarisierungsschwächen die Zulässigkeit des Verbandsarbeitskampfes.[1797] Begründet wird dieses Argument mit Hinweis auf die Entscheidung des *BVerfG* vom 04.07.1995. Hierin führte der Senat aus, dass der Gesetzgeber nicht verpflichtet sei, Disparitäten auszugleichen, die nicht strukturell bedingt seien, sondern auf inneren Schwächen der Koalition beruhten.[1798] Zuletzt wird darauf hingewiesen, dass mit einer bestehenden Aussperrungsunwilligkeit auf Arbeitgeberseite jedenfalls eine Streikunwilligkeit auf Arbeitnehmerseite einhergehen könne, da die Arbeitnehmer den Arbeitgeber nicht ruinieren wollten und insofern von überzogenen Tarifforderungen Abstand nehmen würden.[1799]
Dies ist aber schnell entkräftet: Gerade der tarifliche Sozialplan zielt darauf ab, den Arbeitgeber mit überzogenen Forderungen zu konfrontieren. Die Arbeitnehmer müssen auch nicht mehr um ihre Arbeitsplätze fürchten, da diese ohnehin abgebaut werden sollen. Auch der angeblich bestehende Anreiz der nicht bestreikten Verbandsmitglieder, unterstützend auszusperren, und die sich daraus vermeintlich ergebende Solidarität sind schnell widerlegt: In keinem der bekannt gewordenen Fälle ist es zu einer solchen Aussperrung gekommen.[1800] Dieser angebliche Anreiz offenbart sich damit als lediglich ergebnisorientierte Argumentation. Folglich kann die Disparität einzig durch die Möglichkeit zur Solidarität und die Möglichkeit des Arbeitgeberverbandes, seine Mitglieder zur Solidarität zu zwingen, ausgeglichen werden. Dass allerdings die bloße Möglichkeit hierzu ausreichte, kann leicht behauptet, jedoch nur schwerlich begründet werden.[1801] Dies ergibt sich doch schon daraus, dass man es sonst der Arbeitgeberseite aufbürdete, ein zu ihren Ungunsten bestehendes Ungleichgewicht selbst auszugleichen. Zumal die Solidarisierungsschwäche durch die Wahl der Gewerkschaft, gegen das Verbandsmitglied einen Firmentarifvertrag zu erstreiken, hervorgerufen wurde.[1802] Syste-

[1797] *Witt*, Firmentarifvertrag, S. 195.

[1798] Vgl. BVerfG AP Nr. 4 zu § 116 AFG.

[1799] *Richter*, Erstreikbarkeit, S. 154.

[1800] Vgl. die Entscheidungen BAG, NZA 2003, 734 ff.; LAG Hamm, NZA 1985, 743 ff.; LAG Köln, NZA 1997, 327 ff.; ArbG Wesel, DB 1985, 2051, 2051. Wobei freilich nicht offenbar wird, ob der Arbeitgeberverband überhaupt zu solchen Aussperrungen ausgerufen hat, geschweige denn, ob dies überhaupt in der Diskussion war.

[1801] So auch *Gisbertz*, Parität, S. 214; *Krichel*, NZA 1986, 731, 733; *Lieb*, DB 1999, 2058, 2063; *Weiss*, Betriebsnahe Tarifverträge, S. 92 ff.; wohl auch *Richter*, Erstreikbarkeit, S. 153.

[1802] *Gisbertz*, Parität, S. 214.

matisch richtig wäre vielmehr, eine solche Disparität dort auszugleichen, wo sie entstanden ist, nämlich auf Arbeitnehmerseite.[1803] Dies liefe freilich auf eine Einschränkung des Streikrechts hinaus, die aber durch die Wiederherstellung der Parität gerechtfertigt würde. Auch die Arbeitgeberseite musste mit Hinweis auf die Parität Einschränkungen ihrer Aussperrungsbefugnis hinnehmen.[1804] Zu bedenken ist auch, dass das Betätigungsrecht der Gewerkschaft keineswegs leer läuft, sondern sich bereits im Abschluss des Verbandstarifvertrages verwirklicht hat. Zudem sind mit dem Verweis auf die bloße Möglichkeit der Solidarisierung, die Grenzen des Zumutbaren überschritten, da die aussperrenden Verbandsmitglieder eine erhebliche Selbstschädigung in Kauf nehmen müssten.[1805]
Die Entscheidung des *BVerfG* vom 04.07.1995 führt zu keinem anderen Ergebnis. Dies gilt bereits deshalb, weil die Entscheidung allein die Prüfung einer konkreten Norm vor dem Hintergrund des Paritätsprinzips betraf. Wegen der mangelnden Vergleichbarkeit zur vorliegenden Konstellation ist jegliche Bezugnahme daher von vornherein mit Vorsicht zu genießen. Dies bestätigt sich darin, dass die herangezogene Aussage des *BVerfG*, der Gesetzgeber sei nicht gehalten, schwachen Verbänden Durchsetzungsfähigkeit bei Tarifverhandlungen zu verschaffen,[1806] für die hier vorzunehmende Beurteilung unergiebig ist. Es geht nämlich bei der hier interessierenden Frage nicht um die Befugnisse des Gesetzgebers, sondern um die Beurteilung der konkreten Parität aufgrund der vom *BAG* vorgeschriebenen, abstrakt-generellen Betrachtung. Dass im Rahmen dieser Betrachtung aber die mangelnde Solidarität zu beachten ist, hat das *BAG* deutlich gemacht.[1807] Zudem ging es in der Entscheidung des *BVerfG* eben nur um die Durchsetzungsfähigkeit schwacher „Verbände"; zu einzelnen Arbeitgebern hat es sich mit keinem Wort geäußert. Mit der Gegenmeinung ist stattdessen davon auszugehen, dass aufgrund der Konkurrenzsituation im Arbeitgeberverband an der Solidarität mehr als begründete Zweifel bestehen. Diese Konkurrenzsituation ist auch im Rahmen der abstrakt-generellen Beurteilung der Kampfparität zu berücksichtigen. So hat das *BAG* diese mangelnde Solidarität innerhalb des Tarifgebietes in seiner Entscheidung vom 10.06.1980 noch zum Anlass genommen, kompensierende Abwehraussperrungen für zulässig zu erklären.[1808] Zu berücksichtigen ist

---

[1803] Vgl. auch *Buchner*, RdA 2003, 363, 366.
[1804] Dazu BAG, AP Nr. 64 - 66 zu Art. 9 GG Arbeitskampf.
[1805] *Krichel*, NZA 1986, 731, 733.
[1806] BVerfG, AP Nr. 4 zu § 116 AFG.
[1807] Vgl. BAG, AP Nr. 64, 65 zu Art. 9 GG Arbeitskampf.
[1808] BAG, AP Nr. 64, 65 zu Art. 9 GG Arbeitskampf, dazu *Lieb*, DB 1980, 2188, 2192.

auch, dass nicht nur die Arbeitgeber innerhalb eines Tarifgebietes miteinander in Wettbewerb stehen, sondern dass dies auch für Konkurrenten außerhalb des Tarifgebietes gilt.[1809] Bedenkt man das rechtliche Minenfeld,[1810] auf das die Arbeitgeberseite mit der Verbandsaussperrung gelockt wird, wird auch dies nicht zur Steigerung ihrer Solidarität beitragen. Dies gilt umso mehr, als sich eine Ausweitung des Kampfgeschehens vor dem Hintergrund der wirtschaftlichen Verflechtungen sowie der tatsächlichen Ausgestaltungen der vertraglichen Beziehungen als just-in-time Anlieferungen (lean production) verbietet.[1811] Ihren vorläufigen Höhepunkt finden diese Bedenken in der Aussage *Buchners*. Er führt aus, dass die Arbeitgeber schon bei einem gegen den Verband gerichteten Arbeitskampf praktisch aussperrungsunfähig geworden seien.[1812] Als eigentliches Arbeitskampfmittel auf Arbeitgeberseite wird daher zu Recht nicht mehr die Aussperrung, sondern vielmehr die (Drohung mit der) Betriebsstilllegung bezeichnet.[1813]

(5) Ergebnis

Insgesamt ist daher die unterstützende Aussperrung des Arbeitgeberverbandes nicht geeignet, die im Verhältnis zwischen verbandsgebundenem (sozial ohnmächtigem) Einzelarbeitgeber und Gewerkschaft bestehende Disparität auszugleichen.[1814]

bb. Herstellung der Arbeitskampfparität durch sonstige Unterstützungsmaßnahmen?

Denkbar wäre es jedoch, dass die Disparität im Firmenarbeitskampf gegen den verbandsgebundenen Arbeitgeber durch andere Unterstützungsmaßnahmen des Verbandes ausgeglichen werden könnte. Diskutiert werden an dieser

---

1809 *Lieb*, DB 1980, 2188, 2193; *ders.*, DB 1984, Beil. 12, 1, 8 m.w.N. in Fn. 44. Dagegen freilich das BAG, AP Nr. 65 zu Art. 9 GG Arbeitskampf.

1810 *Buchner*, DB 2001, Beilage 9 zu Heft 48, 1, 13; *Reuter*, NZA 2001, 1097, 1104.

1811 *Buchner*, RdA 2003, 363, 366; *Lieb*, DB 1999, 2058, 2063; *Lieb/Jacobs*, Arbeitsrecht, Rn. 581.

1812 *Buchner*, DB 2001, Beilage 9 zu Heft 48, 1, 13.

1813 *Rieble*, ZfA 2004, 1, 7. Dies ist freilich kein im Rahmen der abstrakt-generellen Parität in Ansatz zu bringendes, da kein anerkanntes Arbeitskampfmittel, s. hierzu BAG, AP Nr. 138 zu Art. 9 GG Arbeitskampf; *Franzen*, ZfA 2005, 315, 318 ff., 324 m.w.N.; *Suschet*, ZfA 2005, 581, 634.

1814 Auch die von *Witt*, Firmentarifvertrag, S. 195 f. diskutierte unterstützende Aussperrung durch verbandsfremde Arbeitgeber hilft nicht weiter: Hier besteht nun überhaupt kein Anlass eine irgendwie geartete Solidarität anzunehmen.

Stelle tarifpolitische und –rechtliche Beratungen,[1815] die Bereitstellung von Sachmitteln und Räumlichkeiten,[1816] die Vertretung während der Tarifverhandlungen,[1817] Druckausübung über Öffentlichkeitsarbeit,[1818] die finanzielle Unterstützung nicht nur durch den Verband,[1819] sondern auch durch die übrigen Arbeitgeber,[1820] Wettbewerbsverbote, die Übernahme von Produktionsausfällen und die Möglichkeit, aus Lieferfristüberschreitungen keine Rechte herzuleiten.[1821]

Durch die Vertretung und Beratung des Verbandes seien in der technischen Verhandlungsführung praktisch keine Unterschiede zum Abschluss eines (firmenbezogenen) Verbandstarifvertrages erkennbar. Zu erwarten sei zudem eine positive Signalwirkung hinsichtlich der unterstützenden Verbandsaussperrung, da durch die Vertretung nicht mehr nur der einzelne Arbeitgeber, sondern der Verband unmittelbarer Beteiligter sei, so dass ein Scheitern der Verhandlungen einem Angriff auf den Verband gleichkomme.[1822]

Dabei komme es auch nicht darauf an, ob die Arbeitgeberverbände tatsächlich Unterstützungsfonds eingerichtet hätten; auch hier sei lediglich die dazu bestehende Möglichkeit entscheidend. Desgleichen komme es nicht darauf an, ob sich die Unterstützungsfonds zur Beseitigung der durch den Streik entstehenden Nachteile eigneten. Dies sei kein genereller Einwand gegen deren Tauglichkeit, sondern vielmehr eine Frage ihrer Ausgestaltung.[1823]

Tatsächlich sind aber auch diese sonstigen Unterstützungsmaßnahmen nicht geeignet, die Disparität im Verhältnis zwischen Arbeitgeber und Gewerkschaft auszugleichen. Voranzustellen ist, dass auch hier die bloße Möglichkeit der Unterstützungsmaßnahmen nicht ausreicht. Vielmehr ist auf die tatsäch-

---

[1815] *Beuthien*, BB 1975, 477, 479; *Hensche*, RdA 1971, 9, 13; *v. Hoyningen-Huene*, ZfA 1980, 453, 460 f.; *Weiss*, Betriebsnahe Tarifverträge, S. 88; *Witt*, Firmentarifvertrag, S. 196.

[1816] *Witt*, Firmentarifvertrag, S. 197.

[1817] *Beuthien*, BB 1975, 477, 479; *Hensche*, RdA 1971, 9, 13; *v. Hoyningen-Huene*, ZfA 1980, 453, 461; *Weiss*, Betriebsnahe Tarifverträge, S. 88; *Witt*, Firmentarifvertrag, S. 197.

[1818] *V. Hoyningen-Huene*, ZfA 1980, 453, 461.

[1819] *Hensche*, RdA 1971, 9, 13; *v. Hoyningen-Huene*, ZfA 1980, 453, 461; *Krichel*, NZA 1986, 731, 733; *Weiss*, Betriebsnahe Tarifverträge, S. 88; *Witt* Firmentarifvertrag, S. 197; *Zöllner*, Aussperrung, S. 46.

[1820] *Witt*, Firmentarifvertrag, S. 197.

[1821] Zu letzteren *Hensche*, RdA 1971, 9, 13; *v. Hoyningen-Huene*, ZfA 1980, 453, 461; *Krichel*, NZA 1986, 731, 733; *Matthes*, FS Schaub, S. 481; *Witt*, Firmentarifvertrag, S. 198; *Zöllner*, Aussperrung, S. 45 f.

[1822] *Witt*, Firmentarifvertrag, S. 197.

[1823] *Witt*, Firmentarifvertrag, S. 197 (Fn. 74).

lich vorhandene oder nicht vorhandene Parität abzustellen.[1824] Diese lässt sich aber nicht durch die Beratung und Vertretung bei Tarifverhandlungen herstellen. Die Verhandlungsmacht des Verbandes im Firmentarif ist entscheidend geringer als bei Verbandstarifauseinandersetzungen.[1825] Selbst wenn der Verband für das Mitglied verhandelt, würde der einzelne Arbeitgeber stärker bedrängt als bei Verhandlungen über einen Verbandstarifvertrag.[1826] Immer sind zudem die Besonderheiten des jeweiligen Unternehmens/Betriebes zu beachten, über die nur der bestreikte Arbeitgeber selbst Bescheid weiß. Seine Anwesenheit ist letztlich unerlässlich.[1827] Insbesondere erzeugt die Unterstützung bei den Verhandlungen kein Kampfgleichgewicht. Hierin spiegelt sich erneut die Trennung zwischen tarifrechtlicher und arbeitskampfrechtlicher Eben wider. Zudem bleibt es Wunschdenken davon auszugehen, dass ein Scheitern der Verhandlungen Auswirkungen auf die Solidarität im Arbeitgeberlager habe. Jedes Mitglied ist als Unternehmer und Konkurrent seiner Verbandskollegen sich selbst der Nächste. Erst im Verbandsarbeitskampf, wenn jeder zu gleichen Teilen betroffen ist, ist daher mit einer solchen Wirkung zu rechnen. Die Solidarität, oder besser ihr Fehlen, ist auch ausschlaggebend dafür, dass die finanzielle Unterstützung des bestreikten Arbeitgebers durch die übrigen Mitglieder ausbleiben wird.[1828] Ob den Mitgliedern solche Zahlungen an ihre direkten Konkurrenten überhaupt zuzumuten sind, soll dabei dahinstehen. Dies gilt im Ergebnis auch für finanzielle Unterstützungsleistungen des Verbandes. Finanzielle Unterstützungsleistungen können zwar den Streikdruck verringern und den Arbeitskampf zeitlich hinauszögern,[1829] sie stellen aber keine arbeitskampfrechtliche Abwehrmaßnahme im eigentlichen Sinne dar und können auch sonst keine Parität herstellen.[1830] Zweifel bestehen schon daran, ob die Verbandskasse geeignet ist, der Streikkasse lange zu widerstehen. Insbesondere kann der Verband wohl schlechterdings nicht gezwungen werden, die eigentlich für den Verbandsarbeitskampf vorgesehenen Mittel für die Abwehr eines einzigen Firmenarbeitskampfes aufzuwenden.[1831] Letztlich

---

1824 S. grundsätzlich hierzu oben, 4. Teil A. II. 2.

1825 *Beuthien*, BB 1975, 477, 479; *v. Hoyningen-Huene*, ZfA 1980, 453, 461.

1826 *Boldt*, RdA 1971, 257, 263.

1827 In diese Richtung auch *Boldt*, RdA 1971, 257, 263.

1828 *Beuthien*, BB 1975, 477, 479.

1829 Vgl. auch BAG, AP Nr. 64, 65 zu Art. 9 GG Arbeitskampf; kritisch hierzu MünchArbR-*Otto*, § 285, Rn. 73.

1830 *Krichel*, NZA 1986, 731, 733.

1831 *Döring*, DB 2001, 1430, 1431 gibt an, dass der 3-tägige Pilotenstreik im März 2001 die Lufthansa ca. € 100 Mio. gekostet haben dürfte.

würde der Einzelarbeitgeber so auf das Prinzip „dulde und liquidiere" verwiesen.[1832]

Auch sog. Streikhilfeabkommen sind nicht zur Herstellung der Parität geeignet. Die Frage nach ihrer kartellrechtlichen Zulässigkeit soll hier außen vor bleiben,[1833] jedenfalls wäre die Solidarität im Arbeitgeberlager unbedingte Voraussetzung dafür, dass solche Abkommen überhaupt irgendeine Wirkung entfalten.[1834] Deren Fehlen wurde bereits attestiert. Insbesondere hat das *BAG* die geringe Effizienz von Wettbewerbsverboten bereits festgestellt.[1835] Außer bei einfach gegliederten Marktverhältnissen lassen sich die kampfbedingten Wettbewerbsvorteile kaum abgrenzen und kontrollieren.[1836]

Letztlich ist auch eine Wiederherstellung der Parität über die öffentliche Meinung nicht zielführend, da sich diese kaum berechnen lässt.[1837] Genauso wenig sind irgendwelche anderen freiwilligen Hilfeleistungen der Arbeitgeber untereinander kalkulierbar und daher nicht geeignet, die Disparität auszugleichen.[1838]

Stattdessen ist auch an dieser Stelle auf eines hinzuweisen: Indem zum Ausgleich der Disparität auf die Arbeitgeberseite abgestellt wird, geht man das Problem von der falschen Seite an. Eine zu Gunsten der Arbeitnehmerseite bestehende Disparität sollte statt dessen auf Arbeitnehmerseite ausgeglichen werden.

d. Rechtfertigung des Verstoßes gegen den Grundsatz der Kampfparität

Liegt im Firmenarbeitskampf gegen den (sozial nicht mächtigen) Arbeitgeber – unabhängig von dessen Verbandsgebundenheit – also ein Verstoß gegen den Grundsatz der Kampfparität, verbleibt zuletzt allein die Frage, ob dieser Verstoß gerechtfertigt werden kann.

Eine solche Rechtfertigung soll nach einer Ansicht darin liegen, dass der Gesetzgeber dem sozialen Gegenspieler um jeden Preis einen Tarifpartner habe zur Verfügung stellen wollen.[1839] Hiergegen spricht jedoch, dass ursprüngliches und alleiniges Ziel des Abschlusses eines Tarifvertrages und der Tarifau-

---

[1832] *Lieb*, DB 1999, 2058, 2062.

[1833] Dazu *Säcker*, ZHR 137, 455 ff. Nähere Hinweise bei *Zöllner*, Aussperrung, S. 45 f.

[1834] *Beuthien*, BB 1975, 477, 479.

[1835] BAG, AP Nr. 64, 65 zu Art. 9 GG Arbeitskampf.

[1836] *Krichel*, NZA 1986, 731, 733.

[1837] *Zöllner*, Aussperrung, S. 47.

[1838] S. auch *Zöllner*, Aussperrung, S. 45.

[1839] *Kempen/Zachert*, TVG, § 2, Rn. 88, 90; in diese Richtung auch *Reuß*, RdA 1972, 4, 7; *Zeuner*, 25 Jahre BAG, S. 731 freilich in Bezug auf die Tariffähigkeit jedoch ohne zwischen Tarif- und Arbeitskampffähigkeit zu unterscheiden.

tonomie insgesamt ist, die fehlende Vertragsparität der individualvertraglichen Ebene auf kollektiver Ebene auszugleichen. Durch die Möglichkeit des Arbeitskampfes gegen den einzelnen Arbeitgeber wird diese Disparität lediglich auf die kollektive Ebene zu seinen Lasten verlagert. Der Tarifvertrag verfehlt in dieser Konstellation also sein Ziel, so dass es seiner grundsätzlich nicht bedarf.[1840]

Zu berücksichtigen ist jedoch, dass der Normzweck des § 2 Abs. 1 TVG – die Bereitstellung eines Tarifpartners – nicht erfüllt werden könnte, würde man dem verbandslosen (und ggf. sozial ohnmächtigen) Arbeitgeber die Arbeitskampffähigkeit absprechen. Durch eine Flucht aus dem Arbeitgeberverband könnte er sich effektiv dem Tarifvertragesschluss entziehen.[1841] Dies würde die Tarifautonomie direkt beeinträchtigen. Für den verbandslosen (sozial ohnmächtigen) Arbeitsgeber ergibt sich die Rechtfertigung des Verstoßes gegen den Grundsatz der Arbeitskampfparität deshalb aus der höher zu bewertenden Tarifautonomie. Ihr Ziel, die fehlende Vertragsparität der individualvertraglichen Ebene auf kollektiver Ebene auszugleichen, wäre nicht zu verwirklichen, könnte er sich dem Tarifvertragsschluss entziehen. Die Paritätsbedenken können zumindest zum Teil durch einen Verweis auf die Flucht in den Arbeitgeberverband ausgeräumt werden. Ein Kampfgleichgewicht wird hierdurch zwar nicht erzeugt, der Arbeitgeber kommt aber immerhin in den Genuss der Friedenspflicht des Verbandstarifvertrages.[1842]

Somit ist zwischen dem verbandsgebundenen und dem nicht verbandsgebundenem Einzelarbeitgeber zu unterscheiden. Für den verbandsgebundenen Einzelarbeitgeber lässt sich die soeben gefundene Rechtfertigung nicht fruchtbar machen. Der Sinn und Zweck des § 2 Abs. 1 TVG und die dahinterstehende Tarifautonomie gebieten es nicht, diesem Arbeitgeber die Arbeitskampffähigkeit zuzusprechen, da er bereits durch den Verbandstarifvertrag erfasst wird.[1843]

Auch unter verfassungsrechtlichen Gesichtspunkten ergibt sich nichts anderes: Die Gewerkschaft hat weder einen Anspruch auf einen bestimmten Verhandlungspartner, noch beabsichtigt der verbandsgebundene (ohnmächtige) Arbeitgeber, sich dem Tarifvertragsschluss zu entziehen. Es liegt also kein Verstoß gegen die Grundrechte der Gewerkschaft vor, wenn man die Arbeits-

---

1840 *Hergenröder*, Anm. zu BAG, EzA Nr. 20 zu § 2 TVG. Vgl. hierzu grundsätzlich die Ausführungen von *Belling*, NZA 1990, 214, 216.

1841 *Lieb*, Arbeitsrecht, 8. A., Rn. 463; *Suschet*, ZfA 2005, 581, 602. Vgl. hierzu auch BVerfGE 58, 233, 256.

1842 In diese Richtung *Lieb*, FS Kissel, 653, 659; *ders.*, Arbeitsrecht, 8. A., Rn. 464; *Suschet*, ZfA 2005, 581, 603.

1843 Freilich gilt dieses Argument nicht für das OT-Mitglied.

kampffähigkeit hier beschränkt.[1844] Zudem werden Arbeitskampfmaßnahmen ohnehin nur insoweit von der Koalitionsfreiheit erfasst, als sie notwendig sind, um eine funktionierende Tarifautonomie sicherzustellen.[1845] Da der verbandsgebundene Arbeitgeber bereits tarifvertraglich erfasst ist, wird die Tarifautonomie nicht beeinträchtigt. Auch die individuelle Koalitionsfreiheit (Betätigungsfreiheit) des Einzelarbeitgebers wird nicht beeinträchtigt: Er hat weiterhin die Möglichkeit, einen freiwilligen Firmentarifvertrag abzuschließen. Dass er diesen nicht erkämpfen kann, ist ihm zuzumuten, da es sich bei dieser Konstellation einerseits nur um eine theoretische Ausnahmekonstellation handelt und er andererseits auch aus dem Verband austreten bzw. eine OT-Mitgliedschaft eingehen, so seine Arbeitskampffähigkeit erlangen und einen Firmentarifvertrag erkämpfen kann. Freilich hat er so im Arbeitskampf geringere Möglichkeiten. Die Unterstützungsmaßnahmen des Verbandes würden ihm außer bei der OT-Mitgliedschaft nicht verbleiben. Doch ist ihm auch dies zuzumuten, da die Neigung der übrigen Verbandsmitglieder, den Arbeitgeber bei einem Arbeitskampf zu unterstützen, der einen für diesen günstigeren Firmentarifvertrag herbeiführen soll, ohnehin sehr gering ist.

3. Ergebnis

Die eingangs gestellte Frage nach der Arbeitskampffähigkeit des Einzelarbeitgebers ist differenziert zu beantworten: Im Verhältnis zwischen Gewerkschaft und einzelnem Arbeitgeber besteht, abgesehen von einigen Einzelfällen, bei denen es sich sämtlich um sog. Global Player handeln dürfte, von vornherein eine kräftemäßige Asymmetrie.[1846] Der hierdurch verursachte Verstoß gegen den Grundsatz der Kampfparität gebietet es, dem einzelnen verbands(-tarif)gebundenen Arbeitgeber grundsätzlich die Kampffähigkeit abzusprechen. Dagegen ist der sozial ohnmächtige Außenseiter-Arbeitgeber, wie jeder Außenseiter-Arbeitgeber, arbeitskampffähig; er kann zum Abschluss eines Firmentarifvertrages gezwungen werden.[1847]

Dieses Ergebnis ist nicht nur rechtlich richtig, sondern auch tarifpolitisch vertretbar. Sollte im Einzelfall ein Tarifvertrag mit einem einzelnen Arbeitgeber notwendig werden, besteht die Möglichkeit, einen firmenbezogenen Verbandstarifvertrag zu erkämpfen.

1844 So im Hinblick auf die Tariffähigkeit *Matthes*, FS Schaub, S. 482 f.

1845 BVerfG, AP Nr. 117 zu Art. 9 GG Arbeitskampf.

1846 So schon *Hergenröder*, Anm. zu BAG, EzA Nr. 20 zu § 2 TVG; *Lieb*, DB 1999, 2058, 2063; *Matthes*, FS Schaub, S. 482 f.; *Seiter*, Arbeitskampfparität, S. 85 ff., 87.

1847 In diese Richtung auch *Lieb*, Arbeitsrecht, 8. A., Rn. 463; *Hergenröder*, Anm. zu BAG, EzA Nr. 20 zu § 2 TVG. Generell für die Erstreckung des Erfordernisses der sozialen Mächtigkeit auf die Arbeitgeberseite: *Seiter*, Arbeitskampfparität, S. 85 f.

III. Insbesondere: Tariflich regelbares Arbeitskampfziel

Der Arbeitskampf muss zudem auf ein tariflich regelbares Ziel gerichtet sein.[1848] Dies ergibt sich daraus, dass der Arbeitskampf kein Selbstzweck ist, sondern lediglich der Umsetzung der Tarifautonomie dient.[1849] Diese soll nicht in einem „kollektiven Betteln" enden.[1850] Aus diesem Grund sind unter anderem der sog. „wilde" Streik[1851] oder der politische Arbeitskampf[1852] unzulässig.[1853]

1. Verstoß gegen EU-Recht?

Das Erfordernis eines tariflich regelbaren Arbeitskampfzieles ist aber keineswegs unbestritten. So wird vereinzelt ein Verstoß gegen die europäische Sozialrechtscharta, hier Teil II, Art. 6 Nr. 4 ESC, vorgetragen.[1854] Durch Art. 6 Nr. 4 ESC verpflichten sich die Vertragsparteien,

> *„das Recht der Arbeitnehmer und der Arbeitgeber auf kollektive Maßnahmen einschließlich des Streikrechts im Fall von Interessenkonflikten, vorbehaltlich etwaiger Verpflichtungen aus geltenden Gesamtarbeitsverträgen"*

anzuerkennen.

1848 BVerfGE 92, 365, 393 f.; BAG (GS), AP Nr. 43 zu Art. 9 GG Arbeitskampf; BAG, AP Nr. 64, 65, 82, 85, 106 zu Art. 9 GG Arbeitskampf; BAG, NZA 2003, 734, 740; LAG Hamm, NZA-RR 2000, 535, 536; ArbG Düsseldorf, EzA Nr. 15 zu Art. 9 GG Arbeitskampf; *Buchner*, DB 2001, Beilage 9 zu Heft 48, 1, 6; *Hohenstatt/Schramm*, DB 2004, 2214, 2217; *Lieb*, ZfA 1982, 113, 124; *Lieb/Jacobs*, Arbeitsrecht, Rn. 585; *Löwisch*, Arbeitskampf- und Schlichtungsrecht, Rn. 170.2, 3; MünchArbR-*Otto*, § 285, Rn. 2; *Wank*, FS Kissel, S. 1229; *Wiedemann*, Anm. zu BAG, AP Nr. 3 zu § 1 TVG Verhandlungspflicht; *Zöllner/Loritz*, Arbeitsrecht, S. 451 f. A. A. Däubler-*Schumann*, Arbeitskampfrecht, Rn. 147 ff. m.w.N. in Fn. 2.

1849 BVerfGE, 84, 212, 225; *Gamillscheg*, Kollektives Arbeitsrecht Bd. I, S. 1071; *Kissel*, Arbeitskampfrecht, S. 21.

1850 Vgl. auch BVerfGE, 84, 212, 225; BAG, NZA 2003, 734, 740.

1851 BAG, AP Nr. 33, 58 zu Art. 9 GG Arbeitskampf.

1852 *Lieb/Jacobs*, Arbeitsrecht, Rn. 586; *Zöllner/Loritz*, Arbeitsrecht, S. 473.

1853 Dies gilt es auch für einen tariflichen Sozialplan zu berücksichtigen. Insoweit sei auf die bereits getroffenen Aussagen verwiesen, 3. Teil C. II.

1854 So ArbG Gelsenkirchen, EzA Nr. 130 zu Art. 9 GG Arbeitskampf (obiter dictum); Regierungsausschuss der ESC, AuR 1998, 154, 155, 156; *Däubler*, AuR 1998, 144, 145 f.; Däubler-*Däubler*, Arbeitskampfrecht, Rn. 102 ff.; *Hensche*, AuR 2004, 443, 447; *Zachert*, FS Wißmann, S. 208 f.

Die ESC ist jedoch kein überhaupt unmittelbar geltendes Recht.[1855] Dies ergibt sich nicht zuletzt aus den Materialien zur ESC, wonach die ESC eben nur Verpflichtungen der Vertragsstaaten begründet.[1856] Ein anderes Ergebnis lässt sich auch nicht vor dem Hintergrund herleiten, dass die ESC bei der Auslegung von Gesetzen und für die Rechtsfortbildung durch Richterrecht zu berücksichtigen ist.[1857] Dies ist zwar richtig; Art. 6 Nr. 4 ESC ist aber dahingehend auszulegen, dass der Arbeitskampf an ein tariflich regelbares Ziel gebunden ist. Für diese Auslegung spricht, dass die Norm hinsichtlich des Arbeitskampfzieles unbestimmt bleibt.[1858] Ergänzend kann angeführt werden, dass nach Teil III, Art. 31 ESC die Ausübung der Rechte des Teil II nur solchen Grenzen unterliegen, die gesetzlich vorgeschrieben und in einer demokratischen Gesellschaft zum Schutze der Rechte und Freiheiten anderer oder zum Schutze der öffentlichen Sicherheit und Ordnung notwendig sind. Auch das Erfordernis des rechtmäßigen Streikziels ist eine solche Grenze i.S.d. Teil III, Art. 31 ESC.[1859] Der Sachverständigenausschuss zur Einhaltung der ESC sieht diese durch deutsches Arbeitskampfrecht zwar verletzt; an die Vorgaben des Sachverständigenausschusses sind die Gerichte bei der Auslegung der ESC jedoch nicht gebunden.[1860] Verbindliche Vorgaben zum Verständnis der ESC kann gem. Art. 29 ESC nur das Ministerkomitee fassen. Hierzu ist es bisher nicht gekommen. Nichts anderes gilt im Ergebnis für das sich aus dem ILO-Abkommen Nr. 87 ergebende Streikrecht: Auch hieraus lässt sich keine über Art. 9 Abs. 3 GG hinausgehende Arbeitskampfgarantie herleiten.[1861]

[1855] *Kissel*, Arbeitskampfrecht, § 24, Rn. 8, 34; MünchArbR-*Otto*, § 284, Rn. 54 f.; Zöllner/*Loritz*, Arbeitsrecht, S. 124 m.w.N. in Fn. 4. Offen gelassen von BVerfGE 58, 233, 254.

[1856] Vgl. dazu BT-Ds. IV/2117, S. 28: „Die Charta begründet aber im Unterschied zur Konvention kein unmittelbar geltendes Recht, sondern zwischenstaatliche Verpflichtungen der Vertragsstaaten.“.

[1857] So BAG, AP Nr. 64, 65, 81 zu Art. 9 GG Arbeitskampf.

[1858] *Zöllner/Loritz*, Arbeitsrecht, S. 452. A. A. Däubler-*Däubler*, Arbeitskampfrecht, Rn. 102 f.

[1859] BAG, NZA 2003, 724, 740; *Löwisch*, Arbeitskampf- und Schlichtungsrecht, 170.1, Rn. 111. A. A. ArbG Gelsenkirchen, EzA Nr. 130 zu Art. 9 GG Arbeitskampf.
Entgegen der unbegründeten Ansicht von *Blanke*, AuR 2004, 130, 131 hat das *BAG* in seiner Entscheidung vom 10.12.2002 (NZA 2003, 734 ff.) nicht in Aussicht gestellt, die Prämisse, dass Arbeitskämpfe nur zur Durchsetzung tarifvertraglich regelbarer Ziele durchsetzbar sind, zu überprüfen.

[1860] Vgl. dazu *Löwisch*, Arbeitskampf- und Schlichtungsrecht, Rn. 170.1, 108 ff.

[1861] *Kissel*, Arbeitskampfrecht, § 24, Rn. 7; MünchArbR-*Otto*, § 284, Rn. 56.

2. Auswirkungen unrechtmäßig verfolgter Arbeitskampfziele

Verfolgt ein Arbeitskampf ein oder mehrere unzulässige Ziele, stellt sich die Frage nach den Folgen. Zu unterscheiden ist insoweit zwischen den Auswirkungen auf den Arbeitskampf und denjenigen auf den trotzdem geschlossenen Tarifvertrag.

a. ... auf den Arbeitskampf

Im Hinblick auf die Auswirkungen auf den Arbeitskampf verfolgt die Rechtsprechung keinen konsequenten Kurs. Entsprechend dem Erfordernis, dass ein Arbeitskampf dann rechtmäßig ist, wenn er auf ein tariflich regelbares Ziel gerichtet ist, ist ein Arbeitskampf, dessen Ziele sämtlich rechtswidrig sind, desgleichen rechtswidrig. Unklar ist aber, welche Folgen es nach sich zieht, wenn lediglich ein oder wenige Ziele des Arbeitskampfes rechtswidrig sind.
In der Entscheidung vom 04.05.1955 ging das *BAG* davon aus, dass der Arbeitgeber die Streikforderungen nur als Ganzes werten könne, um sich darüber klar zu werden, ob er die Forderungen annimmt oder nicht, so dass auch bei nur einem unzulässigen Kampfziel der gesamte Arbeitskampf unzulässig sei.[1862] Zudem liefe der Arbeitgeber andernfalls Gefahr, mit einer Fülle unzulässiger Streikforderungen konfrontiert zu werden, die trotzdem erkämpft werden könnten, so lange nur eine zulässige Forderung darunter sei. Das *BAG* ließ jedoch ausdrücklich offen, ob sich dieser Grundsatz nur auf ein unwichtiges Nebenziel oder auf eine Hauptforderung des Arbeitskampfes bezieht.[1863] Von der Unterscheidung zwischen unzulässigen Haupt- und Nebenzielen wandte sich das *BAG* sodann in seiner Entscheidung vom 27.06.1989 ab,[1864] um diese Frage in der Entscheidung vom 10.12.2002[1865] wieder offen zulassen.
Eine zweite Ansicht geht davon aus, dass der Arbeitskampf dann rechtswidrig sei, wenn der Arbeitgeber sich zu Verhandlungen über die rechtmäßigen Forderungen bereit erklärt habe, der Kampf indessen unabhängig hiervon fortgesetzt werde.[1866]
Richtigerweise gilt aber Folgendes: Ist nur ein Regelungsziel unzulässig, macht dies den gesamten Arbeitskampf unrechtmäßig, wenn nicht ausgeschlossen werden kann, dass bei Verzicht auf dieses Kampfziel der unzulässi-

---

1862 BAG, NJW 1955, 1373, 1374.
1863 BAG, NJW 1955, 1373, 1374.
1864 So auch *Kissel*, Arbeitskampfrecht, § 24, Rn. 11 mit Verweis auf BAG, AP Nr. 113 zu Art. 9 GG Arbeitskampf.
1865 BAG, NZA 2003, 734, 741; so auch LAG Hessen, NZA 2003, 679, 681.
1866 *Gamillscheg*, Kollektives Arbeitsrecht Bd. I, S. 1066.

ge Arbeitskampf vermieden worden wäre.[1867] Dies ergibt sich daraus, dass der Arbeitskampf nicht um einzelne Tarifforderungen geführt wird, sondern um einen einheitlichen Tarifvertrag. Arbeitskampfforderungen werden gewöhnlich als Gesamtpaket formuliert. Der Kampfgegner kann die Forderungen nur als Ganzes werten und sich auf dieser Grundlage schlüssig werden, ob er den Tarifvertrag abschließt oder einzelne Forderungen ablehnt.[1868] Gegen die zweite Meinung spricht zudem, dass es für den sozialen Gegenspieler nicht immer offensichtlich ist, welche Forderung zulässig ist und welche nicht.

Bei einem rechtswidrigen Arbeitskampf steht dem Arbeitskampfgegner insbesondere ein Unterlassungs-[1869] und ein Schadensersatzanspruch[1870] zu. Allerdings spricht eine Tatsachenvermutung für die Rechtmäßigkeit des Streiks.[1871] Der Arbeitgeber ist deshalb dafür beweispflichtig, dass ein in Wahrheit unzulässiges Streikziel im Vordergrund steht. Für den Angreifer fehlt dagegen das Verschulden, wenn dieser das Arbeitskampfziel für rechtmäßig halten durfte.[1872] Dies hätte zur Konsequenz, dass ein Schadensersatzanspruch entfiele.

b. ... auf den Tarifvertrag

Im Anschluss daran stellt sich die Frage, welche Rechtsfolgen es hat, wenn ein Arbeitskampf um Ziele geführt wurde, die nicht erstreikbar sind, und der Tarifvertrag mit diesem Inhalt abgeschlossen wurde. Teilweise wird vertreten, dass der Tarifvertrag wirksam bleibe.[1873] Etwas anderes solle nur dann gelten, wenn vom Arbeitgeber etwas Unmögliches bzw. evident Unzumutbares verlangt werde.[1874]

[1867] *Brox/Rüthers*, Arbeitskampfrecht, Rn. 159; *Kissel*, Arbeitskampfrecht, § 24, Rn. 11; *Lieb*, ZfA 1982, 113, 129; *Löwisch*, Arbeitskampf- und Schlichtungsrecht, Rn. 170.2, 32; MünchArbR-*Otto*, § 285, Rn. 24; *Seiter*, Streikrecht, S. 495 (Fn. 58); *Schaub*, Handbuch, § 193, Rn. 8. Weiter einschränkend Däubler-*Schumann*, Arbeitskampfrecht, Rn. 236.

[1868] BAG, NJW 1955, 1373, 1374; *Kissel*, Arbeitskampfrecht, § 24, Rn. 11; *Löwisch*, Arbeitskampf- und Schlichtungsrecht, Rn. 170.2, 33. Falsch ist daher auch die Bemerkung des LAG Köln, NZA 1997, 327, 332, dass alle Kampfziele einzeln zu beurteilen seien und der Arbeitskampf nur hinsichtlich einzelner rechtswidriger Ziele rechtswidrig sei. Dies deckt sich auch mit der dargestellten Rechtsprechung des *BAG* nicht.

[1869] ErfK-*Dieterich*, GG, Art. 9, Rn. 218; *Rüthers*, Anm. zu BAG, AP Nr. 49 zu Art. 9 GG.

[1870] ErfK-*Dieterich*, GG, Art. 9, Rn. 220.

[1871] BAG, AP Nr. 47 zu Art. 9 GG Arbeitskampf; BAG, AP Nr. 78 zu § 626 BGB.

[1872] BAG, AP Nr. 62 zu Art. 9 GG Arbeitskampf; BAG, NZA 2003, 734, 741. A. A. *Löwisch*, Arbeitskampf- und Schlichtungsrecht, Rn. 170.2, 27.

[1873] *Müller*, Arbeitskampf und Recht, S. 251; *Oberberg/Schoof*, AiB 2002, 169, 170.

[1874] *Oberberg/Schoof*, AiB 2002, 169, 170.

Richtigerweise sind aber die unter Verstoß gegen die Grenzen der Tarifmacht abgeschlossenen Tarifvertragsinhalte unanwendbar und nichtig. Dabei ist regelmäßig nur die einzelne Tarifvertragsnorm nichtig. Andere Normen werden von dieser Wirkung nur dann erfasst, wenn sie mit der nichtigen Norm eine zusammenhängende, in sich geschlossene Regelung bilden.[1875] Es treten also dieselben Rechtsfolgen ein, die auch für einen freiwillig abgeschlossenen Tarifvertrag gelten, verstießen die Tarifvertragsparteien mit seinem Inhalt gegen höherrangiges Recht. Den Tarifvertragsparteien steht deshalb auch hier ein außerordentliches Kündigungsrecht zu, um den Tarifvertrag an die veränderten Verhältnisse anzupassen.[1876] In der Zwischenzeit kommt es zu keinerlei Nachwirkung.[1877]

[1875] *Baumann*, RdA 1994, 272, 275.
[1876] A. A. *Müller*, Arbeitskampf und Recht, S. 251.
[1877] Vgl. im Einzelnen oben 3. Teil B. III.

B. Die Friedenspflicht

Sind damit die Voraussetzungen für den Arbeitskampf um einen tariflichen Sozialplans dargelegt, stellt sich nunmehr die Frage nach Gründen, die dem Arbeitskampf entgegenstehen könnten.

Zunächst ist hier an die Friedenspflicht eines evtl. bereits bestehenden Tarifvertrages zu denken. Diese verbietet es den Tarifvertragsparteien, während der Laufzeit eines Tarifvertrages Kampfmaßnahmen gegen den Vertragspartner zu beginnen, und verpflichtet sie, auf ihre Mitglieder dahingehend einzuwirken, dass während der Laufzeit des Tarifvertrages keine eigenen Kampfmaßnahmen durchgeführt werden.[1878] Substitutionsmaßnahmen zum Arbeitskampf schließt die Friedenspflicht ebenfalls aus.[1879] Die tarifvertraglich geregelte Materie soll während der Laufzeit des Tarifvertrages der kollektiven Auseinandersetzung entzogen sein.[1880]

Wird die Friedenspflicht verletzt, führt dies zur Rechtswidrigkeit des Arbeitskampfes.[1881] Das *BAG* lässt in dieser Hinsicht offen, ob die Verletzung der Friedenspflicht die Rechtswidrigkeit des gesamten Streiks nach sich zieht, wenn nur eine untergeordnete Forderung gegen die Friedenspflicht verstößt; eine Hauptforderung jedenfalls führe zur Rechtswidrigkeit des Arbeitskampfes.[1882] Korrespondierend zu den obigen Ausführungen, dass nur ein einziges unrechtmäßig verfolgtes Arbeitskampfziel zur Rechtswidrigkeit des gesamten Arbeitskampfes führt, wenn nicht ausgeschlossen werden kann, dass bei Verzicht auf dieses Kampfziel der unzulässige Arbeitskampf vermieden worden wäre, ist der Arbeitskampf unter den gleichen Voraussetzungen insgesamt

---

[1878] BAG, AP Nr. 1, 4 zu § 1 TVG Friedenspflicht; BAG, EzA Nr. 1 zu § 1 TVG Friedenspflicht; BAG, NZA 2003, 734, 739; ArbG Hannover, NZA 1988, Beil. 2, 39, 39; *Bartz*, ZTR 2004, 122, 122 f.; *Brox/Rüthers*, Arbeitskampfrecht, Rn. 221; Däubler-*Schumann*, Arbeitskampfrecht, Rn. 206; ErfK-*Franzen*, TVG, § 1, Rn. 81; *Kempen/Zachert*, TVG, § 1, Rn. 675; *Löwisch*, NZA 1988, Beil. 2, 3, 4; MünchArbR-*Löwisch/Rieble*, § 277, Rn. 2; MünchArbR-*Otto*, § 285, Rn. 84; *Zöllner/Loritz*, Arbeitsrecht, S. 391.Vgl. dazu im Einzelnen und mit Beispielen: Wiedemann-*Thüsing*, TVG, § 1, Rn. 869 ff.

[1879] ErfK-*Franzen*, TVG, § 1, Rn. 82; *Kissel*, Arbeitskampfrecht, § 26, Rn. 7. Genauer bei Wiedemann-*Thüsing*, TVG, § 1, Rn. 872.

[1880] BAG, EzA Nr. 1 zu § 1 TVG Friedenspflicht.

[1881] BAG, NZA 2003, 734, 741; *Bartz*, ZTR 2004, 122, 124; *Kissel*, Arbeitskampfrecht, § 26, Rn. 140.

[1882] BAG, NJW 1955, 1373, 1374; BAG, NZA 2003, 734, 741. Bezweifelt wird die Relevanz dieser Unterscheidung von *Bartz*, ZTR 2004, 122, 125.

rechtswidrig, wenn gegen die Friedenspflicht verstoßen wird.[1883] Bei einem Verstoß gegen die Friedenspflicht ist die vertragstreue Partei nicht länger an das Arbeitskampfverbot gebunden;[1884] den bisher bestehenden Tarifvertrag kann sie außerordentlich kündigen.[1885] Konsequenz eines Verstoßes gegen die Friedenspflicht ist außerdem ein Anspruch auf Unterlassung sowie auf Schadensersatz.[1886] Die Ansprüche stehen sowohl den Tarifvertragsparteien selbst als auch den durch den Tarifvertrag geschützten Personen zu.[1887] Der trotz Verletzung der Friedenspflicht geschlossene Tarifvertrag bleibt wirksam.[1888]
Die Grundlage der tarifvertraglichen Friedenspflicht ist umstritten. Man unterscheidet zwischen der sog. Immanenztheorie und der sog. Konsenstheorie. Nach der Immanenztheorie sei die Friedenspflicht jedem Tarifvertrag immanent,[1889] sie sei gesetzlich,[1890] gehöre zu seinem Wesen[1891] und könne aus diesem Grund nicht abbedungen werden.[1892] Aber auch die Ordnungs- und Friedensfunktion des Tarifvertrages[1893] oder die gewohnheitsrechtliche Geltung der Friedenspflicht[1894] werden zur Begründung der Unabdingbarkeit herangezogen.

1883 Undifferenziert insoweit LAG Niedersachsen, NZA 1988, Beil. 2, 35, 37; *Kissel*, Arbeitskampfrecht, § 26, Rn. 140; MünchArbR-*Löwisch/Rieble*, § 277, Rn. 3.

1884 *Bartz*, ZTR 2004, 122, 124; *Däubler*, Tarifvertragsrecht, Rn. 539 a; *Kempen/Zachert*, TVG, § 1, Rn. 694. Auch an die übrigen Bestimmungen des Tarifvertrages ist die vertragstreue Partei nicht länger gebunden. A. A. *Löwisch/Rieble*, TVG, § 1, Rn. 457.

1885 BAG, AP Nr. 4 zu § 1 TVG Friedenspflicht; MünchArbR-*Löwisch/Rieble*, § 256, Rn. 37; *Valentin*, Friedenspflicht, S. 21.

1886 Däubler-*Schumann*, Arbeitskampfrecht, Rn. 216; *Kissel*, Arbeitskampfrecht, § 26, Rn. 141 f.

1887 BAG, AP Nr. 2 zu § 1 TVG Friedenspflicht; *Brox/Rüthers*, Arbeitskampfrecht, Rn. 220; *Däubler*, Tarifvertragsrecht, Rn. 515; *Gamillscheg*, Kollektives Arbeitsrecht Bd. I, S. 1080; *Kissel*, Arbeitskampfrecht, § 26, Rn. 144 ff.

1888 *Kissel*, Arbeitskampfrecht, § 26, Rn. 128.

1889 BAG, AP Nr. 1 zu § 1 TVG Friedenspflicht; BAG, AP Nr. 76, 85, 113 zu Art. 9 GG Arbeitskampf; BAG, NZA 2003, 734, 738; *Brox/Rüthers*, Arbeitskampfrecht, Rn. 218; *Buchner*, DB 1970, 2074, 2074; *v. Hoyningen-Huene*, ZfA 1980, 453, 460; *Hueck/Nipperdey/Tophoven/Stahlhacke*, TVG, § 1, Rn. 107; *Nikisch*, Arbeitsrecht Bd. II, S. 325; *Stein*, RdA 2000, 129, 139; Wiedemann-*Thüsing*, TVG, § 1, Rn. 867. Umfassende Nachweise bei *Bartz*, ZTR 2004, 122, 123 (Fn. 17, 18) und *Gamillscheg*, Kollektives Arbeitsrecht Bd. I, S. 1075 (Fn. 58).

1890 Wiedemann-*Thüsing*, TVG, § 1, Rn. 867.

1891 BAG, EzA Nr. 1 zu § 1 TVG Friedenspflicht; *Knevels*, Der Arbeitgeber 1961, 278, 280; *Löwisch*, Arbeitskampf- und Schlichtungsrecht, 170.2, Rn. 357.

1892 *Mayer-Maly*, DB 1965, 32, 32 f.; *Eichler*, Junge Wirtschaft 1960, 546, 546 ff.

1893 *Boldt*, RdA 1971, 257, 268; *Walker*, NZA 1993, 769, 770.

1894 *Gamillscheg*, Kollektives Arbeitsrecht Bd. I, S. 1075.

Die Friedenspflicht des Tarifvertrages entspringt aber keineswegs dem Gesetz.[1895] § 1 Abs. 1 TVG, dem allein eine Aussage zum Inhalt von Tarifverträgen zu entnehmen ist, enthält keinen Ansatzpunkt für eine gesetzliche Friedenspflicht.[1896] Nähme man eine gesetzliche, nicht zur Disposition der Tarifvertragsparteien stehende Friedenspflicht an, ließe sich nicht erklären, wieso die Tarifvertragsparteien die Friedenspflicht erweitern dürften.[1897] Die Annahme einer gesetzlichen Friedenspflicht steht zudem in Widerspruch dazu, dass die Friedenspflicht als gegenseitige Pflicht der Vertragsparteien im schuldrechtlichen Teil des Tarifvertrages angesiedelt wird.[1898] Auch die weiteren Begründungsversuche für eine unabdingbare Friedenspflicht schlagen fehl. Dass die Friedenspflicht dem Wesen oder dem Zweck des Tarifvertrages entspreche, bleibt eine Vermutung.[1899] Zudem liegt der Hauptzweck des Tarifvertrages im Arbeitnehmerschutz.[1900] Eine gewohnheitsrechtliche Geltung der Friedenspflicht ist schon deshalb abzulehnen, weil die Unabdingbarkeit der Friedenspflicht seit jeher umstritten war[1901] und folglich keine allgemeine Rechtsüberzeugung vorliegt.[1902]

Vielmehr ist davon auszugehen, dass die Friedenspflicht in der vertraglichen Vereinbarung selbst begründet liegt.[1903] Aus eben diesem Grund ist die Friedenspflicht auch im schuldrechtlichen Teil des Tarifvertrages anzusiedeln.[1904] Der Tarifvertrag ist ein gegenseitiger Vertrag, der bezogen auf einen bestimmten Zeitraum Arbeitsbedingungen für die vertragsunterworfenen Verbandsmitglieder festlegt. Es ist daher eine nur selbstverständliche (jedenfalls konkludent vereinbarte[1905]) Pflicht der Vertragsparteien, sich für die Dauer

---

[1895] In diese Richtung Wiedemann-*Thüsing*, TVG, § 1, Rn. 867.

[1896] *Buchner*, DB 1970, 2074, 2074; *Witt*, Firmentarifvertrag, S. 260.

[1897] Dafür auch die Vertreter der Immanenztheorie, vgl. nur MünchArbR-*Löwisch/Rieble*, § 277, Rn. 11; Wiedemann-*Thüsing*, TVG, § 1, Rn. 867.

[1898] So auch die Vertreter der Immanenztheorie, vgl. nur BAG, AP Nr. 2, 4 zu § 1 TVG Friedenspflicht; Wiedemann-*Thüsing*, TVG, § 1, Rn. 873.

[1899] Ähnlich *Buchner*, DB 1970, 2074, 2074; *Däubler*, Mitbestimmung, S. 439 f.

[1900] *Buchner*, DB 1970, 2074, 2074; *v. Hoyningen-Huene*, ZfA 1980, 453, 468 f.

[1901] So auch *Witt*, Firmentarifvertrag, S. 262 mit entsprechenden Nachweisen.

[1902] Zur allgemeinen Rechtsüberzeugung als Voraussetzung für die Geltung von Gewohnheitsrecht, vgl. *Larenz*, Methodenlehre, S. 433.

[1903] LAG Hamburg, NZA 1988, Beil. 2, 27, 29; *Buchner*, DB 1970, 2074, 2074; *Däubler*, Tarifvertragsrecht, Rn. 533; *Kempen/Zachert*, TVG, § 1, Rn. 679; *Strasser*, RdA 1965, 401, 405; *Witt*, Firmentarifvertrag, S. 259 ff. m.w.N. auf S. 256 (Fn. 67).

[1904] Für den schuldrechtlichen Teil des Tarifvertrages als Anknüpfungspunkt für die Friedenspflicht auch die h. M. vgl. nur *Bartz*, ZTR 2004, 122, 123 mit entsprechenden Nachweisen.

[1905] So auch *Gamillscheg*, Kollektives Arbeitsrecht Bd. I, S. 1075.

des Vertrages an diese Vereinbarungen zu halten. Hieraus resultiert die Friedenswirkung des Tarifvertrages.[1906] Haben die Tarifvertragsparteien keine ausdrückliche Friedenspflicht vereinbart, so ist der Tarifvertrag dahingehend auszulegen, dass eine solche gewollt ist.[1907] Dies ergibt sich daraus, dass der Tarifvertrag als Friedensvertrag entwickelt wurde und die Tarifvertragsparteien den Tarifvertrag zudem vor dem Hintergrund der Rechtsprechung des *BAG* abschließen, wonach die Friedenspflicht aus dem Wesen des Tarifvertrags folgt.[1908] Dies lässt die subjektiven und objektiven Grenzen der Friedenspflicht aber unberührt.[1909] Die Vertragsparteien können die Friedenspflicht daher auch einschränken; sie unterliegt ihrem Willen.[1910] Darin liegt eine zulässige Verwirklichung der Tarifautonomie und folglich eine Wahrnehmung des Rechtes zur koalitionsspezifischen Betätigung.[1911] Will man die Friedenspflicht der Disposition der Parteien entziehen, läge darin ein Eingriff in Art. 9 Abs. 3 GG, der zu Rechtfertigen wäre.[1912]

Entsprechend dem Ursprung der Friedenspflicht wird eine am Vertragsschluss nicht beteiligte dritte Partei durch diese nicht am Arbeitskampf gehindert: Der Arbeitgeber ist vor dem Angriff einer weiteren Gewerkschaft nicht geschützt.[1913]

Die Anerkennung der tariflichen Friedenspflicht steht dem in Teil II, Art. 6 Nr. 4 ESC festgehaltenen Streikrecht der Gewerkschaften nicht entgegen. Wie bereits oben gilt auch hier, dass die ESC lediglich eine völkerrechtliche Verpflichtung darstellt, die bei der Auslegung der Gesetze, aber auch bei einer Rechtsfortbildung durch Richterrecht zu beachten ist. Das von Art. 6 Nr. 4 ESC gewährleistete Streikrecht stellt jedoch nicht die Existenz, die Wirksamkeit oder die Auslegung eines Tarifvertrages in Frage. Dies wäre aber die

---

[1906] Dies sieht auch *Richardi*, JurA 1971, 141, 163 so, wertet die Vertragsfreiheit aber nicht in ausreichendem Maße.

[1907] So auch *Gamillscheg*, Kollektives Arbeitsrecht Bd. I, S. 1075. A. A. Däubler-*Colneric*, Arbeitskampfrecht, Rn. 1239 mit Hinweis auf die von § 1 Abs. 2 TVG vorgeschriebene Schriftform des Tarifvertrages.

[1908] S. dazu BAG, EzA Nr. 1 zu § 1 TVG Friedenspflicht.

[1909] *Hensche*, RdA 1971, 9, 16.

[1910] *Strasser*, RdA 1965, 401, 405; *Buchner*, DB 1970, 2074, 2074; *Däubler*, Tarifvertragsrecht, Rn. 533, 608; *Heß*, Betriebsnahe Tarifverträge, S. 95 f.; *Kempen/Zachert*, TVG, § 1, Rn. 677.

[1911] *V. Hoyningen-Huene*, ZfA 1980, 453, 469.

[1912] Däubler-*Schumann*, Arbeitskampfrecht, Rn. 210; *Witt*, Firmentarifvertrag, S. 259.

[1913] BAG, NJW 1955, 1373, 1373 f.; *Gamillscheg*, Kollektives Arbeitsrecht Bd. I, S. 1081; MünchArbR-*Otto*, § 285, Rn. 80; Wiedemann-*Oetker*, TVG, § 2, Rn. 182; Wiedemann-*Thüsing*, TVG, § 1, Rn. 875.

Konsequenz, würde man die vom Tarifvertrag ausgehende Friedensverpflichtung nicht anerkennen.[1914]

Ob und wann die Friedenspflicht durch einen Arbeitskampf verletzt wird, hängt davon ab, wie man den Begriff der Kampfmaßnahme definiert. Das *BAG* fasst hierunter alle Maßnahmen, die den Verhandlungspartner bewusst und gewollt unter den unmittelbaren Druck eingeleiteter Arbeitskämpfe setzen und so seine Entscheidung beeinträchtigen sollen.[1915] Dies umfasst nach Ansicht des *BAG* auch einleitende Maßnahmen, die dem Arbeitskampf unmittelbar vorausgehen und die Auslösung desselben zum Ziel haben, also auch den Beschluss über die Streikurabstimmung.[1916] Daraus folgt, dass die Friedenspflicht schon vor der Urabstimmung abgelaufen sein muss.[1917] Auch Warnstreiks sind nicht vor Ablauf der Friedenspflicht zulässig.[1918] Arbeitskampfmaßnahmen, die dazu dienen, den Inhalt des Tarifvertrages für die Zeit nach seinem Ablauf zu ändern, sind gleichfalls unzulässig.[1919]

I. Sachliche Reichweite: (Relative) Friedenspflicht

Die äußeren Grenzen der Friedenspflicht legen die Tarifvertragsparteien für den Firmentarifvertrag fest, indem sie einzelne Betriebe von der Geltung der Friedenspflicht ausnehmen oder indem sie Öffnungsklauseln vereinbaren, die die Friedenspflicht gegenständlich beschränken.[1920] Ihre innere Grenze richtet sich nach dem konkreten, zwischen den Parteien vereinbarten Tarifvertrag und betrifft nur solche Gegenstände, die zwischen den Parteien ausdrücklich

---

[1914] BAG, NZA 2003, 734, 739; *Bartz*, ZTR 2004, 122, 125; *Däubler*, AuR 1998, 144, 146 f.

[1915] BAG, AP Nr. 2 zu § 1 TVG Friedenspflicht. A. A. *Brox/Rüthers*, Arbeitskampfrecht, Rn. 235 m.w.N.; Däubler-*Schumann*, Arbeitskampfrecht, Rn. 214.

[1916] BAG, AP Nr. 2 zu § 1 TVG Friedenspflicht.

[1917] BAG, AP Nr. 2 zu § 1 TVG Friedenspflicht. A. A. Däubler-*Schumann*, Arbeitskampfrecht, Rn. 223; *Gamillscheg*, Kollektives Arbeitsrecht Bd. I, S. 1084; *Kempen/Zachert*, TVG, § 1, Rn. 697.

[1918] BAG, AP Nr. 51, 83 zu Art. 9 GG Arbeitskampf; *Gamillscheg*, Kollektives Arbeitsrecht Bd. I, S. 1083; *Löwisch*, NZA 1988, Beil. 2, 3, 5; MünchArbR-*Otto*, § 285, Rn. 83.

[1919] *Löwisch*, NZA 1988, Beil. 2, 3, 4; *Löwisch/Rieble*, TVG, § 1, Rn. 378; MünchArbR-*Löwisch/Rieble*, § 277, Rn. 4; *Nikisch*, Arbeitsrecht Bd. II, S. 331; Wiedemann-*Thüsing*, TVG, § 1, Rn. 880.

[1920] *Kissel*, Arbeitskampfrecht, § 26, Rn. 132. vgl. zur Zulässigkeit solcher Klauseln: Wiedemann-*Thüsing*, TVG, § 1, Rn. 356 f.

geregelt sind (sog. relative Friedenspflicht).[1921] Der Umfang der Friedenspflicht wird also durch den Inhalt des Tarifvertrages selbst bestimmt. Konsequenz dieser Relativität der Friedenspflicht ist, dass die Vertragsparteien nicht daran gehindert sind, einander mit solchen Forderungen zu konfrontieren, deren Inhalt nicht Gegenstand des bereits vereinbarten Tarifvertrages ist.[1922]
Von der relativen ist die absolute Friedenspflicht zu unterscheiden. Diese zieht ein Arbeitskampfverbot unabhängig vom konkreten Inhalt des jeweiligen Tarifvertrages nach sich.[1923] Die absolute Friedenspflicht ist nur zulässig, wenn die Tarifvertragsparteien sie vereinbaren und sie damit von der Tarifautonomie gedeckt ist.[1924] Teilweise wird vertreten, dass eine absolute Friedenspflicht nur bis zu maximal fünf Jahren vereinbart werden könne, da ein „ewiger Landfrieden" einen unzulässigen Grundrechtsverzicht darstellen würde.[1925] Dies ist grundsätzlich richtig. Der Verzicht auf die Friedenspflicht stellt einen Verzicht auf die Tarifautonomie dar. Das Arbeitskampfrecht dient lediglich der Umsetzung der Tarifautonomie und bezieht hieraus seinen grundrechtlichen Schutz.[1926] Eine unbegrenzte absolute Friedenspflicht ist schon dann nicht zulässig, wenn es zu einem Arbeitskampf gekommen ist, da in diesem Fall die Freiwilligkeit fehlt. Ob eine Begrenzung auf fünf Jahre sinnvoll und berechtigt ist, soll an dieser Stelle dahingestellt bleiben. Die praktische Bedeutung der absoluten Friedenspflicht ist gering. Vereinbarungen in dieser Richtung sind nicht bekannt geworden.[1927]

[1921] RAG, ARS 9, 254, 259; BAG, AP Nr. 1 zu § 1 TVG Friedenspflicht; BAG, EzA Nr. 1 zu § 1 TVG Friedenspflicht; LAG Bremen, AiB 1998, 537, 538; LAG Köln, NZA 1997, 327, 332; LAG Schleswig-Holstein, NZA 1988, Beil. 2, 32, 33; *Blank*, NZA 1988, Beil. 2, 9, 11; *Brox/Rüthers*, Arbeitskampfrecht, Rn. 222; *Buchner*, DB 1970, 2074, 2080; *Däubler*, Tarifvertragsrecht, Rn. 512, *Gamillscheg*, Kollektives Arbeitsrecht Bd. I, S. 1078; *Kempen/Zachert*, TVG, § 1, Rn. 678; *Kissel*, Arbeitskampfrecht, § 26, Rn. 3; *Löwisch*, NZA 1988, Beil. 2 , S. 3, 4; *Löwisch/Rieble*, TVG, § 1, Rn. 376; *Valentin*, Friedenspflicht, S. 13; Wiedemann-*Thüsing*, TVG, § 1, Rn. 884.

[1922] *Zöllner/Loritz*, Arbeitsrecht, S. 391.

[1923] *Bartz*, ZTR 2004, 122, 123; *Brox/Rüthers*, Arbeitskampfrecht, Rn. 222; Däubler-*Schumann*, Arbeitskampfrecht, Rn. 207; *Kissel*, Arbeitskampfrecht, § 26, Rn. 2; MünchArbR-*Otto*, § 285, Rn. 82; Wiedemann-*Thüsing*, TVG, § 1, Rn. 884.

[1924] BAG, NZA 2003, 734, 739; *Bartz*, ZTR 2004, 122, 123; *Däubler*, Tarifvertragsrecht, Rn. 514; Däubler-*Schumann*, Arbeitskampfrecht, Rn. 207; *Gamillscheg*, Kollektives Arbeitsrecht Bd. I, S. 1078; *Heß*, ZfA 1975, 45, 62; *Kissel*, Arbeitskampfrecht, § 26, Rn. 2; *Valentin*, Friedenspflicht, S. 13; Wiedemann-*Thüsing*, TVG, § 1, Rn. 906.

[1925] *Däubler*, Tarifvertragsrecht, Rn. 514; *Löwisch/Rieble*, TVG, § 1, Rn. 391.

[1926] Vgl. BAG, AP Nr. 64 zu Art. 9 GG Arbeitskampf; LAG Schleswig-Holstein, DB 1987, 1308, 1308.

[1927] *Kissel*, Arbeitskampfrecht, § 26, Rn. 2.

Der genaue Umfang der relativen Friedenspflicht ist durch Auslegung der jeweiligen Regelungen und Vereinbarungen zu ermitteln.[1928] Wie dies im Einzelnen zu geschehen hat, ist umstritten. Man unterscheidet insoweit zwischen einer restriktiven, einer extensiven und einer vermittelnden Auffassung.

1. Restriktive Auslegung

Die restriktive Auslegung der relativen Friedenspflicht begrenzt diese auf eindeutige und abschließende Regelungen.[1929] Im Zweifel sei die Friedenspflicht eng auszulegen.[1930] Ziel der restriktiven Auffassung ist es, die Friedenspflicht einzuengen, um der Gewerkschaft die Durchsetzung noch günstigerer Arbeitsbedingungen zu ermöglichen.

Auch in der Instanzrechtsprechung finden sich einige Ansätze, die in diese Richtung tendieren. So halten das *LAG Düsseldorf* und das *LAG Berlin* im Zweifelsfall eine enge Auslegung der Friedenspflicht für geboten und begründen dies damit, dass die Friedenspflicht ihrem sachlichen Gehalt nach eine Grundrechtseinschränkung darstelle.[1931] Ohne eine restriktive Handhabe der Friedenspflicht bestünde die Gefahr, dass diese zu einer absoluten Friedenspflicht ausuferte.[1932] Auch liege in jeder Beschränkung der Streikfreiheit eine Einengung der spezifisch koalitionsmäßigen Betätigung.[1933]

2. Extensive Auslegung

Nach anderer Ansicht soll die relative Friedenspflicht extensiv auszulegen sein.[1934] Diese extensive Auslegung wirkt sich derart aus, dass sich die Friedenspflicht auch auf nicht weiter geregelte Tatbestände einer Regelungsgruppe erstrecken solle, wenn ein Tarifvertrag eine oder mehrere Einzelregelungen

---

[1928] *Brox/Rüthers*, Arbeitskampfrecht, Rn. 223; Däubler-*Schumann*, Arbeitskampfrecht, Rn. 212; *Gamillscheg*, Kollektives Arbeitsrecht Bd. I, S. 1078; *Kissel*, Arbeitskampfrecht, § 26, Rn. 3; MünchArbR-*Löwisch/Rieble*, § 277, Rn. 5. S. aber auch *Schaub*, Handbuch, § 201, Rn. 13, der für die Verletzung der Friedenspflicht auf die Grundsätze von Treu und Glauben abstellt.

[1929] *Däubler*, Tarifvertragsrecht, Rn. 536 ff.; Däubler-*Reim*, TVG, § 1, Rn. 1007; Däubler-*Schumann*, Arbeitskampfrecht, Rn. 212; *Kempen/Zachert*, TVG, 3. A, § 1, Rn. 345.

[1930] *Buschmann*, AiB 1989, 160, 160 f.; *Kempen/Zachert*, TVG, 3. A., § 1, Rn. 345, so auch heute noch *Kempen/Zachert*, TVG, § 1, Rn. 679, wobei sie sich nunmehr grundsätztlich der vermittelnden Ansicht angeschlossen haben.

[1931] LAG Berlin, NZA 1988, 814, 815; LAG Düsseldorf, AiB 1989, 159, 160.

[1932] LAG Düsseldorf, AiB 1989, 159, 160.

[1933] Däubler-*Colneric*, Arbeitskampfrecht, Rn. 1239. Restriktiv in seiner Vorgehensweise auch das LAG Hamburg, NZA 1988, Beil. 2, 27, 29.

[1934] *Müller*, DB 1959, 515 ff.

zu einem bestimmten arbeitsrechtlichen Gesamtkomplex enthalte.[1935] Etwas anderes solle nur dann gelten, wenn die Tarifvertragsparteien eindeutig zu erkennen gegeben hätten, dass sie eine solch umfassende Friedenserweiterung nicht wollten.[1936] Diese Ansicht begründet sich auf der Annahme, dass der Tarifvertrag öffentlich-rechtliche Strukturelemente beinhalte.[1937] Die Tarifvertragsparteien seien „beliehene Verbände“, die zwischen privatem Verein und Körperschaft des öffentlichen Rechts anzusiedeln seien. Auch die Friedenspflicht gehöre zum öffentlich-rechtlichen Raum, so dass von ihr eine stärkere Verpflichtungskraft abzuleiten sei, als dies für schuldrechtliche Bindungen gelte.[1938]

Eine noch weitergehende extensive Auslegung spricht sich dafür aus, alle Forderungen der relativen Friedenspflicht zu unterstellen, die im „Blickpunkt einer wirtschaftlichen Betrachtungsweise in sachlichem Zusammenhang“ mit dem noch geltenden Tarifvertrag stünden. Dies sei für alle geldwerten Arbeitsbedingungen zu bejahen.[1939] Als Begründung zieht diese Ansicht die privatrechtliche Zuordnung des Tarifvertrages heran. Diesem solle unabhängig vom Willen der Tarifvertragsparteien ein eigenständiger Wert von erheblicher Bedeutung zukommen.[1940] Die Funktion der Friedenssicherung und damit die Gewährleistung einer verlässlichen Kalkulationsgrundlage sei zumindest für die Arbeitgeberseite von entscheidender Bedeutung, so dass sich dies bei der Reichweite der Friedenspflicht auswirken müsse.[1941]

Im Umkehrschluss zur restriktiven Auslegung ist es Anliegen des extensiven Auslegungsansatzes, diese so weit wie möglich auszudehnen, um die Arbeitgeber vor einer erneuten Inanspruchnahme durch die Gewerkschaft zu schützen.[1942]

3. Vermittelnde Ansicht

Eine vermittelnde Ansicht nehmen die vorherrschende Literatur sowie die überwiegende Rechtsprechung ein. Danach ergebe sich die sachliche Reichweite der Friedenspflicht durch den Regelungsbereich des Tarifvertrages selbst. Dieser sei durch Auslegung der Inhalte des Tarifvertrage zu bestim-

---

1935 *Müller*, DB 1959, 515, 517.
1936 Müller, DB 1959, 515, 517.
1937 *Müller*, DB 1959, 515, 516 f.
1938 *Müller*, DB 1959, 515, 517.
1939 *Gift*, DB 1959, 651, 653.
1940 *Gift*, DB 1959, 651, 652 ff.
1941 *Gift*, DB 1959, 651, 653.
1942 Wiedemann-*Thüsing*, TVG, § 1, Rn. 885.

men.[1943] Wie diese Auslegung vonstatten gehen soll bzw. nach welchen Grundsätzen sie vorzunehmen ist, ist streitig. Während eine Meinung die Grundsätze zur Auslegung normativer Bestimmungen heranzieht,[1944] will eine andere Meinung auf den Parteiwillen abstellen.[1945] Eine vermittelnde Meinung unterscheidet zwischen dem schuldrechtlichen und dem normativen Teil des Tarifvertrages: Handele es sich um eine schuldrechtliche Vereinbarung sei entscheidend auf den Parteiwillen abzustellen, handele es sich um eine normative Regelung gälten die für normative Regelungen anzuwenden Auslegungsgrundsätze.[1946]

Schweige der Tarifvertrag, so erstreckt sich die Friedenspflicht auf all diejenigen Inhalte, die zu den getroffenen in einem „inneren sachlichen Zusammenhang" stünden.[1947]. Auch das *BAG* hat sich dieser Position angeschlossen:

„Haben die Tarifvertragsparteien eine bestimmte Sachmaterie erkennbar umfassend geregelt, ist davon auszugehen, dass sie diesen Bereich der Friedenspflicht unterwerfen und für die Laufzeit des Tarifvertrages die kampfweise Durchsetzung weiterer Regelungen unter-

---

[1943] BAGE 41, 209, 129; 62, 171, 178; BAG, NZA 2003, 734, 739; BAG, AP Nr. 163 zu Art. 9 GG Arbeitskampf; ArbG Bonn, NZA-RR 2002, 315, 317; *Bartz*, Friedenspflicht, S. 158, 161; *ders.*, ZTR 2004, 122, 130; *Brox/Rüthers*, Arbeitskampfrecht, Rn. 222 ff.; *Gamillscheg*, Kollektives Arbeitsrecht Bd. I, S. 1078; *Jacobs*, ZTR 2001, 249, 254; *Kempen/Zachert*, TVG, § 1, Rn. 678 f.; *Löwisch*, NZA 1988, Beil. 2, 3, 4; MünchArbR-*Löwisch/Rieble*, § 277, Rn. 3 ff.; *Otto*, FS Wiedemann, S. 414 ff.; Wiedemann-*Thüsing*, TVG, § 1, Rn. 885.

[1944] BAG, AP Nr. 1 zu § 1 TVG Tarifverträge: Systemgastronomie; BAG, AP Nr. 15 zu § 4 TVG Verdienstsicherung; BAG, AP Nr. 57 zu § 1 TVG Tarifverträge: Einzelhandel; *Hueck/Nipperdey*, Lehrbuch II/1, S. 356 ff. Das *BAG* stellt zieht diese Grundsätze aber nicht konsequent heran, bzw. modifiziert diese Grundsätze für die Auslegung von Tarifvertragsnormen. Es wendet eine Form der Andeutungstheorie an, vgl. etwa BAG, AP Nr. 135 zu § 1 TVG Auslegung; Wiedemann-*Wank*, TVG, § 1, Rn. 987.

[1945] *Brox/Rüthers*, Arbeitskampfrecht, Rn. 226; *Buchner*, SAE 1987, 45, 45; *Däubler*, Tarifvertragsrecht, Rn. 129 ff.; 134 ff.; *Kempen/Zachert*, TVG, § 1, Rn. 679; wohl auch *Richardi*, Anm. zu BAG, AP Nr. 121 zu § 1 TVG Auslegung.

[1946] *Bartz*, ZTR 2004, 122, 126 (m.w.N. in Fn. 51); *Gamillscheg*, Kollektives Arbeitsrecht Bd. I, S. 641 ff., 662 f.; MünchArbR-*Löwisch/Rieble*, § 265, Rn. 1 ff.; MünchArbR-*dies.*, § 279, Rn. 1 ff.; Wiedemann-*Wank*, TVG, § 1, Rn. 982 ff. Zu den Unterschieden zur regulären Auslegung von Gesetzen siehe etwa MünchArbR-*Löwisch/Rieble*, § 265, Rn. 1 ff.

[1947] *Bartz*, Friedenspflicht, S. 158, 161; *ders.*, ZTR 2004, 122, 130; *Gamillscheg*, Kollektives Arbeitsrecht Bd. I, S. 1078; *Jacobs*, ZTR 2001, 249, 254; *Löwisch*, NZA 1988, Beil. 2, 3, 5; MünchArbR-*Löwisch/Rieble*, § 277, Rn. 5 f.; *Otto*, FS Wiedemann, S. 414 ff.; Wiedemann-*Thüsing*, TVG, § 1, Rn. 885.

binden wollen, die in einem sachlichen inneren Zusammenhang mit dem befriedeten Bereich stehen."[1948]

Unklar ist innerhalb der vermittelnden Ansicht, wann von einer solchen erkennbar umfassenden Regelung auszugehen ist. Anhaltspunkt soll nach einer Meinung die Rechtsprechung des *BAG* für eine konkrete Regelung i.S.d. § 87 Abs. 1 BetrVG sein.[1949] Demnach müsste der jeweilige Gegenstand so konkret geregelt sein, dass er aus sich heraus auch die neu geforderte Regelung umfasst.[1950] Eine andere Meinung lehnt dies ab und kommt zu dem Schluss, dass Forderungen bereits dann auszuschließen seien, wenn sie für den Arbeitgeber mit ähnlichen, wirtschaftlichen Belastungen verbunden sind.[1951]

4. Würdigung

Die extensive Auslegung der Friedenspflicht beruht auf der falschen Annahme, der Tarifvertrag sei ein öffentlich-rechtlicher Vertrag. Es entspricht ganz herrschender Auffassung, dass der Tarifvertrag vielmehr dem Privatrecht zuzuordnen ist.[1952] Zudem können aus der begrifflichen Zuordnung des Tarifvertrages zum privaten oder öffentlichen Recht keine Rechtsfolgen abgeleitet werden. Auch kann aus dem in diesem Zusammenhang verwendeten Begriff des arbeitsrechtlichen Gesamtkomplexes keine trennungsscharfe Auslegung gewonnen werden.[1953]

Dies gilt im Ergebnis ebenso für die weiterreichende, extensive Auslegung der Friedenspflicht, die auf eine wirtschaftliche Betrachtungsweise im Verhältnis von Leistung und Gegenleistung abstellt. Mehr oder weniger lässt sich nämlich alles in Geld umrechnen, so dass diese Ansicht letztlich auf eine quasi absolute Friedenspflicht hinausläuft.[1954] Zudem ginge von einer so verstandenen Friedenspflicht eine erhebliche Rechtsunsicherheit aus, wenn Forde-

---

1948 BAG, NZA 2003, 734, 739. S. auch BAG, AP Nr. 163 zu Art. 9 GG Arbeitskampf; ArbG Bonn, NZA-RR 2002, 315, 317.

1949 *Bartz*, Friedenspflicht, S. 158; *ders.*, ZTR 2004, 122, 130; *Jacobs* ZTR 2001, 249, 254; *Kempen/Zachert*, TVG, § 1, Rn. 682; *Zachert*, Sonderbeilage zu NZA 24/2000, 17, 23.

1950 BAG (GS), AP Nr. 51, 52 zu § 87 BetrVG 1972 Lohngestaltung; BAG, AP Nr. 63 zu § 87 BetrVG 1972 Arbeitszeit; BAG, AP Nr. 65 zu § 87 BetrVG 1972 Lohngestaltung.

1951 *Bayreuther*, DB 2003, 1120, 1120.

1952 BAGE 1, 258, 270; 4, 133, 135.

1953 *Wiedemann/Stumpf*, TVG, § 1, Rn. 337.

1954 So auch *Blank*, NZA 1988, Beil. 2, 9, 11 f.; *Gamillscheg*, Kollektives Arbeitsrecht Bd. I, S. 1079; MünchArbR-*Löwisch/Rieble*, § 277, Rn. 3, 6; *Wiedemann/Stumpf*, TVG, § 1, Rn. 337.

rungen erhoben würden, die bisher überhaupt nicht angesprochen oder tariflich geregelt worden wären.[1955]

Aber auch die restriktive Auslegung der Friedenspflicht ist abzulehnen, da es zu formalistisch wäre, auf eine direkte Änderung des laufenden Tarifvertrages abzustellen. Zudem würde die Möglichkeit geleugnet, einen Sachzusammenhang zwischen mehreren Tarifverträgen herzustellen, obwohl dies angesichts des rechtsgeschäftlichen Charakters eines Tarifvertrages selbstverständlich ist.[1956]

5. Ergebnis

Richtigerweise ergibt sich die Reichweite der Friedenspflicht daher mit der herrschenden Lehre und der Rechtsprechung aus dem Regelungsbereich des Tarifvertrages selbst.

Hinsichtlich der Auslegung dieses Regelungsbereiches ist mit der vermittelnden Ansicht danach zu trennen, ob es sich um eine Regelung oder um eine Vereinbarung handelt. Allein dieses Vorgehen wird der Unterteilung des Tarifvertrages in einen normativen und schuldrechtlichen Teil, die auch in § 1 Abs. 1 TVG zum Ausdruck kommt, gerecht.[1957]

Das bloße Schweigen begründet kein Arbeitskampfverbot,[1958] da dies auf eine absolute Friedenspflicht hinausliefe.[1959] Schweigt der Tarifvertrag ist die sachliche Reichweite der Friedenspflicht vielmehr durch die Frage nach einem sachlichen inneren Zusammenhang mit dem befriedeten Bereich zu ermitteln, wenn eine erkennbar umfassende Regelung durch die Tarifvertragsparteien getroffen wurde. Wann genau eine erkennbar umfassende Regelung vorliegt, sollte sich dabei an der Rechtsprechung des *BAG* zu § 87 Abs. 1 Es. BetrVG orientieren. Bislang verspricht allein dieser Ansatz Rechtssicherheit,

---

[1955] *Brox/Rüthers*, Arbeitskampfrecht, Rn. 224; *Valentin*, Friedenspflicht, S. 28.

[1956] MünchArbR-*Löwisch/Rieble*, § 277, Rn. 6.

[1957] Wobei die Grenzen zwischen der Auslegung nach den Grundsätzen einer Gesetzesauslegung und der nach dem Willen der Parteien für die Auslegung der Tarifvertragsnormen nicht stringent voneinander getrennt werden können, vgl. etwa *Gamillscheg*, Kollektives Arbeitsrecht Bd. I, S. 642; MünchArbR-*Löwisch/Rieble*, § 265, Rn. 4.

[1958] Vgl. BAG, AP Nr. 113 zu Art. 9 GG Arbeitskampf.

[1959] *Brox/Rüthers*, Arbeitskampfrecht, Rn. 224; Däubler-*Schumann*, Arbeitskampfrecht, Rn. 212; *Gamillscheg*, Kollektives Arbeitsrecht Bd. I, S. 1078. A. A. *v. Hoyningen-Huene*, ZfA 1980, 453, 467 f. speziell im Hinblick auf die Wirkung des Schweigens des Verbandstarifvertrages für die Erkämpfbarkeit eines ergänzenden Firmentarifvertrages.

während das Abstellen auf ähnliche wirtschaftliche Belastungen nur ein neues Bestimmungsproblem aufwirft.[1960]

II. Beginn und Ende der Friedenspflicht (Personelle Reichweite)

Entsprechend ihrem Charakter als vertragliche Verpflichtung der Parteien des jeweiligen Tarifvertrages setzt die Friedenspflicht mit dem Inkrafttreten des Vertrages ein.[1961] Entgegen anderslautenden Stimmen hat sich das *BAG* nicht für eine Erweiterung der Friedenspflicht des Verbandstarifvertrages dahingehend ausgesprochen, dass sie auch solche Arbeitsbedingungen betreffe, die „demnächst [von diesem] geregelt werden sollen".[1962] Das *BAG* hat die zitierte Äußerung nicht in Bezug auf die Friedenspflicht getätigt, sondern in Bezug auf eine Verletzung der kollektiven Koalitionsfreiheit des Arbeitgeberverbandes durch den Firmenarbeitskampf gegen einen verbandsgebundenen Arbeitgeber. Diese Problematik ist aber von der Frage der Friedenspflicht zu trennen.[1963] Die Friedenspflicht endet mit dem Außerkrafttreten des Tarifvertrages.[1964] Grundsätzlich ist es möglich, die Friedenspflicht über die Laufzeit des Tarifvertrages hinaus zu verlängern oder zu verkürzen.[1965] Streitig ist einzig,

---

1960 Im Hinblick auf den tariflichen Sozialplan hat die Friedenspflicht insbesondere bei Regelungen zur Verbesserung des Kündigungsschutzes Bedeutung. Sind im Verbandstarifvertrag Kündigungsfristen geregelt, kann hierum im Firmenarbeitskampf nicht mehr gestreikt werden; so auch *Löwisch*, DB 2005, 554, 557. *Rieble* (RdA 2005, 200, 202) sieht in einem Rationalisierungstarifvertrag, der auch die Folgen Personalabbau- und Standortverlagerung regelt, ein Hindernis für einen Arbeitskampf um einen tariflichen Sozialplan.

1961 *Gamillscheg*, Kollektives Arbeitsrecht Bd. I, S. 1081; *v. Hoyningen-Huene*, ZfA 1980, 463, 469; *Konzen*, ZfA 1975, 401, 402; MünchArbR-*Otto*, § 285, Rn. 80, 87; Wiedemann-*Thüsing*, TVG, § 1, Rn. 888 a. E.

1962 So die Ansicht von *Rolfs/Clemens*, DB 2003, 1678, 1681; *dies.*, NZA 2004, 411, 412 jeweils mit Bezug auf BAG, NZA 2003, 734, 738.

1963 Richtig *Bartz*, ZTR 2004, 170, 171. In der Formulierung des *BAG* liegt auch kein Entscheidung des *BAG* für einen Vorrang des Verbandstarifvertrages. So aber – ohne Begründung – *Rolfs/Clemens*, NZA 2004, 411, 412.

1964 *Gamillscheg*, Kollektives Arbeitsrecht Bd. I, S. 1082; *Kempen/Zachert*, TVG, § 1, Rn. 686.

1965 ArbG Frankfurt a. M., AuR 1994, 387, 387; *Däubler*, Tarifvertragsrecht, Rn. 534; *Gamillscheg*, Kollektives Arbeitsrecht Bd. I, S. 1076 f.; *Kempen/Zachert*, TVG, § 1, Rn. 686; MünchArbR-*Löwisch/Rieble*, § 277, Rn. 11 ff. jeweils mit unterschiedlicher Reichweite hinsichtlich der Verkürzung. Nur für eine Erweiterung *Brox/Rüthers*, Arbeitskampfrecht, Rn. 218; MünchArbR-*Otto*, § 285, Rn. 82.

ob sie ganz abbedungen werden kann.[1966] Letztlich hängt der Beginn der Friedenspflicht damit von der konkreten Vereinbarung der Vertragsparteien ab. Mit Ablauf der Wirkung des Tarifvertrages beginnt der Nachwirkungszeitraum (§ 4 Abs. 5 TVG), in dem die zwischen den Parteien geregelten Rechtsnormen weitergelten, bis sie durch eine andere Abmachung ersetzt werden.[1967] Von diesem grundsätzlichen Beginn der Friedenspflicht ist nach teilweise vertretener Ansicht dann eine Ausnahme zu machen, wenn ein Arbeitgeber erst dem Verband beigetreten ist, *nachdem* der Verbandstarifvertrag geschlossen wurde.[1968] Regelmäßig wird man es dabei mit der Konstellation der sog. „Flucht in den Arbeitgeberverband" zu tun haben.

1. Die „Flucht in den Arbeitgeberverband"

Die Konstellation der Flucht des Arbeitgebers in den Verband resultiert aus der Streikandrohung oder dem Streikbeginn der Gewerkschaft gegen den bisher nicht tarifgebundenen Arbeitgeber. Der Arbeitgeber tritt dem Verband bei und unterfällt nun dem Verbandstarifvertrag. So will er der gewerkschaftlichen Inanspruchnahme mit Hilfe der Friedenspflicht des Verbandstarifvertrages entgehen. Von der grundsätzlichen Situation des Beitritts in einen Arbeitgeberverband unterscheidet sich die Flucht in denselben also nur durch die hinter dem Beitritt stehende Motivation.[1969]

Höchstrichterlich ist bisher nicht entschieden, ob dem neuen Verbandsmitglied auch bei einer Flucht in den Arbeitgeberverband die Friedenswirkung des Verbandstarifvertrages zukommt. Instanzgerichtlich wurde dies bejaht.[1970] Auch in der Literatur wird mehrheitlich von dem Bestehen der Friedenspflicht

---

[1966] Dagegen die h. M. mit unterschiedlicher Argumentation: *Brox/Rüthers*, Arbeitskampfrecht, Rn. 282; *Gamillscheg*, Kollektives Arbeitsrecht Bd. I, S. 1077; *Löwisch*, Arbeitskampf- und Schlichtungsrecht, 170.2, Rn. 357; MünchArbR-*Löwisch/Rieble*, § 277, Rn. 13. Dafür aber Däubler-*Schumann*, Arbeitskampfrecht, Rn. 209 f.

[1967] Genauer unten 4. Teil B. II. 3. Zum Arbeitskampf im Weitergeltungszeitraum s. 4. Teil B. II.

[1968] *Däubler*, Tarifvertragsrecht, Rn. 296; *Delheid*, Tarifzuständigkeit, S. 108 ff.; *Kempen/Zachert*, TVG, § 3, Rn. 15; *Radke*, BB 1964, 1490, 1492 f.

[1969] So richtig *Bartz*, Friedenspflicht, S. 19 ff.

[1970] ArbG Köln, DB 1964, 1029, 1030; dazu *Lauschke*, AuR 1965, 102 ff.

ausgegangen.[1971] Nichtsdestotrotz sprechen sich auch einige Stimmen gegen eine Friedenspflicht des Verbandstarifvertrages für diesen Fall aus.[1972]

a. Keine Friedenspflicht des Verbandstarifvertrages bei einer „Flucht in den Arbeitgeberverband“

Basierend auf der Konsenstheorie interpretiert eine Meinung den Willen der Tarifvertragsparteien dahingehend, dass lediglich solche Arbeitgeber von der Wirkung des Tarifvertrages erfasst würden, die bereits zum Zeitpunkt des Abschlusses des Tarifvertrages Verbandsmitglieder gewesen seien. Solche Arbeitgeber, die erst nach Abschluss des Verbandstarifvertrages in den Verband einträten, könnten nur dann in den Genuss der Friedenspflicht des Verbandstarifvertrages kommen, wenn sich die Gewerkschaft ausdrücklich damit einverstanden erkläre oder dem zumindest nicht widersprochen habe.[1973] Die Begründung dieser Ansicht ist freilich eine tarifpolitische: Es sei dem Arbeitgeber durch den nachträglichen Beitritt zum Arbeitgeberverband möglich, die Tarifpolitik der Gewerkschaft zu durchkreuzen; jedenfalls bestehe die Möglichkeit, dass der Verbandstarifvertrag nicht mit seinem vereinbarten Inhalt abgeschlossen worden wäre.[1974]

b. Friedenspflicht des Verbandstarifvertrages auch bei einer „Flucht in den Arbeitgeberverband“

Die vorherrschende Meinung stellt auf die unbedingte Wirkung des Verbandstarifvertrages durch den Beitritt ab, so dass auch der flüchtende Arbeitgeber in den Genuss der Friedenspflicht des Verbandstarifvertrages gelangt. Hierfür wird zunächst § 3 Abs. 1 TVG fruchtbar gemacht. Dieser schreibe die Bindung an den Tarifvertrag ab Verbandsbeitritt vor, so dass davon auszugehen sei, dass hiermit auch die Friedenspflicht gemeint sei.[1975] Dies ergebe sich auch aus einer Auslegung des schuldrechtlichen Teils des Tarifvertrages. Ein

---

[1971] *Bartz*, Friedenspflicht, S. 49 ff.; *Boldt*, RdA 1971, 257, 266; *Buchner*, DB 1970, 2074, 2075 f.; *v. Hoyningen-Huene*, ZfA 1980, 453, 469; *Jacobs*, ZTR 2001, 249, 253; *Knevels*, DB 1964, 1663, 1663 ff.; *Konzen*, ZfA 1975, 401, 424; MünchArbR-*Löwisch/Rieble*, § 277, Rn. 10; Wiedemann-*Oetker*, TVG, § 2, Rn. 179; Wiedemann-*Thüsing*, TVG, § 1, Rn. 888 a. E.

[1972] *Däubler*, Tarifvertragsrecht, Rn. 296; *Delheid*, Tarifzuständigkeit, S. 108 ff.; *Kempen/Zachert*, TVG, § 3, Rn. 15; *Radke*, BB 1964, 1490, 1492 f.

[1973] *Delheid*, Tarifzuständigkeit, S. 109.

[1974] *Delheid*, Tarifzuständigkeit, S. 109.

[1975] *V. Hoyningen-Huene*, ZfA 1980, 453, 470; *Konzen*, ZfA 1975, 401, 424. Ohne Begründung: *Lieb*, NZA 1994, 337, 340; *ders.* Arbeitsrecht, Rn. 464; *Suschet*, ZfA 2005, 581, 620 f.

anderes Ergebnis widerspreche der körperschaftlichen Struktur der Verbände, die einen Mitgliederwechsel während der Laufzeit der Tarifverträge bedinge.[1976] Schließlich leite sich dieses Ergebnis vor dem Hintergrund des Tarifvertrages als Vertrag zugunsten Dritter ab: Die Gewerkschaft könne schwerlich behaupten, einen Arbeitgeber dafür maßregeln zu wollen, dass er ihren Tarifvertragsschluss anerkenne. Ziel der Gewerkschaft könne es nur sein, möglichst viele Arbeitgeber mit dem Verbandstarifvertrag zu erfassen.[1977] Folglich werde bei der Flucht in den Arbeitgeberverband der Arbeitgeber nicht nur durch einen einseitigen Willensakt von der Wirkung des Verbandstarifvertrages erfasst.[1978] Mit diesem Interesse der Gewerkschaft korrespondiere auch das Interesse des Arbeitgeberverbandes, dem daran gelegen sei, durch eine größere Anzahl an Mitgliedern eine stärkere Verhandlungsposition zu erreichen.[1979]

c. Vermittelnde Ansicht

Eine vermittelnde Ansicht bestimmt den personellen Geltungsbereich des Tarifvertrages aus dessen Entstehungsgeschichte bzw. seinem Sinn und Zweck.[1980] Lege man den Tarifvertrag nach diesen Grundsätzen aus, ergebe sich, dass der Arbeitgeber bei einem nachträglichem Beitritt dann von der Wirkung des Verbandstarifvertrages erfasst werde, wenn es sich um einen Betritt im Rahmen der üblichen Fluktuation handele.[1981] Dies sei dann nicht der Fall, wenn es um einen Arbeitgeber gehe, dem aufgrund seiner Größe eine überragende Bedeutung zukomme.[1982] Begründet wird diese Ansicht damit, dass der Verbandstarifvertrag inhaltlich in erster Linie auf die Mitglieder ausgerichtet sei, die zum Zeitpunkt des Vertragsabschlusses dem Arbeitgeberverband angehörten.[1983] Zu erstrecken sei seine Wirkung darüber hinaus auf diejenigen Arbeitgeber, mit deren Beitritt die Vertragsparteien bei Abschluss des Tarifvertrages gerechnet hätten. Gerechnet hätten die Parteien aber nur mit einem Beitritt im Rahmen der üblichen Fluktuation.[1984]

[1976] *Bauer*, FS Schaub, S. 45; *Boldt*, RdA 1971, 257, 266; *v. Hoyningen-Huene*, ZfA 1980, 453, 469 f.; *Knevels*, DB 1964, 1663, 1664.

[1977] *Bartz*, ZTR 2004, 170, 173.

[1978] So *Bartz*, ZTR 2004, 170, 173 in Replik auf *Radke*, BB 1964, 1490, 1493.

[1979] *Bartz*, ZTR 2004, 170, 173.

[1980] *Hoffmann*, AuR 1964, 169, 171; *Witt*, Firmentarifvertrag, S. 272.

[1981] *Hoffmann*, AuR 1964, 169, 171.

[1982] *Hoffmann*, AuR 1964, 169, 170 f.; *Witt*, Firmentarifvertrag, S. 272 f.

[1983] *Witt*, Firmentarifvertrag, S. 272.

[1984] *Witt*, Firmentarifvertrag, S. 273.

d. Würdigung

Einführend ist zunächst hervorzuheben, dass es bei der Frage, zu wessen Gunsten die Friedenspflicht des Tarifvertrages wirkt, nicht um eine Frage ihrer sachlichen, sondern um eine solche ihrer personellen Reichweite handelt. Anders als die sachliche Reichweite der Friedenspflicht, die sich aus den Regelungsgegenständen des Tarifvertrages ergibt, lassen sich diese regelmäßig nicht für den Umfang der personellen Reichweite fruchtbar machen. Diese leitet sich direkt aus dem schuldrechtlichen Teil des Tarifvertrages ab. Hier ist die Friedenspflicht verankert.[1985] Aus diesem Grund ist zunächst der Tarifvertrag auf eine konkrete Vereinbarung hinsichtlich seiner personellen Reichweite abzusuchen. Für den Fall, dass eine solche fehlt, ist der Tarifvertrag ergänzend auszulegen.

Die Auslegung des schuldrechtlichen Teils erfolgt nach allgemeinen Regeln. Dabei ist entscheidend auf den Willen der Vertragsparteien i.S.d. §§ 133, 157 BGB abzustellen.[1986] Zur Auslegung des Willens der Tarifvertragsparteien ist der Wortlaut einer Bestimmung, der systematische Zusammenhang sowie ihre Entstehungsgeschichte und ihre praktische Handhabe heranzuziehen.[1987] Einer ergänzenden Auslegung steht die Tarifautonomie nicht entgegen.[1988] Es ist zu ermitteln, was beide Vertragsparteien gewollt hätten, wenn sie den nicht bedachten Umstand erkannt hätten.[1989] Dabei sind alle Umstände des Einzelfalls zu berücksichtigen; entscheidend ist jedoch auf den Zweck des Vertrages und die gesamte Interessenlage abzustellen.[1990] Die Grenze der ergänzenden Auslegung ist dann überschritten, wenn sie dem Willen der Tarifvertragsparteien widerspricht und so den Vertragsgegenstand unzulässig erweitert.[1991]

Da eine konkrete Vereinbarung hinsichtlich des personellen Schutzbereichs regelmäßig fehlt, ist diese ergänzende Auslegung auch für die Frage nach der Friedenspflicht für den Fall der Flucht in den Arbeitgeberverband vorzunehmen. Diese führt zu dem Ergebnis, dass die Flucht in den Arbeitgeberverband für den Arbeitgeber die umfassende Bindung an die Pflichten, aber auch an die Rechte des Verbandstarifvertrages mit sich bringt, so dass auch er in den Genuss der Friedenspflicht kommt.

1985 Vgl. oben, 4. Teil B.

1986 LAG Köln, NZA 1997, 327, 332; *Däubler*, Tarifvertragsrecht, Rn. 157; ErfK-*Franzen*, TVG, § 1, Rn. 95; *Gamillscheg*, Kollektives Arbeitsrecht Bd. I, S. 663 f.

1987 *Löwisch/Rieble*, TVG, § 1, Rn. 599.

1988 BAG, AP Nr. 3 zu § 157 BGB; ErfK-*Franzen*, TVG, § 1, Rn. 102 f.

1989 *Larenz/Wolf*, Allgemeiner Teil, § 33, Rn. 9 f.

1990 *Larenz/Wolf*, Allgemeiner Teil, § 33, Rn. 9 f.

1991 BAG, AP Nr. 29 zu § 1 TVG; MünchArbR-*Löwisch/Rieble*, § 279, Rn. 3.

Für die ergänzende Vertragsauslegung ist zu beachten, dass die Tarifvertragsparteien den Tarifvertrag mit Kenntnis des § 3 Abs. 1 TVG abschließen und daher auch von der sofortigen Bindung des beitretenden Arbeitgebers an den Verbandstarifvertrag ausgehen. Die Norm unterscheidet eben nicht zwischen solchen Arbeitgebern, die bei Vertragsabschluss im Verband waren und solchen, die erst nach Vertragsschluss hinzutreten. Zu beachten ist auch, dass die Tarifvertragsparteien die Möglichkeit haben, eine ausdrückliche Vereinbarung hinsichtlich der personellen Reichweite des Tarifvertrages zu treffen. Vor diesem Hintergrund ist eine ergänzende Auslegung, die einseitig auf die tarifpolitischen Wünsche der Gewerkschaft abstellt, kaum geeignet, über den übereinstimmenden Willen der Tarifvertragsparteien Auskunft zu geben. Auch eine Auslegung, die auf die übliche Fluktuation abstellt, hat letztlich nur die tarifpolitischen Wünsche der Gewerkschaft vor Augen. Der Wille des Arbeitgeberverbands geht vielmehr dahin, sämtliche neuen Mitglieder durch den Verbandstarifvertrag zu verpflichten und zu berechtigen.[1992] Der Arbeitgeberverband will seine Schutzfunktion ausüben und weitere Mitglieder hinzugewinnen. Beides wäre nicht möglich, kämen die nach Abschluss eines Verbandstarifvertrages beitretenen Arbeitgeber nicht in den Genuss seiner Friedenswirkung. Dass dem Arbeitgeberverband die tarifpolitischen Wünsche der Gewerkschaft offensichtlich sind, heißt nicht, dass er sie akzeptierte. Insbesondere im Hinblick auf die gesetzliche Regelung des § 3 Abs. 1 TVG und die Möglichkeit, eine ausdrückliche Vereinbarung hinsichtlich der personellen Reichweite zu treffen, ist vielmehr davon auszugehen, dass auch nach dem Willen der Gewerkschaft sämtliche, auch nach Vertragsschluss beitretenden, Arbeitgeber voll von der Wirkung des Verbandstarifvertrages erfasst werden sollen.

Es korrespondiert zudem mit der positiven individuellen Koalitionsfreiheit des Arbeitgebers, dass er sich zu einem beliebigen Zeitpunkt in den Schutz einer Koalition begeben kann. Dagegen werden die Rechte der Gewerkschaft aus Art. 9 Abs. 3 GG durch die Flucht in den Arbeitgeberverband nicht beeinträchtig. Freilich, sie hätte unter Umständen einen für sie günstigeren Firmentarifvertrag mit dem geflüchteten Arbeitgeber abschließen können, doch hat sie keinen Anspruch auf einen bestimmten Tarifpartner.[1993] Zudem entzieht sich der Arbeitgeber mit der Flucht in den Arbeitgeberverband gerade nicht dem Tarifvertragssystem.

[1992] So richtig *Bartz*, ZTR 2004, 170, 173.

[1993] S. schon Fn. 603.

e. Ergebnis

Im Ergebnis beginnt die Friedenswirkung daher auch für denjenigen Arbeitgeber, der erst nach Abschluss des Verbandstarifvertrages dem Verband beitritt, zum Zeitpunkt des Beitritts. Das Motiv des Arbeitgebers für den Verbandsbeitritt ist weder für den Eintritt der Bindung an den Tarifvertrag noch für den Eintritt seiner Friedenswirkung entscheidend.

2. Die Friedenspflicht des weitergeltenden Tarifvertrages, § 3 Abs. 3 TVG

Grundsätzlich ist die Bindung an den Tarifvertrag und damit auch die Bindung an die aus ihm resultierende Friedenspflicht entweder an die Mitgliedschaft in einem vertragsschließenden Verband oder an die Stellung als Partei dieses Vertrages gebunden (§ 3 Abs. 1 TVG). Gem. § 3 Abs. 3 TVG bleibt die einmal bestehende Bindung an einen Tarifvertrag aber so lange erhalten – unabhängig von dem Vorliegen der Voraussetzungen des Abs. 1 –, bis der Tarifvertrag endet.[1994] Sinn und Zweck dieser Weitergeltung, die sich inhaltlich nur auf das Ende der Mitgliedschaft in einem Verband beziehen kann, ist es, der sog. „Flucht aus dem Arbeitgeberverband" vorzubeugen.[1995] § 3 Abs. 3 TVG will dem Missbrauch privatrechtlicher Gestaltungsmöglichkeiten begegnen, indem die unmittelbare und zwingende Wirkung des Tarifvertrages nicht durch eine einseitige Maßnahme des Arbeitgebers beseitigt werden kann.[1996] Inhaltlich umfasst die Weitergeltung allein den normativen Teil des Tarifvertrages.[1997] Günstigkeitsprinzip, sowie Tarifvorrang (§ 77 Abs. 3 BetrVG) und Tarifvorbehalt (§ 87 Abs. 1 Es. BetrVG) sind während des Weitergeltungszeitraumes weiterhin zu beachten.[1998]

a. Die „Flucht aus dem Arbeitgeberverband"

Für den Einzelarbeitgeber kann die Weitergeltung dann relevant werden, wenn er bislang Mitglied eines Arbeitgeberverbandes war und sich nunmehr der Wirkung des von diesem geschlossenen Verbandstarifvertrages entziehen möchte: Die sog. „Flucht aus dem Arbeitgeberverband".

1994 Es bleibt auch bei den Grenzen für die zulässige Verabredung einer Betriebsvereinbarung, §§ 77 Abs. 3, 87 Abs. 1 Es. BetrVG, vgl. *Schaub*, NZA 1998, 617, 618.

1995 BAG, AP Nr. 3, 4 zu § 3 TVG; BAG, SAE 1999, 41, 42; *Bauer/Diller*, DB 1993, 1085, 1085; *Konzen*, ZfA 1975, 401, 411; *Löwisch/Rieble*, TVG, § 3, Rn. 84.

1996 BAG, AP Nr. 3 zu § 3 TVG; *Krauss*, DB 1995, 1562, 1562.

1997 LAG Frankfurt a. M., LAGE Nr. 1 zu § 1 TVG Friedenspflicht; LAG Rheinland-Pfalz, LAGE Nr. 8 zu § 1 TVG Friedenspflicht; *Kissel*, Arbeitskampfrecht, § 26, Rn. 136; *Konzen*, ZfA 1975, 401, 418; MünchArbR-*Otto*, § 285, Rn. 80; *Schleusener*, BB 1999, 684, 686. Offen gelassen bei Wiedemann-*Oetker*, TVG, § 3, Rn. 77.

1998 *Bartz*, Friedenspflicht, S. 42; *Gamillscheg*, Kollektives Arbeitsrecht Bd. I, S. 725.

Grundsätzlich besteht die Bindung an den Tarifvertrag gem. § 3 Abs. 3 TVG bis zu dessen Ende. Will sich der Arbeitgeber also von der Wirkung des Verbandstarifvertrages befreien, stellt sich die Frage nach dem Zeitpunkt, zu dem dieser endet. Teilweise wird davon ausgegangen, dass die Weitergeltung erst dann vorbei ist, wenn der Verbandstarifvertrag selbst endet, also im Fall der tatsächlichen Kündigung oder bei Zeitablauf.[1999] Begründet wird dies mit dem Sinn und Zweck des § 3 Abs. 3 TVG, wonach die Tarifgebundenheit gerade bis zum Ende des Tarifvertrages erhalten bleiben solle.
Richtigerweise kann der Arbeitgeber, der nach dem Austritt aus dem Arbeitgeberverband keinen Einfluss mehr auf die Ausübung des Kündigungsrechtes hat und der aufgrund seiner negativen Koalitionsfreiheit zudem berechtigt aus dem Verband ausgetreten ist, nicht bis zum Ende des Verbandstarifvertrages an diesen gebunden bleiben. Auch eine Bindung an den Verbandstarifvertrag für weitere zwei Jahre analog § 39 Abs. 2 BGB scheidet wegen der fehlenden Möglichkeit, die Kündigungsmöglichkeit zu beeinflussen, aus.[2000] Vielmehr endet die Weitergeltung nach Verbandsaustritt, sobald der Verbandstarifvertrag zum ersten Mal gekündigt werden kann.[2001]
Von der Frage der Bindung an den weitergeltenden Verbandstarifvertrag ist diejenige nach der von ihm ausgehenden Friedenswirkung zu trennen. Ob der weitergeltende Verbandstarifvertrag auch eine weitergeltende Friedenspflicht beinhaltet, die die Gewerkschaft daran hindert, einen ehemals unter den Geltungsbereich des Tarifvertrags fallenden Arbeitgeber in Anspruch zu nehmen, ist umstritten. Zwar gilt an sich der Grundsatz, dass während der Geltung eines Tarifvertrages dieser einer kollektiven Auseinandersetzung entzogen sein soll;[2002] höchstrichterlich wurde dies für den weitergeltenden Tarifvertrag bisher aber nicht entschieden.

aa. Bestehen der Friedenspflicht auch im Weitergeltungszeitraum

Soweit auch für den Zeitraum nach der Flucht aus dem Arbeitgeberverband eine Friedenspflicht angenommen wird, wird dies daraus geschlossen, dass der normative Teil des Tarifvertrages im Weitergeltungszeitraum volle Wirk-

---

[1999] *Stein*, Tarifvertragsrecht, Rn. 172 f.; Wiedemann-*Oetker*, TVG, § 3, Rn. 89 m.w.N. in Fn. 125.
[2000] So aber Wiedemann-*Oetker*, TVG, § 3, Rn. 94.
[2001] *Bartz*, Friedenspflicht, S. 43; *Bauer/Diller*, DB 1993, 1085, 1086; *Hanau*, RdA 1998, 65, 69; *Lieb*, NZA 1994, 337, 337; *Löwisch/Rieble*, TVG, § 3, Rn. 91; wohl auch BAG, RdA 2002, 244, 245, wenn auch in Bezug auf die Tarifbindung des Arbeitnehmers.
[2002] BAG, EzA Nr. 1 zu § 1 TVG Friedenspflicht; BAG, AP Nr. 76 zu Art. 9 GG Arbeitskampf.

samkeit behalte. Dies müsse auch für die aus dem schuldrechtlichen Teil resultierende Friedenspflicht gelten, da es Sinn der Friedenspflicht sei, Arbeitskämpfe während der Laufzeit eines Tarifvertrages zu verhindern.[2003] Bestehe die Bindung des Arbeitgebers an den Tarifvertrag gem. § 3 Abs. 3 TVG fort, sei der Regelungsbereich des Tarifvertrages weiterhin gegeben. Folglich liefe es der Funktion des Tarifvertrages, eine Friedensordnung zu schaffen, zuwider, erhielte man die Bindung an ihn aufrecht, nicht aber seine Friedenswirkung.[2004] Erst mit Ende der Weitergeltung bzw. des Tarifvertrages finde auch die Friedenspflicht ihre Grenze. Letztlich wird angeführt, dass die drittschützenden Vorschriften des schuldrechtlichen Teils in die Tarifgebundenheit einzubeziehen seien und folglich ebenfalls weitergelten. Hieraus ergebe sich, dass die Friedenspflicht auch für ausgeschiedene Mitglieder erhalten bleibe, soweit diese hierdurch begünstigt würden.[2005]

bb. Keine Friedenspflicht im Weitergeltungszeitraum

Die vorherrschende Ansicht in der Literatur, die auch von der Instanzrechtsprechung geteilt wird, spricht dem weitergeltenden Verbandstarifvertrag die Friedenswirkung jedoch ab. Diese beschränke sich auf die Mitglieder der Verbände. Begründet wird diese Ansicht damit, dass der alte Arbeitgeberverband weder das Recht noch das Interesse habe, das ausgetretene Mitglied zu schützen oder zu vertreten.[2006] Auch das Interesse des ausgetretenen Arbeitgebers begründe keine Weitergeltung der Friedenspflicht: Dieser habe durch den Austritt aus der Koalition auf den Schutz des Verbandes gegen Kampfmaßnahmen der Gegenseite verzichtet.[2007] Der Verbandstarifvertrag sei zwar ein Vertrag mit Schutzwirkung für Dritte, Dritte seien aber nur die Mitglieder des Verbandes.[2008] Zudem bestimme sich der personelle Geltungsbereich der Friedenspflicht aus dem schuldrechtlichen Teil des Tarifvertrages, der einer

---

2003 BAGE 2, 75, 81 f.; BAG, NJW 1955, 1373, 1374; *Gamillscheg*, Kollektives Arbeitsrecht Bd. I, S. 1083; *Schleusener*, BB 1999, 684, 686; Wiedemann-*Oetker*, TVG, § 3, Rn. 78 f.

2004 *Schleusener*, BB 1999, 684, 686. I. E. auch *Hueck/Nipperdey*, Lehrbuch II/1, S. 1011.

2005 Wiedemann-*Oetker*, TVG, § 3, Rn. 79. Im Ergebnis auch: *Bauer*, FS Schaub, S. 22 f.; *Hromadka/Maschmann/Wallner*, Tarifwechsel, Rn. 242.

2006 LAG Frankfurt a. M., LAGE Nr. 1 zu § 1 TVG Friedenspflicht; LAG Hamm, LAGE Nr. 41 zu Art. 9 GG Arbeitskampf; LAG Rheinland-Pfalz, LAGE Nr. 8 zu § 1 TVG Friedenspflicht; *Bartz*, Friedenspflicht, S. 172 ff.; *Jacobs*, ZTR 2001, 249, 255; *Kissel*, Arbeitskampfrecht, § 26, Rn. 56; *Konzen*, ZfA 1975, 401, 420; i. E. auch MünchArbR-*Otto*, § 285, Rn. 80.

2007 *Konzen*, ZfA 1975, 401, 421.

2008 *Schaub*, NZA 1998, 617, 618; wohl auch *Kissel*, Arbeitskampfrecht, § 26, Rn. 136.

Weitergeltung nach § 3 Abs. 3 TVG nicht unterworfen sei.[2009] Auch habe der Arbeitgeberverband während des Weitergeltungszeitraumes keine Einwirkungsmöglichkeiten mehr auf sein Mitglied; mit dieser Einwirkungsmöglichkeit korrespondiere die Friedenspflicht jedoch gerade.[2010] Letztlich sei zu beachten, dass Arbeitgeber und Arbeitnehmer aus dem Abschluss des Tarifvertrages wechselseitige Vorteile erlangten: Der Arbeitgeber erhalte durch den Tarifvertrag gesicherte Daten für weitere unternehmerische Entscheidungen, die Arbeitnehmer gesicherte Arbeitsbedingungen.[2011] Folglich dürfe bei der Beurteilung, ob die Friedenspflicht weitergelte, nicht einseitig auf den Unternehmer abgestellt werden, da dieser durch den Verbandsaustritt das Risiko größerer Kalkulationsunsicherheit bewusst eingehe.[2012] Abzustellen sei vielmehr auf den Sinn und Zweck des § 3 Abs. 3 TVG, der eine Flucht aus dem Arbeitgeberverband verhindern wolle; diese Ratio spreche aber dafür, die Friedenspflicht auf das Kündigungs- und Austrittsdatum zu begrenzen.[2013] Während des Weitergeltungszeitraumes sei der Arbeitgeber daher nicht vor Arbeitskampfmaßnahmen geschützt.

cc. Vermittelnde Ansicht

Eine vermittelnde Meinung stellt für die Frage der Friedenspflicht im Weitergeltungszeitraum dagegen auf den Willen der Tarifvertragsparteien ab. § 3 Abs. 1, 3 TVG sei nur insoweit entscheidend für die Frage der Friedenspflicht im Weitergeltungszeitraum, als die Norm die Tarifbindung fingiere, da sich ohne die Tarifbindung die Frage der Weitergeltung der Friedenspflicht erübrige. Die Frage der sachliche Reichweite der Friedenspflicht im Weitergeltungszeitraum müsse der Tarifvertrag selbst beantworten.[2014]

Enthalte der Tarifvertrag keine Regelung für den Fall des Verbandsaustritts während der Laufzeit eines Verbandstarifvertrages, liege darin eine Regelungslücke. Diese sei derart zu schließen, dass der Arbeitgeber solange weiter in den Genuss der Friedenspflicht komme, wie er den Tarifvertrag weiter im Einklang mit § 3 Abs. 3 TVG anwende.[2015] Da der Tarifvertrag ein Vertrag

---

[2009] *Jacobs*, ZTR 2001, 249, 255; *Kempen/Zachert*, TVG, § 1, Rn. 688.

[2010] LAG Hamm, LAGE Nr. 41 zu Art. 9 GG Arbeitskampf; LAG Rheinland-Pfalz, LAGE Nr. 8 zu § 1 TVG Friedenspflicht; *Jacobs*, ZTR 2001, 249, 255; *Kempen/Zachert*, TVG, § 1, Rn. 688; *Konzen*, ZfA 1975, 401, 420; *Zachert*, Sonderbeilage zu NZA 24/2000, 17, 21.

[2011] *Zachert*, Sonderbeilage zu NZA 24/2000, 17, 21.

[2012] *Zachert*, Sonderbeilage zu NZA 24/2000, 17, 21.

[2013] *Zachert*, Sonderbeilage zu NZA 24/2000, 17, 21.

[2014] *Bartz*, ZTR 2004, 170, 172.

[2015] *Bartz*, ZTR 2004, 170, 173.

zugunsten Dritter sei und die Schutzinteressen der Gewerkschaft durch die Weitergeltung nach § 3 Abs. 3 TVG gewährleistet blieben, stelle sich ein Arbeitskampf während der weitergeltenden Anwendung des Tarifvertrages als rechtsmissbräuchlich dar. Erst wenn der ausgetretene Arbeitgeber den weitergeltenden Tarifvertrag nicht mehr anwende, ende auch die Friedenspflicht, da die Tarifvertragsparteien bei Vertragsabschluss von der gesetzlichen Konzeption des § 3 Abs. 3 TVG ausgegangen seien.[2016]

dd. Würdigung

Da sich der personelle Geltungsbereich aus dem schuldrechtlichen Teil des Tarifvertrages selbst ergibt, ist auch für die Frage der Friedenswirkung im Weitergeltungszeitraum entscheidend auf den Parteiwillen abzustellen. Regelmäßig wird es an einer konkreten Bestimmung fehlen, so dass auch hier eine ergänzende Vertragsauslegung vorzunehmen ist.[2017] Diese führt dazu, dass der überwiegenden Meinung zuzustimmen ist. Von einem nach Verbandsaustritt bloß weitergeltenden Verbandstarifvertrag geht keine Friedenswirkung aus; der Arbeitgeber kann im Weitergeltungszeitraum mittels Arbeitskampf auf den Abschluss eines für die Gewerkschaft günstigeren Firmentarifvertrages in Anspruch genommen werden.

Anders als bei der Flucht in den Arbeitgeberverband hat dieser kein Interesse daran, den flüchtenden Arbeitgeber zu beschützen. Mit dem Austritt hat dieser vielmehr zu erkennen gegeben, dass er auf den Schutz des Verbandes verzichten will.[2018] Aus diesem Grund sind Dritte, denen die Schutzwirkung des Verbandstarifvertrages zu Gute kommt, auch nur die Verbandsmitglieder.[2019] Dagegen hat die Gewerkschaft ein beachtliches Interesse daran, nunmehr einen Firmentarifvertrag zu schließen, der speziell auf die Besonderheiten des jeweiligen Arbeitgebers abgestimmt ist. Darauf, dass der Arbeitgeber den Tarifvertrag weiter anwendet, kommt es deshalb nicht an.

§ 3 Abs. 3 TVG lässt sich hiergegen nicht fruchtbar machen. Dieser betrifft nur normative Regelungen, nicht aber schuldrechtliche Vereinbarungen, wie die Friedenspflicht.[2020] Nichtsdestotrotz korrespondiert das gefundene Ergeb-

---

2016 *Bartz*, ZTR 2004, 170, 173.

2017 So in der Vorgehensweise auch *Bartz*, ZTR 2004, 170, 173.

2018 LAG Frankfurt a. M., LAGE Nr. 1 zu § 1 TVG Friedenspflicht; LAG Hamm, LAGE Nr. 41 zu Art. 9 GG Arbeitskampf; LAG Rheinland-Pfalz, LAGE Nr. 8 zu § 1 TVG Friedenspflicht; *Bartz*, Friedenspflicht, S. 172 ff.; *Jacobs*, ZTR 2001, 249, 255; *Kissel*, Arbeitskampfrecht, § 26, Rn. 56, 59; *Konzen*, ZfA 1975, 401, 420.

2019 *Schaub*, NZA 1998, 617, 618; wohl auch *Kissel*, Arbeitskampfrecht, § 26, Rn. 136.

2020 LAG Rheinland-Pfalz, LAGE Nr. 8 zu § 1 TVG Friedenspflicht; *Jacobs*, ZTR 2001, 249, 255.

nis auch mit der Wertung des § 3 Abs. 3 TVG. Ziel der Norm ist es, die Flucht des Arbeitgebers aus dem Regelungsbereich des Verbandstarifvertrages durch einseitigen Willensakt zu verhindern. Dem kann weitaus besser entsprochen werden, wenn man die Friedenspflicht auf den gem. § 3 Abs. 1 TVG originär geltenden Tarifvertrag begrenzt. Ansonsten würde der Arbeitgeber durch seine Flucht aus dem Verband belohnt, indem er sich unter dem Schutz des Verbandstarifvertrages, den weiter anzuwenden er ohnehin gezwungen ist, eine Gewerkschaft suchen kann, die ihm einen günstigeren Firmentarifvertrag anbietet. Dass dies aus Arbeitgebersicht eine durchaus berechtigte Überlegung ist, ändert nichts daran, dass durch eine weitergeltende Friedenspflicht die „Vertragsuntreue“ des Arbeitgebers belohnt würde. Diese Belohnung entspräche aber gar nicht dem Sinn und Zweck des § 3 Abs. 3 TVG. Dieser soll zwar nicht bestrafen, soll aber die Rechte der Arbeitnehmer so sichern, wie der Arbeitgeber dies mit seinem Verbandsbeitritt zugesichert hat. Folglich spricht der Sinn und Zweck des § 3 Abs. 3 TVG für eine Begrenzung der Friedenspflicht auf das Kündigungs- oder Austrittsdatum.[2021] Aus der von § 3 Abs. 3 TVG aufrechterhaltenen Ordnung lässt sich daher auch kein Argument für die Weitergeltung auch der Friedenspflicht gewinnen.

ee. Ergebnis

Im Ergebnis kommt folglich dem Arbeitgeber, der aus dem Regelungsbereich des Verbandstarifvertrages flüchtet, ihn aber im Weitergeltungszeitraum weiter anwenden muss, nicht die Friedenswirkung dieses Vertrages zu Gute. Er hat den Schutzbereich des Verbandstarifvertrages kalkuliert verlassen und muss sich nun den Konsequenzen stellen. Diese können eben auch in einem Arbeitskampf um einen Firmentarifvertrag liegen.

b. Verbandswechsel des Arbeitgebers

Schließlich stellt sich die Frage, welche Friedenspflicht den Arbeitgeber schützt, wenn er den Verband wechselt: Die des nunmehr weitergeltenden Tarifvertrages (§ 3 Abs. 3 TVG) oder die des neu anwendbaren Verbandstarifvertrages (§ 3 Abs. 1 TVG)? Ist es gar möglich, dass der Arbeitgeber von gar keiner Friedenswirkung erfasst wird?

aa. Abhängigkeit der Friedenswirkung von der Bindung an den Tarifvertrag

Die Frage, von welchem Verbandstarifvertrag eine Friedenswirkung ausgeht, ist höchstrichterlich bisher nicht geklärt. Entsprechend den oben hergeleiteten

---

[2021] So im Ergebnis auch *Kissel*, Arbeitskampfrecht, § 26, Rn. 56, 59; *Zachert*, Sonderbeilage zu NZA 24/2000, 17, 21.

Ergebnissen ist jedoch auch hier davon auszugehen, dass sich der personelle Geltungsbereich der Friedenspflicht aus dem schuldrechtlichen Teil des Tarifvertrages ergibt. Wurde keine Regelung getroffen – und dies dürfte auch für den Fall des Verbandswechsels die Regel sein – ist dieser Geltungsbereich durch eine ergänzende Vertragsauslegung festzustellen.[2022] Ergebnis dieser ergänzenden Vertragsauslegung für die hier zu beurteilende Konstellation ist eine Kombination aus den oben gefundenen Ergebnissen: Letztlich handelt es sich nämlich um eine Flucht aus dem (alten) Arbeitgeberverband bei gleichzeitiger Flucht in den (neuen) Arbeitgeberverband. Danach hat der erste Arbeitgeberverband kein Interesse mehr, den flüchtenden Arbeitgeber zu beschützen. Die Gewerkschaft ist erst recht nicht daran interessiert, so dass von dem ersten Verbandstarifvertrag keine Friedenswirkung mehr ausgeht.[2023] Dagegen geht der Wille der an dem zweiten Verbandstarifvertrag beteiligten Gewerkschaft[2024] bzw. des Arbeitgeberverbandes dahin, einen neu beitretenden Arbeitgeber in den Genuss der Friedenswirkung dieses Tarifvertrages zu bringen.[2025] Nunmehr ergibt sich jedoch eine Besonderheit für die vorliegende Konstellation: Die Parteien des zweiten Tarifvertrages dürften an dieser Folge nur interessiert sein, wenn ihr Tarifvertrag auch auf den Arbeitgeber Anwendung findet, wenn dieser also an ihren Tarifvertrag gebunden ist.[2026] Ob der Arbeitgeber aber an den ersten oder an den zweiten Verbandstarifvertrag gebunden ist, wenn er den Verband wechselt, ist heftig umstritten. Dazu haben sich die folgenden Ansichten herausgebildet:

(1) Anwendung der Grundsätze von Tarifkonkurrenz und –pluralität

Die Rechtsprechung sowie ein Teil der Lehre bestimmen den anwendbaren Tarifvertrag nach den Grundsätzen von Tarifkonkurrenz und –pluralität.[2027] § 3 Abs. 3 TVG wolle nur dem Missbrauch privatrechtlicher Gestaltungsmöglichkeiten begegnen, indem es unmöglich gemacht werde, die Wirkung des Tarifvertrages durch eine einseitige Maßnahme des Arbeitgebers unmittelbar zu beseitigen. Die Norm enthalte aber keine Regelung über die Rechtsfolge

---

2022 So auch *Bartz*, ZTR 2004, 170, 174 f.Vgl. bereits oben, 4. Teil B. II. 1. d.

2023 S. dazu oben, 4. Teil B. II. 1. d.

2024 Dies kann auch die Gewerkschaft des ersten Verbandstarifvertrages sein.

2025 Insoweit bereits oben, 4. Teil B. II. 2. a. dd.

2026 So auch *Bartz*, ZTR 2004, 170, 174.

2027 BAG, AP Nr. 3 zu § 3 TVG; *Bartz*, ZTR 2004, 170, 174 f.; *Gamillscheg*, Kollektives Arbeitsrecht Bd. I, S. 727; *Hromadka/Maschmann/Wallner*, Tarifwechsel, Rn. 476; differenzierend *Schaub*, Handbuch, § 206, Rn. 17.

des Eintritts einer Tarifkonkurrenz und sei in diesem Fall daher nicht anwendbar.[2028]

(2) Bindung an den alten Tarifvertrag

Eine weitere Meinung bestimmt, dass die Bindung an den alten Tarifvertrag vorgehe.[2029] Anderenfalls könne dem Normzweck des § 3 Abs. 3 TVG nicht entsprochen werden, da es dem Arbeitgeber ansonsten möglich werde, sich seiner Bindung an den Tarifvertrag durch einen Verbandswechsel zu entledigen. Dies wolle § 3 Abs. 3 TVG aber gerade verhindern.[2030] § 3 Abs. 3 TVG allein berücksichtige die Flucht aus dem Arbeitgeberverband durch die einseitige Maßnahme des Austritts.

(3) Unterscheidung nach der Anzahl der beteiligten Gewerkschaften

Konzen unterscheidet danach, ob wieviele Gewerkschaften von dem Verbandswechsel betroffen sind. Bei nur einer Gewerkschaft will er einen Günstigkeitsvergleich der jeweiligen Verbandstarifverträge vornehmen. Sei der neue Tarifvertrag für die Arbeitnehmer günstiger, sei dieser anzuwenden. Der Schutzzweck des § 3 Abs. 3 TVG stehe dem nicht entgegen.[2031] Seien zwei Gewerkschaften betroffen, komme es zu einer Tarifpluralität. Beide Tarifverträge wirkten dann nebeneinander.[2032]

(4) Entscheidung aufgrund der stärkeren mitgliedschaftlichen Legitimation

Eine weitere Meinung kommt wegen der stärkeren mitgliedschaftlichen Legitimation dazu, dass immer der Tarifvertrag des neuen Verbandes anzuwenden sei.[2033] § 3 Abs. 3 TVG sei für eine Streitentscheidung nicht ergiebig, da dieser nur die sofortige Flucht aus der Tarifbindung als Missbrauch der privatrechtlichen Gestaltungsmacht verhindern wolle, nicht aber den Wechsel in ein anderes System. Die fortwirkende Tarifbindung sei kein Selbstzweck, sondern nur insoweit gerechtfertigt, als sie ein Unterlaufen der zwingenden Wirkung verhindere, um die Funktionsfähigkeit der Tarifautonomie sicherzustellen. Dies gelte jedenfalls für den Fall, in dem ein Arbeitgeber in den sachlich zu-

---

2028 BAG, AP Nr. 3 zu § 3 TVG; *Bartz*, ZTR 2004, 170, 174 f.

2029 *Bieback*, DB 1989, 477, 480 f.; *Kempen/Zachert*, TVG, § 3, Rn. 68; *Stein*, Tarifvertragsrecht, Rn. 171; Wiedemann-*Oetker*, TVG, § 3, Rn. 109.

2030 *Kempen/Zachert*, TVG, § 3, Rn. 68; *Stein*, Tarifvertragsrecht, Rn. 171; Wiedemann-*Oetker*, TVG, § 3, Rn. 109.

2031 *Konzen*, ZfA 1975, 401, 428 f.

2032 *Konzen*, ZfA 1975, 401, 430 f.

2033 *Henssler*, FS Schaub, S. 325; *Löwisch/Rieble*, TVG, § 4, Rn. 144 ff.

ständigen Verband wechsle; die Weitergeltung des alten Tarifvertrages sei in diesem Fall vom Normzweck nicht geboten.[2034]
Ähnlich entscheidet sich *Lieb*, der vertritt, dass der neue den alten Tarifvertrag immer dann verdränge, wenn und soweit er auf die Arbeitsverhältnisse im Betrieb anzuwenden sei.[2035] Sei dies nicht der Fall, müsse aufgrund der Schutzfunktion des § 3 Abs. 3 TVG der alte Tarifvertrag angewendet werden.[2036]

(5) Würdigung

Entgegen der Rechtsprechung des *BAG* ist eine Anwendung der Grundsätze von Tarifkonkurrenz und –pluralität auf die hier zu beurteilende Konstellation abzulehnen. Diese beruhen auf der Vorstellung von gleichrangigem Recht und sind mithin unanwendbar, wenn eine Vorrangstellung aufgrund des Willens der Tarifvertragsparteien oder des Gesetzes gegeben ist. Vorliegend trifft die Regelung des § 3 Abs. 3 TVG grundsätzlich zumindest teilweise eine Regelung, so dass sie den Grundsätzen von Tarifkonkurrenz und –pluralität vorgeht.[2037] Soweit das *BAG* hiergegen einwendet, dass die Norm nicht auf die Konstellation eines Verbandswechsels zugeschnitten sei, sondern von ihrem Sinn und Zweck her allein den Fall der Flucht des Arbeitgebers aus dem Verbandstarifvertrag erfasse, ist dies zwar richtig; es sei aber auf die oben gewonnene Erkenntnis verwiesen: Der Verbandswechsel ist eine Kombination der Flucht *aus* dem einen Verbandstarifvertrag mit der Flucht *in* einen anderen.[2038] Nur so kann es ja auch zu der von der Rechtsprechung gesehenen Konkurrenzsituation zwischen nunmehr weitergeltendem (§ 3 Abs. 3 TVG) und originär geltendem (§ 3 Abs. 1 TVG) Tarifvertrag kommen. Es ist widersprüchlich, einerseits eine Konkurrenzsituation durch § 3 Abs. 3 TVG herbeizuführen, andererseits aber die Norm bei der Auflösung derselben unberücksichtigt zu lassen.[2039] Für die Berücksichtigung der Norm spricht entgegen dem *BAG* auch ihr Sinn und Zweck: Dieser liegt doch darin, die Flucht des Arbeitgebers aus dem Verbandstarifvertrag durch eine einseitige Maßnahme zu unterbinden. Ob dies bezweckt wird, um sich einem neuen Verbandstarif-

---

2034 *Henssler*, FS Schaub, S. 325 f.

2035 Unabhängig davon, ob dies durch beiderseitige Tarifgebundenheit, Allgemeinverbindlichkeitserklärung oder (dynamische) Bezugnahme geschehe.

2036 *Lieb/Jacobs*, Arbeitsrecht, Rn. 529.

2037 *Kempen/Zachert*, TVG, § 3, Rn. 68; *Stein*, Tarifvertragsrecht, Rn. 171; Wiedemann-*Oetker*, TVG, § 3, Rn. 109 ff.

2038 S. bereits oben, 4. Teil B. II. 2. b.

2039 *Konzen*, ZfA 1975, 401, 426 f.

vertrag zu unterwerfen, oder nicht, ist aber eine bloße Motivation bzw. spätere Folge des Austritts.
Es stellt sich aber die Frage, ob aufgrund des § 3 Abs. 3 TVG tatsächlich der alte Tarifvertrag anzuwenden ist. Entscheidend kommt es hierfür auf den Sinn und Zweck des § 3 Abs. 3 TVG an: Indem die Norm dem Arbeitgeber die Flucht aus dem Arbeitgeberverband verbietet, will sie die Arbeitnehmer schützen. Dabei will sie aber lediglich irgendeinen Schutzrahmen gewährleisten, nicht unbedingt den früheren oder den für die Arbeitnehmer günstigeren.[2040] Folglich ist eine Anwendung der Norm für den Fall des Verbandswechsels nicht notwendig. Aus diesem Grund ist auch die Ansicht *Konzens* abzulehnen. Eine Gewährleistung für ein bestimmtes Schutzniveau enthält § 3 Abs. 3 TVG nicht. Für eine Anwendung des Günstigkeitsprinzips findet sich zudem weder im Gesetz noch in praktischen Erwägungen eine Stütze.[2041] Auch die mitgliedschaftliche Legitimation ist unnötig, um die Anwendung des einen oder des anderen Tarifvertrages zu erreichen: Wird der neue Tarifvertrag angewandt, entfällt die Weitergeltung des alten. Der Arbeitgeber ist aufgrund des § 3 Abs. 3 TVG lediglich dann an den alten Tarifvertrag gebunden, wenn der neue Tarifvertrag keine Anwendung findet.[2042]

(6) Zwischenergebnis

Damit ist der Ansicht *Liebs* zu folgen, wonach grundsätzlich der neue Verbandstarifvertrag auf den Arbeitgeber Anwendung findet, wenn er den Verband wechselt. § 3 Abs. 3 TVG ist zwar anwendbar; der Sinn und Zweck der Norm verlangt aber keine Bindung an den alten Verbandstarifvertrag, wenn der neue Verbandstarifvertrag angewandt wird.

bb. Ergebnis

Findet richtigerweise der neue Tarifvertrag Anwendung, kommt der Arbeitgeber auch in den Genuss der Friedenswirkung dieses Verbandstarifvertrages. Es ist der Parteiwillen der an diesem Verbandstarifvertrag beteiligten Sozialpartner, dass derjenige Arbeitgeber, der an ihren Tarifvertrag gebunden ist, auch seiner Friedenswirkung unterfällt.[2043]
Wird der neue Tarifvertrag nicht angewandt, muss – um den Schutzzweck des § 3 Abs. 3 TVG zu realisieren – der Arbeitgeber an den alten Tarifvertrag ge-

---

[2040] Anders wohl *Bieback*, DB 1989, 477, 477 und 480.
[2041] BAG, AP Nr. 3 zu § 3 TVG.
[2042] So auch *Lieb/Jacobs*, Arbeitsrecht, Rn. 530.
[2043] S. bereits oben in Bezug auf die Konstellation der „Flucht in den Arbeitgeberverband", 4. Teil B. II. 1. d.

bunden bleiben. Dann ist er von keiner Friedenswirkung erfasst, da weder die Vertragsparteien des einen noch die des anderen Tarifvertrages ein Interesse daran haben, einen Arbeitgeber durch die sie treffende Friedenspflicht zu begünstigen, der nicht seinerseits ihrem Tarifvertrag unterfällt.[2044]

c. Auflösung des Arbeitgeberverbandes

Die letzte mögliche Konstellation, in der es zur Anwendung des § 3 Abs. 3 TVG und damit zur Weitergeltung des Verbandstarifvertrages kommen kann, ist die Auflösung des Arbeitgeberverbandes. Die Gewerkschaft kann nun ein Interesse daran haben, die ehemaligen Mitglieder des Verbandes durch Firmentarifverträge zu erfassen.

Die vorherrschende Meinung, die von der Rechtsprechung geteilt wird, geht von einer ipso iure eintretenden Beendigung des Tarifvertrages aus.[2045] § 3 Abs. 3 TVG sei auf die Auflösung eines Verbandes nicht anwendbar, da der Wortlaut der Norm dazu nichts hergebe. Dieser betreffe nur die *fehlende* Verbandsmitgliedschaft.[2046] Allerdings ist innerhalb dieser Meinung ungeklärt, ob die Beendigung des Tarifvertrages sofort oder erst nach Ablauf einer ggf. für die ordentliche Kündigung vorgesehenen Frist eintritt.[2047] Sodann kommt es zu einer Nachwirkung gem. § 4 Abs. 5 TVG analog.[2048]

Eine weitere Ansicht will § 3 Abs. 3 TVG (analog) auch auf den Fall der Auflösung des Arbeitgeberverbandes anwenden.[2049] Zur Begründung führt sie an, dass der Austritt aus dem Arbeitgeberverband der Auflösung desselben wertungsmäßig entspreche.

Eine letzte Lösung geht davon aus, dass sich der Arbeitgeberverband mit der Erklärung seiner Auflösung in einen Liquidationsverband umwandele.[2050] Der Liquidationsverband bleibe an die Tarifverträge des vormaligen Arbeitgeberverbandes gebunden, durch den Eintritt in das Liquidationsstadium werde der aufgelöste Verband jedoch gezwungen, alle abgeschlossenen Tarifverträge zu beenden. Sogar in der Verbandsauflösung selbst könne im Einzelfall die (außerordentliche) Kündigung der abgeschlossenen Tarifverträge zu sehen

---

2044 S. auch insoweit schon oben, 4. Teil B. II. 2. a. dd.

2045 BAG, AP Nr. 28 zu § 2 TVG; *Nikisch*, Arbeitsrecht Bd. II, S. 355; *Richardi*, Kollektivgewalt, S. 219; weitere Nachweise bei Wiedemann-*Oetker*, TVG, § 2, Rn. 36.

2046 BAG, AP Nr. 4 zu § 3 TVG; BAG, SAE 1999, 41, 43.

2047 Offen gelassen von BAG, AP Nr. 4 zu § 3 TVG.

2048 BAG, AP Nr. 4 zu § 3 TVG; *Richardi*, Kollektivgewalt, S. 220. Nunmehr auch *Löwisch/Rieble*, TVG, § 2, Rn. 183.

2049 *Däubler*, Tarifvertragsrecht, Rn. 60; *Kempen/Zachert*, TVG, § 3, Rn. 73.

2050 Wiedemann-*Oetker*, TVG, § 2, Rn. 38 ff.

sein.[2051] Der Ausspruch der Kündigung habe sodann die Nachwirkung der Normen des Tarifvertrages zur Folge.[2052]

Im Hinblick auf die hier interessierende Problematik – die dem Arbeitskampf um einen Firmentarifvertrag entgegenstehende Friedenspflicht - ist eine Streitentscheidung zwischen den angeführten Meinungen nicht notwendig.[2053] Nach allen Ansichten geht von den Tarifverträgen eines aufgelösten Berufsverbandes keine Friedenswirkung mehr aus: Folgt man der ersten Meinung geht mit der sofortigen Beendigung der Wirkung der Tarifverträge folgerichtig auch die Beendigung der Friedenswirkung einher. Folgt man der zweiten Meinung gilt, dass im Weitergeltungszeitraum des § 3 Abs. 3 TVG generell keine Friedenswirkung beachtet werden muss. Auch mit der dritten Meinung kommt man zum Fehlen einer Friedenspflicht. Der Liquidationsverband ist gezwungen die für ihn geltenden Tarifverträge zu kündigen, wenn nicht schon in der Auflösung selbst die Kündigung liegt. Im darauffolgenden Nachwirkungszeitraum, soviel Vorgriff sei erlaubt, kommt es zu keiner Friedenswirkung.

d. Weitergeltung und nachfolgender Firmentarifvertrag

Wird im Weitergeltungszeitraum ein Firmentarifvertrag abgeschlossen, stellt sich die Frage, welcher Tarifvertrag zur Anwendung kommt und von welchem Tarifvertrag eine Friedenswirkung ausgeht.

Die herrschende Meinung sieht diese Situation nicht durch § 3 Abs. 3 TVG gelöst. Würde der weitergeltende Tarifvertrag dem neu abgeschlossenen Firmentarifvertrag vorgehen, würde die Tariffähigkeit des einzelnen Arbeitgebers nach seinem Verbandsaustritt stärker beschränkt, als dies während der Verbandszugehörigkeit der Fall wäre.[2054] Welcher Tarifvertrag anzuwenden sei, ergebe sich daher nach den Grundsätzen von Tarifkonkurrenz und -pluralität.[2055] Der weitergeltende Verbandstarifvertrag trete hinter den spezielleren Firmentarifvertrag zurück.[2056] Dem ist im Ergebnis zuzustimmen. Nach hier vertretener Ansicht braucht es eine Anwendung der Grundsätze von Tarifkonkurrenz und –pluralität freilich nicht, da § 3 Abs. 3 TVG auch hier

---

[2051] Wiedemann-*Oetker*, TVG, § 2, Rn. 42.

[2052] Wiedemann-*Oetker*, TVG, § 2, Rn. 43.

[2053] So richtig *Witt*, Firmentarifvertrag, S. 282.

[2054] Wiedemann-*Oetker*, TVG, § 3, Rn. 112.

[2055] Wiedemann-*Oetker*, TVG, § 3, Rn. 112; *Gamillscheg*, Kollektives Arbeitsrecht Bd. I, S. 729; *Löwisch/Rieble*, TVG, § 3, Rn.100.

[2056] *Schaub*, NZA 1998, 617, 618.

– entsprechend den obigen Aussagen zu seinem Sinn und Zweck – teleologisch zu reduzieren ist, wenn der neue Tarifvertrag Anwendung findet.
Der personelle Geltungsbereich der Friedenswirkung ist erneut aus den schuldrechtlichen Absprachen der jeweiligen Verträge herauszufiltern. Hierfür kann grundsätzlich nach oben verwiesen werden. Ohne konkrete Vereinbarung ist eine ergänzende Vertragsauslegung vorzunehmen: Dabei haben die Parteien des weitergeltenden Verbandstarifvertrages kein Interesse ein flüchtiges Mitglied zu beschützen, wohingegen der Wille der Parteien des Firmentarifvertrages, dass der Arbeitgeber als Vertragspartei nicht mehr angegriffen werden soll, deutlich erkennbar ist.

3. Die Friedenspflicht im Nachwirkungszeitraum, § 4 Abs. 5 TVG

Wie bereits zu Anfang dieses Kapitels angedeutet, verliert der Tarifvertrag mit seinem Ende nicht automatisch seine Wirkung. Dem Zeitraum der Geltung oder der Weitergeltung folgt der Zeitraum der Nachwirkung (§ 4 Abs. 5 TVG). Der Tarifvertrag bleibt als kollektive Rechtsnorm erhalten.[2057] Inhaltlich ist die Nachwirkung auf den normativen Teil des Tarifvertrages begrenzt.[2058] Der nur nachwirkende Tarifvertrag kann zudem gem. § 4 Abs. 5 TVG durch andere Abmachungen ersetzt werden. Hinsichtlich einzelvertraglicher Abmachungen gilt das Günstigkeitsprinzip nicht mehr, so dass auch eine verschlechternde Abrede möglich ist.[2059] Hinsichtlich einer Ablösung durch Betriebsvereinbarung gilt nur noch die Sperre des § 87 Abs. 1 Es. BetrVG.[2060]
Da die Nachwirkung auf den normativen Teil des Tarifvertrages begrenzt ist, die Friedenspflicht aber aus dem schuldrechtlichen Teil erwächst, sind Kampfmaßnahmen grundsätzlich möglich.[2061] Dieses Ergebnis lässt sich auch aus dem Sinn und Zweck des § 4 Abs. 5 TVG herleiten. Die Norm soll die Nachwirkung nur solange begründen, wie keine andere Abmachung getroffen

---

2057 BAG, AP Nr. 10, 13 zu § 3 TVG; *Bartz*, Friedenspflicht, S. 45; *Däubler*, Tarifvertragsrecht, Rn. 301; *Kempen/Zachert*, TVG, § 3, Rn. 64; *Lieb*, NZA 1994, 337, 338; Wiedemann-*Oetker*, TVG, § 3, Rn. 106.

2058 *Krauss*, DB 1995, 1562, 1564.

2059 *Bauer/Diller*, DB 1993 1085, 1086; *Lambrich/Trappehl*, Tarifflucht, S. 115.

2060 BAG, AP Nr. 2 zu § 87 BetrVG Kurzarbeit; *Bartz*, Friedenspflicht, S. 47; *Bauer/Diller*, DB 1993, 1085, 2086; *Schaub*, NZA 1998, 617, 619.

2061 BAG, AP Nr. 4 zu § 1 TVG Friedenspflicht; *Bauer/Diller*, DB 1993, 1085, 1086; *Kissel*, Arbeitskampfrecht, § 26, Rn. 46, 97; *Kempen/Zachert*, TVG, § 1, Rn. 691. I. E. auch *Gamillscheg*, Kollektives Arbeitsrecht Bd. I, S. 1082; *v. Hoyningen-Huene*, ZfA 1980, 453, 467; *Jacobs*, ZTR 2001, 249, 255; *Schleusener*, BB 1999, 684, 684; *Witt*, Firmentarifvertrag, S. 251.

wird, so dass eine Ablösung auch durch einen weiteren Tarifvertrag möglich ist. Dieser muss aber zunächst erkämpft werden können,[2062] da sich die Gewerkschaft gegenüber dem sozialen Gegenspieler ansonsten in der weitaus schlechteren Position befände: Dieser würde jedenfalls keinen Tarifvertrag abschließen, der für ihn ungünstiger als der nachwirkende Tarifvertrag wäre. Die Gewerkschaft würde damit zum „kollektiven Betteln" gezwungen. Im Ergebnis ist also festzuhalten, dass vom lediglich nachwirkenden Tarifvertrag keine den Arbeitskampf hindernde Friedenswirkung ausgeht.

III. Die Friedenspflicht des Verbandstarifvertrages im Hinblick auf den Arbeitskampf um einen Firmentarifvertrag

Zuletzt soll problematisiert werden, welche Auswirkungen die Friedenspflicht des originär geltenden Verbandstarifvertrages im Hinblick auf den Arbeitskampf um einen parallelen Firmentarifvertrag mit einem Mitgliedsarbeitgeber hat. Zu unterscheiden ist danach, ob die am Verbandstarifvertrag beteiligte Gewerkschaft den Firmentarifvertrag erkämpfen will, oder ob es sich bei der angreifenden Gewerkschaft um eine weitere, ebenfalls tarifzuständige Arbeitnehmerkoalition handelt.

1. Beteiligung nur einer Gewerkschaft

Ist dieselbe Gewerkschaft jeweils am Verbandstarifvertrag wie am Arbeitskampf um einen Firmentarifvertrag mit dem verbandsgebundenen Arbeitgeber beteiligt, kann die Friedenspflicht des Verbandstarifvertrages dem Arbeitskampf um den Firmentarifvertrag nur dann entgegenstehen, wenn der Verbandstarifvertrag die Möglichkeit, einen Firmentarifvertrag zu vereinbaren, nicht ausdrücklich vorsieht oder die Friedenspflicht sogar (partiell) ausschließt.[2063]

Ist dies nicht der Fall, wird unter dem Stichwort der „persönlichen" Reichweite der Friedenspflicht des Verbandstarifvertrages diskutiert, welchen Umfang die vom Verbandstarifvertrag ausgehende Friedenspflicht hat.[2064]

2062 *Bauer*, FS Schaub, S. 27; *Kempen/Zachert*, TVG, § 1, Rn. 691.

2063 BAG, AP Nr. 2 zu Art. 9 GG Arbeitskampf; *Kissel*, Arbeitskampfrecht, § 26, Rn. 128, 132; *Matthes*, FS Schaub, S. 480. In Frage kommen hierzu Öffnungsklauseln im Verbandstarifvertrag, deren Zulässigkeit an dieser Stelle ausdrücklich dahinstehen soll.

2064 *Wiedemann/Stumpf*, TVG, § 2, Rn. 86 a. E.

a. „Persönliche" Reichweite der Friedenspflicht des Verbandstarifvertrages

Die Umschreibung der „persönlichen" Reichweite legt bereits nahe, dass es um eine personelle Erweiterung oder Beschränkung der Friedenspflicht des Verbandstarifvertrages geht. Im Arbeitskampf um einen parallelen Firmentarifvertrag wird dem Verbandstarifvertrag denn auch von einer Ansicht jegliche Friedenswirkung abgesprochen. Eine weitere Meinung weist ihm eine absolute Friedenspflicht zu; andere berufen sich vermittelnd auf die bereits erörterte, relative Friedenspflicht.

aa. Keine Friedenspflicht des Verbandstarifvertrages

Soweit dem Verbandstarifvertrag jegliche Friedenspflicht abgesprochen wird, wird dies aus dem Willen der Gewerkschaft abgeleitet: Diese wolle mit dem Abschluss des Verbandstarifvertrages niemals bessere Arbeitsbedingungen in betriebsnahen Tarifverträgen ausschließen.[2065] Ein solcher Vertragswille könne den Gewerkschaften deshalb nicht unterstellt werden, weil in einem Verbandstarifvertrag Unternehmen unterschiedlichster Leistungskraft erfasst würden, der Verbandstarifvertrag aber an den schwächeren Unternehmen des Verbandes ausgerichtet sei.[2066] Nach dieser Ansicht kann auch bei bestehendem Verbandstarifvertrag in unbeschränktem Umfang ein Firmentarifvertrag gegen das Verbandsmitglied erstreikt werden.

bb. Absolute Friedenspflicht des Verbandstarifvertrages

Aber auch das genaue Gegenteil wird vertreten: So wird dem Verbandstarifvertrag eine über die relative Friedenspflicht hinausgehende Schutzwirkung unterstellt, die jeglichen Arbeitskampf um einen daneben existierenden Firmentarifvertrag unterbinde. Vom Verbandstarifvertrag gehe eine Schutzwirkung zugunsten des einzelnen Unternehmers aus. Aus dieser ergebe sich ein schützenswertes Vertrauen dahingehend, dass die wirtschaftlichen Daten des Verbandstarifvertrages während seiner Laufzeit einheitlich bestehen bleiben sollten.[2067] Die Verpflichtung der Gewerkschaft, während der Laufzeit des Verbandstarifvertrages keinen Firmentarifvertrag zu erstreiken, sei Konsequenz des eigenen Verbandstarifabschlusses. Die Gewerkschaft habe nämlich

---

[2065] *Däubler*, Tarifvertragsrecht, Rn. 296; *Kempen/Zachert*, TVG, 3. A., § 2, Rn. 101. Nunmehr aber wohl im Sinne der h.M. *Kempen/Zachert*, TVG, § 1, Rn. 702.

[2066] *Däubler*, Tarifvertragsrecht, Rn. 296; *Kempen/Zachert*, TVG, 3. A., § 2, Rn. 101.

[2067] *Lieb*, ZfA 1982, 113, 172; *ders.*, Arbeitsrecht, 8. A., Rn. 461; *Löwisch/Rieble*, FS Schaub, S. 470 f.; *Thüsing*, NZA 1997, 294, 295; *Wiedemann/Stumpf*, TVG, § 2, Rn. 86; wohl auch *Kissel*, Arbeitskampfrecht, § 26, Rn. 127 und Wiedemann-*Oetker*, TVG, § 2, Rn. 178.

ein Wahlrecht zwischen Firmen- und Verbandstarifvertrag, das sich aus § 2 Abs. 1 TVG ergebe. Schließe sie einen Firmentarifvertrag ab, gehe dieser jedem Verbandstarifvertrag wegen des Prinzips der Spezialität vor. Wähle sie aber den Verbandstarifvertrag, müsse sie auf ersetzende oder ergänzende Firmentarifverträge verzichten, da das Vertrauen des einzelnen Arbeitgebers in die vorhandenen wirtschaftlichen Daten schutzwürdiger sei.[2068]
Mit anderer Begründung kommt auch *von Hoyningen-Huene* zu einer letztlich absoluten Friedenspflicht des Verbandstarifvertrages gegenüber einem noch zu erkämpfenden Firmentarifvertrag. Nach *von Hoyningen-Huene* werde der einzelne Unternehmer durch die relative Friedenspflicht vor einem Firmenarbeitskampf geschützt, soweit der Verbandstarifvertrag eine konkrete Regelung treffe. Soweit der Verbandstarifvertrag jedoch schweige, helfe eine (lückenfüllende) Auslegung nicht weiter. In solchen „Zweifelsfällen" müsse wegen der tarifvertraglichen Richtigkeitsgewähr vielmehr davon ausgegangen werden, dass der bestehende Verbandstarifvertrag eine ausgewogene und daher abschließende Regelung treffe. Methodisch handele es sich um eine widerlegbare Vermutung. Eine streikweise Erzwingung solcher Regelungen in einem Firmentarifvertrag, die im Verbandstarifvertrag nicht enthalten seien, sei nicht möglich. Dies gelte allein dann nicht, wenn es um eine völlig neuartige Forderung gehe.[2069]

cc. Relative Friedenspflicht des Verbandstarifvertrages

Die weitaus überwiegende Meinung in Rechtsprechung[2070] und Lehre[2071] stellt dagegen auch hier auf die Relativität der Friedenspflicht ab. Soweit der Verbandstarifvertrag eine Sachfrage abschließend regele, stehe dem Arbeitskampf um einen Firmentarifvertrag die Friedenspflicht des Verbandstarifvertrages entgegen. Dies gelte jedoch nicht, wenn der Verbandstarifvertrag keine Regelung enthalte.[2072]

2068 *Wiedemann/Stumpf*, TVG, § 2, Rn. 86.

2069 *V. Hoyningen-Huene*, ZfA 1980, 453, 468.

2070 LAG Frankfurt a. M., LAGE Nr. 1 zu § 1 TVG Friedenspflicht; LAG Köln, NZA 1997, 327, 331; ArbG Bonn, NZA-RR 2002, 315, 317.

2071 *Bartz*, Friedenspflicht, S. 195; *Bauer*, FS Schaub, S. 44 ff.; *Becker*, AuA 2000, 18, 20; *Beuthien*, BB 1975, 477, 477; *Buchner*, DB 1970, 2074, 2076; *ders.*, DB 2001, Beilage 9 zu Heft 48, 1, 12 f.;*Gaul*, RdA 1966, 172, 176 f.; *Henssler*, ZfA 1998, 517, 534; *Heß*, DB 1975, 548, 550; *Jacobs*, ZTR 2001, 249, 254; MünchArbR-*Löwisch/Rieble*, § 255, Rn. 36; *Schleusener*, NZA 1998, 239, 240; *Stein*, RdA 2000, 129, 139; *Valentin*, Friedenspflicht, S. 76 ff.; *Wendeling-Schröder*, NZA 1998, 624, 628 f.; *Wiedemann/Stumpf*, TVG, § 2, Rn. 86; Wiedemann-*Oetker*, TVG, § 2, Rn. 177; *Wieland*, Firmentarifverträge, Rn. 209; *Zachert*, Sonderbeilage zu NZA 24/2000, 17, 23.

2072 Im Einzelnen gelten die oben herausgearbeiteten Grundsätze, 4. Teil B. I. 3.-5.

dd. Würdigung

Soweit vertreten wird, dass vom Verbandstarifvertrag im Verhältnis zum Firmentarifvertrag keine Friedenspflicht ausgehe, erklärt sich dies vor dem Hintergrund, dass die Vertreter dieser Ansicht ohnehin zu einer restriktiv auszulegenden Friedenspflicht neigen, wie dies bereits oben beschrieben und begründet abgelehnt wurde.[2073] Vielmehr handelt es sich bei der Frage, ob der Verbandstarifvertrag auch vor dem Arbeitskampf um einen parallelen Firmentarifvertrag schützen soll, um eine solche der personellen Reichweite, die vom schuldrechtlichen Teil des Tarifvertrages festgelegt wird. Die Auslegung des schuldrechtlichen Teils hat nach allgemeinen Regeln zu erfolgen, wobei entscheidend auf den Willen der Vertragsparteien i.S.d. §§ 133, 157 BGB abzustellen ist.[2074] Allerdings wird der schuldrechtliche Teil des Verbandstarifvertrages regelmäßig keine Vereinbarung beinhalten, die von der Friedenspflicht eine Ausnahme macht. Entsprechende Öffnungsklauseln sind aber nichtsdestotrotz vorstellbar. Folglich enthält der Verbandstarifvertrag auch hier eine Lücke, die eine ergänzende Auslegung notwendig macht.

Soweit dem Verbandstarifvertrag die Friedenspflicht gegenüber einer anderweitigen Regelung durch Firmentarifvertrag abgesprochen wird, wird einseitig auf den Willen der Gewerkschaften abgestellt, während die Interessen des Arbeitgebers und insbesondere seines Verbandes vollkommen außer Acht gelassen werden.[2075] Zweck des Tarifvertrages ist es doch gerade, durch die Festlegung der Arbeits- und Wirtschaftsbedingungen für seine Laufzeit eine verlässliche Kalkulationsgrundlage für den einzelnen Arbeitgeber zu schaffen.[2076] Demzufolge wird der Verbandstarifvertrag auch als Vertrag zugunsten Dritter qualifiziert, der seine Schutzwirkung in Form der Friedenspflicht zugunsten der Verbandsmitglieder entfaltet. Es ist kein *übereinstimmender* Wille der Vertragsparteien ersichtlich, der angeführt werden könnte, um die Friedenspflicht des Verbandstarifvertrages für eine Regelung durch einen parallelen Firmentarifvertrag abzuschwächen. Damit würde der Verbandstarifvertrag nur noch gegen den Arbeitskampf um einen abändernden Verbandstarifvertrag schützen; dies entspricht aber jedenfalls nicht dem Willen des Arbeitgeberverbandes. Der Gewerkschaft ist es deshalb zuzumuten, einen etwaigen Vorbehalt gegen die Friedenswirkung des Verbandstarifvertrages zu formulieren und zum Gegenstand der Verhandlungen zu machen. Nur dann wird auch

---

2073 Siehe 4. Teil B. I. 3.

2074 *Däubler*, Tarifvertragsrecht, Rn. 157; ErfK-*Franzen*, TVG, § 1, Rn. 95; *Gamillscheg*, Kollektives Arbeitsrecht Bd. I, S. 662 f.; MünchArbR-*Löwisch/Rieble*, § 279, Rn. 1.

2075 *Bartz*, Friedenspflicht, S. 194; *Jacobs*, ZTR 2001, 249, 254.

2076 In diese Richtung Wiedemann-*Oetker*, TVG, § 2, Rn. 178.

die Friedenspflicht ausgeschlossen.[2077] Folglich ergibt sich aus der Natur des Verbandstarifvertrages als Vertrag mit Schutzwirkung für Dritte, dass er gegenüber dem Verbandsmitglied in gleichem Maße Schutzwirkung entfaltet, wie dies gegenüber dem Verband als Tarifvertragspartei selbst geschieht.[2078] Aus dem gleichen Grund geht vom Verbandstarifvertrag aber auch keine weitere Schutzwirkung zugunsten des einzelnen Mitglieds aus, so dass auch eine letztlich absolute Friedenspflicht abzulehnen ist.[2079] Korrespondierend hierzu wurde oben bereits die Möglichkeit zur Vereinbarung einer absoluten Friedenspflicht abgelehnt.[2080] In Umkehr zur Argumentation bzgl. der Meinung, die dem Verbandstarifvertrag im Hinblick auf den Firmentarifvertrag jegliche Friedenspflicht abspricht, gilt hier, dass kein Grund ersichtlich ist, warum sich aus dem Verbandstarifvertrag ein stärkerer Schutz im Hinblick auf den Arbeitskampf um einen Firmentarifvertrag ergeben sollte, als dies in Bezug auf den Arbeitskampf um einen weiteren Verbandstarifvertrag der Fall ist.[2081] Auch durch Berücksichtigung von Vertrauensgesichtspunkten lässt sich kein anderes Ergebnis erzielen. Das Vertrauen des Verbandes kann einzig dahin gehen, dass der Verbandstarifvertrag in seinem Inhalt während seiner Laufzeit nicht verändert wird. Warum der einzelne Arbeitgeber ein darüber hinausgehendes Vertrauen habe sollte, erschließt sich nicht. Auch hier ist zu beachten, dass vom Verbandstarifvertrag zugunsten des einzelnen Arbeitgebers lediglich ein Drittschutz vermittelt wird.[2082] Ein schützenswertes Vertrauen des Arbeitgebers in die Daten des Verbandstarifvertrages kann nur in dem Umfang bestehen, in dem der Verbandstarifvertrag tatsächlich Daten vorgibt. Folglich nur in dem Umfang in dem eine sachliche Regelung getroffen wurde. Ein Vertrauen ergibt sich damit nur im Rahmen der relativen Friedenspflicht. Abzulehnen ist auch die Ansicht *v. Hoyningen-Huenes*. Die ergänzende Auslegung führt nämlich sehr wohl zum Ziel: Ausgehend vom Charakter des Verbandstarifvertrages als Vertrag zugunsten Dritter, der dem Verbandsmitglied als Drittem insoweit Schutz gewährt, als dies dem Verband zugesichert wird, heißt dies letztlich, dass die Friedenspflicht des Verbandstarifvertrages einzig sachlich, nicht aber persönlich beschränkt ist. Eine Vermutung, die Lücken im Tarifvertrag zu gewollten Lücken macht, begründet der hypothetische Vertragswille regelmäßig nicht. Damit ist der h. M. zu folgen.

2077 *Buchner*, DB 2001, Beilage 9 zu Heft 48, 1, 14.

2078 *Schleusener*, NZA 1998, 239, 240.

2079 *Schleusener*, NZA 1998, 239, 240.

2080 So auch *Bartz*, Friedenspflicht, S. 195; *Jacobs*, ZTR 2001, 249, 254. S. oben, 4. Teil B.

2081 *Bartz*, Friedenspflicht, S. 195; *Jacobs*, ZTR 2001, 249, 254.

2082 *Schleusener*, NZA 1998, 239, 240.

ee. Ergebnis

Ist dieselbe Gewerkschaft jeweils am Verbandstarifvertrag wie am Arbeitskampf um einen Firmentarifvertrag mit dem verbandsgebundenen Arbeitgeber beteiligt, ist sie – wenn die Friedenspflicht nicht ausdrücklich eingeschränkt wurde – am Arbeitskampf nur durch die relative Friedenspflicht gehindert, also in dem Umfang, in dem der Verbandstarifvertrag Regelungen trifft.

b. Sonderkonstellation: LAG Köln v. 14.06.1996, 4 Sa 177/96

Neben der Frage der „persönlichen" Reichweite der Friedenspflicht des Verbandstarifvertrages wird die Friedenspflicht des Verbandstarifvertrages dann in Zweifel gezogen, wenn sich der Arbeitgeber durch die Anerkennung des Verbandsbeitritts in Widerspruch zu seinem bisherigen tarifpolitischen (!) Verhalten begibt. Ein solcher Sonderfall wurde in der Konstellation gesehen, die das *LAG Köln* in seiner Entscheidung vom 14.06.1996 zu beurteilen hatte.[2083]

aa. Sachverhalt zu LAG Köln v. 14.06.1996, 4 Sa 177/96

Die beklagte Gewerkschaft führte gegen den – gewerkschaftseigenen – Arbeitgeber einen Arbeitskampf, gerichtet auf Abschluss eines Firmentarifvertrages. Der Arbeitgeber war zudem Mitglied im zuständigen Arbeitgeberverband, der mit der beklagten Gewerkschaft einen Verbandstarifvertrag abgeschlossen hatte, so dass dem Firmenarbeitskampf eigentlich die relative Friedenspflicht des Verbandstarifvertrages entgegengestanden hätte. Die Besonderheit dieser Konstellation war, dass der Arbeitgeber jahrelang freiwillig Firmentarifverträge abgeschlossen hatte. Den zuletzt abgeschlossenen hatte er gekündigt. Streitpunkt war damit, ob sich der Arbeitgeber trotz seines jahrelangen, andersläufigen tarifpolitischen Verhaltens auf die Friedenswirkung des Verbandstarifvertrages berufen konnte.

bb. Beurteilung des LAG Köln

Das *LAG Köln* bestimmte, dass in Fällen, in denen trotz Verbandsmitgliedschaft ein Arbeitgeber seit vielen Jahren Firmentarifverträge abschließe, der Abschluss des Verbandstarifvertrages durch die Gewerkschaft nicht beinhalten könne, dass die Gewerkschaft auf die Durchsetzung der Einhaltung des Firmentarifvertrages per Arbeitskampf verzichten wolle.[2084] Folglich könne

---

[2083] LAG Köln, NZA 1997, 327 ff.

[2084] LAG Köln, NZA 1997, 327, 332.

sich ein Mitglied, das jahrelang Firmentarifverträge abgeschlossen habe, erst dann auf die Friedenspflicht aus dem Verbandstarifvertrag berufen, wenn es rechtzeitig vor einem Neuabschluss des Verbandstarifvertrages klargestellt habe, dass es in Zukunft die Verbandstarifverträge anwenden wolle und keine Haustarifverträge abzuschließen gedenke.[2085] Erst nach einem solchen Hinweis des Arbeitgebers gehe die Gewerkschaft davon aus, dass die Friedenspflicht des Verbandstarifvertrages auch für den bisher durch Firmentarifvertrag gebundenen Arbeitgeber gelte. Dies ergebe sich aus einer Auslegung des Willens der Parteien des Verbandstarifvertrages und sei zudem interessengerecht: Die Gewerkschaft könne so den Verlust der besseren Rechte des Firmentarifvertrages beim Abschluss des Verbandstarifvertrages berücksichtigen.[2086]

Das *LAG Köln* sah sich zu dieser Überlegung gedrängt, weil es das Leerlaufen des Arbeitskampfrechtes der bei dem klagenden Arbeitgeber beschäftigten Gewerkschaftsmitglieder befürchtete. Diese würden durch die relative Friedenspflicht des Firmentarifvertrages an einer Teilnahme am Arbeitskampf um den Verbandstarifvertrag gehindert, könnten dessen Bedingungen folglich nicht beeinflussen, wären aber trotzdem gezwungen, die Maßgaben des Verbandstarifvertrages auf sich anzuwenden.[2087] Letztlich musste sich das *LAG Köln* aber nicht endgültig festlegen, da es sich um ein einstweiliges Verfügungsverfahren handelte und keine gefestigte Rechtslage bestand, so dass bereits ein Verfügungsanspruch entfiel. Zudem seien im konkreten Firmenarbeitskampf auch Streikziele denkbar gewesen, die nicht mit der relativen Friedenspflicht des Verbandstarifvertrages kollidierten.[2088]

cc. Würdigung

Die Entscheidung wird von einigen Stimmen in der Lehre befürwortet,[2089] wenn auch teilweise anders begründet. So wird angeführt, dass der Abschluss der Tarifverträge in der Vergangenheit einen Verzicht auf die Wirkungen des Verbandstarifvertrages darstelle und der Arbeitgeber sich zu seinem Verhalten in Widerspruch setze, wenn er sich später auf die Wirkung des Verbands-

---

2085 LAG Köln, NZA 1997, 327, 332; ArbG Bremen, AiB 2000, 119, 119 f.

2086 LAG Köln, NZA 1997, 327, 332.

2087 LAG Köln, NZA 1997, 327, 331 f.

2088 LAG Köln, NZA 1997, 327, 332.

2089 *Kissel*, Arbeitskampfrecht, § 26, Rn. 131; *Meyer*, NZA 2004, 366, 368; *Thüsing*, NZA 1997, 294, 295; Wiedemann-*Thüsing*, TVG, § 1, Rn. 888.

tarifvertrages berufe.[2090] Von anderer Seite wird das Ergebnis des *LAG Köln* mit Vertrauensgesichtspunkten begründet, ähnlich dem Vertrauen, dass der Arbeitgeber in die persönliche absolute Friedenspflicht des Verbandstarifvertrages habe.[2091]

Richtigerweise kommt es auch in diesem vermeintlichen Sonderfall allein auf die Auslegung des schuldrechtlichen Teils des Verbandstarifvertrages bzw. des Firmentarifvertrages an.[2092] Da diese keine ausdrücklichen Regelungen für diesen Fall vorsehen werden, ist auch hier eine lückenfüllende Auslegung nach den oben dargestellten Grundsätzen durchzuführen. Hierbei stellt das *LAG Köln* hinsichtlich des Willens der Vertragsparteien des Verbandstarifvertrages einseitig auf den Willen der Gewerkschaft ab. Auf den ebenfalls notwendigen, übereinstimmenden Willen des Arbeitgeberverbandes geht das Gericht nicht ansatzweise ein. Dessen Wille kann – mangels einer ausdrücklichen Regelung – doch nur dahin gehen, jedes seiner Mitglieder in den Schutzbereich der verbandstariflichen Friedenspflicht zu bringen. Ansonsten müsste der Verband den Austritt des Mitglieds befürchten, da dieses gar keine Vorteile aus dem Verbandstarifvertrag mehr hätte.[2093] Der Verband könnte seiner Aufgabe so nicht nachkommen. Dies ist für die Gewerkschaft auch erkennbar: Ist ihr Vertragspartner Mitglied im Verband, muss sie damit rechnen, dass er irgendwann auch den Verbandstarifvertrag zur Anwendung bringen könnte. Die Mitgliedschaft hätte ansonsten gar keinen Sinn. Dies ergibt sich erst recht in einem Verband, der eine OT-Mitgliedschaft anbietet. Daher kann auch kein schützenswertes Vertrauen der Gewerkschaft existieren; es wird durch die Mitgliedschaft im Verband ausgelöscht. Der Gewerkschaft ist

---

2090 Wiedemann-*Thüsing*, TVG, § 1, Rn. 888; *Kissel*, Arbeitskampfrecht, § 26, Rn. 131. In diese Richtung auch die Entscheidung des *LAG Frankfurt a. M.* vom 23.04.1985 (LAGE Nr. 1 zu § 1 TVG Friedenspflicht), in der ein Arbeitgeber zugleich Mitglied in zwei Verbänden war, aber nur einen Verbandstarifvertrag anwandte. Beide Verbandstarifverträge waren mit derselben Gewerkschaft abgeschlossen worden. Als er nun aus dem einen Verband seines bisherigen Tarifvertrages austrat und fortan die Bedingungen des bisher unbeachteten Verbandstarifvertrages auf sich anwendete, wollte die Gewerkschaft die Bedingungen des bisherigen Verbandstarifvertrages in einem Firmentarifvertrag ihm gegenüber zur Anwendung bringen. Der Firmentarifvertrag wäre dem Verbandstarifvertrag wegen des Grundsatzes der Spezialität vorgegangen. Das *LAG Frankfurt a. M.* stellte darauf ab, dass der Arbeitgeber konkludent auf die Friedenspflicht des Verbandstarifvertrages verzichte, wenn er andere Tarifverträge anwende. Zudem stelle das Verhalten des Arbeitgebers einen Verstoß gegen Treu und Glauben dar und beinhalte eine unzulässige Rechtsausübung.

2091 *Thüsing*, NZA 1997, 294, 295.

2092 Dies hat auch das *LAG Köln* erkannt und sein Ergebnis dementsprechend mit dem Willen der Gewerkschaft begründet, vgl. LAG Köln, NZA 1997, 327, 331.

2093 *Witt*, Firmentarifvertrag, S. 249, a. A. wohl *Kissel*, Arbeitskampfrecht, § 26, Rn. 131.

es darum auch hier zuzumuten, eine Beschränkung der Friedenspflicht zum Gegenstand des Verbandstarifvertrag zu machen.
Liegt also keine Einschränkung der Friedenspflicht des Verbandstarifvertrages vor, kann diese nur noch durch einen (konkludenten) Verzicht des Arbeitgebers ausgeschlossen werden. Da der Arbeitgeber bisher nur freiwillig Firmentarifverträge abgeschlossen hat, kann sein Wille aber nur dahin gehen, dass er ggf. weiterhin freiwillig Firmentarifverträge abschließt. Dass er durch den Abschluss freiwilliger Firmentarifverträge zu erkennen gibt, er werde sich bei einer zwangsweisen Durchsetzung eines Firmentarifvertrages nicht auf die Friedenswirkung des Verbandstarifvertrages berufen, ist nicht ersichtlich.[2094] Zudem muss es dem Arbeitgeber überlassen bleiben, wann er die innere Entscheidung trifft, weitere Firmentarifverträge nicht mehr abzuschließen. Einer ausdrücklichen Erklärung vor Neuabschluss des Verbandstarifvertrages bedarf es nicht. Vielmehr gilt auch hier der Grundsatz, dass der tarifgebundene Arbeitgeber durch die relative Friedenspflicht des Verbandstarifvertrages geschützt wird. Um von diesen Grundsätzen abzuweichen, ist eine gesonderte Begründung notwendig. Es kann jedoch nicht sein, dass der Arbeitgeber zusätzliche Handlungen vornehmen muss, um in den nach allgemeinen Grundsätzen bereits bestehenden Schutz zu gelangen.[2095] Die Konstruktion eines Verzichts bringt zudem die Folge mit sich, dass es dem Arbeitgeber zukünftig unmöglich wird, sich von der Bindung an Firmentarifverträge zu lösen.[2096]
Demgegenüber ist die Befürchtung des *LAG Köln*, das Arbeitskampfrecht der Gewerkschaftsmitglieder könnte ins Leere laufen, unbegründet. Diese sind nur für ein einziges Mal, und auch nur dann, wenn die Laufzeit des Verbandstarifvertrages über die des Firmentarifvertrages hinausgeht, an der Teilnahme am Verbandsarbeitskampf gehindert.[2097] Es liegt zudem in der Macht der Gewerkschaft, die Laufzeit der beiden Verträge zu koordinieren.
Etwas anderes könnte im Einzelfall dann gelten, wenn sich der verbandstarifgebundene Arbeitgeber bei einem Arbeitskampf um einen Firmentarifvertrag mehrfach nicht auf die Friedenspflicht des Verbandstarifvertrages beruft. Zu berücksichtigen ist dann aber, dass die vereinbarte Friedenspflicht als Bestandteil des Tarifvertrages Ausdruck der Koalitionsbetätigungsfreiheit i.S.d. Art. 9 Abs. 3 GG ist. Damit läge im Verzicht auf die eigentlich bestehende Friedenspflicht des Verbandstarifvertrages ein Grundrechtsverzicht. Dieser

2094 *Bartz*, Friedenspflicht, S. 196; *Schleusener*, NZA 1998, 239, 241.
2095 *Schleusener*, NZA 1998, 239, 241.
2096 Dies sieht auch das LAG Köln, NZA 1997, 327, 332.
2097 *Bartz*, Friedenspflicht, S. 196; *Schleusener*, NZA 1998, 239, 241.

kann zwar konkludent erfolgen; der auf den Grundrechtsverzicht gerichtete Wille müsste aber unzweideutig vorhanden sein.[2098] Dem könnte der Verbleib im Verband entgegenstehen. Dies gilt erst recht, wenn der Verband eine OT-Mitgliedschaft anbietet. Trotzdem ist im Einzelfall auch ein Verzicht auf die Friedenspflicht vorstellbar.[2099]

dd. Ergebnis

Auch wenn der verbandsgebundene Arbeitgeber jahrelang freiwillig Firmentarifverträge abgeschlossen hat, führt dies nicht dazu, dass er nicht mehr unter die Friedenswirkung des Verbandstarifvertrags fällt, wenn der Firmentarifvertrag endet. Der Arbeitskampf um den Firmentarifvertrag kann auch hier nur in dem Rahmen geführt werden, den die relative Friedenspflicht des Verbandstarifvertrages vorgibt.[2100]

2. Beteiligung zweier Gewerkschaften

Zuletzt ist in diesem Zusammenhang die vom Verbandstarifvertrag ausgehende Friedenspflicht anzusprechen, wenn eine zweite, am Verbandstarifvertrag nicht beteiligte Gewerkschaft an den Arbeitgeberverband herantritt und den Abschluss eines Firmentarifvertrages verlangt. Äquivalent zu den Äußerungen, die schon oben für die Beteiligung zweier Gewerkschaften gemacht wurden, ergibt sich aus dem vertraglichen Charakter der Friedenspflicht auch hier, dass sie den Arbeitskampf einer am Verbandstarifvertrag nicht beteiligten Gewerkschaft nicht behindert. Zu beachtende Folgen hat diese Konstellation erst im Arbeitskampf selbst. Der Arbeitgeber ist daran gehindert, solche Arbeitnehmer auszusperren, die in den personellen Geltungsbereich des bereits abgeschlossenen Verbandstarifvertrages fallen. Im Gegenzug ist die am Verbandstarifvertrag beteiligte Gewerkschaft verpflichtet, auf ihre Mitglieder dahingehend einzuwirken, nicht am Arbeitskampf um den Firmentarifvertrag teilzunehmen. Auch hier kann die Gewerkschaft gegenteiliges Verhalten ihrer Mitglieder sanktionieren.[2101]

2098 *Robbers*, JuS 1985, 925, 926; *Stern*, Staatsrecht III/2, S. 914.

2099 Darauf stellt auch *Witt*, Firmentarifvertrag, S. 248 ab.

2100 Vorbehaltlich eindeutiger Beschränkungen im schuldrechtlichen Teil des Verbandstarifvertrages.

2101 Vgl. auch *Witt*, Firmentarifvertrag, S. 246 f.

C. (Un-) Zulässigkeit des Firmenarbeitskampfes gegen den verbandsgebundenen Arbeitgeber

Behandeln die bisherigen Ausführungen allgemeine Probleme betreffend den Arbeitskampf um einen Firmentarifvertrag, soll nunmehr untersucht werden, ob der Firmenarbeitskampf konkret gegen den verbandsgebundenen Arbeitgeber zulässig ist.

Vorab sei betont, dass es im Folgenden nicht um die Frage der Zulässigkeit des Firmenarbeitskampfes gegen den verbandsgebundenen Arbeitgeber per se geht; allein der Arbeitskampf, den die bereits am Verbandstarifvertrag beteiligte Gewerkschaft gegen den verbandsangehörigen Arbeitgeber führt, steht im Mittelpunkt der Untersuchung. Unabhängig von den noch zu treffenden Ausführungen bleibt es einer weiteren Gewerkschaft unbenommen, in Umsetzung ihrer Betätigungsfreiheit den Abschluss eines Firmentarifvertrages gegenüber dem bereits verbandsgebundenen Arbeitgeber zu fordern.

Der Schwerpunkt der vorzunehmenden Prüfung liegt auf der verfassungsrechtlichen Ebene. Die wohl noch überwiegende Literaturmeinung[2102] und die

---

[2102] *Däubler*, Tarifvertragsrecht, Rn. 606 f.; ErfK-*Dieterich*, Art. 9 GG, 162; *Fischinger*, ZTR 2006, 518, 523 ff.; *Franzen*, ZfA 2005, 315, 338; *Gamillscheg*, Kollektives Arbeitsrecht Bd. I, S. 1006 f.; *Gaul*, RdA 1966, 172, 175; *Gohritz*, Abschluß von Firmentarifverträgen, S. 149 ff.; *Graf*, Tarifzuständigkeit, S. 283 f.; *Gumpert*, BB 1958, 1316, 1319; *Hensche*, RdA 1971, 9 ff.; *Henssler*, ZfA 1998, 517, 534 f.; *v. Hoyningen-Huene*, ZfA 1980, 453 ff.; *Jacobs*, ZTR 2001, 249, 252 f.; *Kempen/Zachert*, TVG, § 1, Rn. 700, § 2, Rn. 130; *Kissel*, Arbeitskampfrecht, § 26, Rn. 121; *Lauschke*, AuR 1965, 102 ff.; *Löwisch/Rieble*, FS Schaub, S. 469; MünchArbR-*Otto*, § 285, Rn. 66; *Oberberg/Schoof*, AiB 2002, 169, 182 f.; *Päuser*, Firmenarbeitskampf, S. 27 ff.; *Richardi*, JurA 1971, 141, 156 ff.; *Schaub*, Handbuch, § 199, Rn. 5; *Stein*, RdA 2000, 129, 139; *Valentin*, Friedenspflicht, S. 74 ff.; *Wendeling-Schröder*, NZA 1998, 624, 628; Wiedemann-*Oetker*, TVG, § 2, Rn. 173 ff.; *Wieland*, Firmentarifverträge, Rn. 208 f.; *Witt*, Firmentarifvertrag, S. 187 ff.; *Zabel*, AiB 1997, 431, 433; *ders.*, AiB 1998, 617, 617; *ders.*, AiB 2004, 638, 638; *Zachert*, Sonderbeilage zu NZA 24/2000, 17, 22 f.; *ders.*, DB 2001, 1198, 1202.

Dagegen *Bauer/Krieger*, NZA 2004, 1019, 1021; *Beuthien*, BB 1975, 477 ff.; *Boldt*, RdA 1971, 257 ff.; *Brox/Rüthers*, Arbeitskampfrecht, Rn. 137; *Buchner*, DB 1970, 2074, 2076 ff.; *ders.*, DB 2001, Beilage 9 zu Heft 48, 1 ff.; *Hanau/Adomeit*, Arbeitsrecht, Rn. 293; *Hanau/Thüsing*, ZTR 2002, 506, 509 f.; *Heinze*, NZA 1997, 2122, 2126; *Heß*, Betriebsnahe Tarifverträge, S. 53 ff.; *ders.*, ZfA 1976, 45, 63 ff.; *Kleinke/Kley/Walter*, ZTR 2000, 499, 503; *Krichel*, NZA 1986, 731 ff.; *Lieb*, DB 1999, 2058 ff.; *ders.*, Arbeitsrecht, 8. A., Rn. 460 ff.; *Reuter*, ZfA 1990, 535, 553; *ders.*, NZA 2001, 1097 ff.; *Richter*, ZTR 2004, 390 ff.; *Rolfs/Clemens*, DB 2003, 1678, 1678; *dies.*, NZA 2004, 410, 411 f.; *Sandmann*, RdA 2002, 246, 247; *Schleusener*, NZA 1998, 239, 241 ff.; *Suschet*, ZfA 2005, 581, 606 f.; *Thüsing*, Anm. zu BAG, AP Nr. 163 zu Art. 9 GG Arbeitskampf; *Zeppenfeld/Beyerlein*, EWiR 2003, 863, 864.

Instanzgerichte[2103] lehnen einen Verstoß gegen verfassungsrechtliche Gesichtspunkte ab und gehen davon aus, dass ein Firmentarifvertrag auch gegen den verbandsgebundenen Arbeitgeber erstreikt werden kann.
In einer ersten Entscheidung in diesem Zusammenhang hat das *BAG* sich am 04.05.1955 wie folgt geäußert:

„Allerdings ist ein Streik nicht deswegen rechtswidrig, weil der Arbeitgeberverband, dem der oder die bestreikten Betriebe angehören, sich Dritten (einer Gewerkschaft) gegenüber in einem Tarifvertrag verpflichtet hat, mit anderen Gewerkschaften keine tariflichen Abmachungen zu treffen. Weiter ist ein Streik auch deshalb nicht rechtswidrig, weil der bestreikte Arbeitgeber, der einem Arbeitgeberverband angehört, diesem gegenüber satzungsmäßig verpflichtet ist, keinen Firmentarifvertrag abzuschließen."[2104]

Diese Äußerung des *BAG* wird von einigen Stimmen dahingehend verstanden, dass der Arbeitskampf um einen Firmentarifvertrag auch gegen einen verbandsangehörigen Arbeitgeber zulässig sei.[2105] Das *BAG* selbst will seine Äußerung ebenfalls in diesem Sinne verstanden wissen.[2106] Dies ist jedoch nicht richtig: Die Entscheidung betrifft lediglich die Frage, ob die Verpflichtung gegenüber einem Dritten (einer zweiten Gewerkschaft oder dem Arbeitgeberverband) dem Firmenarbeitskampf entgegenstehen. Dass also „ersichtlich als selbstverständlich"[2107] davon ausgegangen worden sei, dass die Verbandszugehörigkeit dem Arbeitskampf nicht entgegenstehe, ist folglich schon deshalb falsch, weil es sich bei dieser Äußerung des *BAG* um ein obiter dictum handelt, das *BAG* also gar nicht umfassend zur vorliegenden Frage Stellung zu nehmen brauchte.[2108]

2103 Für die Zulässigkeit argumentieren LAG Düsseldorf, DB 1986, 807, 807 f.; LAG Hamm, NZA 1985, 743, 744; LAG Köln, NZA 1997, 327, 330 ff.; ArbG Bonn, NZA-RR 2002, 315, 317; ArbG Köln, AuR 1996, 158, 159; ArbG Wesel, DB 1985, 2051, 2051.
Dagegen ist aber das LAG Schleswig-Holstein, NZA-RR 2000, 143, 145 f.

2104 BAG, NJW 1955, 1373, 1373.

2105 LAG Hamm, NZA 1985, 743, 744; *Buchner*, RdA 2003, 363, 365; *Gumpert*, BB 1958, 1316, 1319; KassHdb. Arbeitsrecht-*Kalb*, 8.2, Rn. 133; *Löwisch/Rieble*, FS Schaub, S. 469 (Fn. 43); *Löwisch*, Arbeitskampf- und Schlichtungsrecht, 170.2, Rn. 7; MünchArbR-*Otto*, § 285, Rn. 66 (Fn. 146); *Rolfs/Clemens*, NZA 2004, 410, 411; *Wendeling-Schröder*, NZA 1998, 624, 628, Fn. 43.

2106 Vgl. BAG, NZA 2003, 734, 737. Unsicher hinsichtlich der Bedeutung dieser Entscheidung aber noch BAG, AP Nr. 64 zu Art. 9 GG Arbeitskampf.

2107 BAG, NZA 2003, 734, 737.

2108 So im Ergebnis auch *Bartz*, Friedenspflicht, S. 191 (Fn. 919); *Jacobs*, ZTR 2001, 249, 250; *Kleinke/Kley/Walter*, ZTR 2000, 499, 502 f.; *Krichel*, NZA 1986, 731, 731 („atypischer Sachverhalt"); *Lieb*, DB 1999, 2058, 2061.

Aus diesem Grund konnte das *BAG* die Frage nach der Zulässigkeit des Firmenarbeitskampfes gegen den verbandsgebundenen Arbeitgeber in seiner Entscheidung vom 25.09.1996 auch ausdrücklich offen lassen.[2109] In der Entscheidung vom 10.12.2002 hat es sich – allerdings wiederum in einem obiter dictum – dann für die Zulässigkeit des Firmenarbeitskampfes gegen den verbandsgebundenen Arbeitgeber entschieden.[2110] Zusammenfassend hat das *BAG* in dieser Entscheidung sowohl einen Verstoß gegen die Arbeitskampfparität als auch gegen die individuelle wie die kollektive Koalitionsfreiheit abgelehnt. Nichtsdestotrotz: Gegenstimmen zu dieser Entscheidung sind bereits laut geworden.[2111] Zudem hat das *BAG* sich lediglich in einem obiter dictum geäußert, so dass eine endgültige Entscheidung noch aussteht. Ein mit dieser Rechtsfrage befasstes *LAG* wäre folglich selbst dann noch verpflichtet, die Revision zuzulassen, würde es sich auf der vom *BAG* vorgezeichneten Linie bewegen.[2112] Wie sich im Folgenden noch zeigen wird, ist die Entscheidung des *BAG* vom 10.12.2002 zudem weit davon entfernt, unangreifbar zu sein.

I. Verstoß gegen den Grundsatz der Arbeitskampfparität

An erster Stelle ist ein Verstoß gegen den bereits erläuterten Grundsatz der Arbeitskampfparität zu diskutieren.[2113] Im Rahmen der Prüfung eines Verstoßes gegen diesen Grundsatz kann zum Großteil auf die bereits getroffenen Aussagen zurückgegriffen werden.

So wurde bereits oben im Hinblick auf die Frage der Arbeitskampffähigkeit des Einzelarbeitgebers eine grundsätzliche Disparität im Verhältnis von Einzelarbeitgeber und Gewerkschaft festgestellt.[2114] Diese Disparität konnte durch die Verbandszugehörigkeit des Arbeitgebers nicht aufgewogen werden – weder die unterstützende Verbandsaussperrung[2115] noch andere Unterstützungsmaßnahmen[2116] waren hierzu geeignet. Der Verstoß wurde für den ver-

---

[2109] BAG, NZA 1997, 613, 618.

[2110] BAG, NZA 2003, 734 ff. (737 f.)

[2111] Vgl. etwa *Bauer/Krieger*, NZA 2004, 1019, 1021; *Richter*, ZTR 2004, 390 ff.; *Rolfs/Clemens*, NZA 2004, 410 ff.; *Zeppenfeld/Beyerlein*, EWiR 2003, 863, 864. Wenngleich die Entscheidung auch Zustimmung gefunden hat, vgl. etwa *Blanke*, AuR 2004, 130 ff.; *Melot de Beauregard*, BB 2003, 1132, 1132; *Witt*, Firmentarifvertrag, S. 187 ff.; *Zachert*, FS Wißmann, S. 204 ff.

[2112] So zutreffend *Richter*, ZTR 2004, 390, 394; *Bauer/Krieger*, NZA 2004, 1019, 1021.

[2113] Im Einzelnen hierzu oben 2. Teil B. IV. 4. d. cc.

[2114] S. oben 4. Teil A. II. 2. b.

[2115] S. oben 4. Teil A. II. 2. c. aa.

[2116] S. oben 4. Teil A. II. 2. c. bb.

bandsangehörigen Arbeitgeber auch nicht durch verfassungsrechtliche Aspekte gerechtfertigt.[2117] Die bereits gefundenen Ergebnisse können an dieser Stelle übernommen werden.
Folglich kann die an einem Verbandstarifvertrag beteiligte Gewerkschaft Arbeitgeber, die diesem Tarifvertrag unterfallen, nicht auf den Abschluss eines parallelen Firmentarifvertrages in Anspruch nehmen. Ein solches Vorgehen verstieße gegen den Grundsatz der Arbeitskampfparität.[2118]

II. Art. 9 Abs. 3 S. 1 GG

Entgegen der hier vertretenen Ansicht lehnt der überwiegende Teil der Lehre sowie die Rechtsprechung einen Verstoß gegen den Grundsatz der Arbeitskampfparität ab. Anders stellt sich das Bild hinsichtlich eines möglichen Verstoßes gegen Art. 9 Abs. 3 S. 1 GG dar. Hier sind die für einen Verstoß votierenden Stimmen zumindest innerhalb der Lehre gleichgewichtig, wenn sie nicht gar überwiegen.[2119] Gewagt ist deshalb die bloße Behauptung, die wohl überwiegende Meinung lehne einen solchen Verstoß ab.[2120] Durch die Entscheidung des *BAG* vom 10.12.2002 überwiegt insgesamt jedoch die Ansicht, die einen Verstoß gegen das GG ablehnt. Obiter hat sich das *BAG* gegen einen Grundrechtsverstoß ausgesprochen.[2121] Seiner in diesem Zusammenhang äußerst mageren Argumentation soll deshalb auch ein besonderes Augenmerk gelten.
Der Verstoß gegen Art. 9 Abs. 3 S. 1 GG wird entsprechend der jeweiligen Schutzrichtungen in unterschiedlichster Form diskutiert: Sowohl ein Verstoß gegen die positive individuelle Koalitionsfreiheit des einzelnen bestreikten Arbeitgebers in Gestalt der Betätigungsfreiheit[2122], als auch ein Verstoß gegen die positive individuelle Koalitionsfreiheit der übrigen verbandsgebundenen Arbeitgeber[2123] so wie gegen die kollektive Koalitionsfreiheit des Arbeitgeberverbandes werden vorgebracht[2124].

2117 S. oben 4. Teil A. II. 2. d.

2118 So auch *Boldt*, RdA 1971, 257, 263 f.; *Brox/Rüthers*, Arbeitskampfrecht, Rn. 137; *Krichel*, NZA 1986, 731, 736; *Lieb*, DB 1999, 2058, 2063; *ders.*, Arbeitsrecht, 8. A., Rn. 463; *Richter*, Erstreikbarkeit, S. 201 f. aber offengelassen von *Richter*, ZTR 2004, 390, 394. In diese Richtung auch LAG Schleswig-Holstein, NZA-RR 2000, 143, 146; *Kleinke/Kley/Walter*, ZTR 2000, 499, 503.

2119 So auch *Lieb*, DB 1999, 2058, 2059.

2120 *Witt*, Firmentarifvertrag, S. 211.

2121 BAG, NZA 2003, 734, 738.

2122 S. hierzu unten, 4. Teil C. II. 2.

2123 S. hierzu unten, 4. Teil C. II. 3.

2124 S. hierzu unten, 4. Teil C. II. 4.

1. Schutzbereich des Art. 9 Abs. 3 S. 1 GG

Zum Grundrecht der Koalitionsfreiheit und seinem Inhalt wurden bereits oben grundlegende Aussagen getroffen.[2125] An dieser Stelle soll lediglich noch einmal hervorgehoben werden, dass es sich bei den oben aufgezeigten Erweiterungen des Schutzbereichs des Art. 9 Abs. 3 GG um Komplementärgewährleistungen handelt, die allein der effektiven Verwirklichung des eigentlichen Grundrechts des Einzelnen auf Bildung einer Koalition dienen.[2126] Folglich beruht die Betätigungsfreiheit des Einzelnen nicht auf der Betätigungsfreiheit der Koalition, gerade das Gegenteil ist der Fall.[2127] Die Koalitionsfreiheit sichert der Koalition diejenigen Grundrechte, die ihren Mitgliedern aus dem Einzelgrundrecht zustehen.[2128]

2. Verstoß gegen die individuelle Koalitionsfreiheit des Einzelarbeitgebers

Ausgehend vom individualrechtlichen Charakter des Art. 9 Abs. 3 S. 1 wird denn auch zunächst ein Verstoß gegen die Freiheit des einzelnen Arbeitgebers, sich koalitionsspezifisch zu betätigen, diskutiert.

a. Schutzbereich

Ein solcher Verstoß setzt voraus, dass der Schutzbereich der Norm eröffnet ist. In personeller Hinsicht ist dies nach den getroffenen Vorbemerkungen ohne weiteres der Fall. Der einzelne Arbeitgeber ist als Individuum sogar ursprünglicher Grundrechtsträger der Koalitionsfreiheit. Alles andere als eindeutig ist jedoch die sachliche Reichweite des Schutzbereiches.

aa. Sachlicher Schutzbereich eröffnet

In diesem Zusammenhang geht eine Meinung davon aus, dass der Zusammenschluss in einer Koalition nur dann Sinn mache, wenn damit die ausschließlich verbandstarifliche Interessenverfolgung bezweckt werde. So wie die Solidarisierung der Arbeitnehmer auf kollektiver Ebene dazu diene, ihre Unterlegenheit gegenüber dem jeweiligen Arbeitgeber auszugleichen, diene die Solidarisierung der Arbeitgeber im Gegenzug dazu, der neugewonnenen Stärke der Arbeitnehmerseite auf kollektiver Ebene, ein Gleichgewicht entge-

---

2125 S. 2. Teil A. II. 3. b. dd. (3) (a).

2126 S. oben, 2. Teil A. II. 3. b. dd. (3) (a).

2127 *Reuter*, RdA 2000, 101, 102; *Richardi*, Kollektivgewalt, S. 75; *Weiss*, Betriebsnahe Tarifverträge, S. 72 f.

2128 *Rüthers*, RdA 1968, 161, 175; *ders.*, JuS 1970, 607, 610; *Weiss*, Koalitionsfreiheit, S. 73. Siehe auch BVerfGE 4, 96, 101.

genhalten zu können.[2129] Dem einzelnen Arbeitgeber sei das nicht möglich. Wenn hier von Gleichgewicht gesprochen wird, so ist damit sowohl ein Verhandlungs- als auch ein Arbeitskampfgleichgewicht gemeint.[2130] Nach dieser Ansicht verfolgt der einzelne Arbeitgeber mit seinem Koalitionsbeitritt das Ziel, nunmehr allein über seinen Verband tarifvertraglich erfasst zu werden und im Arbeitskampf um einen solchen Tarifvertrag nicht alleine kämpfen zu müssen. Dieser Zweck des Verbandsbeitritts sei Bestandteil der individuellen Betätigungsfreiheit, da er sich im Verbandstarifvertrag verwirkliche.[2131] Der verbandsgebundene Arbeitgeber habe ein Recht darauf, ausschließlich einer durch den Verband ausgestalteten tariflichen Ordnung unterworfen zu sein.[2132] Flankierend könne für diese Zwecksetzung des Verbandsbeitritts das Paritätsprinzip fruchtbar gemacht werden. Danach müsse sichergestellt sein, dass nicht eine Tarifpartei der anderen von vorneherein ihren Willen aufzwingen könne,[2133] dies sei aber nur dann der Fall, wenn der überbetrieblich organisierten Gewerkschaft die arbeitgeberseitige Verbandsmacht entgegengehalten werden könne.[2134]

Von dieser Meinung ausgehend, wäre der sachliche Schutzbereich für den Fall des Firmenarbeitskampfes gegen einen verbandsgebundenen Arbeitgeber eröffnet, da das Ziel des Koalitionszusammenschlusses durch den auf einen

---

2129 LAG Schleswig-Holstein, NZA-RR 2000, 143, 146; *Bayreuther*, DB 2003, 1120, 1120; *Boldt*, RdA 1971, 257, 261 f.; *Buchner*, SAE 1998, 262, 266; *ders.*, RdA 2003, 363, 366; *Gohritz*, Abschluß von Firmentarifverträgen, S. 150 f.; *Hanau/Thüsing*, ZTR 2002, 506, 509; *Heinze*, DB 1997, 2122, 2126; *Lieb*, DB 1999, 2058, 2062; *ders.*, Arbeitsrecht, 8. A., Rn. 463; *Richardi*, JurA 1971, 141, 157; *Richter*, ZTR 2004, 390, 393; *ders.*, Erstreikbarkeit, S. 155 ff.; *Reichold*, BB 2005, 2814, 2817;*Reuter*, NZA 2001, 1097, 1099; *Rolfs/Clemens*, DB 2003, 1678, 1678; *dies.*, NZA 2004, 410, 412; *Sandmann*, RdA 2002, 246, 247; *Schleusener*, NZA 1998, 239, 242; *Weiss*, Betriebsnahe Tarifverträge, S. 59 f., 72 f.; wohl auch *Zachert*, Sonderbeilage zu NZA 24/2000, 17, 23; *Jacobs*, ZTR 2001, 249, 252. Ohne darauf einzugehen, ob der Schutzbereich des Art. 9 Abs. 3 GG durch den Arbeitskampf gegen den verbandsgebundenen Arbeitgeber verletzt ist, wohl auch *Gaul*, ZTR 1991, 443, 451; *Natzel*, SAE 2001, 43, 49.

2130 Vgl. auch *Lieb*, DB 1999, 2058, 2060.

2131 *Bayreuther*, DB 2003, 1120, 1120; *Rolfs/Clemens*, NZA 2004, 410, 412; *Schleusener*, NZA 1998, 239, 242; *Zeppenfeld/Beyerlein*, EWiR 2003, 863, 863.

2132 LAG Schleswig-Holstein, NZA-RR 2000, 143, 145; *Boldt*, RdA 1971, 259, 260 f.; *Brox/Rüthers*, Arbeitskampfrecht, Rn. 137; *Buchner*, DB 1970, 2074, 2077 f.; *ders.*, ZfA 1995, 95, 120; *Heß*, Betriebsnahe Tarifverträge, S. 121 ff.; *ders.*, ZfA 1976, 45, 63 ff.; *Krichel*, NZA 1986, 731, 732; *Lieb*, DB 1999, 2058, 2062 f.; *ders.*, Arbeitsrecht, 8. A., Rn. 463 f.; *Rolfs/Clemens*, DB 2003, 1678, 1678; *Schleusener*, NZA 1998, 239, 241 f.; *Weiss*, Betriebsnahe Tarifverträge, S. 72 f.

2133 Vgl. schon oben, 2. Teil B. IV. 4. d. cc.

2134 LAG Schleswig-Holstein, NZA-RR 2000, 143, 146; ArbG Kiel v. 14.03.2003, 5 Ga 10 b/03 (juris unter I. 1. c. der Gründe); *Lieb*, DB 1999, 2058, 2062.

Firmentarifvertrag mit einem Verbandsmitglied gerichteten Arbeitskampf vereitelt würde. Der so erkämpfte Firmentarifvertrag ginge dem Verbandstarifvertrag wegen der Grundsätze von Tarifkonkurrenz und –pluralität vor.

bb. Sachlicher Schutzbereich nicht eröffnet

Von anderer Seite, sowohl innerhalb der Lehre, als auch von Seiten der Instanzrechtsprechung, wird gegen den so verstandenen sachlichen Schutzbereich argumentiert.

(1) Lehre

Bloß behauptet wird von Teilen der Lehre, die Zwecksetzung der Arbeitgeberkoalition liege lediglich in der Egalisierung der Lohnbedingungen, um diese aus dem Wettbewerb zwischen den Unternehmen herauszunehmen,[2135] oder noch weitergehend darin, die Wirksamkeit der Arbeitnehmerkoalition zu erleichtern[2136].
Vertreten wird außerdem, dass sich die Aufgabe der Arbeitgeberverbände auf die Koordinierung und die Erzeugung der Solidarität unter den Arbeitgebern beschränke.[2137] Begründet wird diese Einschränkung mit Hinweis auf die koalitionsgeschichtliche Entwicklung. Die Gewerkschaften seien gegründet worden, um der Übermacht der Arbeitgeber entgegenzuwirken. Die Gründung von Arbeitgeberverbänden sei eine bloße Reaktion hierauf, nicht aber der strukturellen Unterlegenheit des einzelnen Arbeitgebers geschuldet.[2138] Als weiterer Grund für die beschränkte Aufgabe der Arbeitgeberverbände wird deren „strukturelle Andersartigkeit" gegenüber den Gewerkschaften angeführt. Diese komme in § 2 Abs. 1 TVG zum Ausdruck, der den einzelnen Arbeitgeber für tariffähig erkläre.[2139]
Die in § 2 Abs. 1 TVG erfolgte Ausgestaltung der Koalitionsfreiheit wird aber auch als eigenständiger Grund gegen die Eröffnung des sachlichen Schutzbereichs fruchtbar gemacht. Aus dieser Ausgestaltung ergebe sich, dass der Ar-

---

[2135] *Ramm*, RdA 1968, 412, 417.

[2136] *Arndt*, Festgabe für Kunze, S. 267.

[2137] *Hensche*, RdA 1971, 9, 12 f.; *Lauschke*, AuR 1965, 102, 107. Teilweise auf der Ansicht begründet, in Bezug auf Inhalt und Tragweite des Grundrechts stünden Arbeitgeber- und Arbeitnehmerseite nicht die gleichen Rechte zu (Vgl. etwa *Hensche*, RdA 1971, 9, 12).

[2138] *Dammann*, Tarifvertrag, S. 216 ff.; *Hensche*, RdA 1971, 9, 12 f. In diese Richtung auch *Ramm*, RdA 1968, 412, 417.

[2139] *Lauschke*, AuR 1965, 102, 107. Gänzlich ohne Angabe, welchem Zweck der Zusammenschluss zu einem Verband dienen möge, aber einen Verstoß gegen Art. 9 Abs. 3 GG pauschal ablehnend: *Kühling/Bertelsmann*, NZA 2005, 1017, 1018.

beitgeberverband keinen verfassungsrechtlichen Schutz vor dem Abschluss eines konkurrierenden Tarifvertrages habe, so dass dieser Schutz auch nicht dem Arbeitgeber zukommen könne.[2140] Die Erwägung, der Arbeitgeber trete dem Verband nur bei, um sich dessen Schutz zu unterstellen, und vertraue darauf, dass er der Gewerkschaft nicht mehr allein gegenüber treten müsse, sei darüber hinaus eine rein tariftaktische Überlegung.[2141]

Teilweise wird mit einem Vergleich zwischen dem einzelnen Arbeitnehmer und dem einzelnen Arbeitgeber argumentiert, um den Schutzbereich der individuellen Koalitionsfreiheit zu beschränken.[2142] Der Arbeitnehmer werde durch seine Koalitionszugehörigkeit bei (individualrechtlichen) Verhandlungen mit dem Arbeitgeber nicht geschützt. Dies müsse auch für den Arbeitgeber gelten, der deshalb nur insoweit von der Koalitionsfreiheit geschützt werde, als dies durch den vom Tarifvertrag garantierten Friedensbereich gewährleistet werde.[2143] Die Flucht in den Arbeitgeberverband dürfe dem Arbeitgeber deshalb keine weiterreichenden Vorteile gewähren, als der Arbeitnehmer durch den Beitritt zu einer Gewerkschaft erlange.[2144]

Zuletzt wird in systematischer Hinsicht gegen die Eröffnung des Schutzbereichs eingewandt, dass eine etwaige Schutzfunktion der Verbandsmitgliedschaft nicht in der individuellen Koalitionsfreiheit angesiedelt werden könne, sondern wenn sie existiere, der kollektiven Koalitionsfreiheit zuzuordnen sei.[2145] Dies ergebe sich daraus, dass nicht das einzelne Mitglied, sondern der Verband Schutz vor der Inanspruchnahme des sozialen Gegenspielers biete. Folglich könne das einzelne Mitglied lediglich an einer Schutzfunktion des Verbands partizipieren, diese stehe ihm aber nicht selbst zu. Sei die Schutzfunktion allein dem Verband zuzuordnen, so sei sie nicht Teil der Koalitionsbildungsfreiheit, sondern allenfalls seines Rechtes auf koalitionsspezifische Betätigung.[2146] Rein begrifflich falle es aber schwer, eine Funktion als Betätigung zu qualifizieren, da der Begriff der Funktion nicht an ein Verhalten, sondern an einen statischen Zustand anknüpfe.[2147] Folglich könne die Schutz-

---

2140 *Witt*, Firmentarifvertrag, S. 209 f.

2141 *Kissel*, Arbeitskampfrecht, § 26, Rn. 115.

2142 *Däubler*, Tarifvertragsrecht, Rn. 607; Däubler-*Peter*, TVG, § 2, Rn. 124; *Graf*, Tarifzuständigkeit, S. 283 f.; *Kempen/Zachert*, TVG, § 2, Rn. 132; *Lobinger*, RdA 2006, 12, 16; Wiedemann-*Oetker*, TVG, § 2, Rn. 174, deutlicher noch die Vorauflagen: Wiedemann-*Oetker*, TVG, 6. A, § 2, Rn. 132; *Wiedemann/Stumpf*, TVG, § 2, Rn. 84.

2143 *Graf*, Tarifzuständigkeit, S. 283 f.; Wiedemann-*Oetker*, TVG, 6. A, § 2, Rn. 132.

2144 *Graf*, Tarifzuständigkeit, S. 284; Wiedemann-*Oetker*, TVG, 6. A, § 2, Rn. 132.

2145 *Witt*, Firmentarifvertrag, S. 215.

2146 *Witt*, Firmentarifvertrag, S. 215.

2147 *Witt*, Firmentarifvertrag, S. 215.

funktion nur Folge einer bestimmten koalitionsspezifischen Tätigkeit sein. Als solche komme, um Schutz vor dem Arbeitskampf um einen konkurrierenden Firmentarifvertrag zu erlangen, allein der Abschluss von Tarifverträgen auf Verbandsebene in Betracht.[2148] Hieraus ergebe sich aber deshalb keine Schutzfunktion zugunsten der einzelnen Mitglieder, weil – bedingt durch die einfachgesetzliche Ausgestaltung des TVG – das Recht des Arbeitgeberverbandes, Verbandstarifverträge abzuschließen, von vornherein durch das Recht der Gewerkschaft, Firmentarifverträge abzuschließen, relativiert werde.[2149]

(2) Rechtsprechung

Auch die Instanzrechtsprechung wendet sich gegen die oben beschriebene Schutzfunktion des Arbeitgeberverbandes und die daraus resultierende Eröffnung des sachlichen Schutzbereichs der individuellen Koalitionsfreiheit. Argumentativ macht sie dies daran fest, dass die Gewerkschaft ein Recht auf freie Wahl des Tarifpartners habe. Sie müsse frei entscheiden können, ob sie einen Firmen- oder einen Verbandstarifvertrag abschließe.[2150] Art. 9 Abs. 3 GG schütze zwar das Recht des Arbeitgebers einer Koalition beizutreten, beinhalte aber für die Gewerkschaft nicht die Verpflichtung, nunmehr nur noch mit dieser Koalition Tarifverhandlungen zu führen.[2151]
Das *BAG* schließlich hat in seiner maßgeblichen Entscheidung vom 10.12.2002 nur unzureichend zur Reichweite des sachlichen Schutzbereiches der Koalitionsfreiheit Stellung genommen. Es beschränkt sich darauf, festzustellen, dass die Freiheit des Arbeitgebers, in seinem Verband zu verbleiben oder aus ihm auszutreten, regelmäßig nicht beeinträchtigt werde.[2152]
Auf diese Weise lässt es das Betätigungsrecht des einzelnen Mitglieds vollständig außen vor, ja erwähnt es nicht einmal, obwohl sich hieran die jahrelange Diskussion festmacht. Gleichzeitig reduziert das *BAG* so den Schutzbereich des Art. 9 Abs. 3 S. 1 GG für den einzelnen Arbeitgeber stillschweigend auf den Mitgliedsschutz.[2153] Dass sich der Schutzbereich des Art. 9 Abs. 3 S. 1 GG hierauf nicht beschränkt, wurde oben gezeigt und entspricht insbesondere der gesicherten Rechtssprechung des *BVerfG*.[2154] Das *BAG* weist allein dem Verband das Recht zur koalitionsspezifischen Betätigung zu und

---

[2148] *Witt*, Firmentarifvertrag, S. 215.
[2149] *Witt*, Firmentarifvertrag, S. 215 f.
[2150] ArbG Wesel, DB 1985, 2051, 2051.
[2151] ArbG Wesel, DB 1985, 2051, 2051.
[2152] BAG, NZA 2003, 734, 738.
[2153] *Buchner*, RdA 2003, 363, 366; *Richter*, ZTR 2004, 390, 392.
[2154] S. im Einzelnen oben, 2. Teil A. II. 3. b. dd. (3) (a). Im Ergebnis wie hier *Richter*, ZTR 2004, 390, 392.

übersieht dabei nicht nur, dass der Verband ein bloß abstraktes Gebilde ist, das ohne die einzelnen Mitglieder – speziell im Arbeitskampf – nicht handlungsfähig ist, sondern insbesondere, dass – selbst wenn man in Art. 9 Abs. 3 S. 1 GG ein „Doppelgrundrecht“[2155] sieht – die Koalitionsfreiheit ihrer eigentlichen Bestimmung nach ein Individualgrundrecht ist. Es überrascht daher nicht, wenn das *BAG* einen Verstoß gegen die individuelle Koalitionsfreiheit ablehnt. Das von ihm festgestellte Ergebnis, die Freiheit des Arbeitgebers in seinem Verband zu verbleiben oder aus ihm auszutreten, werde regelmäßig nicht beeinträchtigt,[2156] ist zweifelsohne richtig, doch gibt die Argumentation des *BAG* Anlass zu der Vermutung, dass es der eigentlichen Diskussion aus dem Weg gegangen ist, um das gewünschte Ergebnis nicht zu gefährden. Für die vorliegende Frage bleibt die Entscheidung jedenfalls ohne Belang. Auch die Entscheidung vom 04.05.1955,[2157] wollte man sie als einschlägig betrachten, gibt keinen Hinweis darauf, warum ein Verstoß gegen Art. 9 Abs. 3 S. 1 GG nicht vorliegt bzw. ob der Schutzbereich der Norm eröffnet ist oder nicht.

(3) Zwischenergebnis

Hält man den sachlichen Schutzbereich, wie er von der ersten Meinung umschrieben wurde, nicht für eröffnet, wird gegen die individuelle Koalitionsfreiheit nur dann verstoßen, wenn die Gewerkschaft versucht, den einzelnen Arbeitgeber zum Austritt aus dem Verband, zum Eintritt in den Verband oder zu einem bestimmten Verhalten innerhalb seines Verbandes zu veranlassen.[2158] Dies wäre konkret für jeden Einzelfall festzustellen. Schutz vor dem Arbeitskampf um einen Firmentarifvertrag erhielte der verbandsgebundene Arbeitgeber daher regelmäßig nur durch die Friedenspflicht des Verbandstarifvertrages.[2159].

cc. Würdigung

Einleitend wurde herausgearbeitet, dass nicht nur das Kollektiv, sondern in erster Linie das Individuum in seiner Freiheit, sich koalitionsspezifisch zu betätigen, vom Schutzbereich der Norm erfasst wird. Vom *BVerfG* für den einzelnen Arbeitnehmer bestätigt, gilt dies auch für den einzelnen Arbeitgeber, da dieser vom Schutzbereich der Koalitionsfreiheit in gleichem Maße erfasst

---

2155 So BAG, NZA 2003, 734, 738.

2156 BAG, NZA 2003, 734, 738.

2157 BAG, NJW 1955, 1373 f.

2158 *Schaub*, Handbuch, § 199, Rn. 5; *Valentin*, Friedenspflicht, S. 74 f.; Wiedemann-*Oetker*, TVG, § 2, Rn. 174.

2159 So ausdrücklich *Franzen*, ZfA 2005, 315, 338 f.

wird.[2160] Im Rahmen der Würdigung der dargestellten Argumente stellt sich also die Frage, welches Ausmaß die Betätigungsfreiheit des einzelnen Koalitionsmitglieds hat. Der Schutzbereich der Norm wäre eröffnet, wenn sich durch den Beitritt zu einer Koalition das rechtlich geschützte Interesse ergäbe, nur noch der durch den Verband gestalteten tariflichen Ordnung unterworfen zu sein.[2161]

Dies trifft zu. Der einzelne Arbeitgeber beabsichtigt mit dem Verbandsbeitritt, sich nicht mehr allein dem ungleichen Arbeitskampf gegen die Gewerkschaft stellen zu müssen. Im Verband mit seinesgleichen will er den Arbeitskampf einmal erdulden müssen, um anschließend hiervon verschont zu bleiben. Hierfür spricht auch die Möglichkeit einer OT-Mitgliedschaft. Diese wird von den meisten Arbeitgeberverbänden angeboten. Ginge es dem einzelnen Arbeitgeber nur um Unterstützung, Beratung oder ähnliches, könnte er die OT-Mitgliedschaft in Anspruch nehmen. Ein anderes Ergebnis widerspräche zudem der deutlichen, bereits oben benannten Rechtsprechung des *BVerfG*.[2162] Dieses hat die hier vertretene Ansicht in seiner Entscheidung vom 18.11.1954 bestätigt. Es führt wörtlich aus:

„Das Grundrecht der Koalitionsfreiheit betrifft nicht nur den Zusammenschluss als solchen, sondern den Zusammenschluss zu einem bestimmten Gesamtzweck, nämlich zu einer aktiven Wahrnehmung der Arbeitgeber- (Arbeitnehmer-) Interessen."[2163]

Etwas anderes machte auch keinen Sinn: Die Koalierung brächte dem Arbeitgeber andernfalls keinen Vorteil; sie diente einzig dazu, dem sozialen Gegenspieler einen zusätzlichen Verhandlungspartner zu sichern und so die Position der Gewerkschaft zu stärken.[2164] Freilich hätte der Zusammenschluss der Arbeitgeber noch die Möglichkeit und Aufgabe, das einzelne Mitglied im Firmenarbeitskampf zu unterstützen. Dass hierdurch aber dessen Verhandlungsposition „ganz beträchtlich" gestärkt würde,[2165] kann nach dem oben aufgezeigten Verstoß gegen die Arbeitskampfparität nicht mehr ernstlich behauptet werden.[2166] Zuzugeben ist der Gegenmeinung zwar, dass der Beitritt zum Arbeitgeberverband sicherlich tariftaktischer Natur ist,[2167] dies schließt es jedoch

---

[2160] BVerfGE, 84, 212, 224; BAGE (GS) 20, 175, 211.

[2161] So richtig *Hanau*, Der Arbeitgeber 1970, 404, 407; *Richter*, ZTR 2004, 390, 392 f.

[2162] Vgl. nur BVerfG, AP Nr. 16 zu Art. 9 GG.

[2163] BVerfGE 4, 96, 106.

[2164] *Buchner*, DB 1970, 2074, 2078; *Lieb*, DB 1999, 2058, 2062; *Rolfs/Clemens*, NZA 2004, 410, 412; *Zeppenfeld/Beyerlein*, EWiR 2003, 863, 864.

[2165] So aber *Witt*, Firmentarifvertrag, S. 216.

[2166] Vgl. zum Verstoß gegen die Arbeitskampfparität oben, 4. Teil A. II. 2.

[2167] *Kissel*, Arbeitskampfrecht, § 26, Rn. 115.

nicht aus, den Zweck des Beitritts dem Schutzbereich der Koalitionsfreiheit zuzuordnen, da dieser Ausdruck der individuellen Betätigungsfreiheit ist. Die Versuche, diesen Schutzzweck des Koalitionsbeitritts zu beschränken, haben dagegen keinen Erfolg.

Dies gilt zunächst für die Meinungen, die den Schutzzweck des Arbeitgeberzusammenschlusses auf die Egalisierung der Lohnbedingungen,[2168] darauf die Wirksamkeit der Arbeitnehmerkoalition zu erleichtern,[2169] oder auf die Koordinierung und die Erzeugung von Solidarität unter den einzelnen Arbeitgebern[2170] reduzieren wollen. Der Schutzzweck ließe sich nur dann beschränken, wenn sich dies aus dem Sinn und Zweck der Koalitionsfreiheit und der daraus resultierenden Tarifautonomie ergäbe.[2171] Die Tarifautonomie hat die selbstverantwortliche vertragliche Festlegung der Arbeitsbedingungen durch den Tarifvertrag zum Inhalt. Um die Richtigkeit der gefundenen Ergebnisse zu gewährleisten, setzt dies ein Machtgleichgewicht zwischen den Tarifpartnern voraus.[2172] Genau dieses Machtgleichgewicht besteht aber zwischen Arbeitnehmer- und Arbeitgeberverband, so dass sich hieraus keine Einschränkung des Schutzbereichs herleiten lässt.[2173] Die gegenteilige Behauptung, die Arbeitnehmerseite sei der Arbeitgeberseite unterlegen, ist heute vor dem Hintergrund der wirtschaftlichen Abhängigkeit und Verflechtung der Arbeitgeber untereinander unglaubwürdig.[2174]

Die reduzierte Schutzfunktion lässt sich auch nicht durch die vermeintliche strukturelle Andersartigkeit der Arbeitgeberverbände gegenüber den Gewerkschaften begründen. Für diese strukturelle Andersartigkeit lässt sich § 2 Abs. 1 TVG nicht fruchtbar machen. Es geht bei der Frage des Schutzbereichs um die Reichweite des Art. 9 Abs. 3 S. 1 GG; einfaches Gesetzesrecht ist aber nicht in der Lage, Verfassungsrecht einzuschränken.[2175]

Auch der Versuch, den Zweck des Zusammenschlusses und damit die individuelle Koalitionsfreiheit direkt mit Hinweis auf die Tariffähigkeit des einzel-

---

2168 *Ramm*, RdA 1968, 412, 417.

2169 *Arndt*, Festgabe für Kunze, S. 267.

2170 *Hensche*, RdA 1971, 9, 12 f.; *Lauschke*, AuR 1965, 102, 107.

2171 *Heß*, ZfA 1976, 45, 67.

2172 *Heß*, ZfA 1976, 45, 67; *Weiss*, Betriebsnahe Tarifverträge, S. 82 f.

2173 *Buchner*, DB 1970, 2074, 2077; *Heß*, ZfA 1976, 45, 67.

2174 *Buchner*, DB 1970, 2074, 2077. Vgl. auch schon oben, 4. Teil A II. 2.

2175 *Buchner*, DB 1970, 2074, 2078; *Graf*, Tarifzuständigkeit, S. 283; *Hanau*, Der Arbeitgeber, 1970, 404, 406; *Päuser*, Firmenarbeitskampf, S. 86; Wiedemann-*Oetker*, TVG, § 2, Rn. 175.

nen Arbeitgebers einzuschränken[2176] oder darauf zu verweisen, dass der Arbeitgeberverband, und in der Konsequenz der einzelne Arbeitgeber, wegen des § 2 Abs. 1 TVG keinen verfassungsrechtlichen Schutz vor dem Aschluss eines konkurrierenden Tarifvertrages habe,[2177] schlägt fehl. Hieran ist gleich mehreres falsch: Zum einen die bereits dargestellte, verfehlte Annahme, die verfassungsrechtlich gewährleistete Koalitionsfreiheit könne einfachgesetzlich eingeschränkt werden, zum anderen trifft das TVG überhaupt keine Regelung zur Behandlung von konkurrierenden Tarifverträgen,[2178] letztlich geht es vorliegend um die Frage, ob ein konkurrierender Firmentarifvertrag erstreikt werden darf. Hinsichtlich des Arbeitskampfes enthält § 2 Abs. 1 TVG aber keine Aussage.[2179]

Genauso wenig rechtfertigt der Vergleich zwischen dem einzelnen Arbeitnehmer und dem einzelnen Arbeitgeber die Beschränkung des Schutzbereichs.[2180] Es fehlt schon an einer vergleichbaren Situation, da Arbeitsvertrag und Haustarifvertrag gänzlich unterschiedliche Wirkungen haben. Stellvertretend genannt seien nur die Geltung des Günstigkeitsprinzips für den Arbeitsvertrag,[2181] während der Haustarifvertrag unabhängig von seinem Inhalt dem Verbandstarifvertrag immer vorgeht; oder die vom Haustarifvertrag ausgehende Friedenspflicht, die es dem Arbeitgeber unmöglich macht, an einem Verbandsarbeitskampf teilzunehmen, wohingegen der Arbeitsvertrag keine solche Wirkung hat.[2182] Auf die – bloß theoretische – Möglichkeit des Arbeitgeberverbandes, gegenüber der Gewerkschaft die Aufhebung des Firmentarifvertrages zu verlangen,[2183] kommt es in diesem Zusammenhang bereits deshalb nicht an, weil es sich dabei um reine Tarifpolitik, nicht aber um eine vergleichende Beurteilung der rechtlichen Wirkungen von Firmentarifvertrag und Arbeitsvertrag handelt. Zudem würden durch einen Vergleich zwischen Arbeitsvertrag und Haustarifvertrag individualrechtliche und kollektive Ebene vermischt werden.[2184] Unabhängig von diesem systematischen Argument trifft

---

[2176] Dagegen auch *Lieb*, DB 1999, 2058, 2060; *Reuter*, NZA 2001, 1097, 1098; Wiedemann-*Oetker*, TVG, § 2, Rn. 175.

[2177] *Witt*, Firmentarifvertrag, S. 209 f.

[2178] *Richter*, ZTR 2004, 390, 394.

[2179] S. oben, 4. Teil A. II. 1.

[2180] *Däubler*, Tarifvertragsrecht, Rn. 607; Däubler-*Peter*, TVG, § 2, Rn. 142, *Kempen/Zachert*, TVG, § 2, Rn. 132; Wiedemann-Oetker, TVG, 6. A, § 2, Rn. 132; *Wiedemann/Stumpf*, TVG, § 2, Rn. 84.

[2181] *Krichel*, NZA 1986, 731, 733.

[2182] *Reuter*, NZA 2001, 1097, 1098.

[2183] *Witt*, Firmentarifvertrag, S. 214.

[2184] *Buchner*, DB 2001, Beilage 9 zu Heft 48, 1, 13; *Päuser*, Firmenarbeitskampf, S. 87 f.; *Witt*, Firmentarifvertrag, S. 214.

Art. 9 Abs. 3 S. 1 GG auch gar keine Aussage zum Individualarbeitsrecht. Individualrechtlich ist der Arbeitnehmer vor dem Verhandlungsübergewicht des Arbeitgebers auch nicht schutzlos gestellt; er ist schon nicht gezwungen, einer Vertragsänderung zuzustimmen.[2185] Letztlich ist der einzelne Arbeitnehmer nicht tariffähig, so dass sich auch aus diesem Grund ein Vergleich verbietet.[2186] Aus den gleichen Gründen bleibt auch der Hinweis darauf, die Flucht in den Arbeitgeberverband könne dem Arbeitgeber keine weiterreichenden Vorteile gewähren als der Beitritt des Arbeitnehmers zu einer Gewerkschaft,[2187] ohne Auswirkung.[2188]

Ebenso wenig führt der Hinweis auf den fehlenden Verhandlungsanspruch der Gewerkschaft weiter. Aus dessen Fehlen resultiere, dass der Arbeitgeber umgekehrt keinen Anspruch darauf haben dürfe, dass nicht mit ihm verhandelt und nicht gegen ihn gestreikt werde.[2189] Die Gewerkschaft benötigt den Verhandlungsanspruch deshalb nicht, weil sie ihre Forderungen mittels eines Arbeitskampfes durchsetzen kann. Dass ihr das Recht zum Arbeitskampf immer und ohne Abstriche zusteht, ist damit aber nicht gesagt. Zudem werden mit dieser Argumentation tarifrechtliche und arbeitskampfrechtliche Ebene vermengt: Sicherlich hat der Arbeitgeber keinen Anspruch darauf, dass nicht mit ihm verhandelt wird. Mehr kann aus dem fehlendem Verhandlungsanspruch aber nicht abgeleitet werden; die Zulässigkeit des Arbeitskampfes ist hiervon zu trennen.[2190] Ob das Recht des Arbeitgebers besteht, nicht auf den Abschluss eines Firmentarifvertrages in Anspruch genommen zu werden, kann deshalb allein durch eine Abwägung der widerstreitenden Interessen, nicht aber durch eine Beschränkung der Schutzfunktion des Koalitionsbeitritts festgestellt werden. Im Rahmen der Abwägung ist das Recht der Gewerkschaft, ihre Interessen mittels eines Arbeitskampfes durchzusetzen, freilich in Ansatz zu bringen.

Auch soweit *Witt* den Zweck der Bildung des Arbeitgeberverbandes systematisch der kollektiven Koalitionsfreiheit zuschlägt und im weiteren einen Eingriff in diese kollektive Koalitionsfreiheit ablehnt, weil dem die einfachgesetzliche Ausgestaltung des TVG widerspreche,[2191] kann dem nicht zugestimmt werden. An dieser Argumentation ist soviel richtig, dass die Betäti-

---

2185 Kritisch zu diesem Argument auch *Lieb*, DB 1999, 2058, 2061.

2186 *Buchner*, DB 2001, Beilage 9 zu Heft 48, 1, 13; *Lieb*, DB 1999, 2058, 2061.

2187 Wiedemann-*Oetker*, TVG, 6. A, § 2, Rn. 132.

2188 *Lieb*, DB 1999, 2058, 2061.

2189 So aber Däubler-*Peter*, TVG, § 2, Rn. 124; *Kempen/Zachert*, TVG, § 2, Rn. 132.

2190 Zur grundsätzlichen Trennung von tarifrechtlicher und arbeitskampfrechtlicher Ebene bereits oben, 4. Teil A. II. 1.

2191 *Witt*, Firmentarifvertrag, S. 215 f.

gungsgarantien von Verband und Mitglied miteinander korrespondieren.[2192] Sie verliert aber die Natur der Koalitionsfreiheit als zunächst allein individuell ausgestaltetes Grundrecht aus den Augen. Die kollektive Koalitionsfreiheit wird nur um der individuellen Koalitionsfreiheit Willen gewährleistet.[2193] Dies erkennt zwar auch *Witt* an,[2194] die entsprechende Konsequenz zieht er jedoch nicht. Die Schutzbereiche der jeweiligen Gewährleistung von einander zu trennen, widerspricht der in erster Linie individuellen Natur des Grundrechtes. Insbesondere übersieht *Witt*, dass seine weitere Argumentation nicht den Schutzbereich des Grundrechtes betrifft, sondern vielmehr die Frage nach dessen Schranken. Ein Grundrecht von vornherein durch das Recht eines anderes zu beschränken,[2195] hieße, den Schutzbereich einseitig zu verkürzen und damit die Rechte der Gewerkschaft unbegründet in den Vordergrund zu stellen. Dies ist aber schon deshalb falsch, weil Arbeitgeber- und Arbeitnehmerseite gleichermaßen in den Genuss des Schutzes des Art. 9 Abs. 3 S. 1 GG kommen.[2196] Richtigerweise gehört die Frage des entgegenstehenden Rechts der Gewerkschaft auf Abschluss eines Firmentarifvertrages daher in die Beurteilung der praktischen Konkordanz der widerstreitenden Grundrechte,[2197] sollte ein Eingriff bejaht werden können. Für die Frage der bestehenden oder nicht bestehenden Schutzfunktion der Verbandsmitgliedschaft, lässt sie sich nicht fruchtbar machen. Erneut hilft auch der Rückgriff auf die Wertung des TVG nicht weiter: Zwar ist das TVG eine zulässige Ausgestaltung der Koalitionsfreiheit, doch ist es weder geeignet, diese einzuschränken, noch lässt sich aus dem TVG irgendein Hinweis auf die Schutzfunktion der Verbandsmitgliedschaft, die Frage der Tarifkonkurrenz oder des Arbeitskampfes entneh-

---

[2192] *Richter*, ZTR 2004, 390, 394.

[2193] BVerfGE 4, 96, 101; 17, 319, 333; 19, 303, 312; 28, 295, 304; BAG, AP Nr. 5, 10 zu Art. 9 GG; *Lieb*, DB 1999, 2058, 2060; *Reuter*, RdA 2000, 101, 102; Wiedemann-*Wiedemann*, TVG, Einl., Rn. 70 ff., sowie bereits oben 2. Teil A. II. 2. c. dd. (3) (a).

[2194] *Witt*, Firmentarifvertrag, S. 137.

[2195] *Witt*, Firmentarifvertrag, S. 215 f. formuliert: „Wegen der einfachgesetzlichen Ausgestaltung des Art. 9 Abs. 3 GG durch das TVG ist das verfassungsrechtlich geschützte Recht des Arbeitgeberverbandes, Verbandstarifverträge abzuschließen, von vornherein durch das ebenfalls verfassungsrechtlich geschützte Recht der Gewerkschaft, Firmentarifverträge abzuschließen, relativiert."

[2196] Dazu bereits oben, 2. Teil A. II. 3. b. dd. (3) (a).

[2197] LAG Schleswig-Holstein, NZA-RR 2000, 143, 146; *Bauer/Krieger*, NZA 2004, 1019, 1021; *Jacobs*, ZTR 2000, 249, 252 f.; *Richter*, ZTR 2004, 390, 394; *Schleusener*, NZA 1998, 239, 243; *Thüsing*, NZA 1997, 294, 294 f.; *Weiss*, Betriebsnahe Tarifverträge, S. 61; *Zachert*, Sonderbeilage zu NZA 24/2000, 17, 23.

men.[2198] Insofern ist allein Art. 9 Abs. 3 S. 1 GG ausschlaggebend.[2199]
Auch wenn man die Funktion der individuellen Koalitionsfreiheit mit *Henssler* darauf beschränken wollte, dass aus ihr nur das Recht des Mitglieds folge, nicht willkürlich von einem bestehendem Verbandstarifvertrag ausgeschlossen zu werden,[2200] spricht dies zumindest in der vorliegend zu beurteilenden Konstellation nicht gegen die Eröffnung der sachlichen Schutzbereichs. Tarifliche Sozialpläne zeichnen sich gerade dadurch aus, dass sie neben einem bereits bestehende Verbandstarifvertrag erstreikt werden sollen.
Letztlich führt auch die Argumentation der Instanzrechtsprechung nicht zu der erwünschten Reduzierung des Schutzbereichs des Art. 9 Abs. 3 S. 1 GG. *Lieb* wendet hiergegen richtig ein, dass die Berechtigung der Gewerkschaft zur freien Partnerwahl als Folge der Betätigungsfreiheit der Gewerkschaft mit der konkurrierenden Grundrechtsposition des Arbeitgebers in Einklang zu bringen gewesen wäre.[2201] Für die Frage der Reichweite des Schutzbereichs der Norm taugt diese Argumentation nicht. Vielmehr geht es, wenn man die entgegenstehende Betätigungsfreiheit der Gewerkschaft diskutieren will, um eine Frage der verfassungsrechtlichen Rechtfertigung.[2202]
Der Versuch, den Schutz der Koalitionsfreiheit auf den bloßen Mitgliedsschutz zu beschränken, schlägt daher fehl.[2203]

dd. Ergebnis

Art. 9 Abs. 3 S. 1 GG schützt damit auch den Zweck des Verbandsbeitritts. Dieser liegt in dem Ziel, nur noch vom Verbandstarifvertrag erfasst zu werden

---

2198 *Richter*, ZTR 2004, 390, 394; *Thüsing*, Anm. zu BAG, AP Nr. 163 zu Art. 9 GG Arbeitskampf.

2199 Vgl. auch *Lieb*, DB 1999, 2058, 2060.

2200 So aber *Henssler*, ZfA 1998, 517, 535.

2201 *Lieb*, DB 1999, 2058, 2062.

2202 *Lieb*, DB 1999, 2058, 2062.

2203 Etwas anderes könnte sich noch aus dem Tariftreuebeschluss des *BVerfG* ergeben. Im Vorfeld der Entscheidung wurde ein Verstoß gegen die negative Koalitionsfreiheit daraus hergeleitet, dass die positive Koalitionsfreiheit das Recht gewährleiste, vom Tarifvertrag erfasst zu werden. Im Umkehrschluss müsse daher die negative Koalitionsfreiheit das Recht gewährleisten, *nicht* vom Tarifvertrag erfasst zu werden (vgl. *Preis/Ulber*, NJW 2007, 465, 466). Da das *BVerfG* im genannten Beschluss einen Verstoß gegen die negative Koalitionsfreiheit abgelehnt hat (BVerfG, NZA 2007, 42, 43 f.), könnte hieraus der Schluß gezogen werden, dass die positive Koalitionsfreiheit gerade nicht das Recht erfasste, von einem Tarifvertrag erfasst zu werden. Dies ist aber deshalb abzulehnen, weil sich das Gericht überhaupt nicht mit den entsprechenden Argumenten auseinandergesetzt hat (Was freilich auf teils heftige Kritik in der Literatur gestoßen ist, vgl. etwa *Preis/Ulber*, NJW 2007, 465, 467; *Rieble*, NZA 2007, 1, 2 f.)

und den Arbeitskampf nur noch im Verbund mit den anderen Mitgliedern zu bestreiten. Der Schutzbereich der Norm ist folglich eröffnet, will die Gewerkschaft einen Firmentarifvertrag gegen den verbandsgebundenen Arbeitgeber erkämpfen.

b. Eingriff

Um einen Verstoß gegen Grundrechte zu begründen, muss ein Eingriff in deren Schutzbereich vorliegen. Für Eingriffe in das Grundrecht der Koalitionsfreiheit durch Private hält Art. 9 Abs. 3 GG in S. 2 den einzigen Fall der unmittelbaren Drittwirkung eines Grundrechtes bereit. Die Norm schützt damit nicht nur gegen Eingriffe des Staates, sondern auch gegen solche privater Personen.[2204]

aa. Anwendbarkeit des Art. 9 Abs. 3 S. 2 GG

Zunächst stellt sich die Frage der Anwendbarkeit des Art. 9 Abs. 3 S. 2 GG. Hieran könnten Zweifel bestehen. So wird von einer Meinung vorgetragen wird, dass S. 2 dann keine Anwendung finde, wenn und soweit das Verhalten der Koalition nach Art. 9 Abs. 3 S. 1 GG geschützt sei, die Koalitionsfreiheiten also wechselseitig kollidieren.[2205] Dies gelte insbesondere für die zur Koalitionszweckverfolgung erforderlichen Arbeitskampfmaßnahmen.[2206] Hier komme es lediglich zur regulären, mittelbaren Drittwirkung.

Der Wortlaut der Norm lässt sich für diese Einschränkung des Anwendungsbereichs des Art. 9 Abs. 3 S. 2 GG aber nicht fruchtbar machen. Dieser stellt nicht darauf ab, vor dem Hintergrund welchen Grundrechts die Abrede getroffen oder die Maßnahme durchgeführt wurde.[2207] Eine solche Einschränkung würde zudem den Anwendungsbereich der Drittwirkungsklausel in ganz erheblichem Maße reduzieren, schließlich sind es typischerweise die Koalitionen die solche Abreden treffen oder Maßnahmen durchführen. Es ist auch nicht „eklatant widersprüchlich“[2208], Freiheiten, die durch Art. 9 Abs. 3 S. 1 GG garantiert werden, wegen der beabsichtigten Wirkung für rechtswidrig zu

---

2204 BVerfGE 57, 220, 245; *Boldt*, RdA 1971, 257, 260; Bonner Kommentar-*Kemper*, GG, Art. 9, Rn. 278 f.; Dreier-*Bauer*, GG, Art. 9, Rn. 88; *Jarass/Pieroth*, GG, Art. 9, Rn. 31; v. Münch-*Löwer*, GG, Art. 9, Rn. 85; *Weiss*, Betriebsnahe Tarifverträge, S. 53.

2205 Bonner Kommentar-*Kemper*, GG, Art. 9, Rn. 280 f. Grds. auch *Krichel*, NZA 1986, 731, 734 der jedoch für den Fall des Arbeitskampfes um einen Firmentarifvertrag mit einem verbandsgebundenen Arbeitgeber Art. 9 Abs. 3 S. 2 GG für anwendbar hält.

2206 Bonner Kommentar-*Kemper*, GG, Art. 9, Rn. 280; *Krichel*, NZA 1986, 731, 734 mit Bezug auf BAG, AP Nr. 64, 65 zu Art. 9 GG Arbeitskampf.

2207 In diese Richtung auch *Witt*, Firmentarifvertrag, S. 202.

2208 Bonner Kommentar-*Kemper*, GG, Art. 9, Rn. 281.

erklären.[2209] Es geht um den Ausgleich widerstreitender Grundrechtspositionen unterschiedlicher Grundrechtsträger. Ob das fragliche Verhalten grundrechtlich garantiert ist, soll ja gerade noch festgestellt werden.[2210]
Auch die in Bezug genommenen Entscheidungen des *BAG* vom 10.06.1980 lassen sich nicht für eine gegenteilige Sichtweise heranziehen. Das *BAG* führt hierin aus, dass ein Abwehrkampfmittel, das der Wiederherstellung des Kampfgleichgewichts diene, nicht als koalitionsfeindliche Maßnahme i.S.d. Art. 9 Abs. 3 S. 2 GG zu bewerten sei.[2211] Damit sagt das *BAG* aber nicht, dass Art. 9 Abs. 3 S. 2 GG nicht anzuwenden sei, wenn Koalitionsfreiheiten wechselseitig kollidierten. Das genaue Gegenteil ist der Fall: Richtig verstanden verneint das *BAG* den Verstoß nicht deshalb, weil Art. 9 Abs. 3 S. 2 GG nicht angewandt werden kann, sondern gerade weil es Art. 9 Abs. 3 S. 2 GG angewandt hat und lediglich die hierfür notwendige subjektive Absicht fehlte. Die primäre Absicht des von ihm beurteilten Abwehrkampfes lag nicht in der Beeinträchtigung der gegnerischen Koalitionsfreiheit, sondern in der Wiederherstellung des Kampfgleichgewichts. Umgekehrt ist die Aussage des *BAG* zudem wie folgt zu verstehen: Ein Abwehrkampf, der nicht zur Wiederherstellung der Parität dient, kann sehr wohl gegen Art. 9 Abs. 3 S. 2 GG verstoßen.
Folglich ist für einen Eingriff in die Koalitionsfreiheit durch die Koalitionäre auf Art. 9 Abs. 3 S. 2 GG abzustellen.[2212]
Gem. Art. 9 Abs. 3 S. 2 GG sind Abreden, die das Recht auf Koalitionsfreiheit einschränken oder zu behindern suchen, nichtig, hierauf gerichtete Maßnahmen rechtswidrig. Einschränkende Abreden i.S.d. Norm müssen die Koalitionsfreiheit objektiv und effektiv einschränken.[2213] Behindernde Abreden oder auf eine Behinderung gerichtete Maßnahme müssen dagegen bewusst darauf abzielen, die Koalitionsfreiheit einzuschränken oder zu behin-

---

2209 In diese Richtung auch *Richter*, ZTR 2004, 390, 393 f.

2210 Im Ergebnis, freilich ohne dieses Problem anzusprechen, auch die h. M.: BAG, AP Nr. 66 zu Art. 9 GG Arbeitskampf; Dreier-*Bauer*, GG, Art. 9, Rn. 88 f.; *Hensche*, RdA 1971, 9, 11; MünchArbR-*Löwisch/Rieble*, § 245, 86 ff. (90 f.); v. Münch-*Löwer*, GG, Art. 9, Rn. 85 ff.; *Oberberg/Schoof*, AiB 2002, 169, 182; *Schleusener*, NZA 1998, 239, 243; *Weiss*, Koalitionsfreiheit, S. 53.

2211 BAG AP Nr. 64 zu Art. 9 GG Arbeitskampf unter A III 1; BAG, AP Nr. 65 zu Art. 9 GG Arbeitskampf unter A III 2.

2212 So im Ergebnis auch BAG, NZA 2003, 734, 738; LAG Hamm, NZA 1985, 743, 744; *Heß*, Betriebsnahe Tarifverträge, S. 123 f., 128 f.; *ders.*, DB 1975, 548, 549; *v. Hoyningen-Huene*, ZfA 1980, 453, 457 f.; *Richardi*, JurA 1971, 141, 156; *Schaub*, Handbuch, § 188, Rn. 6 f.; *Weiss*, Betriebsnahe Tarifverträge, S. 59; Wiedemann-*Oetker*, TVG, § 2, Rn. 176.

2213 Maunz/Dürig-*Scholz*, GG, Art. 9, Rn. 333; v. Münch-*Löwer*, GG, Art. 9, Rn. 86; *Weiss*, Betriebsnahe Tarifverträge, S. 60.

darauf abzielen, die Koalitionsfreiheit einzuschränken oder zu behindern.[2214] Diese Absicht muss nachzuweisen sein.[2215] Der Begriff der „Abreden“ meint nicht nur Verträge, sondern jede Art einer Vereinbarung.[2216] Teilweise wird davon ausgegangen, dass hiermit auch faktisches Verhalten gemeint ist, das den in Art. 9 Abs. 3 S. 2 GG diskriminierten Erfolg herbeiführt.[2217] Ob dem tatsächlich so ist, kann hier dahinstehen, da jedenfalls der Begriff der „Maßnahme“ faktisches Verhalten aber auch einseitiges Verhalten erfasst.[2218] Eine solche Maßnahme ist auch der Arbeitskampf (gerichtet auf den Abschluss eines Firmentarifvertrages).[2219]

Es stellt sich die weitergehende Frage, ob der Arbeitskampf, der auf den Abschluss eines Firmentarifvertrags mit einem verbandsgebundenem Arbeitgeber gerichtet ist, eine solche Maßnahme darstellt, die die Koalitionsfreiheit einzuschränken oder zu behindern sucht.

bb. Durch Herausbrechen aus dem Verband

Die hierfür notwenige Einschränkungs- oder Behinderungsabsicht wäre gegeben, wenn die Gewerkschaft das Ziel verfolgte, den Arbeitgeber aus seinem Verband herauszubrechen.[2220]

Aber selbst soweit dieser Ansatz vertreten wird, ist anerkannt, dass die Gewerkschaft den Arbeitgeber nicht primär angeht, um ihn aus dem Verband herauszulösen, sondern dass dies lediglich durch ihr eigentliches Ziel bedingt wird. Dieses liegt im Abschluss günstigerer Sonderregelungen für die Mitglieder,[2221] bzw. in der Vereinbarung einer betriebsnahen Lösung[2222]. Wird

---

2214 *Weiss*, Betriebsnahe Tarifverträge, S. 60 f. A. A. wohl *Richter*, Erstreikbarkeit, S. 171 ff.

2215 Bonner Kommentar-*Kemper*, GG, Art. 9, Rn. 285; *Weiss*, Betriebsnahe Tarifverträge, S. 61.

2216 Dreier-*Bauer*, GG, Art. 9, Rn. 88; a. A. Bonner Kommentar-*Kemper*, GG, Art. 9, Rn. 284.

2217 So Alternativkommentar-*Kittner*, GG, Art. 9, Rn. 80; v. Münch-*Löwer*, GG, Art. 9, Rn. 86.

2218 Dreier-*Bauer*, GG, Art. 9, Rn. 88; MünchArbR-*Löwisch/Rieble*, § 245, Rn. 94.

2219 *Boldt*, RdA 1971, 257, 260; Bonner Kommentar-*Kemper*, GG, Art. 9, Rn. 280; *Krichel*, NZA 1986, 731, 734; v. Münch-*Löwer*, GG, Art. 9, Rn. 79; *Weiss*, Betriebsnahe Tarifverträge, S. 59 ff.; *Witt*, Firmentarifvertrag, S. 200.

2220 In diese Richtung *Beuthien*, BB 1975, 477, 478; *Boldt*, RdA 1971, 257, 261 f.; *Brox/Rüthers*, Arbeitskampfrecht, Rn. 132; *Heß*, Betriebsnahe Tarifverträge, S. 124.

2221 *Boldt*, RdA 1971, 257, 262; *Graf*, Tarifzuständigkeit, S. 283; *Hensche*, RdA 1971, 9, 11; *v. Hoyningen-Huene*, ZfA 1980, 453, 458; *Weiss*, Betriebsnahe Tarifverträge, S. 61; Wiedemann-*Oetker*, TVG, § 2, Rn. 174.

2222 *Oberberg/Schoof*, AiB 2002, 169, 182.

also mit dem Firmenarbeitskampf nicht primär die Absicht verfolgt, den Arbeitgeber aus seinem Verband herauszulösen, ist dies vielmehr nur eine unabdingbare Folge des Firmenarbeitskampfes, kann darin keine subjektive Zielrichtung der Gewerkschaft i.S.d. Art. 9 Abs. 3 S. 2 GG erblickt werden.[2223] Entsprechend der Abrede, auf deren Abschluss sie gerichtet ist, verstößt nämlich auch die Maßnahme nur dann gegen Art. 9 Abs. 3 S. 2 GG,[2224] wenn sie nicht nur mittelbar die Koalitionsfreiheit beeinträchtigt, sondern dies direkt zum Ziel hat.[2225] Unterschiede man nicht danach, welche Absicht der Gewerkschaft im Vordergrund steht, wäre letztlich jede Arbeitskampfmaßnahme rechtswidrig, da diese immer auf die Schwächung der Gegners gerichtet ist.[2226] Anders könnte die Gewerkschaft das von ihr primär verfolgte Ziel gar nicht erreichen. Durch den Arbeitskampf selbst, bzw. durch den Abschluss eines Firmentarifvertrages, wird zudem die Verbandsmitgliedschaft nicht unmittelbar angetastet – es liegt weiter im Ermessen des Arbeitgebers, ob er Mitglied in seinem Verband bleibt.[2227]

Freilich ist für den Einzelfall nicht auszuschließen, dass ein Arbeitskampf als einschränkende oder behindernde Maßnahme i.S.d. Art. 9 Abs. 3 S. 2 GG zu qualifizieren ist. Voraussetzung ist allerdings eine hierauf gerichtete primäre Absicht der Gewerkschaft. Eine pauschale Vermutung hierfür besteht nicht.[2228] Eine solche Vermutung lässt sich nicht dadurch begründen, dass eine Einschränkungs- oder Behinderungsabsicht der Gewerkschaft nicht ohne weiteres festzustellen sein werde, weil die Gewerkschaft diese vermutlich nicht äußern werde.[2229] Eine derart pauschale Vermutung würde die Koalitionsfreiheit der Gewerkschaft in immensem Maße einschränken. Es ist deshalb notwendig, die Absicht der Gewerkschaft, bezogen auf den Einzelfall, konkret zu bestimmen.[2230]

2223 LAG Hamm, NZA 1985, 743, 744; LAG Köln, NZA 1997, 327, 330; *Hensche*, RdA 1971, 9, 11; *Heß*, ZfA 1976, 45, 68; *v. Hoyningen-Huene*, ZfA 1980, 453, 457 f.; *Stein*, RdA 2000, 129, 138; *Valentin*, Friedenspflicht, S. 75 f.; Wiedemann-*Oetker*, TVG, § 2, Rn. 174; *Wieland*, Firmentarifverträge, Rn. 208; *Witt*, Firmentarifvertrag, S. 206 f.

2224 Dazu MünchArbR-*Löwisch/Rieble*, § 245, Rn. 92.

2225 *Weiss*, Betriebsnahe Tarifverträge, S. 61.

2226 So *Krichel*, NZA 1986, 731, 735.

2227 *Witt*, Firmentarifvertrag, S. 207.

2228 *Lobinger*, RdA 2006, 12, 17; *Valentin*, Friedenspflicht, S. 75; *Witt*, Firmentarifvertrag, S. 207.

2229 *Beuthien*, BB 1975, 477, 478; *Krichel*, NZA 1986, 731, 734.

2230 BAG, NZA 2003, 734, 738; LAG Düsseldorf, DB 1986, 807, 807 f.; LAG Hamm, NZA 1985, 743, 744; *Hensche*, RdA 1971, 9, 11; *v. Hoyningen-Huene*, ZfA 1980, 453, 458; *Stein*, RdA 2000, 129, 138; *Witt*, Firmentarifvertrag, S. 207.

Die Gewerkschaft verfolgt nicht primär die Absicht, den Arbeitgeber aus dem Verband herauszubrechen, so dass die für Art. 9 Abs. 3 S. 2 GG erforderliche subjektive Zielrichtung fehlt.

cc. Vereitelung des Zwecks des Verbandsbeitritts[2231]

Die notwendige subjektive Absicht der Gewerkschaft könnte auch darin begründet sein, dass sie willentlich den Schutzzweck des Verbandsbeitritts zu beeinträchtigen versucht.
In dieser Hinsicht wurde bereits früh zu bedenken gegeben, dass sich die Koalitionsgarantie nicht auf die Möglichkeit des Arbeitgebers oder Arbeitnehmers beschränke, einer Koalition beizutreten oder nicht beizutreten, in ihr zu verbleiben oder nicht. Zu beachten sei vielmehr, dass auch die koalitionsmäßige Betätigung der Mitglieder geschützt werde. Hierzu gehöre insbesondere die Möglichkeit der gemeinsamen und gegenseitigen Interessenvertretung, „d.h. das gemeinsame durch den Verband ausgeübte Handeln gegenüber dem Sozialpartner"[2232].[2233] Dies entspricht dem oben nachgewiesenen Schutzzweck des Koalitionsbeitritts.[2234]
Diese gemeinsame Interessenvertretung werde durch die Erzwingung eines Firmentarifvertrages gegenüber dem verbandsangehörigen Arbeitgeber unmöglich gemacht. Der verbandsangehörige Arbeitgeber werde „dem Einflussbereich seiner Koalition entzogen und einer neuen, nicht mit der Schutzfunktion seiner Koalition ausgestatteten Ordnung unterstellt"[2235]. Dies widerspreche dem Schutzzweck des arbeitgeberseitigen Koalitionsrechtes. Dessen Aufgabe sei es gerade den einzelnen Arbeitgeber in der Tarifauseinandersetzung nicht allein zu lassen. Der Grund für den Zusammenschluss der Arbeitgeber liege darin, der Gewerkschaft nicht mehr alleine gegenübertreten zu müs-

---

[2231] *Witt*, Firmentarifvertrag, S. 208 ff. differenziert hier zwischen der Absicht der Gewerkschaft den Arbeitgeber aus seiner Tarifgemeinschaft herauszulösen und dem Verletzen der Schutzfunktion des Verbandes (ähnlich bereits *Richardi*, JurA 1971, 141, 157, 159, dagegen aber schon *Lieb*, DB 1999, 2058, 2060). Tatsächlich bedingt das Herauslösen aus der Tarifgemeinschaft die Verletzung der Schutzfunktion, so dass es unsinnig wäre, hier zu unterscheiden.

[2232] *Boldt*, RdA 1971, 257, 261.

[2233] *Buchner*, DB 1970, 2074, 2077.

[2234] S. oben, 4. Teil C. II. 2. a. dd.

[2235] *Boldt*, RdA 1971, 257, 261.

sen.[2236] Freilich könne gegen diese Schutzfunktion der Verbandsmitgliedschaft nur verstoßen werden, wenn der Arbeitgeber Mitglied in einem tarifwilligen Verband sei.[2237]

Ob die Gewerkschaft dieses Vorgehen aber tatsächlich beabsichtigt, wie es für einen Eingriff i.S.d. Art. 9 Abs. 3 S. 2 GG Voraussetzung ist, ist damit noch nicht gesagt. Will die Gewerkschaft einen verbandsgebundenen Arbeitgeber zum Abschluss eines Firmentarifvertrages zwingen, könnte es sein, dass man bei der Bestimmung ihrer dahinterstehenden Absicht unterscheiden muss: Wurde bereits ein Verbandstarifvertrag abgeschlossen, wird es ihr entweder um solche tariflichen Regelungsgegenstände gehen, die sie im Verbandstarifvertrag nicht durchsetzen konnte, oder es kommt nach Abschluss des Verbandstarifvertrages zu einer Situation, die eine gesonderte, im Verbandstarifvertrag bisher nicht geregelte Lösung benötigt.[2238] Dies könnte etwa der drohende wirtschaftliche Untergang des Unternehmens bzw. die Verlagerung des Betriebes ins Ausland sein, weshalb die Gewerkschaft versuchen könnte, einen tariflichen Sozialplan zu erstreiken.

Im ersten Fall umgeht die Gewerkschaft bewusst den Verband als Verhandlungspartner, um die auf Verbandsebene nicht erreichten Tarifziele gegen den vermeintlich schwächeren, allein dastehenden Arbeitgeber durchzusetzen. Geht es ihr dabei auch um die Durchsetzung von günstigeren Tarifzielen für ihre Mitglieder, geht es ihr doch in gleichem Maße auch darum, den Verband und den von diesem gebotenen Schutz zu umgehen. Das Durchbrechen des Schutzzweckes ist damit nicht mehr lediglich bloße Folge des Arbeitskampfes, sondern sein primäres Ziel.[2239] Anders könnte die Gewerkschaft die für ihre Mitglieder angestrebten günstigeren Tarifziele nicht erreichen. Folglich

---

2236 LAG Schleswig-Holstein, NZA-RR 2000, 143, 146; *Beuthien*, BB 1975, 477, 479; *Boldt*, RdA 1971, 257, 261; *Buchner*, DB 1970, 2074, 2078; *ders.*, DB 2001, Beilage 9 zu Heft 48, 1, 13; *ders.*, RdA 2003, 363, 366; *Heß*, Betriebsnahe Tarifverträge, S. 121 ff.; *ders.*, ZfA 1976, 45, 64 f.; *Kleinke/Kley/Walter*, ZTR 2000, 499, 503; *Krichel*, NZA 1986, 731, 732; *Lieb*, DB 1999, 2058, 2062; *Richter*, ZTR 2004, 390, 392; *Sandmann*, RdA 2002, 246, 247; *Schleusener*, NZA 1998, 239, 241 f.; *Weiss*, Betriebsnahe Tarifverträge, S. 72 f. In diese Richtung auch *Reuter*, NZA 2001, 1097, 1102 f.

2237 *Boldt*, RdA 1971, 257, 261.

2238 Von dem Fall, dass sie eine firmentarifliche Regelung erkämpfen will, die für ihre Mitglieder günstiger ist als die des Verbandstarifvertrages, soll abgesehen werden. Hier liegt bereits ein Verstoß gegen die Friedenspflicht des Verbandstarifvertrages vor. Der Arbeitskampf ist schon aus diesem Grunde rechtswidrig. Beispielsweise sehen vielerorts bereits Verbandstarifverträge Kündigungsschutzverbote vor; in einem Firmentarifvertrag noch günstigere Verbote zu erkämpfen wäre unzulässig.

2239 So auch *Boldt*, RdA 1971, 257, 262; *Krichel*, NZA 1986, 731, 734; a. A. aber *Kempen/Zachert*, TVG, § 2, Rn. 132.

liegt für diesen Fall die von Art. 9 Abs. 3 S. 2 GG vorausgesetzte Absicht vor, die Koalitionsfreiheit, hier in Form des Schutzzwecks des Koalitionsbeitritts, bzw. –zusammenschlusses, einzuschränken oder zu beeinträchtigen.
Auch in der zweiten Konstellation muss sich die Gewerkschaft vorwerfen lassen, die Schutzfunktion des Verbandsbeitritts bewusst umgehen zu wollen. Ein Unterschied in der Bewertung ergibt sich nicht, wenngleich die Absicht der Gewerkschaft in der ersten Konstellation deutlicher zu Tage tritt. Die Gewerkschaft hat in Kenntnis des Ziels des Verbandsbeitritts mit dem Arbeitgeberverband einen Verbandstarifvertrag geschlossen. Indem sie nunmehr einen Firmentarifvertrag erkämpfen will, umgeht sie den ihr bekannten Schutzzweck dieses Verbandsbeitritts. Darin liegt auch ihr primäres Ziel; der Verbandstarifvertrag genügt ihr nicht mehr, um die veränderte wirtschaftliche Situation zu regeln. Freilich auch hier will die Gewerkschaft günstigere und betriebsnähere Regelungen für ihre Mitglieder durchsetzen, doch anders als oben, steht neben diesem Primärziel die Umgehung des Schutzzwecks des Verbandsbeitritts als weiteres Primärziel. Die betriebsnahe Regelung lässt sich ohne die Umgehung des Schutzzwecks nicht erreichen, beide bedingen einander.[2240] Hierin liegt der Unterschied zu der Absicht den Arbeitgeber aus seinem Verband herauszubrechen. Dies bedingt der Abschluss eines Firmentarifvertrages eben nicht, weshalb die entsprechende Absicht konkret nachzuweisen wäre.
Für dieses Ergebnis spricht weiter, dass es absolut üblich ist, in einem Verbandstarifvertrag eine Öffnungsklausel zu vereinbaren, die eine gesonderte Regelung auch per Firmentarifvertrag zulässt, wenn ein Mitgliedsunternehmen in wirtschaftliche Schwierigkeiten kommt.[2241] Wurde eine solche Klausel vereinbart, hat die Gewerkschaft die Schutzfunktion des Verbandsbeitritts beachtet, da sich der Verband mit Abschluss des Tarifvertrages ausdrücklich mit einer etwaigen Regelung durch Firmentarifvertrag einverstanden erklärt hat. Die Erklärung des Verbandes ist seinen Mitgliedern zuzurechnen, so dass auch das einzelne Mitglied erklärt, dass der Schutzfunktion seines Verbands-

---

[2240] In diese Richtung auch LAG Schleswig-Holstein, NZA-RR 2000, 143, 145 f.; *Boldt*, RdA 1971, 257, 262; *Krichel*, NZA 1986, 731, 734 (Fn. 40); *Richter*, Erstreikbarkeit, S. 177; *Weiss*, Betriebsnahe Tarifverträge, S. 99 f.; *Witt*, Firmentarifvertrag, S. 209. I. E. genauso *Boldt*, RdA 1971, 257, 260 f.; *Heß*, Betriebsnahe Tarifverträge, S. 124.

[2241] Im Hinblick auf die durch die Globalisierung veränderten wirtschaftlichen Rahmenbedingungen dürfte die Arbeitgeberseite sogar am Abschluss solcher Öffnungsklauseln interessiert sein, die eine für sie günstigere Regelung erlauben, wenn das Unternehmen nicht genug Gewinn abwirft. Freilich wäre damit die ordnende Wirkung des Verbandstarifvertrages in erheblichem Maß gefährdet, da jedes Unternehmen seine Gewinnziele autonom festsetzt.

beitritts damit genüge getan wurde. Unterlässt die Gewerkschaft es, eine solche Klausel abzuschließen, und geht sie gegen den einzelnen Arbeitgeber vor, muss sie sich vorwerfen lassen, bewusst den Schutzzweck des Verbandsbeitritts einschränken oder behindern zu wollen.

Insbesondere hätte sie auch die Möglichkeit zum Abschluss eines firmenbezogenen Verbandstarifvertrages gehabt.[2242] Verhandlungspartner und auch Arbeitskampfgegner wäre der Arbeitgeberverband gewesen, auch wenn der personelle Geltungsbereich des Verbandes auf ein Unternehmen beschränkt gewesen wäre. Die Schutzfunktion des Verbandsbeitritts hätte sich so zumindest im Ansatz realisieren lassen.[2243] Indem die Gewerkschaft den Firmentarifvertrag wählt, verhindert sie bereits im Ansatz jegliche Chance auf Solidarisierung mit dem bestreikten Arbeitgeber.[2244]

Für jeden denkbaren Fall liegt damit eine gewollte Einschränkung oder zumindest Beeinträchtigung der Koalitionsfreiheit des verbandsgebundenen Arbeitgebers vor.[2245]

dd. Ergebnis

Damit liegt ein Eingriff in den Schutzbereich des Art. 9 Abs. 3 GG vor.

c. Rechtfertigung

Zu einem Verstoß gegen die Norm kommt es jedoch erst bei fehlender Rechtfertigung. Für eine solche wird erneut versucht, § 2 Abs. 1 TVG fruchtbar zu machen. Danach bedinge der Verbandsbeitritt nicht den Verlust der Tariffähigkeit, weshalb der Streik gegen einen verbandsangehörigen Arbeitgeber auf

---

2242 Für die Zulässigkeit des firmenbezogenen Verbandstarifvertrages: *Matthes*, FS Schaub, S. 483 f. Einschränkungen aber bei *Buchner*, DB 1970, 2025, 2030 ff.; *Heß*, DB 1975, 548, 550 f; *Zachert*, Sonderbeilage zu NZA 24/2000, 17, 22; *Zöllner/Loritz*, Arbeitsrecht, S. 382 f.

2243 In diese Richtung auch LAG Schleswig-Holstein, NZA-RR 2000, 143, 145; LAG Schleswig-Holstein, SAE 2004, 228, 229; ArbG Kiel v. 14.03.2003, 5 Ga 10 b/03 (juris unter II 1. c., d. der Gründe); *Bauer/Krieger*, NZA 2004, 1019, 1021; *Bayreuther*, DB 2003, 1120, 1120; *Hanau/Thüsing*, ZTR 2002, 506, 510; *Heß*, ZfA 1976, 45, 64; *Lieb*, DB 1999, 2058, 2064; *Meyer*, NZA 2004, 356, 356; *ders.*, ZTR 2005, 394, 395; *Schleusener*, NZA 1998, 239, 243; *Thüsing*, NZA 1997, 294, 294; dagegen aber *Rolfs/Clemens*, DB 2003, 1678, 1678 f.

2244 Ähnlich *Heß*, Betriebsnahe Tarifverträge, S. 124.

2245 Pauschal und ohne Begründung gegen einen Eingriff: *Kühling/Bertelsmann*, NZA 2005, 1017, 1018.

Abschluss eines Firmentarifvertrages rechtmäßig sei.[2246] Andernfalls würde der Zweck der Norm nur unvollständig verwirklicht. Die Grenze für den an sich zulässigen Streik liege allein in der relativen Friedenspflicht des Verbandstarifvertrages.[2247] Der bestreikte Arbeitgeber werde durch die Friedenspflicht des Verbandstarifvertrages auch ausreichend geschützt.[2248] Selbst wenn die Friedenspflicht nicht reiche, sei dem Schutzzweck des Koalitionsbeitritts genüge getan. Der Verband könne zu Abwehraussperrungen greifen, so dass der verbandsgebundene Arbeitgeber nicht schlechter dastehe als ein Außenseiterarbeitgeber.[2249]

In die gleiche Richtung zielt der Versuch der Rechtfertigung auf verfassungsrechtlicher Ebene. Es wird davon ausgegangen, dass das Recht des Arbeitgebers, nur noch von einem Verbandstarifvertrag erfasst zu werden, von dem Recht der Gewerkschaft auf Abschluss eines Firmentarifvertrages begrenzt werde.[2250] Dieses Recht der Gewerkschaft, einen zum Verbandstarifvertrag hinzutretenden Firmentarifvertrag abzuschließen, resultiere aus Art. 9 Abs. 3 S. 1 GG. Es sei Teil ihrer koalitionsspezifischen Betätigungsgarantie.[2251] Ohne das Mittel des Arbeitskampfes würden die Gewerkschaften in die Rolle eines Bittstellers gedrängt, so dass ihr verfassungsrechtlich garantiertes Recht auf Abschluss eines Firmentarifvertrages leer liefe.[2252] Zudem stelle nicht jeder Druck eine Verletzung der Koalitionsfreiheit dar, der Arbeitgeber könne auf die Unterstützung des Verbandes zurückgreifen.[2253] Eine inhaltliche Grenze finde die Zulässigkeit erst dort, wo der Verbandstarifvertrag bereits eine

---

2246 LAG Düsseldorf, DB 1986, 807, 807 f.; LAG Köln, NZA 1997, 327, 330; LAG Köln, ZTR 2002, 531, 531; ArbG Wesel, DB 1985, 2051, 2051; *Henssler*, ZfA 1998, 517, 535; *v. Hoyningen-Huene*, ZfA 1980, 453, 458; *Jacobs*, ZTR 2001, 249, 252; *Kissel*, Arbeitskampfrecht, § 26, Rn. 125; *Oberberg/Schoof*, AiB 2002, 169, 182; *Richardi*, JurA 1971, 141, 157; *Wieland*, Firmentarifverträge, Rn. 208. In diese Richtung auch *Lauschke*, AuR 1965, 102, 107; *Löwisch/Rieble*, FS Schaub, S. 469; *Wolter*, RdA 2002, 219, 226.

2247 BAG, NZA 2003, 734, 738; LAG Köln, ZTR 2002, 531, 531.

2248 *Jacobs*, ZTR 2001, 249, 253.

2249 *Jacobs*, ZTR 2001, 249, 253.

2250 *Witt*, Firmentarifvertrag, S. 210.

2251 LAG Schleswig-Holstein, SAE 2004, 227, 234 (für den firmenbezogenen Verbandstarifvertrag); ArbG Wesel, DB 1985, 2051, 2051; ArbG Hameln, AiB 2004, 574, 575; *Jacobs*, ZTR 2001, 249, 252; *Wolter*, RdA 2002, 219, 226; *Zabel*, AiB 1997, 431, 433; *Zachert*, Sonderbeilage zu NZA 24/2000, 17, 23. In diese Richtung auch LAG Niedersachsen, SAE 2004, 235, 239.

2252 LAG Schleswig-Holstein, SAE 2004, 227, 234 (für den firmenbezogenen Verbandstarifvertrag).

2253 *Kissel*, Arbeitskampfrecht, § 26, Rn. 125.

Regelung bereithalte.[2254] Der Gewerkschaft komme infolgedessen ein Recht auf freie Wahl ihres Tarifgegners zu.[2255] Hiermit korrespondiert die Aussage, der Arbeitgeber dürfe durch seinen Beitritt zum Arbeitgeberverband keine arbeitskampffreie Zone schaffen.[2256]

Letztlich wird behauptet, es werde in die Berufsfreiheit des Arbeitgebers eingegriffen, wenn der Arbeitskampf um einen Firmentarifvertrag verboten würde.[2257]

Hinsichtlich des Verweises auf § 2 Abs. 1 TVG ist erneut zu betonen, dass die Norm im Hinblick auf den Arbeitskampf keinen Aussagegehalt hat.[2258] Es ist auch unzutreffend, davon auszugehen, der Zweck des § 2 Abs. 1 TVG werde nur unvollständig verwirklicht. Dieser hat nämlich nur zum Inhalt, der Gewerkschaft in jedem Fall einen Koalitionspartner zu verschaffen. Eine jederzeitige Wahl zwischen den möglichen Tarifpartnern soll er der Gewerkschaft nicht eröffnen. Derjenige Arbeitgeber, der, aus welchen zu respektierenden Gründen auch immer, keinem Arbeitgeberverband angehört, soll sich der Erfassung durch einen Tarifvertrag nicht entziehen können.[2259] Durch den Verbandstarifvertrag ist der Mitgliedsarbeitgeber aber tariflich erfasst, so dass der Zweck des § 2 Abs. 1 TVG realisiert wird.[2260]

Soweit man schließlich unter dem Gesichtspunkt der verfassungskonformen Auslegung des § 2 Abs. 1 TVG darauf abstellt, dass der Gesetzgeber den einzelnen Arbeitgeber durch seinen Verbandsbeitritt nicht von dem Risiko freigestellt habe, von Gewerkschaftsseite auf Abschluss eines Firmentarifvertrages in Anspruch genommen zu werden,[2261] ist dies nur im Ansatz richtig. Richtig ist hieran, dass der Verbandsbeitritt die Tariffähigkeit nicht ausschließt und der Abschluss eines Firmentarifvertrages damit weiterhin möglich ist. Falsch ist es jedoch, daraus auf die Erkämpfbarkeit des Firmentarifvertrages zu schließen. Es hat sich gezeigt, dass Tariffähigkeit und Erkämpfbarkeit zu trennen sind.[2262]

2254 ArbG Hameln, AiB 2004, 574, 575.

2255 LAG Düsseldorf, DB 1986, 807, 807 f.; *Jacobs*, ZTR 2001, 249, 252.

2256 *Kissel*, Arbeitskampfrecht, § 26, Rn. 125.

2257 *Oberberg/Schoof*, AiB 2002, 169, 183.

2258 Vgl. bereits oben, 4. Teil A. II. 1.

2259 S. 2. Teil A. II. 3. b. dd.

2260 *Rolfs/Clemens*, DB 2003, 1678, 1679; *dies.*, NZA 2004, 410, 411.

2261 LAG Düsseldorf, DB 1986, 807, 807 f.; *Valentin*, Friedenspflicht, S. 75.

2262 Dazu oben, 4. Teil A. II. 1.

Zudem ist es auch an dieser Stelle falsch, den Normgehalt eines Grundrechtes durch eine einfachgesetzliche Vorschrift begrenzen zu wollen.[2263] Aus § 2 Abs. 1 TVG lässt sich daher kein Recht der Gewerkschaft ableiten, das im Wege einer praktischen Konkordanz mit der individuellen Koalitionsfreiheit des Arbeitgebers in Einklang zu bringen wäre. Auch der Hinweis auf einen Verstoß gegen die Berufsfreiheit des Arbeitgebers ist schon im Vorfeld einer praktischen Konkordanz abzulehnen. Wie diese beeinträchtigt werden soll, wenn es der Gewerkschaft verweigert wird, einen Firmentarifvertrag zu erstreiken, verschließt sich einer nachvollziehbaren juristischen Bewertung.
Folglich ist allein das Recht der Gewerkschaft auf Abschluss eines Firmentarifvertrages, resultierend aus ihrem Recht auf koalitionsspezifische Betätigung in Ansatz zu bringen. Bejaht man dieses Recht der Gewerkschaft, resultiert daraus die bereits erwähnte Möglichkeit der Gewerkschaft auf freie Partnerwahl. Diese ist im Wege einer praktischen Konkordanz mit der Koalitionsfreiheit des Arbeitgebers derart in Einklang zu bringen, dass beide Grundrechte bestmöglich verwirklicht werden können.
Man macht es sich aber zu einfach, wenn man in diesem Zusammenhang darauf abstellt, dass der Firmentarifvertrag zulässig sei und dies folglich auch für den auf ihn gerichteten Arbeitskampf gelten müsse, wobei die Wahl der Kampfebene wie der Kampfmittel zur Disposition der Gewerkschaft stünden.[2264] Dies hieße einseitig auf die gewerkschaftliche Betätigungsfreiheit abzustellen. Es ist zwar richtig, dass die Betätigungsfreiheit der Gewerkschaft auch den Abschluss und den Arbeitskampf um Firmentarifvertrag erfasst,[2265] ein unbegrenztes Streikrecht existiert jedoch nicht.[2266] Dem Arbeitskampf sind Grenzen gesetzt, die sich insbesondere aus gegenläufige Grundrechtspositionen ergeben können.[2267]
Soweit darauf verwiesen wird, die Gewerkschaften würden in die Rolle eines Bittstellers gedrängt, wenn ihnen das Recht auf den Arbeitskampf um einen konkurrierenden Firmentarifvertrag verweigert würde, knüpft diese Argumentation an den bekannten Ausspruch des *BAG* an, wonach Tarifverhandlungen ohne die Möglichkeit, die eigenen Forderungen notfalls mittels eines Arbeitskampfes durchzusetzen, in „kollektives Betteln"[2268] münden würden. Dies bedeutet aber nur, dass der Streik ein notwendiges Mittel zur Durchsetzung

---

2263 *Boldt*, RdA 1971, 257, 261; *Heß*, ZfA 1976, 45, 65; *Schleusener*, NZA 1998, 239, 242; *Weiss*, Betriebsnahe Tarifverträge, S. 77.
2264 So auch *Buchner*, RdA 2003, 363, 365.
2265 *Richter*, Erstreikbarkeit, S. 178.
2266 Vgl. BAG, AP Nr. 81 zu Art. 9 GG Arbeitskampf.
2267 So auch *Buchner*, RdA 2003, 363, 365; *Richter*, Erstreikbarkeit, S. 178.
2268 BAG, AP Nr. 65 zu Art. 9 GG Arbeitskampf.

der eigenen Rechte ist, über seine rechtliche Zulässigkeit wird hiermit nichts gesagt.[2269] Zudem wäre es falsch, davon auszugehen, den Gewerkschaften stehe ein Recht auf Abschluss eines Firmentarifvertrages zu.[2270] Die Koalitionsfreiheit garantiert in Umsetzung des Rechtes zur koalitionsspezifischen Betätigungsgarantie zwar den Abschluss von Tarifverträgen bzw. deren Durchsetzung per Arbeitskampf.[2271] Darin liegt aber lediglich die „Chance", nicht das Recht auf den Abschluss eines Tarifvertrages.[2272] Die Gewerkschaft hat nicht einmal einen Anspruch auf Verhandlungen;[2273] ein Anspruch auf Abschluss besteht damit erst recht nicht.[2274]

Man kann zur Rechtfertigung des Eingriffs in die individuelle Koalitionsfreiheit auch nicht darauf verweisen, dass nicht jeder Druck eine Verletzung der Koalitionsfreiheit darstelle bzw. dass der Arbeitgeber auf die Unterstützung seines Verbandes zurückgreifen könne. Unabhängig von der Intensität des Arbeitskampfdrucks wird der Schutzzweck des Verbandsbeitritts *immer* beeinträchtigt, wenn ein Firmentarifvertrag mit dem verbandsgebundenen Arbeitgeber erkämpft werden soll. Da es auf die Intensität des Drucks nicht ankommt, ist auch der Verweis auf die mögliche Hilfe des Verbands hinfällig. Zumal diese aufgrund der zweifelhaften Solidarität innerhalb des Verbandes ohnehin fragliche wäre.[2275]

Auch die Aussage, der Arbeitgeber dürfe durch seinen Beitritt zum Arbeitgeberverband keine arbeitskampffreie Zone schaffen,[2276] greift ins Leere. Bei dieser Aussage wurde nicht berücksichtigt, dass der Arbeitskampf kein Selbstzweck ist, sondern allein der Verwirklichung der Tarifautonomie dient.[2277] Es soll nur überhaupt eine, nicht eine bestimmte tarifliche Regelung geschaffen werden können. Dies ist mit dem konkurrierenden Verbandstarifvertrag aber bereits geschehen. Der Abschluss eines zusätzlichen Firmentarifvertrages ist zur Umsetzung der Tarifautonomie nicht mehr nötig. Dement-

---

2269 *Nicolai*, SAE 2004, 240, 251.

2270 LAG Schleswig-Holstein, SAE 2004, 227, 234 (in Bezug auf den firmenbezogenen Verbandstarifvertrag).

2271 Vgl. BVerfG, AP Nr. 117 zu Art. 9 GG Arbeitskampf.

2272 *Nicolai*, SAE 2004, 240, 251.

2273 BAG, AP Nr. 5 zu Art. 9 GG, BAG, AP Nr. 1 zu § 1 TVG Verhandlungspflicht; BAG, NZA 1989, 601, 603; *Kissel*, Arbeitskampfrecht, § 10, Rn. 2 m.w.N. A. A. Wiedemann-*Thüsing*, TVG, § 1, Rn. 216 ff. m.w.N.

2274 *Nicolai*, SAE 2004, 240, 251.

2275 *Brox/Rüthers*, Arbeitskampfrecht, Rn. 137. Siehe auch schon oben, 4. Teil A. II. 3. c. aa. (4).

2276 *Kissel*, Arbeitskampfrecht, § 26, Rn. 125.

2277 BVerfG, AP Nr. 117 zu Art. 9 GG Arbeitskampf; *Buchner*, DB 2001, Beilage 9 zu Heft 48, 1, 7; *Rolfs/Clemens*, DB 2003, 1678, 1679.

sprechend wird auch anerkannt, dass Art. 9 Abs. 3 GG den Gewerkschaften zwar das Recht zum Streik verleiht, dieses Recht den Gewerkschaften aber keineswegs mit einem inhaltlich unbegrenzten und unbegrenzbaren Handlungsspielraum verliehen wird.[2278] Die Funktionsfähigkeit des Tarifvertragssystems erfordert es daher nicht, der Gewerkschaft den Streik auch gegen bereits verbandstarifgebundene Arbeitgeber zu gestatten.[2279]

Letztlich kann der Eingriff auch nicht mit dem Hinweis auf den ausreichenden Schutz durch die verbandstarifliche Friedenspflicht bzw. mit dem Vergleich zum Außenseiterarbeitgeber gerechtfertigt werden. Dabei bliebe unberücksichtigt, dass der Verband es aus guten Gründen abgelehnt haben kann, eine bestimmte Regelung im Verbandstarifvertrag zu treffen; ggf. hat er diese Regelung sogar per Arbeitskampf verhindert.[2280] Es würde außer Acht gelassen, dass der einzelne Arbeitgeber mit seinem Verbandsbeitritt das Ziel verfolgt, der verbandstariflichen Ordnung unterworfen zu werden. Diese verbandstarifliche Ordnung besteht nicht nur in den getroffenen Regelungen, sondern auch in den nicht getroffenen. Den verbandsgebundenen Arbeitgeber in diesem Zusammenhang mit dem Außenseiterarbeitgeber zu vergleichen, ignoriert den Zweck des Koalitionsbeitritts schließlich zur Gänze. Der Arbeitgeber wollte der Gewerkschaft gerade nicht mehr allein gegenüberstehen. Ihn nunmehr wieder in die Ausgangssituation zu versetzen und dabei auf die – zweifelhafte – Unterstützung des Verbandes zu verweisen, verweigert dem Verbandsbeitritt letztlich irgendeine Wirkung und bedeutet nichts anderes, als dass der Verbandsbeitritt bzw. die Verbandsbildung allein dazu dient, der Gewerkschaft einen weiteren Verhandlungspartner zu bescheren. Dass dies aber falsch ist, wurde bereits nachgewiesen.[2281]

Diese Ausführungen beachtend, kann eine praktische Konkordanz der kollidierenden Koalitionsfreiheiten nur bedeuten, dass der Gewerkschaft der Firmenarbeitskampf gegen den verbandsgebundenen Arbeitgeber untersagt werden muss. Dies kann jedoch nicht damit begründet werden, dass der einzelne Arbeitgeber nicht die Möglichkeit habe, den sozialen Gegenspieler in Gestalt des einzelnen Arbeitnehmers zu isolieren, weshalb die Gewerkschaft auch ihn nicht isolieren dürfe.[2282] Darin läge ein unzulässiger Vergleich zwischen individualrechtlicher und kollektivrechtlicher Ebene. Richtig ist hingegen, dass

---

2278 BAG, AP Nr. 81 zu Art. 9 GG Arbeitskampf.

2279 *Buchner*, DB 1970, 2074, 2076 ff.; *ders.*, RdA 2003, 363, 366;

2280 Vgl. auch *Buchner*, DB 1970, 2074, 2078. Dagegen *Henssler*, ZfA 1998, 517, 535 allerdings ohne Begründung, der nunmehr einen Firmentarifvertrag ermöglichen möchte.

2281 S. oben, 4. Teil C. II. 2. a. cc.

2282 *Bauer/Krieger*, NZA 2004, 1019, 1021.

dem einzelnen Arbeitgeber das Recht zur Teilhabe an der Tarifgemeinschaft seiner Koalition entzogen würde, verwiese man ihn auf die rein formale Mitgliedschaft im Arbeitgeberverband.[2283] Dies bedeutete nichts anderes, als dass die Koalitionsfreiheit in ihrem rechtlichen Gehalt auf ein status negativus reduziert würde.[2284] Dass dies zum Schutz der Koalitionsfreiheit aber nicht ausreicht, hat die entgegenstehende Rechtsprechung des *BVerfG* gezeigt.[2285] Der erfolgreich ausgeübte Zwang zum Firmentarifvertrag wirkte sich zwangsläufig dahingehend aus, dass die Betätigungsfreiheit des Einzelnen nicht nur eingeschränkt, sondern dem Grundrechtsträger völlig entzogen würde.[2286] Im Extremfall könnte die Gewerkschaft sogar vollständig auf den Abschluss von Verbandstarifverträgen verzichten.[2287]
Eine einseitige Bevorzugung des Arbeitgebers liegt hierin nicht – dieser wird bereits über den Verbandstarifvertrag erfasst; die Gewerkschaft hatte es bei Abschluss des Verbandstarifvertrages in der Hand mögliche zukünftige Situationen zu regeln oder zumindest eine entsprechende Öffnungsklausel zu vereinbaren. Der Gewerkschaft bliebe zudem die Alternative des firmenbezogenen Verbandstarifvertrages.[2288] Ihre Betätigungsfreiheit wird damit letztlich nur auf ein anderes Mittel verwiesen, ohne dass der Schutzzweck des Verbandsbeitritts völlig entwertet würde.[2289] Tariftatsächlich ist dies ohnehin eine von den Gewerkschaft in gleichem Maße gewählte Methode, eine betriebsnahe Regelung zu erreichen.[2290]

d. Ergebnis

Im Streik gegen den verbandsgebundenen Arbeitgeber mit dem Ziel des Abschlusses eines Firmentarifvertrages liegt daher ein Verstoß gegen seine richtig verstandene, individuelle Koalitionsfreiheit. Dies gilt freilich nur dann, wenn es sich um einen tarifwilligen Arbeitgeberverband handelt.[2291]

2283 *Weiss*, Betriebsnahe Tarifverträge, S. 98.

2284 So auch *Weiss*, Betriebsnahe Tarifverträge, S. 98.

2285 S. dazu oben, 2. Teil A. II. 3. b. dd. (3) (a).

2286 *Weiss*, Betriebsnahe Tarifverträge, S. 74.

2287 *Bauer/Krieger*, NZA 2004, 1019, 1021.

2288 *Bayreuther*, DB 2003, 1120, 1120; *Brox/Rüthers*, Arbeitskampfrecht, Rn. 137; *Hanau/Thüsing*, ZTR 2002, 506, 510; *Richter*, Erstreikbarkeit, S. 181; *Schleusener*, NZA 1998, 239, 243; *Thüsing*, NZA 1997, 294, 294.

2289 *Bauer/Krieger*, NZA 2004, 1019, 1021.

2290 Vgl. die Fälle LAG Schleswig-Holstein, SAE 2004, 227 ff.; LAG Niedersachsen, SAE 2004, 235 ff.

2291 *Buchner*, DB 1970, 2074, 2078; *Heß*, Betriebsnahe Tarifverträge, S. 124; *Weiss*, Betriebsnahe Tarifverträge, S. 100.

3. Verstoß gegen die individuelle Koalitionsfreiheit der im Verbandstarif verbliebenen Arbeitgeber

Denkbar ist weiter ein Verstoß gegen die individuelle Koalitionsfreiheit derjenigen Arbeitgeber, die nach Abschluss des Firmentarifvertrages weiter der Geltung des Verbandstarifvertrages unterfallen.
Diskutiert wird in diesem Zusammenhang ein Verstoß gegen die Koalitionsbildungsgarantie.[2292] Dieser Verstoß ergebe sich aus der bereits in anderem Zusammenhang vorgetragenen Folge des Abschlusses eines Firmentarifvertrages mit einem verbandstarifgebundenen Arbeitgeber, die darin liege, dass die Schlagkraft des Verbandes erheblich geschwächt werde.[2293] Im äußersten Fall könne sie sogar ganz untergehen. Dies habe zur Folge, dass der Koalitionsschutz für die Mitglieder, die keinen Firmentarifvertrag abgeschlossen hätten, zum Erliegen komme.[2294]
Unabhängig von der Frage des eröffneten Schutzbereichs liegt aber jedenfalls kein Eingriff vor. Es fehlt an der subjektiven Zielrichtung. Die Gewerkschaft hat die bereits dargestellte Absicht, eine für ihre Mitglieder günstigere oder eine betriebsnahe Lösung zu erreichen.[2295] Dass daneben die Absicht steht, die Schlagkraft des Verbands zu schwächen, kann allenfalls im Einzelfall gelten; ist der Gewerkschaft aber jedenfalls nicht als primäre Absicht zu unterstellen, sondern wäre lediglich sekundäre Folge.[2296] Eine pauschale Vermutung, die Gewerkschaft wolle den Arbeitskampf zur Schwächung des Arbeitgeberverbandes führen, gibt es nicht.[2297]

4. Verstoß gegen die kollektive Koalitionsfreiheit des Arbeitgeberverbandes

Im Hinblick auf Art. 9 Abs. 3 S. 1 GG ist zuletzt noch ein Verstoß gegen die kollektive Koalitionsfreiheit des Arbeitgeberverbandes anzusprechen.

a. Bestandsschutz

Hier ist zunächst ein Verstoß gegen die Bestandsgarantie des Arbeitgeberverbandes denkbar. Ein solcher Verstoß wird in zweierlei Hinsicht vorgebracht. So werde der Arbeitgeberverband nach einer Ansicht durch den Abschluss des konkurrierenden Firmentarifvertrages in seinem Recht, die koalitions-

---

[2292] *Boldt*, RdA 1971, 257, 260.
[2293] *Boldt*, RdA 1971, 257, 260.
[2294] *Boldt*, RdA 1971, 257, 260.
[2295] S. dazu oben, 4. Teil C. II. 2. b. bb.
[2296] Auch insoweit schon oben, 4. Teil C. II. 2. b. bb.
[2297] Vgl. bereits oben, 4. Teil C. II. 2. b. bb.

rechtlichen Angelegenheiten seiner Mitglieder zu regeln, eingeschränkt. Mittelbar werde der Verband so in seinem Bestandschutz verletzt.[2298]
Ein Verstoß gegen die Bestandsgarantie des Arbeitgeberverbandes ergebe sich aber auch deshalb, weil der Arbeitgeberverband durch den Verlust des aus der Tarifgemeinschaft herausgelösten Arbeitgebers unweigerlich an Anziehungskraft verliere. Er werde daran gehindert, die Interessen für alle seine Mitglieder wahrzunehmen, so dass weiterer Mitgliederverlust drohe.[2299] Teilweise wird dieser Verstoß von einer Ausbreitung der Regelung durch Firmentarifverträge abhängig gemacht.[2300]
Hinsichtlich eines solchen Verstoßes gilt zwar, dass der Bestand der Arbeitgeberkoalition vom sachlichen Schutzbereich des Art. 9 Abs. 3 S. 1 GG erfasst wird[2301] und der Verband selbst – seine Qualifizierung als Koalition i.S.d. Art. 9 Abs. 3 S. 1 GG vorausgesetzt – in den personellen Schutzbereich der Koalitionsfreiheit fällt.[2302] Ein Eingriff wird aber auch hier allenfalls im Ausnahmefall zu bejahen sein.
Wie schon oben gilt nämlich auch hier, dass sich ein Eingriff an den Voraussetzungen des Art. 9 Abs. 3 S. 2 GG messen lassen muss. Für die Rechtswidrigkeit des auf Abschluss des Firmentarifvertrages gerichteten Arbeitskampfes käme es deshalb auf die subjektive Zielrichtung der Gewerkschaft an. Wie oben ist es aber auch hier vorherrschende Absicht der Gewerkschaft die Arbeitsbedingungen ihrer Mitglieder zu verbessern.[2303] Die damit einhergehende Folge der Schwächung des Arbeitgeberverbandes wird zwar durch den Firmenarbeitskampf bedingt, ist aber von der Gewerkschaft allenfalls im Ausnahmefall intendiert, so dass die Voraussetzungen eines Eingriffs i.S.d. Art. 9 Abs. 3 S. 2 GG in der Regel nicht verwirklicht sind.[2304] Auf bloße Folgen der

---

2298 *Brox/Rüthers*, Arbeitskampfrecht, Rn. 137.

2299 *Boldt*, RdA 1971, 257, 262; *Heß*, ZfA 1976, 45, 69; *Krichel*, NZA 1986, 731, 733; in diese Richtung auch *Hanau*, Der Arbeitgeber 1970, 401, 407.

2300 *Boldt*, RdA 1971, 257, 262.

2301 BVerfGE 28, 295, 304; 57, 220, 245; BAG, AP Nr. 49 zu Art. 9 GG; *Boldt*, RdA 1971, 257, 262; v. Münch-*Löwer*, GG, Art. 9, Rn. 80.

2302 Wenn man die Koalitionsfreiheit nicht als Doppelgrundrecht ansieht, so eröffnet sich der personelle Schutzbereich für die Koalitionen jdf. im Hinblick auf Art. 19 Abs. 3 GG, vgl. dazu schon oben, 2. Teil A. II. 3. b. dd. (3) (a).

2303 S. 4. Teil C. II. 2. b. bb.

2304 LAG Düsseldorf, DB 1986, 807, 807 f.; LAG Köln, NZA 1997, 327, 330; ArbG Wesel, DB 1985, 2051, 2051; *Dammann*, Tarifvertrag, S. 214; *Hensche*, RdA 1971, 9, 11; v. *Hoyningen-Huene*, ZfA 1980, 453, 464; MünchArbR-*Otto*, § 285, Rn. 66; *Richardi*, JurA 1971, 141, 156 f.; *Schleusener*, NZA 1998, 239, 242 f.; *Stein*, RdA 2000, 129, 138; *Valentin*, Friedenspflicht, S. 75 f.; *Weiss*, Betriebsnahe Tarifverträge, S. 60 f.; Wiedemann-*Oetker*, TVG, § 2, Rn. 174; *Witt*, Firmentarifvertrag, S. 201.

Maßnahme kann es nicht ankommen, da im Extremfall sonst alle Arbeitskampfmaßnahmen dem Eingriffsbegriff des Art. 9 Abs. 3 S. 2 GG unterfielen.[2305] Wie oben verbietet sich zudem auch hier die pauschale Vermutung, die Gewerkschaft wolle den Arbeitskampf zur Schwächung des Arbeitgeberverbandes führen. In der pauschalen Vermutung dieser Absicht läge eine zu weitgehende Einschränkung der Koalitionsfreiheit der Gewerkschaft, deren Befugnis zum Abschluss von Firmentarifverträgen grundsätzlich Teil ihres Rechts auf koalitionsspezifische Betätigung ist. Zu weitgehend wäre es auch, eine „rechtstatsächliche Vermutung gegen eine entsprechende Schädigungsabsicht der Gewerkschaft“[2306] anzunehmen; es handelt sich schlicht um eine Frage der Beweislast, nicht mehr und nicht weniger.

Ein Verstoß gegen die kollektive Koalitionsfreiheit in Gestalt des Bestandsschutzes des Arbeitgeberverbandes ist also abzulehnen. Ein solcher Verstoß kann sich zwar im Einzelfall ergeben;[2307] eine dahingehende Vermutung gibt es aber nicht.

b. Betätigungsschutz

Aber nicht nur ein Verstoß gegen die Bestandsgarantie des Arbeitgeberverbandes ist denkbar. Entsprechend dem bereits oben nachgewiesenen Verstoß gegen die individuelle Koalitionsfreiheit des verbandsgebundenen Arbeitgebers in Gestalt der Betätigungsfreiheit ist auch hier ein Verstoß gegen die Betätigungsgarantie des Arbeitgeberverbandes zu diskutieren.

Inhalt des Betätigungsrechtes ist insbesondere der Abschluss von (Verbands-) Tarifverträgen.[2308] Wird nun das einzelne Mitglied zum Abschluss eines Firmentarifvertrages gezwungen, geht dieser dem gleichzeitig geltenden Verbandstarifvertrag nach den Grundsätzen von Tarifkonkurrenz und –pluralität vor.[2309] Aus diesem Grund wird von einer Meinung ein Verstoß gegen das Betätigungsrecht der Arbeitgeberkoalition vorgebracht.[2310]

Hinzu komme, dass der Arbeitgeberverband seinen Schutzzweck nicht mehr erfüllen könne. Dieser liege darin, der Arbeitgeberseite ein Gleichgewicht gegenüber der Gewerkschaft zu verschaffen, um so den einzelnen Arbeitgeber vor der Übermacht der Gewerkschaft zu schützen. Im Abschluss von Ver-

---

2305 Ähnlich *Witt*, Firmentarifvertrag, S. 201 f.

2306 *Witt*, Firmentarifvertrag, S. 202.

2307 BAG, NZA 2003, 734, 738; *Hanau/Thüsing*, ZTR 2002, 506, 509.

2308 S. oben, 2. Teil A. II. 3. b. dd. (3) (a).

2309 Dazu oben Fn. 729.

2310 *Beuthien*, BB, 1975, 477, 479; *Heß*, Betriebsnahe Tarifverträge, S. 128 ff.; *Krichel*, NZA 1986, 731, 733; *Schleusener*, NZA 1998, 239, 243, in diese Richtung auch *Thüsing*, NZA 1997, 294, 295; *Suschet*, ZfA 2005, 581, 607.

bandstarifverträgen verwirkliche sich dieser Schutzzweck und werde vereitelt, wenn einzelne Mitglieder durch Abschluss von Firmentarifverträgen aus dem Schutzbereich des Arbeitgeberverbandes herausgelöst würden.[2311] Der Arbeitgeberverband verlöre einen wesentlichen Teil seines Betätigungsrechts, indem seine Tarifzuständigkeit für den gesamten Verbandsbereich eingeschränkt würde. Dies hätte die Bedeutungslosigkeit der koalitionsrechtlich gewährleisteten Tarifautonomie auf Seiten des Arbeitgeberverbandes zur Folge.[2312] Er müsste sich darauf beschränken, seine Mitglieder zu beraten und zu unterstützen, wäre aber nicht mehr in der Lage, seine Mitglieder vor einem Streik um einen Firmentarifvertrag zu beschützen.[2313] Diesen Schutz könnte er auch nicht durch die Organisation von Abwehraussperrungen bieten, da diese an der notwendigen Solidarität scheiterten.[2314]

Zunächst: Der sachliche Schutzbereich der kollektiven Koalitionsfreiheit ist eröffnet. Art. 9 Abs. 3 S. 1 GG schützt das Recht, die Wahrung und Förderung der Arbeits- und Wirtschaftsbedingungen durch spezifisch koalitionsmäßige Betätigung zu verwirklichen, auch im Hinblick auf die Koalitionen.[2315] Es ist folglich falsch, wenn an anderer Stelle darauf abgestellt wird, der Schutzbereich der Betätigungsfreiheit sei nur dann eröffnet, wenn dem Arbeitgeberverband ein Recht zustünde, Verbandstarifverträge ohne konkurrierende Tarifsetzung auf Unternehmensebene abzuschließen.[2316] Dies ist keine Frage des Schutzbereichs, sondern vielmehr eine solche der Rechtfertigung.

Anders als bei dem vermeintlichen Eingriff in die Bestandsgarantie des Arbeitgeberverbandes ist hier zudem davon auszugehen, dass die Voraussetzungen des Art. 9 Abs. 3 S. 2 GG erfüllt sind. Zwar wird der Arbeitskampf nicht nur geführt, um damit den Verbandstarifvertrag zu verdrängen, sondern auch, um die Arbeitsbedingungen der Mitglieder zu verbessern, doch kann dies nicht geschehen, ohne gleichzeitig und in gleichem Maße die Absicht zu haben, die Wirkung des Verbandstarifvertrages zu verdrängen. Insofern korrespondiert dieses Ergebnis mit den Ausführungen hinsichtlich eines Eingriffs in

---

2311 *Boldt*, RdA 1971, 257, 262; *Heß*, Betriebsnahe Tarifverträge, S. 128 ff.; *ders.*, ZfA 1976, 45, 68 ff.; *Kleinke/Kley/Walter*, ZTR 2000, 499, 503; *Rolfs/Clemens*, DB 2003, 1678, 1679; *dies.*, NZA 2004, 410, 412; *Schleusener*, NZA 1998, 239, 243; *Weiss*, Betriebsnahe Tarifverträge, S. 74; wohl auch *Zeppenfeld/Beyerlein*, EWiR 2003, 863, 864.

2312 *Boldt*, RdA 1971, 257, 262.

2313 *Rolfs/Clemens*, NZA 2004, 410, 412.

2314 *Rolfs/Clemens*, NZA 2004, 410, 412.

2315 BVerfGE 18, 18, 26; 50, 290, 367; 58, 233, 246; 73, 261, 270; 77, 1, 62 f.; v. Münch-*Löwer*, GG, Art. 9, Rn. 80.

2316 So aber *Witt*, Firmentarifvertrag, S. 204.

die Betätigungsfreiheit des Einzelarbeitgebers.[2317] Der Arbeitskampf, der auf den Abschluss eines Firmentarifvertrages bei gleichzeitig geltendem Verbandstarifvertrag gerichtet ist, greift damit tatsächlich in die Betätigungsfreiheit des Arbeitgeberverbandes ein.[2318]

Zu einem Verstoß kommt es aber deshalb nicht, weil der Eingriff gerechtfertigt ist. Diese Rechtfertigung ergibt sich aber auch hier nicht aus dem Hinweis auf das vom TVG vorgegebene Nebeneinander von Firmen- und Verbandstarifvertrag.[2319] Wie oben gilt auch hier, dass zum einen das TVG nicht zur Rechtfertigung des Eingriffs in ein Grundrecht herangezogen werden kann bzw. dass sich dem TVG keine Aussagen in Bezug auf die Tarifkonkurrenz oder den Arbeitskampf entnehmen lassen.[2320] Der Tariffähigkeit des Einzelarbeitgebers lässt sich auch kein Hinweis auf die Ausgestaltung der kollektiven Koalitionsfreiheit entnehmen.[2321]

Die Rechtfertigung leitet sich vielmehr aus dem der Gewerkschaft in gleichem Maße zustehenden Betätigungsrecht ab, das sich insbesondere im Abschluss von Tarifverträgen verwirklicht. Dabei besteht kein Vorrang des Verbands- vor dem Firmentarifvertrag, so dass beide denselben grundrechtlichen Schutz genießen.[2322] Zwar wird der Arbeitgeberverband in seinem Betätigungsrecht durch den Abschluss eines Firmentarifvertrages mit einem seiner Mitglieder eingeschränkt, doch wird er hierdurch nicht gehindert, Verbandstarifverträge abzuschließen. Diese sind auch wirksam, eben nur in ihrem personellen Geltungsbereich reduziert.[2323] Zudem wird der Verband in seinen übrigen Leistungen, wie Unterstützungszahlungen, Beratung usw. gegenüber seinem Mitglied nicht behindert.[2324] Richtig ist außerdem der Hinweis *Witts* auf den Vergleich zwischen einem freiwillig und einem erzwungenen Firmentarifvertrag mit dem verbandsgebundenen Arbeitgeber: Der Verband steht nach einem erstreikten Firmentarifvertrag nicht schlechter da als nach einem freiwilligen. Der Streik trifft den Arbeitgeberverband nicht unmittelbar.[2325] Auch aus dem bereits vorgetragenen Verstoß gegen die individuelle Koalitionsfrei-

---

2317 Vgl. oben, 4. Teil C. II. 2. b. cc.

2318 Offen gelassen bei *Witt*, Firmentarifvertrag, S. 203.

2319 So aber *Richardi*, JurA 1971, 141, 157, (Fn. 60) und erneut *Witt*, Firmentarifvertrag, S. 203, in diese Richtung auch *Beuthien*, BB, 1975, 477, 479.

2320 S. 4. Teil A. II. 1.

2321 So aber ohne nähere Begründung *Witt*, Firmentarifvertrag, S. 204.

2322 Vgl. oben, 2. Teil A. II. 3. c. aa. (4) (b) (cc).

2323 *Graf*, Tarifzuständigkeit, S. 284; *Weiss*, Betriebsnahe Tarifverträge, S. 70 f.; *Witt*, Firmentarifverträge, S. 203.

2324 *Henssler*, ZfA 1998, 517, 536; *Richardi*, JurA 1971, 141, 159 f.

2325 *Richter*, ZTR 2004, 390, 393; *ders.*, Erstreikbarkeit, S. 191.

heit ergibt sich hier nichts anderes.[2326] Zwar ist richtig, dass die Schutzbereiche der Grundrechte korrespondieren, doch entscheidet sich die Frage des Verstoßes immer erst in der Schrankenziehung.

Etwas anderes ergibt sich auch nicht deshalb, weil der Arbeitgeberverband nunmehr seiner Aufgabe im Arbeitskampf nicht mehr nachkommen könnte. Richtig ist daran, dass Abwehraussperrungen des Arbeitgeberverbandes regelmäßig an der Solidarität im Arbeitgeberlager scheitern werden.[2327] Die Schutzwirkung, die der Verband anbieten kann, existiert aber ohnehin nur in dem Rahmen, in dem er selbst den Verbandstarifvertrag abschließt. Darin liegt auch kein Widerspruch zu dem oben hergeleiteten Verstoß gegen die individuelle Koalitionsfreiheit – das hier genannte Argument taugt oben nicht zur Rechtfertigung des Eingriffs, da der Schutzzweck des Verbandsbeitritts und das, was der Verband daraus macht, nicht notwendigerweise übereinstimmen müssen.[2328]

Ein Verstoß gegen die Betätigungsfreiheit des Arbeitgeberverbandes ergibt sich auch nicht durch den Vergleich der Situation der Gewerkschaft mit der des Arbeitgeberverbandes.[2329] In diesem Zusammenhang wird vorgetragen, durch die Zulässigkeit des Firmenarbeitskampfes auch gegen den verbandsgebundenen Arbeitgeber hänge die Stellung des Arbeitgeberverbandes als Tarifvertragspartei vom Willen der Gewerkschaft ab.[2330] Diese habe nun die freie Wahl. Es könne deshalb dazu kommen, dass der Arbeitgeberverband erst mittels eines Arbeitskampfes seine Anerkennung als Tarifvertragspartei erreichen könne. Die Gewerkschaft sei dagegen nicht auf ein solches Vorgehen angewiesen, da sie keine Tarifkonkurrenten habe.[2331] Gegen diesen Vergleich wurde aber an anderer Stelle richtig eingewandt, dass es keinesfalls ungewöhnlich ist, dass um die Anerkennung als Tarifpartner gekämpft werden muss.[2332] Insbesondere ist die Arbeitnehmerseite nicht als einheitliche Front zu begreifen, auch hier besteht eine Konkurrenzsituation unter der verschie-

---

2326 So aber *Weiss*, Betriebsnahe Tarifverträge, S. 74.

2327 Vgl. dazu schon oben, 4. Teil A. II. 2. c. aa. (4).

2328 In diese Richtung wohl auch *Richter*, Erstreikbarkeit, S. 192.

2329 *Weiss*, Betriebsnahe Tarifverträge, S. 92 f., 94.

2330 *Weiss*, Betriebsnahe Tarifverträge, S. 93 ff.

2331 *Weiss*, Betriebsnahe Tarifverträge, S. 92 f., 94.

2332 *Witt*, Firmentarifvertrag, S. 205. Wenngleich dies für den Arbeitgeberverband schwierig sein dürfte: Die Angriffsaussperrung hat das *BAG*, wie bereits oben gezeigt, faktisch ausgeschlossen. Er kann die Gewerkschaft also nur über die unterstützende Verbandsaussperrung daran hindern, eine Regelung per Firmentarifvertrag durchzusetzen. Dass dieses Ziel aufgrund der mangelnden Solidarität der verbleibenden Verbandsmitglieder nicht zu realisieren sein dürfte, wurde ebenfalls schon angesprochen.

denen Gewerkschaften. Auch diese müssen daher um ihre Anerkennung als Tarifpartner kämpfen.[2333]
Letztlich ergibt sich ein solcher Verstoß auch nicht durch die Überlegung, dass es andernfalls zu einer vollkommenen Entwertung des Flächentarifvertrages käme.[2334] Dieser Verstoß ergebe sich aus der Überlegung, dass andere Gewerkschaften nicht daran gehindert seien, bei bestehendem Verbandstarifvertrag einen Firmentarifvertrag zu erstreiken, so dass die Gewerkschaft, die den Flächentarifvertrag schließe, immer gleich auch entsprechende Firmentarifverträge abschließen müsse. Nur so könne sie verhindern, das ihr Verbandstarifvertrag nicht durch speziellere und damit vorrangige Firmentarifverträge einer anderen Gewerkschaft verdrängt würde.[2335] Bei der Problematik der Zulässigkeit des Arbeitskampfes gegen den verbandsgebundenen Arbeitgeber geht es aber gar nicht darum, eine andere Gewerkschaft von einem Arbeitskampf um einen eigenen Firmentarifvertrag abzuhalten. Dies bedeutete auch einen ungerechtfertigten Eingriff in deren Koalitionsfreiheit, da sie nicht für die Arbeitsbedingungen ihrer Mitglieder sorgen könnte. Zudem ist dies ein Argument, dass nicht für einen Verstoß gegen die Betätigungsfreiheit des Arbeitgeberverbandes, sondern vielmehr für einen Verstoß gegen die kollektive Koalitionsfreiheit der Gewerkschaft spricht. Zu einem solchen Verstoß käme es aber deshalb nicht, weil sich die Betätigungsfreiheiten der jeweiligen Gewerkschaft gleichberechtigt gegenüberstünden, der Eingriff letztlich gerechtfertigt wäre.
Auch das *BAG* lehnt einen Verstoß gegen die kollektive Koalitionsfreiheit des Arbeitgeberverbandes ab.[2336] Es führt aus, dass seine Betätigungsfreiheit solange nicht beeinträchtigt werde, wie der Verband seine Betätigungsfreiheit weder durch den Abschluss einschlägiger Tarifverträge wahrgenommen habe noch wahrzunehmen beabsichtige. Dies gelte jedenfalls soweit, wie bestimmte Arbeitsbedingungen durch Verbandstarifverträge weder geregelt sind, noch demnächst geregelt werden sollten.[2337] Die Koalitionsfreiheit des Arbeitgeberverbandes verlange nicht, dass die Gewerkschaft ihre Arbeitskämpfe nur gegen den Verband richte.[2338]

[2333] *Witt*, Firmentarifvertrag, S. 205.
[2334] So aber *Rolfs/Clemens*, DB 2003, 1678, 1679.
[2335] *Rolfs/Clemens*, DB 2003, 1678, 1679.
[2336] BAG, NZA 2003, 734, 738.
[2337] BAG, NZA 2003, 734, 738. Diese scheint sich in der Rechtsprechung als Formulierung für den ausnahmsweise gegebenen Verstoß durchgesetzt zu haben: Vgl. LAG Niedersachsen, SAE 2004, 235, 239; ArbG Hameln, AiB 2004, 574, 575.
[2338] BAG, NZA 2003, 734, 738.

Ist diese Begründung auch recht schlicht geraten, im Ergebnis ist dem *BAG* zuzustimmen. Freilich bleibt der Hinweis auf einen denkbaren Verstoß bei einer beabsichtigten zukünftigen Regelung durch Verbandstarifvertrag missverständlich und ist eher geeignet, weitere Probleme zu erzeugen als zu verhindern. Soll damit ein Firmenarbeitskampf gegen den verbandsgebundenen Arbeitgeber unter gewissen Voraussetzungen doch unzulässig sein? Und welche Voraussetzungen meint das *BAG*? Soll es schon genügen, wenn der Verband an die Gewerkschaft mit dem Wunsch nach Verhandlungen herantritt, oder müssen diese Verhandlungen auch tatsächlich in einem Tarifvertrag münden? Das *BAG* äußerst sich hierzu nicht, und so bleibt abzuwarten, ob und wie es das so geschaffene Hintertürchen in einer späteren Entscheidung nutzen wird.[2339] Überzeugend ist die Begründung für dieses Argument jedenfalls nicht, da es durchaus die zu respektierende Absicht des Arbeitgeberverbandes sein kann, eine bestimmte Materie gerade nicht zu regeln.[2340] Folgte man dem, würde es der Gewerkschaft ermöglicht, den Willen des Arbeitgeberverbandes, eine bestimmte Materie nicht zu regeln, zu ignorieren, indem sie einfach die einzelnen Arbeitgeber in Anspruch nähme.
Insgesamt ist ein Verstoß gegen die kollektive Koalitionsfreiheit des Arbeitgeberverbandes auch in Form der Betätigungsfreiheit nicht gegeben.

III. Verstoß gegen Art. 2 Abs. 1 GG

Soweit an anderer Stelle noch ein etwaiger Verstoß gegen Art. 2 Abs. 1 GG geprüft wird,[2341] kommt dies schon deshalb nicht in Betracht, weil es sich bei

---

2339 Eine Gelegenheit dürfte die Entscheidung des BAG vom 24.04.2007, 1 AZR 252/06 sein. *Thüsing*, Anm. zu BAG, AP Nr. 163 zu Art. 9 GG Arbeitskampf sieht in der Begründung des *BAG* die Möglichkeit zur Modifizierung der Regelungen über Tarifkonkurrenz und -pluralität. Der von einer Gewerkschaft abgeschlossene Verbandstarifvertrag könne über den vom *BAG* angedeuteten Weg als „lex posterior" Vorrang gegenüber den Firmentarifverträgen konkurrierender Gewerkschaften bekommen. *Rolfs/Clemens*, DB 2003, 1678, 1681; *dies.*, NZA 2004, 410, 412 sehen hierin eine Erweiterung der Friedenspflicht, dagegen aber zu Recht *Bartz*, ZTR 2004, 170, 171. *Meyer*, DB 2005, 830, 832 (ähnlich *Franzen*, ZfA 2005, 315, 338 und *Reichold*, BB 2004, 2814, 2817 f.) erkennt hierin eine Gelegenheit, einen parallel zu Sozialplanverhandlungen geführten Arbeitskampf am ultima-ratio-Grundsatz scheitern zu lassen bzw. einen Arbeitskampf zu verbieten, wenn der Arbeitgeberverband Verhandlungen um dieselbe Regelungsmaterie anbietet (hierzu *Meyer*, ZTR 2005, 395, 403).

2340 *Buchner*, RdA 2003, 363, 366.

2341 *Witt*, Firmentarifvertrag, S. 218 f.

Art. 2 Abs. 1 GG lediglich um einen Auffangtatbestand handelt und folglich das hier ebenfalls betroffene Grundrecht der Koalitionsfreiheit vorgeht.[2342]

IV. Verstoß gegen die Ordnungsfunktion der Tarifpartner/des Tarifvertrages

Hinsichtlich eines Verstoßes gegen die Ordnungsfunktion der Tarifpartner oder des Tarifvertrages,[2343] ist an dieser Stelle an das bereits oben ermittelte Ergebnis zu erinnern.[2344]
Die Ansicht, dass die Interessen der Arbeitgeber und Arbeitnehmer überbetrieblich geregelt werden müssten, um eine gleichmäßige Ordnung der Arbeitsbedingungen herzustellen, hat nicht zur Durchsetzung eines Rechtsprinzips geführt, das die Vereinbarungsbefugnis der Tarifpartner beschränken könnte. Es ist desgleichen nicht geeignet, die mit der Vereinbarungsbefugnis einhergehende Streikbefugnis zu beschränken. Der mit der Vereinbarung von Verbandstarifverträgen einhergehende, ordnende Einfluss bleibt deshalb eine bloße Wirkung, lässt sich jedoch nicht zu einem rechtlich verbindlichen Prinzip des geltenden Tarifsystems erheben.[2345] Alles andere liefe auf einen Vorrang des Verbands- vor dem Firmentarifvertrag hinaus. Dies lässt sich insbesondere aus verfassungsrechtlichen Gesichtspunkten jedoch nicht vertreten.[2346]

V. Unzumutbarkeit des Arbeitskampfes für den Einzelarbeitgeber

Zuletzt wird gegen den Firmenarbeitskampf mit dem verbandsgebundenen Arbeitgeber angeführt, er sei dem Arbeitgeber nicht zuzumuten.[2347]
Diese Unzumutbarkeit ergebe sich für den hier zu diskutierenden Fall daraus, dass die Verbandsmitglieder durch die Verbandssatzung regelmäßig ver-

---

[2342] Vgl. BVerfGE 6, 32, 37; 58, 233, 256; 76, 1, 71; *Säcker/Oetker*, Tarifautonomie, S. 37 f.

[2343] *Boldt*, RdA 1971, 257, 264 ff.; *Krichel*, NZA 1986, 731, 736. In diese Richtung auch *Thüsing*, NZA 1997, 294, 295.

[2344] Vgl. oben, 2. Teil A. II. 3. c. aa. (4) (g).

[2345] LAG Düsseldorf, DB 1986, 807, 808; LAG Hamm, NZA 1985, 743, 744; *Heß*, Betriebsnahe Tarifverträge, S. 110; *ders.*, DB 1975, 548, 548 f.; *Hensche*, RdA 1971, 9, 14; *v. Hoyningen-Huene*, ZfA 1980, 453, 465; *ders.*, JuS 1990, 298, 300; *Kissel*, Arbeitskampfrecht, § 26, Rn. 123; *Radke*, DB 1965, 1176, 1176; *Witt*, Firmentarifvertrag, S. 219.

[2346] *V. Hoyningen-Huene*, ZfA 1980, 453, 465 sowie schon oben, 2. Teil A. II. 3. c. aa. (4) (b) (cc).

[2347] Zum Grundsatz der Unzumutbarkeit bereits oben, 2. Teil A. II. 3. c. aa. (4) (f).

pflichtet würden, keine dem Verbandstarifvertrag zuwiderlaufenden Firmentarifverträge abzuschließen. Verlange die Gewerkschaft daher den Abschluss eines Firmentarifvertrages, sei dies für den Arbeitgeber, der an die Satzung seines Verbandes gebunden sei, unzumutbar.[2348]
Dagegen wird aber zutreffend eingewandt, dass es sich bei den Ge- und Verboten der Satzung um interne Pflichten handelt, die einen im Außenverhältnis geführten Arbeitskampf nicht beeinflussen können und dürfen.[2349] Andernfalls wäre es dem Verband allein durch den Erlass einer Satzungsregelung möglich, den Firmenarbeitskampf in die Rechtswidrigkeit zu überführen. Der an sich gleichberechtigte Tarifpartner hätte darauf keinerlei Einfluss mehr.

VI. Zwischenergebnis

Unabhängig von den Einschränkungen, die bereits durch die fehlende Arbeitskampffähigkeit des verbandsgebundenen Arbeitgebers bzw. durch die relative Friedenspflicht des Verbandstarifvertrages gegeben sind, ist als Zwischenergebnis an dieser Stelle festzuhalten, dass der Arbeitskampf um einen zum Verbandstarifvertrag parallelen Firmentarifvertrag durch dieselbe Gewerkschaft generell unzulässig ist. Seine Zulässigkeit scheitert an einem Verstoß gegen die richtig verstandene, individuelle Koalitionsfreiheit des bestreikten Arbeitgebers sowie an dem Grundsatz der Arbeitskampfparität.
Bezogen auf die Situation eines tariflichen Sozialplans hat die Gewerkschaft damit nicht die Möglichkeit, diesen als Firmentarifvertrag zu erkämpfen. Dies ist vor dem Hintergrund des Zwecks des Verbandsbeitritts des Arbeitgebers auch einsichtig: Das Ziel, nunmehr allein einer verbandstariflichen Ordnung unterworfen zu sein, würde ad absurdum geführt, der Wille des Mitgliedsarbeitgebers außer Acht gelassen. Der Arbeitgeberverband existierte nur noch, um der Gewerkschaft einen weiteren Verhandlungspartner zu sichern.
Demgegenüber werden die Rechte der Arbeitnehmer – und letztlich geht es doch um diese, nicht um die Machtposition der Gewerkschaft – nicht beeinträchtigt. Zum einen bleibt der Gewerkschaft die Möglichkeit, einen firmenbezogenen Verbandstarifvertrag zu erstreiken, zum anderen – und dies ist die vom Gesetzgeber eigentlich für den Fall der Betriebsschließung vorgesehene Vorgehensweise – kann der Betriebsrat mit dem Arbeitgeber Interessenaus-

---

2348 *Kleinke/Kley/Walter*, ZTR 2000, 499, 503. In diese Richtung auch *Reuter*, NZA 2001, 1097, 1103; *Natzel*, SAE 2001, 43, 49.

2349 BAG, NJW 1955, 1373, 1373 f; *Bauer/Rolf*, DB 2003, 1518, 1520; *Heß*, ZfA 1976, 45, 62; *Hueck/Nipperdey*, Lehrbuch II/1, S. 424; *Nikisch*, Arbeitsrecht Bd. II, S. 241; *Radke*, DB 1965, 1176, 1180; *Witt*, Firmentarifvertrag, S. 223; *Zachert*, FS Wißmann, S. 206 f.

gleich und Sozialplan abschließen. Diese bieten ähnliche Möglichkeiten wie der tarifliche Sozialplan, sind sie auch letztlich nicht geeignet, die Betriebsschließung zu verhindern. Dies ist aber ohnehin kein rechtmäßiges Arbeitskampf- oder Tarifziel.

VII. Verstoß gegen Art. 6 Nr. 4 ESC

Fraglich ist aber, ob das soeben gefundene Ergebnis – die Unzulässigkeit des Arbeitskampfes um einen Firmentarifvertrag mit einem verbandsgebundenen Arbeitgeber – nicht gegen die europäische Sozialrechtscharta, hier Teil II, Art. 6 Nr. 4 verstößt. Wie bereits an anderer Stelle erläutert, verpflichten sich die Vertragsparteien durch Art. 6 Nr. 4 ESC, das Recht der Arbeitnehmer und der Arbeitgeber auf kollektive Maßnahmen einschließlich des Streikrechts im Fall von Interessenkonflikten, vorbehaltlich etwaiger Verpflichtungen aus geltenden Gesamtarbeitsverträgen anzuerkennen.[2350]

Wie oben kann auch hier dahinstehen, ob es sich bei der ESC um unmittelbar geltendes Recht handelt.[2351] Jedenfalls ist die ESC bei der Auslegung von Gesetzen und für die Rechtsfortbildung durch Richterrecht zu berücksichtigen. Ein Verstoß gegen Art. 6 Nr. 4 ESC kommt aber deswegen nicht in Betracht, weil nach Teil III, Art. 31 ESC die Ausübung der Rechte des Teil II solchen Grenzen unterliegt, die gesetzlich vorgeschrieben und in einer demokratischen Gesellschaft zum Schutze der Rechte und Freiheiten anderer oder zum Schutze der öffentlichen Sicherheit und Ordnung notwendig sind. Als ein solches Recht ist auch die individuelle Koalitionsfreiheit des Einzelarbeitgebers anzusehen. Ein Verstoß gegen die ESC liegt daher jedenfalls nicht vor.[2352]

Nichts anderes gilt im Ergebnis für das sich aus dem ILO-Abkommen Nr. 87 ergebende Streikrecht: Auch an dieser Stelle gilt, dass sich aus dem ILO-Abkommen Nr. 87 keine über Art. 9 Abs. 3 GG hinausgehende Arbeitskampfgarantie herleiten lässt.[2353]

[2350] Vgl. bereits oben, 4. Teil A. III. 1.

[2351] Dagegen *Kissel*, Arbeitskampfrecht, § 24, Rn. 8, 34; MünchArbR-*Otto*, § 284, Rn. 54 f.; *Zöllner/Loritz*, Arbeitsrecht, S. 124 m.w.N. in Fn. 4. Offen gelassen von BVerfGE 58, 233, 254; LAG Hamm, NZA-RR 2000, 535, 538.

[2352] Entgegen *Blanke*, AuR 2004, 130, 131 stellt das *BAG* auch keine Überprüfung dieser Rechtsprechung in Aussicht. Die Entscheidung des *BAG* bietet für diesen Wunsch nicht ansatzweise eine Unterstützung.

[2353] *Kissel*, Arbeitskampfrecht, § 24, Rn. 7.

VIII. Ergebnis

Das Zwischenergebnis ist damit zum Endergebnis zu erheben. Der Arbeitskampf um einen Firmentarifvertrag mit dem verbandsgebundenen Arbeitgeber ist unter den genannten Voraussetzungen mit den dargestellten Konsequenzen unzulässig.

5. Teil: Schlussbetrachtung und Zusammenfassung der wesentlichen Ergebnisse

A. Schlussbetrachtung

Mit Hilfe dieser Bearbeitung sollte festgestellt werden, ob der Firmentarifvertrag tatsächlich geeignet ist, die gewünschte und erforderliche Dezentralisierung und Flexibilisierung zu gewährleisten, um die generellen Regelungen des Verbandstarifvertrages einzelfallbezogen zu gestalten. Die Beantwortung dieser Frage soll zunächst unter tarifrechtlichen, muss letztlich aber auch unter tarifpolitischen Aspekten erfolgen.[2354]

I. Tarifrechtliche Betrachtung

Tarifrechtlich bietet der Firmentarifvertrag die Möglichkeit einer dezentralen bzw. flexiblen Regelung. Er verdrängt den Verbandstarifvertrag in seiner Wirkung und kann bezogen auf einen einzelnen Betrieb oder auf ein ganzes Unternehmen abgeschlossen werden, so dass auch die jeweiligen Besonderheiten in kleineren Einheiten berücksichtigt werden können. So können die starren Vorgaben des Verbandstarifvertrages den jeweils herrschenden Besonderheiten angepasst werden.

Hält der Firmentarifvertrag also rein rechtlich – und dies gilt unabhängig von den gefundenen Ansatzpunkten zur Verbesserung der Rechtsprechung – die Möglichkeit zur Flexibilisierung bereit, ist er trotzdem ein Mittel, das beiden sozialen Gegenspielern zur Verfügung steht. Hier gewinnt an Bedeutung, dass der Firmentarifvertrag auch mit einem verbandsgebundenen Arbeitgeber erstreikt werden kann. Die Friedenspflicht des parallelen Verbandstarifvertrages stellt nur eine geringe Hürde dar; die Kriterien für die Rechtmäßigkeit der Arbeitskampfforderungen werden großzügig beurteilt. Dies gilt insbesondere für die Inhalte des sog. tariflichen Sozialplans. Durch die Rechtsprechung auch des *BAG*, exemplarisch seien hier nur die Entscheidungen vom 26.09.1996[2355], vom 10.12.2002[2356] und vom 24.04.2007[2357] genannt, sind die Möglichkeiten der Gewerkschaften in diesem Zusammenhang noch erweitert worden. Dabei hat die Arbeitnehmerseite im Arbeitskampf ohnehin entschei-

---

[2354] Die in der Einleitung – 1. Teil B. – bereits angesprochene Unterscheidung kommt hier erneut zum Tragen.

[2355] Abgedruckt in NZA 1997, 613 ff. (Agfa-Entscheidung)

[2356] Abgedruckt in NZA 2003, 734 ff.

[2357] BAG v. 24.04.2007, 1 AZR 252/06 bisher n.v.

dende Vorteile.[2358] Ein Teil der Ungleichgewichte des momentan geltenden Tarif- und Arbeitskampfrechtes könnte freilich schon durch die Umsetzung der in dieser Bearbeitung gefundenen Ergebnisse beseitigt werden.[2359] Insbesondere könnte sich der einzelne Arbeitgeber dann im Bereich des Verbandstarifvertrages vor der Einflussnahme der Gewerkschaften sicher fühlen; eine Belastung der Arbeitgeber, etwa in Form des tariflichen Sozialplans, wäre nicht unendlich möglich.[2360]

Nur auf den ersten Blick führt dies zu Ungerechtigkeiten. Damit soll nicht etwa einem neoliberalen „Heuschrecken-Unternehmertum“ der Weg geebnet werden; es gilt allein zur Gewährleistung der Arbeitnehmerrechte den rechtlich-systematisch richtigen Weg einzuhalten. Will die Gewerkschaft einzelfallbezogene Regelungen vereinbaren, führt der systematisch richtige Weg bei einem konkurrierenden Verbandstarifvertrag über den Verband, also zum Abschluss bzw. zum Arbeitskampf um einen firmenbezogenen Verbandstarifvertrag. Sollen die Folgen einer Betriebsänderung aufgefangen werden, hat der Gesetzgeber hierfür den Abschluss eines Interessenausgleichs bzw. eines Sozialplans zwischen den Betriebspartnern vorgesehen. Durch diese Instrumente werden die Rechte der Arbeitnehmer in der vom Gesetzgeber vorgesehen Weise gewahrt. Gleichzeitig wird ein Gleichgewicht zwischen der unternehmerischen Entscheidung(-sfreiheit) – sei sie vom sozialen Standpunkt her noch so unverständlich[2361] – und den Arbeitnehmerrechten hergestellt.

Ausgehend von der oben zugrunde gelegten Definition der Begriffe Dezentralisierung und Flexibilität im Sinne eines Kostensenkungsmittel *des Arbeitgebers*[2362] ist die eingangs gestellte Frage tarifrechtlich daher differenziert zu beantworten: Der Firmentarifvertrag ist ein geeignetes Mittel, dezentrale und flexible Regelungen zu erreichen oder sogar als Rettungsanker zu dienen. Er kann aber auch ein Mittel sein, die aus Arbeitgebersicht notwendigen Regelungen zu verhindern bzw. gewerkschaftliche Vorstellungen durchzusetzen.[2363]

Der Firmentarifvertrag läuft damit Gefahr – und Schuld hieran muss sich durch ihre unkritische Sicht auf das Verhalten der Gewerkschaften auch die

2358 Vgl. dazu oben, 4. Teil A. II. 2.

2359 Vgl. aber auch den Entwurf eines Arbeitskampfgesetzes von *Birk/Seiter/Raiser/Kaiser*, Gesetz.

2360 Und arbeitskampfrechtlich nur noch in Form des firmenbezogenen Verbandstarifvertrages durchsetzbar.

2361 Dazu noch sogleich, 5. Teil A. II.

2362 S. oben 1. Teil B.

2363 So auch *Suschet*, ZfA 2005, 581, 583.

Rechtsprechung vorwerfen lassen[2364] – seine Rolle als Weg aus der Krise zu verspielen und sich vom Rettungsanker zum Damoklesschwert zu entwickeln. Es ist deshalb nicht übertrieben festzuhalten, dass sich die Krise des Flächentarifvertrages längst zu einer Krise auch des Firmentarifvertrages erweitert hat und damit auch die letzte Bastion der Flexibilität gesprengt zu werden droht.

II. Tarifpolitische Betrachtung

Ist der Firmentarifvertrag also ein Mittel, das sowohl für dezentrale und flexible Regelungen, als auch in jeglichem anderen Sinne genutzt werden kann, kommt es zur Beantwortung der eingangs gestellten Frage auf die tarifpolitische Sicht der Dinge an.[2365]

Die Tarifpartner, insbesondere die Gewerkschaften, haben durch die Rechtsprechung eine Fülle von Handlungsvarianten hinzugewonnen, die zwar eine einzelfallbezogene Regelung ermöglichen, diese aber letztlich in ihr Belieben stellen.[2366] Ob die Tarifpartner die vorhandenen Mittel für eine flexible und dezentrale Tarifpolitik nutzen, ist also ihrer Verantwortung überlassen. Nur wenn die Gewerkschaften die Bedürfnisse der Arbeitgeberseite gleich beurteilen, wird es zum Abschluss entsprechender Tarifverträge kommen.[2367] Werden die Tarifpartner ihrer Verantwortung nicht gerecht und wirkt sich dies auf die ihnen übertragene Aufgabe der Förderung und Gewährleistung der Arbeits- und Wirtschaftsbedingung aus, muss überlegt werden, ihnen diese Verantwortung wieder zu nehmen bzw. sie auf jemand anderen, etwa die Betriebspartner, in welchem Umfang auch immer, zu verlagern.

Die Antwort auf die Frage nach der Möglichkeit durch den Firmentarifvertrag eine flexible und dezentrale Regelung einzuführen, muss daher jeden Tag neu gegeben werden – jeweils mit Blick auf die Abschlüsse der Tarifvertragsparteien. Die Tarifpraxis stimmt vorwiegend pessimistisch, ist aber nicht ganz ohne Anzeichen von Hoffnung. Zunächst konnte der Firmentarifvertrag in

[2364] So auch *Rieble*, NZA 2007, 1, 4 in Bezug auf das *BVerfG* und *Suschet*, ZfA 2005, 581, 614 für die Entscheidungen der Landesarbeitsgerichte im vorliegenden Zusammenhang.

[2365] So wurde denn auch in der Einleitung bereits angedeutet, dass die Tarifpolitik im Arbeitsrecht nie außen vor gelassen werden kann. Vgl. auch *Henssler*, ZfA 1994, 487, 489.

[2366] Auch *Buchner*, DB 2003, 1510, 1517 weist der Rechtsprechung Schuld an der mangelnden Flexibilität des Tarifvertragssystems zu.

[2367] Dementsprechend ist auch fraglich, ob von tarifvertraglichen Öffnungsklauseln ein positiver Effekt ausgeht; ihre Vor- und Nachteile hängen von der gegenüberstehenden Gewerkschaft ab. Bedenken in diese Richtung bringen auch *Henssler*, ZfA 1998, 517, 520 und *Schaub*, NZA 1998, 617, 617 vor.

Form des Sanierungstarifvertrages entscheidend dazu beitragen, das Tarifvertragssystem an die veränderten wirtschaftlichen Rahmenbedingungen der jeweiligen Betriebe und Unternehmen anzupassen. Diese Chance, mittels des Firmentarifvertrages in Ergänzung des Verbandstarifvertrages ein flexibles Tarifvertragssystem zu schaffen, haben die Gewerkschaft jedoch nicht genutzt und sind zum vermehrten Abschluss tariflicher Sozialpläne übergegangen. Aufgrund der Anfälligkeit der Arbeitgeberseite im Arbeitskampf kam es in der Vergangenheit deshalb dazu, dass viele rechtswidrige Tarifverträge abgeschlossen wurden.[2368] Zuletzt hat der tarifliche Sozialplan durch den entsprechenden Abschluss für das Münchener Infineon Werk Perlach,[2369] vor allem aber durch den Arbeitskampf im AEG Stammwerk Nürnberg neue Popularität erlangt. In Zusammenhang mit den bereits geführten Arbeitskämpfen um einen tariflichen Sozialplan bestätigt der Streik in Nürnberg das Ergebnis dieser Arbeit im Hinblick auf die Arbeitskampffähigkeit des Einzelarbeitgebers in eindrucksvoller Weise. Während Elektrolux als Konzernmunter der AEG (ein Global Player!) dem Druck der IG Metall Stand halten konnte,[2370] sind in allen anderen Fällen die tariflichen Sozialpläne mehr oder weniger entsprechend den Vorstellungen der Gewerkschaften zu Stande gekommen.
Tarifliche Sozialpläne sind jedenfalls dort verfehlte Tarifpolitik, wo Arbeitgeber ihren Betrieb wegen fehlender Rentabilität schließen müssen. *Rieble* führt hierzu treffend aus:

„Kein Unternehmen kann einen bestimmten Standort garantieren, unrentable Investitionen zusagen oder sich auf Dauer zur (Quer-) Subvention unrentabler Einheiten verpflichten oder gar einen kollektiv maßgeblichen Mindestbeschäftigungsstand versprechen. Am Ende jeder Argumentation steht der Insolvenzverwalter und sein Verwertungsrecht im Gläubigerinteresse.“[2371]

Auch wenn die politische Argumentation der Gewerkschaften in einigen Fällen, in denen es zum Abschluss eines tariflichen Sozialplans kam, durchaus

---

2368 *Lieb*, DB 1999, 2058, 2058; *ders.*, Arbeitsrecht, 8. A., Rn. 460 ff.

2369 S. die Forderungen der IG Metall, abgedruckt in der Süddeutschen Zeitung vom 22./23.10.2005, S. 25, „Streik bei Infineon beschlossen“.

2370 So hat zunächst die IG Metall den Arbeitskampf auf Logistik-Zentren in Nürnberg und Dormagen sowie auf die AEG-Ersatzteilsparte in Rothenburg ob der Tauber ausgeweitet. Elektrolux hat daraufhin einen Ausweichstandort in Zwenkau bei Leipzig eingerichtet, siehe hierzu http://www.spiegel.de/wirtschaft/0,1518,400194,00.html und http://www.spiegel.de/wirtschaft/0,1518,397678,00.html. Das Elektrolux letztendlich nachgegeben hat, dürfte in erheblichem Maße dem politischen Druck und dem drohenden Imageschaden geschuldet gewesen sein, vgl. etwa http:/www.spiegel.de/wirtschaft/0,1518,40357,00.html.

2371 *Rieble*, ZfA 2004, 1, 21.

verständlich ist – das Geschäftsgebaren vieler Großkonzerne oder Global Player (Verlagerung der Produktion ins Ausland bzw. Personalabbau trotz positiver Bilanzen) schreckt ab – wäre allein eine zukunftssichere und –weisende Tarifpolitik geeignet, die Krise des Firmen- und Flächentarifvertrages zu überwinden. Denn im Grunde hat sich das deutsche Tarifvertragssystem bewährt.[2372] Hoffnung in diese Richtung ist durch den Tarifabschluss von Pforzheim aus dem Jahr 2004 aufgekommen. Vielstufige Tarifverträge könnten ein wesentliches Instrument zur Flexibilisierung und Dezentralisierung werden.[2373] Auf diesem Wege würde der Firmentarifvertrag oder der firmenbezogene Verbandstarifvertrag als Element der zweiten Stufe mehr Bedeutung gewinnen.

[2372] Vgl. etwa *Lieb*, NZA 1994, 289, 289; *Söllner*, Sonderbeilage zu NZA Heft 24/2000, 33, 38.

[2373] S. auch Süddeutsche Zeitung vom 22./23.10.2005, S. 22, „Die neue Einigkeit der IG Metall". Es gibt aber auch weiterhin gegenteilige Stimmen. S. dazu in demselben Artikel: „Offensiv reagierten die beiden Bezirke Nordrhein-Westfalen und Küste. Beide sehen in betrieblichen Tarifkonflikten weniger ein Risiko als eine Chance, ihren Mitgliedern die Bedeutung von Gewerkschaft konkret vor Augen zu führen."

B. Zusammenfassung der wesentlichen Ergebnisse

Die gefundenen Ergebnisse lassen sich in den folgenden wesentlichen Kernthesen zusammenfassen:

1. Der einzelne Arbeitgeber verliert seine Tariffähigkeit nicht durch den Beitritt zu einem Arbeitgeberverband. § 2 Abs. 1 TVG beinhaltet keine Unterscheidung zwischen dem verbandsgebundenen Arbeitgeber und dem Außenseiter-Arbeitgeber. Dies ergibt sich insbesondere durch eine Auslegung nach dem Sinn und Zweck der Norm unter Berücksichtigung der Zielrichtung des Art. 9 Abs. 3 S. 1 GG.
2. § 2 Abs. 1 TVG ist zudem eine zulässige Ausgestaltung des Art. 9 Abs. 3 S. 1 GG durch den Gesetzgeber. Hierin liegt insbesondere kein Verstoß gegen den Grundsatz der Arbeitskampfparität oder gegen die individuelle Koalitionsfreiheit. Auch sonstige Grundrechtspositionen oder daraus abgeleitete Grundsätze werden nicht verletzt.
3. Der sozial ohnmächtige Arbeitgeber ist tariffähig. Dies gilt unabhängig davon, ob er verbandsgebunden ist oder nicht. Dies ergibt sich vor dem Hintergrund der Ratio des § 2 Abs. 1 TVG. Ein Verstoß gegen grundrechtliche Positionen liegt auch hier nicht vor, da durch die Tariffähigkeit kein Zwang zum Abschluss eines Tarifvertrages begründet wird. Korrekturen sind auf arbeitskampfrechtlicher Ebene vorzunehmen.
4. Die Tarifzuständigkeit der Koalitionen wird durch ihre Satzungen begründet. Durch die Aufgabe der sog. unternehmensbezogenen Geprägetheorie kann die Gewerkschaft nunmehr auch eine Zuständigkeit bezogen auf einzelne Betriebe begründen und entsprechende Firmentarifverträge durchsetzen.
5. Hat die Gewerkschaft ihre Tarifzuständigkeit nicht bestimmt, ist diese im Zweifel betriebsbezogen orientiert.
6. Mit Aufgabe der sog. unternehmensbezogenen Geprägetheorie hat das *BAG* die Tarifzuständigkeit des Einzelarbeitgeber in das Belieben der Gewerkschaft gestellt. Er ist originär tarifzuständig.
7. Die betriebsbezogene Geprägetheorie verstößt nicht gegen grundrechtliche Positionen. Insbesondere ein Verstoß gegen Art. 12 Abs. 1 GG liegt nicht vor, obwohl sich hierfür beachtliche Argumente finden. Die betriebsbezogene Geprägetheorie misst der unternehmerischen Entscheidungsfreiheit in Form der Organisationsfreiheit aber kein ausreichendes Gewicht zu. Dies ist nur dann unschädlich, wenn man eine Trennung von Tarif- und Arbeitskampfebene vornimmt.
8. Es entspräche der Bedeutung der Organisationsfreiheit des Einzelarbeitgebers, könnte er seine Tarifzuständigkeit selbst bestimmen. Dogmatisch wäre dies vorzugswürdig. Ein Mittel hierzu kann der Beitritt zu

einem Arbeitgeberverband sein, so dass dessen satzungsmäßig bestimmte Tarifzuständigkeit auf den Einzelarbeitgeber übertragen wird. Ein Mittel kann auch der Abschluss eines betriebs- oder unternehmensbezogenen Firmentarifvertrages sein. Wählt der Arbeitgeber keines dieser Instrumente ist er originär tarifzuständig.

9. Im Einzelnen verkompliziert die betriebsbezogene Prägetheorie die Vereinheitlichung der Tarifbindung, etwa im Konzern. Diese Probleme ergeben sich nicht, wenn man dem Arbeitgeber die Wahl hinsichtlich seiner Tarifzuständigkeit eröffnet.
10. Die grundsätzliche tarifvertragliche Regelungsbefugnis ergibt sich durch eine Auslegung des Begriffspaars der Arbeits- und Wirtschaftsbedingungen i.S.d. Art. 9 Abs. 3 S. 1. Es ist eine funktionale Einheit. Eine tarifvertragliche Regelung im Schnittfeld zwischen Arbeits- und Wirtschaftsbedingungen kommt immer dann in Betracht, wenn eine Regelung unmittelbaren und konkreten Einfluss auf das Arbeitsverhältnis hat, ohne dass es zu einem Einfluss auf den einzelnen Arbeitnehmer erst über die Reaktion des Marktes auf die unternehmerische Entscheidung kommt.
11. Einfachgesetzlich wird die tarifvertragliche Normsetzungskompetenz durch § 1 Abs. 1 TVG eingegrenzt.
12. Schuldrechtlich können die Tarifvertragsparteien jeglichen Sachverhalt erfassen. Den besonderen Schutz des Art. 9 Abs. 3 S. 1 GG genießen sie aber nur, soweit es sich bei ihren Vereinbarungen um Arbeits- und Wirtschaftsbedingungen i.S.d. Art. 9 Abs. 3 S. 1 GG handelt.
13. Schuldrechtliche Regelungen unterliegen nicht der Eingrenzung des § 1 Abs. 1 TVG. Hierfür lässt sich schon der Wortlaut der Norm nicht fruchtbar machen.
14. Den Tarifvertragsparteien kommt kein allgemeines beschäftigungspolitisches Mandat zu, das die Grenzen mitgliedschaftlicher Interessenvertretung überschreitet. Ein erleichterter Zugriff auf Art. 12 Abs. 1 GG ist ihnen nicht möglich. Innerhalb ihrer Regelungs- und Vereinbarungsbefugnis sind sie jedoch nicht gehindert, beschäftigungspolitisch motivierte Bestimmungen zu treffen.
15. Hinsichtlich einer Regelung oder Vereinbarung, die in die durch Art. 12 Abs. 1 GG geschützte unternehmerische Entscheidungsfreiheit eingreift, haben die Tarifvertragsparteien dieselben Schranken zu beachten wie der Gesetzgeber.
16. Verstößt eine Tarifnorm oder eine Vereinbarung gegen eine grundrechtliche Bestimmung, ist sie nichtig. Die Tarifvertragsparteien haben sodann ein Recht zur außerordentlichen Kündigung, um den Tarifvertrag an die nunmehr veränderten Umstände anzupassen.

17. Die Tarifvertragsparteien können insbesondere auf ihre Grundrechte verzichten. Ein Verzicht muss freiwillig erfolgen und ist begrenzt durch den Wesensgehalt des jeweiligen Grundrechts.
18. Im Hinblick auf die unternehmerische Entscheidungsfreiheit bedeutet dies, dass ein Grundrechtsverzicht dort nicht möglich ist, wo der Unternehmer auf die Entscheidung über Bestand, Umfang und Zielsetzung des Unternehmens verzichten will. Ein solcher Verzicht ist allenfalls im Einzelfall unter besonderen Umständen denkbar.
19. Mit dem Arbeitskampf geht ein weitergehender Eingriff in die Rechte des Arbeitgebers einher. Dies muss sich in der Beurteilung der Zulässigkeit tarifvertraglicher Inhalte widerspiegeln. Zu unterscheiden ist aus diesem Grund zwischen tariflich regelbaren und erkämpfbaren Tarifinhalten, tariflich nicht regelbaren und schon aus diesem Grunde nicht erkämpfbaren Tarifinhalten, und freiwilligen tariflichen Regelungen, die aber nicht erkämpft werden können .
20. Schuldrechtliche Vereinbarungen können in gleichem Umfang erkämpft werden wie normative Regelungen. Dies ergibt sich aus Art. 9 Abs. 3 S. 1 GG.
21. Auch während des Arbeitskampfes unterliegen die Tarifforderungen einer Rechtmäßigkeitskontrolle. Eine Tarifforderung ist nicht nur daraufhin zu überprüfen, ob sie dem Grunde nach regelbar ist, sondern auch daraufhin, ob sie in der geforderten Höhe gegen grundrechtliche Wertungen verstößt.
22. Die Regelungen der §§ 111 ff. BetrVG stehen dem Abschluss und dem Arbeitskampf um einen tariflichen Sozialplan nicht entgegen. Die aus Art. 9 Abs. 3. S. 1 GG resultierende Regelungs- und Vereinbarungskompetenz der Tarifpartner wird nicht durch die §§ 111 ff. BetrVG beschnitten.
23. Der Standortsicherungstarifvertrag ist unzulässig. Er verstößt gegen Art. 12 Abs. 1 GG. Er kann nicht vor dem Hintergrund eines Grundrechtsverzichts vereinbart geschweige denn erkämpft werden.
24. Bei der vorzunehmenden Rechtmäßigkeitskontrolle der Inhalte eines tariflichen Sozialplans sind auch die Gesamtumstände zu berücksichtigen, da Tarifforderungen Willenserklärungen sind, bei denen der wirkliche Wille des Erklärenden zu hinterfragen ist. Dies entspricht auch der Rechtsprechung des *BAG*, das Meinungsäußerungen einzelner Gewerkschaftsmitglieder heranzieht, wenn das wahre, aber rechtswidrige Kampfziel der Gewerkschaft aufgedeckt werden soll.
25. Jede tarifvertragliche Bestimmung ist für sich genommen zu beurteilen. Eine Gesamtkontrolle eines Tarifvertrags scheidet mangels vorhandener Kriterien aus. Für die Rechtmäßigkeitskontrolle einzelner Bestimmungen ist der gesamte Inhalt des Tarifvertrages jedoch bei der Beach-

tung der Gesamtumstände zu berücksichtigen. Er kann Aufschluss über den wirklichen Willen des erklärenden Tarifpartners geben.

26. Hinsichtlich der konkreten Regelungen des tariflichen Sozialplans wurden zunächst der Ausschluss und die Einschränkung der außerordentlichen Kündigung untersucht. Beide sind unwirksam.
27. Die ordentliche Kündigung kann unter dem Aspekt einer nunmehr möglichen erleichterten außerordentlichen Kündigung geregelt und vereinbart werden.
28. Differenzierter gestaltet sich die Beurteilung für Kündigungserschwernisse, wie die Zahlung von Abfindungen und die Verlängerung der Kündigungsfristen. Grundsätzlich sind solche Regelungen zulässig. Im Einzelfall können sie jedoch eine Betriebsänderung in gleichem Maße einschränken oder verhindern, wie dies ein Kündigungsausschluss täte. Solche Bestimmungen sind daher auf ihre konkrete Zulässigkeit im Einzelfall hin zu überprüfen, ohne hieran erhöhte Beweislastanforderungen zu stellen.
29. Qualifizierungsmaßnahmen, wie sie üblicherweise in einem tariflichen Sozialplan festgehalten werden, sind grundsätzlich unwirksam. Eine Regelung als Tarifnorm scheitert schon daran, dass diese Qualifizierungsklauseln nicht unter § 1 Abs. 1 TVG subsumiert werden können. Eine schuldrechtliche Vereinbarung ist wegen des Verstoßes gegen Art. 12 Abs. 1 GG bzw. gegen den Verhältnismäßigkeitsgrundsatz unwirksam. Allein durch einen Grundrechtsverzicht können solche Qualifizierungsmaßnahmen für einen eng begrenzten Zeitraum vereinbart werden, wenn sie die unternehmerische Entscheidung nicht erheblich verzögern.
30. In sozialen Angelegenheiten kann dem Betriebsrat ein weitergehendes Mitbestimmungsrecht eingeräumt werden. Ein Mitbestimmungsrecht, bei dem die Einigungsstelle ausgeschaltet wird, ist jedoch unzulässig.
31. Eine Erweiterung der Mitbestimmung in personellen Angelegenheiten ist im Rahmen des § 102 BetrVG grundsätzlich zulässig, trifft aber dort auf ihre Grenzen, wo dem Betriebsrat ein Vetorecht eingeräumt wird; die Einigungsstelle als vermittelndes Gremium also ausgeschlossen werden soll. Eine Erweiterung der Rechte aus § 99 BetrVG ist bis zu dem Punkt zulässig, an dem der Arbeitgeber gezwungen werden kann, einen Arbeitnehmer gegen seinen Willen einzustellen. Zumindest muss ihm die Alternative verbleiben, den Arbeitsplatz unbesetzt zu lassen.
32. Eine Erweiterung der Mitbestimmungsrechte in wirtschaftlichen Angelegenheiten scheitert bereits daran, dass es sich nicht um Tarifnormen i.S.d. § 1 Abs. 1 TVG handelt. Per schuldrechtlicher Vereinbarung kann ein Anspruch des Betriebsrates begründet werden, ihm dort weitere Rechte in wirtschaftlichen Angelegenheiten einzuräumen, wo es sich

um bloße Anhörungsrechte handelt. Eine erzwingbare Mitbestimmung kann vor dem Hintergrund der unternehmerischen Entscheidungsfreiheit nicht vereinbart werden.

33. Tarifebene (also die Ebene der freiwilligen Vereinbarung eines Tarifvertrages) und Arbeitskampfebene sind streng voneinander zu unterscheiden. Infolgedessen sind auch die Fähigkeit einen Tarifvertrag abzuschließen und die Fähigkeit einen Arbeitskampf zu führen, voneinander zu trennen.
34. Der einzelne verbandsgebundene Arbeitgeber ist aufgrund einer Disparität im Verhältnis zur Gewerkschaft und eines daraus resultierenden Verstoßes gegen den Grundsatz der Kampfparität grundsätzlich nicht arbeitskampffähig. Etwas anderes gilt nur in Ausnahmefällen, wenn es sich um sozial mächtige Arbeitgeber handelt. Dies ist aber nur für sog. Global Player zu bejahen. Der Außenseiter-Arbeitgeber ist immer arbeitskampffähig.
35. Der Arbeitskampf muss auf ein tariflich regelbares Ziel gerichtet sein. Hierin liegt kein Verstoß gegen Teil II, Art. 6 Nr. 4 ESC. Ist nur ein Regelungsziel unzulässig, macht dies den gesamten Arbeitskampf unrechtmäßig, wenn nicht ausgeschlossen werden kann, dass bei Verzicht auf dieses Kampfziel der unzulässige Arbeitskampf vermieden worden wäre. Eine Tarifnorm, die ein tariflich nicht regelbares Ziel darstellt, ist nichtig. Der Tarifvertrag insgesamt bleibt wirksam, die Parteien haben jedoch ein außerordentliches Recht zur Kündigung, um den Tarifvertrag an die nunmehr veränderten Umstände anzupassen.
36. Der Arbeitskampf gegen den verbandsgebundenen Arbeitgeber ist zunächst dann unzulässig, wenn er gegen die aus dem Verbandstarifvertrag resultierende relative Friedenspflicht verstößt. Diese ergibt sich durch Auslegung des sachlichen Regelungsbereiches des Tarifvertrages. Hinsichtlich der Kriterien dieser Auslegung ist zwischen dem normativen und dem schuldrechtlichen Teil des Tarifvertrages zu unterscheiden.
37. Der personelle Geltungsbereich des Tarifvertrages bzw. der seiner Friedenswirkung ist durch Auslegung zu ermitteln. Hierfür ist der schuldrechtliche Teil des Tarifvertrages Ansatzpunkt. Ohne ausdrückliche Bestimmung ist eine ergänzende Auslegung vorzunehmen.
38. Die Friedenspflicht gilt auch für denjenigen Arbeitgeber, der erst nach Abschluss des Verbandstarifvertrages dem Verband beitritt, weil er dem Arbeitskampf um einen Firmentarifvertrag aus dem Weg gehen möchte (sog. *Flucht in den Arbeitgeberverband*).
39. Flüchtet der Arbeitgeber aus dem Verband, kommt ihm im Weitergeltungszeitraum nicht die Friedenspflicht des Verbandstarifvertrages zu Gute.

40. Findet nach einem Verbandswechsel der neue Tarifvertrag Anwendung, kommt der Arbeitgeber in den Genuss der Friedenswirkung dieses Verbandstarifvertrages. Wird der neue Tarifvertrag nicht angewandt, bleibt der Arbeitgeber aufgrund des Schutzzwecks des § 3 Abs. 3 TVG an den alten Tarifvertrag gebunden. Dann ist er von keiner Friedenswirkung erfasst.
41. Löst sich der Arbeitgeberverband auf, geht von seinen Verbandstarifverträgen keine Friedenswirkung mehr aus. Auch im Nachwirkungszeitraum des § 4 Abs. 5 TVG entfaltet der Verbandstarifvertrag keine Friedenspflicht mehr.
42. Will diejenige Gewerkschaft, die Partei des Verbandstarifvertrages ist, einen parallelen Firmentarifvertrag mit einem Mitglied des Arbeitgeberverbandes erstreiken, wird sie hieran nicht durch eine weitergehende Friedenspflicht gehindert. Ein Arbeitskampf ist in demjenigen Maße gestattet, wie es die relative Friedenspflicht vorgibt.
43. Der verbandsgebundene Arbeitgeber kann sich auch dann auf die Friedenswirkung des Verbandstarifvertrages berufen, wenn er jahrelang freiwillig Firmentarifverträge abgeschlossen hat und der zuletzt abgeschlossene nunmehr endet. Der Arbeitskampf um den Firmentarifvertrag kann nur insoweit geführt werden, als dies von der relativen Friedenspflicht des Verbandstarifvertrages gestattet wird.
44. Der Arbeitskampf gegen den verbandsgebundenen Arbeitgeber scheitert insgesamt sowohl am Grundsatz der Arbeitskampfparität als auch an seiner richtig verstandenen individuellen Koalitionsfreiheit. Art. 9 Abs. 3 S. 1 GG schützt den Zweck des Verbandsbeitritts. Dieser liegt darin, nur noch vom Verbandstarifvertrag erfasst zu werden. Gegen diesen Schutzzweck verstößt ein Arbeitskampf mit dem bereits verbandsgebundenen Arbeitgeber.
45. Der Arbeitskampf gegen den verbandsgebundenen Arbeitgeber scheitert dagegen nicht an der individuellen Koalitionsfreiheit der im Verbandstarif verbliebenen Arbeitgeber oder an der kollektiven Koalitionsfreiheit des Arbeitgeberverbandes. Dieser Arbeitskampf verstößt desgleichen nicht gegen Art. 2 Abs. 1 GG, gegen die Ordnungsfunktion der Tarifpartner/ des Tarifvertrages oder Teil II, Art. 6 Nr. 4 ESC. Er ist auch nicht unzumutbar.
46. Der Firmentarifvertrag ist ein geeignetes Mittel, dezentrale und flexible Regelungen zu erreichen bzw. als Rettungsanker zu dienen. Er kann aber auch ein Mittel sein, die aus Arbeitgebersicht notwendigen Regelungen zu verhindern bzw. gewerkschaftliche Vorstellungen durchzusetzen, ohne dass sich der einzelne Arbeitgeber auf seine Stellung als bereits durch den Verbandstarifvertrag gebundener Arbeitgeber berufen kann.

47. Die Antwort auf die Frage nach der Möglichkeit durch den Firmentarifvertrag eine flexible und dezentrale Regelung einzuführen, ist abhängig von den jeweiligen Abschlüssen der Tarifvertragsparteien und daher jeden Tag neu zu geben.

48. Die bisherige Tarifpraxis ist freilich gespalten. Einerseits stimmen Abschlüsse wie der Tarifabschluss von Pforzheim aus dem Jahr 2004 positiv, andererseits bemüht sich die IG Metall, sog. tarifliche Sozialpläne durchzusetzen, um die unternehmerische Entscheidungsfreiheit zu binden. Nicht immer ist dieses Anliegen sozialpolitisch verständlich – im Einzelfall ist es sogar rechtswidrig.

Literaturverzeichnis

Arndt, Adolf: Thesen zu Artikel 9 Absatz 3 GG, in Festgabe für Otto Kunze, S. 265 – 267, Berlin 1969 [zit.: *Arndt*, Festgabe für Kunze, S.]

Ascheid, Reiner; Preis, Ulrich; Schmidt, Ingrid: Kündigungsrecht, 2. Auflage, München 2004 [zit.: Ascheid/Preis/Schmidt-*Bearbeiter*, Kündigungsrecht, GG, Rn.]

Auffarth, Fritz: Zur Bedeutung der Beteiligungsrechte des Betriebsrats nach dem Betriebsverfassungsgesetz 1972 für eine paritätische Mitbestimmung der Arbeitnehmer auf Unternehmensebene, RdA 1976, 2 – 5

Bartholomä, Ute: „Tarifkonflikte" – ein heißes Thema auch für nicht im Arbeitgeberverband organisierte Unternehmen!, BB 2006, 378 – 383

Bartz, Alexander: Die Friedenspflicht der Gewerkschaft bei Verbandswechsel des Arbeitgebers, Frankfurt a. M. 2002 [zit.: *Bartz*, Friedenspflicht, S.]

- Reichweite und Grenzen gewerkschaftlicher Friedenspflicht, ZTR 2004, 122 – 130; 170 – 175

Bauer, Jobst-Hubertus: Flucht aus Tarifverträgen: Königs- oder Irrweg?, Festschrift für Günter Schaub, S. 19 – 46, München 1998 [zit.: *Bauer*, FS Schaub, S.]

Bauer, Jobst-Hubertus; Diller, Martin: Flucht aus Tarifverträgen, DB 1993, 1085 – 1090

Bauer, Jobst-Hubertus; Rolf, Christian: Anm. zu ArbG Berlin v. 08.05.2003, DB 2003, 1519 – 1521

Bauer, Jobst-Hubertus; Krieger, Steffen: „Firmensozialplan" als zulässiges Ziel eines Arbeitskampfes?, NZA 2004, 1019 – 1025

Baumann, Thomas: Die Rechtsfolgen eines Grundrechtsverstoßes der Tarifpartner, RdA 1994, 272 – 279

Bayreuther, Frank: Anm. zu BAG v. 10.12.2002, DB 2003, 1120

Becker, Elmar: Bausteine der Flexibilisierung, AuA 2000, 18 – 22

Becker, Friedrich; Hillebrecht, Wilfried; Etzel, Gerhard: Gemeinschaftskommentar zum Kündigungsschutzgesetz und zu sonstigen kündigungsschutzrechtlichen Vorschriften, 8. Auflage, Neuwied 2007 [zit.: KR-*Bearbeiter*, Gesetz, §, Rn.]

Belling, Detlev: Die Zulässigkeit freiwilliger Sonderzahlungen als Mittel der Streikabwehr, NZA 1990, 214 – 219

- Die geschlechtsdiskriminierende Altersgrenze im Tarifvertrag, NZA 1993, 1009 – 1015

Belling, Detlev; Hartmann, Christian: Die geschlechtsdiskriminierende Altersgrenze im Tarifvertrag, NZA 1993, 1009 – 1015

Bengelsdorf, Peter: Tarifliche Arbeitszeitbestimmungen und Günstigkeitsprinzip, ZfA 1990, 563 – 606

Berg, Peter; Wendeling-Schröder, Ulrike; Wolter, Henner: Die Zulässigkeit tarifvertraglicher Besetzungsregelungen, RdA 1980, 299 – 313

Beuthien, Volker: Unternehmensbezogene Tarifverträge und paritätische Mitbestimmung im Unternehmen, BB 1975, 477 – 484

- Unternehmerische Mitbestimmung kraft Tarif- oder Betriebsautonomie?, ZfA 1983, 141 – 168
- Mitbestimmung unternehmerischer Sachentscheidungen kraft Tarif- und Betriebsautonomie, ZfA 1984, 1 – 30
- Tarifverträge betriebsverfassungsrechtlichen Inhalts, ZfA 1986, 131 – 155

Bieback, Karl-Jürgen: Tarifrechtliche Probleme des Verbandswechsels von Arbeitgebern, DB 1989, 477 – 482

Biedenkopf, Kurt: Grenzen der Tarifautonomie, Karlsruhe 1964 [zit.: *Biedenkopf*, Grenzen der Tarifautonomie, S.]
- Verhandlungen des 46. Deutschen Juristentages, München 1966, Band 1, Teil 1: Sinn und Grenzen der Vereinbarungsbefugnis der Tarifvertragsparteien [zit.: *Biedenkopf*, Verhandlungen, S.]

Birk, Rolf; Konzen, Horst; Löwisch, Manfred; Raiser, Thomas; Seiter, Hugo: Gesetz zur Regelung kollektiver Arbeitskonflikte, Tübingen 1988, [zit.: *Birk/Konzen/Löwisch/ Raiser/Seiter*, Gesetz, S.]

Blank, Michael: Die Warnstreikprozesse in der Metall-Tarifrunde 1987, NZA 1988, Beil. 2, 9 – 18
- Die Tarifzuständigkeit der DGB-Gewerkschaften, Baden-Baden 1996 [zit.: *Blank*, Tarifzuständigkeit, S.]

Blanke, Thomas: Flankenschutz für die Tarifautonomie, Die tarif- und arbeitskampfrechtliche Rechtsstellung des Einzelarbeitgebers nach den Urteilen des BAG v. 10.12.2002 und v. 18.02.2003, AuR 2004, 130 – 135

Blomeyer, Wolfgang: Besitzstandswahrung durch Tarifvertrag, ZfA 1980, 1 – 76
- Das Günstigkeitsprinzip in der Betriebsverfassung, NZA 1996, 337 – 346

Boldt, Gerhard: Zur Zulässigkeit von Firmentarifverträgen mit verbandsangehörigen Unternehmen, RdA 1971, 257 – 268

Bötticher, Eduard: Die gemeinsamen Einrichtungen der Tarifvertragsparteien, Heidelberg 1966 [zit.: *Bötticher*, Einrichtungen, S.]

Brox, Hans; Rüthers, Bernd; Schlüter, Wilfried; Jülicher, Friedrich: Arbeitskampfrecht, 2. Auflage, Stuttgart 1982 [zit.: *Brox/Rüthers*, Arbeitskampfrecht, S.]

Buchner, Herbert: Möglichkeiten und Grenzen betriebsnaher Tarifpolitik, DB 1970, 2025 – 2032; 2074 – 2080
- Tarifwille und Tarifmacht, SAE 1987, 45 – 52
- Tarifliche Arbeitszeitbestimmungen und Günstigkeitsprinzip, DB 1990, 1715 – 1723
- Anm. zu BAG v. 10.02.1988, SAE 1991, 356 – 364
- Möglichkeiten der fristlosen Kündigung von Tarifverträgen in den neuen Bundesländern, NZA 1993, 289 – 299
- Mitgliedschaft in Arbeitgeberverbänden ohne Tarifbindung, NZA 1994, 2 – 12
- Verbandsmitgliedschaft ohne Tarifbindung, NZA 1995, 761 – 769
- Tarifzuständigkeit bei Abschluß von Verbands- und Firmentarifverträgen, ZfA 1995, 95 – 121
- Die tarifrechtliche Situation bei Verbandsaustritt und bei Auflösung des Arbeitgeberverbandes, RdA 1997, 259 – 267
- Vereinheitlichung tariflicher Strukturen im Unternehmens- und Konzernbereich, Festschrift für Günter Schaub, S. 75 – 93, München 1998 [zit.: *Buchner*, FS Schaub, S.]
- Gemeinsame Anmerkung zu den Beschlüssen des BAG vom 25.9.1996 – 1 ABR 4/96 – und vom 12.11.1996 – 1 ABR 33/96 –, SAE 1998, 262 – 266
- Unternehmensbezogene Tarifverträge - tarif-, verbands- und arbeitskampfrechtlicher Spielraum, DB 2001, Beilage 9 zu Heft 48, 1 – 15
- Anm. zu BAG v. 10.12.2002, RdA 2003, 363 – 368
- Reform des Arbeitsmarkts – Was brauchen und was können wir?, DB 2003, 1510 – 1517
- Tarifverträge im Wettbewerb?, ZfA 2004, 229 – 252

Bulla, Werner: Tarifverträge über Rationalisierungsmaßnahmen in Betrieben und Unternehmen, DB 1980, 103 – 108; 158 – 161

Buschmann, Rudolf: Anm. zu LAG Düsseldorf v. 16.12.1988, AiB 1989, 160 – 161

Butzer, Hermann: Verfassungsrechtliche Grundlagen zum Verhältnis zwischen Gesetzgebungshoheit und Tarifautonomie, RdA 1994, 375 – 385
Dammann, Klaus: Tarifvertrag und Arbeitskampf, Köln 1977 [zit.: *Dammann*, Tarifvertrag, S.]
Däubler, Wolfgang: Das Grundrecht auf Mitbestimmung, Frankfurt am Main 1973 [zit.: *Däubler*, Mitbestimmung, S.]
- Arbeitskampfrecht, 2. Auflage, Baden – Baden 1987 [zit.: Däubler-*Bearbeiter*, Arbeitskampfrecht, Rn.]
- Der Arbeitsvertrag – ein Mittel zur Verlängerung der Wochenarbeitszeit?, DB 1989, 2534 – 2538
- Tarifvertragsrecht, 3. Auflage, Baden – Baden 1993 [zit.: *Däubler*, Tarifvertragsrecht, Rn.]
- Neue Grundsätze im Arbeitskampf?, AuR 1998, 144 – 148
- Kommentar zum Tarifvertragsgesetz, 2. Auflage, Baden-Baden 2006 [zit.: Däubler-*Bearbeiter*, TVG, §, Rn.]
Däubler, Wolfgang; Kittner, Michael; Klebe, Thomas: Betriebsverfassungsgesetz, 10. Auflage, Frankfurt am Main 2006 [zit.: DKK-*Bearbeiter*, BetrVG, §, Rn.]
Deeken, Klaus: Individualnorm im Tarifvertrag?, DB 1967, 464 – 469
Delheid, Johannes: Tarifzuständigkeit, Köln 1973 [zit.: *Delheid*, Tarifzuständigkeit, S.]
Dieterich, Thomas: Die Grundrechtsbindung von Tarifverträgen, Festschrift für Günter Schaub, S. 117 – 134, München, 1998 [zit.: *Dieterich*, FS Schaub, S.]
- Anm. zu BAG v. 04.04.2000, RdA 2001, 112 – 118
- Flexibilisiertes Tarifrecht und Grundgesetz, RdA 2002, 1 – 17
Dieterich, Thomas; Müller-Glöge, Rudi; Preis, Ulrich; Schaub, Günter: Erfurter Kommentar zum Arbeitsrecht, 5. Auflage, München 2005 [zit.: ErfK-*Bearbeiter*, GG, 5. A., Art., Rn.]
- Erfurter Kommentar zum Arbeitsrecht, 7. Auflage, München 2007 [zit.: ErfK-*Bearbeiter*, GG, Art., Rn.]
Döring, Ulrich: Zur Konfliktfähigkeit deutscher Großunternehmen bei Tarifauseinandersetzungen, DB 2001, 1430 – 1433
Dreier, Horst: Grundgesetz, Kommentar, Bd. 1 Artikel 1 – 19, 2. Auflage, Tübingen 2004 [zit.: Dreier-*Bearbeiter*, GG, Art., Rn.]
Dreschers, Martin: Die Entwicklung des Rechts des Tarifvertrags in Deutschland: eine rechtshistorische Untersuchung über den Verlauf der Durchsetzung des Kollektivgedankens, Frankfurt a.M., Berlin, Bern, 1994 [zit.: *Dreschers*, Entwicklung des Rechts des Tarifvertrags, S.]
Eichler, Wolfgang: Was heißt „betriebsnaher Tarifvertrag"?, Junge Wirtschaft 1960, 546 – 548
Fischinger, Philipp: Die Tarif- und Arbeitskampffähigkeit des verbandsangehörigen Arbeitgebers, ZTR 2006, 518 – 530
- Streik um Tarifsozialpläne?, NZA 2007, 310 – 313
Fitting, Karl; Engels, Gerd; Schmidt, Ingrid; Trebinger, Yvonne; Linsenmaier, Wolfgang: Kommentar zum Betriebsverfassungsgesetz, 22. Auflage, München 2004 [zit.: *Fitting*, BetrVG, 22. A., §, Rn.]
- Kommentar zum Betriebsverfassungsgesetz, 23. Auflage, München 2006 [zit.: *Fitting*, BetrVG, §, Rn.]
Frey, Erich: Gleichheitsfragen im Tarifvertragsrecht, DB 1971, 2407 – 2412
Franzen, Martin: Standortverlagerung und Arbeitskampf, ZfA 2005, 315 – 351
Furier, Manfred: Anm. zu BAG, v. 21.06.2000, AiB 2001, 740
Galperin, Hans: Inhalt und Grenzen des kollektiven Koalitionsrechts, AuR 1965, 1 – 9

Gamillscheg, Franz: Kollektives Arbeitsrecht, Band I: Grundlagen/ Koalitionsfreiheit/ Tarifvertrag/ Arbeitskampf und Schlichtung, München 1997 [zit.: *Gamillscheg*, Kollektives Arbeitsrecht Bd. I, S.]
Gaul, Dieter: Tarifliche Friedenspflicht und Firmentarifvertrag, RdA 1966, 172 – 179
- Zuständigkeitsregelung und kollektivrechtlicher Gestaltungsraum für Tarifvertragsparteien, ZTR 1991, 443 – 455
Gift, Emil: Probleme der Friedenspflicht, DB 1959, 651 – 655
Gisbertz, Ulrike: Parität im Firmenarbeitskampf, Baden-Baden 2004 [zit.: *Gisbertz*, Parität, S.]
Gitter, Wolfgang: Die Unzumutbarkeit als Grenze der Tarifmacht, AuR 1970, 129 – 134
- Durchsetzungsfähigkeit als Kriterium der Tariffähigkeit für einzelne Arbeitgeber und Arbeitgeberverbände, Festschrift für Otto Rudolf Kissel, S. 265 – 279, München 1994 [zit.: *Gitter*, FS Kissel, S.]
Gitter, Wolfgang; Boerner, Dietmar: Altersgrenzen in Tarifverträgen, RdA 1990, 129 – 138
Glaubitz, Werner: Tariffähigkeit von Arbeitgeberverbänden mit tarifgebundenen und -ungebundenen Mitgliedern?, NZA 2003, 140 – 143
Gohritz, Tatjana: Der freiwillige und der durch Arbeitskampf erzwungene Abschluß von Firmentarifverträgen und firmenbezogenen Verbandstarifverträgen, Aachen 2005 [zit.: *Gohritz*, Abschluß von Firmentarifverträgen, S.]
Götz, Hilmar: Grundzüge des Arbeitsrechts, Bd. 2 Kollektives Arbeitsrecht, 2. Auflage, München 1997 [zit.: *Götz*, Grundzüge, Rn.]
Graf, Esther: Die Tarifzuständigkeit, Funktionelle Schranken und Gestaltungsfreiheit beider Tarifparteien, Frankfurt am Main 2003 [zit.: *Graf*, Tarifzuständigkeit, S.]
Gumpert, Jobst: Rechtsfragen des Firmentarifvertrages, BB 1958, 1316 – 1319
Hanau, Peter: Lohn- und Tarifpolitik, Der Arbeitgeber 1970, 404 – 407
- Allgemeine Grundsätze der betrieblichen Mitbestimmung, RdA 1973, 281 – 294
- Aktuelles zum Betrieb, Unternehmen und Konzern im Arbeitsrecht, ZfA 1990, 115 – 132
- Der Tarifvertrag in der Krise, RdA 1998, 65 – 71
Hanau, Peter; Adomeit, Klaus: Arbeitsrecht, 14. Auflage, Neuwied 2007 [zit.: *Hanau/Adomeit*, Arbeitsrecht, Rn.]
Hanau, Peter; Thüsing, Gregor: Tarifverträge zur Beschäftigungssicherung - Grenzen und Perspektiven -, ZTR 2001, 1 – 6; 49 – 53
- Streik um Anschlusstarifverträge, ZTR 2002, 506 – 511
Heinze, Meinhard: Tarifzuständigkeit von Gewerkschaften und Arbeitgebern/ Arbeitgeberverbänden, DB 1997, 2122 – 2126
Hensche, Detlef: Zur Zulässigkeit von Firmentarifverträgen mit verbandsangehörigen Unternehmen, RdA 1971, 9 – 17
- Tarifvertrag und Unternehmenspolitik, Von der Unantastbarkeit der Unternehmerfreiheit, AuR 2004, 443 – 450
Henssler, Martin: Flexibilisierung der Arbeitsmarktordnung, ZfA 1994, 487 – 515
- Unternehmensumstrukturierung und Tarifrecht, Festschrift für Günter Schaub, S. 311 – 336, München 1998 [zit.: *Henssler*, FS Schaub, S.]
- Tarifautonomie und Gesetzgebung, ZfA 1998, 1 – 41
- Firmentarifverträge und unternehmensbezogene Verbandstarifverträge als Instrumente einer „flexiblen“, betriebsnahen Tarifpolitik, ZfA 1998, 517 – 542
Hergenröder, Curt Wolfgang: Anm. zu BAG v. 20.11.1990, EzA Nr. 20 zu § 2 TVG
Herschel, Wilhelm: Das Tarifvertragsgesetz des Vereinigten Wirtschaftsgebietes, Arbeitsblatt 1949, 22 – 25

- Zur Entstehung des Tarifvertragsgesetzes, ZfA 1973, 183 – 200
- Anm. zu BAG v. 28.03.1985, AP Nr. 86 zu § 626 BGB

Heß, Harald: Zulässigkeit, Inhalt und Erstreikbarkeit betriebsnaher Tarifverträge, Frankfurt am Main 1973 [zit.: *Heß*, Betriebsnahe Tarifverträge, S.]
- Die Zulässigkeit betriebsnaher Tarifverträge, DB 1975, 548 – 551
- Rechtsfragen zum „betriebsnahen Tarifvertrag" unter Berücksichtigung von Tarifpluralitäten, ZfA 1976, 45 – 78

Heß, Harald; Schlochauer, Ursula; Worzalla, Michael; Glock, Dirk: Kommentar zum Betriebsverfassungsgesetz, 6. Auflage, München 2003 [zit.: HSWG-*Bearbeiter*, BetrVG, §, Rn.]

Hillebrand, Gerhard: Das Merkmal „Tarifzuständigkeit" als Wirksamkeitsvoraussetzung eines Tarifvertrages, Aachen 1997 [zit.: *Hillebrand*, Tarifzuständigkeit, S.]

Hoeninger, Heinrich: Einige Gedanken zum Recht des Arbeitskampfes, RdA 1953, 204 – 211
- Streik und Arbeitsvertrag – Versuch einer Synthese von Individualrecht und Kollektivrecht, BB 1955, 37 – 42

Hoffmann, Reinhard: Tarifwirkung für später eingetretene Verbandsmitglieder?, AuR 1964, 169 – 174

Hohenstatt, Klaus-Stefan; Schramm, Nils: Erstreikbarkeit von „tariflichen Sozialplänen", DB 2004, 2214 – 2218

Hoyningen – Huene, Gerrick, von: Die Rolle der Verbände bei Firmenarbeitskämpfen, ZfA 1980, 453 – 470
- Anm. zu BAG v. 18.08.1987, AP Nr. 23 zu § 77 BetrVG 1972 Tarifvorbehalt
- Arbeitsrecht: Die einstweilige Verfügung im Firmenarbeitskampf, JuS 1990, 298 – 302

Hoyningen – Huene, Gerrick von; Meier – Krenz, Ulrich: Mitbestimmung trotz Tarifvertrag?, NZA 1987, 793 – 799
- Flexibilisierung des Arbeitsrechts durch Verlagerung tariflicher Regelungskompetenzen auf den Betrieb, ZfA 1988, 293 – 318

Hromadka, Wolfgang: Gesetzliche Tariföffnungsklauseln – Unzulässige Einschränkung bei der Koalitionsfreiheit oder Funktionsbedingung der Berufsfreiheit, NJW 2003, 1273 – 1277

Hromadka, Wolfgang; Maschmann, Frank; Wallner, Franz: Der Tarifwechsel, München 1996 [zit.: *Hromadka/Maschmann/Wallner*, Tarifwechsel, Rn.]

Hueck, Alfred: Handbuch des Arbeitsrechts, III. Buch: Das Tarifrecht, Stuttgart 1922 [zit.: *Hueck*, Tarifrecht, S.]

Hueck, Alfred; Nipperdey, Hans – Carl: Lehrbuch des Arbeitsrechts, Band II/1, 7. Auflage, Berlin 1967 [zit.: *Hueck/Nipperdey*, Lehrbuch II/1, S.]
- Band II/2, Berlin 1970 [zit.: *Hueck/Nipperdey*, Lehrbuch II/2, S.]
- Grundriß des Arbeitsrechts, 5. Auflage, Berlin 1970 [zit.: *Hueck/Nipperdey*, Grundriß, S.]

Hueck, Alfred; Nipperdey, Hans – Carl; Tophoven, Ernst; Stahlhacke, Eugen: Tarifvertragsgesetz, 4. Auflage, München 1964 [zit.: *Hueck/Nipperdey/Tophoven/Stahlhacke*, TVG, §, Rn.]

Hueck, Götz; Windbichler, Christiane: Gesellschaftsrecht, 20. Auflage, München 2003 [zit.: *Hueck/Windbichler*, Gesellschaftsrecht, §, Rn.]

IG Metall Küste: Qualifizieren statt Entlassen, Hamburg 1998 [zit.: Qualifizieren statt Entlassen, S.]

Ingelfinger, Helmar: Arbeitsplatzgestaltung durch Betriebsnormen, Berlin 1996 [zit.: *Ingelfinger*, Arbeitsplatzgestaltung, S.]

Ipsen, Jörn: Staatsrecht II Grundrechte, 10. Auflage, Neuwied 2007 [zit.: *Ipsen*, Staatsrecht II, Rn.]

Isensee, Josef; Kirchhof, Paul: Handbuch des Staatsrechts der Bundesrepublik Deutschland, Band 6. Freiheitsrechte, Heidelberg 1989 [zit.: *Isensee/Kirchhof*, Staatsrecht, §, Rn.]

Jacobs, Matthias: Tarifeinheit und Tarifkonkurrenz, Berlin 1999 [zit.: *Jacobs*, Tarifeinheit, S.]

- Die Erkämpfbarkeit von firmenbezogenen Tarifverträgen mit verbandsangehörigen Arbeitgebern, ZTR 2001, 249 – 257

Jarass, Hans; Pieroth, Bodo: Grundgesetz, Kommentar, 8. Auflage, München 2006 [zit.: *Jarass/Pieroth*, GG, Art., Rn.]

Joost, Detlev: Anm. zu BAG v. 20.11.1987, AP Nr. 2 zu § 620 BGB Altersgrenze

Käppler, Renate: Tarifvertragliche Regelungsmacht, NZA 1991, 745 – 754

Kempen, Otto Ernst: Die beschäftigungspolitische Zuständigkeit der Tarifvertragsparteien, Festschrift für Peter Hanau, S. 529 – 545, Köln 1999 [zit.: *Kempen*, FS Hanau, S.]

Kempen, Otto Ernst; Zachert, Ulrich: Tarifvertragsgesetz, Kommentar für die Praxis, 3. Auflage, Köln 1997 [zit.: *Kempen/Zachert*, TVG, 3. A., §, Rn.]

- Tarifvertragsgesetz, Kommentar für die Praxis, 4. Auflage, Frankfurt am Main 2006 [zit.: *Kempen/Zachert*, TVG, §, Rn.]

Kissel, Otto Rudolf: Arbeitskampfrecht, München 2002 [zit.: *Kissel*, Arbeitskampfrecht, §, Rn.]

Kittner, Michael: Öffnung des Flächentarifvertrags, Festschrift für Günter Schaub, S. 389 – 419, München 1998 [zit.: *Kittner*, FS Schaub, S.]

Kleinke, Giesela; Kley, Wilfried; Walter, Sylvia: Personalüberleitungstarifverträge von Mitgliedern kommunaler Arbeitgeberverbände, ZTR 2000, 499 – 503

Knevels, Peter: Ist die tarifliche „Öffnungsklausel" zulässig?, Der Arbeitgeber 1961, 278 – 280

- Der Beginn der tariflichen Friedenspflicht beim eintritt eines Betriebes in den Arbeitgeberverband, DB 1964, 1663 – 1665

Konzen, Horst: Tarifbindung, Friedenspflicht und Kampfparität beim Verbandswechsel des Arbeitgebers, ZfA 1975, 401 – 436

- Tarifvertragliche Kampfklauseln, ZfA 1980, 77 – 120
- Der Sympathiestreik bei inkongruenter Tarifzuständigkeit der Tarifparteien, DB 1990, Beil. 6, 1 – 15
- Anm. zu BVerfG v. 26.06.1991, SAE 1991, 335 – 344
- Anm. zu BVerfG v. 04.07.1995, SAE 1996, 216 – 224
- Die Tarifzuständigkeit im Tarif- und Arbeitskampfrecht, Festschrift für Alfons Kraft, S. 291 – 321, Neuwied, Kriftel 1998 [zit.: *Konzen*, FS Kraft, S.]
- „Fünfzig Jahre richterliches Arbeitskampfrecht – Grundlagen, Bilanz, Weiterentwicklung –", in 50 Jahre Bundesarbeitsgericht, München 2004 [zit.: *Konzen*, 50 Jahre BAG, S.]

Kraft, Alfons: Abschied von der „Tarifzuständigkeit" als Wirksamkeitsvoraussetzung eines Tarifvertrages, Festschrift für Ludwig Schnorr v. Carolsfeld, S. 255 – 272, Köln 1972 [zit.: *Kraft*, FS Schnorr v. Carolsfeld, S.]

Krauss, Stefan: Die neue Freiheit im Verbandstarif?, DB 1995, 1562 – 1565

Krebs, Peter: Anm. zu BAG v. 04.04.2001, SAE 2002, 218 – 220

Krichel, Ulrich: Ist der Firmentarifvertrag mit einem verbandsangehörigen Arbeitgeber erstreikbar?, NZA 1986, 731 – 736

Kühling, Jürgen; Bertelsmann, Klaus: Tarifautonomie und Unternehmerfreiheit, NZA 2005, 1017 – 1027

Küttner, Wolfdieter: Personalbuch 2007, 14. Auflage, München 2007 [zit.: Küttner-*Bearbeiter*, Personalbuch 2007, Nr., Rn.]

Lambrich, Thomas; Trappehl, Bernhard: Tarifflucht, Frankfurt am Main 2002 [zit.: *Lambrich/Trappehl*, Tarifflucht, S.]

Larenz, Karl: Methodenlehre der Rechtswissenschaft, 6. Auflage, München 1991 [zit.: *Larenz*, Methodenlehre, S.]

Larenz, Karl; Wolf, Manfred: Allgemeiner Teil des Bürgerlichen Rechts, 9. Auflage, München 2004 [zit.: *Larenz/Wolf*, Allgemeiner Teil, §, Rn.]

Lauschke, Gerd: Betriebsnahe Tarifpolitik und Koalitionsschutz, AuR 1965, 102 – 110

Leinemann, Wolfgang: Kasseler Handbuch zum Arbeitsrecht, Band 2, 2. Auflage, Neuwied 2002 [zit.: KassHdb. Arbeitsrecht-*Bearbeiter*, 1.1, Rn.]

Lelley, Jan Tibor: Anm. zu LAG Schleswig-Holstein v. 27.03.2003, EWiR 2003, 1035 – 1036

Lieb, Manfred: Die Regelungszuständigkeit des Betriebsrates für die Vergütung von AT-Angestellten, in ZfA 1978, 179 – 213

- Gedanken zur Aussperrung, DB 1980, 2188 – 2195
- Die Zulässigkeit von Demonstrations- und Sympathiearbeitskämpfen – zugleich ein Beitrag zur Rechtslage bei unklarem Kampfziel, ZfA 1982, 113 – 173
- Zur Zulässigkeit kampfgebietsausweitender Aussperrungen, DB 1984, Beil. 12, 1 – 12
- Anm. zu BAG v. 05.03.1985, SAE 1986, 64 – 66
- Zur Rechtmäßigkeit von Unterstützungsarbeitskämpfen insbesondere im Druck- und Verlagsbereich, RdA 1991, 145 – 153
- Mehr Flexibilität im Tarifvertragsrecht? „Moderne" Tendenzen auf dem Prüfstand, NZA 1994, 289 – 294; 337 – 342
- Anm. zu BVerfG v. 04.07.1995, JZ 1995, 1174 – 1178
- Die Rechtsstellung des Außenseiterarbeitgebers im Arbeitskampf, Festschrift für Otto Rudolf Kissel, S. 653 – 678, München 1998 [zit.: *Lieb*, FS Kissel, S.]
- Erkämpfbarkeit von Firmentarifverträgen mit verbandsangehörigen Arbeitgebern, DB 1999, 2058 – 2067
- Arbeitsrecht, 8. Auflage, Heidelberg 2003 [zit.: *Lieb*, Arbeitsrecht, 8. A., Rn.]

Lieb, Manfred; Jacobs, Matthias: Arbeitsrecht, 9. Auflage, Heidelberg 2006 [zit.: *Lieb/Jacobs*, Arbeitsrecht, Rn.]

Link, Harald: Die Tarifzuständigkeit, Köln 1965 [zit.: *Link*, Tarifzuständigkeit, S.]

Lobinger, Thomas: Streiks um unternehmensbezogene Tarifverträge bei Verbandstarifgebundenheit des Arbeitgebers, RdA 2006, 12 – 22

Loritz, Karl-Georg: Rechtsprobleme der tarifvertraglichen Regelung des „freien Wochenendes", ZfA 1990, 133 – 201

- Sinn und Aufgabe der Mitbestimmung heute, ZfA 1991, 1 – 33

Löwisch, Manfred: Reichweite und Durchsetzung der tariflichen Friedenspflicht am Beispiel der Metallrunde 1987, Beilage 2 zu NZA 1988, 3 – 9

- Richterliches Arbeitskampfrecht und der Vorbehalt des Gesetzes, DB 1988, 1013 – 1015
- Anm. zu BAG v. 18.12.1996, in AP Nr. 1 zu § 1 TVG Kündigung
- Tariföffnung bei Unternehmens- und Arbeitsplatzgefährdung, NJW 1997, 905 – 911
- Arbeitskampf- und Schlichtungsrecht, Heidelberg 1997 [zit.: *Löwisch*, Arbeitskampf- und Schlichtungsrecht, Abschnitt, Rn.]
- Tarifliche Regelung von Arbeitgeberkündigungen, DB 1998, 877 – 883
- Tarifliche Kompensation versicherungsmathematischer Rentenabschläge, BB 2000, 821 – 826

- Beschäftigungssicherung als Gegenstand betrieblicher und tariflicher Regelungen und von Arbeitskämpfen, DB 2005, 554 – 559

Löwisch, Manfred; Rieble, Volker: Anm. zu BAG v. 18.08.1987, SAE 1988, 102 – 105
- Tarifvertragsgesetz, Kommentar, 1. Auflage, München 1992 [zit.: *Löwisch/Rieble*, 1. A., TVG, §, Rn.]
- Tarifvertragsgesetz, Kommentar, 2. Auflage, München 2004 [zit.: *Löwisch/Rieble*, TVG, §, Rn.]
- Tarifvertragliche und arbeitskampfrechtliche Fragen des Übergangs vom Haustarif zum Verbandstarif, Festschrift für Günter Schaub, S. 457 – 476, München 1998 [zit.: *Löwisch/Rieble*, FS Schaub, S.]

Löwisch, Manfred; Kaiser, Dagmar: Betriebsverfassungsgesetz, Kommentar, 5. Auflage, Heidelberg 2002 [zit.: *Löwisch/Kaiser*, BetrVG, §, Rn.]

Lund, Heinrich: Anm. zu BAG v. 10.02.1988, AP Nr. 53 zu § 99 BetrVG 1972

Lutter, Marcus: Holding - Handbuch: Recht, Management, Steuern, 4. Auflage, Köln 2004 [zit.: *Bearbeiter* in Lutter, Holding-Handbuch, §, Rn.]

Mangoldt, Hermann von; Klein, Friedrich; Starck, Christian: Das Bonner Grundgesetz, Kommentar, Bd. 1: Präambel, Artikel 1 bis 19, 4. Auflage, München 1999 [zit.: Bonner Kommentar-*Bearbeiter*, GG, Art., Rn.]

Matthes, Hans-Christoph: Der Arbeitgeber als Tarifvertragspartei, Festschrift für Günter Schaub, S. 477 – 485, München 1998 [zit.: *Matthes*, FS Schaub, S.]

Maunz, Theodor; Dürig, Günter: Grundgesetz, Kommentar, Band II, Art. 6 – 16a, München Stand: November 2006 [zit.: Maunz/Dürig-*Bearbeiter*, GG, Art., Rn.]

Mayer - Maly, Theo: Gemeinsame Einrichtungen im Spannungsfeld von Tarifmacht und Organisationspolitik, BB 1965, 829 – 834
- Zur Problematik betriebsnaher Tarifverträge, DB 1965, 32 – 33
- Aussperrung und Parität, DB 1979, 95 – 100
- Anm. zu BAG v. 10.06.1980, AP Nr. 64 – 66 zu Art. 9 GG Arbeitskampf

Meier-Krenz, Ulrich: Die Erweiterung von Mitbestimmungsrechten des Betriebsrats durch Tarifvertrag, DB 1988, 2149 – 2153

Melot de Beauregard, Paul: Anm. zu BAG v. 10.12.2002, BB 2003, 1132

Meyer, Cord: Das Regelungsverhältnis von Verbands- und firmenbezogenem Verbandstarifvertrag im Vergleich zum Haustarifvertrag, NZA 2004, 366 – 370
- Der Firmentarif-Sozialplan als Kombinationsvertrag, DB 2005, 830 – 833
- Beschäftigungssichernde Tarifverträge, ZTR 2005, 394 – 405

Misera, Karlheinz: Tarifmacht und Individualbereich unter Berücksichtigung der Sparklausel, Berlin 1969 [zit.: *Misera*, Tarifmacht, S.]

Moll, Wilhelm: Der Tarifvorrang im Betriebsverfassungsgesetz, Berlin 1980 [zit.: *Moll*, Tarifvorrang, S.]

Möschel, Wernhard: Dezentrale Lohnfindung und Tarifautonomie, BB 2003, 1951 – 1956

Müller, Christoph: Die Berufsfreiheit des Arbeitgebers, Köln 1996 [zit.: *Müller*, Berufsfreiheit, S.]

Müller, Gerhard: Probleme der Friedenspflicht, DB 1959, 515 – 519
- Der Arbeitskampf als Rechtsinstitution – Gedanken zum Arbeitskampfrecht in der Bundesrepublik Deutschland, AuR 1972, 1 – 9
- Arbeitskampf und Recht, Frankfurt am Main 1987 [zit.: *Müller*, Arbeitskampf und Recht, S.]
- Die Tarifautonomie in der Bundesrepublik Deutschland: rechtliche und ethische Grundlagen, Berlin 1990 [zit.: *Müller*, Tarifautonomie, S.]
- Die Tragweite der tariflichen Bezugnahmeklauseln, RdA 1990, 321 – 325

- Tarifautonomie und gesetzliche Regelung des Arbeitskampfrechts, DB 1992, 269 – 274

Münch, Ingo von: Grundgesetz – Kommentar, Band 1, 5. Auflage, München 2000 [zit.: v. Münch-*Bearbeiter*, GG, Art., Rn.]

Natzel, Ivo: Anm. zu BAG v. 20.04.1999, SAE 2000, 115 – 120

- Anm. zu BAG v. 14.12.1999, SAE 2001, 43 – 49

Nicolai, Andrea: Anm. zu LAG Schleswig-Holstein v. 27.03.2003 und LAG Niedersachsen v. 02.06.2004, SAE 2004, 240 – 251

- Zur Zulässigkeit tariflicher Sozialpläne – zugleich ein Beitrag zu den Grenzen der Tarifmacht, RdA 2006, 33 – 39

Nikisch, Arthur: Arbeitsrecht, II. Band, 2. Auflage, Tübingen 1959 [zit.: *Nikisch*, Arbeitsrecht Bd. II, S.]

Nipperdey, Hans Carl: Beiträge zum Tarifrecht, Mannheim 1924 [zit.: *Nipperdey*, Tarifrecht, S.]

Oberberg, Max; Schoof, Christian: Erstreikbarkeit eines Ergänzungstarifvertrags für den Betrieb eines verbandsangehörigen Arbeitgebers, AiB 2002, 169 – 186

Oetker, Hartmut; Wiese, Günther; Kreutz, Peter; Raab, Thomas; Weber, Christoph; Franzen, Martin: Gemeinschaftskommentar zum Betriebsverfassungsgesetz, Band II: §§ 74 – 132 mit Kommentierung des BetrVG 1952, 8. Auflage, München, Neuwied 2005 [zit.: GK-*Bearbeiter*, BetrVG, §, Rn.]

Otto, Hansjörg: Relative Friedenspflicht, tariflicher Regelungsgegenstand und Geschäftsgrundlage, Festschrift für Herbert Wiedemann, S. 401 – 424, München 2002 [zit.: *Otto*, FS Wiedemann, S.]

Päuser, Oliver: Der Firmenarbeitskampf gegenüber einem Vollmitglied in einem tarifwilligen Arbeitgeberverband, Hamburg 2003 [zit.: *Päuser*, Firmenarbeitskampf, S.]

Papier, Hans-Jürgen: Der verfassungsrechtliche Rahmen für Privatautonomie im Arbeitsrecht, RdA 1989, 137 – 144

Pieroth, Bodo; Schlink, Bernhard: Grundrechte, Staatsrecht II, 22. Auflage, Heidelberg 2007 [zit.: *Pieroth/Schlink*, Grundrechte, Rn.]

Preis, Ullrich: Prinzipien des Kündigungsrechts bei Arbeitsverhältnissen, München 1987 [zit.: *Preis*, Prinzipien, S.]

- Anm. zu BAG v. 12.01.1988, EzA Nr. 73 zu Art. 9 GG Arbeitskampf
- Arbeitsrecht, Praxis-Lehrbuch zum Kollektivarbeitsrecht, Köln 2003 [zit.: *Preis*, Kollektivarbeitsrecht, §, I., 1.]

Preis, Ulrich; Ulber, Daniel: Tariftreue als Verfassungsproblem, NJW 2007, 465 – 471

Radke, Olaf: Tarifbindung und Geltungsbereich des Tarifvertrages, BB 1964, 1490 – 1493

- Was ist betriebsnahe Tarifpolitik?, DB 1965, 1176 – 1181

Ramm, Thilo: Der Koalitionsbegriff, RdA 1968, 412 – 417

Rath-Glawatz, Michael: Anm. zu BAG v. 31.08.1982, AP Nr. 8 zu § 87 BetrVG Arbeitszeit

Reichold, Hermann: Zulässigkeitsgrenzen eines Arbeitskampfes zur Standortsicherung, BB 2004, 2814 – 2818

Reuß, Wilhelm: Die Bedeutung der „Mächtigkeit" von Verbänden im kollektiven Arbeitsrecht, RdA 1972, 4 – 8

Reuter, Dieter: Anm. zu BAG v. 19.11.1985, AP Nr. 4 zu § 2 TVG Tarifzuständigkeit

- Die Grenzen des Streikrechts, ZfA 1990, 535 – 561
- Möglichkeiten und Grenzen einer Auflockerung des Tarifkartells, ZfA 1995, 1 – 94
- Anm. zu BVerfG v. 24.02.1999, RdA 2000, 101 – 104
- Können verbandsangehörige Arbeitgeber zum Abschluss von Haustarifverträgen gezwungen werden?, NZA 2001, 1097 – 1107

Richardi, Reinhard: Die Stellung des Arbeitskampfes in der gesamtwirtschaftlichen Ordnung, RdA 1966, 241 – 249
- Kollektivgewalt und Individualwille bei der Gestaltung des Arbeitsverhältnisses, München 1968 [zit.: *Richardi*, Kollektivgewalt, S.]
- Anm. zu BAG v. 30.09.1971, AP Nr. 121 zu § 1 TVG Auslegung
- Rechtsprobleme einer betriebsnahen Tarifpolitik, JurA 1971, 141 – 176
- Erweiterung der Mitbestimmung durch Tarifvertrag, NZA 1988, 673 – 677
- Kollektivvertragliche Arbeitszeitregelung, ZfA 1990, 211 – 243
- Arbeitszeitverlängerung nach der Tarifvertragsregelung in der Metallindustrie, DB 1990, 1613 – 1618
- Betriebsverfassungsgesetz mit Wahlordnung, 10. Auflage, München 2006 [zit.: *Richardi*, BetrVG, §, Rn.]

Richardi, Reinhard; Wlotzke, Otfried: Münchener Handbuch zum Arbeitsrecht, Band 2: Individualarbeitsrecht II, München 2000
- Band 3: Kollektives Arbeitsrecht, 2. Auflage, München 2000 [zit.: MünchArbR-*Bearbeiter*, §, Rn.]

Richter, Julian: Firmenstreiks gegen verbandsangehörige Arbeitgeber, ZTR 2004, 390 – 394
- Die Erstreikbarkeit von Firmentarifverträgen mit verbandsangehörigen Arbeitgebern, Berlin 2005 [zit.: *Richter*, Erstreikbarkeit, S.]

Rieble, Volker: Anm. zu BAG v. 20.11.1990, SAE 1991, 316 – 319
- Beschäftigungspolitik durch Tarifvertrag, ZTR 1993, 54 – 61
- Zur neuen Manteltariffähigkeit der Post - Bundesanstalt für die Post – Aktiengesellschaften, Festschrift für Eugen Stahlhacke, S. 459 – S. 478, Neuwied, Kriftel, Berlin 1995 [zit.: *Rieble*, FS Stahlhacke, S.]
- Arbeitsmarkt und Wettbewerb: der Schutz von Vertrags- und Wettbewerbsfreiheit im Arbeitsrecht, Berlin, Heidelberg, New York 1996 [zit.: *Rieble*, Arbeitsmarkt und Wettbewerb, Rn.]
- Der Fall Holzmann und seine Lehren, NZA 2000, 225 – 234
- Tarifvertrag und Beschäftigung, ZfA 2004, 1 – 64
- Qualifizierungstarifverträge, 50 Jahre Bundesarbeitsgericht, S. 831 – 858, München 2004 [zit.: *Rieble*, 50 Jahre BAG, S.]
- Arbeitsniederlegung zur Standorterhaltung, RdA 2005, 200 – 212
- Tariftreue vor dem BVerfG, NZA 2007, 1 – 4

Robbers, Gerhard: Der Grundrechtsverzicht, JuS 1985, 925 – 931

Rolfs, Christian; Clemens, Fabian: Erstreikbarkeit firmenbezogener Verbandstarifverträge?, DB 2003, 1678 – 1681
- Entwicklungen und Fehlentwicklungen im Arbeitskampfrecht, NZA 2004, 410 – 417

Ruoff, Axel: Die Flexibilisierung der Tarifverträge: tarifliche und gesetzliche Öffnungsklauseln unter besonderer Berücksichtigung des betrieblichen Notfalls, Konstanz, 1999 [zit.: *Ruoff*, Flexibilisierung, S.]

Rüthers, Bernd: Zur Rechtmäßigkeit von Sympathie-Arbeitskämpfen, BB 1964, 312 – 315
- Das Recht der Gewerkschaften auf Information und Mitgliederwerbung im Betrieb, RdA 1968, 161 – 179
- Gewerkschaftliche Mitgliederwerbung im Betrieb und in der Dienststelle – BAG, AP Art 9 GG Nr. 10 und BVerfG, NJW 1970, 1635, JuS 1970, 607 – 611
- Zur Kampfparität im Arbeitskampfrecht, JurA 1970, 85 – 111
- Tarifmacht und Mitbestimmung in der Presse, Berlin 1975 [zit.: *Rüthers*, Tarifmacht, S.]
- Rechtsprobleme der Aussperrung, Berlin 1980 [*Rüthers*, Aussperrung, S.]

- Anm. zu BAG v. 02.06.1987, AP Nr. 49 zu Art. 9 GG

Rüthers, Bernd; Berghaus, Michael: Anm. zu BAG v. 12.01.1988, AP Nr. 90 zu Art. 9 GG Arbeitskampf

Sachs, Michael: Zu den Folgen von Gleichheitsverstößen in Tarifverträgen, RdA 1989, 25 – 35

- Grundgesetz, Kommentar, 3. Auflage, München 2003 [zit.: Sachs-*Bearbeiter*, GG, Art., Rn.]

Säcker, Franz Jürgen: Streikhilfeabkommen und Kartellrecht, ZHR 137, 455 – 481

Säcker, Franz Jürgen; Oetker, Hartmut: Grundlagen und Grenzen der Tarifautonomie, München 1992 [zit.: *Säcker/Oetker*, Tarifautonomie, S.]

Salm, Fritz: Betriebsnahe Tarifverträge, Der Gewerkschafter 1961, Heft 8, 1 – 2, Heft 9, 9

Sandmann, Bernd: Anm. zu BAG v. 04.04.2001, SAE 2002, 246 – 249

Schaub, Günter: Wege und Irrwege aus dem Flächentarifvertrag, NZA 1998, 617 – 623

- Arbeitsrechts – Handbuch, 11. Auflage, München 2005 [zit.: *Schaub*, Handbuch, §, Rn.]

Schleusener, Axel Aino: Rechtmäßigkeit kampfweiser Durchsetzung von Firmentarifverträgen gegenüber verbandsangehörigen Arbeitgebern, NZA 1998, 239 – 244

- Die Erzwingung von Firmentarifverträgen nach Verbandsaustritt des Arbeitgebers, BB 1999, 684 – 686

Schmidt-Bleibtreu, Bruno; Klein, Franz: Kommentar zum Grundgesetz, 10. Auflage, München 2004 [zit.: Schmidt-Bleibtreu/Klein-*Bearbeiter*, GG, Art., Rn.]

Schnorr, Gerhard: Inhalt und Grenzen der Tarifautonomie, JR 1966, 327 – 334

Scholz, Rupert: Koalitionsfreiheit als Verfassungsproblem, München 1971 [zit.: *Scholz*, Koalitionsfreiheit, S.]

- Die Berufsfreiheit als Grundlage und Grenze arbeitsrechtlicher Regelungssysteme, ZfA 1981, 265 – 302

Scholz, Rupert; Konzen, Horst: Die Aussperrung im System von Arbeitsverfassung und kollektivem Arbeitsrecht, Berlin 1980 [zit.: *Scholz/Konzen*, Aussperrung, S.]

Schoof, Christian: Anm. zu ArbG Lübeck v. 29.05.2001, AiB 2002, 126 – 128

Schuster, Norbert: Anm. zu ArbG Gelsenkirchen v. 01.10.1997, AiB 1999, 49 – 50

Schwarze, Roland: Die verfassungsrechtliche Garantie des Arbeitskampfes – BVerfGE 84, 212, JuS 1994, 653 – 659

Seiter, Hugo: Streikrecht und Aussperrungsrecht, Habilitation, Tübingen 1975 [zit.: *Seiter*, Streikrecht, S.]

- Arbeitskampfparität und Übermaßverbot unter besonderer Berücksichtigung des „Boykotts" in der deutschen Seeschiffahrt, Düsseldorf 1979 [zit.: *Seiter*, Arbeitskampfparität, S.]

Soergel, Hans Theodor: Bürgerliches Gesetzbuch, 13. Auflage, 1. Band, Stuttgart 2000 [zit.: Soergel-*Bearbeiter*, BGB, §, Rn.]

Söllner, Alfred: Das Begriffspaar der Arbeits- und Wirtschaftsbedingungen in Art. 9 Abs. 3 GG, Das Arbeitsrecht der Gegenwart 1978, Band 16, S. 19 – 28, Berlin 1979 [zit.: *Söllner*, JahrbArbR 1978, S.]

- Tarifmacht – Grenzen und Grenzverschiebungen, NZA 2000, Sonderbeilage zu Heft 24, 33 – 41

Söllner, Alfred; Waltermann, Raimund: Grundriß des Arbeitsrechts, 14. Auflage, München 2007 [zit.: *Söllner/Waltermann*, Arbeitsrecht, S.]

Stahlhacke, Eugen; Preis, Ulrich; Vossen, Reinhard: Kündigung und Kündigungsschutz im Arbeitsverhältnis, 8. Auflage, München 2002 [zit.: *Stahlhacke/Preis/Vossen*, Kündigungsschutz, 8. A., Rn.]

- Kündigung und Kündigungsschutz im Arbeitsverhältnis, 9. Auflage, München 2005 [zit.: *Stahlhacke/Preis/Vossen, Kündigungsschutz*, Rn.]

Staudinger, Julius von: Kommentar zum Bürgerlichen Gesetzbuch mit Einführungsgesetz und Nebengesetzen, Zweites Buch. Recht der Schuldverhältnisse, §§ 611 – 615, 14. Bearbeitung, Berlin 2005

- Buch 2 Recht der Schuldverhältnisse, §§ 616 – 630, Neubearbeitung 2002, Berlin 2002 [zit.: Staudinger-*Bearbeiter*, §, Rn.]

Stebut, Dietrich von; Brackmann, Kurt: Anm. zu BAG v. 06.02.1985, AP Nr. 1 zu § 1 TVG Tarifverträge: Süßwarenindustrie

Stege, Dieter; Weinspach, F. K.; Schiefer, Bernd: Betriebsverfassungsgesetz, Handkommentar für die betriebliche Praxis, 9. Auflage, Köln 2002 [zit.: *Stege/Weinspach*, BetrVG, §, Rn.]

Stein, Axel: Tarifvertragsrecht, Stuttgart 1997 [zit.: *Stein*, Tarifvertragsrecht, Rn.]

- Der Abschluss von Firmentarifverträgen, RdA 2000, 129 – 140

Stern, Klaus: Das Staatsrecht der Bundesrepublik Deutschland, Band III/ 2, München 1994 [zit.: *Stern*, Staatsrecht III/2, S.]

Strasser, Rudolf: Die Rechtsgrundlage der tariflichen Friedenspflicht, RdA 1965, 401 – 405

Suchet, Holger: Firmenstreik und Abwehrmaßnahmen, ZfA 2005, 581 – 645

Teschner, Carsten: Firmentarifvertrag und Unternehmensumstrukturierung, Frankfurt a. M., Berlin, Bern 2002 [zit.: *Teschner*, Firmentarifvertrag, S.]

Thüsing, Gregor: Die Erstreikbarkeit von Firmentarifverträgen verbandsangehöriger Arbeitgeber, NZA 1997, 294 – 296

- Anm. zu BAG v. 18.02.2003, AP Nr. 163 zu Art. 9 GG Arbeitskampf

Thüsing, Gregor; Ricken, Oliver: Zweimal Otis – Tarifliche Sozialpläne und die Grenzen zulässiger Streikziele, Jahrbuch des Arbeitsrechts Bd. 42, S. 113 – 131, Berlin 2005 [zit.: *Thüsing/Ricken*, Jahrbuch des Arbeitsrechts, S.]

Tschöpe, Ulrich: Anwaltshandbuch Arbeitsrecht, 5. Auflage, Köln 2007 [zit.: *Tschöpe*, Anwaltshandbuch, Teil, Rn.]

Unterhinninghofen, Hermann: Zwei Jahre sichere Arbeitsplätze - Vier Tage Woche bei VW, AiB 1994, 82 – 87

Valentin, Jan: Die Friedenspflicht in sachlicher, persönlicher und zeitlicher Hinsicht als (fehlender) Gegenstand tarifvertraglicher Vereinbarungen, Frankfurt a. M. 2000 [zit.: *Valentin*, Friedenspflicht, S.]

Venrooy, Gerd van: Auf der Suche nach der Tarifzuständigkeit, ZFA 1983, 49 – 82

Waas, Bernd: Firmentarifvertrag und verbandstarifvertragliche „Meistbegünstigungsklausel", ZTR 2000, 341 – 347

Walker, Wolf-Dietrich: Zur Rechtmäßigkeit von Arbeitsniederlegungen wegen Tarifverdachtskündigung, NZA 1993, 769 – 775

Waltermann, Raimund: Kollektivvertrag und Grundrechte, RdA 1990, 138 – 144

- Beschäftigungspolitik durch Tarifvertrag?, NZA 1991, 754 – 760
- Altersgrenzen in Kollektivverträgen, RdA 1993, 209 – 218
- Zu den Grundlagen der Tarifautonomie, ZfA 2000, 53 – 86

Wank, Rolf: Zum Vorschlag einer Kodifizierung des Arbeitskampfrechts, RdA 1989, 263 – 270

- Tarifautonomie oder betriebliche Mitbestimmung?, RdA 1991, 129 – 139
- Grundlagen des Arbeitskampfrechts, Festschrift für Otto Rudolf Kissel, S. 1225 – 1252, München 1994 [zit.: *Wank*, FS Kissel, S.]
- Anm. zu BVerfG v. 10.01.1995, AP Nr. 76 zu Art. 9 GG

- Anm. zu BVerfG v. 14.11.1995, JZ 1996, 629 – 632

Wassermann, Rudolf: Kommentar zum Grundgesetz für die Bundesrepublik Deutschland, Reihe Alternativkommentar, Bd. 1, Art. 1 – 37, 2. Auflage, Neuwied 1989 [zit.: Alternativkommentar-*Bearbeiter*, GG, Art., Rn.]

Weiss, Helmut: Koalitionsfreiheit und betriebsnahe Tarifverträge, Düsseldorf 1973 [zit.: *Weiss*, Betriebsnahe Tarifverträge, S.]

Weiss, Manfred; Weyand, Joachim: Die tarifvertragliche Regelung der Ausbildung der Redaktionsvolontäre an Tageszeitungen, BB 1990, 2109 – 2118

Wendeling - Schröder, Ulrike: Betriebliche Ergänzungstarifverträge, NZA 1998, 624 – 630

Wendeling-Schröder, Ulrike; Schubert, Jens: Rechtsprobleme zweistufiger Tarifvertragssysteme, NZA 2003, 772 – 777

Westermann, Harm Peter: Münchener Kommentar zum Bürgerlichen Gesetzbuch, Band 1, 4. Auflage, München 2001

- Band 4, 4. Auflage, München 2005
- Band 5, 4. Auflage, München 2004 [zit.: MünchKomm-*Bearbeiter*, BGB, §, Rn.]
- Band 4, 3. Auflage, München 1997 [zit.: MünchKomm-*Bearbeiter*, 3. A., BGB, §, Rn.]

Weyand, Joachim: Die tarifvertragliche Mitbestimmung unternehmerischer Personal- und Sachentscheidungen, Baden-Baden 1989 [zit.: *Weyand*, Mitbestimmung, S.]

Wiedemann, Herbert: Zur Tarifzuständigkeit, RdA 1975, 78 – 84

- Anm. zu BAG v. 19.06.1984, AP Nr. 3 zu § 1 TVG Verhandlungspflicht
- Unternehmensautonomie und Tarifvertrag, RdA 1986, 231 – 241
- Die Gestaltungsaufgabe der Tarifvertragsparteien, RdA 1997, 297 – 304
- Tarifvertragsgesetz, Kommentar, 6. Auflage, München 1999 [zit.: Wiedemann-*Bearbeiter*, TVG, 6. A., §, Rn.]
- Tarifvertragsgesetz, Kommentar, 7. Auflage, München 2007 [zit.: Wiedemann-*Bearbeiter*, TVG, §, Rn.]

Wiedemann, Herbert; Arnold, Markus: Tarifkonkurrenz und Tarifpluralität in der Rechtsprechung des Bundesarbeitsgerichts, ZTR 1994, 399 – 410 und 443 – 448

Wiedemann, Herbert; Stumpf, Hermann: Tarifvertragsgesetz, Kommentar, 5. Auflage, München 1977 [zit.: *Wiedemann/Stumpf*, TVG, §, Rn.]

Wiedemann, Herbert; Wonneberger, Wolfgang: Anm. zu BAG v. 27.06.1989, AP Nr. 113 zu Art. 9 GG Arbeitskampf

Wieland, Peter: Recht der Firmentarifverträge, Köln 1998 [zit.: *Wieland*, Firmentarifverträge, Rn.]

Windbichler, Christiane: Arbeitsrecht im Konzern, München 1989 [zit.: *Windbichler*, Arbeitsrecht im Konzern, S.]

Winkler, Andreas: Hat der Flächentarifvertrag eine Zukunft?, Sonderbeilage zu NZA Heft 24/2000, 10 – 17

Witt, Alexander: Der Firmentarifvertrag, Verfassungs-, tarif- und arbeitskampfrechtliche Grundprobleme, Berlin 2004 [zit.: *Witt*, Firmentarifvertrag, S.]

Wolter, Henner: Standortsicherung, Beschäftigungssicherung, Unternehmensautonomie, Tarifautonomie, RdA 2002, 218 – 226

Zabel, Uwe: Erweiterung der Mitbestimmung durch Tarifvertrag, AiB 1997, 431 – 434

- Tarifvertrag Qualifizierungsmaßnahmen bei Betriebsänderungen, AiB 1998, 615 – 617
- Anm. zu ArbG Hameln v. 07.05.2004, AiB 2004, 576 – 577
- Anm. zu LAG Niedersachsen v. 02.06.2004, AiB 2004, 638 – 639

Zachert, Ulrich: Möglichkeiten der fristlosen Kündigung in den neuen Bundesländern, NZA 1993, 299 – 301
- Ein Jahrzehnt tariflicher Wochenarbeitszeitverkürzung – Bilanz –, ZTR 1995, 435 – 438
- Firmentarifvertrag als Alternative?, Sonderbeilage zu NZA Heft 24/2000, 17 – 23
- Beschäftigungssicherung durch Tarifvertrag als Prüfstein für Umfang und Grenzen der Tarifautonomie, DB 2001, 1198 – 1202
- Dezentralisierung des Tarifvertrages: der einzelne Arbeitgeber als Tarifpartei, Festschrift für Hellmut Wißmann, S. 202 – 212, München 2005 [zit.: *Zachert*, FS Wißmann, S.]

Zander, Ernst: Neue Tendenzen in der Personalpolitik, BB 1983, 1109 – 1112

Zeppenfeld, Guido; Beyerlein, Thorsten: Anm. zu BAG v. 10.12.2002, EWiR 2003, 863 – 864

Zeuner, Albrecht: Gedanken zum Verhältnis von Richterrecht und Betätigungsfreiheit der Beteiligten, 25 Jahre Bundesarbeitsgericht, S. 727 – 744, München 1979 [zit.: *Zeuner*, 25 Jahre BAG, S.]

Zöllner, Wolfgang: Der Abbau einheitsvertraglicher Arbeitsbedingungen im nicht tariflich gesicherten Bereich, RdA 1969, 250 – 256
- Aussperrung und arbeitskampfrechtliche Parität, Düsseldorf 1974 [zit.: *Zöllner*, Aussperrung, S.]
- Die Fortentwicklung des Richterrechts zum Arbeitskampf, insbesondere zur Aussperrung, DB 1985, 2450 – 2459
- Flexibilisierung des Arbeitsrechts, ZfA 1988, 265 – 291
- Die Zulässigkeit einzelvertraglicher Verlängerung der tariflichen Wochenarbeitszeit, DB 1989, 2121 – 2126

Zöllner, Wolfgang; Loritz, Karl-Georg: Arbeitsrecht, 5. Auflage, München 1998 [zit.: *Zöllner/Loritz*, Arbeitsrecht, S.]

Schriften zum Deutschen und Europäischen Arbeits- und Sozialrecht

Herausgegeben von Ulrich Preis

Band 1 Ulrich Preis / Felipe Temming: Die Urlaubs- und Lohnausgleichskasse im Kontext des Gemeinschaftsrechts. 2006.

Band 2 Einiko B. Franz: Der Abschluss eines Aufhebungsvertrags. Schutz des Arbeitnehmer-Verbrauchers und seine Grenzen. Insbesondere das Widerrufsrecht gem. §§ 312, 355 BGB. 2006.

Band 3 Klaus Tenbrock: Die betriebliche Altersversorgung im Betriebsübergang bei konkurrierenden Versorgungszusagen. 2006.

Band 4 Christoph Nießen: Fehlerhafte Betriebsratswahlen. Eine am Gang des Wahlverfahrens orientierte Untersuchung der Folgen von Rechtsverstößen bei der Betriebsratswahl unter besonderer Berücksichtigung deren Relevanz für die Gewährung von einstweiligem Rechtsschutz zur Verhinderung einer fehlerhaften Betriebsratswahl. 2006.

Band 5 Klaus Linde: Übertragung von Aufgaben des Betriebsrats auf Arbeitsgruppen gemäß § 28a BetrVG. 2006.

Band 6 Petra M. Knorr: Der Vergleich der Invaliditätsrenten in Deutschland und den Niederlanden. 2006.

Band 7 Jan Botterweck: Gewerkschaftspluralismus im Betrieb. 2007.

Band 8 Patrizia Chwalisz: Die Transformation des polnischen Arbeitsrechts und die Gewerkschaften. Eine Analyse aus dem Blickwinkel des Arbeitsrechts der ehemaligen Deutschen Demokratischen Republik und der Bundesrepublik Deutschland. 2007.

Band 9 Wiebke Brose: Der präventive Kündigungsschutz bei betriebsbedingten Kündigungen. Vergleich von Entwicklung und Stellenwert im deutschen und französischen Kündigungsrecht. 2007.

Band 10 Oliver Reinartz: Der Firmentarifvertrag als Flexibilisierungsinstrument. Unter besonderer Berücksichtigung des sogenannten tariflichen Sozialplans. 2008.

www.peterlang.de

Uwe Pauly

Der Flächentarifvertrag als Kartellierungsinstrument

Genese, Stabilisierung, Erosion, Reformchancen

Frankfurt am Main, Berlin, Bern, Bruxelles, New York, Oxford, Wien, 2005.
436 S., 1 Tab.
Europäische Hochschulschriften: Reihe 5, Volks- und Betriebswirtschaft.
Bd. 3110
ISBN 978-3-631-53351-2 · br. € 68.50*

Traditionelle Arbeitsmarktökonomik analysiert an erster Stelle das tarifpolitische Verhalten von Gewerkschaften – Arbeitgeberverbänden wird hingegen nur geringe Aufmerksamkeit geschenkt. Diese Arbeit untersucht, inwiefern auch der Arbeitgeberseite eine Mitverantwortung für die aktuelle Beschäftigungskrise in Deutschland zuzuweisen ist. Dabei zeigt sich, dass die Verfolgung von Kartellierungsinteressen seitens der Arbeitgeberverbände im Zusammenspiel mit dem Tarifverständnis der Gewerkschaften und den spezifischen Ausformungen des deutschen Arbeitsrechts insuffiziente Tarifabschlüsse determiniert. Nach eingehender Analyse der derzeit diskutierten Reformansätze wird ein alternativer Vorschlag zur Effektivierung des Fläch entarifvertragssystems erarbeitet, der die im Rahmen der Verbandsanalyse herausgestellten politökonomischen Zusammenhänge berücksichtigt.

Aus dem Inhalt: Die Genese des Flächentarifvertrages in Deutschland · Kollektiv- und individualarbeitsrechtliche Regelungen zur Stabilisierung des Tarifkartells · Die Dysfunktionalität des Flächentarifvertragssystems als Folge arbeitgeberseitiger Kartellierungsinteressen · Flexibilisierung, Dezentralisierung oder pathologisches Lernen als Auswege aus dem Tarifkartelldilemma? · Hybride Arbeitgeberverbandsstrukturen als alternativer Lösungsvorschlag

Kolibri 360 GmbH
Ferdinand-Jühlke-Straße 7
99095 Erfurt, Deutschland
produktsicherheit@kolibri360.de

Druck:
CPI Druckdienstleistungen GmbH
im Auftrag der
Kolibri 360 GmbH
Ferdinand-Jühlke-Str. 7
99095 Erfurt